KB270633

實用現代漢語語法 上

송산출판사

序

　　这几年我很看过几本讲现代汉语语法的书，得到一个印象是这些书的读者对象不明确，不知道是为谁写的。好像是谁都可以看看，看了都多少有点收获，但是谁的收获也不大。因为它既不能在理论上有所贡献，又不能在实用上有所裨益。最近刘月华同志把她和潘文娱同志、故韡同志合编的《实用现代汉语语法》校样拿给我看，我愉快地把它看完，觉得这是一本很有用的书，会受到它的读者的欢迎的。

　　这本书是为汉语作为第二语言的教师和已有基础的学生写的。作者在前言里说:"本书的着眼点是实用。就是说，力求通过语法现象和语法规则的具体描写，来指导学生学会正确地使用汉语。……凡是外国人难以理解和掌握的语法现象，本书都作了尽可能详细的描写，对某些容易引起混淆的语法现象还作了比较分析，指明正误。"她们说到做到，有不少内容是别的书上不讲或一笔带过，而这本书里有详细说明的。例如:单音方位词的用途，"这/那么"和"这/那(么)样"用法的异同，"每"和"各"用法的异同，数目后边的"上下"和"左右"用法的异同，特别是用在年龄上，同一词语作状语和作补语的异同，等等。这些是一般语法书上忽略过去的例子。还有别的书上也讲，但是没有这本书讲得仔细的，如动词重叠的用法和意义，二十一个重要副词的用法，"了"的用法，多项定语的顺序，等等。

　　这本书还有值得称道的特点是有些提纲性的表解，如能愿动词用法表，介词分类用法表，语气助词表达功能表，状语补语比较表。还有，练习多而且切合需要。

　　这本书之所以能够具备这些优点，是因为它是多年课堂教学经验的总结。它还将继续在课堂教学中经受考验，并通过课堂教学改掉它里边未能完全避免的缺点。例如用二十页的篇幅讲"了"字的用法，"了₁"分五大项二十二小项，"了₂"七大项二十八小项，就不免有些烦琐，不便记忆。诚然，"了"字的用法是复杂的，但是能不能在材料的组织上想点办法，执简以驭繁呢，或者把一部分内容安排到练习里去呢？此外，本书所用的语法间架似乎有点折衷诸家之间的意思，但因此也就不免有些不尽融洽之处，这也可以在教学中继续得到改进。月华同志来取回校样的时候，要我在前边写几句话，我是乐于从命的。是为序。

吕叔湘

1982.6.1

前言

本书主要是为从事汉语作为第二语言教学的教师以及具备了一定的汉语基础的外国学生和学者编写的。它也可以作为国内民族院校的少数民族学生以及其他高等院校汉语和外语专业的学生学习现代汉语语法的参考书。

作为一部"实用语法"，本书的着眼点是实用。就是说，力求通过语法现象和语法规则的具体描写，来指导学生学会正确地使用汉语。为此，我们在阐述各项语法规则时，除了指出结构上的特点以外，还特别注重语义和用法上的说明，以便使读者了解在什么情况下使用什么样的表达方式以及在使用某种表达方式时应该注意什么样的限制条件等。外族人学习汉语语法与本族人的难点不完全相同，因此本书的重点就是外国人学习中经常会遇到的语法难点。凡是外国人难以理解和掌握的语法现象，本书都作了尽可能详细的描写，对某些容易引起混淆的语法现象还作了比较分析，指明正误。对部分语法现象的口语形式和书面语形式的区别以及风格色彩等也作了一定的介绍。这样，本书的重点、对某些语法现象的解释方法以及各项内容的详略程度跟其他语法著作就不完全一样。

本书的编写过程是首先对搜集到的大量正面例句进行分析，在此基础上确定本书的内容范围和各项内容的编排顺序。然后参照外国留学生的病句和多年的教学经验，确定每一项内容需要讲解的方面。在解释每一种语言现象时，也注意到了尽可能吸收语言学界已有的研究成果。

本书是1978年4月开始编写的。1979年暑假写成初稿，1979年9月至1980年8月进行了第一次修改，1980年9月至1981年1月进行了第二次修改，1981年3月开始编写练习并作了最后一次修改。1978年8月曾油印了句法部分的纲要(≪基础汉语课本≫语法提纲)，供我院教师作教学上的参考，并分送部分院校和研究机构征求意见。

本书是采取集体讨论、分头执笔、统一修改的方式编写的。执笔人分工如下：

刘月华：第一编；第二编中的数词和量词、动词、形容词、助词；第三编中的定语、状语、补语；第四编中的存现句、"把"字句、被动句、非主谓句；第五编中的复句。

潘文娱：第二编中的名词、代词、副词、介词、连词、象声词、叹词；第三编中的主语和谓语、宾语、复指和插说；第四编中的主谓句、"是"字句、"有"字句、连动句、兼语句；第五编中的紧缩句。

故桦：第四编的"是……的"句、疑问句和反问句、比较的方式。

赵静贞同志曾参加编写了状语、复指和插说、连动句、兼语句、比较的方式、存现句、复句等章节的初稿，后因工作调动，未能继续参加本书的编写和修改工作。

针对外国人学习汉语的特点编写一部系统的语法书，对我们来说还是第一次。由于我们缺少编写经验，加上对某些语法现象的研究还很不深入，对他人的研究成果学习得也很不够，所以本书遗留的问题仍然很多，缺点甚至错误更是在所难免。这次出版的目的之一，就是希望得到国内外广大读者的批评指正，以便将来进一步修改提高。

在编写本书的过程中，我们得到了院内外很多同志的大力支持和热情帮助。有的同志提供了部分例句，有些同志提出过很好的意见和建议。吕必松同志自始至终关心本书的编写工作并看了部分书稿，提出了宝贵意见。特别是吕叔湘先生在百忙中审阅全书、提出修改意见并写了序言，周祖谟先生为本书题了书名。在此我们一并向他们表示衷心的感谢。

著者

于北京语言学院

增订本前言

　　《实用现代汉语语法》是一本对外汉语教学语法参考书，出版已近二十年。二十年来，对外汉语教学和汉语语法研究都取得了长足的发展，因此，从1998年起，我们开始了增订工作。

　　学习一种语言的语法，主要是学习该语言的语法规则及其用法。《实用现代汉语语法》就是对汉语语法规则，主要是对句法规则进行描写，同时也注意到语法现象用法的说明。此次增订，我们仍然沿着这条道路前进，希望在深度和广度上都能有所拓展。

　　语法是一种十分复杂的现象，除了基本的词法和句法结构规则外，还要受语言环境、上下文的影响。汉语在这方面尤为突出。此次增订，我们增加了"篇章"一章，在其他章节，在讨论一些具体问题时，也考虑到篇章方面的影响。

　　影响语法结构规则和用法的还有很多因素，比如说操该语言的人的思维规律，文化、性别、地位、年龄等，语体(对话与非对话;陈述、疑问、祈使、感叹;叙述、描写、说明、议论等)，以及句内意义、同类信息的共现或排斥等，可以说是多角度、多方面的。此次增订，在描写、说明、解释语法现象时，我们就是从多种角度、多个侧面进行的。

　　在外语教学和学习中，对语法规则的描写太抽象不行，因为学习者在交际时很难把它与正在进行的交际活动联系起来，也就是很难把握。比如动态助词"了"，只讲"了"的语法意义，只说它表示"发生"或"实现"或"完成"，不管你讲得多科学，学生也很难运用。就像学英语的现在完成时，只说它表示"现在完成"，学生很难运用一样。我们必须讲清它的具体用法，比如在句中常常与"了"共现的时间词语，"了"与语体的关系，后边有宾语时数量词等定语的使用，"了"的省略规则，可以和"了"结合的动词等等。但是语法规则太细了也不可取(比如一类动词能和哪些类名词搭配)，因为人的记忆是有限度的，不像电脑，规则太多了记不住，而且交际时也很难马上从记忆中"搜索"出来，结果，规则太多跟没有规则没什么两样。本书在描写每项语法规则时，试图找到这个繁简适合的"度"。

　　此次增订，我们力图吸收近二十年来汉语语法研究和对外汉语教学的研究成果，包括我们自己的成果。80年代以来，我国汉语语法研究取得很大的进展，而且其中相当一部分研究成果着重于语法现象的描写，这些正是我们所需要的。本书参考80年代以来的主要语法著作，限于篇幅，不能一一注明。我们在书后开列了主要参考书目，在具体章节后的参考文献中，只列出少量主要的论文。

　　此次是增订，所以本书框架、体系基本不变。关于体系问题，二十年前写这本书时，我们曾去拜访过朱德熙先生，问了他很多问题。比如一种现象叫补语好还是叫宾语好，等等。他说，语法体系就像币制，采取什么币制没有关系，因为可以兑换，同样，采用什么语法体系也不是最重要的，重要的是能提出问题。除此之外，我们认为也不能不考虑教学语法的稳定性。本书的体系，基本上是北京语言文化大学前身北京语言学院基础汉语教学多年采用的体系，也广为各国汉语教师所接受。如果改动太大，可能会给从事对外汉语教学的老师们带来一些不便。但这不等于说教学语法体系永远不变。只是当前我们还没有找到一个更为理想的、比现有体系具有明显优点的体系，因此本想改动的几点也不改了。英语作为外语教学历史比汉语长得多，英语语法研究也有很大进展，但多年来英语教学语法体系改变并不大。当然对外汉语教学语法研究没有对外英语教学语法研究那么成熟，但是我们认为体系的改变仍以慎重为宜。

　　我们在增订本书的过程中，重读了吕叔湘先生为我们写的序。先生的序非常中肯，既肯定了《

实用现代汉语语法≫一书总的方向—对教学实用，又指出不足。先生期望"它还将继续在课堂教学中经受考验，并通过课堂教学改掉它里边未能完全避免的缺点。……这也可以在教学中继续得到改进"。遗憾的是我们未能在先生生前完成增订工作。我们希望这个增订本朝先生的要求以及读者的期望又迈进了一步。

此次增订，增加的章节有句子的功能分类、汉语句子的语序、祈使句、篇章等，这几部分由刘月华执笔。有些章节重新改写，如"是……的"句、动态助词"了"、趋向补语、汉语的构词法等，其他部分也都有较大改动。除了"汉语的构词法"由潘文娱修改外，其余部分，我们三人分工不变。刘月华最后统改全书书稿。

这里我们要感谢长期以来使用本书、支持我们的广大读者和朋友们，正是他们不断给予的鼓励，增强了我们此次增订的勇气和信心。我们也要感谢商务印书馆的同志们，感谢他们在出版本书时给予我们的大力支持和帮助。

著者
2000年2月

역자 서문

어떤 사람들은 중국어는 문법이 없다고 말한다. 혹은 중국어 문법이 너무도 특별하다고 말한다. 그러나 인간의 언어는 규칙적인 체계를 갖고 있기에 언어로써 의사소통을 명확하게 할 수 있는 것이며, 인간이 사용하는 언어가 민족이나 지역에 따라 다를지라도 모두 보편적인 원리를 지니고 있다.

문법이란 언어규칙을 귀납해낸 것이다. 모든 단어는 형태소의 결합에 의해서 구성되고, 단어가 결합되어 구를 형성한다. 구는 다시 절을 이루고 절은 독자적으로 혹은 다른 절과 결합하여 문장을 만들어 낸다. 이러한 일련의 과정에서 성분의 배열과 결합을 제어하는 규율이 작용하는 것이다. 문법을 배운다는 것은 이러한 원리를 이해하는 것이라고 말할 수 있으며, 영어와 특성을 달리하는 고립어적 특성이 강한 중국어 문법의 학습에 있어서는 성분의 배열과 결합, 그의 운용에 따른 문법의 원리를 이해하는 것이 더욱 중요한 것이다.

중국어 문법의 바다는 넓다. 중국어를 전공하거나 중국어를 체계적으로 익혀서 배우려 한다면 우선 중국어 문법의 여러 방면을 꼼꼼히 익히는 것이 필요하다. 이미 국내에서 출판되었거나 번역된 중국어 문법서는 상당히 많다. 나름대로의 장단점을 갖고 있지만, 역자들이 번역한 劉月華 교수의 ≪實用現代漢語語法≫은 다른 문법서와 비교할 때, 내용이 풍부할 뿐만 아니라 상당히 구체적이며 중국어 문법의 거의 모든 내용을 다루고 있어서 문법사전적인 특성을 띄고 있다. 최근에 나온 증보판은 이전의 내용에 화용론적 내용을 첨가하여 문법의 설명력을 더 높이려고 시도하였다. 저자는 중국어 문법의 연구에 몰두하면서 중국어 교육에도 관심을 쏟고 있는 많은 만큼, 본서도 그러한 면에서 이론과 실제를 갖추려 노력했다고 평가되며, 현재까지 본서가 가장 신뢰받고 있는 중국어 문법서 중의 하나로 평가되고 있다.

본서로써 중국어 문법을 배우려는 학습자는 나무를 보면서도 항상 숲을 볼 수 있는 시각을 가져야만 보다 큰 학습 성과를 얻을 것으로 판단되며, 문법용어에 너무 집착하지 말고 용어나 문법적 서술이 가리키는 현상과 문법원리가 어떻게 상호 관련되는지를 이해하는데 노력할 수 있기 바란다.

끝으로 이 책이 나오기까지 세 번의 겨울을 맞았다. 무엇보다 번역작업에 도움을 주신 송산출판사 사장님, 김영조 편집장님 그리고 나머지 식구들에게도 고마움을 전한다.

2005년 2월

역자 일동

차 례

제1편

현대중국어 문법 개론

어법단위에는 형태소(语素), 단어(词), 구(短语), 문장(句子)이 속한다.

 **형태소**

형태소란 소리와 뜻의 최소 결합체를 가리킨다. 다시 말해 최소의 어법단위인 셈이다. 예를 들어 '人', '民', '作', '用', '桌', '葡萄', '玻璃' 등이 모두 형태소이다. 왜냐하면 이들은 모두 의미를 갖고 있으며, 더 작은 의미단위로 나눌 수 없기 때문이다. '人'과 '民'과 같은 일음절 형태소는 자연히 더 이상 나눌 수 없지만, '葡萄'나 '玻璃'와 같은 이음절 형태소는 '葡', '萄', '玻', '璃'와 같이 다시 나눌 수 있다. 그러나 이럴 경우 어떠한 의미도 갖지 못하게 되기 때문에 형태소라고 할 수 없게 된다.

중국어의 형태소는 대부분 일음절이며, 이음절로 된 것은 소수에 불과하다. 또한 삼음절, 사음절로 된 형태소는 극소수이다. 한자는 음절문자이기 때문에, 하나의 일음절 형태소는 문어체에서는 하나의 한자로 쓰였다. 따라서 대부분의 한자는 모두 형태소와 대응된다. '玛', '瑙', '唠', '叨', '葡', '萄' 등과 같은 몇몇 한자는 형태소와 대응되지 못하고, 단지 다음절 형태소 중의 하나의 음절만을 표시할 뿐, 어떠한 의미도 지니지 못한다.

한편, 몇몇 한자는 몇 개의 형태소와 대응되어 다른 의미를 나타내기도 하는데, 예를 들어, '把'의 경우, '一把尺子(자주)', '把守(지키다)', '把门开开(~을)', '个把月(쯤, 가량)'(이상의 把는 bǎ로 읽는다), '把(bà)儿(손잡이)' 등과 같다. 또한 '生'의 경우 '生长(성장하다)', '一生(생애)', '生炉子(피우다, 때다)', '生瓜(덜 익다)', '生疼(매우)', '学生(배우는 사람)' 등과 같이 쓰인다. 그러므로 한자와 형태소의 관계는 비교적 복잡하다.

 **단어(词)**

단어는 의미를 갖고 독립적으로 쓰일 수 있는 최소의 언어단위이다. 여기에서 독립적으로 쓰일 수 있다는 것은 따로 말할 수 있거나 다른 언어성분과 결합하지 않고 단독으로 문장이 될 수 있는 것을 말한다. 예를 들어 '工人'은 하나의 단어인데, 아래와 같이 의미가 있고, 단독으로 질문에 답하는 형식으로 쓰일 수도 있다.

① 问 : 他哥哥是干什么的?

    Tā gēge shì gàn shénme de?

  答 : 工人。

    Gōngrén.

그의 형은 무슨 일을 하니?
노동자야.

또한, '工'과 '人'으로 나누어지면 '工人'의 의미와는 완전히 다르게 될 뿐만 아니라, '工'은 명사로 쓰일 때 보통 단독으로 쓰이지 않는다. '的' 역시 하나의 단어인데, 일정한 어법의미를 가지며, 어떠한 특정한 언어성분과 결합하지 않고도 단독으로 문장에 들어갈 수 있다.

② 我的家在北京。

Wǒ de jiā zài Běijīng.

③ 明明是一个可爱的孩子。

Míngming shì yí ge kě'ài de háizi.

우리 집은 北京에 있다.

明明은 귀여운 아이이다.

그러므로 '的'는 자연스럽게 의미를 가진 최소의 단위가 되는 것이다. 그러나 '人民'의 '民'은 단어가 아니다. 왜냐하면 단독으로 문장에 들어갈 수 없고, 반드시 '人', '公', '居' 등의 형태소와 어울려 '人民', '公民', '居民' 등의 형태로 문장 속에 귀속된다.

 ## 구(短语)

단어와 단어가 일정한 규칙으로 결합되어 일정한 의미를 나타낼 때, 바로 구(短语, 词组)를 이루게 된다. 구는 문장을 만드는 단위이다. 예를 들어 '他的学生大部分是非洲人'의 '他的学生', '大部分', '非洲人' 등은 모두 구가 된다.

형태소는 보통 단어보다 작은 언어단위이며, 구는 단어보다 큰 언어단위이다. 중국어의 단어는 대부분 명확한 형태표지가 없고, 또한 문어에서 상당부분 고대중국어성분을 갖고 있기 때문에, 형태소가 단어가 되기도 하고, 단어가 구가 되기도 하는데, 어떤 때는 이런 것들을 명확하게 규정하기가 어렵다. 이런 문제는 이론적으로나 실질적으로 여전히 복잡한 상태로 남아 있는 것들이다. 그러나 이러한 구분상의 문제가 실제 중국어를 쓰는 데는 결코 별 영향을 주지 못하고 있다. 우리가 가르치고 배울 때 이론적으로 해결하기 어려운 언어성분에 대해서는 각 방면의 요소를 분석하고 난 후에 규정하기만 하면 되는 것이다. 형태소와 단어, 구의 구분은 외국인들이 중국어를 배울 때도 여전히 큰 영향을 주지는 못할 것이다.

 ## 문장

문장은 완정한 의미를 나타낼 수 있고, 전후에 비교적 큰 쉼이 있으며, 일정한 어조가 있는 언어단위를 말한다. 문장은 언어를 운용하는 최소의 단위이며, 우리는 보통 말을 할 때 최소한 하나의 문장을 말해야 한다. 아래 예문은 모두 문장이다.

① 你去不去?

Nǐ qù bu qù?

갈래 안 갈래?

② 去。
　　Qù.

③ 小心!
　　Xiǎoxīn.

④ 每想到这些，我对未来就充满了信心。
　　Měi xiǎngdào zhèxiē, wǒ duì wèilái jiù chōngmǎnle xìnxīn.

	갈 거야.
	조심해!
	이것들을 생각하기만 하면, 나는 미래에 대해 자신감으로 가득 차게 된다.

　　문장과 문장이 연결되면 문단 및 텍스트와 같은 더 큰 단위가 생겨난다. 중국어에서 문단과 텍스트는 문장의 구조배열에 큰 영향을 준다.

제 2 절
단어의 분류

　　중국어의 품사를 분류하는 주요한 기준으로는 단어의 어법기능과 어휘의미를 들 수 있다.
　　어법기능에 따라 먼저 단어를 크게 实词와 虚词로 나눌 수 있다. 실사는 문장성분이 될 수 있으며, 일반적으로 실제적인 어휘의미를 갖는 단어를 말한다. 실사는 다시 명사(시간사와 장소사 포함), 동사, 형용사, 수사, 양사, 대사, 부사 등 일곱 가지로 나눌 수 있다. 한편 허사는 보통 단독으로 문장성분이 될 수 없으며, 주로 각종 어법의미나 어기, 혹은 감정만을 표시하는 단어를 말한다. 허사는 다시 개사, 접속사, 조사, 의성사 등의 네 가지로 나눌 수 있다. 이 밖에도 감탄사가 있다.

1 实词(실사)

① 名词(명사)：　桌子 탁자　　国家 국가　　科学 과학　　明天 내일　　外 밖
　　　　　　　　里边 안쪽

② 动词(동사)：　走 가다　　懂 알다　　喜欢 좋아하다　　是 …이다　　醒 깨어나다
　　　　　　　　可以 ~할 수 있다, ~해도 좋다　　应该 마땅히 ~해야 하다

③ 形容词(형용사)：红 붉다　　伟大 위대하다　　胖 뚱뚱하다　　对 맞다　　高兴 즐겁다
　　　　　　　　自由 자유롭다

④ 数词(수사)：　一 1　　三 3　　十 10　　百 100　　千 1,000
　　　　　　　　万 10,000　　亿 100,000,000

⑤ 量词(양사)：　个 개　　件 건　　斤 근　　双 쌍　　副 부
　　　　　　　　次 ~번　　遍 ~번

⑥ 代词(대사)：　我 나　　你们 너희들　　每 매　　这 이　　那 그, 저
　　　　　　　　怎么样 어떠하다

⑦ 副词(부사)：　很 매우　　又 또　　都 모두　　永远 영원히　　渐渐 점점
　　　　　　　　亲自 몸소

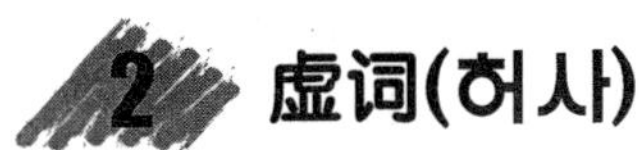 **虚词(허사)**

⑧ 介词(개사) : 在 ~에, ~에서　从 ~로부터　自 ~로부터　向 ~로, ~에게　于 ~에　给 ~에게

⑨ 接续词(접속사) : 和 ~와　与 ~와, ~과　因为 ~때문에　虽然 ~일지라도
　　　　　　　　　因此 이 때문에　即使 ~일지라도

⑩ 助词(조사)　动态助词(시태조사) : 了 着 过 来着
　　　　　　　结构助词(구조조사) : 的 地 得 等 所
　　　　　　　语气助词(어기조사) : 啊 呢 吧 的 了 吗

⑪ 擬声词(의성사) : 砰 펑!　咚咚 둥둥!　轰 쾅!　劈里叭啦 탕탕!　哗哗 화르륵!

⑫ 叹词(감탄사) : 唉 에이!　哼 흥!

　　명사, 대사, 수사, 양사를 체언이라고 하는데, 문장에서는 주로 술어로 쓰이지 못하며, 동사, 형용사는 용언이라고 하는데, 주로 문장 속에서 술어로 쓰인다.
　　중국어의 몇몇 단어들은 다른 어법기능을 갖는 것도 있다. 예를 들어 '锁'는 명사의 어법기능도 갖고 있고, 또한 동사의 어법기능도 갖고 있다. 즉 명사와 동사 두 품사를 겸하고 있는 것이다. '端正'은 형용사와 동사의 어법기능을 동시에 갖고 있어, 형용사, 동사 두 품사를 겸한다. 두 가지 품사를 겸하는 겸품사 현상은 중국어 어법 특징 중의 하나이다.

제 3 절

통사구조관계와 구의 유형

 **통사구조관계의 유형**

　　단어와 단어는 '红花'와 같이 일정한 규칙에 따라 구를 만들어 낸다. 단어와 구 역시 일정한 규칙에 따라 '我的红花'와 같이 더욱 큰 구를 만들어 낸다. 구 속에서 단어와 구 사이에 존재하는 일정한 구조관계를 통사구조관계라고 한다. 예를 들어 '红'은 '花'를 수식하는 것 등등이다. 중국어에는 아래와 같은 몇 가지 통사구조관계가 있다.

① 연합관계

조합된 각각의 단어나 구 등이 평등한 지위를 차지하는 것을 가리킨다.

工人和农民 노동자와 농민　　　　　国营企业和乡镇企业 국영기업과 향진기업
愉快而幸福 유쾌하고 행복하다　　　语文老师、体育老师 어문선생님, 체육선생님
年轻而漂亮 젊고 아름답다　　　　　新工人和老工人 새로 온 노동자와 원래 있던 노동자
又团结又斗争 단결하고 또 투쟁한다　红的和绿的 붉은 것과 푸른 것

② 수식관계

조합된 것 중 앞의 것이 뒤의 것을 수식하거나 제한 또는 묘사하는 것을 말한다. 뒤의 것을 중심어라고 하고, 앞의 것을 수식어라고 한다.

伟大的祖国 위대한 조국　　勇敢地斗争 용감하게 투쟁하다　　妹妹的书 여동생의 책

一件衣服 옷 한 점　　很多 매우 많다　　很大的房子 매우 큰 집

不成熟 성숙하지 않다　　极困难地工作着 아주 어렵게 일하고 있다

③ 동목관계

조합된 것 중 앞의 것은 동작행위나 판단 등을 표시하고, 뒤의 것은 동작행위나 판단이 미치는 사물을 나타내는 것을 말한다.

开汽车 자동차를 운전하다　　进教室 교실로 들어가다　　学汉语 중국어를 배우다　　去上海 上海로 가다

是学生 학생이다　　晒太阳 햇볕을 쬐다　　当老师 선생님이 되다　　挖坑 구덩이를 파다

④ 보충관계

조합된 것 중 앞의 것은 동작행위나 성질상태를 표시하고, 뒤의 것은 주로 동작 상태의 결과를 나타내는 것을 가리킨다. 앞의 것을 술어동사 또는 형용사라고 하고, 뒤의 것은 보어라고 부른다.

走进去 들어가다　　听清楚 잘 듣다　　去一下 한번 가보다

看得见 볼 수 있다　　住几天 며칠 머물다　　干净得很 아주 깨끗하다

走向光明 밝은 곳을 향하여 나아가다　　气得说不出话来 화가 나서 말이 나오지 않을 정도이다

⑤ 주술관계

조합된 것 중 앞의 것은 동작의 행위자나 설명, 묘사의 대상을 나타내며, 뒤의 것은 앞에서 서술한 것에 대한 설명이나 묘사를 가리킨다. 앞의 것을 주어라고 하고 뒤의 것을 술어라고 한다.

小张是工人 小张은 노동자이다　　世界和平 세계평화　　你看 봐라!

房子大 집이 크다　　头疼 머리가 아프다　　他上海人 그는 上海 사람이다

学习好 잘 배우다　　小王看画报 小王이 화보를 본다

이러한 몇 가지 구조관계를 파악하는 것은 매우 중요하다. 왜냐하면 중국어에서 词组나 구가 이러한 다섯 가지 방식을 채용하고 있을 뿐만 아니라 단어나 구로 구성된 문장 및 형태소로 구성된 복합어도 모두 이러한 방식을 채용하고 있다. 이러한 다섯 가지 구조관계를 잘 기억하고 정확하게 이해하는 것은 중국어의 어구나 문장을 분석하고 이해하는데 중요한 열쇠가 된다.

② 구의 유형

구는 '很大', '我的书', '吃苹果', '看清楚', '老师和学生'과 같이 단어와 단어의 조합된 형태이다. 하나의 구는 하나의 단어로 구성될 수도 있고, 또는 몇 개의 단어로 구성되어 복잡한 형태의 구를 이룰 수도 있다. 예를 들어 '很有意义的工作'과 '写完作业

的学生’ 등이 그러하다. 구는 크게 세 가지로 하위분류해 볼 수 있는데, 첫째, 실사와 실사로 구성된 구와, 둘째, 실사와 허사로 구성된 구, 셋째, 관용구이다.

❶ 실사와 실사로 구성된 구

실사와 실사로 구성된 구는 词组라고도 부른다. 이러한 종류의 구가 만약 중심어를 갖고서 문장을 만들 때, 그 기능은 항상 구의 중심어와 일치한다. 예를 들어 ‘红花’와 ‘花’는 모두 명사로서 기능이 일치한다. ‘高喊’과 ‘喊’은 모두 동사로서 기능이 일치한다. 그러므로 어떤 단어가 중심어가 되어 이루어진 구를 그 품사의 단어로 쓰인 구라고 부른다. 구는 문장을 만드는데 아주 유용한 단위인 것이다.

1 명사구

我们班 우리 반　　可爱的祖国 사랑스런 조국　　他的父亲 그의 아버지
一本书 책 한 권　　长头发 긴 머리카락　　这三种因素 이 세 가지 요소
干净的教室 깨끗한 교실　　正确的观点 정확한 관점

2 동사구

认真地学习 진지하게 배우다　　写汉字 한자를 쓰다　　唱得很好 노래를 아주 잘 부르다
喜欢看电影 영화 보는 것을 좋아하다　　去买书 책을 사러 가다　　请他来 그를 오라고 청하다
写完 다 쓰다　　看得懂 알아보다

3 형용사구

很大 매우 크다　　非常高兴 무척 즐겁다　　暖和起来 따뜻해지다
暗下去 어두워지다　　急得不得了 급해서 어쩔 바를 모르다
高兴得跳了起来 너무 기뻐서 팔짝 뛸 지경이다

4 주술구

我去 내가 가다　　头疼 머리가 아프다　　个子高 키가 크다　　学习努力 공부는 열심히 하다

❷ 실사와 허사로 구성된 구

1 개사구

在学校里(学习) 학교에서 공부하다　　给他(写信) 그에게 편지를 쓰다
从东边(来) 동쪽에서부터 오다　　向前(走) 앞으로 가다
跟他(谈话) 그와 말하다　　为他(高兴) 그 때문에 기쁘다

2 ‘的’자구(뒤에 명사가 없는 것)

红的 붉은 것　　中文的 중국어로 된 것　　卖菜的 야채 파는 사람
写字用的 글씨를 쓸 때 사용하는 것

‘的’자구는 명사성을 표시하는데, 예를 들어 ‘蓝的’는 ‘蓝颜色的东西’ 즉 파란색의 옷이나 종이를 가리킨다. ‘铁的’는 ‘用铁制成的物品’, 즉 철로 만든 상자 같은 것을 말한다. ‘卖菜的’는 보통 ‘卖菜的人’, 즉 채소 파는 사람을 가리키지만, 채소를 파는 장소나 도구를 가리킬 수도 있다. ‘写字用的’는 ‘写字用的文具’, 즉 종이, 붓, 책상 등을 가리킨다. 그러나 ‘的’자구가 늘 정해진 명사를 보충할 수 있는 것은 아니다.

---

③ 관용구

관용구는 주로 실사(때로 허사 포함)로 구성된 고정된 조합을 말한다. 고정구는 형식상 고정적이며, 고정구를 구성하는 단어 및 어순(词序)은 일반적으로 변할 수 없다. 또한 의미상 숙어적인 성격이 강하며, 종종 포함하고 있는 단어의 의미에 따라 간단하게 글자를 이해해서는 안 된다. 하나의 완정한 전체로 이해해야 하며, 때로는 비유의 의미를 담고 있기도 하다. 예를 들어 '头面人物'는 '사회적으로 세력이 있거나 명상이 있는 사람'을 가리키며(부정적 의미), '山穷水尽'은 절경에 빠져드는 것을 비유한 것이고, '一不作, 二不休'는 '일을 한 번 시작하면, 아예 끝장을 보는 것'을 가리킨다. 또한 '一棍子打死'가 '전면 부정'을 말하는 것과 같은 것들이다. 본서의 고정구는 일반적으로 어법서에 나오는 관용구나 성어, 관용어 등을 말한다.

고정구는 대부분 네 글자로 이루어져 있는데, 이러한 형식의 고정구를 보통 '四字成语'라고 한다. 四字成语의 구성방식은 매우 다양한데, 여기에서는 몇 가지 주요한 유형만 예로 들어 설명하겠다.

1 주로 명사로 구성된 것들이 있는데, 다음과 같다.

千山万水 수없이 많은 산과 강, 멀고 험한 길

山珍海味 산과 바다의 온갖 진미, 맛있는 음식

行云流水 떠도는 구름과 흘러가는 물, 글이 막힘없고 자연스러운 모습

千方百计 온갖 방법과 계획 (偏正＋偏正)

子虚乌有 자허선생과 오유선생, 세상에 존재하지 않는 허구, 거짓말 (并列)

井底之蛙 우물 안 개구리, 견문이 좁고 세상물정에 어두운 사람

下里巴人 전국시대 초나라의 민간가요, 통속적인 문학, 예술 작품 (偏正)

2 주로 동사로 구성된 것들은 다음과 같다.

有条有理 조리가 있다, 질서정연하다

指手画脚 손짓 발짓 등 여러 가지 몸짓을 하다, 남을 함부로 비난하고 헐뜯다

发号施令 명령을 내리다, 지시하다

避重就轻 어려운 것은 피하고 쉬운 것만 택하다, 힘든 책임은 피하고 가벼운 것만 택하다 (动宾＋动宾)

深思熟虑 깊이 생각하다

不屈不挠 절대로 굽히지 않는다

左顾右盼 좌우를 돌아보다, 남의 눈치를 보다

一曝十寒 하루는 햇볕을 쬐고 열흘은 식히다, 어떤 일을 하다말다 하다 (偏正＋偏正)

井井有条 논리정연하다, 질서정연하다

历历可数 낱낱이 들추어 열거하다

巧立名目 교묘하게 구실을 붙이다

对牛弹琴 소에게 거문고 연주해주기, 쇠귀에 경 읽기 (状＋动宾)

3 주로 형용사로 구성된 것들도 있다.

光明磊落 정정당당하다, 떳떳하다

光怪陆离 형상이 기이하고 색채가 다양하다

华而不实 꽃은 피지만 열매가 없다, 겉만 번지르르하다, 빛 좋은 개살구 (并列)

洋洋得意 득의양양하다 (偏正)

轻于鸿毛 기러기 털보다 가볍다, 죽음이 가치가 없다 (补充)

④ 주술구로 이루어진 것들은 다음과 같다.

心直口快 마음속의 것을 바로 입 밖으로 내어 말하다, 성격이 솔직하여 입바른 소리를 잘하다

天长地久 하늘과 땅처럼 영원하다, 영원히 변치 않다

天怒人怨 하늘도 사람도 진노하다, 천인공노하다

头破血流 머리가 깨어져 피가 흐르다, 여지없이 참패하다 (主谓＋主谓)

天衣无缝 신선들의 옷은 꿰맨 흔적이 없다, 아무 흔적이나 결함이 없다

毛遂自荐 모수가 스스로를 천거하다, 자진해서 나서다

江郎才尽 재능이 다하다

愚公移山 우공이 산을 옮기다, 어떠한 어려움도 두려워하지 않고 굳센 의지로 밀고 나가면 성공한다 (主谓)

고정구는 문장 속에서 하나의 완정한 형태로 쓰이며, 어법기능은 결코 중심어와 완전히 일치하는 것은 아니다. 예를 들어 '大刀阔斧'에서 중심어로 쓰인 명사 '刀'와 '斧'는 부사어로 쓰일 수 없다. 그러나 '大刀阔斧' 전체는 부사어로 쓰일 수가 있다. 예를 들어 '他大刀阔斧地工作起来(그는 과감하게 일처리를 한다)'와 같은 경우이다. 어법기능면에서 본다면, 하나의 고정구는 하나의 단어와 비슷하다고 해서, 단어의 전체적인 어법기능을 가질 필요는 없다. 예를 들어 몇몇 고정구의 어법기능이 동사에 가까울 경우, 서술성이 강해 보통 '求全责备', '弃暗投明', '声东击西'와 같이 술어로 쓰인다. 형용사성에 가까운 것들은 묘사성이 강해서 '好大喜功', '年富力强', '光明磊落'와 같이 술어나 관형어로 쓰이거나, '同甘共苦', '同舟共济', '有条不紊'과 같이 술어나 부사어로 쓰이기도 한다. 또한 '目瞪口呆', '龍飞凤舞', '头破血流'는 주로 술어와 보어로 쓰이며, '千方百计', '依依不舍'는 주로 부사어로 쓰인다. 몇몇 고정구는 명사와 비슷해서 '豊功伟绩', '阳春白雪', '害群之马'에서와 같이 주로 주어나 목적어로 쓰인다.

고정구는 아주 많아서 활동력도 매우 강하며, 문장을 만드는 능력 또한 아주 뛰어나다. 이러한 고정구를 파악한다는 것은 중국어 독해능력을 향상시킬 수 있을 뿐만 아니라 정확하게 고정구를 쓸 수 있다는 것은 고급 중국어를 구사할 수 있다는 하나의 증거가 된다.

제 4 절

중국어의 구사법

중국어의 단어는 구조상 크게 단순어, 합성어, 긴축어로 크게 나눌 수 있다.

 **단순어**

단순어는 하나의 형태소로 이루어진다. 발음상 대부분 일음절로 이루어진 것이 많은데, '天', '地', '人', '你', '我', '他', '高', '大', '来', '看', '才', '就', '把', '被' 등과 같다. 또한 단순어는 이음절로 이루어진 것도 있는데, 어떤 것은 두 개의 음절이 완전히 같은 것도 있다. 예를 들면 '奶奶', '蛐蛐', '宝宝', '纷纷' 등과 같다. 어떤 것은 두 개 음절의 성모나 운모가 같은 것도 있는데, '辗转', '参差', '伶俐', '绵延', '逍遥', '彷徨' 등과 같다. 또 어떤 것은 두 음절이 완전히 다른 것도 있는데, '玻璃', '葡萄', '琥珀', '咖啡' 등과 같다. 또한 '奧林匹克', '麦克风' 등과 같이 대부분 외래어 혹은 역음어에서 쓰이는 삼음절 이상의 단순어도 있다. 이 밖에도 '砰', '轰隆', '稀里哗啦' 등과 같이 소리를 흉내 낸 의성어가 단순어로 쓰인 경우도 있다.

2 합성어

합성어는 두 개 혹은 두 개 이상의 형태소로 구성된다. 構詞法이라는 것은 바로 합성어를 구성하는 형태소를 연구하는 방법을 말한다. 중국어의 합성어는 중첩방식, 파생방식 그리고 복합방식 등 세 가지로 나뉘어 진다.

① 중첩방식

어떤 합성어는 구성형태소의 전부 혹은 일부분을 중첩하는 방식으로 단어를 이루기도 한다. 일반적으로 중첩된 부분은 새로운 어법의미를 지니게 되며, 이것은 하나의 특별한 접어로 생각할 수 있다. 음절과 형태소가 앞뒤로 어떻게 배열되는 가에 따라 중국어의 중첩구사방식 역시 여러 가지로 나눌 수 있다. 자주 보이는 것 네 가지만 예로 들면 다음과 같다.

① 동일 형태소를 중첩하는 방식으로 단어를 구성한다.
예를 들면 '妈妈', '爷爷', '球球儿', '蝈蝈'와 같이 두 번째 음절이 경성이 되는 명사와 '悄悄儿', '微微' 등과 같이 두 번째 음절을 세게 읽어야 하는 부사 등이 있다.

② 중첩된 두 개의 형태소를 다른 형태소 뒤에 덧붙여 하나의 단어를 이룬다.
가장 자주 보이는 것으로는 두 개의 중첩된 형태소가 형용사형태소 뒤에 붙어 단어를 구성하는 방식으로, '干巴巴', '红彤彤', '亮晶晶', '乐呵呵', '乐滋滋', '乱哄哄', '香喷喷', '雄纠纠', '羞答答', '阴森森', '直挺挺' 등과 같다. 중첩된 두 개의 형태소 앞에 명사형태소나 동사형태소를 더할 수도 있는데 이런 경우는 많이 쓰이지는 않는다. 예를 들면 '眼睁睁', '眼巴巴', '毛茸茸', '毛哄哄', '笑眯眯', '笑嘻嘻', '笑哈哈' 등이 있다. 이런 방식으로 이루어진 단어는 보통 부사어나 관형어로 쓰인다.

③ 중첩된 두 개의 형태소를 다른 형태소의 앞에 놓아 단어를 이룬다.
예를 들면 '毛毛虫', '毛毛雨'와 같은 것들로 대부분 명사로 쓰이며 현대중국어에서

는 보통 더 이상 이런 방식으로 단어를 만들지는 않는다.

④ 형용사의 첫 번째 음절을 중첩하고 중첩된 두 개의 형태소나 음절 사이에 '里', '罗', '了' 등과 같은 의미가 없는 음절을 끼워 넣는 방식으로 네 음절의 단어를 이룬다.

예를 들면 '傻里傻气', '慌里慌张', '啰里啰嗦', '晃了晃荡'과 같다. 이러한 중첩식은 불완전중첩식이라고도 한다. 그리고 이런 중첩식으로 이루어진 단어는 대부분 싫어함이나 경멸하는 의미를 담고 있다.

② 파생방식(부가법이라고도 함)

합성어 중에서 어휘의미를 가진 형태소를 語根형태소라고 부른다. 그리고 실제적인 어휘의미를 갖고 있지는 않지만 단지 단어를 만들 때만 쓰이는 형태소를 접어형태소, 또는 부가형태소라고 한다. 어근형태소에 접어형태소를 더하여 단어를 만드는 방법을 파생법이라고 한다. 그리고 이러한 방식으로 이루어진 단어를 파생사라고 한다.

파생의 의미는 어근형태소와 접어형태소가 조합되어 이루어진다. 예를 들어 '读者'라는 단어의 의미는 '출판물이나 문장을 읽는 사람'을 말한다. 여기에서 '读'는 이 단어의미의 주체부분으로 문자로 이루어진 작품을 읽는 것을 표시하며, '者'는 사람을 나타낸다. 접어형태소는 추상적인 어법의미를 갖고서 그것으로 이루어지는 단어가 어떤 품사에 속하는 단어인지를 나타내 주며, 또한 어근형태소를 제한하고 보충하는 의미를 갖는 작용을 하기도 한다. 중국어의 파생어에는 다음의 세 가지 방식이 있다.

1. 접두어식

어근형태소 앞에 위치하는 접어를 접두어라고 한다. 중국어에서 접두어로 쓰이는 것은 그리 많지 않다. 자주 보이는 접두어로는 '阿', '老', '第', '初', '小' 등이 있다. 접두어를 이용해서 만들어진 단어로는 '阿姨', '老师', '老虎', '初一', '第五', '小孩' 등이 있다.

2. 접미어식

어근형태소 뒤에 놓인 접어를 접미어라고 한다. 접미어로 이루어진 단어는 파생사의 대부분을 차지한다. 자주 보이는 접미어로는 '子', '头', '儿', '者', '巴', '然', '性', '化' 등이 있다. 이러한 접미어로 이루어진 단어로는 '刀子', '胖子', '瘦子', '木头', '苦头', '尖儿', '花儿', '盖儿', '拐棍儿', '作者', '读者', '旁观者', '忽然', '偶然', '弹性', '可靠性', '绿化', '现代化' 등이 있다.

또한 몇몇 완전하게 虛化되지 않은 접미어도 있는데, 准접미어라고 한다. 예를 들면 歌唱家, 画家의 '家'와 教员, 公务员의 '员', 그리고 拜金主义, 集体主义의 '主义' 등이 있다.

3. 접두어와 접미어의 혼합식

① (어근+어근)+접어 : 大力士, 劳动者, 思想家

② 어근+(어근+접어) : 肉包子, 新娘子

③ 접어+[(어근+접어)+접어] : 老娘们儿

③ 복합방식

　두 개 혹은 두 개 이상의 어근형태소로 단어를 이루는 방식을 복합방식이라고 하며, 복합법이라고도 한다. 그리고 이러한 복합방식으로 이루어진 단어를 복합어라고 부른다. 예를 들어 '理'와 '想', 두 개의 어근형태소로 '理想'이, 그리고 '合'와 '理', '英'과 '雄'의 두 개의 어근형태소로 '合理'와 '英雄'이 만들어진다. 또한 '牛'와 '皮', '纸' 등 세 개의 어근형태소로 '牛皮纸'가 만들어지기도 한다.

　또한 복합어는 어근형태소간의 관계에 따라 병렬복합어, 수식복합어, 동보복합어, 동목복합어, 주술복합어 및 복잡복합어 등으로 나눌 수 있다.

1. 병렬복합어(연합식복합어)

　병렬복합어는 의미가 서로 같거나 상반되거나 상대되는 두 개의 형태소가 나란히 이어져 단어를 이루는 경우를 말한다. 이러한 복합어는 각기 형태소들 간에 선후의 관계없이 평등한 관계를 이룬다. 예를 들면 '道路', '人民', '国家', '声音', '群众', '友谊', '团结', '清洁', '优秀', '帮助', '学习', '始终' 등과 같다.

2. 수식복합어

　수식복합어를 이루는 두 개의 형태소 중 전자는 후자를 수식하거나 제한하는 역할을 하며 후자가 중심성분이 된다. 예를 들어 '手表' 중의 형태소인 '手'는 뒤의 형태소 '表'를 수식하며, '表'가 중심성분이 된다. 또한 '学校', '家长', '工人', '电车', '京剧', '雪白', '笔直', '滚热', '移植', '游击', '笔谈', '鸟瞰' 등이 이런 수식복합어에 속한다.

3. 동보복합어(보충식복합어, 后补복합어)

　동보복합어는 하나의 동사형태소나 형용사형태소 뒤에 또 하나의 보어성형태소가 덧붙여져 이루어지는 단어를 말한다. 예를 들면 '扩大, 埋没, 提高, 推翻, 压缩, 摧毁, 说明, 发动, 延长, 改进, 立正, 推动' 등과 같은 단어들이다. 동보복합어는 두 개 형태소간의 관계에 따라 다음과 같이 세분할 수 있다.
⓵ 결과동보복합어 : '改善', '改良', '打倒', '推翻', '推迟', '推出' 등
⓶ 추향동보복합어 : '展开'
　추향동보복합어는 그 수가 많지 않다.

4. 동목복합어

　동목복합어는 보통 하나의 동사형태소 뒤에 하나의 명사형태소가 와서 동목관계를 이루는 것을 말한다. 예를 들면 '主席', '命令', '司仪', '司令', '理事', '顶针', '动员', '干事', '司机', '鼓掌', '革命', '出席' 등과 같다. 또한 몇몇 동목복합어는 뒤에 동사형태소나 형용사형태소가 오기도 하는데, '挨骂', '挨批', '上算', '认输', '放飞', '起早', '搁浅', '耐久', '入迷', '认真' 등과 같다.

5. 주술복합어

　주술복합어의 두개 어근형태소의 관계는 마치 통사상의 주어, 술어관계와 비슷하다. 예를 들어 '年轻', '心疼', '地震', '月蚀', '霜降', '夏至', '民主', '自觉', '花红', '月亮', '胆小', '性急' 등의 단어가 바로 주술복합어이다.

6. 복잡복합어

　복합어는 두 개의 형태소로 이루어지는 것이 보통인데, 어떤 것은 세 개 혹은 세 개 이상의 형태소로 구성되는 것이 있다. 바로 이것을 복잡복합어라고 한다. 이러한 복잡복합어의 구조관계는 이음절복합어의 구조관계와 거의 같다. 병렬식, 수식식, 동목식, 주술식 등으로 나누어진다. 단, 세 개 혹은 세 개 이상의 형태소간의 배열조합관계에 조금의 차이가 있을 뿐이다. 자주 쓰이는 것을 예로 들면 다음과 같다.

① 형용사형태소＋[명사형태소＋명사형태소]

小家庭 작은 가정　　熟石灰 소석회　　生石灰 생석회　　红领巾 붉은 스카프, 붉은 삼각건
大篷车 좌석 수가 적고 공간이 넓은 버스　　小钢炮 작은 대포, 말을 직설적으로 하는 사람

② [형용사형태소＋명사형태소]＋명사형태소

幼儿园 유아원　　热水瓶 보온병　　博物馆 박물관　　双簧管 오보에　　总务处 총무처
青年报 청년보　　少年宫 소년궁　　老人院 양로원　　孤儿院 고아원

③ [동사형태소＋동사형태소]＋명사형태소

检察官 검찰　　计算机 컴퓨터　　计算尺 계산자　　练习本 연습장　　医疗队 의무대
看守所 구치소　　歌舞厅 댄스클럽　　派出所 파출소

④ [동사형태소＋형용사형태소]＋명사형태소

养老金 연금　　养老院 양로원

⑤ [동사형태소＋형용사형태소(동보관계)]＋명사형태소

放大镜 확대경　　漂白粉 표백분

⑥ [동사형태소＋명사형태소(동목관계)]＋명사형태소

降压药 혈압강하제　　朝阳花 해바라기　　定音鼓 팀파니　　报警器 경보기
售票厅 표 파는 곳　　健身房 헬스클럽　　输卵管 수란관　　起重船 기중선
连环画 연환화　　守财奴 수전노, 자린고비　　敞篷车 뚜껑이 없는 차, 무개차
看家狗 집지키는 개, 앞잡이　　见面礼 처음 만날 때 주는 선물　　顶梁柱 대들보를 떠받치는 기둥, 동량
开心丸 마음을 즐겁게 하는 말, 위로하는 말

⑦ [명사형태소＋동사형태소]＋명사형태소

手提包 핸드백　　手提箱 손가방　　地震仪 지진계

⑧ [명사형태소＋명사형태소]＋명사형태소

书生气 선비 기질　　江米酒 찹쌀로 빚은 술　　人力车 인력거　　人工湖 인공호
书名号 책이름을 표시하는 문장부호

 축약어

축약어는 사물을 표시하는 전체 명칭(구, 词组)을 몇 개의 형태소로 축약시켜 다시
원래의 순서대로 조합하여 만들어진 단어를 말한다. 축약어는 简称이라고도 하기 때
문에 어떤 사람은 이러한 구사방법을 간칭구사법이라고도 부른다. 축약어는 뉴스보
도 중에 널리 사용된다. 아래 네 가지 구성방식으로 나뉜다.

1 전체 명칭의 중심사만 취한다.

大楼 백화점　　　　　▶ 王府井百货大楼 王府井 백화점
教育部 교육부　　　　　▶ 中华人民共和国教育部 중화인민공화국 교육부
总工会 노동자총연합회　▶ 中华全国总工会 중화전국노동자 총연합회

　이런 축약어의 의미는 일정한 언어 환경에서만 명확하게 알 수 있다.

2 몇 가지 전체 명칭 중의 수식성분을 나열하고 거기에 중심성분을 더한다.

工农业 공농업　　　　▶ 工业、农业 공업, 농업
农副产品 농부산품　　▶ 农业产品、副业产品 농업산품, 부업산품
大中小学生 대중소학생　▶ 大学生、中学生、小学生 대학생, 중고등학생, 초등학생
中青年 중청년　　　　▶ 中年、青年 중년, 청년

3 구 중 각기 맨 앞의 형태소만 취한다.

初中 초중 ▶ 初级中学 초급중학-중학교　　　地铁 지철 ▶ 地下铁路 지하철
高中 고중 ▶ 高级中学 고급중학-고등학교　　人代会 인대회 ▶ 人民代表大会 인민대표자대회
大专 대전 ▶ 大学专科 대학전문대학　　　　妇代会 부대회 ▶ 妇女代表大会 부녀대표자대회
北大 북대 ▶ 北京大学 북경대학　　　　　　科技大 과기대 ▶ 科学技术大学 과학기술대학
消协 소협 ▶ 消费者协会 소비자협회　　　农研所 농연소 ▶ 农业研究所 농업연구소

4 숫자로 몇 가지 방면을 개괄한다.

四会 사회 ▶ 会听、会说、会读、会寫 들을 수 있고 말할 수 있고 읽을 수 있고 쓸 수 있다
三好 삼호 ▶ 身体好、学习好、工作好 건강하고 공부 잘하고 일 잘하다
三伏 삼복 ▶ 初伏、中伏、末伏 초복, 중복, 말복
四季 사계 ▶ 春、夏、秋、冬 춘, 하, 추, 동

제 5 절
문장의 구조 분류

 주술문과 비주술문

구조에 따라 문장을 주술문과 비주술문으로 대별할 수 있다.

① 주술문

주술문은 주어와 술어 두 부분으로 이루어진 문장을 말한다.

① 麦克在北京语言文化大学学习汉语。

　　Màikè zài Běijīng Yǔyán wénhuà dàxué xuéxí Hànyǔ.

② 中国人民是勤劳勇敢的。

　　Zhōngguó rénmín shì qínláo yǒnggǎn de.

주술문의 주어 혹은 술어는 일정한 언어 환경에서는 생략될 수도 있다.

③ 问：小刘呢?

　　Xiǎo Liú ne?

　答：(　)去上海了。

　　(　)qù Shànghǎi le.

④ 问：谁找他?

　　Shéi zhǎo tā?

　答：小张(　)。

　　Xiǎo Zhāng (　).

　주술문은 또한 술어의 성질에 따라, 즉 술어가 어떤 품사인가에 따른 동사술어문, 형용사술어문, 주술술어문, 명사술어문으로 나눌 수 있다.

① 동사술어문

동사가 술어로 쓰인 문장으로 아래와 같은 것들이 있다.

① 小马在工厂工作。

　　Xiǎo Mǎ zài gōngchǎng gōngzuò.

② 我姐姐是二年级的学生。

　　Wǒ jiějie shì èr niánjí de xuésheng.

③ 我有一本新画报。

　　Wǒ yǒu yì běn xīn huàbào.

④ 你把这本书还给他。

　　Nǐ bǎ zhè běn shū huán gěi tā.

⑤ 我下午去北京站接朋友。

　　Wǒ xiàwǔ qù Běijīngzhàn jiē péngyou.

⑥ 你请老张来一下。

　　Nǐ qǐng Lǎo Zhāng lái yíxià.

② 형용사술어문

형용사가 술어로 쓰인 문장은 다음과 같다.

① 今天很热。

   Jīntiān hěn rè.

② 苹果快熟了。

   Píngguǒ kuài shú le.

③ 他急得满头大汗。

   Tā jí de mǎn tóu dà hàn.

오늘은 매우 덥다.

사과가 곧 익을 거야.

그는 급해서 얼굴이 온통 땀투성이가 되었다.

③ 주술술어문

주술문이 술어로 쓰인 문장은 다음과 같다.

① 他学习很努力。

   Tā xuéxí hěn nǔlì.

② 我头疼。

   Wǒ tóu téng.

③ 山上红旗飘扬。

   Shān shàng hóngqí piāoyáng.

그는 아주 열심히 공부한다.

나 머리 아파.

산 위에 붉은 기가 휘날리고 있다.

④ 명사술어문

명사가 술어로 쓰인 문장은 다음과 같다.

① 今天星期一。

   Jīntiān xīngqīyī.

② 他高个子，大眼睛。

   Tā gāo gèzi, dà yǎnjing.

③ 阿里伊拉克人。

   Ālǐ Yīlākè rén.

④ 小刘二十多岁。

   Xiǎo Liú èrshí duō suì.

오늘은 월요일이다.

그는 꺽다리이고 왕눈이다.

阿里는 이라크사람이다.

小刘는 스무 살쯤 되었다.

② 비주술문

주어와 술어 두 부분으로 구성되지 않은 문장을 가리킨다. 비주술문은 주어와 술어가 생략된 것도 아니며, 확실하게 주어나 술어를 보충할 수 있는 것도 아니다. 그래서 비주술문은 하나의 완전한 문장이지 생략문은 아닌 것이다. 비주술문은 다시 아래와 같이 두 가지로 나눌 수 있다.

① 무주어문

주어가 없는 문장을 말하며 동사문이라고도 한다.

① 下雨了。

   Xià yǔ le.

② 小心火车!

   Xiǎoxīn huǒchē.

③ 注意!

   Zhùyì!

비가 온다.

기차를 조심해라!

조심해!

② 독립문

하나의 단어 혹은 하나의 명사구로 이루어진 문장을 말한다.
명사로 이루어진 것은 명사문이라고도 한다.

① 好可爱的孩子!

   Hǎo kě'ài de háizi.

② 多美的花呀!

   Duō měi de huā ya!

정말 귀여운 아이야!

정말 아름다운 꽃이군!

형용사로 이루어진 것은 형용사문이라고 한다.

③ 好冷!

   Hǎo lěng!

너무 추워!

탄사로 이루어진 것은 탄사문이라고 한다.

④ 唉!

   Ài!

에이!

 **단문과 복문**

단문과 복문이라는 것도 문장의 구조에 따라 나눈 것이다. 그러나 한 단계 높은 차
원의 구조분류를 말한다. 단문은 하나의 주술문(혹은 술어)만 포함한다. 앞에서 말
한 주술문와 비주술문이 모두 단문에 속한다. 반면 복문은 두 개 혹은 두 개 이상의
의미상 연관된 단문으로 구성된 것을 말한다. 복문을 구성하는 각각의 단문을 복문
의 절(분문)이라고 하며 절과 절 사이에는 일정한 쉼(休止)이 있어야 한다.

① 如果明天不下雨，我们就去长城。

   Rúguǒ míngtiān bú xià yǔ, wǒmen jiù qù Chángchéng.

② 这个电影我看过，今天晚上不去看了。

   Zhè ge diànyǐng wǒ kànguo, jīntiān wǎnshang bú qù kàn le.

③ 你不去，我也不去。

   Nǐ bú qù, wǒ yě bú qù.

만일 내일 비가 내리지
않는다면, 우리는 만리
장성에 갈 거야.

나는 이 영화를 보았어,
오늘 저녁에 보러가지
않을 거야.

네가 가지 않으면 나도
가지 않을 거야.

복문 속의 절은 서로 분리되어 있어서 서로 포용하지 못한다. 다시 말해 하나의 절이 다른 하나의 절의 구성성분이 될 수 없다는 것이다. '我期望着, 这一天早日到来'(나는 이런 날이 하루속히 오기를 기대하고 있다)는 문장은 복문이 아니라 단문이다. 왜냐하면 '这一天早日到来'가 '期望着'의 목적어로 쓰였기 때문이다.

제 6 절

문장성분과 문장의 구조분석

 **문장성분**

하나의 문장은 보통 하나의 단어로만 이루어지는 것은 아니다. 또한 이러한 단어들 간의 관계도 같지 않다. 어떤 단어들은 직접 관계를 맺기도 하고, 또 어떤 단어들은 다른 구(词组)와 결합하여 다시 구를 만든 다음 다른 단어와 관계를 맺기도 한다. 예를 들어 '小组讨论整整进行了一天'(분임토론은 꼬박 하루 동안 진행되었다)에서 '小组'와 '进行'은 직접 관계가 없다. 그리고 '整整'과 '讨论' 역시 어법구조상 어떠한 관계도 없다. 단지 '小组'와 '讨论'만이 관계가 있는데, 바로 수식관계의 동사구로 이루어진다는 것이다. 그리고 '小组讨论'과 '整整进行了一天' 이 두 개의 구도 직접 관계를 맺게 되어 주술문을 이룬다. 문장에서 각각의 단어와 구의 작용 역시 같지 않다. 예를 들어 위의 문장에서 '小组讨论'은 문장서술의 대상이 되며, '小组'는 '讨论'을 수식한다. 그리고 '整整进行了一天'은 '小组讨论'에 대한 서술이며, '整整'은 또 '进行了一天'을 수식한다. 그리고 '一天'은 '进行'의 시간을 보충설명하고 있다.

이렇듯 문장을 구성하는 단어나 구의 관계 및 위치, 작용의 다름에 따라 문장을 몇 개로 나눌 수 있다. 위의 예문을 나누어 보면, 먼저 '小组讨论'과 '整整进行了一天' 두 부분, 즉 주어와 술어부분으로 나누어진다. 다시 '小组', '讨论', '整整', '进行了', '一天' 등 다섯 부분으로 세분할 수 있다.

이렇게 세분된 문장의 각 부분들을 문장성분이라고 한다. 문장성분은 위치나 작용에 따라 주어, 술어, 목적어, 부사어, 보어, 관형어 등 여섯 가지로 나눌 수 있다.

주어부분은 문장 진술의 대상이며, 술어부분은 주어부분에 대한 진술이다. 모든 주술문은 모두 주어부분과 술어부분으로 나뉘어 진다.

술어부분에서 주요한 작용을 일으키는 단어나 구는 술어부분의 핵심을 이루는데, 이것을 술어라고 한다. 동사술어문의 술어는 동사이며, 때로는 이것을 술어동사라고 부른다. 그리고 형용사술어문의 술어는 형용사이며, 역시 술어형용사라고 부른다. 또한 명사술어문의 술어는 명사나 명사구가 되며, 주술술어문의 술어는 주술문이 된다.

동사술어문의 술어부분에서 동작이 미치는 대상을 표시하는 명사성 단어를 목적어라고 한다. 예를 들어 '我写字'의 '字'는 '写'의 목적어가 된다.

술어동사와 술어형용사 뒤의 보충성분을 보어라고 하는데, 대부분 용언성 단어들

로 이루어진다. 수량구도 보어로 쓰일 수 있다. 예를 들어 '她唱得很好', '这朵花红极
了' 및 '我去了三次'의 '很好', '极', '三次'는 모두 보어로 쓰였다.

술어 앞에서 수식작용을 하는 성분을 부사어라고 한다. 예를 들어 '小组讨论整整进
行了一天'과 '我很高兴'이 '整整'과 '很'이 부사어로 쓰였다. 부사어는 때로는 주어 앞
에 오기도 하는데, '昨天我们看了一场电影'의 '昨天'과 같다.

주어부분이 만약 수식관계를 이루는 명사구일 경우, 그 수식어를 관형어라고 한다.
예를 들어 '我弟弟是学生'의 '我'가 관형어 역할을 한다. 목적어 앞의 수식어 역시 관
형어라고 하는데, '他是我的老师'와 '他们对我们表示热烈的欢迎'의 '我的'과 '热烈的'
가 모두 관형어로 쓰였다.

이 여섯 가지 성분이 동일한 계층에 있는 것은 아니다. 주어부분은 술어부분과 상
대되어 쓰이며, 목적어는 술어동사와 같이 언급되고, 보어는 술어동사나 술어형용사
와 같이 쓰인다. 또한 부사어는 그 뒤의 모든 술어부분을 수식하기도 하고, 술어만을
수식하기도 한다. 관형어는 주어나 목적어를 수식한다.

동사술어문을 예로 들면, 중국어의 문장성분의 기본적인 순서는 다음과 같다.

관형어 + 주어 ‖ 부사어 + 술어 + 보어 + 관형어 + 목적어

관형어, 부사어, 보어, 목적어 및 주어와 술어 등의 용어 역시 구 중의 단어와 단어
간의 어법관계를 표시한다. 관형어는 수식 받는 명사가 문장의 주어이든, 술어이든
상관없이 명사의 수식어로 쓰인다.

① (小刘)　　北京　　人(。)
　　　　　　관형어　명사
　(小刘)는 北京 사람이다.

② (大家不要乱,)一个　　人　　一个　　人　　　说(。)
　　　　　　　　　관형어　명사　관형어　명사
　(모두들 무질서하게 굴지 말고,) 한 사람씩 한 사람씩 말해라.

부사어는 다음과 같이 동사나 형용사를 수식한다.

③ 热烈地　讨论　(进行了)　很　　　久(。)
　부사어　동사　　　　　　부사어　형용사
　열렬한 토론이 오랫동안 진행되었다.

④ (孩子们)　很　　　早　　(就起来了。)
　　　　　　부사어　형용사
　(아이들이) 매우 일찍 (일어났다)

목적어는 동작이 미치는 대상을 가리킨다.

⑤学　　汉语　　（是比较困难的。）
　　동사　목적어
　　중국어를 배우는 것은 (비교적 어렵다.)

⑥（他急得）吃　　不下　　饭(。)
　　　　　　동사　보어　　목적어
　（그는 급해서）밥을 먹고 싶지 않았다.

개사 뒤의 명사는 모두 목적어가 된다.

⑦（他）　　从　　　南方(来。)
　　　　　개사　목적어
　（그는）남부지방에서 (왔다).

보어는 동사나 형용사를 보충 설명하는 것으로는 다음과 같은 것들이 있다.

⑧考　　　上　　　大学　（是他的愿望。）
　동사　보어　목적어
　대학 시험에 붙는 것이 (그의 소망이다)

2 문장 분석

　문장을 분석할 때는 먼저 문장성분을 분석해야 한다.
　첫째, 주어부분과 술어부분을 먼저 가려내어 중간에 세로선 'ǁ'을 넣고 분석된 문
장이 어떤 술어문에 속하는 지 확정해야 한다.

① 我ǁ学习汉语。
　　나는ǁ중국어를 배운다. (동사술어문)
② 今天ǁ很热。
　　오늘은ǁ매우 덥다. (형용사술어문)
③ 北京的春天ǁ一般风沙很大。
　　北京의 봄은ǁ황사현상이 심하다. (주술술어문)
④ 明天ǁ星期三。
　　내일은ǁ수요일이다. (명사술어문)

　둘째, 각종 술어문의 특징에 따라 다시 분석을 해야 한다.
　동사술어문의 구조는 비교적 복잡하다. 먼저 주어와 목적어를 찾은 뒤 각각 쌍밑줄
(＝)과 단밑줄(一)을 긋고, 다시 술어동사를 찾아내어 물결표시(～)를 한다. 그런
다음 다시 보어, 부사어를 찾아내어 대괄호([ ])와 꺽쇠(< >) 표시를 한다. 마지막
으로 관형어를 찾아서 괄호(( ))로 표기한다.

⑤ (王刚的)弟弟‖<去年><在北京语言文化大学>学了[一年]汉语。

  (王剛의) 동생은‖<작년>에 <北京언어문화대학>에서 일 년 동안 중국어를 배웠다.

  형용사술어문 역시 먼저 주어와 술어를 찾아낸 뒤, 다시 기타성분을 분석해야 한다.

⑥ (我们班的)同学‖<今天>高兴[极]了。

  (우리 반) 친구들은‖<오늘> 아주 즐겁다.

  주술술어문도 같은 방법으로 분석한다. 주술술어문의 구조는 비교적 간단한데, 술어부분에는 부사어와 술어만 있다.

⑦ 哥哥‖<一直>学习很好。

  형은‖<줄곧> 공부를 아주 잘했다.

  명사술어문의 구조도 간단하다.

⑧ (我们班的)小张‖高个子, 宽肩膀。

  (우리 반의) 小張은‖키가 크고 어깨가 넓다.

  문장을 분석하는 것은 문장성분을 분석하는 것이다. 문장성분은 하나의 단어로만 이루어질 수도 있고, 하나의 단어로만 구성될 수도 있으며, 여러 개의 단어로 이루어질 수도 있다. 하지만 문장을 분석할 때, 문장성분으로 쓰이는 구에 대해서는 일률적으로 심화된 분석을 할 필요는 없다. 필요하다면 분석할 수도 있지만, 문장 밖에서 진행해야 하는데, 다음의 예문 ⑦, ⑧과 같다.

⑦ 哥哥‖<一直>学习很好。

  형은‖<줄곧> 공부를 아주 잘 했다.
  学习很好 : 学习‖<很>好
  공부는 아주 잘한다 : 공부는‖<아주> 잘

⑧ (我们班的)小张‖高个子, 宽肩膀。

  (우리 반의) 小張은‖키가 크다, 어깨가 넓다
  高个子, 宽肩膀 : (高)个子, (宽)肩膀。
  키가 크다, 어깨가 넓다: (크다) 키, (넓다) 어깨

  문장성분을 분석해낸 다음, 다시 다음과 같이 문장성분간의 구조계층관계를 설명한다.

⑨ 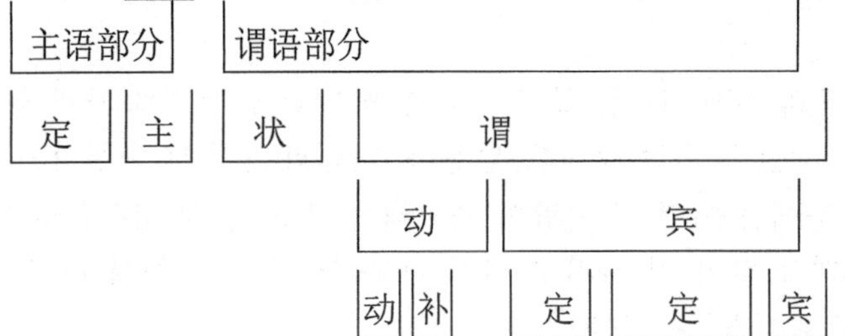

(小李의) 친구는 ‖ <어제> 샀다 (한 권의) (새로 출판된) 잡지를.

⑩ 

小明은 ‖ <매우>외국어 배우는 것을 좋아한다.

　주의해야 할 것은 문장을 분석하는 목적이 문장의 구조를 분석하기 위함이며, 학생들로 하여금 문장구조에 대한 분석을 통해서 문장의 의미를 파악하게 하기 위함이라는 것이다. 그러므로 구조가 간단한 문장은 보통 분석할 필요가 없다. 만약 문장의 수식어가 비교적 복잡할 경우, 문장의 주요부분(주어, 동사, 목적어)을 찾아내게 되는데, 이것은 일반적으로 학생들이 쉽게 문장의 틀을 이해하는데 도움이 되며, 다시 한 걸음 더 나아간 분석을 통해 보어, 부사어, 관형어 등의 성분과 문장의 주요부분과의 관계를 파악할 수 있게 한다. 그리고 이런 과정을 통해 전체 문장의 의미를 이해시키게 되는 것이다. 배우고 가르침에 있어 특별히 필요가 없다면 보통 문장성분을 분석해 내기만 하면 되는 것이다.

제 7 절

문장의 기능분류

　문장은 랑그(언어)의 단위이며, 동시에 빠롤(발화)의 단위가 된다. 사람들이 말을 하는 목적은 교제하기 위함이며, 서로 생각을 나누고 감정을 표시하기 위함이다. 교제기능의 차이에 따라 문장을 분류할 수 있다. 문장의 교제기능이 다르다는 것은 어법구조의 선택에 있어 영향을 미친다.

　교제기능에 따라 문장을 평서문, 의문문, 청원문, 감탄문, 호응문 등 다섯 가지로 분류할 수 있다. 의문문, 청원문, 호응문은 보통 듣고 말하는 사람이 있는 대화에서 나타난다. 반면 감탄문은 주로 대화 중에 등장하며, 비대화문에서도 등장하기도 한다. 진술문은 주로 비대화문에서 출현하며, 때로는 대화할 때 나타날 수도 있다.

평서문

평서문은 일종의 서사, 묘사, 설명, 논의성을 지닌 문장으로 보통 듣는 사람이나 독자에게 새로운 정보를 주는 문장을 말한다. 비대화 중에서 출현하는 횟수가 가장 많다. 반면 대화 중에는 어떤 한 사람이 계속해서 말을 할 때 평서문을 쓸 수가 있다.

평서문은 아래와 같이 몇 가지로 다시 나눌 수 있다. 문체에 따라 서술체, 묘사체, 설명체, 논설체로 나눌 수 있다.

① 서술체

서술체는 동작행위나 사건을 서술하면서 발전시키는 문장을 말한다. 서술체 문장에서는 동작행위나 사건을 표시하는 시간과 관련된 단어나 어구들이 있는데, 이것이 묘사체, 설명체, 논설체 문장과 다른 점이다.

① 第二天, 他们就坐飞机从北京去上海了。

Dì èr tiān, tāmen jiù zuò fēijī cóng Běijīng qù Shànghǎi le.

다음 날, 그들은 비행기를 타고 北京에서 上海로 갔다.

② 他刚想欠起身去看看讲话的是谁, 忽然小李一蹦一跳地过来了。

Tā gāng xiǎng qiàn qǐ shēn qù kànkan jiǎng huà de shì shéi, hūrán Xiǎo Lǐ yì bèng yí tiào de guòlái le.

그가 막 몸을 앞으로 일으켜 말하고 있는 사람이 누구인지 보려고 할 때, 갑자기 小李가 팔짝팔짝 뛰면서 다가왔다.

③ 女演员抱着琵琶下车, 腰肢扭摆, 美目流盼, 高跟鞋嘎嘎几声, 便消失在书场的珠帘里。

Nǚ yǎnyuán bàozhe pípá xià chē, yāozhī niǔbǎi, měi mù liú pàn, gāogēnxié gāgā jǐ shēng, biàn xiāoshī zài shūchǎng de zhūlián lǐ.

여배우가 비파를 품에 안고 차에서 내려 허리를 꼬며 아름다운 눈빛을 흘리고 하이힐 딱딱거리는 소리를 내며 만담을 들려주도록 만들어 놓은 곳의 주렴 사이로 사라졌다.(앞 문장에 시간을 나타내는 단어가 있음)

④ 天黑以后, 他才从学校回到家。进门以后, 他先打开灯, 然后放下手里的书包开始做饭。

Tiān hēi yǐhòu, tā cái cóng xuéxiào huí dào jiā. Jìn mén yǐhòu, tā xiān dǎ kāi dēng, ránhòu fàngxià shǒu lǐ de shūbāo kāishǐ zuò fàn.

날이 어두워진 후에 그는 학교에서 집으로 돌아왔다. 문으로 들어온 후 그는 먼저 불을 켜고 난 뒤 손에 들고 있던 책가방을 내려놓고 밥을 하기 시작했다.

⑤ 她说够了, 这时屋里顿时安静下来。

Tā shuō gòu le, zhèshí wū lǐ dùnshí ānjìng xiàlai.

그녀가 말을 다 하고나자 그 순간 방안이 잠시 고요해졌다.

⑥ 卢嘉川的神色突然严肃起来。

Lú Jiāchuān de shénsè tūrán yánsù qǐlai.

卢嘉川의 표정이 갑자기 엄숙해졌다.(앞 문장에 시간을 나타내는 단어가 있음)

서술체와 묘사체, 설명체, 논설체와 같은 비서술체의 가장 중요한 차이점은 동작행위나 사건 등에 시간성이 있다는 것이고 그 시간 속에서 진행되고 발전된다는 것이다. 위의 예문 ②는 먼저 '(他)想欠起身去看看讲话的是谁'한 후에 '小李一蹦一跳地过来了'한다는 것이다. 그리고 예문 ③은 '女演员'이 먼저 '抱着琵琶下车'한 후에 '腰肢扭摆, 美目流盼'하고 그리고 마지막으로 '高跟鞋嘎嘎几声, 便消失在书场的珠帘里'한다는 것이다. 예문 ④에서는 '他'가 먼저 '从学校回到家'한 후에 '进门'하고 그리고 다시 '打开灯'하며 마지막으로 '放下手里的书包开始做饭'한다는 것이다.

소설, 동화, 고사, 통신보도 등의 문체에서 서술체의 문장이 가장 많이 등장한다. 서술체에는 동사술어문과 고정구 역시 가장 많이 나타나며, 또한 형용사술어문도 나타난다. 그리고 기타 문체의 문장과 비교해서 서술체에 나타나는 어법현상의 분류도 가장 많고 가장 복잡하다.

❷ 묘사체

묘사체는 사람이나 물체의 외형과 성질특징 등을 묘사하는 것을 말한다. 묘사체에는 형용사술어문과 '得'를 가진 정태보어, 관용구, 존현문, 시태조사 '着' 등이 등장하며, 또한 동사구, 주술구 등도 나타난다.

① 天山的蘑菇又大又肥厚, 鲜嫩无比。

Tiānshān de mógu yòu dà yòu féihòu, xiānnèn wúbǐ.

> 天山의 버섯은 크고 통통하며 비할 바 없이 신선하고 부드럽다.

② 青的萝卜, 紫的茄子, 红的辣椒, 又红又黄的西红柿, 真是五彩斑斓, 耀眼争光。

Qīng de luóbo, zǐ de qiézi, hóngde làjiāo, yòu hóng yòu huáng de xīhóngshì, zhēnshì wǔ cǎi bānlán, yào yǎn zhēng guāng.

> 파란 무, 보랏빛 가지, 붉은 고추, 붉고 노란 토마토, 정말이지 오색 찬란하여 눈이 부실 지경이다.

③ 被浓云衬托着, 大坝好像是一只泊在海里的大军舰, 更加雄伟了。

Bèi nóng yún chèntuōzhe, dà bà hǎoxiàng shì yì zhī bó zài hǎi lǐ de dà jūnjiàn, gèngjiā xióngwěi le.

> 짙은 구름에 대비되어 댐은 마치 바다 위에 떠 있는 거대한 군함처럼 더욱 웅장했다.

④ 街道在月光雪影下朦朦胧胧的, 像罩上了一层烟雾。

Jiēdào zài yuèguāng xuěyǐng xià méngménglónglóng de, xiàng zhào shàng le yì céng yānwù.

> 거리는 눈 위에 달빛이 쏟아져 내려 몽롱한 것이 마치 안개로 뒤덮인 듯 했다.

⑤ 我家门前有一条小河, 河边栽着两行垂柳。小河上回着一座小桥, 桥那边是一个小村庄。村庄掩映在红的桃花绿的白杨中。

Wǒ jiā mén qián yǒu yì tiáo xiǎo hé, hé biān zāizhe liǎng háng chuí liǔ. Xiǎo hé shàng huízhe yí zuò xiǎo qiáo, qiáo nàbiān shì yí ge xiǎo cūnzhuāng. Cūnzhuāng yǎnyìng zài hóng de táohuā lǜde báiyáng zhōng.

> 우리 집 앞에는 작은 강이 있는데 강가에는 수양버들이 두 줄로 심어져 있다. 작은 강 위에는 작은 다리가 하나 꼬불꼬불 구부러져 있는데, 다리 있는 쪽에 작은 마을이 있다. 마을은 붉은 복숭아꽃과 푸른 백양나무 사이에 어우러져 있다.

⑥ 她不过二十来岁, 头发梳得光光的, 身上穿着一件新潮的短衫, 下边一条超短裙, 脚上的皮鞋的鞋底足有五寸厚。我们这个小山村的人像看西洋镜一样都出来看她。

Tā búguò èrshí lái suì, tóufa shū de guāngguāng de, shēn shàng chuānzhe yí jiàn xīn cháo de duǎn shān, xiàbiān yì tiáo chāoduǎnqún, jiǎo shàng de píxié de xiédǐzú yǒu wǔ cùn hòu. Wǒmen zhè ge xiǎo shāncūn de rén xiàng kàn xīyángjìng yíyàng dōu chūlái kàn tā.

> 그녀는 스무 살 쯤 밖에 안 되었는데 머리를 반짝거리게 빗어 넘겼고 새로 유행하는 짧은 라우스를 입었다. 아래에는 초미니스커트를 입었고 발에 신은 구두의 굽은 15센티는 되었다. 우리처럼 작은 산촌마을 사람들은 요지경이라는 듯이 모두 밖으로 나와서 그녀를 쳐다보았다.

묘사체는 보통 정태적인 사물을 묘사하기 때문에 시간성은 없다.

③ 설명체

설명체는 사물의 성질이나 특징, 그리고 용도 등을 설명하는데 쓰인다. 명사술어문과 '是'자문 등의 관계동사술어문, 시태조사 '过'를 이용한 문장 등이 설명문에 속한다.

① 一个冰棍一块五。

yí ge bīnggùn yí kuài wǔ.

아이스 바 하나에 1.5원입니다.

② 新来的英语老师是澳大利亚人。

Xīn lái de Yīngyǔ lǎoshī shì Aàodàlìyà rén

새로 오신 영어선생님은 오스트레일리아사람입니다.

③ 他是我妹妹的先生，大兴公司总经理。

Tā shì wǒ mèimei de xiānsheng, dàxīng gōngsī zǒngjīnglǐ.

그는 제 누이동생의 남편인데, 大興公司 사장입니다.

④ 这所房子我已经买下了，（下个月就可以搬进去了）。

Zhè suǒ fángzi wǒ yǐjīng mǎixià le, (xià ge yuè jiù kěyǐ bān jìnqù le).

이 집은 내가 이미 샀으니까, (다음 달에 이사 들어갈 수 있다).

⑤ 他在非洲住过很多年，很了解那里的风土人情，你请他介绍吧。

Tā zài Fēizhōu zhùguo hěn duō nián, hěn liǎojiě nàlǐ de fēngtǔ rénqíng, nǐ qǐng tā jièshào ba.

그는 아프리카에 아주 오래 살아서 그곳의 풍토와 사람들에 대해 잘 이해한다. 너 그를 청해서 소개해달라고 하렴.

설명체는 일종의 상황을 설명하기 때문에 보통 시간성이 없다.

④ 논설체

논설체는 논증체, 의론체 등으로 불리며, 일종의 관점이나 견해를 명백하게 논술하거나 논증하는 것을 말한다.

① ≪现代汉语八百词≫指出："从"能表示过去、现在和将来的时间起点，"自从"限于表示过去的时间起点。这无疑是非常正确的。但除此之外，"自从"和"从"还有一些区别。

≪Xiàndài Hànyǔ bā bǎi cí≫ zhǐchū : "cóng" néng biǎoshì guòqù、xiànzài hé jiānglái de shíjiān qǐdiǎn, "zìcóng" xiànyú biǎoshì guòqù de shíjiān qǐdiǎn. Zhè wúyí shì fēicháng zhèngquè de. Dàn chú cǐ zhīwài, "zìcóng" hé "cóng" hái yǒu yìxiē qūbié.

≪현대중국어팔백사≫에서는 '从'은 과거, 현재 그리고 미래의 시간기점을 표시한다. '自从'은 과거의 시간기점만을 제한하여 표시한다. 이것은 의심할 바 없이 매우 정확하다. 그러나 이밖에도 '自从'과 '从'에는 몇 가지 차이가 있다.

② 这个现象说明了两个事实，一是篇章单位与句法单位的不一致性，二是篇章结构与句法结构的不一致性。

Zhè ge xiànxiàng shuōmíngle liǎng ge shìshí, yī shì piānzhāng dānwèi yǔ jùfǎ dānwèi de bù yízhìxìng, èr shì piānzhāng jiégòu yǔ jùfǎ jiégòu de bù yízhìxìng.

이러한 현상은 두 가지 사실을 증명한다. 하나는 텍스트단위와 통사단위의 불일치성이고, 다른 하나는 텍스트구조와 통사구조의 불일치성이다.

논설체 역시 보통 시간성을 갖지 않는다.

서로 다른 문체의 글들은 어법구조가 다를 뿐만 아니라 문장과 단락 등의 연결방식 역시 다르다. 이러한 점이 바로 서술체와 비서술체를 구별 짓는 명확한 잣대가 된다.

실제 언어 상황, 즉 연속되는 말의 흐름 속에서 결코 단순하게 하나의 문체만을 사용하지는 않는다. 소설에서도 어떤 때는 서술, 묘사, 논설체 등의 문장들이 수시로 삽입되어 사용된다.

2 의문문

의문문은 문제를 제기하여 상대방으로부터 정보를 얻는데 쓰이기 때문에 주로 대화체에 많이 등장한다. 전형적인 의문문은 어떤 것을 긍정하지도 그리고 부정하지도 않는다.

① 你去上海吗?

Nǐ qù Shànghǎi ma?

너는 上海에 가니?

② 他是不是你们班的学生?

Tā shì bu shì nǐmen bān de xuésheng?

그는 너희 반 학생이니?

③ 今天星期几?

Jīntiān xīngqī jǐ?

오늘이 무슨 요일이지?

④ 你喜欢看电影还是喜欢看打球?

Nǐ xǐhuan kàn diànyǐng háshi xǐhuan kàn dǎ qiú?

너는 영화 보는 것을 좋아하니 아니면 공 치는 것을 좋아하니?

의문문은 보통 비교적 짧으며, 문장구조 역시 그다지 복잡하지 않다. 대다수의 어법현상은 모두 의문문에 나타날 수 있다. 하지만 정태보어 중, 동작에 대해 판단을 내리는 문장(他唱得好不好?)을 제외하면, 나머지 정태보어 문장들은 의문문에서 쓰이지 않는다. 또한 의문문에서는 보통 접속사를 잘 쓰지 않는다.(第四编 第四章 '의문문, 반어문, 반향의문문[回声问文]' 참조)

3 청원문

청원문은 청구, 명령, 권고, 금지 등을 나타내는데 쓰이며, 주로 대화 중에 많이 등장한다.

① 请你给我一个明确答复。

Qǐng nǐ gěi wǒ yí ge míngquè dáfù.

너 내게 명확한 대답을 해주렴.

② 别吵了!

Bié chǎo le!

싸우지 마라!

③ 场内禁止吸烟!

Chǎng nèi jìnzhǐ xīyān!

실내 흡연금지!

청원문은 동사와 형용사 및 기타 어법구조를 이용하기도 한다.(第四编 第五章 '청원문' 참조)

4 감탄문

감탄문은 주로 감정을 나타내거나 토로하는데 쓰이며, 말하는 사람의 강렬한 기쁨이나 칭찬, 분노, 애통함, 미워함, 놀람 등을 전달하는데도 쓰인다. 그러나 다른 사람에게 새로운 정보를 주기 위해 쓰이지는 않는다.

① 呸! 　　Pēi!	피!(경멸이나 혐오를 표시)
② 多美的夜晚啊! 　　Duō měi de yèwǎn a!	정말 아름다운 밤이야!
③ 啊呀，风筝飞得真高! 　　Āyā, fēngzheng fēi de zhēn gāo!	이야, 연이 정말 높이 날아가네!
④ 好棒啊! 　　Hǎo bàng a!	정말 멋져!
⑤ 天哪! 　　Tiān na!	하느님!
⑥ 人民万岁! 　　Rénmín wànsuì!	인민 만세!
⑦ 祝朋友们身体健康! 　　Zhù péngyǒumen shēntǐ jiànkāng!	친구들 건강하길 기원하며!
⑧ 为我们的友谊干杯! 　　Wèi wǒmen de yǒuyì gānbēi!	우리의 우정을 위해 건배!

감탄문의 구조는 일반적으로 간단하며, 주로 '多', '多么', '真', '好', '太', '极了' 등과 같은 부사 등이 감탄문에 자주 쓰인다.

5 호응문

호응문은 주로 사람을 부르거나 다른 사람의 부름에 대답할 때 쓰인다. 다시 아래와 같이 두 가지로 나눌 수 있다.

 부름문

① 老张! 　　Lǎo Zhāng!	張형!
② 王刚! 　　Wáng Gāng!	王刚!
③ 孙大夫! 　　Sūn dàifu!	닥터 孫!

④ 张先生!　　　　　　　　　　　　　미스터 张!

　　Zhāng xiānsheng!

⑤ 赵小姐!　　　　　　　　　　　　　미스 赵!

　　Zhào xiǎojie!

⑥ 妈!　　　　　　　　　　　　　　　엄마!

　　Mā!

⑦ 喂!　　　　　　　　　　　　　　　여보세요!

　　Wèi!

 응답문

보통 부름에 대해 대답할 때 쓰이며, 주로 '唉'가 쓰인다.

제 8 절
중국어 문장의 어순

> 단어와 구로 문장을 구성할 때는 반드시 일정한 배열순서에 따라야 한다. 이것을 어순이라고 한다. 중국어 문장은 자체적으로 어순을 갖고 있다. 연속되는 말의 흐름 속에 중국어의 어순은 또한 이미 알고 있는 정보나 새로운 정보 등의 정보구조나 텍스트 등의 요소의 제약을 받기도 한다. 또한 중국인의 사유방식이나 문화와 같은 요소의 영향을 받기도 한다. 그래서 어순문제는 언어의 다른 면까지 다루기도 한다.

 **중국어 문장구조의 자연어순**

흔히 자연어순이라는 것은 앞뒤의 문장도 없고, 어떠한 정보도 없는 상황에서의 문장의 어순을 가리킨다. 중국어의 문장은 동사술어문의 구조가 가장 복잡하기 때문에 여기서는 먼저 동사술어문을 예로 들어 설명한다. 문장 중에 동작을 표시하는 동사가 있고, 동작자가 있으며, 그 동작을 받는 대상이 있을 경우, 또한 시간, 장소, 동작방식 등을 나타내는 부사어 등이 있을 경우, 자연어순은 아래와 같다.

　　주어(행위자) − 부사어 − 동사 − 보어 − 목적어(대상)

주어와 목적어 사이에는 수식어인 관형어가 있을 수도 있는데, 이럴 경우 자연어순은 다음과 같이 성립된다.

　　주어(관형어+명사) − 부사어 − 동사 − 보어 − 목적어(관형어+명사)

이런 문장을 예로 들면 다음과 같다.

① "徐华北给我写了一篇评论，（评论）和作品一块儿发表。"

"Xú Huáběi gěi wǒ xiěle yì piān pínglùn, (pínglùn) hé zuòpǐn yí kuàir fābiǎo."

她还是兴高采烈地说着，（她）抬起手擦了擦汗。

Tā háishi xìng gāo cǎi liè de shuōzhe, tā táiqǐ shǒu cāle cā hàn.

위 예문 중의 '徐华北给我写了一篇评论'과 '（评论）和作品一块儿发表', '她还是兴高采烈地说着', '（她）抬起手擦了擦汗' 등의 문장은 모두 자연어순에 따라 배열된 것이다. 다시 몇 개의 문장이 자연어순에 따라 배열되는 경우를 살펴보면 다음과 같다.

② 田汉小时候不仅看过"豹脑壳"罗元德的戏以及那些由农民们演出的乡野气息更浓的花鼓戏，而且还看过湘剧名老生陈绍益的《取成都》、《铁冠园》等戏。

Tián Hàn xiǎo shíhou bùjǐn kànguo "Bào nǎo ké" Luó Yuándé de xì yǐjí nàxiē yóu nóngmínmen yǎnchū de xiāngyě qìxī gèng nóng de huāgǔxì, érqiě hái kànguo xiāngjù míng lǎoshēng Chén Shàoyì de 《Qǔ chéngdū》、《Tiě guān yuán》 děng xì.

③ 那个红脸膛的陕北小伙儿突然站了起来，朝他憨憨地一笑。

Nà ge hóng liǎn táng de shǎnběi xiǎohuǒr tūrán zhànle qǐlai, cháo tā hānhānde yī xiào.

④ 这时，三个漂亮的小女孩跑上台向得奖的演员献上了一束束鲜花。

Zhèshí, sān ge piàoliang de xiǎonǚhái páo shàng tái xiàng dé jiǎng de yǎnyuán xiànshàngle yī shùshù xiānhuā.

예문 ④의 '这时'는 앞 문장을 이어받는 역할을 하기 때문에 문장의 맨 앞에 위치하게 된다.

 중국어 문장의 정보구조와 텍스트가 어순에 미치는 영향

 구정보는 앞에 신정보는 뒤에 놓인다

우리가 보통 말을 할 때 한 마디로 끝나는 것은 아니다. 만약 두 마디 이상의 말을 할 경우, 뒷문장의 어순은 앞 문장의 영향을 받게 된다. 말의 흐름 속에서 중국어의 문장은 항상 구정보가 앞에 오고 신정보는 뒤에 온다. 자연어순 또한 이로 인해 변화된다.

① 凭心而论，那确实是一首漂亮的好诗，他心悦诚服地想，可是海涛却气愤地把那首诗撕得粉碎。

Píng xīn ér lùn, nà quèshí shì yī shǒu piàoliang de hǎo shī, tā xīn yuè chéng fú de xiǎng, kěshì hǎitāo què qìfèn de bǎ nà shǒu shī sī de fěnsuì.

위 문장에서 '诗'가 앞에 출현했기 때문에 재차 출현할 때는 '把'를 이용해서 동사 앞으로 옮겨 놓았다.

② (我向狮子头借钱)狮子头懒洋洋地说：“那倒不会，咱一向够哥儿们意思，不过，这钱，可不好弄，要多少？”

(Wǒ xiàng shīzi tóu jiè qián) shīzi tóu lǎnyángyángde shuō : “Nà dào bú huì, zán yíxiàng gòu gērmen yìsi, búguò, zhè qián, kě bù hǎo nòng, yào duōshao?”

(내가 사자대가리에게 돈을 빌리려 하자) 사자대가리는 거드름을 피우며 말했다. “그건 안 되겠는데, 우리는 원래 좋은 형제이긴 하지만, 그러나, 이 돈이라는 건 말이야, 벌기가 쉽지 않아서, 얼마나 필요한데?”

'钱'은 앞 문장에서 이미 등장했기 때문에 위의 예문에서는 동사 앞에 나온 것이다.

③ “白糖水，快!”……糖水刚放在老车夫的嘴边，他哼哼了两声。

“Báitáng shuǐ, kuài!” ……táng shuǐ gāng fàng zài lǎo chēfū de zuǐ biān, tā hēnghēngle liǎng shēng.

“설탕물, 빨리!” ……설탕물을 늙은 인력거꾼의 입가에 흘려 넣었을 때 그는 두 차례 음음 소리를 내었다.

위의 예문에서 '糖水'가 동사 앞에 나온 이유도 바로 구정보이기 때문이다.

④ 见事不好的话，你灭了灯，打后院跳到王家去。王家的人你认得? 对，在王家藏会儿再走。

Jiàn shì bù hǎo de huà, nǐ mièle dēng, dǎ hòuyuàn tiào dào Wáng jiā qù. Wáng jiā de rén nǐ rènde? Duì, zài Wáng jiā cáng huìr zài zǒu.

일이 좋지 않게 되거든 너 등불을 끄고 뒤뜰로 해서 왕씨네로 도망쳐라. 왕씨네 사람들 알지? 그래, 왕씨 집에 좀 숨어 있다가 다시 가거라.

'王家'가 첫 번째 문장에 나왔기 때문에 '王家的人'도 이미 구정보가 되어 동사 앞에 놓이게 된 것이다.

② 텍스트에서 연결작용을 하는 언어성분은 반드시 문장 앞에 놓인다.[1]

텍스트에서 연결작용을 하는 문장단락의 성분은 문장 앞에 놓여야 한다.

① 他先是在急诊室里，后来又在病房里守着母亲，整整守了四天四夜。这四天里，他没有做日语习题，也没有温习地理讲义……

Tā xiān shì zài jízhěnshì lǐ, hòulái yòu zài bìngfáng lǐ shǒuzhe mǔqin, zhěngzhěng shǒule sì tiān sì yè. Zhè sì tiān lǐ, tā méi yǒu zuò Rìyǔ xítí, yě méi yǒu wēnxí dìlǐ jiǎngyì……

그는 처음엔 응급실에서, 나중엔 다시 입원실에서 어머니를 지켰다. 그렇게 나흘 낮과 밤을 지켰는데 그 나흘 동안 그는 일어 연습문제도 풀지 못했고 지리 수업 내용도 복습하지 못했다.

시간을 표시하는 '这四天里'는 뒷 문장과 앞에 나온 문장을 연결시켜 주기 때문에 문장 앞에 놓인 것이다.

---

1) 자세한 사항은 第五編 第四章 '篇章'을 참조

② ……他从存车处推出自行车来，走出了医院大门。

Tā cóng cúnchēchù tuīchū zìxíngchē lái, zǒu chūle yīyuàn dàmén.

이때 그는 그녀가 급하게 막 앞쪽에서 달려오고 있는 것을 보았다.

这时，他看见她正急急忙忙地迎面跑来。

Zhèshí, tā kànjiàn tā zhèng jíjímángmáng de yíngmiàn pǎolái.

'这时'가 문장 앞에 놓인 이유도 바로 연결작용을 하기 때문이다.

③ 通向首都西郊的大道上车轮滚滚。他瞧见她的黑发在晨风中飘得高高的。

Tōngxiàng shǒudū xījiāo de dàdào shàng chēlún gǔngǔn. Tā qiáojiàn tā de hēifà zài chénfēng zhōng piāo de gāogāo de.

위 예문에서 장소를 표시하는 말인 '通向首都西郊的大道上'이 문장을 연결시키는 작용을 하기 때문에 문장의 맨 앞에 온 것이다.

3 중국어 문장의 어순에 영향을 주는 기타 요소

① 수식어는 피수식어 앞에 온다. 다시 말해 관형어는 명사 앞에 오며, 부사어는 동사나 형용사 앞에 온다. 그리고 종속절도 주절 앞에 온다. 이러한 규칙은 중국어를 말하는 사람들의 사유체계와 관련이 있는 것 같다.

② 사건발생의 순서나 관찰의 순서에 따라 먼저 발생한 것이 먼저 오고, 먼저 본 것이 먼저 오는 것이 중국어 어순의 하나의 규칙이다.[2]

① 我推开房门看见外边站着一个老人。

Wǒ tuīkāi fángmén kànjiàn wàibiān zhànzhe yí ge lǎorén.

내가 문을 열었을 때 바깥에 노인이 한 분 서 있는 것이 보였다.(몇 가지 동작이 연이어 발생함)

② 我正在走着，突然看见一只兔子从树洞里跳出来。

Wǒ zhèngzài zǒuzhe, tūrán kànjiàn yì zhī tùzi cóng shù dòng lǐ tiào chūlai.

내가 막 걷고 있을 때 갑자기 토끼 한 마리가 나무 구멍에서 뛰쳐나오는 것을 보았다.(먼저 '兔子'를 보았다)

③ 我发现对面的树上有一个洞，突然洞里跳出来一只兔子。

Wǒ fāxiàn duìmiàn de shù shàng yǒu yí ge dòng, tūrán dòng lǐ tiào chūlai yì zhī tùzi.

나는 맞은 편 나무에 구멍이 하나 있는 것을 발견했는데, 갑자기 구멍에서 토끼 한 마리가 뛰쳐나왔다.('洞'을 먼저 보았다)

④ 我仔细打量进来的客人，只见她上身穿着一件黑色的T恤，下面是一条牛仔裤，脚上穿着一双耐克旅游鞋，梳着短短的运动头，皮肤黑黑的，眼睛不大，可是叫人一眼难忘。她是谁呢？

나는 들어온 손님을 자세히 살펴보았다. 그녀는 위에 검은 색 티셔츠를 입었고 아래에는 청바지를 입었으며 나이

---

2) Tai, James. Temporal Sequence and Chinese Word Order. "In Iconicity in Syntax", edited by John Haiman. Amsterdam: John Benjamins Publishing Company, 49–72. 참조

Wǒ zǐxì dǎliàng jìnlái de kèrén, zhǐjiàn tā shàng shēn chuānzhe yí jiàn hēisè de Txù, xiàmiàn shì yì tiáo niúzǎikù, jiǎo shàng chuānzhe yì shuāng nàikè lǚyóu xié, shūzhe duǎnduǎn de yùndòng tóu, pífū hēihēi de, yǎnjing bú dà, kěshì jiào rén yì yǎn nán wàng. Tā shì shéi ne?

키 운동화를 신었다. 짧은 스포츠형 머리에 피부는 검었으며 눈은 크지 않았다. 그 모습만 보았을 뿐이지만 한번 보면 잊기 어려웠다. 그녀는 누구일까?(관찰한 순서대로 배열함)

보통 사람을 관찰할 때 위에서 아래로 보며, 키나 덩치 등의 윤곽에서 의상이나 머리 모양 등의 치장을 보고, 마지막으로 눈, 코, 입 등의 용모를 보게 된다.

⑤ 我们一起进了院子。院子不大, 很干净, 周围种了几棵丁香, 正在开花, 所以满院芳香。院子正中是一条甬道, 甬道通向一幢两层的楼房, 正中有一个大玻璃门。门前种了五颜六色的花。甬道的两旁满是绿绿的草地。

Wǒmen yìqǐ jìnle yuànzi. Yuànzi bú dà, hěn gānjing, zhōuwéi zhòngle jǐ kē dīngxiāng, zhèngzài kāi huā, suǒyǐ mǎn yuàn fāngxiāng. Yuànzi zhèngzhōng shì yì tiáo yǒngdào, yǒngdào tōngxiàng yí zhuàng liǎng céng de lóufáng, zhèngzhōng yǒu yí ge dà bōlí mén. Mén qián zhòngle wǔ yán liù sè de huā. Yǒngdào de liǎng páng mǎn shì lǜlǜde cǎodì.

우리는 함께 뜰에 들어 갔다. 뜰은 크지 않았지만 깨끗했고 둘레에 몇 그루 정향나무가 심어져 있었다. 마침 꽃이 피어 온 뜰에 향기가 가득했다. 뜰 한가운데에 벽돌이 깔린 통로가 있었는데 그 통로는 이층 짜리 건물로 이어져 있었다. 그 건물의 중간에는 커다란 유리문이 있고 문 앞에는 가지각색의 꽃이 피어있었다. 통로의 양 쪽은 초록색 잔디로 덮여있었다.(관찰 순서에 따라 배열함)

큰 것에서 작은 것으로의 순서 역시 중국어 어순의 규칙이다. 중국어의 숫자, 주소, 日期 등도 모두 이러한 규칙을 따른다.

一百二十八亿六千五百四十三万九千七百三十三

中国北京市海淀区学院路15号

1999年7月2日

128억 6,543만 9,733

중국 북경시 해전구 학원로 15호

1999년 7월 2일

3. 문화적인 요소와 사회적인 습관도 영향을 미친다. 즉 보통 중국 사람들은 '父亲, 母亲, 爸爸, 妈妈', '男女老少', '城市, 农村', '工商', '文教', '医疗, 卫生' 등과 같이 말을 하는데, 이러한 순서는 임의적으로 바꿀 수 없는 것들이다.

제2편

품 사

제 1 장

명사

사람이나 공간, 방위, 시간을 나타내는 사물을 표시하는 단어를 명사라고 한다. 명사는 아래의 네 가지로 나누어 볼 수 있다.

1. 보통명사 : 手 손　　床 침대　　字典 자전　　自行车 자전거
　　　　　　专家 전문가　　工程师 기술자　　售票员 매표원　　学生 학생
　　　　　　阿姨 이모　　水 물　　空气 공기　　铁 철
2. 고유명사 : 中国 중국　　北京 북경　　长城 만리장성　　欧洲 유럽
　　　　　　联合国 UN　　鲁迅 노신　　《红楼梦》 홍루몽
3. 집합명사 : 人类 인류　　人口 인구　　书本 책　　纸张 종이
　　　　　　车辆 차량　　物资 물자　　河流 하류　　树木 수목
4. 추상명사 : 概念 개념　　气氛 분위기　　原则 원칙　　意识 의식
　　　　　　成就 성취　　水平 수준　　道德 도덕　　品质 품성

　방위나 공간, 그리고 시간을 표시하는 명사는 다시 방위사, 장소사, 시간사라고 부른다. 이들 세 가지 명사의 어법특징과 어법기능은 일반명사와 완전하게 일치하는 것은 아니다. 본 장의 제4절에서 상세하게 나누어 설명하겠다.

제 1 절

명사의 형태표지

> 　중국어의 품사는 일반적으로 형태표지가 없다. 일부분의 단어들만이 형태표지를 가지는데, 이는 우리가 그 단어의 성질을 식별하는데 도움을 준다. 중국어에서 명사의 형태표지는 두 종류로 나눌 수 있다. 하나는 접두어로 어근형태소의 앞에 오고, 또 하나는 접미어로 어근형태소 뒤에 온다.

 **접두어**

 阿

　　阿姨 아주머니　　阿爹 할아버지　　阿爸 아빠　　阿毛 아모

　접두어 '阿'를 이용해 만든 단어는 사람을 가리키는 명사인 경우가 많다. '阿'는 사

람의 이름 앞에 붙여 쓸 수도 있다. 예를 들어 어떤 사람의 이름이 王新이라고 했을 때, '阿新'으로 불러도 된다. 이것은 비공식적인 호칭이며, 친하다는 의미를 내포하고 있다. 또래나 손아랫사람을 부를 때 많이 쓴다. 접두어 '阿'로 이루어진 명사는 남방 지역에서 비교적 많이 쓰인다. 그러나 '阿姨'는 이미 널리 쓰이는 표준어의 하나이다.

② 老

A	老汉 노인	老板 주인	老婆 마누라	
B	老张 노장	老乡 고향친구	老兄 노형	老总 사장	老外 외국친구
C	老虎 호랑이	老鹰 매	老鼠 쥐	
D	老大 첫째	老二 둘째	老几 몇 째	

접두어 '老'는 위의 각 네 개 조에서 다른 의미로 쓰였다. A조에서의 '老'는 속칭인데, 자유롭고 격식을 차리지 않는다는 느낌을 가진다. B조의 '老'는 손윗사람이나 또래 사람들을 부를 때 쓰이는데, 친근한 느낌의 색채를 띤다. 그 중 '老外'의 '外'는 외국사람을 가리키는데, '外国人'을 쓰는 것보다 편하고 친근해 보인다. 보통 성인 외국인에 쓰이며, 직접적으로 부를 때는 쓰지 않는다. C조의 '老'는 혐오하고 무서워하는 느낌의 색채를 띤다. D조의 '老'는 항렬을 나타내는데 쓰인다. 접두어 '老'와 '老人', '老朋友'의 '老'는 다른 형태소이므로 혼동하지 않도록 주의해야 한다.

③ 小

A	小朋友 꼬마친구	小人书 아동도서	小商品 일상생활용품	小市 잡화를 파는 작은 시장
	小辈 나이 어린 사람	小吃 간단한 음식	小贩 행상인	小菜 간단한 요리나 반찬
B	小店 소매점	小女 소녀	小弟 꼬마동생	
C	小名 이름	小费 팁	小账 팁	小卖 간단한 식품	小意思 작은 선물
D	小姐 아가씨	小伙子 젊은이, 총각	小鬼 꼬마 녀석	

접두어 '小' 역시 위의 네 개 조에서 의미상 차이를 보인다. A조의 '小'는 사물의 성질이나 형상이 상대적으로 작거나, 비정식 혹은 (지위가)낮다는 의미를 내포하고 있다. B조는 일종의 낮추어 부르는 호칭이며, 가리키는 사물의 규격을 낮추어 말할 때 쓰인다. C조의 '小'는 '비정식, 비정규, 부수적'의 의미를 가진다. D조의 '小姐'는 존중의 의미가 있고, '小伙子', '小鬼'에는 '허물없는, 정다운'의 의미가 들어가 있다.

 접미어

① 子

A₁	桌子 탁자	椅子 의자	筷子 젓가락	镜子 거울	裙子 치마
	笛子 피리	褥子 요	皮子 껍질	蚊子 모기	
A₂	路子 연줄, 방법	票子 지폐	脑子 뇌, 머리	刀子 칼	鬼子 귀신
	例子 예	尺子 자			

B₁ 刷子 솔　　剪子 가위　　夹子 집게　　铲子 삽　　梳子 빗
　　推子 바리캉　　塞子 마개, 뚜껑
B₂ 骗子 사기꾼　　探子 척후　　戏子 연극배우
B₃ 挑子 멜대로 메는 짐　　摊子 노점　　架子 선반
C₁ 胖子 뚱보　　瞎子 장님　　聋子 귀머거리　　呆子 멍청이　　傻子 바보
　　瘦子 마른 사람　　麻子 곰보　　矮子 난장이
C₂ 辣子 고추, 망나니, 말괄량이　　乱子 소동, 분쟁
D₁ 大伯子 큰아버지　　大姨子 처형　　大舅子 손위 처남　　新娘子 신부　　老妈子 어멈
D₂ 马贩子 말 거간꾼　　票贩子 표 판매원　　耳挖子 귀이개　　电滚了 발전기　　鞋拔子 구둣주걱

　‘子’의 본래 의미는 ‘孩子(아이)’이지만, 접미어로 쓰이는 ‘子’에는 ‘작다’ 혹은 ‘경시하다’의 의미는 없고, 명사화시키는 기능만이 있을 뿐이다. A₁의 예는 모두 명사성형태소와 접미어 ‘子’로 구성된 명사이다. 여기에서 ‘子’는 없앨 수 없으며, 만약 ‘子’를 없애버리면 하나의 형태소일 뿐이지 단어가 되지는 못한다. 그러나 만약 다른 연관된 명사성 형태소와 나란히 붙여 쓰면 접미어 ‘子’를 안 써도 된다. 예를 들어 ‘桌椅板凳’에서의 ‘桌子’, ‘椅子’와 ‘消灭蚊蝇’에서의 ‘蚊子’, ‘碗筷要勤洗’의 ‘筷(子)’ 등의 상황과 같다. A₂에서 예로 든 각 단어들은 그 어근 부분이 하나의 자유로운 형태소이기 때문에 독립적으로 단어가 될 수 있다. 그러나 ‘子’가 있고 없고에 따라 때로는 그 의미가 달라진다. 예를 들어 ‘路子’는 ‘路’와 다른데, ‘路子’는 ‘연고, 연줄, 경로, 방법’ 등의 의미로 추상명사이다. ‘路’는 ‘도로, 길’의 의미이며 구체명사이다. ‘脑子(머리, 사고)’는 추상명사이며, ‘脑(머리)’는 구체명사이다. 그러나 ‘刀’와 ‘刀子’, ‘尺’과 ‘尺子’는 서로 같은 의미이다. 어떠한 단어가 ‘子’를 반드시 써야 하고 또 어떠한 단어가 ‘子’를 써도 되고 안 써도 되는지 꼭 기억해 두어야 한다.

　B₁, B₂, B₃의 모든 명사는 동사성 형태소(주로 동작을 나타내는 일음절 동사)에 ‘子’를 붙여 만든 것이다. B₁은 동작 시 이용하는 작업도구를 의미하고, B₂는 동작의 주체를, B₃은 동작의 대상을 나타낸다.

　C₁, C₂, 두 종류의 단어는 모두 형용사성 형태소에 접미어 ‘子’를 붙여 만든 것으로, C₁은 사람을 의미하고 C₂는 일반적으로 사물을 의미하는데, 어떤 것은 ‘辣子’와 같이 구체적인 사물)을 어떤 것은 ‘乱子’와 같이 추상적인 것을 의미한다.

　D₁, D₂에서 접미어 ‘子’를 가진 명사는 모두 세 개의 형태소로 이루어져 있다. D₁에서는 앞의 두 개 형태소가 먼저 결합하고, 거기에 접미어 ‘子’를 붙인 것이며, D₂에서는 뒤의 두 개 형태소가 먼저 결합하고 거기에 맨 앞의 형태소를 붙인 것이다.

　주의해야 할 점은 접미어 ‘子’는 항상 경성으로 읽어야 한다는 것이다. 어떤 명사에서는 ‘子’가 어근형태소가 접미어가 아닐 경우도 있는데, ‘鱼子’(물고기의 알), ‘虾子’(새우 알), ‘原子’(원자), ‘分子’(분자), ‘电子’(전자), ‘质子’(양자, 프로톤), ‘孔子’(공자) 등과 같다. 또한 ‘妻子’에서 ‘子’를 강하게 읽으면 ‘처와 아들’의 의미이지만, ‘子’를 약하게 읽으면 ‘남자의 배우자인 아내’라는 뜻이 된다. 이 밖에도 중국어에서 자주 쓰이는 접미어 ‘子’를 가진 명사는 모두 사회적 약속으로 통용화 된 것으로 우리 마음대로 하나의 형태소 혹은 단어 뒤에 ‘子’를 붙여 새로운 단어를 만들어 낼 수 없다. 즉 형용사 ‘笨’에 ‘子’를 더해 ‘老师, 我很笨, 是个笨子’라고 말할 수 없다.

② 儿

A₁ 伴儿 동반자	盒儿 통, 갑	门儿 문	信儿 편지	侄儿 조카
A₂ 花儿 꽃	鸟儿 새	勺儿 국자	根儿 뿌리	盘儿 접시
A₃ 板儿 판자	洞儿 구멍	词儿 단어		
B₁ 画儿 그림	包儿 보따리	响儿 소리	捻儿 종이를 꼬아 만든 것	
B₂ 盖儿 뚜껑	塞儿 마개	扣儿 단추, 매듭		
B₃ 亮儿 빛, 광선	空儿 틈	弯儿 모퉁이	方儿(药方) 약의 처방	
单儿 시트, 쪽지				
C₁ 冰棍儿 아이스 바	针鼻儿 바늘귀	耳朵眼儿 귓구멍	门脸儿 대련	针尖儿 바늘 끝
墨水儿 먹물	胖墩儿 뚱보			
C₂ 杏仁儿 아몬드	项链儿 목걸이	水饺儿 물만두		

A류의 명사들은 일음절 명사성 형태소에 접미어 '儿'을 붙여 만든 것이다. A₁에서는 '侄儿'과 같이 접미어 '儿'을 없애면 안 된다. 어떤 것은 '儿'을 없애면 의미가 변하는데, 예를 들어 '信'은 서신의 의미인데, '信儿'는 소식의 의미가 되는 것과 같다. A₂의 각 단어들은 '儿'을 붙여도 되고 안 붙여도 된다. A₃의 단어들 역시 '儿'을 붙여도 되고 안 붙여도 된다. 그러나 '儿'을 붙였을 때와 붙이지 않았을 때는 의미상 차이가 있는데, '板儿'은 주로 비교적 얇고 작은 판을 가리키고, '板'은 비교적 두껍고 넓은 판을 가리킨다.

B류의 명사들은 동사성 형태소에 접미어 '儿'을 더해 이루어진 것이다. B₁은 동사성 형태소가 나타내는 동작의 결과나 대상이고, B₂는 동사성 형태소가 나타내는 동작의 작업도구이다. B₃는 형용사성 형태소에 접미어 '儿'을 더해 만든 것이다.

C류는 다음절의 명사이다. C₁의 각 예들은 반드시 '儿'이 있어야 한다. '冰棍, 针鼻'라고 말할 수 없는데, 이러한 단어들은 그리 많지 않다. C₂의 대부분은 '儿'을 없애도 된다.

어떠한 개체(个体)양사는 접미어 '儿'을 붙여 명사가 될 수도 있다. 예를 들면 '个儿', '块儿', '串儿', '条儿', '粒儿' 등과 같다.

수사 뒤에 '儿'을 붙여도 명사가 될 수 있는데, 예를 들면 '三儿', '五儿' 등과 같다. 이러한 단어들은 자신의 아이들을 순서에 따라 부를 때 많이 쓰이는데, 셋째 아이를 '三儿'라고 하고 넷째 아이를 '四儿'라고 한다는 것 등등이다.

명사 뒤에 '儿'을 붙이는 것은 북방언어, 특히 북경어에서 비교적 많이 쓴다.

어음상 접미어 '儿'은 단독으로 음절을 이루지 못한다.

어떠한 형태소들은 하나의 단어를 만들 때 뒤에 '子'를 붙일 수도 있고, '儿'을 붙일 수도 있다. 의미상 조금의 차이가 있는데, '子'을 붙일 때는 비교적 큰 물체를 가리키는 경우가 많으며 혐오스러운 느낌의 색채를 띠기도 한다. 반면 '儿'을 붙일 때는 보통 가리키는 물체가 작고 정교하며 호감이 있음을 의미한다. 예를 들면 '棍子'(몽둥이)와 '棍儿'(막대기), '管子'(파이프)와 '管儿'(대롱), '老头子'(늙다리)와 '老头儿'(노인), '瓶子'(큰 병)와 '瓶儿'(유리병) 등과 같다.

③ 头

A₁ 木头 나무	石头 돌	砖头 벽돌	骨头 뼈	馒头 만두
罐头 통조림	拳头 주먹	舌头 혀	苗头 싹	
A₂ 前头 앞	后头 뒤	上头 위	下头 아래	里头 안
外头 밖				
B₁ 说头 말할만한 것	看头 볼만한 것	听头 들을만한 것	吃头 맛, 먹어볼만한 것	去头 가볼만한 곳
念头 생각	想头 생각, 희망	来头 경력, 연유	奔头 가치, 몸을 의지할 곳	
B₂ 甜头 단맛, 묘미	苦头 쓴맛	准头 확실한 전망		

A₁의 词들은 모두 명사성 형태소에 접미어 '头'가 더해져 이루어진 명사이다. A₂는 방향을 의미하는 형태소에 접미어 '头'를 덧붙여 만든 장소명사이다. B₁은 동사성 형태소에 접미어 '头'를 붙여 만든 명사이고, B₂의 각 예들은 형용사성 형태소에 접미어 '头'를 붙여 만든 명사이다. B₁의 명사는 모두 추상적인 의미를 나타내며 주로 '有'와 '没有'의 뒤에 쓰인다. '头'를 儿化 시킬 수도 있다. B₂의 명사 역시 추상적인 의미를 나타낸다.

④ 者

A 读者 독자	作者 작자	记者 기자	编者 편자
著者 저자	学者 학자		
B 领导者 지도자	参加者 참가자	演唱者 가수	受害者 피해자
被统治者 피통치자	旁观者 방관자	行贿者 뇌물을 준 자	受贿者 뇌물을 받은 자
C 强者 강자	弱者 약자	老者 늙은 사람	长者 나이든 사람
D 前者 전자	后者 후자		

A류는 대부분 동사성 형태소에 접미어 '者'를 더해 만든 것이다. B류는 동사 혹은 동사구에 접미어 '者'를 더해 이루어진 것이다. C류는 형용사성 형태소에 접미어 '者'를 더해 만든 것이다. D류는 방향을 나타내는 명사성 형태소에 접미어 '者'를 붙인 것이다.

'者'는 아직 완전히 접미어로 변한 것은 아니다. 경우에 따라서 접미어 '者'는 어근 형태소의 특성을 간직하는 교착형태소이다. '者'가 접미어로 쓰일 때는 주로 '이러한 속성이 있는' 혹은 '이 동작을 하는 사람'이라는 뜻을 가지며, '前者, 后者'는 사물을 가리킬 수도 있다.

③ 준접두어와 준접미어

중국어에는 몇몇 접두어나 접미어와 유사한 언어 성분이 있는데, 일반적으로 '준접두어', '준접미어'라고 부른다. 의미상 이들은 상술한 접두어, 접미어의 虚化정도와 차이가 좀 있는데, 어떤 경우 이들은 실질적인 뜻을 갖고 있기도 한다. 예를 들어 '护士'

의 '士'는 준접미어지만 '有志之士'에서는 하나의 단어로 쓰였다. 또 '大陆'의 '大' 역시 '大面积'에서는 하나의 단어로 쓰였다.

① 준접두어

① 半 :　半导体 반도체　　半封建 반봉건　　半成品 반제품, 반가공품
② 次 :　次级 2차, 하급　　次大陆 아대륙
③ 亚 :　亚军 2등　　亚热带 아열대　　亚硫酸 이산화유황
④ 准 :　准将 준장　　准宾语 준목적어　　准量词 준양사　　准平原 준평원
　　　　准军事化组织 준군사화조직
⑤ 类 :　类人猿 유인원　　类语缀 준접어
⑥ 非 :　非金属 비금속　　非导体 절연체　　非陈列品 비진열품　非条件反射 비조건반사
⑦ 伪 :　伪钞 위조지폐　　伪君子 위군자, 위선자　　伪政府 비합법적 정부
　　　　伪政权 비합법 정권, 괴뢰정권　　　　伪军 비합법정부의 군대, 괴뢰군
⑧ 反 :　反义词 반의어　　反作用 반작용　　反科学 반과학
⑨ 全 :　全自动 전자동　　全集 전집　　全民 전국민
⑩ 多 :　多边 다변　　多媒体 다매체　　多晶体 다결정체　　多义词 다의사　　多角形 다각형
　　　　多元化 다원화　　多面手 만능인 사람
⑪ 超 :　超音速 초음속　　超低频 초저주파　　超高压 초고압　　超大型 초대형　　超标准 초표준
　　　　超距离 초거리
⑫ 大 :　大海 큰 바다　　大兵 큰 군사　　大街 큰 길　　大地 대지　　大陆 대륙
　　　　大款 큰 돈　　大爷 나리
⑬ 单 :　单间 단칸방　　单身汉 총각　　单行线 일방통행로　　单晶体 단결정체　　单项式 단항식
　　　　单人床 싱글 침대

② 준접미어

1. 사람을 가리키는 명사에 쓰인다

① 员 :　教员 교원　　学员 학생　　演员 배우　　会员 회원　　采购员 물품구매원
　　　　理发员 이발사　　列车员 열차승무원　　打字员 타자수　　运动员 운동선수　　警卫员 경비원
　　　　卫生员 위생원

　　　준접미어 '员'으로 만들어진 명사는 보통 '员' 앞에 동사(구)나 명사가 온다. '员'은 원래 '成员'이라는 뜻이 있으며, '…员'은 때때로 어떤 조직이나 집단의 성원을 가리키기도 하고 어느 한 방면에 종사하는 사람을 가리키기도 한다.

② 长 :　船长 선장　　列车长 여객전무　　护士长 수간호사　　班长 반장　　队长 대장
　　　　校长 교장　　站长 역장　　教务长 교무장
③ 士 :　战士 전사　　护士 간호사　　学士 학사　　硕士 석사　　博士 박사
　　　　院士 원사　　女士 여사　　骑士 기사　　人士 인사　　烈士 열사
④ 家 :　作家 작가　　画家 화가　　歌唱家 성악가　　书法家 서예가　　发明家 발명가
　　　　探险家 탐험가　　科学家 과학자　　艺术家 예술가　　收藏家 수장자　　思想家 사상가
　　　　文学家 문학가　　语言学家 언어학자

준접미어 '家'는 '전문가'라는 의미를 내포하고 있어서, '…家'는 전문적으로 어느 한 방면에 종사하는 사람을 지칭한다.

5 师 : 导师 지도교수　　教师 교사　　医师 의사　　厨师 요리사　　律师 변호사
　　　魔术师 마술사　　工程师 기술자　　技师 기사　　会计师 회계사　　讲师 강사
　　　药剂师 약제사　　琴师 경극의 현악기 반주자

6 生 : 医生 의사　　学生 학생　　留学生 유학생　　研究生 연구생　　进修生 연수생
　　　实习生 실습생　　先生 ~씨　　旁听生 방청생

7 工 : 木工 목공　　电工 전공　　钳工 기계 조립공　　瓦工 기와공　　技工 기능공

8 匠 : 花匠 화훼가　　铁匠 대장장이　　石匠 석공　　油漆匠 칠장이　　皮匠 피혁장인
　　　木匠 목장　　工匠 공예가

9 手 : 舵手 조타수　　水手 수부　　打手 경호원　　凶手 범인　　对手 맞수
　　　老手 숙련가, 전문가　　人手 일손　　选手 선수　　生手 풋내기　　熟手 숙련자
　　　助手 조수　　副手 조수　　吹鼓手 악사　　多面手 만능인 사람
　　　新手 신출내기, 풋내기　拖拉机手 트랙터기사

10 星 : 明星 스타　　歌星 유명 가수　　舞星 유명 댄서　　影星 유명 영화배우　　笑星 유명 코미디언

11 友 : 工友 노동자 동료　　票友 아마추어 배우　　棋友 바둑친구　　牌友 마작 친구　　队友 같은 대원
　　　病友 환자 친구　　球友 공을 같이 치는 친구

12 迷 : 财迷 수전노　　戏迷 연극광　　棋迷 바둑광　　舞迷 춤에 빠진 사람
　　　球迷 구기에 빠진 사람　歌迷 노래에 빠진 사람, 가수의 팬

13 汉 : 好汉 좋은 남자　　懒汉 게으른 남자　　英雄汉 영웅적 남자　　男子汉 남자　　门外汉 문외한
　　　庄稼汉 농부　　光棍汉 독신자, 홀아비

2. 어느 한 무리(단체)에 쓰인다

14 界 : 文艺界 문예계　　教育界 교육계　　妇女界 부녀계　　政界 정계　　金融界 금융계
　　　商界 상업계　　工商界 상공계

15 队 : 军队 군대　　部队 부대　　考察队 고찰단　　考古队 고고학팀　　探险队 탐험대
　　　爬山队 등산대　　工作队 공작대

16 族 : 工薪族 월급쟁이　　上班族 샐러리맨　　打工族 아르바이트족　　追星族 연예인 극성팬
　　　骑车族 오토바이 폭주족　　爱车族 자동차 마니아

3. 부정적인 의미를 나타내는 명사에 쓰인다.

17 佬 : 乡下佬 시골뜨기　　阔佬 부자들

18 鬼 : 烟鬼 담배귀신　　酒鬼 술 귀신　　色鬼 색정광　　懒鬼 게으름뱅이　　吝啬鬼 수전노
　　　胆小鬼 겁쟁이　　死鬼 원수 같은 사람　　冒失鬼 경망스런 사람, 덜렁이

19 棍 : 赌棍 노름꾼　　恶棍 불량배　　党棍 정당의 권세를 등에 업고 나쁜 짓 하는 자들의 우두머리

4. 학술적인 관점이나 이론, 사상, 주장 등을 나타내는 명사에 쓰인다.

20 主义 : 社会主义 사회주의　　资本主义 자본주의　　改良主义 개량주의　　现实主义 현실주의
　　　　浪漫主义 낭만주의　　个人主义 개인주의　　集体主义 집단주의　　大男子主义 마초, 남성우월주의

21 学 : 哲学 철학　　数学 수학　　文学 문학　　社会学 사회학　　天文学 천문학
　　　人类学 인류학

22 论：　无神论 무신론　　进化论 진화론　　唯物论 유물론　　相对论 상대론　　人性论 인성론

5. 사물의 특징을 나타내는 명사에 쓰인다.

23 气：　热气 열기　　冷气 냉기, 에어컨　　名气 명성　　官气 관료풍　　勇气 용기
　　　　骄气 교만함　　娇气 애교스러움　　傲气 오만함　　风气 기풍　　暖气 따뜻한 기운, 히터

24 风：　文风 문풍　　学风 학풍　　作风 작풍　　党风 당풍

25 性：　主动性 주동성　　能动性 능동성　　普遍性 보편성　　特殊性 특수성　　酸性 산성
　　　　碱性 알칼리성　　海洋性 해양성　　大陆性 대륙성　　积极性 적극성　　伸缩性 신축성
　　　　纪律性 기율성　　代表性 대표성　　完整性 완정성　　理性 이성　　急性 급성
　　　　长期性 장기성

26 度：　温度 온도　　湿度 습도　　高度 고도　　强度 강도　　密度 밀도
　　　　坡度 경사도　　知名度 지명도　　满意度 만족도

27 率：　效率 효율　　出勤率 출근율　　圆周率 원주율　　生产率 생산율　　废品率 폐품율
　　　　成功率 성공률　　成活率 활착률, 생육률

28 型：　流线型 유선형　　轻便型 휴대용　　模型 모형　　重型 중형　　砂型 사형, 모래주형
　　　　微型 마이크로, 소형의

29 形：　扇形 부채꼴　　球形 구형　　工字形 공자형　　矩形 직사각형　　圆形 원형
　　　　三角形 삼각형　　地形 지형　　体形 체형

30 式：　中式 중식　　西式 서양식　　盒式 상자식　　青年式 청년식　　样式 스타일
　　　　新式 스타일　　老式 구식　　仪式 의식　　开幕式 개막식　　阅兵式 열병식
　　　　命令式 명령식　　陈述式 진술식　　条件式 조건식　　公式 공식　　算式 산식, 연산
　　　　分式 유리방정식　　方程式 방정식

6. 장소나 단위를 나타내는 명사에 쓰인다.

31 厅：　客厅 거실　　饭厅 식당　　餐厅 식당　　办公厅 사무실　　大厅 건물의 로비
　　　　舞厅 댄스클럽　　歌舞厅 노래 부르고 춤추는 클럽

32 行：　商行 상사　　银行 은행　　五金行 철물점　　车行 자동차 판매 수리점

33 厂：　炼钢厂 제련소　　纺织厂 방직공장　　发电厂 발전소　　制造厂 제조창　　加工厂 가공공장

34 场：　操场 운동장　　剧场 극장　　跑马场 경마장　　滑冰场 스케이트장　　市场 시장
　　　　停车场 주차장　　商场 시장　　广场 광장

35 站：　汽车站 정류장　　火车站 역　　维修站 수리점　　收购站 구매소　　菜站 야채시장
　　　　批发站 도매시장　　煤气站 가스충전소　　服务站 서비스데스크

7. 부속품, 용구, 물품을 나타내는 명사에 쓰인다.

36 具：　工具 도구　　器具 기구　　玩具 장난감　　道具 도구　　家具 가구
　　　　农具 농기구　　文具 문구　　雨具 비올 때 사용하는 기구

37 器：　机器 기기　　量角器 각도기　　扫描器 스캐너　　计时器 스톱워치　　变压器 변압기
　　　　助听器 보청기　　示波器 오실로그래프, 기진기　　显示器 표시기, 인디케이터

38 件：　零件 부품　　部件 부품　　构件 구재, 부재　　配件 부품　　备件 예비부품, 스페어
　　　　软件 소프트웨어　　硬件 하드웨어　　文件 문건　　附件 부가문건　　急件 급한 문건

39 机：　录音机 녹음기　　发电机 발전기　　打字机 타자기　　复印机 복사기　　收音机 라디오

			起重机 기중기	飞机 비행기	放大机 중폭기		
40 仪 :	水平仪 수평의	地球仪 지구의	经纬仪 경위의	绘图仪 제도기	投影仪 영사기
		扫描仪 스캐너				
41 品 :	产品 산품	成品 기성품	陈列品 진열품	次品 하등품	废品 폐품
	商品 상품	补品 보약, 건강식품	药品 약품	营养品 영양식품	处理品 처리품
	消费品 소비물품	用品 용품	展品 전시물품	物品 물품	豆制品 콩 제품
	礼品 선물	塑料制品 플라스틱제품			

8. 규정이나 방법을 나타내는 명사에 쓰인다.

42 则 :	法则 법칙	准则 준칙	细则 세칙	总则 총칙	规则 규칙
	原则 원칙	守则 수칙			
43 法₁(＝ 法律) :	婚姻法 혼인법	劳资法 노사관계법	刑事诉讼法 형사소송법		
法₂(＝ 方法) :	速成法 속성법	合成法 합성법	体育疗法 체육요법		
	构词法 조어법	图解法 도해법	用法 용법		
	染法 염색법	写法 쓰는 법	制法 만드는 법		
法₃(＝ 见解) :	说法 방법	想法 생각	看法 견해		

 상술한 준접미어의 대부분은 실질적인 의미를 갖고 있던 단어가 점점 虚化되어 만들어진 것이다. 어떤 것은 '手'와 같이 원래의 의미를 거의 상실한 것도 있다. 또 어떤 것은 '师', '匠'과 같이 아직 허화가 철저하게 이루어지지 않아 다른 형태소와 결합할 때 원래의 의미를 약간 내포하고 있기도 한다. 그러나 독립해서 쓸 수는 없다. '主义'처럼 단독으로 단어가 되는 형태소도 있다.

 중국어 명사의 접두어, 접미어 혹은 준접미어 중 어떤 것은 '者', '性'과 같이 여전히 새로운 단어를 만드는 데 쓰이며, 또 어떤 것은 마음대로 기타 형태소와 결합하여 새로운 단어를 만들어낼 수 없다. 예를 들어 우리는 '钢琴家'라고 말할 수는 있으나 '蓝球家'라고 말할 수는 없다. '教员'은 되지만 '医生'을 '医员'이라고 바꿔 말할 수 없다. 그러므로 이 점에 주의하여 기억하여야 하며, 마음대로 만들어 내서는 안 된다.

제 2 절

명사의 어법특징

① 대부분의 명사는 수량사의 수식을 받을 수 있다. 사람이나 사물의 수량을 나타낼 때 일반적으로 수사를 명사 바로 앞에 쓰지 않고, '三本书', '一个学生'과 같이 수사와 명사의 사이에 양사를 넣는다. '三书', '一学生'과 같이 말할 수는 없다. 명사는 또한 단독으로 양사의 수식을 받을 수 없다. 그러므로 '本书', '个学生'과 같이 말하지는 않는다. 그러나 성어나 과학기술 서적에서는 '一箭双雕', '三心二意', '七嘴八舌', '五湖四海', '一直线', '一圆柱体', '四发动机飞机', '八管半导体收音机' 등과 같이 수사와 명사를 바로 이어서 쓸 수도 있다. 이 밖에 '一草一目', '一针一线', '一夫一妻' 등과 같이 고대 중국어로부터 온 것도 있다.

2 명사는 보통 부사의 수식을 받을 수 없다. 그래서 '不人', '不时间', '我有不朋友', '很桌子', '都书', '都老师是中国人'이라고 말할 수 없다. 그러나 일부 몇몇의 명사들이 문장에서 谓语 역할을 할 때, 부사의 수식을 받을 수도 있다(第六章 '副词' 참조).

3 명사는 대사, 형용사, 동사와 각종 구의 수식을 받을 수 있고, 보통 직접 다른 명사의 수식을 받을 수도 있다.

① 대사의 수식을 받는 경우

你妈妈 네 엄마　　　他的书 그의 책　　　谁的笔 누구의 펜　　　别人的东西 다른 사람의 것
这样的事情 이런 일

② 형용사의 수식을 받는 경우

红砖 붉은 벽돌　　　袖珍字典 포켓용 자전　　　老实人 성실한 사람　　　灿烂的阳光 찬란한 햇빛
可爱的孩子 귀여운 아이　　　绿油油的稻田 초록빛 논　　　黑咕隆呼的山洞 어두컴컴한 동굴

③ 동사의 수식을 받는 경우

生产计划 생산 계획　　　奋斗目标 분투할 목표　　　比赛项目 시합할 항목　　　出版日期 출판할 날짜
跳的高度 뛰는 높이　　　走的速度 달리는 속도　　　前进的方向 나아갈 방향　讨论的问题 토론할 문제

④ 각종 구의 수식을 받는 경우

做实验的步骤 실험을 하는 순서　　　我说的话 내가 하는 말　　　妈妈买的衣服 엄마가 산 옷
朝南的房子 남쪽을 향한 집　　　解决问题的方法 문제를 해결하는 방법
起得早的同学 일찍 일어나는 동학　　　忙碌而不幸的一生 바쁘고 불행한 일생

⑤ 명사의 수식을 받는 경우

语法书 어법 책　　　布鞋 헝겊신발　　　体育老师 체육선생님　　　玻璃杯 유리컵
电话号码 전화번호　　　弟弟的书 동생의 책　　　花的颜色 꽃의 색깔　　　书的封面 책의 표지

4 중국어의 명사에는 '数'의 어법 범주가 없어서 단수, 복수를 막론하고 형식상으로는 같다. 다시 말해 '一张桌子', '五张桌子', '一个学生', '十个学生', '这本书', '那些书', '桌子', '学生'과 '书'는 형식상 아무런 변화도 없다. 그러나 사람을 가리키는 명사 뒤에 접미어 '们'을 붙여 '同学们', '朋友们', '同志们', '伙伴们', '孩子们', '姐妹们', '老师和同学们', '女士先生们', '父老兄弟姐妹们'과 같이 다수를 표시할 수 있다. 하지만 명사 뒤에 접미어 '们'을 쓰는 데는 조건이 있다. 만약 사람을 나타내는 명사 앞에 수량사가 있거나 혹은 문장 안에 다수를 표시하는 다른 단어가 있다면 명사 뒤에 '们'을 다시 쓸 수 없다. 예를 들어 '我们班有九个学生们'이나 '参加这次运动会的学生们很多'라고 말할 수 없다. 이 두 문장에는 각각 '九个'와 '很多'가 있어 다수를 표시하고 있으므로 '们'을 또 쓸 필요가 없다.

5 몇몇 소수의 명사는 중첩이 가능한데, 양사의 중첩과 같은 의미를 나타낸다.
(第三章 第二节 참조)

① 人人都应该保护自然环境。

    Rénrén dōu yīnggāi bǎohù zìrán huánjìng.

② 你一个人出门在外，要事事小心。

    Nǐ yí ge rén chū mén zài wài, yào shìshì xiǎoxīn.

③ 他时时刻刻不忘自己的责任。

    Tā shíshíkèkè bú wàng zìjǐ de zérèn.

사람들마다 모두 반드시 자연환경을 보호해야만 합니다.
너 혼자서 밖에 나갈 때에는 모든 일에 조심해야만 한다.
그는 단 한 순간이라도 자신의 책임을 잊지 않았다.

　이외에도 '瓶瓶罐罐, 山山水水, 风风雨雨, 头头脑脑' 등과 같이 명사가 중첩되어 쓰이기도 하지만 이렇게 쓸 수 있는 명사에는 한계가 있으며, 우리 마음대로 만들어 쓸 수는 없다.

제 3 절
명사의 어법기능

　명사의 가장 주된 어법기능은 문장에서 주어, 목적어(개사의 목적어도 포함) 그리고 관형어로 쓰인다는 것이다. 일부 명사는 술어의 역할을 하기도 한다. 명사는 보통 부사어로는 거의 쓰이지 않지만 시간사와 장소사는 부사어로 쓰이기도 한다.

 **주어와 목적어로 쓰인 경우**

 **주어로 쓰인 경우**

① 北京是中国的首都。

    Běijīng shì Zhōngguó de shǒudū.

② 春天到了，天气暖和了。

    Chūntiān dào le, tiānqì nuǎnhuo le.

③ 路窄，行人多，车走不快。

    Lù zhǎi, xíngrén duō, chē zǒu bú kuài.

北京은 중국의 수도이다.
봄이 와서 날씨가 따뜻해졌다.
길이 좁고 행인은 많아 자동차가 빨리 달리지 못한다.

② **목적어로 쓰인 경우**

① 昨天我们访问了一位老画家。

    Zuótiān wǒmen fǎngwènle yí wèi lǎo huàjiā.

② 我叫木村，是留学生，来中国学习中文。

    Wǒ jiào Mùcūn, shì liúxuéshēng, lái Zhōngguó xuéxí Zhōngwén.

③ 我给朋友写了一封信。

    Wǒ gěi péngyou xiěle yì fēng xìn.

어제 우리는 노화가 한 분을 방문했다.
나는 기무라라고 하는데, 유학생이고, 중국에 와 중국어를 배운다.
나는 친구에게 편지를 한 통 썼다.

④ 方先生，您对美学很有研究啊！

　　Fāng xiānsheng, nín duì měixué hěn yǒu yánjiū a!

⑤ 关于价格，我们再商量。

　　Guānyú jiàgé, wǒmen zài shāngliàng.

미스터 方, 당신은 미학에 대해 아주 많은 연구를 했군요!

가격에 대하여, 우리 다시 의논합시다.

2 관형어로 쓰인 경우

대부분의 명사는 관형어의 역할을 할 수 있는데, 다른 명사를 수식한다.

① 星期六，我们常去工人俱乐部跳舞。

　　Xīngqīliù, wǒmen cháng qù gōngrén jùlèbù tiàowǔ.

② 电话铃响了，屋里的人们立刻安静下来。

　　Diànhuà líng xiǎngle, wū lǐ de rénmen lìkè ānjìng xiàlai.

③ 他们每天都到王大爷家来看他，帮助他做饭、洗衣服。

　　Tāmen měitiān dōu dào Wáng dàyé jiā lái kàn tā, bāngzhù tā zuò fàn、xǐ yīfu.

④ 我们检查员的职责不应该是光检查产品质量……

　　Wǒmen jiǎncháyuán de zhízé bù yīnggāi shì guāng jiǎnchá chǎnpǐn zhìliàng……

토요일에 우리는 보통 노동자클럽에 가서 춤을 춘다.

전화벨이 울리자, 방안 사람들은 곧 조용해졌다.

그들은 매일 모두 王 나리 집에 가서 그를 뵙고 그를 도와 밥을 짓고 빨래를 했다.

우리 검사원들의 직책은 다만 물품의 품질만을 검사하는 것이어서는 안 된다……

3 술어로 쓰인 경우

　명사가 술어로 쓰일 때는 본적, 시간, 날씨 등을 나타낼 경우에 한정된다. 뿐만 아니라 앞에 항상 수식어(第四编 第一章, 第四节 참조)가 온다.

① 王老师北京人。

　　Wáng lǎoshī Běijīng rén.

② 现在九点钟。

　　Xiànzài jiǔ diǎn zhōng.

③ 玛丽黄头发，蓝眼睛。

　　Mǎlì huáng tóufa, lán yǎnjing.

王 선생님은 北京 사람이다.

지금은 아홉시이다.

메리는 머리카락이 노랗고 눈이 푸르다.

4 부사어로 쓰인 경우

　명사가 부사어의 역할을 할 때는 명사 뒤에 '地'를 붙여야 한다.

① 实现祖国四个现代化的任务历史地落在我们这一代人的肩上。

　　Shíxiàn zǔguó sì ge xiàndàihuà de rènwu lìshǐ de luò zài wǒmen zhè yī dài rén de jiān shàng.

조국의 4대 현대화를 실현시킬 임무가 역사적으로 우리세대 사람들의 어깨 위에 떨어졌다.

② 他站在那里，深情地望着我，没有说一句话。

　　Tā zhàn zài nàlǐ, shēnqíng de wàngzhe wǒ, méi yǒu shuō yí jù huà.

일반적으로 명사 단독으로 부사어의 역할을 하는 경우는 매우 드물다. 그러나 수량사가 명사와 결합되어 명사구를 이룰 경우 부사어로 쓰일 수 있다.

③ 你老人家一个人走路，我不放心。

　　Nǐ lǎorenjia yí ge rén zǒu lù, wǒ bú fàngxīn.

④ 这本小说太有意思了，他一口气看了一大半。

　　Zhè běn xiǎoshuō tài yǒu yìsi le, tā yì kǒu qì kànle yí dà bàn.

⑤ 他几句话就把弟弟说服了。

　　Tā jǐ jù huà jiù bǎ dìdi shuōfú le.

더 자주 볼 수 있는 것이 시간과 장소를 나타내는 명사(구)가 부사어 역할을 하는 것인데, 동사나 동사구를 수식한다.

① 下星期我就离开北京了。

　　Xià xīngqī wǒ jiù líkāi Běijīng le.

② 我明天下午不在家，学校里有事。

　　Wǒ míngtiān xiàwǔ bú zài jiā, xuéxiào lǐ yǒu shì.

③ 咱们上海见。

　　Zámen Shànghǎi jiàn.

④ 您屋里坐。

　　Nín wū lǐ zuò.

⑤ 您说的话我基本上都能听懂。

　　Nín shuō de huà wǒ jīběn shàng dōu néng tīng dǒng.

⑥ 实际上这只不过是为大家谋点福利。

　　Shíjì shàng zhè zhǐ búguò shì wèi dàjiā móu diǎn fúlì.

방위, 장소, 시간을 표시하는 명사의 어법기능은 일반 명사와 완전히 같지 않기 때문에 따로 소개하고자 한다.

 **방위사**

방위사는 방향과 상대의 위치를 표시하는 단어를 가리킨다. 방위사는 그 구조에 따라 단순방위사와 합성방위사 두 가지로 나눌 수 있다.

① 단순방위사

단순방위사는 가장 기본적인 방위사로 '东, 南, 西, 北, 上, 下, 前, 后, 左, 右, 里, 外, 内, 中, 间, 旁'과 같이 모두 일음절이다. 단순방위사의 용법을 소개하면 다음과 같다.

☐ 단순방위사는 단독으로 쓰이는 경우가 드물다. 보통 다음의 몇 가지 경우에만 단독으로 쓰인다.

(1) 성어나 성어와 비슷한 고정구 안에서 단독으로 쓰이며, 대부분 짝을 이루는 방위사가 동시에 앞뒤로 호응되어 사용된다.

前仆后继　앞사람이 넘어지면 뒷사람이 이어 앞으로 나아가다. (전쟁터에서)희생을 겁내지 않고 용감히 앞으로 나아가다.

前思后想　앞뒤로 곰곰이 생각하다. 심사숙고하다.

前因后果　(일의)원인과 결과

前赴后继　앞 사람이 용감히 돌진하고 뒷사람이 바짝 뒤쫓아 가다. 희생을 무릅쓰고 용감히 앞으로 나아가다.

瞻前顾后　앞뒤를 살피다. 사전에 매우 신중히 생각하다. 앞뒤를 너무 재어 우유부단하다.

惩前毖后　이전의 과오를 뒷날의 경계로 삼다.

空前绝后　전무후무하다. 워낙 독특하여 비교할 만한 것이 이전에도 이후에도 없다.

前功尽弃　지금까지의 공로가 수포로 돌아가다, 공든 탑이 무너지다.

前车之鉴　앞 수레가 뒤집히는 것을 보고 뒷 수레가 교훈으로 삼다, 앞 사람의 실패를 보고 교훈으로 삼다.

史无前例　역사상 전례가 없다.

勇往直前　용감하게 앞으로 나아가다.

后发制人　상대가 먼저 공격해 오기를 기다려 적을 제압하다.

后顾之忧　뒷근심, 뒷걱정

后来居上　뒤에 온 사람이 상좌에 앉다. 뒤졌던 사람이 앞사람을 추월하다.

后生可畏　뒤에 난 사람이 무섭다.

东鳞西爪　(용을 그릴 때 단지 동쪽으로 용 비늘 한 조각만 그리고 서쪽으로는 발톱 한 개만 내놓아 용의 전신이 보이지 않는다.) 흩어져 완전하지 않다.

东张西望　여기저기 바라보다. 두리번거리다.

东拼西凑　여기저기서 긁어모으다.

东拉西扯 조리 없이 함부로 말하다. 이것저것 말하다. 이곳저곳에서 잡아당기다.

南辕北辙 끌채는 남쪽으로 바퀴자국은 북쪽으로. 행동과 목적이 서로 맞지 않거나 일의 결과가 의도와는 반대로 진행됨을 뜻함.

南腔北调 남북의 방언이 뒤섞인 말

南征北战 남쪽을 정벌하고 북쪽을 토벌하다. 각지를 전전하며 싸우다.

南来北往 분주히 오가다.

天南地北 아득히 멀리 떨어져 있다, 한담하다. 세상사를 얘기하다.

上行下效 윗사람이 하는 일을 아랫사람이 그대로 모방하다(나쁜 의미)

欺上瞒下 윗사람을 기만하고 아랫사람을 속이다.

上窜下跳 나쁜 놈들이 도처에 횡행하다.

上推下卸 위아래로 책임을 전가하다.

承上启下 앞의 문장을 받아서 뒷 문장을 잇다. 상부기관의 지시를 받아 하부기관에 전달하여 관철시키다.

左顾右盼 이리저리 두리번거리다.

左右逢源 가까이 있는 사물이 학문 수양의 원천이 되다. 일이 모두 순조롭다.

左邻右舍 이웃집, 인근

左思右想 이리저리 생각하다. 여러 가지로 생각하다.

左右开弓 좌우 양쪽으로 동일한 동작을 반복하다.

里应外合 밖에서 공격하고 안에서 응대하다. 내외호응하다.

外强中干 겉으로는 강해보이나 속은 텅 비다.

外圆内方 겉은 둥글지만 속은 네모지다, 외유내강

内忧外患 내우외환

内外交困 국내의 정치, 경제와 대외 관계가 모두 곤란한 경지에 처하다. 안팎으로 궁지에 빠지다.

上有老下有小 집에 부양하는 노인과 어린 아이가 있다.

前怕狼后怕虎 사람이 소심하여 이것저것 우려하다. 쓸데없는 근심과 걱정을 하다.

(2) 문어에서 단독으로 사용된다.

① 非本单位工作人员请勿入内。

　　Fēi běn dānwèi gōngzuò rényuán qǐng wù rù nèi.

본 기관 직원이 아니면 안으로 들어오지 마시오.

② 成昆铁路，北起四川成都，南至云南昆明。

　　Chéngkūn tiělù, běi qǐ Sìchuān Chéngdū, nán zhì Yúnnán Kūnmíng.

成昆철도는 북쪽은 四川省 成都에서 시작되어 남쪽으로 雲南省 昆明에 이른다.

③ 万里长城西起甘肃嘉峪关，东至山海关。

　　Wànlǐchángchéng xī qǐ Gānsù Jiāyùguān, dōng zhì Shānhǎiguān.

만리장성은 서쪽으로는 甘肃省 嘉峪关에서 시작되어 동쪽으로 山海关에 이른다.

④ 这里藏瓷颇丰，上起北宋，下迄于清，两代名窑皆有精品。

　　Zhèlǐ cáng cí pō fēng, shàng qǐ Běisòng, xià qì yú Qīng, liǎng dài míng yáo jiē yǒu jīngpǐn.

이곳에 소장된 도자기는 상당히 풍부하여 위로는 북송시대에서 아래로는 청대에 이르기까지 2대 유명 도요지에서 나온 훌륭한 작품들이다.

(3) 몇몇 동사나 개사(朝, 向, 往, 在, 从, 对 등)의 목적어가 될 경우, 아래와 같이 단독으로 쓰인다.

① 汽车在大雨中不停地往前跑，我们很快就到达了目的地。

　　Qìchē zài dàyǔ zhōng bùtíng de wǎng qián pǎo, wǒmen hěn kuài jiù dàodále mùdìdì.

자동차가 폭우 속에서 쉬지 않고 앞으로 달려가, 우리는 아주 빨리 목적지에 도착했다.

② 为了牵制敌人，我们的部队第二天就向外转移了。

　　Wèile qiānzhì dírén, wǒmen de bùduì dì èr tiān jiù xiàng wài zhuǎnyí le.

적을 견제하기 위하여 우리 부대는 다음날 밖으로 옮겼다.

③ 咱们应该永远朝远看。

　　Zámen yīnggāi yǒngyuǎn cháo yuǎn kàn.

우리는 언제나 먼 곳을 바라보아야만 한다.

④ 到了胡同口我往东，他往西，我们就分手了。

　　Dàole hútòngkǒu wǒ wǎng dōng, tā wǎng xī, wǒmen jiù fēnshǒu le.

골목 입구에 이르렀을 때 나는 동쪽으로 갔고 그는 서쪽으로 갔다. 우리는 곧 헤어졌다.

⑤ 新盖的这几座单元楼都是坐北朝南的。

　　Xīn gāi de zhè jǐ zuò dānyuánlóu dōu shì zuò běi cháo nán de.

새로 지은 몇 동의 현관 건물들은 모두 남쪽을 향해있다.

(4) 단순방위사는 단독으로 동사를 수식하는 부사어로 쓰일 수도 있다.

① 1945年秋，我和爸爸妈妈随军南下了。

　　Yī jiǔ sì wǔ nián qiū, wǒ hé bàba māma suí jūn nán xià le.

1945년 가을, 나와 아빠 엄마는 군대를 따라 남하했다.

② 在街上雷锋东打听西打听，最后终于帮助老大娘找到了她的儿子。

　　Zài jiē shàng Léi Fēng dōng dǎting xī dǎting, zuìhòu zhōngyú bāngzhù lǎo dàniang zhǎodàole tā de érzi.

거리에서 雷鋒은 이리 저리 수소문하여 나중에는 마침내 노마님을 도와 아들을 찾아주었다.

③ 为我们的事，您跑左一趟，右跑一趟，我们感到很不安。

　　wèi wǒmen de shì, nín pǎo zuǒ yí tàng, yòu pǎo yí tàng, wǒmen gǎndào hěn bù'ān.

우리들의 일을 위하여 당신은 이리 저리 뛰어 다니시니 우리는 정말 마음이 편치 않습니다.

(5) 단순방위사가 주어로 쓰일 경우 대부분 짝을 이루어 쓰인다.

① 王半姐上有公婆，下有一儿一女，还是个街道干部，整天没有空闲的时候。

　　Wángbàn jiě shàng yǒu gōngpó, xià yǒu yī ér yī nǚ, hái shì ge jiēdào gànbù, zhěngtiān méi yǒu kōngxián de shíhou.

王半언니는 위로는 시부모님이 계시고 아래로는 아들과 딸이 하나씩 있다. 게다가 마을(街道) 간부라서 종일 쉴 틈이 없다.

② 我搞的这项改革，上有领导的指点，下有群众的支持，成功是有把握的。

　　Wǒ gǎo de zhè xiàng gǎigé, shàng yǒu lǐngdǎo de zhǐdiǎn, xià yǒu qúnzhòng de zhīchí, chénggōng shì yǒu bǎwò de.

우리가 하는 이 개혁은 위로는 지도자의 지침이, 아래로 군중의 지지가 있으니 분명히 성공할 것이다.

② 몇몇 짝을 이루어 사용되는 단순방위사는 이미 하나의 단어가 되어 쓰인다.
  (1) '上下', '前后', '左右', '内外' 등은 보통 수량사나 시간이나 공간을 표시하는 말들
      뒤에 놓여 개략적인 수를 표시한다.

  四十岁左右 40세 전후   六千公尺上下 6천 미터쯤   大河上下 큰 강 상 하류
  两点钟前后 2시 전후   国庆节前后 국경일 전후   事情发生的前后 사건 발생 전후
  三点钟左右 3시 정도   二十岁左右 20세 정도   一百人左右 1백 명 정도

'内外'는 아래와 같이 장소사 뒤에 놓일 수도 있다.

  长城内外 장성 안팎   场院内外 마당 안팎   京城内外 경성 안팎

  (2) 추상적인 방위와 범위를 나타내기도 한다.

  左右摇摆 좌우로 흔들다   前后矛盾 전후모순   前后照应 전후가 서로 조응하다
  举国上下 온 나라가 거국적으로   上下通气 위아래 공기가 통하다   内外有别 안팎이 다르다
  转战南北 남북을 이동하며 싸우다   左右为难 진퇴양난이다, 이러지도 저러지도 못하다

  (3) 각각 '一'와 같이 쓰여 문장에서 동사를 수식하고 동작의 진행방식을 표시하기
      도 한다.

  一前一后地走 앞서거나 뒤서거나 걸어가다   一上一下地晃动 아래위로 흔들리다
  一左一右地摇摆 좌우로 흔들리다

  (4) 둘씩 중첩되어 '도처에, 두루두루'의 의미를 나타내기도 한다.

① 敌人闯他的家里, 上上下下, 里里外外翻了个够, 可是他们连
  一粒粮食也没有找到。

  Dírén chuǎng tā de jiā lǐ, shàng shàng xià xià, lǐ lǐ wài wài fānle
  ge gòu, kěshì tāmen lián yí lì liángshi yě méi yǒu zhǎodào.

적들이 그의 집에 들이닥쳤을 때 위아래, 안팎을 뒤집어엎었다. 그러나 그들은 곡식 한 톨도 찾아내지 못했다.

② 虎子对田大叔家里里里外外都非常熟悉。

  Hǔzi duì Tián dàshū jiā lǐ lǐ lǐ wài wài dōu fēicháng shúxī.

虎子는 田大叔 집에 대해 안팎을 살살이 잘 알고 있었다.

③ 吃过午饭, 张楠坐在那里, 把刚刚发生的事前前后后又想了一
  遍。

  Chīguo wǔfàn, Zhāngnán zuò zài nàlǐ, bǎ gānggāng fāshēng
  de shì qiánqián hòuhòu yòu xiǎngle yí biàn.

점심을 먹고 난 뒤 张楠은 거기에 앉아 방금 일어난 일의 전후사정을 다시 한번 생각해보았다.

③ 어떤 단순방위사는 직접 명사나 명사구 앞뒤에서 시간이나 장소를 표시하는 구를
이루어 쓰인다. 시간을 표시할 때, 단순방위사와 명사나 명사구 사이에는 때로 '个'자
를 넣기도 한다.
  (1) 명사나 명사구 앞에서 시간을 표시할 때 쓰이기도 한다.

  上(个)星期 지난 주일   上个星期 지난 주일   上个月 지난 달   上个季度 지난 계절
  上半个月 지난 반 달   上半年 지난 반 년   上个世纪 지난 세기
  下(个)星期 다음 주   下个星期 다음 주   下个月 다음 달   下个季度 다음 계절
  下半个月 다음 반 달   下半年 다음 반 년   下个世纪 다음 세기

(2) 장소나 방위를 표시하기도 한다.

东/西半球 동/서반구　　东/西郊 동/서 교외　　南/北城 남/북 성　　东/西大街 동/서 큰길
南/北口 남/북 입구　　前/后院 앞/뒤뜰　　里/外院 안/바깥 뜰　　前/后/旁门 앞/뒤/옆문
东/西校门 동/서 교문　　东/西房 동/서쪽 집

(3) 명사나 명사구 뒤에서 시간을 표시할 때 쓰이기도 한다.

三天前(后) 사흘 전(후)　　十年后 10년 후　　三个月内 3개월 이내
期中 학기 중　　本世纪中 본 세기에

(4) 장소를 표시하는 경우도 있다.

地上 지상　　地下 지하　　地里 땅속　　床上 침대 위　　床下 침대 아래
窗户上 창문 위　　窗前 창문 앞　　窗外 창문 밖　　抽屉里 서랍 속　　屋里 방안
屋外 방 밖　　楼上 위층　　楼下 아래층　　楼里 건물 안　　路旁 길가
路上 길 위　　书上 책에　　书里 책 속에　　报上 신문에

명사 뒤에 쓰인 방위사 '上', '里'는 경성으로 읽는다.
주의해야 할 것은 보통명사로 장소를 나타낼 때, 뒤에 종종 방위사를 덧붙여야 한다는 것이다.

① 屋里在开会。

Wū lǐ zài kāi huì.

(×)屋子在开会。

방에서 회의가 열리고 있다.

② 他把书放在桌子上了。

Tā bǎ shū fàng zài zhuōzi shàng le.

(×)他把书放在桌子了。

그는 책을 탁자 위에 놓았다.

③ 姑娘们愉快地从山上走下来。

Gūniangmen yúkuài de cóng shān shàng zǒu xiàlai.

(×)姑娘们愉快地从山走下来。

아가씨들이 유쾌하게 산위에서 내려왔다.

그러나 국명, 지명 뒤에는 방위사 '里'를 쓸 수 없다.

④ 他在法国学习。

Tā zài Fǎguó xuéxí.

(×)他在法国里学习。

그는 프랑스에서 공부하고 있다.

⑤ 小王在天津工作。

Xiǎo Wáng zài Tiānjīn gōngzuò.

(×)小王在天津工作。

小王은 天津에서 일하고 있다.

단순방위사 중 '里', '前', '后', '上', '下' 등이 명사와 가장 잘 결합된다. 특히 '里'와

‘上’은 의미상 통할 수만 있다면 명사 뒤에서 쓰일 수도 있다. ‘旁’, ‘左’, ‘右’ 등과 같은 다른 단순방위사의 결합능력은 비교적 약하다. 단순방위사와 명사가 결합할 때, 앞뒤를 막론하고, 그 사이에 ‘的’를 넣을 수가 없는데, ‘前门’, ‘门前’, ‘里屋’, ‘屋里’ 등과 같다.

단순방위사 ‘前’, ‘后’가 수량사 앞에 쓰여 순서나 시간상의 상대적 위치를 나타내기도 하는데, 이 때 ‘前’은 ‘시작’을 의미하고 ‘后’는 ‘끝’을 의미한다. 예를 들면 ‘前/后四章’, ‘前/后五行文字’, ‘前两年学基础课’, ‘后两年学专业课’ 등과 같다.

④ 몇몇 단순방위사는 비명사성 어구 앞뒤에도 쓰일 수 있다.

‘前’, ‘后’는 동사, 동사구, 주술구의 뒤에 놓여 시간을 표시할 수 있다.

毕业前 졸업 전　　　結婚后 결혼 후　　　死后 죽은 후　　　做试验前 시험보기 전

我走后 내가 떠난 뒤　　　天亮前 하늘이 밝아오기 전　　　念完大学后 대학을 졸업한 후

‘上’, ‘下’, ‘前’, ‘后’가 동량사 앞에 쓰여 시간, 차례, 순서 등을 표시할 수도 있다.

上次 지난 번　　　下次 다음 번　　　前两次 지난 두 번　　　下一步 다음 걸음

上一回 지난 번　　　后两趟 나중 두 번

‘左’, ‘右’, ‘东’, ‘西’가 짝을 이루어 수량사 앞에 쓰여 불규칙하게 여러번 반복됨을 표시하는 부사어로 쓰일 수 있다.

① 他左一封信右一封信地催我快去。

Tā zuǒ yì fēng xìn yòu yì fēng xìn de cuī wǒ kuài qù.

그는 계속 편지를 보내어 나를 빨리 가라고 재촉했다.

② 小李左一趟右一趟地来看我，不知有什么事。

Xiǎo Lǐ zuǒ yí tàng yòu yí tàng de lái kàn wǒ, bù zhī yǒu shénme shì.

小李가 계속 나를 보러 왔는데 무슨 일인지 모르겠다.

③ 这几天老王东一趟西一趟地往外地跑, 忙个不停。

Zhè jǐ tiān lǎo Wáng dōng yí tàng xī yí tàng de wǎng wàidì pǎo, máng ge bùtíng.

요 며칠 老王은 이리저리 바깥으로 돌아다니며 끊임없이 바빴다.

④ 他东一句西一句, 回答得语无伦次。

Tā dōng yí jù xī yí jù, huídá de yǔ wú lún cì.

그는 이런저런 말을 하는데 대답하는 것이 조리가 없었다.

⑤ 你别东一堆西一堆到处乱摆!

Nǐ bié dōng yì duī xī yì duī dàochù luàn bǎi!

너 여기저기 쌓아놓아 곳곳을 어지럽히지 마라!

2 합성방위사

① 합성방위사의 구성

단순방위사 앞에 ‘以’나 ‘之’를 더하거나 뒤에 ‘边’, ‘面’, ‘头’를 더하여 합성방위사를 만들 수 있다. 이런 합성방위사 역시 방위나 장소, 시간을 표시한다. 이 때 ‘边’, ‘面’, ‘头’는 모두 경성으로 읽어야 한다. 다른 방위사와 ‘以’, ‘边’ 등의 조합상황은 완전히 일치하지는 않는다. 상세한 것은 아래 표를 참고하기 바란다.(‘+’는 조합가능을, ‘－’는 조합불가능을 나타낸다.)1)

		东	南	西	北	上	下	前	后	左	右	里	外	内	中	间	旁
앞추가	以	+	+	+	+	+	+	+	+	−	−	−	+	+	−	−	−
	之	+	+	+	+	+	+	+	+	−	−	−	+	+	+	+	−
뒤추가	边	+	+	+	+	+	+	+	+	+	+	+	+	−	−	−	+
	面	+	+	+	+	+	+	+	+	+	+	+	+	−	−	−	−
	头					+	+	+	+	−	−	+	+	−	−	−	−

위 도표에 나타난 합성방위사 이외에도 '中间, 当中, 底下' 등의 합성방위사도 있다. 또한 단순방위사가 각각 두 개씩 쓰여 방위사가 되기도 하는데, '东'과 '北'이 합쳐져 '东北'가 되고, '西'와 '北'이 합쳐져 '西北'가 되는 것과 같다. 또한 '东南', '西南' 등도 마찬가지다. 주의해야 할 것은 '南东', '南西', '北东', '北西'라고는 하지 않는다는 것이다.

짝을 이루는 단순방위사로 구성된 합성방위사에는 '上下', '前后', '左右', '内外'와 '内中', '当间儿', '左前方', '右前方', '左上方', '右上方', '左下方', '右下方' 등도 있다.

② 합성방위사의 용법과 어법기능

(1) 합성방위사의 용법은 단순방위사보다 자유롭다. 문장에서 단독으로 사용할 수 있으며, 주어, 목적어, 관형어, 부사어로 쓰인다.

주어로 쓰일 경우, 대부분 '是'자문과 '有'자문, 존현문이나 기타 묘사성을 지닌 문장에서 사용된다.

① 那所大学周围的环境很优美，西边是一个天然湖，东边是一座小山，还有一片松林。

Nà suǒ dàxué zhōuwéi de huánjìng hěn yōuměi, xībiān shì yí ge tiānránhú, dōngbiān shì yí zuò xiǎo shān, hái yǒu yì piān sōnglín.

그 대학 주변 환경은 아주 아름답다. 서쪽에는 자연적인 호수가 있고 동쪽에는 작은 산이 있으며 또 소나무 숲도 있다.

② 前边开过来一列国际列车。

Qiánbiān kāiguòlai yí liè guójì lièchē.

앞쪽에서 국제열차가 달려오고 있다.

③ 外边冷，请到屋里坐。

Wàibiān lěng, qǐng dào wū lǐ zuò.

바깥은 추우니 방으로 들어와 앉으시지요.

목적어로 쓰일 경우, 대부분 동사나 개사 '在', '向', '朝', '往', '从', '自', '由'의 목적어로 쓰인다.

① 中文杂志都在上头，外文的都在下头。

Zhōngwén zázhì dōu zài shàngtou, wàiwén de dōu zài xiàtou.

중국어 잡지는 모두 위쪽에 있고 외국어 잡지는 모두 아래쪽에 있다.

---

1) '东头儿', '南头儿', '西头儿', '北头儿' 중의 '头儿'과 접미어 '儿'은 다르다. 세게 읽어야 하며 또한 儿化시켜야 한다. '가장자리, 끝, 말단'의 뜻으로 쓰인다.

② 这张画从左边看是一个画面，从右边看是另一幅画面。

　　Zhè zhāng huà cóng zuǒbiān kàn shì yí ge huàmiàn, cóng yòubiān kàn shì lìng yì fú huàmiàn.

이 그림은 왼쪽부터 보면 하나의 그림이지만 오른쪽에서부터 보면 또 다른 그림이다.

③ 那时候，这儿的小孩子经常走在前边给我们带路。

　　Nà shíhòu, zhèr de xiǎoháizi jīngcháng zǒu zài qiánbiān gěi wǒmen dài lù.

그때, 이곳의 꼬마가 언제나 앞서 가며 나에게 길을 안내해주었다.

④ 一切都在意料之中，一切又都出于意料之外。

　　Yíqiè dōu zài yìliào zhī zhōng, yíqiè yòu dōu chūyú yìliào zhī wài.

모든 것이 예상했던 것이고 모든 것이 또한 예상 밖이었다.

　관형어로 쓰일 경우, 합성방위사는 비교적 자유롭게 명사를 수식하며, 방위사와 중심어 사이에는 보통 '的'를 넣는다.

① 前边的楼都是新建的。

　　Qiánbiān de lóu dōu shì xīn jiàn de.

앞쪽의 건물은 모두 새로 지은 것이다.

② 下边的书都不怕压，上边的仪器怕压。

　　Xiàbiān de shū dōu bú pà yā, shàngbiān de yíqì pà yā.

아래쪽의 책은 눌려도 괜찮지만 위쪽의 기기는 눌리면 안 됩니다.

③ 东头(的)那一片平房是工人宿舍。

　　Dōngtou(de) nà yì piān píngfáng shì gōngrén sùshè.

동쪽(의) 그 단층집이 노동자 기숙사이다.

④ 中间(的)那张油画是他的处女作。

　　Zhōngjiān(de) nà zhāng yóuhuà shì tā de chǔnǚzuò.

중간(의) 그 유화가 그의 처녀작이다.

⑤ 以上的论述说明了三个问题。

　　Yǐshàng de lùnshù shuōmíngle sān ge wèntí.

이상의 논술은 세 가지 문제를 설명했다.

⑥ 她只认识我们当中的一个人。

　　Tā zhǐ rènshi wǒmen dāngzhōng de yí ge rén.

그녀는 우리들 중의 한 사람만을 안다.

⑦ 那架飞机向西北方向飞去了。

　　Nà jià fēijī xiàng xī běi fāngxiàng fēi qù le.

그 비행기는 서북쪽을 향하여 날아갔다.

⑧ 北京夏天常刮东南风，冬天常刮西北风。

　　Běijīng xiàtiān cháng guā dōngnánfēng, dōngtiān cháng guā xīběifēng.

북경의 여름은 언제나 동남풍이 불고 겨울엔 서북풍이 분다.('東南', '西北'과 '風' 사이에는 '的'를 쓸 필요가 없다.)

　부사어로 쓰일 경우, 합성방위사 뒤에 조사 '地'를 쓰면 안 된다.

① 王阿姨，您请里边坐一会儿。

　　Wáng āyí, nín qǐng lǐbiān zuò yíhuìr.

왕이모, 잠깐 안으로 앉으세요.

② 以前我不太了解他。

　　Yǐqián wǒ bú tài liǎojiě tā.

이전에 나는 그를 그다지 이해하지 못했다.

③ 我们以后应加强联系，增进了解。

　　Wǒmen yǐhòu yīng jiāqiáng liánxì, zēngjìn liǎojiě.

우리는 이후에 관계를 강화하고 이해를 증진시켜야만 한다.

④ 以上我们讨论了产品质量的问题，再谈谈数量问题。

　　Yǐshàng wǒmen tǎolùnle chǎnpǐn zhìliàng de wèntí, zài tántan shùliàng wèntí.

⑤ 你们快走吧，约翰和玛丽已经前头走了。

　　Nǐmen kuài zǒu ba, Yuēhàn hé Mǎlì yǐjīng qiántou zǒu le.

이상 우리는 물품 품질의 문제를 토론했는데 다시 수량 문제를 이야기합시다.

우리 빨리 갑시다, 존과 마리가 이미 앞에 갔어요.

　그러나 '之内', '之中', '之间', '之外' 등 소수의 합성방위사는 단독으로 자유롭게 사용할 수 없고, 오로지 명사, 대사, 형용사, 동사, 수량사 등의 뒤에서만 사용된다.

朋友之间 친구 사이　　　　我们之间 우리 사이　　　　好坏之间 좋은 것과 나쁜 것 사이

谈笑之间 웃고 이야기하는 사이　　买卖之间 팔고 사는 사이에　　想和做之间 생각과 행동 사이

认真学习和不认真学习之间 진지하게 공부하는 것과 진지하지 못하게 공부하는 사이

我们之中 우리들 중　　　　同学们之中 동학들 중　　　　这之中 이 가운데

三天之内 사흘 내에　　　　五十个人之内 50명 내에　　　　十里之外 10리 밖에

十个学生之中 열 명의 학생들 중　　这些矛盾之中 이러한 모순 가운데

위에서 말한 몇몇 합성방위사는 단독으로 관형어로 쓰일 수 없는데, '之间的关系'라고 하지는 않는다. 그러나 '你和我之间的关系', '这之间的关系', '二者之间的关系'라고는 할 수 있다.

　(2) 합성 방위사는 명사, 대사, 수량사 뒤에 쓰일 수도 있으며, 동사(구) 뒤에도 쓰여 장소, 범위, 시간 등을 표시한다.
　명사가 '~边', '~头', '~面' 등의 합성방위사 앞에서 사용될 때, 중간에 보통 '的'는 쓰지 않는다. 이때 합성방위사는 일반적으로 경성으로 읽는다. 그리고 '명사＋단순방위사'가 표시하는 의미와 같다. 예를 들면 '桌子里边'과 '桌子里', '墙上边'과 '墙上'의 의미는 같다.
　'上'과 '里'로 이루어진 합성방위사는 강세를 주어 읽을 수도 있고, 명사와 합성방위사 사이에 '的'가 들어갈 수도 있는데, 이때 의미의 중점은 합성 방위사에 있게 되어 경우에 따라서는 '명사＋단순방위사'가 나타내는 의미와 달라질 수도 있다.

'墙上边 : '벽에' (그 벽보 어디다 붙였니? – 벽에 붙였어요)
墙(的)'上边 : 벽의 아래가 아니라 '벽의 위에' 어떤 물건이 있다의 의미
(화분은 어디에 있습니까? – 화분은 (벽 아래쪽이 아니라) 벽 위쪽에 있습니다.)

'工厂里头 : 공장에
工厂(的)'里头 : 공장(의) 안쪽(공장 바깥이 아닌 안쪽을 말함)

'抽屉里边 : 서랍에
抽屉(的)'里边 : 서랍(의) 안쪽
'报上边 : '신문에' (어제 비행기 사고 소식이 신문에 났다)
报(的)'上边 : 위치를 나타내어 (신문의 아래쪽이 아닌) 신문의 위쪽…의 의미

′便条上头 : 메모에
便条(的)′上头 : 메모지 위에

′屋子里边 : '방에' (그 사람 어디 있어요? – 그는 <u>방에</u> 있습니다.)
屋子(的)′里边 : 그 사람 있습니까? – 그는 (방밖이 아니라) <u>방안에</u> 있습니다.

위의 여섯 가지 경우, 각각 첫 번째 구는 명사가 대표하는 장소의 어느 한 부분을 나타낸다. 예를 들어 "墙上边'은 담장 표면의 어느 한 부분을 가리키며, "屋子里边'은 방 안의 어느 한 부분을 가리킨다. 그래서 '명사+단순방위사'와 같게 되는 것이다.

　반면, 두 번째 구는 명사가 대표하는 장소의 일부분을 나타낸다. 즉 '屋子(的)′里边'은 방의 안쪽과 닿아 있는 바로 그 부분을 말하며, '报(的)′上边'은 신문지 위의 바로 그 부분을 말하기 때문에 '명사+단순방위사'와는 같지 않다.

　이러한 구별은 '上'과 '里'의 경우에만 해당되며, 다른 방위사에는 이런 구별이 없다. 그러나 다음의 구들은 일반적으로 보통 합성방위사를 강하게 읽는다.

工厂(的)′东边 공장(의) 동쪽　　墙(的)′后边 벽(의) 뒤쪽　　学校(的)′旁边 학교(의) 옆쪽
颐和园(的)′南面 이화원(의)남쪽　　电影院(的)′后头 극장(의) 뒤쪽

　'명사+之(以)~'는 주로 지역을 표시하는데, 명사와 방위사 사이에는 '的'를 넣을 수 없다.

黄河以南 황하이남　　长江以北 장강이북　　北京与天津之间 北京과 天津 사이

　'명사+~边(~头, ~面)'과 '명사+之(以)~'는 의미상 차이가 있다. 전자가 나타내는 범위는 비교적 좁고, 후자가 표시하는 범위는 비교적 넓다. 예를 들어 '黄河南边'은 黄河 남쪽 부근의 지역을 가리키지만, '黄河以南'은 黄河를 경계로 중국의 광활한 남부지역을 모두 가리킨다.

　몇몇 합성방위사가 수량사 뒤에 놓여 범위나 시간을 표시하기도 하는데, '十里以外', '一百元以内', '十八岁以下', '两点之间', '三天之内', '五点钟以前', '百年之后' 등과 같다.

　어떤 합성방위사는 동사(구)나 주술구 뒤에 놓여, 시간을 표시(장소는 표시할 수 없음)하는 구를 이루어 문장에서 부사어나 관형어로 쓰인다. 합성방위사와 앞의 수식부분 사이에는 '的'를 넣을 수 없는데, 보통 '以前', '以后', '之前', '之后', '中间', '当中'과 같은 형태로 쓰인다. 예를 들면 '解放以前', '下课以后', '来中国之前', '我们毕业以后', '谈话中间', '教育改革当中', '闲谈之间' 등과 같다.

　'以前' 앞의 말들은 긍정, 부정 모두 가능한데, 전체 구의 의미는 같다. 즉 '来中国以前'이나 '没来中国以前'이나 같은 의미이며, '毕业以前'과 '没毕业以前'도 같은 뜻이다. 왜냐하면 이들은 모두 동사나 동사구가 가리키는 동작행위가 아직 일어나지 않았음을 뜻하기 때문이다.

　'以后' 앞에는 보통 긍정적인 말이 오는데, '学习中文以后', '回国以后' 등과 같다.

일반적으로 명사는 부사의 수식을 받을 수 없지만 합성방위사는 부사의 수식을 받을 수 있는 것이 있다. 물론 이 때 대부분 정도부사에 국한되는데, '最前边', '紧里头', '顶后边儿', '再下边儿' 등과 같다. 단순방위사의 경우도 '极右', '太左', '稍后' 등과 같이 부사의 수식을 받을 수도 있다.

(3) 방위사의 파생용법

방위사의 기본용법은 방위, 장소, 시간을 표시하는 것이며, 또한 파생되어 방면, 범위, 조건, 상황, 과정 등과 같은 것을 표시할 수도 있다. 예를 들어 단순방위사 '上', '中', '下'와 자주 결합하는 구를 살펴보면 다음과 같다.

'…上'이 '在……方面'의 뜻을 나타낸다.

① 经济上的损失一定要补回来。

   Jīngjì shàng de sǔnshī yídìng yào bǔ huílai.

   경제적 손실은 반드시 보충해야만 한다.

② 他主观上很努力，但客观条件比较差。

   Tā zhǔguān shàng hěn nǔlì, dàn kèguān tiáojiàn bǐjiào chà.

   그는 주관적으로는 매우 노력하지만 그러나 객관적 조건은 좀 떨어진다.

③ 最近，我们的企业技术上又领先了一步。

   Zuìjìn, wǒmen de qǐyè jìshù shàng yòu lǐngxiān le yí bù.

   최근에 우리 기업은 기술적으로 다시 한 걸음 앞섰다.

④ 导演想实际上让我演主角，可又有些为难。

   Dǎoyǎn xiǎng shíjì shàng ràng wǒ yǎn zhǔjué, kě yòu yǒuxiē wéinán.

   감독은 사실상 나에게 주연을 맡게 하려했지만 그러나 또한 몇 가지 어려움이 있었다.

⑤ 领导上也同意我们的做法。

   Lǐngdǎo shàng yě tóngyì wǒmen de zuòfǎ.

   리더에 관해서는 역시 우리의 방법에 동의했다.

'…下'가 '在……条件下'의 뜻을 나타낸다.

① 这种金属高温下也不易熔化。

   Zhè zhǒng jīnshǔ gāowēn xià yě bú yì rónghuà.

   이런 금속은 고온 하에서도 쉽게 녹지 않는다.

② 在我们的坚持下，对方还是接受了我们的条件。

   Zài wǒmen de jiānchí xià, duìfāng háishi jiēshòule wǒmen de tiáojiàn.

   우리들의 강한 의지에 상대방은 그래도 우리의 조건을 받아들였다.

③ 老师傅的帮助下，抽水机很快就修好了。

   Lǎo shīfu de bāngzhù xià, chōushuǐjī hěn kuài jiù xiū hǎo le.

   늙은 기술자의 도움 하에 양수기는 빨리 수리되었다.

'…中'이 '在……过程中'의 뜻을 나타낸다.

① 病中，她还坚持工作，不肯休息。

   Bìng zhōng, tā hái jiānchí gōngzuò, bù kěn xiūxi.

   병이 났는데도 그녀는 여전히 일할 것을 고집하여 쉬려고 하지 않았다.

② 闲谈中，我发现他对京剧很有研究。

   Xiántán zhōng, wǒ fāxiàn tā duì jīngjù hěn yǒu yánjiū.

   한담을 나누는 중에 나는 그가 경극에 아주 조예가 깊다는 것을 발견했다.

③ 忙乱中，他连眼镜也忘了戴就走了。

    Máng luàn zhōng, tā lián yǎnjìng yě wàngle dài jiù zǒu le.

④ 辩论中，说几句过分激烈的话是难以避免的。

    Biànlùn zhōng, shuō jǐ jù guòfēn jīliè de huà shì nányǐ bìmiǎn de.

⑤ 假期中，他为大家做了不少好事。

    Jiàqī zhōng, tā wèi dàjiā zuòle bùshǎo hǎo shì.

황망한 가운데 그는 안경을 쓰는 것도 잊어버리고 갔다.

토론을 하는 중에는 몇 마디 지나치게 격렬한 말을 하게 되는 것은 불가피하다.

휴가 중에 그는 모두를 위해 적지 않은 좋은 일을 했다.

2 장소사

장소를 표시하는 명사나 명사구를 장소사라고 한다. 여기에는 다음과 같은 것들이 포함된다.

1. 방위사
2. 특정 장소를 나타내는 고유 명사로 '中国', '北京', '天安门广场', '北京大学' 등을 들 수 있는데, 이 때 지리적으로나 위치적으로 말하는 경우에만 해당된다.
3. 일반적인 장소를 나타내는 명사로 '图书馆', '学校', '门口', '车站', '周围', '附近', '国内', '国外', '这里', '那儿' 등이 있다.
4. '명사+방위사'로 구성되는 것들이 있는데, '心里', '报上', '身旁', '桥下', '天上', '书里', '西北方向' 등이 있다.

장소사의 어법기능은 주로 주어, 목적어, 관형어, 부사어 등으로 쓰인다는 것이다.

⒈ 주어로 쓰일 경우, 어떤 장소를 설명할 때 장소사를 문두에 둔다. 장소사가 주어로 쓰인 문장은 다시 몇 가지로 나눌 수 있다.

 (1) 형용사술어문과 주술술어문의 경우

① 市中心十分繁华。

    Shì zhōngxīn shífēn fánhuá.

② 会场上安静极了。

    Huìchǎng shàng ānjìng jí le.

③ 城楼上锣鼓喧天，红旗飘扬。

    Chénglóu shàng luó gǔ xuān tiān, hóngqí piāoyáng.

④ 这里街道路面宽阔，房屋整齐。

    Zhèlǐ jiēdào lùmiàn kuānkuò, fángwū zhěngqí.

시내 중심가는 아주 번화하다.(형용사술어문)

회의장은 매우 고요했다.(형용사술어문)

성루 위의 북과 징이 하늘을 울렸고 붉은 깃발이 휘날렸다.(주어술어문)

이곳 거리는 길이 넓고 집들이 가지런하다.(주어술어문)

 (2) '是', '有'로 구성된 존현문의 경우

① 北京的北面是连绵不断的山，北京的南面是绿色的大平原。

    Běijīng de běimiàn shì lián mián bú duàn de shān, Běijīng de nánmiàn shì lùsè de dàpíngyuán.

北京의 북쪽에는 끝없이 이어진 산들이 있고 북경의 남쪽에는 녹색의 대평원이 있다.

② 从车窗向外望去，远处是一株株墨绿的柑桔树。

Cóng chēchuāng xiàng wài wàng qù, yuǎnchù shì yī zhū zhū mòlǜ de gānjúshù.

③ 杭州是有名的花园城市。

Hángzhōu shì yǒumíng de huāyuán chéngshì.

④ 你身上、脸上都是泥？摔跤了？

Nǐ shēn shàng、liǎn shàng dōu shì ní? Shuāi jiāo le?

⑤ 我家的后面有一个大花园。

Wǒ jiā de hòumiàn yǒu yí ge dà huāyuán.

⑥ 那不算小的院子里没有一点花草的绿色。

Nà bú suàn xiǎo de yuànzi lǐ méi yǒu yìdiǎn huācǎo de lǜsè.

⑦ 这几天楠楠的心里有说不出的高兴。

Zhè jǐ tiān nánnán de xīn lǐ yǒu shuōbuchū de gāoxìng.

⑧ 很遗憾，我这里没有这方面的资料。

Hěn yíhàn, wǒ zhèlǐ méi yǒu zhè fāngmiàn de zīliào.

　(3) 기타 존현문의 경우

① 楼梯的两旁摆着一盆盆鲜花。

Lóutī de liǎngpáng bǎizhe yì pénpén xiānhuā.

② 她的眼睛里涌满了泪水，脸色白得像纸一样。

Tā de yǎnjing lǐ yǒngmǎnle lèishuǐ, liǎnsè bái de xiàng zhǐ yíyàng.

③ 天空上挂着一轮皎洁的明月。

Tiānkōng shàng guàzhe yì lún jiǎojí de míngyuè.

④ 远处传来姑娘们银铃般的欢笑声。

Yuǎnchù chuán lái gūniangmen yínlíngbān de huānxiào shēng.

⑤ 天上飞过去一群大雁。

Tiān shàng fēiguòqu yì qún dàyàn.

　(4) 특정 장소에서 특정 동작이 계속해서 진행되는 문장의 경우

① 台上唱着戏。

Tái shàng chàngzhe xì.

② 外面刮着风。

Wàimiàn guāzhe fēng.

(5) 특정 장소의 용도를 설명하는 문장의 경우

① 屋里住人，屋外放东西。

　　Wū lǐ zhù rén, wū wài fàng dōngxi.

방 안에는 사람이 살고 방 밖에는 물건을 놓는다.

② 山顶上种树，山坡种庄稼。

　　Shāndǐng shàng zhòng shù, shānpō zhòng zhuāngjia.

산꼭대기에는 나무를 심고 산기슭에서는 농사를 짓는다.

② 목적어(개사의 목적어 포함)로 쓰일 경우, 장소사는 '在', '到', '朝', '向', '往', '从' 등의 동사나 개사의 목적어로 쓰인다.

① 你要的那本书在这儿呢。

　　Nǐ yào de nà běn shū zài zhèr ne.

네가 원하는 그 책이 여기에 있네.

② 刘先生和他的太太半年前就去澳洲了。

　　Liú xiānsheng hé tā de tàitai bàn nián qián jiù qù Àozhōu le.

刘씨와 그의 아내는 반년 전에 오스트레일리아로 갔다.

③ 夏天，人们常在这棵古老的大树下乘凉，休息。

　　Xiàtiān, rénmen cháng zài zhè kē gǔlǎo de dàshù xià chéngliáng, xiūxi.

여름에 사람들은 늘 이 오래된 나무 아래에서 더위를 식히고 쉰다.

④ 小保和几个孩子到山坡上放牛去了。

　　Xiǎo Bǎo hé jǐ ge háizi dào shānpō shàng fàng niú qù le.

小保와 몇 명의 아이들이 산기슭에 소를 먹이러 갔다.

⑤ 代表团已经离开北京去南方参观访问了。

　　Dàibiǎotuán yǐjing líkāi Běijīng qù nánfāng cānguān fǎngwèn le.

대표단은 이미 北京을 떠나 남부지방으로 참관하러 떠났다.

③ 관형어로 쓰일 경우, 장소사가 명사를 수식할 때, 일반적으로 구조조사 '的'가 뒤따른다.

① 北京的春天很暖和。

　　Běijīng de chūntiān hěn nuǎnhuo.

北京의 봄은 아주 따뜻하다.

② 屋里的空气实在令人窒息。

　　Wū lǐ de kōngqì shízài lìng rén zhìxī.

방안의 공기는 정말 사람을 질식하게 한다.

③ 这里的一切似乎都变了样子。

　　Zhèlǐ de yíqiè sìhū dōu biànle yàngzi.

이곳의 모든 것은 변한 것 같다.

④ 户外生活逐渐对他成了巨大的诱惑。

　　Hù wài shēnghuó zhújiàn duì tā chéngle jùdà de yòuhuò.

집밖의 생활은 점차 그에게 거대한 유혹이 되었다.

⑤ 她家门口的绿色栅栏门总是紧关着的。

　　Tā jiā ménkǒu de lǜsè zhàlan mén zǒngshì jǐn guānzhe de.

그녀 집 문 앞의 녹색 울타리문은 언제나 굳게 닫혀있다.

④ 부사어로 쓰일 경우, 장소사는 부사어로 쓰이는 경우가 드물며, 장소사가 단독으로 부사어로 쓰일 경우는 주로 아래 3가지 경우에 해당된다.

(1) 현재 어떤 장소에서 어떤 동작이 진행되고 있음을 나타낼 때 장소사는 문두에 오며, 행위자(문장에서 동작, 변화를 일으키는 주체)주어는 생략할 수 없다.

① 老槐树下，社员们正在开生产会。

    Lǎo huáishù xià, shèyuánmen zhèngzài kāi shēngchǎnhuì.

늙은 홰나무 아래에서 사원들이 생산회의를 열고 있다.

② 台上，老队长在讲生产计划。

    Tái shàng, lǎo duìzhǎng zài jiǎng shēngchǎn jìhuà.

무대 위에서 늙은 대장이 생산계획을 말하고 있다.

(2) 술어가 아주 간단한 동사술어문의 경우, 주로 회화에서 많이 쓰인다.

① 你坐飞机去，我坐火车去，咱们后天上海见。

    Nǐ zuò fēijī qù, wǒ zuò huǒchē qù, zámen hòutiān Shànghǎi jiàn.

너는 비행기를 타고 가고 나는 기차를 타고 가고, 우리 모레 上海에서 만나자!

② 这几天，他们地里吃，地里睡。

    Zhè jǐ tiān, tāmen dì lǐ chī, dì lǐ shuì.

요 며칠동안 그들은 바닥에서 먹고 바닥에서 잤다.

(3) 장소사가 서로 짝을 이루는 말들로 이루어진 문장의 경우

① 他终日楼上、楼下地跑着，轻易不出门。

    Tā zhōngrì lóushàng、lóuxià de pǎozhe, qīngyì bù chū mén.

그는 하루 종일 위층 아래층으로 뛰어다녔지만, 함부로 나가지는 않았다.

② 小安风里来，雨里去，坚持给王大爷看病，从不间断。

    Xiǎo Ān fēng lǐ lái, yǔ lǐ qù, jiānchí gěi Wáng dàyé kàn bìng, cóng bù jiànduàn.

小安은 바람 따라 오고 빗속에서 사라지며 王나리를 간호할 것을 고집했으며 중간에 그만두지 않았다.

③ 彩排时，导演台上台下忙个不停。

    Cǎipái shí, dǎoyǎn tái shàng tái xià máng ge bùtíng.

리허설 때 감독은 무대 위아래에서 계속 바빴다.

3 시간사

시간을 나타내는 명사나 명사구를 시간사라고 한다. 시간사에는 时点을 나타내는 경우와 时段(시간의 양)을 나타내는 경우의 두 가지 종류가 있다. 전자의 경우, '2000年', '下午', '昨天晚上' 등이 있는데, 모두 시간의 위치, 즉 시점을 나타낸다. 후자는 '十年', '一个晚上', '两分钟'과 같이 시간의 양이나 길이를 표시하는데, 이것들은 모두 시단을 말하는 것이다.

① 시점을 표시하는 경우

1月，2月，……12月 1월, 2월, ……12월

1号，2号，……30号，31号 1일, 2일, ……30일, 31일

初二，初二……，初十，十一，……，二十九，三十(中国农历)

초이틀， 초이틀…，　초열흘， 열하루，　……，　스무아흐레，　그믐(중국 음력)

星期一，星期二，……星期日(星期天) 월요일, 화요일, ……일요일(일요일)

周一，周二，周五，周六，周日，礼拜一，礼拜二，……礼拜日
월요일，화요일，금요일，토요일，일요일，월요일，화요일，……일요일

一点(钟) 1시　　三点一刻 3시 15분　　四点半(钟) 4시 반　　五点四十(分) 5시 40분

六点三刻 6시 45분　　三点五十六(分) 3시 56분　　差十分七点 7시 10분전

19世纪 19세기　　21世纪 21세기　　2000年 2000년

二十世纪五十年代 20세기 50년대

去年 작년	今年 올해	明年 내년	后年 후년
上半年 지난 반년	下半年 다음 반년	第一季度 첫 번째 계절	第二季度 두 번째 계절
春秋 춘추시대	战国 전국시대	唐朝 당대	清朝 청대
民国 민국	月初 월초	月中 월중	月底 월말
上旬 상순	中旬 중순	下旬 하순	年初 연초
年底 연말			

前(后)半天 오전 한나절, 오후 한나절　　前(后)半个星期 한 주일의 전반기, 한 주일의 후반기

前(后)半个月 한달의 전반기, 한달의 후반기

春季 춘계	夏季 하계	秋季 추계	冬季 동계
春天 봄	夏天 여름	秋天 가을	冬天 겨울
春节 설날	中秋节 추석	除夕 제석	元旦 원단
新年 신년	灯节 등절	国庆节 국경일	元宵节 원소절, 정월 대보름

② 시단을 표시하는 경우

一个星期 한 주일	两个星期 두 주일	三个星期 삼 주일	
一周 한 주	两周 두 주	三周半 석 주 반	
一秒 1초	半分钟 30초	半个钟头 반시간	半小时 30분
一天 하루	十个月 열 달	三个月 석 달	三个半月 석 달 반
三年 3년	二十年 20년	一百年 100년	一个世纪 1세기

③ 시간사의 어법기능은 다음과 같다.

(1) 시점을 나타내는 시간사는 대체로 단독으로 부사어로 쓰이는데, 이것이 바로 시간사의 주요기능이다.

① 小王，你星期日有事吗？

　　Xiǎo Wáng, nǐ xīngqīrì yǒu shì ma?

小王, 너 일요일에 일 있니?

② 一天晚上，我和爷爷在灯下下棋，……。

　　Yì tiān wǎnshang, wǒ hé yéye zài dēng xià xiàqí,……

어느 날 저녁, 나와 할아버지는 등불 아래에서 바둑을 두고 있었다.

③ 早上我去看他的时候，他跟朋友说话呢。

　　Zǎoshang wǒ qù kàn tā de shíhou, tā gēn péngyou shuō huà ne.

아침에 내가 그를 보러 갔을 때 그는 친구와 이야기하고 있었는데.

시단을 나타내는 시간사도 그 시간 내의 동작의 속도, 횟수 등을 나타낼 때는 부사어
로 쓰인다.

④ 阿里一分钟能写二十个汉字。

　　Ālǐ yì fēnzhōng néng xiě èrshí ge hànzì.

⑤ 你爱人找你一定有急事，一早晨来了三四次电话。

　　Nǐ àiren zhǎo nǐ yídìng yǒu jíshì, yì zǎochén láile sān sì cì diànhuà.

阿里는 1분에 20자의
한자를 쓸 수 있다.

네 집사람이 너를 찾았
는데 분명히 급한 일이
있는 거야, 아침에만도
서너 번 전화가 왔는걸.

어느 시간 내에 아무 것도 하지 않은 부정문 에서도 시간의 길이를 나타내는 시간사
는 부사어로 쓰일 수 있다.

⑥ 老王这几天身体不太好，已经两天没来上班了。

　　Lǎo Wáng zhè jǐ tiān shēntǐ bú tài hǎo, yǐjīng liǎng tiān méi lái
　　shàng bān le.

老王은 요 며칠 몸이 그
다지 좋지 않아, 이미
이틀 동안 출근하지 않
았어.

　(2) 시간사는 일반 명사와 달리 보어로도 사용된다. 보어로 사용될 경우 시단을 나
타내는 '수량사＋시간명사'의 형태로 쓰인다.

① 他曾在农村住过十几年。

　　Tā céng zài nóngcūn zhùguo shí jǐ nián.

② 毕业后，他当编辑就当了半辈子。

　　Bìyè hòu, tā dāng biānjí jiù dāngle bàn bèizi.

③ 我要在中国学习三个月。

　　Wǒ yào zài Zhōngguó xuéxí sān ge yuè.

그는 일찍이 농촌에서
십몇 년을 살았던 적이
있다.

졸업 후에 그는 편집자
를 하면서 반평생을 보
냈다.

나는 중국에서 석 달 공
부하려고 한다.

　(3) 몇몇 시간사는 시간, 날짜 등을 나타낼 때 단독으로 술어로 사용된다.

① 明天中秋节了。

　　Míngtiān Zhōngqiūjié le.

② 现在四点一刻。

　　Xiànzài sì diǎn yí kè.

③ 今天2月6号，星期六。

　　Jīntiān èr yuè liù hào, xīngqīliù.

내일은 추석이다.

지금은 4시 15분이다.

오늘은 2월 6일, 토요
일이다.

　(4) 관형어로 쓰일 경우, '시간사＋的'의 형태로 명사를 수식한다.

① 五月的夜风，暖煦煦的。

　　Wǔ yuè de yèfēng, nuǎnxùxù de.

② 我在昨天的招待会上认识了一个新朋友。

　　Wǒ zài zuótiān de zhāodàihuì shàng rènshile yí ge xīn péngyou.

5월의 밤바람이 훈훈
하다.

나는 어제의 리셉션에
서 새로운 친구를 알았
다.

③ 早晨的空气格外清新。

　　Zǎochén de kōngqì géwài qīngxīn.

新벽 공기가 특별히 신선하다.

④ 3月8号的报纸借出去了。

　　Sān yuè bā hào de bàozhǐ jièchūqu le.

3월 8일의 신문을 빌려 갔다.

⑤ 四年的大学生活就要结束了。

　　Sì nián de dàxué shēnghuó jiù yào jiéshù le.

4년간의 대학생활이 곧 끝나려 한다.

⑥ 上半年的生产任务已经超额完成了。

　　Shàng bàn nián de shēngchǎn rènwu yǐjīng chāo'é wánchéng le.

상반기 생산 임무를 이미 초과 달성했다.

(5) 시간사가 주어로 쓰이는 경우, 술어는 시간사가 나타내는 시간에 대해 설명을 더하는 역할을 한다.

① 新年快要到了。

　　Xīnnián kuài yào dào le.

새해가 곧 오려 한다.

② 春天给人们带来了希望。

　　Chūntiān gěi rénmen dàiláile xīwàng.

봄은 사람들에게 희망을 가져다준다.

③ 严冬已经过去，春天还会远吗！

　　Yándōng yǐjīng guòqù, chūntiān hái huì yuǎn ma!

추운 겨울이 이미 지나갔고 봄이 이제 머지않았잖아!

④ 昨天是我一生中最难忘的一天。

　　Zuótiān shì wǒ yìshēng zhōng zuì nánwàng de yì tiān.

어제는 내 일생에 있어서 가장 잊기 어려운 하루였다.

⑤ 前几天那么冷，今天暖和了。

　　Qián jǐ tiān nàme lěng, jīntiān nuǎnhuo le.

며칠 동안 그렇게 춥더니 오늘은 따뜻해졌다.

⑥ 八月、九月、十月是农忙季节。

　　Bā yuè、jiǔ yuè、shí yuè shì nóngmáng jìjié.

8월, 9월, 10월은 농번기이다.

⑦ 1949年10月1日，是中华人民共和国成立的日子。

　　Yī jiǔ sì jiǔ nián shí yuè yī rì, shì Zhōnghuá rénmín gònghéguó chénglì de rìzi.

1949년 10월 1일은 중화인민공화국이 성립된 날이다.

(6) 목적어로 사용될 경우

① 他的生日正好是农历大年三十。

　　Tā de shēngrì zhènghǎo shì nónglì dànián sān shí.

그의 생일은 마침 음력 정월 그믐이다.

② 我碰到他是在国庆节那天中午。

　　Wǒ pèngdào tā shì zài Guóqìngjié nà tiān zhōngwǔ.

내가 그와 마주친 것은 국경일 그날 낮이었다.

③ 中小学从一月底到二月中旬放寒假。

　　Zhōngxiǎoxué cóng yí yuè dǐ dào èr yuè zhōngxún fàng hánjià.

초중등학교는 1월말부터 2월 중순까지 겨울 방학이다.

④ 他们的婚期推迟到明年二月份了。

Tāmen de hūnqī tuīchí dào míngnián èr yuè fèn le.

그들의 결혼날짜가 내
년 2월로 미뤄졌다.

参考文献

陆俭明　说"年、月、日",世界汉语教学,1987年第1期。
　　　　现代汉语时间词说略,语言教学与研究,1991年第1期。
　　　　同类词连用规则刍议—从方位词"东、南、西、北"两两组合规则谈起,中国
　　　　语文,1994年第5期。
孙德金　现代汉语名词作状语的考察,语言教学与研究,1995年第4期。
周小兵　谈汉语时间词,语言数学与研究,1995年第3期。

一. 앞에 접두어 '阿', '老', '小'와 연결되는 명사를 써 넣으시오.(각각 두개씩)

阿______, 阿______, 老______, 老______, 小______, 小______

二. 뒤에 '子', '儿', '斗', '者', '们'과 이어지는 명사를 써 넣으시오.(각각 다섯 개씩)

______子, ______子, ______子, ______子, ______子
______儿, ______儿, ______儿, ______儿, ______儿
______头, ______头, ______头, ______头, ______头
______者, ______者, ______者, ______者, ______者
______们, ______们, ______们, ______们, ______们

三. 다음 문장에서 어느 것이 명사인지 찾아내고 그것들이 문장에서 어떤 성분이 되는지 설명해보시오.

1. 我买了两把勺儿, 两双筷子, 四个盘子和一把剪子。
2. 请把镜子挂在这儿。
3. 那两个瓶子是干净的。
4. 这束花儿好香啊。
5. 这几个小伙子都是从同一个村子来的, 他们都是老乡。
6. 这些桌子、椅子都很干净。
7. 请把那张画儿挂在中间儿的柱子上。
8. 这一片房子都是新盖起来的。
9. 这只小鸟总想飞出去。
10. 我们把本书都交给老师了。

四. 다음 문장에서 시간사를 찾아내고 문장 속에서의 작용에 대해 설명하시오.

1. 今天的报来了吗?
2. 你明天有时间吗?
3. 我下个星期就要回国了。
4. 我前几天去外地旅行了, 没在北京。
5. 明天星期六, 咱们一块儿去爬山好吗?
6. 已经是深夜了, 外边静极了。

五. 주어진 단어를 사용하여 문장을 만드시오.

1. 前天上午八点　　⇒
2. 下星期日　　⇒
3. 一小时以后　　⇒
4. 我生日那天　　⇒
5. 五分钟之内　　⇒
6. 放假以前　　⇒
7. 去年二月份　　⇒
8. 回国以后　　⇒
9. 半小时左右　　⇒
10. 新年前后　　⇒

六. 다음 문장의 괄호 안의 단어 뒤에 적당한 방위사를 찾아 빈칸에 써 넣으시오.

1. 风很大，________行人很少。（街）
2. 希望寄托在你们青年人________，你们要在________更加努力去掌握高新的科学技术知识。（身、学习）
3. 听了这个消息，阿香的________有说不出的高兴。
4. 在回学校的________，我们碰到了老王和他爱人。（路）
5. ________应该互相帮助。（同学）
6. 说到这里，妹妹的________闪着幸福的泪花。（眼睛）
7. 月亮渐渐地升高了，________孩子们的欢笑声已经听不见了。（院子）
8. 看着这些工人站在________紧张地劳动，我非常感动。（机器）
9. 我们每天八点钟上课，你应该________到教室。（8:00）
10. 小姑娘让我坐在她的________，她自己坐在我面前的一个小________。（床，凳子）
11. ________，咱们一起去游泳吧!（下课）
12. ________，要把门窗关好。（离开教室）
13. 我们的阅览室就在________四层，自习室在________一层。（楼）
14. 今天，在新中国，人与人________没有职位高低的区别，在________人人平等。（人，政治）
15. 明天________，也就是________，我给你打电话，我们再定见面时间。（12:00,吃午饭）
16. 好大的雪啊，看________，________，________都是一片白。（地，房，树）

例如：商店在剧场的东边，理发馆在剧场的西边。
　　　剧场在<u>商店</u>和<u>理发</u>的中间，剧场在理发馆的<u>东边</u>，剧场在商店的<u>西边</u>，商店的西边是<u>剧场</u>，理发馆的东边是<u>剧场</u>。

1. 小明在小红的左边，小力在小红的右边。
   小明的右边是________，小红的右边是________，________的左边是小红，________的左边是小明，小红在小明和小力的________。

2. 甲走在最前面，乙走在最后，丙走在他们中间。
   甲的后面是______，丙的前面是______，丙的后面是______，乙的前面是______，乙在丙的______。

3. 红圈在白圈里边，蓝圈在红圈的里边。
   白圈在红圈的________，红圈在蓝圈的________，红圈的里头有________，白圈的里边有________和________。蓝圈在最________，白圈在最________，红圈在蓝圈和白圈的________。

4. 张家、李家、王家分别住在一层、二层、三层。
   张家的________住着李家，李家的________住着张家，李家的________住着王家，王家的下面住着________家。李家住在________家和________家的中间。

理论上	实际上	基本上	思想上	生活上	事业上
行动上	旅游中	客观上	学术上	讨论会上	比赛中
无形中	谈话中	领导上	家人之间	朋友之间	邻里之间

1. 你的分析________是站不住的，________是行不通的。
2. 学院领导________同意了我们的意见。
3. 几年来，他们俩________互相关心支持，________互相照顾，日子过得很美满、幸福。
4. ________，我了解到原来王奶奶还是个老病号呢，别看老太太现在身体那么好，腿脚那么灵活。
5. ________，我结识了好几位中国朋友，汉族的，藏族的，还有维吾尔族的。
6. 这次，由于大家________重视了，________积极了，任务完成得相当顺利。
7. 他________很希望把工作搞好，可是________往往得不到理想的效果。
8. ________，代表们提出了很多建议。
9. ________，他发扬了友谊第一的高风格。
10. 他只教一门文艺心理学，________是美学。

11. 他老老实实，本本份份，自己认识到什么程度，就讲到什么程度，一步一个脚印，
        影响了学生。

12. 我觉得，他是一个有学问的人，一个在＿＿＿＿＿＿＿诚实的人。

13. ＿＿＿＿＿＿＿很关心我们年轻人的成长。

14. 近几年来，工作忙了，家务事多了，＿＿＿＿＿，＿＿＿＿＿，＿＿＿＿＿＿的交往越来越少了。

九. 아래 구절이 맞는지 틀리는지 고르시오. (맞는 것에는 +를, 틀린 것에는 − 를 그
  으시오.)

1. 朋友之间（　　）　　　　　2. 以外三千公尺（　　）

3. 墙上的画（　　）　　　　　4. 以后八点钟（　　）

5. 长江之南（　　）　　　　　6. 黑板的右头（　　）

7. 南方的中国（　　）　　　　8. 灯的墙上（　　）

9. 黄河的以北（　　）　　　　10. 几年的以后（　　）

11. 之间的我们（　　）　　　　12. 以前毕业（　　）

13. 脸的上（　　）　　　　　　14. 二十年以后（　　）

15. 旁边人（　　）

十. 아래 틀린 문장을 바로 잡으시오.

1. 昨天有四个同学们来看我。

2. 我生病的那天，他在我的床站了一会儿，没有说话。

3. 请你把练习本儿放在老师的桌子。

4. 颐和园是中国里有名的公园。

5. 几个少先队员从山跑下来了。

6. 从古代我们两国的中间就有密切的往来。

7. 东边的我们学校是一个医院。

8. 以前他牺牲，说过这样的话。

9. 在字典查不到这个字。

10. 妈妈回来了，孩子们都躲到门藏起来了。

11. 她那金黄色的头发，像一朵美丽的花，在阳光开放。

12. 下个月我们要到中国以南去旅行。

제 2 장

대사

대사란 지시(구분)를 나타내거나, 다른 것을 대신해 부르는 역할을 한다.

① 喂, 阿里, 这个网球拍子是你的吗?

　　Wèi, Ālǐ, zhège wǎngqiú pāizi shì nǐ de ma?

② 老王是一个正直的人, 我们也应该做那样的人。

　　Lǎo wáng shì yí ge zhèngzhí de rén, wǒmen yě yīnggāi zuò nàyàng de rén.

③ 李明得了单打冠军, 这是他刻苦练习的结果。

　　Lǐmíng déle dāndǎ guànjūn, zhè shì tā kèkǔ liànxí de jiéguǒ.

> 야, 阿里, 이 테니스 라켓 네 거니?
>
> 老王은 정직한 사람이다. 우리도 그런 사람이 되어야 한다.
>
> 李明은 단식 챔피언이 되었다. 이것은 그가 각고의 훈련을 한 결과이다.

예문 ①에서 '这'는 지시(구분)하는 작용을 하고, '你'는 '阿里'를 대신해 쓰였다. 또한 예문 ②의 '我们'은 말하는 사람과 듣는 사람 모두를 대신해 쓰였고, '那样'은 '正直' 대신 쓴 것이다. 예문 ③의 '这'는 '李明得了单打冠军'을 대신 쓴 것이고, '他'는 '李明'을 대신 쓴 것이다.

　대사가 지시하거나 대신 부를 때, 구체적인 문장을 떠나게 되면 불확실하게 된다. 예를 들어 제3인칭대사 '他'는 어떤 단수의 남성을 대신 부르는 말로, 특정한 문장에서만 쓰인다. 위의 예문 ③에서 볼 수 있듯이 '李明'을 대신해야만 가리키는 바가 명확해 진다. 그러므로 대사는 고도의 개괄성을 갖게 되는 것이다.

　대사의 어법기능은 그것이 대신하는 단어와 일치한다. 명사나 명사구를 대신할 때는 주어, 목적어(개사의 목적어 포함), 관형어로 쓰인다. 동사나 동사구 또는 몇몇 형용사를 대신할 때는 술어가 될 수 있다. 형용사, 수사를 대신할 때는 관형어나 보어가 될 수 있다.

① 老爷爷对他的小孩子说: "我给你讲一个故事吧。"

　　Lǎo yéye duì tā de xiǎoháizi shuō: "wǒ gěi nǐ jiǎng yí ge gùshi ba."

② "德民, 你别难过。"德民的妈说。

　　"Démín, nǐ bié nánguò." Démín de mā shuō.

③ "这次听写, 你写错了几个字?"—"我写错了八个"。

　　"Zhè cì tīng xiě, nǐ xiě cuòle jǐ ge zì?" – "Wǒ xiě cuòle bā ge".

> 나리께서 그의 아이에게 말했다. "내게 네게 이야기 하나 해줄게."
> ('我'는 '老爷爷'를 대신한다 – 주어)
>
> "덕민아, 너무 괴로워하지 마라" 덕민의 엄마가 말했다.
> ('你'는 '德民'을 대신한다 – 주어)
>
> "이번 받아쓰기에서 너 몇 글자나 틀렸니?"–"나 여덟 개 잘못 썼어."
> ('几'는 '八'를 대신한다 – 관형어)

　대사는 다른 품사의 수식을 받지 않는다. 문어 가운데 '被人尊敬的他'와 같이 때로 대사가 관형어를 갖기도 하지만, 이러한 것은 매우 드문 경우이다.

　의미와 기능에 따라 대사는 다음과 같이 세 가지로 나눌 수 있다.

一. 인칭대사　　　　二. 지시대사　　　　三. 의문대사

자주 쓰이는 인칭대사로는 다음과 같은 것들이 있다.

단수	복수
我	我们
你, 您	你们, 您们
他, 她, 它	他们, 她们, 它们
咱	咱们
人家, 别人, 旁人	
自己, 自家, 自个儿	
	大家, 大伙儿

인칭대사는 문장에서 주어, 목적어, 관형어 등으로 쓰일 수 있다. 이것이 바로 인칭대사의 어법기능이다.

① 大家应该互相关心，互相爱护。

Dàjiā yīnggāi hùxiāng guānxīn, hùxiāng àihù.

모두들 서로 관심을 가지고 서로 사랑해야 한다. ('大家'는 주어가 된다)

② 她从来不愿意麻烦别人。

Tā cónglái bú yuànyì máfan biérén。

그녀는 원래부터 다른 사람을 귀찮게 하는 것을 좋아하지 않는다. ('她'는 주어가, '别人'은 목적어가 된다.)

③ 咱们不要干涉人家的自由。

Zámen búyào gānshè rénjia de zìyóu.

우리 다른 사람의 자유에 간섭하지 말자. ('咱们'는 주어, '人家'는 목적어가 된다.)

④ 我自己做的事情怎么能让您来替我承担责任呢?

Wǒ zìjǐ zuò de shìqing zěnme néng ràng nín lái tì wǒ chéngdān zérèn ne?

내 자신이 한 일을 어떻게 너에게 나 대신 책임지라고 할 수 있겠니? ('我'는 주어, '自己'는 '我'를 다시 가리키는 것으로 역시 주어, '您'은 겸어, '我'는 전치사인 '替'의 목적어)

⑤ 这个小组又自己设计、自己制作了一个飞机模型。

Zhège xiǎozǔ yòu zìjǐ shèjǐ、 zìjǐ zhìzuòle yí ge fēijī móxíng.

이 팀은 비행기 모형을 스스로 설계하고 제작했다. ('自己'는 부사어가 된다.)

아래 자주 보이는 인칭대사를 나누어 소개한다.

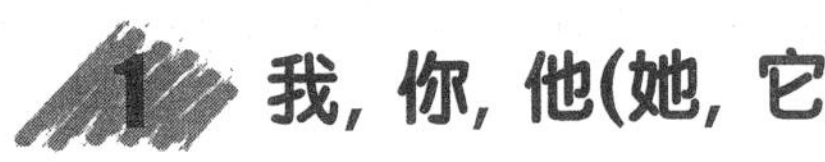

1 我, 你, 他(她, 它)

'我'는 제1인칭 단수로 화자를 지칭하며 말하는 사람이 자신을 지칭할 때 쓰인다. '你'는 제2인칭 단수로 청자를 지칭하며, 말하는 사람이 듣는 사람을 지칭할 때 쓰인다. '您'은 '你'의 존칭이다. '他'(她, 它)는 '我'나 '你' 이외의 제3인칭 단수를 지칭하며 서로 얘기를 하는 두 사람 이외의 사람이나 사물을 가리킨다. '他'와 '你'가 동시에 대화 속에 출현했을 때, '你'는 직접적인 청자를 가리키고, '他(她)'는 간접적인 청자를 가리킨다. 존칭의 경우, '他'나 '她'는 쓰지 않는데, 예의를 갖춘 말이 아니기 때문이다. '它'는 사물을 가리키며, 단수로 쓰인다. '他'와 '她', '它'의 발음은 모두 /tā/이다.

제1인칭 복수는 '我们', 제2인칭 복수는 '你们'이며, 제3인칭 복수는 문어에서는 '他们'이 남성을 나타내고, '她们'은 여성을 표시하는데, 발음은 똑같다. 만약 제3인칭 복수 중에서 남성, 여성 모두 다 포함할 때는 '他们'을 쓰면 된다. '它'가 목적어로 쓰이는 경우는 드물며, 복수형식인 '它们'도 거의 쓰이지 않는다.

① 有人说，它(赵州桥)像刚刚升起的月亮，也有人说它像天上的长虹。

  Yǒurén shuō, tā(Zhàozhōuqiáo) xiàng gānggāng shēngqǐ de yuèliang, yě yǒurén shuō tā xiàng tiān shàng de chánghóng.

> 어떤 사람은 그것(赵州桥)이 막 떠오른 달 같다고 말하고 또 어떤 사람은 하늘의 무지개 같다고 말한다.

② 毛料衣服要用温水洗，轻揉，洗好后不要拧，让它自己干。

  Máoliào yīfu yào yòng wēnshuǐ xǐ, qīng róu, xǐ hǎo hòu búyào níng, ràng tā zìjǐ gān.

> 모직 옷은 따뜻한 물로 빨아야 하며 가볍게 문질러 빤 뒤에는 짜지 말고 저절로 마르게 해야 한다.

③ 我得天天照管照管，像好朋友似的关心它们。
  ("它们"은 "花儿"을 가리킨다)

  Wǒ děi tiāntiān zhàoguǎn zhàoguǎn, xiàng hǎo péngyou sìde guānxīn tāmen.

> 나는 매일매일 그것들을 돌보아야만 한다, 친한 친구처럼 그것들에게 관심을 가져야 한다.

인칭대사 중 '我', '我们', '你', '你们'에는 몇 가지 특수한 용법이 있는데, 주요한 것을 예로 들면 다음과 같다.

❶ 단수 인칭대사 '我'나 '你'가 관형어로 사용될 때, 주로 '我们'이나 '你们'을 대신 쓴다.

① 我厂王建同志前往你处联系工作，请协助。

  Wǒ chǎng Wáng Jiàn tóngzhì qiánwǎng nǐ chù liánxì gōngzuò, qǐng xiézhù.

> 우리 공장의 王建 동지가 당신 있는 곳으로 가서 연계작업을 하려하니 협조해주십시오.

② 我校订于7月15日开始放暑假。

  Wǒ xiào dìng yú qī yuè shíwǔ rì kāishǐ fàng shǔjià.

> 우리 학교는 7월 15일에 여름방학을 시작하게 될 예정이다.

③ 我军昨晚攻克了三八二〇高地。

  Wǒ jūn zuówǎn gōngkèle sān bā èr líng gāodì.

> 우리 군대는 어제 저녁 3820고지를 공격 점령했다.

④ 你方代表提出的方案是可以考虑的。

  Nǐ fāng dàibiǎo tíchū de fāng'àn shì kěyǐ kǎolǜ de.

> 당신 측 대표가 제시한 방안은 고려해볼 만 합니다.

예문 ①의 '我厂'은 '我们工厂'과 같으며, '你处'는 '你们那儿'이나 '你们单位'의 뜻이다. 그리고 예문 ②, ③, ④의 '我校', '我军', '你方' 역시 '我们', '你们'의 뜻으로 쓰였다. 단수 인칭대사가 복수 인칭대사를 대신하는 이러한 용법은 문어에서 많이 볼 수 있다. 특히 서신, 공문서, 뉴스보도 등과 같은 곳에서 많이 쓰인다. 구어에도 이와 유사한 용법이 있는데, '你们俩'를 '你俩'로 말하는 것과 같다. 하지만 문어처럼 일반적인 것은 아니다.

② 화자가 겸손을 나타내거나 자신을 내세우지 않으려 할 때, '我' 대신 '我们'을 쓸 수 있다.

① 上周我们讲完了第九课，现在我们讲第十课。

Shàngzhōu wǒmen jiǎng wánle dì jiǔ kè, xiànzài wǒmen jiǎng dì shí kè.

지난주에 우리는 제9과를 끝냈고 지금은 제10과를 강의하려 합니다.

② 以上我们向大家介绍了这种机器的工作原理，下面再介绍一下具体的操作方法。

Yǐshàng wǒmen xiàng dàjiā jièshàole zhè zhǒng jīqì de gōngzuò yuánlǐ, xiàmiàn zài jièshào yíxià jùtǐ de cāozuò fāngfǎ.

이상 우리는 여러분에게 이 기계의 작동원리를 소개했습니다. 이어서 다시 구체적 조작방법을 소개하겠습니다.

③ 上次的作业我们已经讲过了，现在我们讲这一次的。

Shàng cì de zuòyè wǒmen yǐjīng jiǎngguole, xiànzài wǒmen jiǎng zhè yī cí de.

지난 번 숙제에 대해서는 우리가 이미 얘기했고 지금은 이번 것에 대해 말하겠습니다.

위의 예문에서 쓰인 '我们'은 모두 화자 자신, 즉 '我'를 가리키는데, 예문 중의 '讲'이나 '介绍' 등의 동작자가 말하는 사람 본인이기 때문이다.

③ 친밀감을 나타내기 위해 화자는 자신을 청자 내에 포함시킬 수도 있는데, 이 때 '你们' 대신 '我们'이 쓰인다.

① 老师说：“希望我们每个同学都勇于攀登科学高峰。”

Lǎoshī shuō: "xīwàng wǒmen měi ge tóngxué dōu yǒngyú pān dēng kēxué gāofēng."

선생님이 말씀하셨다. "모든 동학들이 과학이라는 높은 봉우리에 용감하게 올라가기를 바란다."

② 辅导员说：“同学们，我们要为祖国的‘四化’建设而努力学习啊！”

Fǔdǎoyuán shuō: "tóngxuémen, wǒmen yào wèi zǔguó de 'sìhuà' jiànshè ér nǔlì xuéxí a!"

안내자가 말했다. "동학여러분, 우리는 조국의 '四化'건설을 위하여 열심히 공부해야 합니다."

④ '你'와 '他'는 또한 말하는 상대방이나 제3자를 불확실하게 가리킬 때 쓸 수 있다. 다시 말해 불특정 지칭으로 쓸 수가 있다.

① 困难像弹簧，你硬它就软，你软它就强。

Kùnnan xiàng tánhuáng, nǐ yìng tā jiù ruǎn, nǐ ruǎn tā jiù qiáng.

어려움이란 마치 스프링 같은 것이어서 네가 강하게 나가면 그것은 약해지고 네가 약해지면 그것은 강해진다.

② 有时候，你越怕，他就越欺负你。

Yǒu shíhou, nǐ yuè pà, tā jiù yuè qīfu nǐ.

때로 네가 두려워하면 할수록 그는 더욱더 너를 우습게 여길 것이다.

③ 对在工作中做出突出贡献的人，应该给他们适当的奖励。

Duì zài gōngzuò zhōng zuòchū tūchū gòngxiàn de rén, yīnggāi gěi tāmen shìdàng de jiǎnglì.

작업과정에서 특별한 공헌을 한 사람에 대해서는 마땅히 적당한 상을 주어야만 한다.

---

⑤ 두 가지 다른 인칭대사가 앞뒤로 호응되어 불특정한 어떤 사람을 가리키는데 쓰인다. 이런 용법은 말을 간결하고, 생동감 있게 만든다.

① 伙计们你一言，我一语，正在商量对付周东家的办法。

Huǒjìmen nǐ yì yán, wǒ yì yǔ, zhèngzài shāngliang duìfù Zhōu dōngjiā de bànfǎ.

점원들이 각자 한 마디씩 하면서 주인 周씨에게 대처할 방법을 의논하고 있다.

② 在生产竞赛中，大家你追我赶，一个比一个干劲大。

Zài shēngchǎn jìngsài zhōng, dàjiā nǐ zhuī wǒ gǎn, yí ge bǐ yí ge gànjìn dà.

생산 시합에서 모두들 서로 경쟁을 하여 하나 하나가 모두 의욕이 대단했다.

③ 在评比会上，你推选我，我推选你，谁都想把荣誉让给别人。

Zài píngbǐhuì shàng, nǐ tuīxuǎn wǒ, wǒ tuīxuǎn nǐ, shéi dōu xiǎng bǎ róngyù ràng gěi biérén.

비평회에서 서로가 서로를 추천하면서 모두들 영예를 다른 사람에게 넘겨주려 했다.

④ 孩子们你唱一个歌，他跳一个舞，玩得高兴极了。

Háizimen nǐ chàng yí ge gē, tā tiào yí ge wǔ, wán de gāoxìng jí le.

아이들은 하나가 노래 부르면 또 하나가 춤을 추며 즐겁게 놀았다.

위 예문의 '你……我……', '你……他……'는 모두 불확정지칭이며, '这一个……那一个……'의 의미로 쓰였다.

2 咱们, 咱

'咱们'과 '咱'는 주로 북방 구어에서 많이 시용되며, 회지, 청지 모두를 포괄하는 인칭대사이다. '咱们'과 '我们'은 조금 다르다. 북경 구어에서 '我们'은 보통 말하는 사람만 가리키며, 듣는 사람은 포함되지 않는다. 하지만 어떤 때는 둘 다 포함할 때도 있다. 그러나 '咱们'은 보통 청자, 화자 모두를 포함한다. 예를 들어 반장이 전체 학우들에게 '同学们, 王老师病了, 请假不能来上课了, 咱们自习吧'라고 했을 경우, '咱们'은 화자인 '반장'과 청자인 '전체학우'를 가리키게 된다. 하지만 '咱们'과 '我们'의 차이가 그다지 엄격한 것은 아니다. 보통 '咱们'을 써야 할 곳에 '我们'을 써도 오해가 생기지 않는 경우도 있다. 그러나 화자가 '我们'을 썼을 경우, 만약 그 사람이 가리키는 사람이 청자를 포함하지 않을 때, '我们'은 '咱们'으로 바꿀 수 없다. 예를 들어 주인이 손님을 꽃밭으로 초청하여 산보할 때, 주인이 손님에게 '咱们走吧!'할 수도 있고, '我们走吧!'라고 할 수도 있다. 하지만 손님이 집을 나서면서 주인에게 말을 할 때는 반드시 '我们走了.'라고 해야지 '咱们走了.'해서는 안 된다.

　또한 '咱们'은 화자와 청자(단수 또는 복수) 이외의 제3자(他 또는 他们)를 나타내기도 한다.

① 这件事您问我，我也不清楚。等经理回来后，咱们一块儿商量怎么办。

Zhè jiàn shì nín wèn wǒ, wǒ yě bù qīngchu. Děng jīnglǐ huílái hòu, zámen yíkuàir shāngliang zěnme bàn.

당신에 내게 이 일에 대해 물어도 나는 잘 모릅니다. 상무님께서 돌아오시거든 우리 함께 어떻게 해야 할지 의논합시다.

‘咱们’은 문장에서 주어, 목적어, 관형어로 쓰인다.

① 同学们，咱们应该遵守学校的作息时间。

   Tóngxuémen, zámen yīnggāi zūnshǒu xuéxiào de zuòxī shíjiān.

동학여러분, 우리는 학교의 휴식시간을 준수해야 합니다. (주어)

② 老师让咱们明天早点来。

   Lǎoshī ràng zámen míngtiān zǎo diǎn lái.

선생님께서는 우리들에게 내일 일찍 오라고 하셨다. (겸어)

③ 咱们要互相帮助，共同进步。

   Zámen yào hùxiāng bāngzhù, gòngtóng jìnbù.

우리는 서로 도와 함께 앞으로 나아가야 한다. (주어)

④ 楼下有人在叫咱们，看看是谁。

   Lóuxià yǒurén zài jiào zámen, kànkàn shì shéi.

아래층에서 어떤 사람이 우리를 부르는데 누군지 좀 보자. (목적어)

⑤ 老师劝咱们努力学习，是为咱们好。

   Lǎoshī quàn zámen nǔlì xuéxí, shì wèi zámen hǎo.

선생님께서 우리에게 열심히 공부하라고 하셨는데 그것은 우리를 위해서이다. (겸어, 목적어)

⑥ 明天是咱们学校的校庆。

   Míngtiān shì zámen xuéxiào de xiàoqìng.

내일은 우리 학교의 개교기념일이다. (관형어)

⑦ 咱们家的房子又该修了。

   Zámen jiā de fángzi yòu gāi xiū le.

우리 집은 또 고쳐야해. (관형어)

  ‘咱’은 때로 ‘我’의 뜻으로 쓰이거나 ‘我们’이나 ‘咱们’의 뜻으로 쓰이기도 한다. 이럴 경우, 우리는 보통 언어 환경에 따라 구분해야 하는데, 이 때 쓰이는 ‘咱’은 보통 거칠고 제멋대로인 어감을 갖는다.

① 修理收音机，可别找我，咱是个外行。

   Xiūlǐ shōuyīnjī, kě bié zhǎo wǒ, zán shì ge wàiháng.

라디오를 수리할 때 나를 찾지 마라, 나는 문외한이야. (‘我’를 대신함)

② 登台表演？哪儿有咱的份儿啊？不会唱，又不会跳的。

   Dēngtái biǎoyǎn? nǎr yǒu zán de fènr a? Bú huì chàng, yòu bú huì tiào de.

무대에 올라가 공연한다고? 내 배역이 어디 있어? 나는 노래도 못하고 춤도 못 추는 걸. (‘我’ 혹은 ‘我们’, ‘咱们’을 대신함.)

③ 要是他不同意咱的意见，咱几个就给他摆摆事实，讲讲道理。

   Yàoshì tā bù tóngyì zán de yìjiàn, zán jǐ ge jiù gěi tā bǎibai shìshí, jiǎngjiang dàolǐ.

만일 그가 우리 의견에 동의하지 않는다면 우리는 그에게 사실을 밝히고 이치대로 말하자. (‘我们’이나 ‘咱们’을 대신함)

④ 这点小事儿你别放在心上，咱哥们儿没说的。

   Zhè diǎn xiǎoshìr nǐ bié fàng zài xīn shàng, zán gēmenr méi shuō de.

이런 작은 일은 네 마음에 두지 마라, 우리 형제들이 말한 것이 아니야.

⑤ 二班和三班都表演节目了，咱怎么办？也来个小合唱吧。

   Èr bān hé sān bān dōu biǎoyǎn jiémù le, zán zěnme bàn? Yě lái ge xiǎo héchàng ba.

2반과 3반은 모두 프로그램을 공연하는데 우리는 어쩌지? 간단한 합창이라도 할까? (‘我们’을 대표함)

 **人家, 别人, 旁人**

이 세 가지 인칭대사는 모두 화자와 청자 이외의 사람을 가리킨다. '别人'과 '旁人'은 포괄지칭에만 사용되며, '人家'는 포괄지칭 뿐만 아니라 확정지칭에도 사용된다.

① 人家

① 포괄지칭에 쓰이며, 일반적으로 제3인칭을 가리킨다.

① 我听人家说你们搬家了，是吗？

 Wǒ tīng rénjia shuō nǐmen bān jiā le, shì ma?

사람들이 이사한다고 하던데, 그러니?

② 人家能搞出成绩来，咱们就不能？

 Rénjia néng gǎochū chéngjì lái, zámen jiù bù néng?

남들은 성과를 이루어 낼 수 있는데 우리는 할 수 없는 거야?

③ 我们不能只看到人家的缺点，看不到人家的优点。

 Wǒmen bù néng zhǐ kàndào rénjia de quēdiǎn, kàn bu dào rénjia de yōudiǎn.

우리는 남의 결점만을 보고 장점을 보지 않으면 안 된다.

④ 你这样大声叫嚷不影响人家休息吗？

 Nǐ zhèyàng dàshēng jiàorǎng bù yǐngxiǎng rénjia xiūxi ma?

너 이렇게 큰 소리로 떠들어대면 사람들 쉬는 데 영향을 끼치지 않겠니?

② '人家'는 확정지칭에 쓰이며, 역시 제3인칭을 가리킨다. 이 때 지칭된 사람은 앞 문장에 언급이 되어 있어야 한다. 때로 사람을 가리키는 명사나 명사구와 함께 쓰여 재지시 성분을 이룬다.

① 一班的同学团结得很好，我们应该向人家学习。

 Yìbān de tóngxué tuánjié de hěn hǎo, wǒmen yīnggāi xiàng rénjia xuéxí.

1반 동학들은 정말 단결을 잘해, 우리는 그들에게서 배워야만 해.

② 看人家小华多有礼貌啊！

 Kàn rénjia Xiǎo Huà duō yǒu lǐmào a!

저 小华는 얼마나 예의 바른지 좀 봐라!

③ 人家王大叔南征北战几十年，什么地方没去过！

 Rénjia Wáng dàshū nán zhēng běi zhàn jǐ shí nián, shénme dìfang méi qùguo!

저 王아저씨는 남북으로 몇 십 년을 전쟁하러 다녔기 때문에 가보지 않은 곳이 없어!

④ 主人不在，咱们不能随便动人家的东西。

 Zhǔrén bú zài, zámen bù néng suíbiàn dòng rénjia de dōngxi.

주인이 없는데 우리 맘대로 남의 물건을 옮겨서는 안 된다.

③ '人家'는 확정지칭에 쓰여, 제1인칭으로 화자 자신을 가리키기도 한다. 이러한 용법은 젊은 여성들이 일상적으로 사용하는데, 새침하면서 정다운 어감을 갖는다. 주로 구어에서만 쓰인다.

① 人家都急死了，你们还开玩笑，快告诉我吧！

 Rénjia dōu jí sǐ le, nǐmen hái kāi wánxiào, kuài gàosu wǒ ba!

남은 급해 죽을 지경인데 너희들은 여전히 농담만 하고 있으니, 빨리 알려줘!

② 你别再说了，人家不愿意听么！你再说，我就堵起耳朵来了。

Nǐ bié zài shuō le, rénjia bú yuànyì tīng ma! Nǐ zài shuō, wǒ jiù dǔqǐ ěrduo lái le.

③ 你们不来帮忙，还站在旁边笑人家，真讨厌！

Nǐmen bù lái bāng máng, hái zhàn zài pángbiān xiào rénjia, zhēn tǎoyàn!

더 이상 말하지 마라, 난 듣고 싶지 않아! 계속 말한다면 귀를 막아버릴 거야.

너희들 와서 도와주지는 않고 계속 옆에서 서서 사람을 비웃고만 있다니, 정말 미워!

② 别人, 旁人

① 포괄지칭에 쓰이며, 일반적으로 제3인칭을 가리킨다. 구어에서 많이 사용된다.

① 别人有了困难，咱们应该热情帮助。

Biérén yǒule kùnnan, zámen yīnggāi rèqíng bāngzhù.

② 我们不能只顾自己，不考虑旁人。

Wǒmen bù néng zhǐgù zìjǐ, bù kǎolǜ pángrén.

③ 王师傅向来是关心别人胜于关心他自己。

Wáng shīfu xiànglái shì guānxīn biérén shèngyú guānxīn tā zìjǐ.

④ 别人去可以，他去不行。

Biérén qù kěyǐ, tā qù bùxíng.

다른 사람이 어려움을 겪을 때 우리는 반드시 열정적으로 도와야만 한다.

우리는 자기만을 돌아보고 다른 사람을 생각하지 않아서는 안 된다.

王 사부는 언제나 스스로에게 관심을 갖기 보다는 남에게 훨씬 더 관심을 가져왔다.

다른 사람이 가는 건 괜찮지만 그가 가는 건 안 돼.

② ‘另外的人’(그 외의 다른 사람)이라는 의미도 있다.

① 我家只有我和我爱人，没有别人，你来玩吧!

Wǒ jiā zhǐ yǒu wǒ hé wǒ àiren, méi yǒu biérén, nǐ lái wán ba!

② 他见人很害羞，只是不怕我，没有旁人的时候便和我说话，于是不到半日，我们便熟识了。

Tā jiàn rén hěn hàixiū, zhǐshì bú pà wǒ, méi yǒu pángrén de shíhou biàn hé wǒ shuō huà, yúshì bú dào bànrì, wǒmen biàn shúshí le.

우리 집에는 나와 집사람만 있고 다른 사람은 없어, 놀러 오렴!

그는 사람을 보면 무척 부끄러워하는데 나만 무서워하지 않아, 다른 사람이 없을 때 나와 이야기를 했고, 그래서 반나절도 되지 않아 우리는 곧 친해졌지.

‘旁人’이 ‘别人’ 보다 더 구어적인 색채가 짙다.

 4 大家, 大伙儿

‘大家’와 ‘大伙儿’은 모두 여러 사람을 총괄하여 일컫는 인칭대사로 쓰이며, 구체적인 용법은 아래와 같다.

① 화자와 청자를 모두 포함한다.

① 班长说："请大家安静，现在老师开始上课了。"

Bānzhǎng shuō: "Qǐng dàjiā ānjìng, xiànzài lǎoshī kāishǐ shàng kè le."

반장이 말했다. "모두들 조용히 해라, 선생님께서 수업 시작하신다."

② 大家的事要由大家作主。

　　Dàjiā de shì yào yóu dàjiā zuò zhǔ.

③ 听到这个消息后，大家议论了好久。

　　Tīngdào zhège xiāoxi hòu, dàjiā yìlùnle hǎo jiǔ.

④ 明天上午八点，大家都到这儿来集合，咱们一起走。

　　Míngtiān shàngwǔ bā diǎn, dàjiā dōu dào zhèr lái jíhé, zámen yìqǐ zǒu.

모두의 일이니까 모두가 주인이 되어야 한다.

이 소식을 들은 후 모두들 아주 오래 동안 의논했다.

내일 오전 8시에 모두들 이곳에 모여 우리 함께 가자.

2 화자나 청자는 포함하지 않으며, 때로 대화하는 양자 모두 포함하지 않을 수도 있다.

① 我代表全厂工人感谢大家对我们的热情支持。

　　Wǒ dàibiǎo quán chǎng gōngrén gǎnxiè dàjiā duì wǒmen de rèqíng zhīchí.

나는 전체 공장의 노동자를 대표하여 우리에 대한 여러분의 열정적 지지에 감사드린다.(말하는 사람을 포함하지 않음)

② 这次短跑比赛，大家的成绩都很好，我也为你们高兴。

　　Zhè cì duǎnpǎo bǐsài, dàjiā de chéngjì dōu hěn hǎo, wǒ yě wèi nǐmen gāoxìng.

이번 단거리 달리기시합에서 모두들 성적이 아주 좋아서 나도 너희들 덕분에 무척 기쁘다.(말하는 사람을 포함하지 않음)

③ 大家都很喜欢读您的作品。

　　Dàjiā dōu hěn xǐhuan dú nín de zuòpǐn.

모두들 당신의 작품을 읽는 것을 아주 좋아합니다.(듣는 사람을 포함하지 않음)

④ 大家向你们祝贺，祝愿你们永远幸福。

　　Dàjiā xiàng nǐmen zhùhè, zhùyuàn nǐmen yǒngyuǎn xìngfú.

모두들 너희에게 축하를 보낸다. 너희들이 영원히 행복하기를 기원해.(듣는 사람을 포함하지 않음)

⑤ 看，大家还向我们招手呢!

　　Kàn, dàjiā hái xiàng wǒmen zhāo shǒu ne!

저거 봐, 모두들 우리를 향해 손을 흔들고 있네.(말하는 쌍방을 포함하지 않음)

3 '我们', '你们', '咱们' 등의 복수 인칭대사 뒤에 놓여 복합지칭성분이 된다.

① 这点儿活，我们大家一起动手，一会儿就干完。

　　Zhè diǎnr huó, wǒmen dàjiā yìqǐ dòng shǒu, yíhuìr jiù gàn wán.

이 말에 우리 모두는 함께 일을 시작하여 잠시 후 곧 끝냈다.

② 你们大家的干劲是有目共睹的。

　　Nǐmen dàjiā de gànjìn shì yǒu mù gòng dǔ de

여러분 모두의 열성은 다들 알고 있는 바입니다.

③ 他们大家都说小王的功课最好。

　　Tāmen dàjiā dōu shuō Xiǎo Wáng de gōngkè zuì hǎo.

그들 모두가 小王의 성적이 가장 훌륭하다고 말합니다.

'大伙儿'은 '大家'와 뜻과 용법이 완전히 같다. 다만 구어에서만 쓰인다.

4 自己, 自家, 自个儿

'自己'는 확정지칭으로 쓰인 제1인칭 대사가 아니라 어떤 사람이나 어떤 사물의 자신이나 그 자체를 나타내는 것으로 사람에게 있어서는 '본인'의 의미로 이해할 수 있다. 문장 내에서 단독으로 쓸 수도 있고, 인칭대사나 사람·사물을 가리키는 명사를 재지시 할 수도 있다. 구체적인 용법은 다음과 같다.

① '自己'는 다른 인칭대사나 명사와 함께 쓸 수 있는데, 인칭대사나 명사는 앞에 놓이고 '自己'는 뒤에 놓여, 재지시성분을 이루어 어떤 사람 본인이나 사물 자체를 강조한다.

① 他自己生活十分俭朴，却经常把钱用来帮助周围的同志。

Tā zìjǐ shēnghuó shífèn jiǎnpǔ, què jīngcháng bǎ qián yòng lái bāngzhù zhōuwéi de tóngzhì.

그는 생활이 매우 검소하다, 하지만 늘 돈을 써서 주변 동지들을 돕는다.

② 这件事情怪我自己做得不对。

Zhè jiàn shìqing guài wǒ zìjǐ zuò dé bú duì.

이 일은 내 스스로가 잘못한 것이라고 탓해야지.

③ 对这篇文章作者自己也发表了评论。

Duì zhè piān wénzhāng zuòzhě zìjǐ yě fābiǎo le pínglùn.

이 문장에 대해서 작자 자신이 평론을 발표했다.

④ 我的小孙女宁宁现在已经能照顾她自己了。

Wǒ de xiǎo sūnnǚ Níngning xiànzài yǐjīng néng zhàogù tā zìjǐ le.

내 어린 손녀 宁宁은 이미 스스로를 돌볼 수 있다.

⑤ 这种机器自己有控制机构，会自动停机。

Zhè zhǒng jīqì zìjǐ yǒu kòngzhì jīgòu, huì zìdòng tíng jī.

이런 기계는 스스로를 통제할 수 있는 장치가 있어 자동으로 멈출 수 있다.

② '自己'는 또한 자주 다른 인칭대사나 명사와 함께 같은 문장에 쓰여 주어 자리에 있는 인칭대사를 대신하는데, 이 때 '自己'는 문장에서 목적어, 관형어 등의 성분으로 쓰인다.

① 小王要求自己很严格。

Xiǎo Wáng yāoqiú zìjǐ hěn yángé.

小王은 스스로에게 매우 엄격하게 군다.('小王'을 대신함 – 목적어)

② 白求恩大夫自己的血把那个八路军战士救活了。

Báiqiú'ēn dàifu zìjǐ de xiě bǎ nà ge bālùjūn zhànshì jiùhuó le.

닥터 白求恩는 자신의 피로 그 팔로군 전사를 살렸다.('白求恩大夫'를 대신함 – 관형어)

③ 他总是把别人的困难当作自己的困难，尽力帮助人家解决。

Tā zǒngshì bǎ biérén de kùnnan dàngzuò zìjǐ de kùnnan, jìnlì bāngzhù rénjia jiějué.

그는 언제나 다른 사람의 어려움을 자신의 어려움으로 여기고 최선을 다하여 남을 도와 해결해준다.('他'를 대신함 – 관형어)

④ 李力表示要到最艰苦的地方去锻炼自己。

Lǐ Lì biǎoshì yào dào zuì jiānkǔ de dìfang qù duànliàn zìjǐ.

李力은 가장 힘든 곳으로 가서 스스로를 단련시키고 싶다고 의사표시를 했다.('李力'를 대신함 – 목적어)

⑤ 一事当前，你不应该先为自己打算。

   Yì shì dāng qián, nǐ bù yīnggāi xiān wèi zìjǐ dǎsuàn.

어떤 일이 앞에 닥쳤을 때 너는 먼저 자신을 위해 계산해서는 안 된다.('你'를 대신함- 개사의 목적어)

⑥ 张兰给自己订了一个学习外语的计划。

   Zhāng Lán gěi zìjǐ dìngle yí ge xuéxí wàiyǔ de jìhuà.

张兰은 스스로에게 외국어 학습 계획을 약속했다.('张兰'을 대신함- 개사목적어)

⑦ 他们不告诉我，自己就签字了。

   Tāmen bú gàosu wǒ, zìjǐ jiù qiānzì le.

그들은 나에게 알리지 않고 자기들끼리 서명을 했다.('自己'는 단독으로 쓰여, '他们'을 대신함- 주어)

⑧ 自己作的事情怎么能让别人承担责任呢？

   Zìjǐ zuò de shìqing zěnme néng ràng biérén chéngdān zérèn ne?

스스로 한 일을 어떻게 다른 사람에게 책임지라고 할 수 있어?('自己'는 단독으로 쓰임- 주어)

주의해야 할 것은 문장의 주어가 동작의 행위자(施事)이고, 문장 내 목적어나 목적어의 수식어가 주어와 동일한 사람을 가리킬 때는 일반적으로 원래 주어로 쓰인 명사나 대사를 중복해서 쓰지 않고 '自己'를 써야 한다. 다시 말해 위의 예문 ①을 다음과 같이 말할 수는 없다.

   ＊小王要求小王很严格。
   ＊小王要求他很严格。

또한 예문 ③을 다음과 같이 말할 수도 없다.

   ＊他总是把别人的困难当作他的困难，尽力帮助人家解决。

 '自己'는 동사나 형용사를 수식하는 부사어로 쓰일 수 있다.

① 王老师别客气，要吃什么您自己拿。

   Wáng lǎoshī bié kèqi, yào chī shénme nín zìjǐ ná.

王 선생님, 사양하시지 마세요, 드시고 싶으시면 직접 드세요.

② 我们小组自己制定了一个施工方案。

   Wǒmen xiǎozǔ zìjǐ zhìdìngle yí ge shīgōng fāng'àn.

우리 조에는 자체적으로 시공방안을 만들었다.

③ 今年我厂工人又自己设计、自己制造了一条新型生产流水线。

   Jīnnián wǒ chǎng gōngrén yòu zìjǐ shèjì、zìjǐ zhìzàole yì tiáo xīnxíng shēngchǎn liúshuǐxiàn.

올해 우리 공장의 노동자들은 신형 생산 작업 라인을 직접 설계하고 만들었다.

④ 枫树的叶子一到深秋就自己红了。

   Fēngshù de yèzi yí dào shēnqiū jiù zìjǐ hóng le.

단풍나무 잎이 깊은 가을이 되자 저절로 붉어졌다.

⑤ 电灯怎么自己亮了？

   Diàndēng zěnme zìjǐ liàng le?

전깃불이 어떻게 저절로 밝아지지?

⑥ 这种病不用吃药，过三五天就会自己好的。

Zhè zhǒng bìng búyòng chī yào, guò sān wǔ tiān jiù huì zìjǐ hǎo de.

이런 병은 약을 먹을 필요가 없어, 사나흘 지나면 저절로 좋아질 거야.

'自己'가 동사나 형용사를 수식할 때, 앞에 주로 '还', '又', '可', '就', '常常' 등의 부사어가 온다.

① 昨天张丽又自己去河边游泳了，老师批评了她一顿。

Zuótiān Zhāng Lì yòu zìjǐ qù hébiān yóuyǒng le, lǎoshī pīpíngle tā yí dùn.

어제 张丽가 또 혼자 강가에 수영하러 가서 선생님이 그녀를 한바탕 혼내셨지.

② 墙上的画儿突然自己掉下来了？

Qiáng shàng de huàr tūrán zìjǐ diàoxiàlai le?

벽 위의 그림이 갑자기 저절로 떨어졌다고?

③ 你们还自己做饭吃？怎么不请个人帮忙？

Nǐmen hái zìjǐ zuò fàn chī? Zěnme bù qǐng ge rén bāng máng?

너희들 아직도 스스로 밥을 해먹는다고? 왜 다른 사람에게 도와달라고 청하지 않는 거야?

'自己'가 재지시성분으로 쓰일 때, 그 앞에는 아래와 같이 '还', '又', '可', '就', '常常' 등의 부사어를 넣을 수 없다.

*他又自己十分俭朴。
*这件事怪我还自己做得不对。

4 '自己'는 때로 제1인칭 대사 '我'를 대신 할 수 있는데, 비교적 공식적인 대화에 많이 쓰인다.

① 领导的表扬对自己是一个鞭策。

Lǐngdǎo de biǎoyáng duì zìjǐ shì yí ge biāncè.

지도자의 칭찬은 스스로에게는 일종의 채찍질이었다.

② 这次的先进经验交流大会对大家、对自己都有深刻的教育意义。

Zhè cì de xiānjìn jīngyàn jiāoliú dàhuì duì dàjiā、duì zìjǐ dōu yǒu shēnkè de jiàoyù yìyì.

이번의 선진 경험 교류 대회는 모두들에 대해서, 그리고 스스로에 대해서 아주 깊은 교육적 의미가 있었다.

5 '自己'는 포괄지칭을 나타낼 수도 있다.

① 自己动手，丰衣足食。

Zìjǐ dòng shǒu, fēng yī zú shí.

스스로 움직이면 먹고 입는 것이 풍족해진다.

② 自己的事应该自己做，不能依靠别人。

Zìjǐ de shì yīnggāi zìjǐ zuò, bù néng yīkào biérén.

자신의 일은 반드시 자기가 해야 한다. 다른 사람에게 기대서는 안 된다.

6 '自己'는 또한 아래와 같이 친근한 의미를 나타내는데 쓸 수도 있다.

① 到我家来做客的都是自己人，大家都不必客气。

Dào wǒ jiā lái zuòkè de dōu shì zìjǐ rén, dàjiā dōu búbì kèqi.

② 你有什么事就说吧，在座的都是咱们自己人。

Nǐ yǒu shénme shì jiù shuō ba, zài zuò de dōu shì zámen zìjǐ rén.

③ 我在这里生活就像在我自己的国家、自己的家里一样，很自由，很方便，一切都很自然。

Wǒ zài zhèlǐ shēnghuó jiù xiàng zài wǒ zìjǐ de guójiā、zìjǐ de jiā lǐ yíyàng, hěn zìyóu, hěn fāngbiàn, yíqiè dōu hěn zìrán.

우리 집에 손님으로 온 사람은 모두 한 집안 사람이다, 모두들 사양할 필요 없어.

너 무슨 일 있거든 말해 봐라, 자리에 있는 사람은 모두 한 집안 사람인 걸.

내가 이곳에서 생활하는 것은 마치 우리나라, 우리 집에 있는 것과 같아서 아주 자유롭고 편하다, 모든 것이 자연스러워.

'自个儿', '自家'는 '自己'와 완전히 같다. 북방 구어에서는 '自个儿'을 더 많이 쓰고, 남방 구어에서는 '自家'를 더 많이 쓴다.

제 2 절

지시대사

지시대사 중 가장 기본적인 것은 가까운 것을 가리키는 '这'와 먼 것을 가리키는 '那', 그리고 여기에서 파생되어 나온 기타지시대사가 있다. 성질과 용법에 따라 지시대사는 다시 아래와 같이 몇 가지로 분류할 수 있다.

지시대사	근칭	원칭
사람이나 사물을 대신하여 칭하거나 다른 것을 지시할 때	这	那
장소를 대신하여 칭할 때	这里, 这儿	那里, 那儿
시간을 대신하여 칭할 때	这会儿	那会儿
성질, 방식, 정도를 대신하여 칭하거나 다른 것을 지시할 때	这么, 这样, 这么样	那么, 那样, 那么样

지시대사의 주요작용은 사람, 사물을 가리키거나, 문장 중에서 명사, 동사, 형용사와 정도부사를 대신 지칭하는 데 있다. 지시대사는 다른 것을 지시하는 작용(A)을 할 뿐만 아니라 대신 칭해주는 작용(B)도 한다. 문장 중에서 주어, 관형어와 부사어로 쓰인다.

① 这是丁力的房间，那是阿里的房间。

Zhè shì Dīng Lì de fángjiān, nà shì Ālǐ de fángjiān.

이곳은 丁力의 방이고 저곳은 阿里의 방이다. (B)

② 这里气候变化无常。

Zhèlǐ qìhòu biànhuà wúcháng.

이곳의 날씨는 변화무쌍하다. (B)

③ 这枝钢笔和那枝钢笔都是张老师的。

Zhè zhī gāngbǐ hé nà zhī gāngbǐ dōu shì Zhāng lǎoshī de.

이 만년필과 저 만년필은 모두 張 선생님 것이다. (A)

④ 他对待工作总是这么认真负责。

Tā duìdài gōngzuò zǒngshì zhème rènzhēn fùzé.

그는 일에 대해서 언제나 이렇듯 진지하게 책임진다. (A)

예문 ①에서 '这'는 화자에게서 가까운 하나의 방을 지칭하는 것이고, '那'는 화자에게서 멀리 있는 하나의 방을 지칭하는 것이다. '这'와 '那'는 두 개의 절에서 주어의 역할을 담당하고 있다. 예문 ②의 '这里'는 화자가 있는 곳을 가리키며, 전체 문장의 주어 역할을 한다. 또한 예문 ③의 '这'와 '那'는 화자에게서 가까이 있는 만년필과 멀리 있는 만년필 두 자루를 가리킨다. 이 두 가지는 문장 중에서 모두 관형어로 쓰였으며, '만년필'을 수식한다. 예문 ④의 '这么'는 문장에서 부사어로 쓰여, '认真负责'를 수식하는데, 정도를 나타낸다.

지시대사는 때로 목적어로 쓰이기도 한다.

他躺在床上，想想这，想想那，很晚才睡着。

Tā tǎng zài chuáng shàng, xiǎngxiang zhè, xiǎngxiang nà, hěn wǎn cái shuìzháo.

그는 침대에 누워 이런 저런 생각을 하느라고 아주 늦어서야 겨우 잠들었다.

아래에 지시대사를 성질과 용법에 따라 나누어 소개한다.

 这, 那

'这'와 '那'는 단독으로 사용가능하며, 또한 양사, 수사, 명사와도 함께 쓸 수 있다.

 '这'와 '那'가 단독으로 쓰일 때 말하는 사람, 사물을 대신한다.

① 这是王院长，那是外科主任。

Zhè shì Wáng yuànzhǎng, nà shì wàikē zhǔrèn.

이분은 王원장님이시고 저분은 외과주임입니다.

② 这是集邮本，那是相册。

Zhè shì jíyóuběn, nà shì xiàngcè.

이것은 우표수집 책이고 저것은 앨범이다.

여기서 주의해야 할 것은 아래와 같다.

⑴ '这'와 '那'는 문장 중에서 주어로 많이 쓰이며, 또한 사물을 지시하는데 많이 쓰인다. 예를 들면 '这是我的照相机(이것은 내 카메라이다)', '那不算什么帮助(그게 무슨

도움이 되겠어)'와 같다. 사람을 지시할 때는, '是'자문에서 주로 사람이나 사물을 소개하는 경우에 쓰인다. '这是我弟弟, 那是我爱人(이 사람은 제 남동생이고, 저 사람은 아내입니다)'와 같다.

② '这'와 '那'는 단독으로 동사의 목적어로 쓰이는 경우는 아주 드물지만 가끔은 개사의 목적어 역할을 할 때도 있다. '您把这都交给我吧!(이거 모두 제게 좀 건네주세요!)', '他对那根本不感兴趣(그는 원래 그것에 대해 별로 흥미가 없다)'와 같다. 여기에서 '这와 那'는 뒤에 양사를 첨가하여, 동사의 목적어로 쓰일 수 있는데, '我看这本, 你看那本(내가 이 책을 볼 테니, 너는 저 책을 보거라)', '我找这位(同志)(저는 이 사람을 찾습니다)'와 같다.

③ '这'와 '那'는 구나 문장을 대신할 수도 있다. 특히 '这'는 앞의 문장을 이어 대신 칭할 수 있는 범위가 무척 넓고, 쓰이는 곳도 무척 많다.

① "不要再跟他来往。"兰兰听了立刻回答说："那办不到！"

　　"Búyào zài gēn tā láiwǎng." Lánlan tīngle lìkè huídá shuō："Nà bàn bu dào!"

"다시는 그와 왕래하지 마라." 쯔쯔은 이 말을 듣고 즉시 대답했다. "그렇게는 할 수 없어요!"

② 孩子的父亲感动地说："专为我的孩子开一列快车，送到大城市里的专科医院。这在过去是连想也不敢想的。"

　　Háizi de fùqīn gǎndòng de shuō："Zhuān wèi wǒ de háizi kāi yí liè kuàichē, sòngdào dà chéngshì lǐ de zhuānkē yīyuàn. Zhè zài guòqù shì lián xiǎng yě bù gǎn xiǎng de."

아이 아버지는 감동하여 말했다. "오직 우리 아이만을 위해서 특급 열차를 운행하여 대도시의 전문병원에 보내주시다니, 이것은 과거에는 상상조차 할 수 없었던 일입니다."

③ 有喜有忧，有笑有泪，有花有实，有香有色。即须劳动，又长见识，这就是养花的乐趣。

　　Yǒu xǐ yǒu yōu, yǒu xiào yǒu lèi, yǒu huā yǒu shí, yǒu xiāng yǒu sè. Jí xū láodòng, yòu cháng jiànshí, zhè jiù shì yǎnghuā de lèqù.

기쁨이 있고 슬픔이 있으며 웃음이 있고 눈물이 있다. 꽃이 있고 열매가 있으며 향기가 있고 빛깔이 있다. 노동을 해야 하긴 하지만 또 식견이 늘어난다. 이것이 바로 꽃을 기르는 기쁨이다.

 '这', '那'가 명사 혹은 '수량사+명사'와 함께 사용될 때, 사람이나 사물에 대해 확정 지칭하는 작용을 한다. 이때 단어의 순서는 '这(那)+수량사+명사'이다.

① 这人真有意思。

　　Zhè rén zhēn yǒu yìsi.

이 사람 정말 재미있어.

② 那个办法快，我们就用那个办法吧。

　　Nà ge bànfǎ kuài, wǒmen jiù yòng nà ge bànfǎ ba.

그 방법이 빠르겠어, 우리 그 방법대로 합시다.

③ 这三张桌子都是新的。

　　Zhè sān zhāng zhuōzi dōu shì xīn de.

이 탁자 세 개는 모두 새것이다.

④ 那几条意见提得好，我完全接受。

　　Nà jǐ tiáo yìjiàn tí de hǎo, wǒ wánquán jiēshòu.

그 의견들 잘 제시해주었어요, 나 그것들을 모두 접수합니다.

'这와 那'는 부정양사 '些'와 '点儿'과도 같이 쓰여 '这些', '那些', '这点儿', '那点儿', '这/那些'의 형태로 두 명 이상의 사람이나 두 개 이상의 사물을 대신 지칭한다. '这/那点儿'은 적은 양을 표시한다.

这些人 이 사람들	这些粮食 이 양식들	那些水 그 물	那些纸 그 종이들
这些事情 이런 일들	这点儿人 이 사람들	这点儿粮食 이 양식	那点儿水 그 물
那点儿纸 그 종이	那点儿事情 그 일		

'这'와 '那'는 또한 동량사와도 함께 쓰인다.

这次	这下儿	这回	这遍 이번
那次	那下儿	那回	那遍 저번

3 '这'와 '那'가 한 문장 중에서, 앞뒤로 호응될 때, 불확정지칭을 나타낸다. 이러한 용법은 주어 혹은 목적어 모두 다 쓰일 수 있다.

① 两个人见面后，说说这，说说那，高兴极了。

Liǎng ge rén jiànmiàn hòu, shuōshuo zhè, shuōshuo nà, gāoxìng jí le.

두 사람은 만난 뒤 이런 저런 말을 하며 아주 즐거워했다.

② 小明在玩具店时，这也想摸摸，那也想动动。

Xiǎo Míng zài wánjùdiàn shí, zhè yě xiǎng mōmo, nà yě xiǎng dòngdong.

小明이 장난감가게에 있을 때 이것도 만져보고 저것도 건드려보고 싶어 했다.

③ 你小孩子不懂事，别问这问那的。

Nǐ xiǎoháizi bù dǒng shì, bié wèn zhè wèn nà de.

네 아이는 철이 없잖아, 이것저것 묻지 마라.

4 '这'와 '那'는 때로 문두에 쓰일 때도 있고, 앞 문장을 이어주는 역할을 할 때도 있다.

① 哦，那你就叫他进来吧。

Ò, nà nǐ jiù jiào tā jìnlái ba.

아, 그러면 너 그를 들어오라고 해라.

② 那我把那复工的合同给你瞧瞧。

Nà wǒ bǎ nà fùgōng de hétong gěi nǐ qiáoqiao.

그러면 내가 복직하겠다고 한 계약서를 너에게 보여주지.

5 구어에서는 '这'와 '那'가 동사나 형용사 앞에서 매우 높은 정도를 표시하는데 사용된다.

① 站在领奖台上，我那激动啊，都说不出话来了。

Zhàn zài lǐngjiǎngtái shàng, wǒ nà jīdòng a, dōu shuō bu chū huà lái le.

상을 받는 자리에서 나는 너무 감격하여 아무 말도 할 수가 없었다.

② 得知小明考取了理想的大学，全家人这高兴啊，就别提了。

Dézhī Xiǎo Míng kǎoqǔ le lǐxiǎng de dàxué, quánjiā rén zhè gāoxìng a, jiù bié tí le.

小明이 가고 싶어 하던 대학에 합격했다는 소식을 알고 온 가족이 얼마나 기뻐했는지 말도 말아라.

 **这里(这儿), 那里(那儿)**

‘这里’(这儿), ‘那里’(那儿)은 비교적 가까운 곳과 먼 곳을 가리킨다. ‘这儿’과 ‘那儿’
은 더 구어화 된 것이다.

1 단독으로 쓰여 주어, 목적어, 관형어, 부사어의 역할을 할 때, 용법은 장소사와 기본
적으로 같다. ‘是’자문, ‘有’자문, 존현문에서 주어로 사용되며, 또한 항상 동사 ‘来’,
‘看’, ‘挂’, ‘到’ 등이나 개사 ‘朝’, ‘向’, ‘往’, ‘到’, ‘在’ 뒤에서 목적어로 사용된다.

① 这儿有树荫, 我们在这儿休息吧。

    Zhèr yǒu shùyīn, wǒmen zài zhèr xiūxi ba.

    여기 나무 그늘이 있다, 우리 여기서 쉬자!

② 你们的教室在这里吗? 不, 在那里。

    Nǐmen de jiàoshì zài zhèlǐ ma? Bú, zài nàlǐ.

    너희들 교실이 여기 있니? 아니, 저기 있어.

③ 那里的阳光充足, 走, 到那儿去晒太阳。

    Nàlǐ de yángguāng chōngzú, zǒu, dào nàr qù shài tàyáng.

    저곳에 햇빛이 좋네, 가자, 저쪽으로 가서 햇볕을 쬐자.

④ 来, 这儿坐。

    Lái, zhèr zuò.

    자, 여기 앉자.

⑤ 小虎子, 你这儿来。

    Xiǎo hǔzi, nǐ zhèr lái.

    귀여운 것, 이리 오너라.

예문 ①에서 ‘这儿’은 앞 절의 주어이고, 뒷 절의 개사 ‘在’의 목적어가 된다. 그리고
예문 ②의 ‘这里’와 ‘那里’는 동사 ‘在’의 목적어로 쓰였다. 또한 예문 ③의 ‘那里’는 관
형어로 쓰여, ‘阳光’을 수식하며, ‘那儿’은 ‘到’의 목적어로 쓰였다. 예문 ④의 ‘这儿’은
동사 ‘坐’의 부사어로 쓰였고, 예문 ⑤의 ‘这儿’ 역시 ‘来’의 부사어로 쓰였다.

 사람이나 혹은 구체적인 사물을 나타내는 명사, 인칭대사, 의문대사 ‘谁’의 뒤에 직접
붙어 장소를 표시한다. 중국어에서는 ‘来’, ‘去’, ‘到’, ‘上’, ‘回’, ‘在’ 등과 같은 동사와,
‘从’, ‘在’, ‘往’ 등과 같은 개사 뒤에 자주 장소목적어가 온다. 만약 목적어가 장소사가
아니고, 인칭대사 혹은 사람이나 사물을 지시하는 명사일 때, 뒤에는 반드시 ‘这儿’,
‘这里’ 혹은 ‘那儿’, ‘那里’를 덧붙여 장소사가 되게 만들어야 한다.

① 我从朋友那儿来。

    Wǒ cóng péngyou nàr lái.

    나는 친구 있는 곳에서 오는 거야.

위의 예문은 ‘我从朋友来’라고 할 수는 없다.

② 我的练习本子在老师那儿。

    Wǒ de liànxí běnzi zài lǎoshī nàr.

    내 연습장이 선생님한테 있어.

③ 丁力去谁那儿了?

    Dīng Lì qù shéi nàr le?

    丁力은 누구 있는 곳에 갔니?

④ 沙发那里光线不好，你到桌子这儿来看书吧。

　　Shāfā nàlǐ guāngxiàn bù hǎo, nǐ dào zhuōzi zhèr lái kàn shū ba.

⑤ 他刚说自行车轮胎没气了，现在可能到修车的那儿去了，你去那儿找他。

　　Tā gāng shuō zìxíngchē lúntāi méi qì le, xiànzài kěnéng dào xiūchē de nàr qù le, nǐ qù nàr zhǎo tā.

⑥ 每到节假日，我婆婆那儿比我们这儿热闹。

　　Měi dào jiéjiàrì, wǒ pópo nàr bǐ wǒmen zhèr rènao.

⑦ 下星期天，我想回我妈妈那儿去看看。

　　Xià xīngqī tiān, wǒ xiǎng huí wǒ māma nàr qù kànkan.

⑧ 欢迎你常到我们这儿来玩。

　　Huānyíng nǐ cháng dào wǒmen zhèr lái wán.

예문 ①–⑧의 '朋友', '老师', '谁', '沙发', '桌子', '修车的', '我婆婆', '我们', '我妈妈'와 '我们' 등은 모두 장소사가 아니다. 그래서 '那里', '那儿', '这儿'을 덧붙인 후에야 비로소 장소를 나타내는 말이 될 수 있게 되며, 또한 동사 '来, 去, 在, 回'와 개사 '从, 在, 往' 역시 뒤에 장소목적어를 가질 수 있게 된다.

这会儿, 那会儿

'这会儿'은 '这个时候(이 때)'의 의미로 보통 '현재' 혹은 '지금'을 가리킨다. 앞에는 과거나 미래시간을 표시하는 말이 덧붙여지기도 하고 과거나 미래의 어느 한 시간을 나타낼 수도 있다. 예를 들어 '昨天这会儿, 我们正在考试(어제 이맘때쯤, 우리는 시험을 치고 있었다)'와 '明天这会儿, 我们就放假了(내일 이맘때쯤이면, 우리는 방학했을 것이다)' 등과 같다. '那会儿'은 '那个时候(그 때)'의 뜻이며, 지나간 일을 가리킨다. 또한 장래의 시간들을 가리킬 수도 있지만, 현재를 가리킬 수는 없다. 결국 과거의 일이든 미래의 일이든 언어 환경을 살펴서 정해야 한다. '记得那会儿他还是个不懂事的孩子(그때 그는 여전히 철들지 않은 아이였던 것으로 기억된다)'와 같은데, 여기에서 '那会儿'은 과거를 가리킨다. 또한 '到那会儿, 我们都大学毕业了, 那才美呢(그 때가 되면, 우리는 모두 대학을 졸업했을 거야, 얼마나 좋을까)'에서 '那会儿'은 미래를 가리킨다. 이들 용법은 시간사와 같아서 주어, 관형어, 부사어 등으로 쓰일 수 있다.

 '这会儿', '那会儿'이 단독으로 쓰일 경우

① 早晨有点儿冷，这会儿暖和了。

　　Zǎochén yǒudiǎnr lěng, zhèhuìr nuǎnhuo le.

② 跟那会儿比，这会儿的日子是甜的。

　　Gēn nàhuìr bǐ, zhèhuìr de rìzi shì tián de.

③ 那会儿，我还是个孩子，什么也不懂。

　　Nàhuìr, wǒ hái shì ge háizi, shénme yě bù dǒng.

④ 鬼天气，中午上学时，还好好的，这会儿阴得一条小缝都不剩。

　　Guǐ tiānqì, zhōngwǔ shàng xué shí, hái hǎohāo de, zhèhuìr yīn de yì tiáo xiǎo fèng dōu bú shèng.

⑤ 这会儿人们的想法跟那会儿相比，可不一样了。

　　Zhèhuìr rénmen de xiǎngfǎ gēn nàhuìr xiāngbǐ, kě bù yíyàng le.

⑥ 那会儿他很能干，现在退休了。

　　Nàhuìr tā hěn nénggàn, xiànzài tuìxiū le.

> 그때와 비교하면 지금의 나날들은 달콤한 거야. ('那会儿'은 개사 '跟'의 목적어이고 '这会儿'은 관형어로서 '日子'를 수식한다)
>
> 그때 나는 아직 어린애여서 아무 것도 몰랐다. (부사어가 되어 시간을 표시함)
>
> 정말 괴상한 날씨야, 낮에 학교 갈 때에는 아직 멀쩡하더니 지금은 흐려져서 푸른 하늘을 조금도 볼 수 없어.
>
> 요즘 사람들의 생각은 그때와 비교하여 아주 다르다.
>
> 그때 그는 아주 능력이 있었지, 지금은 은퇴했어.

 '这会儿', '那会儿'이 몇몇 단어 뒤에 쓰여, 확실한 시간을 표시할 경우

① 明年这会儿我们就大学毕业，参加祖国的"四化"建设了。

　　Míngnián zhèhuìr wǒmen jiù dàxué bìyè, cānjiā zǔguó de "sìhuà" jiànshè le.

② 去年这会儿，这儿刚开始破土，今年这会儿两座楼已经建成了。

　　Qùnián zhèhuìr, zhèr gāng kāishǐ pò tǔ, jīnnián zhèhuìr liǎng zuò lóu yǐjīng jiànchéng le.

③ 你等她这会儿先看看报吧！

　　Nǐ děng tā zhèhuìr xiān kànkan bào ba!

④ 每天上午班那会儿，来往的车辆最多。

　　Měitiān shàngwǔ bān nàhuìr, láiwǎng de chēliàng zuì duō.

⑤ 我上大学那会儿，女同学很少。

　　Wǒ shàng dàxué nàhuìr, nǚ tóngxué hěn shǎo.

> 내년 이맘때쯤 우리는 대학을 졸업하고 조국의 '四化' 건설에 참가하고 있을 것이다.
>
> 작년 이맘때쯤 이곳에 막 땅을 파기 시작했었는데 올해 지금은 두 동의 건물이 이미 세워졌다.
>
> 너 그녀를 기다리는 동안 먼저 신문을 좀 보렴!
>
> 매일 오전반 때 쯤 오고 가는 차량이 가장 많다.
>
> 내가 대학에 들어갔을 무렵에는 여자동학들이 아주 적었다.

예문 ①의 '明年这会儿'은 '明年的这个时候(내년 이맘때쯤)'의 뜻이며, 예문 ②의 두 개 '这会儿'도 모두 '这个时候(이 때)'의 뜻이다. 또한 예문 ③의 '这会儿'은 '你等他的这段时间(네가 그를 기다린 시간)'을 가리키며, 예문 ④의 '那会儿'은 '每天上下班的那段时间(매일 출퇴근하는 시간)'을 가리킨다. 그리고 예문 ⑤의 '那会儿'은 '我上大学的时候(내가 대학 다닐 때)'의 의미로 쓰였다.

 ## 4 这么，那么

① 이 두 단어의 주요 어법작용은 동사, 형용사를 수식하며, 방식이나 정도를 표시하고, 문장에서 부사어로 쓰인다는 것이다.

① 去王府井不应该这么走，太绕远。

Qù Wángfǔjǐng bù yīnggāi zhème zǒu, tài rào yuǎn.

王府井에 가려면 이렇게 가면 안돼, 너무 돌아가.(방식)

② 这个字应该这么写，那么写就错了。

Zhège zì yīnggāi zhème xiě, nàme xiě jiù cuò le.

이 글자는 이렇게 써야만 해, 그렇게 쓰면 틀려.(방식)

③ 你不应该那么对待一个犯了错误的同志。

Nǐ bù yīnggāi nàme duìdài yí ge fànle cuòwù de tóngzhì.

너는 잘못을 범한 동지에게 그런 식으로 대해서는 안돼.(방식)

④ 小明，别老这么坐着，时间长了，就驼背了，要坐直，挺胸。

Xiǎo Míng, bié lǎo zhème zuòzhe, shíjiān cháng le, jiù tuóbèi le, yào zuò zhí, tǐng xiōng.

小明, 늘 이렇게 앉아 있으면 안돼, 시간이 오래 지나면 곱사등이가 돼, 똑바로 앉아서 가슴을 쭉 펴야 해.(방식)

⑤ 这么重的石头，古代的人是怎么运到山上去的呢？

Zhème zhòng de shítou, gǔdài de rén shì zěnme yùndào shān shàng qù de ne?

이렇게 무거운 돌을 옛날 사람들은 어떻게 산 꼭대기로 옮겼을까?(정도)

⑥ 你的女儿这么爱好音乐，应该报考音乐学院。

Nǐ de nǚ'ér zhème àihào yīnyuè, yīnggāi bàokǎo yīnyuè xuéyuàn.

네 딸은 이렇게 음악을 좋아하니 음대에 응시해야만 하겠구나.(정도)

⑦ 他说话的语气那么坚定、那么有力。

Tā shuō huà de yǔqì nàme jiāndìng、nàme yǒulì.

그가 말하는 어조는 그렇게도 단호하고 힘이 있어.(정도)

⑧ 北京的夏天没有上海那么热。

Běijīng de xiàtiān méi yǒu Shànghǎi nàme rè.

北京의 여름은 上海처럼 그렇게 덥지 않다.(정도)

⑨ 你这么热情地招待我，我可真不好意思了。

Nǐ zhème rèqíng de zhāodài wǒ, wǒ kě zhēn bù hǎoyìsi le.

너 이렇게 열정적으로 나를 대접해주니, 나 정말 몸 둘 바를 모르겠어.(정도)

⑩ 这件事不像你说的那么严重。

Zhè jiàn shì bú xiàng nǐ shuō de nàme yánzhòng.

이 일은 네가 말하는 것처럼 그렇게 심각하지는 않아.(정도)

'这么', '那么'는 형용사와 심리활동을 표시하는 동사 앞에 쓰이며, 주로 정도를 표시한다. 동작동사 앞에 쓰일 때는 일반적으로 방식을 나타낸다.

 **②** '这么'와 '那么'도 주어, 술어, 관형어로 쓰일 수 있으며, 모종의 동작과 방식을 가리킬 수도 있다.

① 주어로 쓰일 경우

① 这么行，那么也行。

Zhème xíng, nàme yě xíng.

이렇게 해도 되고 저렇게 해도 된다.

② 这么(点头)表示同意，那么(摇头)表示不同意。

　　Xhème (diǎn tóu) biǎoshì tóngyì, nàme (yáo tóu) biǎoshì bù tóngyì.

③ 这么是顺时针方向，那么是逆时针方向。

　　Zhème shì shùn shízhēn fāngxiàng, nàme shì nì shízhēn fāngxiàng.

2 술어로 쓰일 경우, 보통 '这么'와 '那么' 뒤에 '着'를 붙인다.

① 咱们就这么着吧，先到小王家集合，然后一起出发。

　　Zámen jiù zhèmezhe ba, xiān dào Xiǎo Wáng jiā jíhé, ránhòu yìqǐ chūfā.

② 她总是这么着，自己有困难从不去麻烦别人。

　　Tā zǒngshì zhèmezhe, zìjǐ yǒu kùnnan cóng bú qù máfan biérén.

3 관형어로 쓰일 경우, 직접 명사 앞에 쓰일 수 없고, 뒤에 반드시 수량사를 붙여야 한다. 지시하는 의미가 다음 문장에 나타나거나, 또는 말하지 않아도 알 수 있는 것이거나, 말로 전할 수 없는 것을 가리키기도 한다.

① 这篇文章里还表达了这么个意思，就是……

　　Zhè piān wénzhāng lǐ hái biǎodále zhème ge yìsi, jiù shì……

② 这种花总有那么一股香味，闻起来叫人心醉。

　　Zhè zhǒng huā zǒngyǒu nàme yì gǔ xiāngwèi, wén qǐlái jiào rén xīn zuì.

③ 这个人有那么一股劲儿，怎么说呢?

　　Zhège rén yǒu nàme yì gǔ jìnr, zěnme shuō ne?

　'这么'와 '那么'는 수량사 앞에 쓰일 수도 있는데, 이것들을 강세를 주어 읽으면, 지시하는 작용을 하기도 한다.

① '这么几天，他就接到三封家信。

　　Zhème jǐ tiān, tā jiù jiēdào sān fēng jiāxìn.

② 张老师家里有'那么一屋子书。

　　Zhāng lǎoshī jiā lǐ yǒu nàme yì wūzi shū.

　'这么'와 '那么'를 가볍게 읽을 때는 추측을 표시한다.

① 昨天参加大会的有那么五六千人。

　　Zuótiān cānjiā dàhuì de yǒu nàme wǔ liù qiān rén.

② 从这儿到机场有那么七八十里地。

Cóng zhèr dào jīchǎng yǒu nàme qī bā shí lǐ dì.

③ 他到上海去有这么半个月了。

Tā dào Shànghǎi qù yǒu zhème bàn ge yuè le.

여기서 공항까지는 7,8
십리나 된다.

그는 반 달 동안이나 上
海에 가 있었다.

 ## 这样, 那样, 这么样, 那么样

이들의 의미와 용법은 서로 같다. 성질, 태도, 상황을 대신하여 가리키고, 문장에서
관형어, 술어, 보어 및 주어, 목적어로도 쓰인다.

① 这样的民族, 永远不会倒下去。

Zhèyàng de mínzú, yǒngyuǎn bú huì dǎoxiàqu.

이런 민족은 영원히 쓰
러지지 않는다.(관형어)

② 这样的痛苦生活, 她在马戏团里整整过了七年。

Zhèyàng de tòngkǔ shēnghuó, tā zài mǎxìtuán lǐ zhěngzhěng
guòle qī nián.

이런 고통스런 생활, 그
는 서커스단에서 장장
7년을 보냈다.(관형어)

③ 古时候, 传说有这样一件事情……

Gǔ shíhou, chuánshuō yǒu zhèyàng yí jiàn shìqing.

옛날에 이런 일이 전해
져 내려왔다……(관형
어)

④ 你不应该对他那样, 他还小, 不懂事。

Nǐ bù yīnggāi duì tā nàyàng, tā hái xiǎo, bù dǒng shì.

너 그 사람에게 그렇게
해서는 안 된다. 그는
아직 어리기 때문에 철
이 없어.(술어)

⑤ 别理他, 他经常这样。

Bié lǐ tā, tā jīngcháng zhèyàng.

그를 상관하지 마, 그는
언제나 그러니까.(술
어)

⑥ 他很勤奋, 他的这本英汉字典都用得这样了。

Tā hěn qínfèn, tā de zhè běn yīnghàn zìdiǎn dōu yòng de
zhèyàng le.

그는 아주 부지런하다.
그의 영한자전이 사용
해서 이렇게 될 정도
로.(보어)

⑦ 这样就行, 不必改了。

Zhèyàng jiù xíng, búbì gǎi le.

이렇게 하면 돼요, 고칠
필요 없어요.(주어)

⑧ 实际情况并不是那样。

Shíjì qíngkuàng bìng bú shì nàyàng.

실제 상황은 결코 그렇
지 않습니다.(목적어)

⑨ 你的意思难道不是这样吗?

Nǐ de yìsi nándào bú shì zhèyàng ma?

네 뜻이 설마 이런 건
아니겠지?(목적어)

 정도와 방식을 가리키며, 부사어로 쓰인다.

① 原来你这样没良心。

Yuánlái nǐ zhèyàng méi liángxīn.

알고 보니 너 이렇게 양
심이 없구나.

② 那位姑娘是那样热情, 那样爱帮助人。

Nà wèi gūniang shì nàyàng rèqíng, nàyàng ài bāngzhù rén.

그 아가씨는 그렇게도
정열적이고 그렇게도
남을 돕는 걸 좋아한다.

③ 你这样写字，姿势对吗？

　　Nǐ zhèyàng xiě zì, zīshì duì ma?

④ 这句在汉语里不能这样说。

　　Zhè jù zài Hànyǔ lǐ bù néng zhèyàng shuō.

　위에서 서술된, 부사어로 쓰인 '这样', '那样'은 '这么', '那么'와 서로 바꾸어 쓸 수 있으며, 뜻은 기본적으로 같다. 주의해야 할 것은 '这样(这么)痛苦的生活'가 '这样的痛苦生活'와는 다르다는 것이다. 후자는 '这样的'(지시작용)가 '痛苦生活'를 수식하지만, 전자는 '这样(这么)'(정도표시)이 '痛苦'를 수식하며 '痛苦'의 정도를 강조한다. 그런 다음 '这样(这么)痛苦'가 다시 '生活'를 수식한다.

③ '这样'과 '那样'이 나란히 사용될 때, 虚指(추상지칭)를 표시하며, 주로 관형어나 부사어로 쓰인다.

① 这部电影虽然有这样那样的缺点，但还算得上是一部佳作。

　　Zhè bù diànyǐng suīrán yǒu zhèyàng nàyàng de quēdiǎn, dàn hái suàn de shàng shì yí bù jiāzuò.

② 这段话尽管可以这样或那样地理解，但从上下文来看，只能这样理解。

　　Zhè duàn huà jǐnguǎn kěyǐ zhèyàng huò nàyàng de lǐjiě, dàn cóng shàngxià wén láikàn, zhǐnéng zhèyàng lǐjiě.

　'这样', '那样'은 한 가지 용법이 더 있는데, 그것은 앞의 문장을 이어받아 뒷문장을 잇는 연접작용을 할 수 있다는 것이다. '这样'은 앞의 문장을 이어받는데 쓰이고, '那么'는 뒷 문장을 잇는데 쓰인다.

① 我问了老师后又做了几道题，这样，才把这个原理搞清楚。

　　Wǒ wènle lǎoshī hòu yòu zuòle jǐ dào tí, zhèyàng, cái bǎ zhège yuánlǐ gǎo qīngchu.

② 如果大家同意这个方案，那么，咱们就干起来吧。

　　Rúguǒ dàjiā tóngyì zhège fāng'àn, nàme, zámen jiù gànqǐlai ba.

제 3 절

의문대사

　의문대사는 의문을 표시하는 단어를 이용하여 의문 문장을 만드는 수단으로 사용된다. 사람을 물을 때는 '谁'를 그리고 사물을 물을 때는 '什么', '哪' 등을 사용하며, 방식이나 성질, 형상을 물을 때는 '怎么', '怎么样', '怎样'을 사용한다. 또한 장소를 물을 때는 '哪儿', '里'를, 시간을 물을 때는 '什么时候', '多会儿'을 그리고 수량(개수)을 물을 때는 '几', '多少' 등을 사용한다.

자주 보이는 의문대사는 아래와 같이 다섯 종류로 나눌 수 있다.

의문사항	의문대사
사람이나 사물	谁, 什么, 哪
장소	哪里, 哪儿, 什么地方
시간	多会儿, 哪会儿, 几时, 什么时候
성질, 상태, 방식, 정도	怎么, 怎么样, 怎样
수량	几, 多少

1 谁, 什么, 哪

주로 사람이나 사물에 대한 의문문에 사용된다. '谁'와 '什么'의 용법은 그들이 대신 가리키는 명사와 완전히 동일하며, 주어, 목적어, 관형어 등으로 사용된다.

① 谁是你们的老师?　— 张先生是我们的老师。

　　Shéi shì nǐmen de lǎoshī? – Zhāng xiānsheng shì wǒmen de lǎoshī.

누가 너희들의 선생님이냐?
– 미스터 張이 우리 선생님이다.

② 他找谁?　　— 他找张老师。

　　Tā zhǎo shéi? – Tā zhǎo Zhāng lǎoshī

그는 누구를 찾니?
– 그는 張선생님을 찾는다.

③ 这是谁的本子?　— 这是我的本子。

　　Zhè shì shéi de běnzi? – Zhè shì wǒ de běnzi.

이것은 누구 공책이냐?
– 이것은 내 공책이다.

④ 什么最宝贵?　— 生命最宝贵。

　　Shénme zuì bǎoguì? – Shēngmìng zuì bǎoguì.

무엇이 가장 고귀한가?
– 생명이 가장 고귀하다.

⑤ 你在看什么?　— 我在看足球比赛。

　　Nǐ zài kàn shénme? – Wǒ zài kàn zúqiú bǐsài.

너 뭘 보고 있니?
– 나 축구시합을 보고 있다.

⑥ 您做什么工作?　— 我教书。

　　Nín zuò shénme gōngzuò? – Wǒ jiāo shū.

당신은 무슨 일을 하십니까? 저는 가르치는 일을 합니다.

'哪'는 /nǎ/와 /něi/ 두 가지로 발음되며, 뒤에 양사나 수사를 이어 사용한다.

⑦ 哪位是新来的学生?

　　Nǎ wèi shì xīn lái de xuésheng?

누가 새로 온 학생이지요?

⑧ 这三种颜色, 你喜欢哪种?

　　Zhè sān zhǒng yánsè, nǐ xǐhuan nǎ zhǒng?

이 세 가지 색깔 중에 너는 어떤 색을 좋아하니?

⑨ 您在哪个大学教书?

　　Nín zài nǎ ge dàxué jiào shū?

　수량사 뒤의 명사를 생략할 수 있는 것과 마찬가지로 의문대사와 수량사 또는 양사 뒤의 명사 역시 생략할 수 있는데, 예문 ⑦의 '哪位'가 그러하다.
　'谁', '什么', '哪'를 사용할 때 아래와 같은 사항에 주의해야 한다.

1 '谁', '什么'는 단수, 복수의 구별 없이 사용된다. '哪个人'의 '哪个'는 단수를 나타내며, 다수일 경우에는 '哪些人'과 같이 '哪些'를 사용한다.

2 '谁'가 관형어로 사용될 때, 일반적으로 뒤에 구조조사 '的'를 사용하여 종속관계를 나타낸다.

① 这是谁的书?

　　Zhè shì shéi de shū?

② 谁的身体最好?

　　Shéi de shēntǐ zuì hǎo?

　'谁家来客人啦?'와 같이 조사 '的'를 쓰지 않는 경우는 비교적 드물다.
　'什么'가 관형어로 쓰여 수식관계를 나타낼 때, 같은 사물의 성질이나 종류를 나타내면, 일반적으로 '的'가 필요치 않다.

① 这是什么书?

　　Zhè shì shénme shū?

② 那是什么树?

　　Nà shì shénme shù?

③ 铁生锈是什么原因?

　　Tiě shēng xiù shì shénme yuányīn?

④ 报考艺术学校需要什么条件?

　　Bàokǎo yìshù xuéxiào xūyào shénme tiáojiàn?

　하지만 종속관계를 나타낼 때는 반드시 '的'를 써야 한다. 예를 들어 '这是什么的味道?'와 '这是什么的声音?'에서 '什么' 뒤에는 사실상 명사가 생략된 것이다.

3 '什么'가 단독으로 쓰였을 경우, 사물을 대신할 수도 있고, 동작행위나 성질, 상태를 대신할 수도 있다.

① 问 : 你喜欢什么?

　　Nǐ xǐhuan shénme?

答 ：我喜欢书。
　　　Wǒ xǐhuan shū.

② 问 ：游泳和打球你喜欢什么？
　　　Yóuyǒng hé dǎ qiú nǐ xǐhuan shénme?

答 ：我喜欢游泳。或：游泳。
　　　Wǒ xǐhuan yóuyǒng. Yóuyǒng.

답: 나는 책을 좋아해.

문: 수영과 공치는 것 중 너는 어느 것을 좋아해?

답: 나는 수영하는 걸 좋아해. 혹은: 수영

‘什么’가 관형어로 쓰여, 사람을 나타내는 명사를 수식할 수도 있는데, ‘什么人’, ‘什么大夫’, ‘什么工程师’와 같이 이름이나 직업 등을 나타낸다.

‘什么人’과 ‘谁’가 표시하는 의미는 기본적으로 같다. 모두 사람의 이름이나 직업, 신분 등을 묻는데 사용된다. 예를 들면 ‘他是谁?’, ‘他是什么人?’과 같다. 하지만 ‘什么人’은 그다지 예의바른 말은 아니다. ‘他是你什么人?’에서는 ‘他’와 ‘你’의 관계를 묻는데, 이럴 때 ‘他是你的谁?’라고 말할 수는 없다.

 ‘什么’가 ‘时候’나 ‘地方’ 등의 명사를 수식할 때, ‘的’를 사용할 필요가 없다. 직접 ‘什么时候’, ‘什么地方’과 같이 구를 이루어 시간이나 장소를 묻는데 쓴다.

① 现在什么时候了？
　Xiànzài shénme shíhou le?

② 这是什么时候的报纸？
　Zhè shì shénme shíhou de bàozhǐ?

③ 你什么时候走？
　Nǐ shénme shíhou zǒu?

④ 这是什么地方的土产？
　Zhè shì shénme dìfang de tǔchǎn?

⑤ 这次出差到什么地方去？
　Zhè cì chūchāi dào shénme dìfang qù?

⑥ 在什么地方换车？
　Zài shénme dìfang huàn chē?

지금 몇 시 되었어?

이건 언제 신문이야?

너 언제 가니?

이것은 어느 지방 토산품이지?

이번 출장은 어느 곳으로 가?

어디서 차를 바꿔 타지?

 ‘什么’는 동사 ‘为’와 합쳐져 동목구 ‘为什么’를 이루어, 동사나 형용사 앞이나 문장의 앞에서 부사어로 쓰이는데, 원인이나 이유를 묻는다.

① 你为什么来晚了？
　Nǐ wèishénme lái wǎn le?

② 为什么你拒绝了他的请求？
　Wèishénme nǐ jùjué le tā de qǐngqiú?

③ 你今天为什么这样烦躁？
　Nǐ jīntiān wèishénme zhèyàng fánzào?

너 왜 늦게 왔니?

왜 너는 그의 요구를 거절했지?

너 오늘 왜 이렇게 초조해하니?

또한 목적어로도 쓰인다.

④ 这是为什么?

Zhè shì wèishénme?

이것은 무엇 때문이야?

 '哪' 단독으로 사용되는 경우는 매우 적은데, 단독으로 사용시 주로 주어로 사용되며, 단수의 사람이나 사물, 복수의 사람이나 사물 모두를 대신해서 가리킬 수 있다.

① 哪是你的书包?

Nǎ shì nǐ de shūbāo?

어느 것이 네 책가방이야?

② 哪是你的行李?

Nǎ shì nǐ de xíngli?

어느 것이 네 짐이야?

③ 哪是你的妹妹?

Nǎ shì nǐ de mèimei?

누가 네 여동생이야?

'哪'는 주로 양사와 함께 쓰인다.

① 哪位是新来的学生?

Nǎ wèi shì xīn lái de xuésheng?

어떤 사람이 새로 온 학생이죠?

② 这三种颜色, 你最喜欢哪种?

Zhè sān zhǒng yánsè, nǐ zuì xǐhuan nǎ zhǒng?

이 세 가지 색깔 중 너는 어떤 색깔을 가장 좋아해?

③ 这些书, 你需要哪本借哪本。

Zhè xiē shū, nǐ xūyào nǎ běn jiè nǎ běn.

이 책들 중에서 네가 원하는 것이 있으면 그걸 빌려.

명사 앞에서 관형어로 쓰여 지시작용을 하기도 한다.

① 哪位老师教你们?

Nǎ wèi lǎoshī jiào nǐmen?

어느 선생님께서 너희들을 가르치시니?

② 哪个问题你还不明白?

Nǎ ge wèntí nǐ hái bù míngbai?

어떤 문제를 너희들 잘 모르겠니?

③ 您在哪个学校教书?

Nín zài nǎ ge xuéxiào jiào shū?

당신은 어느 학교에서 가르치십니까?

'哪'가 年, 月, 日 등의 앞에 쓰여 날짜를 묻기도 한다.

① 你哪年来中国的?

Nǐ nǎ nián lái zhōngguó de?

너 몇 년도에 중국에 왔니?

② 你哪天有时间? 我们去旅游好吗?

Nǐ nǎ tiān yǒu shíjiān? Wǒmen qù lǚyóu hǎo ma?

너 어느 날에 시간 있어? 우리 수영하러 가면 어때?

③ 你的生日哪天?

Nǐ de shēngrì nǎ tiān?

네 생일은 언제야?

④ 这是哪天的报纸?

　　Zhè shì nǎ tiān de bàozhǐ?

이것은 언제 신문이지?

'哪些', '哪几个'는 복수를 나타내는데, '哪些人', '哪些书', '哪些城市', '哪几个人', '哪几本书', '哪几座城市' 등과 같다.

2 哪里, 哪儿

'哪里'와 '哪儿'의 뜻과 용법은 완전히 똑같다. '哪儿'은 주로 구어에서 사용된다. 주로 장소를 묻는 의문문에 쓰이며, 기본적으로 장소사와 용법이 비슷하다. 문장에서 주로 주어, 목적어, 관형어의 역할을 한다.

① 哪儿出产这种苹果?

　　Nǎr chūchǎn zhè zhǒng píngguǒ?

어디에서 이런 사과가 나오지?(주어)

② 哪儿写错了?

　　Nǎr xiě cuò le?

어디를 잘못 썼지?(주어)

③ 哪里是你们的实验室?

　　Nǎlǐ shì nǐmen de shíyànshì?

어디가 너희들 실험실이니?(주어)

④ 老张在哪儿? 外边有人找他。

　　Lǎo Zhāng zài nǎr? Wàibiān yǒurén zhǎo tā.

老张은 어디에 있어? 바깥에서 누가 그를 찾아.(목적어)

⑤ 人的正确思想是从哪里来的?

　　Rén de zhèngquè sīxiǎng shì cóng nǎlǐ lái de.

사람의 정확한 사상은 어디에서 오는 것인가? (개사 '从'의 목적어)

⑥ 你是哪儿的人?

　　Zhè shì nǎr de rén?

너는 어디 사람이니? (목적어)

'哪里'나 '哪儿'이 장소를 물을 때는 '你在哪儿工作?', '他从哪里来?'와 같이 대부분 앞에 개사가 등장한다. 어떤 때는 직접 동사 앞에서 부사어로 쓰이기도 한다.

① 人都哪儿去了?

　　Rén dōu nǎr qù le?

사람들 모두 어디 갔어?

② 你哪儿买的这么大的西瓜?

　　Nǐ nǎr mǎi de zhème dà de xīguā?

너 어디서 이렇게 큰 수박을 샀니?

3 多会儿, 哪会儿

이 두 단어는 구어에서만 사용되며, 뜻과 용법은 거의 비슷한데, 모두 시간을 묻는데 사용된다. '多会儿'은 '什么时候'의 뜻이고, '哪会儿'은 '那会儿', '这会儿'의 의문형식이다. 문장에서 부사어, 관형어, 목적어로 쓰인다.

① 你多会儿动身? 明天下午?

  Nǐ duōhuìr dòng shēn? Míngtiān xiàwǔ?

② 她哪会儿离开这儿的? 我没注意。

  Tā nǎhuìr líkāi zhèr de? Wǒ méi zhùyì.

③ 这是多会儿的报纸?

  Zhè shì duōhuìr de bàozhǐ?

④ 那是哪会儿的事了? 好多细节我都忘了。

  Nà shì nǎhuìr de shì le? Hǎo duō xìjié wǒ dōu wàng le.

⑤ 您从哪会儿开始改行搞创作的?

  Nín cóng nǎhuìr kāishǐ gǎixíng gǎo chuàngzuò de?

‘多会儿’은 술어로 쓰여 날짜를 묻는 경우도 있는데, 북경 구어에서만 쓰인다.

① 今儿多会儿? 快春节了吧?

  Jīnr duōhuìr? Kuài Chūnjié le ba?

② 小姑结婚的那天是多会儿来的?

  Xiǎogū jiéhūn de nà tiān shì duōhuìr lái de?

4 怎么, 怎么样, 怎样

‘怎么’, ‘怎么样’, ‘怎样’은 부사성 의문대사로 ‘代副词’라고도 한다. 이 세 가지 단어의 용법은 서로 비슷한 점도 있고 다른 점도 있다.

① 怎么

① 동작의 방식을 묻는 의문문에 쓰인다.

① 小赵, 这个汉字怎么写?

  Xiǎo Zhào, zhège hànzì zěnme xiě?

② 你是怎么来的, 坐车来的还是骑车来的?

  Nǐ shì zěnme lái de, zuò chē lái de háishi qí chē lái de?

③ 怎么做好, 去好还是不去好?

  Zěnme zuò hǎo, qù hǎo háishi bú qù hǎo?

④ 他怎么对待你? 客气吗?

  Tā zěnme duìdài nǐ? Kèqi ma?

② 원인을 묻는 의문문에 쓰인다.

① 你眼睛怎么红了?

　　Nǐ yǎnjing zěnme hóng le?

　　너 눈이 왜 빨갛게 되었니?

② 你怎么这么晚才来?

　　Nǐ zěnme zhème wǎn cái lái?

　　너 왜 이렇게 늦게 왔어?

③ 你怎么没去看电影?

　　Nǐ zěnme méi qù kàn diànyǐng?

　　너 왜 영화 보러 가지 않았어?

④ 你怎么还去参加比赛?

　　Nǐ zěnme hái qù cānjiā bǐsài?

　　너 왜 또 시합에 참가한 거야?

⑤ 这封信怎么又退回来了?

　　Zhè fēng xìn zěnme yòu tuì huílái le?

　　이 편지 도대체 왜 다시 돌아온 거야?

⑥ 教室里怎么这么乱?

　　Jiàoshì lǐ zěnme zhème luàn?

　　교실 안이 왜 이렇게 엉망이냐?

⑦ 他怎么那样对待他的妻子?

　　Tā zěnme nàyàng duìdài tā de qīzi?

　　그는 어떻게 자기 부인에게 그렇게 대할 수 있냐?

⑧ 她怎么能去, 我怎么不能去?

　　Tā zěnme néng qù, wǒ zěnme bù néng qù?

　　그는 왜 갈 수가 있고 나는 갈 수가 없는 거야?

'怎么'는 주어 앞에 쓰일 수도 있다.

① 怎么你又迟到了?

　　Zěnme nǐ yòu chídào le?

　　너 왜 또 늦었어?

② 怎么大家都不说话?

　　Zěnme dàjiā dōu bù shuō huà?

　　왜 모두들 말을 하지 않는 거야?

'怎么'와 '为什么'를 비교해 보면 다음과 같다.

'怎么'가 원인을 묻는 경우, 기이함, 놀라움, 이상함의 요소를 갖는다. '为什么'의 경우 기이함의 요소를 가질 수도 있지만, 주로 단지 원인만을 묻는 경우가 많다. 그러므로 묻는 사람이 단지 답안만을 알고 싶을 뿐, 어떠한 기이한 성분이 없을 경우에는 '为什么'만을 사용한다. 예를 들어, 과학교과서의 연습문제에 '物体在水中为什么会有浮力?(물체는 물 속에서 왜 부력을 가지는가?)'라는 식으로 물을 수는 있지만, '怎么'를 사용해서 물을 수는 없다. 즉 선생님이 수업시간에 질문을 할 때도 반드시 '为什么'를 써야 한다. 반대로, 아이가 날아가는 새를 보고, 자신이 왜 날 수 없는가를 궁금해 하면서, '妈妈, 鸟儿怎么会飞呀?(새는 어떻게 날 수 있나요?)' 혹은 '妈妈, 我怎么不会飞呀?(엄마, 저는 왜 날 수 없어요?)'라고 물을 수는 있지만 '为什么'를 써서 물을 수는 없다.

어떤 때는 '怎么'가 아래와 같이 이상함만을 표시할 때도 있다.

① 怎么, 你不同意?

　　Zěnme, nǐ bù tóngyì?

② 怎么, 你后悔了?

　　Zěnme, nǐ hòuhuǐ le?

아니, 동의하지 않는다
고?

뭐라고, 후회한다고?

③ 사물의 성질, 형상을 물을 때도 '怎么'를 사용한다. 이럴 때는 뒤에 양사를 써야 하며, 양사와 '怎么' 사이에 '一'를 사용할 수도, 사용하지 않을 수도 있다.

① 这是怎么一回事?

　　Zhè shì zěnme yì huí shì?

② 你说说, 他姐姐是怎么一个人?

　　Nǐ shuōshuo, tā jiějie shì zěnme yí ge rén?

③ 那次实验是怎么一种情况, 你给大家说说?

　　Nà cì shíyàn shì zěnme yì zhǒng qíngkuàng, nǐ gěi dàjiā shuōshuo?

이거 어떻게 된 일이
야?

너 말해봐, 그의 누이는
어떤 사람이야?

그 실험이 어떤 상황이
었는지, 너 사람들에게
좀 말해줘.

④ '不怎么+동사/형용사'의 형식은 높지 않은 정도를 나타낸다.

① 这次我考得不怎么好, 下次一定努力。

　　Zhè cì wǒ kǎo de bù zěnme hǎo, xià cì yídìng nǔlì.

② 觉得学汉语不怎么难, 特别是会话。

　　Juéde xué Hànyǔ bù zěnme nán, tèbié shì huìhuà.

③ 我不怎么认识路, 我一边开车, 你一边给我指路好吗?

　　Wǒ bù zěnme rènshi lù, wǒ yìbiān kāi chē, nǐ yìbiān gěi wǒ zhǐ lù hǎo ma?

이번 시험 나 그다지 잘
보지 못했어, 다음번에
반드시 노력할게.

중국어를 배우는 건 그
리 어렵지 않다고 생각
해, 특히 회화는.

나는 길을 그다지 잘 알
지 못해, 내가 운전할
테니 너는 내게 길을 가
르쳐줘, 어때?

② 怎么样, 怎样

　'怎么样'과 '怎样'의 의미와 용법은 기본적으로 같다. 구어에서는 '怎么样'이 더 많이 쓰인다.

1. 동작의 방식을 물을 때는 怎么가 더 자주 쓰인다.

① 写毛笔字怎么样拿笔?

　　Xiě máobǐzì zěnmeyàng ná bǐ?

② 你们是怎么样找到他的?

　　Nǐmen shì zěnmeyàng zhǎodào tā de?

③ 钢铁是怎样炼成的?

　　Gāngtiě shì zěnyàng liànchéng de?

붓글씨를 쓸 때 어떻게
붓을 잡아야 해?

너희들 어떻게 그를 찾
아냈니?

강철은 어떻게 정련하
지?

2. '怎么样', '怎样' 둘 다 성질, 형상을 묻는데 쓰이며 술어, 보어, 관형어의 역할을 한다.

① 我累了，走不动了，你怎么样(怎样)

Wǒ lèi le, zǒu bu dòng le, nǐ zěnmeyàng(zěnyàng)?

나 피곤해, 움직이지 못하겠어, 넌 어때?

② 旅行的路线就这样安排，怎么样？

Lǚxíng de lùxiàn jiù zhèyàng ānpái, zěnmeyàng?

여행 노선을 이렇게 잡았는데, 어때?

③ 奶奶的病怎么样了？好点儿了吧？

Nǎinai de bìng zěnmeyàng le? Hǎo diǎnr le ba?

할머니 병은 어때? 좀 좋아지셨어?

④ 明天去参加汉语水平测试，你准备得怎么样了？

Míngtiān qù cānjiā Hànyǔ shuǐpíng cèshì, nǐ zhǔnbèi de zěnmeyàng le?

내일 HSK시험 보러 가는데, 너 준비 얼마나 했어?

⑤ 这里的环境你认为怎么样？

Zhèlǐ de huánjìng nǐ rènwéi zěnmeyàng?

이곳의 환경에 대해 너 얼마나 알아?

⑥ 你看怎么样，就这样定下来吧。

Nǐ kàn zěnmeyàng, jiù zhèyàng dìngxiàlai ba.

네가 보기엔 어때, 그냥 이렇게 정하자.

'怎么'가 술어로도 쓰이는데, 기이함이나 놀라움의 성분을 포함한다.

① 小红你怎么了，哪儿不舒服？

Xiǎo Hóng nǐ zěnme le, nǎr bù shūfu?

小红, 너 왜 그래, 어디 불편하니?

② 他怎么啦？为什么不让他参加这个会？

Tā zěnme la? Wèishénme bú ràng tā cānjiā zhège huì?

그는 왜 그래? 왜 그를 이 모임에 참가하지 않게 했어?

③ 我怎么你了，你这么不高兴？

Wǒ zěnme nǐ le, nǐ zhème bù gāoxìng?

내가 너를 어떻게 했기에 너 이렇게 기분이 안 좋은 거야?

④ 你怎么着？别的人都表态了，就剩你了。

Nǐ zěnmezhe? Bié de rén dōu biǎotài le, jiù shèng nǐ le.

너는 어떻게 할래? 다른 사람들은 모두 태도를 표명했어, 너만 남았다.

'怎么样', '怎样'이 성질, 형상을 물을 때, 관형어로도 쓰일 수 있다.

① 你在那里过的是怎样(怎么样)的一种生活？

Nǐ zài nàlǐ guò de shì zěnyàng(zěnmeyàng) de yì zhǒng shēnghuó?

너 그곳에서 어떤 생활을 한 거야?

② 新来的小伙子是怎样(怎么样)的一个人？

Xīn lái de xiǎohuǒzi shì zěnyàng(zěnmeyàng) de yí ge rén?

새로 온 젊은이는 어떤 사람이야?

③ 你在现场看到的是怎样(怎么样)的一种情况？

Nǐ zài xiànchǎng kàndào de shì zěnyàng(zěnmeyàng) de yì zhǒng qíngkuàng?

네가 현장에서 본 것은 어떤 상황이었어？

④ 唉，你这话会引起别人怎么样的议论呢？

　 Āi, nǐ zhè huà huì yǐnqǐ biérén zěnmeyàng de yìlùn ne?

아, 너의 이 말이 다른 사람들의 어떤 시비를 이끌어 내게 될까?

'怎么'는 또한 성질이나 형상을 묘사하는 관형어로도 쓰인다.

① 这是怎么一回事？

　 Zhè shì zěnme yì huí shì?

이거 어떻게 된 일이야?

② 你说说，他姐姐是怎么一个人？

　 Nǐ shuōshuo, tā jiějie shì zěnme yí ge rén?

말해봐, 그의 누이는 어떤 사람이야?

③ 当时到底是怎么一种情况，我现在记不清楚了。

　 Dāngshí dàodǐ shì zěnme yì zhǒng qíngkuàng, wǒ xiànzài jì bu qīngchu le.

당시 도대체 어떤 상황이었는지, 나는 지금 확실히 기억할 수가 없어.

성질이나 형상을 묘사할 때, '怎么'는 '怎么样', '怎样'과 아래와 같은 차이가 있다.

① '怎么'는 '怎么样', '怎样'만큼 자주 쓰이지 않는다. 즉 사용범위가 넓지 않다.

② '怎么'는 뒤에 반드시 '一'와 양사가 있어야 하지만, '怎么样', '怎样'은 늘 양사만 따라 올뿐 '一'는 없어도 된다. 가끔 수량사가 없을 때도 있는데, 앞의 예문 ④번이 그러하다.

③ '怎么样'은 어떤 때는 의문을 표시하지 않고, 화자의 어떤 사람이나 사물에 대한 관점이나 평가를 나타낸다. 문장에서 술어, 보어, 관형어로 쓰이며, 항상 부정형식 '不怎么样'으로 사용된다. 이 때, '그다지 좋지 않다', '기준에 다다르지 못하다', '별로다'라는 뜻으로 쓰인다.

① 这里的天气真不怎么样，变化无常。

　 Zhèlǐ de tiānqì zhēn bù zěnmeyàng, biànhuà wúcháng.

이곳의 날씨는 정말 그리 좋지가 않아, 변화무쌍해.(술어)

② 那个人是不怎么样，太自私，一事当前，总先为自己打算。

　 Nà ge rén shì bù zěnmeyàng, tài zìsī, yī shì dāng qián, zǒng xiān wèi zìjǐ dǎsuàn.

그 사람은 그다지 좋지 않아. 너무 이기적이고, 무슨 일이 생기면 언제나 자기만 먼저 생각해.(술어)

③ 你别看他穿着不怎么样，人家一肚子学问呢。

　 Nǐ bié kàn tā chuānzhe bù zěnmeyàng, rénjia yídùzi xuéwèn ne.

너 그 사람 옷 입은 것이 그리 훌륭하지 않다고 하지 마, 그 사람 학문은 높은 사람이니까.(술어)

④ 晚会上，有几个节目演得不怎么样。

　 Wǎnhuì shàng, yǒu jǐ ge jiémù yǎn de bù zěnmeyàng.

저녁 파티에서 공연된 몇 가지 프로그램이 그다지 좋지 않았어.(보어)

⑤ 这篇文章写得不怎么样。

　 Zhè piān wénzhāng xiě de bù zěnmeyàng.

이 글은 그다지 잘 쓰지 못했어.(보어)

⑥ 那次，我们住在一个不怎么样的小旅店里。

　 Nà cì, wǒmen zhù zài yí ge bù zěnmeyàng de xiǎo lǚdiàn lǐ.

그때, 우리는 별로 좋지 않은 작은 여관에 묵었다.(관형어)

'几'와 '多少'는 모두 수량을 묻는데 사용한다. 하지만 이 두 단어의 용법은 다르다.

1 '几'는 1에서 10 사이의 숫자에 사용되고, '多少'는 임의의 숫자에 사용할 수 있다. 하지만 답이 10 이하의 숫자라는 것이 확실하면 几를 사용하는 것이 낫다.

① 一个星期有几天?

   Yí ge xīng qī yǒu jǐ tiān?

   일주일은 며칠이지요?

② 你有几个孩子?

   Nǐ yǒu jǐ ge háizi?

   너 아이가 몇이야?

③ 世界有几大洋?

   Shìjiè yǒu jǐ dàyáng?

   세계에는 몇 개의 대양이 있지?

④ 这个城市有几座大桥?

   Zhège chéngshì yǒu jǐ zuò dàqiáo?

   이 도시에는 다리가 몇 개 있니?

위 문장의 답은 분명 10 이하의 숫자이다.

① 天上有多少颗星星?

   Tiān shàng yǒu duōshao kē xīngxing?

   하늘에는 얼마나 많은 별이 있지?

② 你们班有多少学生?

   Nǐmen bān yǒu duōshao xuésheng?

   너희 반에는 학생이 몇 명이나 있니?

③ 那个幼儿园有多少个孩子?

   Nà ge yòu'éryuán yǒu duōshao ge háizi?

   그 유아원에는 아이가 몇 명이나 있지?

④ 那件行李有多少公斤?

   Nà jiàn xíngli yǒu duōshao gōngjīn?

   그 짐은 몇 킬로그램이야?

위 예문의 답은 모두 분명 10 이상의 수를 가리킨다.

2 '几'가 명사와 같이 쓰일 때, 중간에 보통 적당한 양사를 넣기도 한다. 하지만 '多少'가 명사와 결합할 때는 그 사이에 양사는 있어도 되고 없어도 된다.

① 这是几吨煤?

   Zhè shì jǐ dūn méi?

   이것은 몇 톤의 석탄이야?

② 你买了几斤苹果?

   Nǐ mǎi le jǐ jīn píngguǒ?

   너 사과 몇 근 샀니?

③ 这种稿纸一页有多少(个)字?

   Zhè zhǒng gǎozhǐ yí yè yǒu duōshao(ge) zì?

   이 원고지는 한 장에 몇 글자가 들어가니?

④ 那个剧场里一共有多少(个)座位?

   Nà ge jùchǎng lǐ yígòng yǒu duōshao(ge) zuòwèi?

   그 극장에는 모두 몇 개의 좌석이 있지?

‘几’와 ‘多少’는 모두 동량사와 같이 쓰일 수도 있다.

① 刚才时钟敲了几下儿?

    Gāngcái shízhōng qiāole jǐ xiàr?

아까 시계가 몇 번 울렸지?

② 你来过几次中国?

    Nǐ láiguo jǐ cì Zhōngguó?

너 중국에 몇 번 왔었어?

③ 你跳绳一分钟能跳多少次?

    Nǐ tiào shéng yì fēnzhōng néng tiào duōshao cì?

너 줄넘기 1분에 몇 번이나 넘을 수 있어?

하지만 부정양사 ‘些’나 ‘点儿’과는 쓰일 수 없다.

3 ‘几’는 ‘个’, ‘十’, ‘百’, ‘千’, ‘万’, ‘十万’, ‘百万’, ‘千万’ 등의 자리수사 앞에 쓸 수 있지만, ‘多少’는 ‘亿’, ‘万’과 ‘个’ 이 세 개의 자리수사 앞에서만 쓸 수 있다.

① 你有几个兄弟姐妹?

    Nǐ yǒu jǐ ge xiōngdì jiěmèi?

너 형제자매가 몇이나 되니?

② 您这个村子有几十户人家?

    Nín zhège cūnzi yǒu jǐ shí hù rénjia?

당신네 마을에는 몇 십 가구가 있지요?

③ 这种放大机能放大几十倍?

    Zhè zhǒng fàngdàjī néng fàngdà jǐ shí bèi?

이 증폭기는 몇 배나 증폭시킬 수 있지?

④ 新盖的礼堂能容纳几千人?

    Xīn gài de lǐtáng néng róngnà jǐ qiān rén?

새로 지은 강당은 몇 천 명을 수용할 수 있어?

⑤ 这本书一共有二十几万字?

    Zhè běn shū yígòng yǒu èr shí jǐ wàn zì?

이 책에는 모두 이십 몇 만자가 들어 있지?

⑥ 这台计算机每秒运转几百万次?

    Zhè tái jìsuànjī měi miǎo yùnzhuǎn jǐ bǎi wàn cì?

이 컴퓨터는 1초에 몇 백만 번 돌아가지?

⑦ 今年的财政收入是多少亿?

    Jīnnián de cáizhèng shōurù shì duōshao yì?

올해의 재정 수입은 몇 억이냐?

⑧ 那座新兴的城市有多少万人?

    Nà zuò xīnxīng de chéngshì yǒu duōshao wàn rén?

새로 만든 그 도시에는 몇 만 명이 있냐?

4 ‘几’ 앞에는 의문대사 ‘哪’를 쓸 수 있지만, ‘多少’ 앞에는 쓸 수 없다.

① 你喜欢学习哪几门课程?

    Nǐ xǐhuan xuéxí nǎ jǐ mén kèchéng?

너는 어떤 과목들을 공부하는 걸 좋아하니?

② 这篇短文里, 哪几个字你不认识?

    Zhè piān duǎnwén lǐ, nǎ jǐ ge zì nǐ bú rènshi?

이 단문 중에서 너는 어떤 글자들을 모르니?

③ 这个星期, 你哪几天比较空闲?

    Zhège xīngqi, nǐ nǎ jǐ tiān bǐjiào kòngxián?

이번 주일에 너는 어떤 날들에 비교적 한가하니?

'几'는 수량의문대사로 쓰일 경우 이외에도 부정수량을 나타내는데 쓰이기도 한다.(第三章 '수사와 양사' 참조)

① 横幅上写着"汉语演讲比赛"几个大字。

　　Héngfú shàng xiězhe "Hànyǔ yǎnjiǎng bǐsài" jǐ ge dà zì.

② 街上，几个小伙子在练长跑。

　　Jiē shàng, jǐ ge xiǎohuǒzi zài liàn chángpǎo.

③ 因为下午来了几十个人支援我们，任务很快就完成了。

　　Yīnwèi xiàwǔ láile jǐ shí ge rén zhīyuán wǒmen, rènwu hěn kuài jiù wánchéng le.

어떤 때는 '多少'가 불확실한 양을 나타내기도 한다.

④ 为了这一天，他付出了多少代价啊。

　　Wèile zhè yì tiān, tā fùchūle duōshao dàijià a.

⑤ 他的试卷每一次多少也得有点错误。

　　Tā de shìjuǎn měi yí cì duōshao yě děi yǒu diǎn cuòwù.

6 의문대사의 활용

1 반문을 표시함

　의문대사는 의문을 표시하는 것 이외에도 반문을 표시하기도 한다. 반어문의 형식은 의문문과 같지만 작용은 다르다. 비록 반어문에도 의문대사가 등장하지만, 결코 상대방의 대답을 요구하는 것은 아니다. 문장에 부정사가 있을 경우, 보통 긍정의미를 나타내며, 부정사가 없을 때는 보통 부정의미를 표시한다.(제4편 '의문문, 반어문, 반향의문문' 참조) 예를 들면 다음과 같다.

① 谁不知道老张是个忠实可靠的同志？

　　Shéi bù zhīdào lǎo Zhāng shì ge zhōngshí kěkào de tóngzhì?

② 谁要你教，不是草头底下一个"来回"的"回"字？

　　Shéi yào nǐ jiāo, bú shì cǎo tóu dǐxià yí ge "lái huí" de huí zì?

③ 老李一生走南闯北，人家什么苦没吃过，什么人没见过？

　　Lǎo Lǐ yìshēng zǒu nán chuǎng běi, rénjia shénme kǔ méi chīguo, shénme rén méi jiànguo?

（옆단 주석）

플래카드에는 '중국어 강연대회'라는 큰 글자들이 씌어 있었다.

거리에서 몇 명의 젊은 청년들이 장거리 달리기 연습을 하고 있다.

오후에 몇 십 명이 우리를 지원하러 와서 임무를 아주 빨리 완성했다.

이 날을 위하여 그는 얼마나 많은 대가를 지불했는지.('아주 많다'는 의미)

그의 답안지에는 매번 어느 정도의 잘못된 점이 있다.('많든 적든'의 의미)

老张이 충실하고 믿음직한 동지라는 것을 누가 모르겠어? ('누구라도 안다'는 뜻)

누가 당신더러 가르쳐 달랬어요? 草头 밑에 '돌아오다'라고 할 때의 '回'자가 붙는 거 아니에요? ('네가 가르쳐 주는 걸 원치 않는다'라는 뜻)

老李는 평생 동안 남북으로 돌아다녔는데 어떤 고통을 안 겪어보았을 것이며 어떤 사람인들 만나보지 않았겠어? ('아주 많은 고통을 겪어보았고 많은 사람을 만나보았다'는 뜻)

④ 你着什么急？有话慢慢说嘛！

    Nǐ zháo shénme jí? Yǒu huà mànmān shuō ma!

너 뭐가 급해? 할말 있으면 천천히 해봐라! ('조급해할 필요 없다'는 뜻)

⑤ 这件事是他经手办的，他怎么不了解情况？

    Zhè jiàn shì shì tā jīng shǒu bàn de, tā zěnme bù liǎojiě qíngkuàng?

이 일은 그의 손을 거쳐 처리된 것인데 그가 어떻게 상황을 이해하지 못하겠어? ('그는 이해한다'라는 뜻)

⑥ 人家小林多会儿说过别人的坏话？

    Rénjia xiǎo Lín duōhuìr shuōguo biérén de huàihuà?

그 사람 小林이 언제 다른 사람에 대해 나쁜 말을 한 적이 있어? ('한 번도 나쁜 말을 한 적이 없다'는 뜻)

⑦ 今天是你们俩大喜的日子，我们哪能不来祝贺呢？

    Jīntiān shì nǐmen liǎ dàxǐ de rìzi, wǒmen nǎ néng bù lái zhùhè ne?

오늘은 너희들의 경사스런 날이잖아, 우리가 어떻게 축하하러 오지 않을 수 있겠어? ('와서 축하해야만 한다'라는 뜻. '哪'는 /nǎ/ 라고 읽어야지 /něi/로 읽으면 안 된다)

⑧ 王师傅是一位老司机，整个北京城哪儿没去过？

    Wáng shīfu shì yí wèi lǎo sījī, zhěnggè Běijīng chéng nǎr méi qùguo?

王 사부는 늙은 운전기사야, 北京市 전체 어디인들 가보지 않았겠어? ('어디든지 다 가보았다'는 뜻)

'哪儿'과 '哪里'가 반어문을 이룰 경우, 장소를 의미하지 않을 수도 있다.

① "小王，你好像不太高兴。"

    "Xiǎo Wáng, nǐ hǎoxiàng bú tài gāoxìng."

    "我哪儿不高兴了？"

    "wǒ nǎr bù gāoxìng le?"

"小王, 너 그리 즐겁지 않은 거 같네."

"내가 어디 안 즐거워해?" ('즐겁지 않은 것이 아니다'라는 뜻)

② 事情不是他经手的，他哪里了解情况。

    Shìqing bú shì tā jīngshǒu de, tā nǎlǐ liǎojiě qíngkuàng.

그 일은 그가 처리한 것이 아닌데, 그가 어떻게 상황을 알겠어. ('상황을 이해하지 못하다'라는 뜻)

③ 狼着急地说：“先生，能不能快一点？像你这样慢，哪儿是救我，简直是让他们来捉我。”

    Láng zháojí de shuō: “Xiānsheng, néng bu néng kuài yìdiǎn? Xiàng nǐ zhèyàng màn, nǎr shì jiù wǒ, jiǎnzhí shì ràng tāmen lái zhuō wǒ.”

늑대가 급하게 말했다. "아저씨, 빨리 하면 안 돼요? 당신처럼 이렇게 느리게 하다가는 어떻게 저를 구해주겠어요? 정말이지 그들이 와서 저를 잡겠어요." ('나를 구하지 못하다'라는 뜻)

구어에서는 '哪儿+呀(哪呀)'와 같이 단독으로 쓰이거나 '哪里(哪里哪里)'와 같이 번갈아 사용하기도 하는데, 이 때 '否認(부인)'의 의미나 일종의 겸손함을 표시한다. 다른 사람이 자신을 칭찬할 때 자주 쓴다.

① 甲：你汉语说得不错嘛。

    Nǐ Hànyǔ shuō de búcuò ma.

너 중국어 잘 하네.

乙：哪儿呀(哪里哪里)，我才学了一年多，还差得远呢。

    Nǎr ya, (nǎlǐ nǎlǐ), wǒ cái xuéle yì nián duō, hái chà de yuǎn ne.

② 甲：你比我念的书多，知道的多。

    Nǐ bǐ wǒ niàn de shū duō, zhīdào de duō.

  乙：哪里哪里。

    Nǎlǐ nǎlǐ.

하지만 주의해야 할 것은 이러한 용법은 다른 사람의 말이 끝나자마자 바로 否定의 어기로 할 수 있는 말이다. 따라서 보통 동년배간에만 쓰인다. 나이 어린 사람이 연장자에게 쓸 경우, 버릇없이 보일 수도 있다.

② 포괄지칭을 표시함

① '谁', '什么', '哪', '哪儿' 등의 의문대사는 일반적인 불특정 대상을 나타낸다. 즉 '谁'는 불특정 사람을, '什么'는 불특정 물건을 가리킨다. 이런 경우, 답을 요구하지도 않으며, 문장에서 '都'나 '也' 같은 부사와 호응된다. 어떤 때는 문두에 '无论', '不管' 등의 접속사가 오기도 하는데, 임의지칭임을 더욱 부각시킨다.

① 谁都懂得这个道理。

  Shéi dōu dǒngde zhège dàolǐ.

② 我们班里的同学他谁都帮助过，这件事谁都知道。

  Wǒmen bān lǐ de tóngxué tā shéi dōu bāngzhùguo, zhè jiàn shì shéi dōu zhīdào.

③ 我们班里的同学谁他都帮助过。

  Wǒmen bān lǐ de tóngxué shéi tā dōu bāngzhùguo.

④ 你什么时候来都可以。

  Nǐ shénme shíhou lái dōu kěyǐ.

⑤ 你几点钟来都可以。

  Nǐ jǐ diǎnzhōng lái dōu kěyǐ.

⑥ 他第一次来中国，哪儿他都想去看看。

  Tā dì yī cì lái Zhōngguó, nǎr tā dōu xiǎng qù kànkan.

⑦ 他第一次来中国，他哪儿都想去看看。

  Tā dì yī cì lái Zhōngguó, tā nǎr dōu xiǎng qù kànkan.

뭘요! (별말씀을), 이제 겨우 일년 쯤 배웠어요, 아직 멀었는걸요. ('哪儿呀'는 '나는 그렇게 잘하지 못한다' 라는 뜻으로 겸양을 표시함)

너는 나보다 읽은 책이 많고 아는 것도 많아

뭘!('내가 읽은 책은 너보다 많지 않다' 라는 뜻, 겸양을 표시함)

누구라도 이런 이치는 알거야.(그 누구라도)

우리 반의 동학은 누구든지 다 그를 도와주었어, 이 일은 누구라도 다 알아.(그 어떤 동학이라도)

우리 반의 동학은 누구라도 다 그를 도와주었어.(그 어떤 동학이라도)

너 언제 와도 괜찮아.(어떤 시간)

너 몇 시에 와도 괜찮아.(어떤 시간)

그는 처음으로 중국에 와서 어디든지 다 가고 싶어 한다.(어떤 곳이든)

그는 처음으로 중국에 와서 어디든지 다 가고 싶어 한다.(어떤 곳이든)

⑧ 这个汉字有两种念法，你怎么念都可以。

Zhège hànzì yǒu liǎng zhǒng niànfǎ, nǐ zěnme niàn dōu kěyǐ.

이 한자에는 두 가지 읽는 방법이 있는데 너는 어떤 방법으로 읽어도 다 괜찮다.(어떻게 읽는 방법이든)

⑨ 无论什么意见都可以提。

Wúlùn shénme yìjiàn dōu kěyǐ tí.

어떤 의견이든지 모두 제시해도 된다.(어떠한 의견이든)

⑩ 不论哪种方法他都试验过了，但都失败了。

Búlùn nǎ zhǒng fāngfǎ tā dōu shìyànguo le, dàn dōu shībài le.

어떤 방법이든지 그는 모두 시험해보았다, 그러나 모두 실패했다.(어떠한 방법이든)

⑪ 不管你怎么问他，他也不嫌烦。

Bùguǎn nǐ zěnme wèn tā, tā yě bù xiánfán.

네가 그에게 어떻게 물어도 그는 싫어하지 않는다.(어떤 방식을 사용하든)

⑫ 我们这儿不管谁都积极参加了绿化家园的活动。

Wǒmen zhèr bùguǎn shéi dōu jījí cānjiāle lǜhuà jiāyuán de huódòng.

우리 이곳에서는 누구든지 다 적극적으로 가정 녹화 사업에 참여한다.(어떤 사람이든지)

또한 개사 뒤에 쓸 수도 있는데, 이 때도 임의지칭을 나타낸다.

① 在哪儿工作都可以发挥自己的光和热。

Zài nǎr gōngzuò dōu kěyǐ fāhuī zìjǐ de guāng hé rè.

어디서 일하든지 자신의 빛과 열을 모두 발휘할 수 있다.

② 你从哪儿走都可以，距离一样。

Nǐ cóng nǎr zǒu dōu kěyǐ, jùlí yíyàng.

너 어느 쪽에서부터 가든지 다 괜찮다, 거리는 같으니까.

③ 她对谁都那么热情。

Tā duì shéi dōu nàme rèqíng.

그녀는 누구에게든지 다 그렇게 열정적이다.

② 두 개의 같은 의문대사를 사용하여, 임의지칭을 나타내기도 한다. 앞뒤에 호응시켜 동일 사람이나 사물, 혹은 방식이나 시간, 지점 등을 가리킨다. 이 때 첫 번째 의문대사는 임의지칭이며, 두 번째 의문대사가 표시하는 사람이나 사물은 첫 번째 의문대사가 가리키는 바를 다시 지칭한다. 이러한 용법은 주로 복합문과 축약문에 쓰인다. 의문대사 앞에는 '无论'이나 '不管' 등의 말은 쓰지 않는다. 앞뒤 두 절이나 두 개의 구 사이에는 때때로 '就'로 관련시킨다.

① 谁知道谁就回答。

Shéi zhīdào shéi jiù huídá.

누구든지 알면 대답해라.('谁'는 각각 두 分句의 주어가 된다)

② 你喜欢哪个，我送你哪个。

Nǐ xǐhuan nǎ ge, wǒ sòng nǐ nǎ ge.

네가 어떤 것을 좋아하든지 내가 그것을 보내줄 거야.('哪个'는 각각 두 分句의 목적어가 된다)

③ 你哪会儿有空儿，我哪会儿来。

Nǐ nǎhuìr yǒu kòngr, wǒ nǎhuìr lái.

네가 시간 있을 때 그 때 갈게.('哪会儿'은 각각 두 分句에서 부사어가 된다)

④ 哪个书包好，我就买哪个书包。

　　Nǎ ge shūbāo hǎo, wǒ jiù mǎi nǎ ge shūbāo.

⑤ 你愿意怎么去就怎么去。

　　Nǐ yuànyì zěnme qù jiù zěnme qù.

이상의 예문에서 의문대사는 두 절에서 같은 성분을 담당하고 있다.

① 谁学习好，我就向谁学习。

　　Shéi xuéxí hǎo, wǒ jiù xiàng shéi xuéxí.

② 哪里有困难，他就出现在哪里。

　　Nǎlǐ yǒu kùnnan, tā jiù chūxiàn zài nǎlǐ.

③ 你喜欢哪个，哪个就送给你。

　　Nǐ xǐhuan nǎ ge, nǎ ge jiù sòng gěi nǐ.

④ 哪种便宜就买哪种。

　　Nǎ zhǒng piányi jiù mǎi nǎ zhǒng.

⑤ 这个演员演什么像什么。

　　Zhège yǎnyuán yǎn shénme xiàng shénme.

그리고 이상의 예문에서는 의문대사가 두 절에서 다른 성분을 담당하고 있다.
　‘谁’를 써서 임의 지칭을 나타낼 때, 두 번째 절의 ‘谁’는 제 1인칭대사로 바꿀 수도
있다.

⑥ 今后，谁再提为河神娶亲，就让他去见河神。

　　Jīnhòu, shéi zài tí wèi Héshén qǔ qīn, jiù ràng tā qù jiàn Héshén.

③ 임의 지칭의 방법에는 두 개의 의문대사를 동일 단문에서 앞뒤로 호응시켜 다른
사람이나 사물을 가리키는 것도 있다.

① 我们已经二十年没见了，见了面后谁也不认识谁了。

　　Wǒmen yǐjīng èr shí nián méi jiàn le, jiànle miàn hòu shéi yě bú rènshi shéi le.

② 这些零件尺码型号都一样，哪件跟哪件配在一起都装得上。

　　Zhè xiē língjiàn chǐmǎ xínghào dōu yíyàng, nǎ jiàn gēn nǎ jiàn pèi zài yìqǐ dōu zhuāng de shàng.

③ 他是搞无线电的，这个仪器的哪条线路通哪条线路他都一清二楚。

　　Tā shì gǎo wúxiàndiàn de, zhège yíqì de nǎ tiáo xiànlù tōng nǎ tiáo xiànlù tā dōu yī qīng èr chǔ.

④ 敌人进了地道也不知道哪儿通着哪儿，哪儿连着哪儿。

　　Dírén jìnle dìdào yě bù zhīdào nǎr tōngzhe nǎr, nǎr liánzhe nǎr.

그는 무선에 관한 일을 하기 때문에 이 기기의 어떤 선과 어떤 선이 서로 통하는지 너무나 잘 안다.

적이 지하도에 들어갔지만 어디가 어디로 통하는지, 어디가 어디로 연결되는지 알지 못했다.

③ 虛指(추상지칭)를 표시함

　의문대사가 허지를 나타낼 때는 대답을 요구하지 않고, 단지 모르거나 말할 수 없는 것, 혹은 분명하게 지칭할 필요가 없는 사람이나 사물을 표시한다.

① 这个事情好像谁告诉过我。

　　Zhège shìqing hǎoxiàng shéi gàosuguo wǒ.

② 我应该在中国买点儿什么送给我的朋友。

　　Wǒ yīnggāi zài Zhōngguó mǎi diǎnr shénme sòng gěi wǒ de péngyou.

③ 咱们哪天到颐和园去玩玩儿。

　　Zámen nǎtiān dào Yíhéyuán qù wánwanr.

④ 我看你很面熟，咱们好像在什么地方见过面。

　　Wǒ kàn nǐ hěn miànshú, zámen hǎoxiàng zài shénme dìfang jiànguo miàn.

⑤ 你坐哪儿等我一下，我就来。

　　Nǐ zuò nǎr děng wǒ yíxià, wǒ jiù lái.

⑥ 多会儿你们放暑假，咱们去海滨游泳。

　　Duōhuìr nǐmen fàng shǔjià, zámen qù hǎibīn yóuyǒng.

⑦ 我的腰不知怎么扭了一下儿。

　　Wǒ de yāo bù zhī zěnme niǔle yíxiàr.

이 일은 누군가 내게 알려주었던 것 같은데.

나는 중국에서 무언가를 사서 친구에게 주어야만 해.

우리 언제 이화원에 놀러 가자.

내가 보기에 너 참 낯익은데, 우리 어디선가 만났던 것 같아.

너 앉아서 좀 기다려, 내가 곧 갈게.

언제 여름 방학 하면, 우리 바닷가에 놀러가자.

내 허리가 어떻게 된 건지 좀 삐끗했나봐.

　예문 ①의 '谁'는 어떤 한 사람을 가리키지만, 그 사람이 구체적으로 누구인지 잊어버렸거나 말하고 싶지 않은 경우이다. 예문 ②의 '什么'도 어떤 물건을 가리키는데, 확실하게 사고자 하는 물건을 말하지 않는 경우에 쓰인 것이다. 예문 ③의 '哪' 역시 불확정한 날을 가리킨다. 그리고 예문 ④의 '什么地方'은 어떤 곳을 가리키고 있기는 하지만, 구체적으로 어느 곳인지는 잊어버렸음을 나타낸다. 예문 ⑤의 '哪儿'도 임의의 한 지역을 가리킨다. 한편, 예문 ⑥의 '多会儿'은 여름방학의 어느 한 시간을 가리키며, 예문 ⑦은 어떤 상황에 놓여 있거나 또는 어떤 동작으로 허리가 삔 것을 가리킨다.

 1 每, 各

'每'와 '各'는 모두 전체를 구성하는 것 중 하나의 개체를 뜻하지만, 전체를 뜻하거나 전체와 관련된 것을 나타내기도 한다.

① 老校长对全校每一个教师的情况都很清楚。

    Lǎo xiàozhǎng duì quánxiào měi yí ge jiàoshī de qíngkuàng dōu hěn qīngchu.

늘으신 교장선생님께서는 학교 전체 선생님들의 상황에 대해 자세히 알고 계신다.

② 他现在每天早晨锻炼，身体开始好起来了。

    Tā xiànzài měitiān zǎochén duànliàn, shēntǐ kāishǐ hǎo qǐlai le.

그는 요즘 매일 아침 운동을 하는데 몸이 건강해지기 시작했어.

③ 请把这个通知传达给每个单位。

    Qǐng bǎ zhège tōngzhī chuándá gěi měi ge dānwèi.

이 통지문을 각 기관에 전달해주십시오.

④ 生产上用的各种原材料都已备齐了。

    Shēngchǎn shàng yòng de gèzhǒng yuáncáiliào dōu yǐ bèiqí le.

생산에 사용되는 각종 원재료를 이미 모두 준비해두었다.

⑤ 在这所大学，来自世界各国的学生都在这个餐厅吃饭。

    Zài zhè suǒ dàxué, láizì shìjiè gèguó de xuésheng dōu zài zhège cānting chī fàn.

이 대학에서는 세계 각국에서 온 학생들이 모두 이 식당에서 밥을 먹는다.

⑥ 我们的工作得到了全国各界朋友的同情和支持。

    Wǒmen de gōngzuò dédàole quánguó gèjiè péngyou de tóngqíng hé zhīchí.

우리의 작업은 전국 각계 인사들의 동정과 지지를 받았다.

하지만 '每'와 '各'는 의미와 용법상 아래와 같은 차이가 있다.

① '每'가 가리키는 것은 전체 중 어느 하나의 개체를 말하는데, 그것은 사물의 공통성에 착안한 것이다. '每'를 사용한 문장에는 주로 범위를 나타내는 부사 '都'가 같이 쓰인다.

① 这位老人每天都到果园里来劳动。

    Whè wèi lǎorén měitiān dōu dào guǒyuán lǐ lái láodòng.

이 노인은 매일 과수원에 가서 일을 한다.

② 你说的每一句话我都听懂了。

    Nǐ shuō de měi yí jù huà wǒ dōu tīng dǒng le.

네가 말한 모든 구절을 나는 알아들었다.

③ 会上每们代表都发了言。

    Huì shàng měimen dàibiǎo dōu fāle yán.

회의석상의 모든 대표들이 다 발언을 했다.

'各'는 가리키는 사물의 다른 점을 강조한다. 하나하나 차례대로 가리키는 것을 표시한다.

① 我们主张各国的事务应当由各国人民自己来管。

    Wǒmen zhǔzhāng gèguó de shìwù yīngdāng yóu gèguó rénmín zìjǐ lái guǎn.

② 当前，环境保护问题引起了社会各方面的不同的反应。

    Dāngqián, huánjìng bǎohù wèntí yǐnqǐle shèhuì gè fāngmiàn de bùtóng de fǎnyìng.

③ 起义军占领陈县以后，陈胜请各方面的代表来开会。

    Qǐyìjūn zhànlǐng Chénxiàn yǐhòu, Chén Shèng qǐng gè fāngmiàn de dàibiǎo lái kāi huì.

④ 希望大家把我所讲的加以考虑，加以分析，同时也分析各人自己的情况。

    Xīwàng dàjiā bǎ wǒ suǒ jiǎng de jiāyǐ kǎolǜ, jiāyǐ fēnxi, tóngshí yě fēnxi gè rén zìjǐ de qíngkuàng.

각국의 일은 각국 국민들 자신이 알아서 해야 한다고 우리는 주장한다.

현재, 환경보호 문제는 사회 각 방면에서 서로 다른 반응을 불러일으키고 있다.

기의군이 陈县을 점령한 이후에 陈胜은 각계의 대표를 불러 회의를 했다.

모두들 내가 말한 것을 더 생각해보고 분석해보기를 희망하며 동시에 각자 스스로의 상황을 분석해보기 바란다.

② '每'는 단독으로 쓰일 수 없으며, 보통명사와 바로 이어서 쓸 수도 없다. 그러므로 '每'와 명사 사이에는 반드시 양사나 수량사를 넣어야만 한다.

每卓子(×) / 每张卓子(○) / 每一卓张子(○)
每书(×) / 每本书(○) / 每一本书(○)

  '每'는 시간을 나타내는 명사 '年', '日', '天', '分钟', '秒'와 같이 쓸 수 있는데, 이 경우 중간에 양사를 쓸 필요는 없다. 왜냐하면 이 단어들은 명사인 동시에 시간을 나타내는 양사이기도 하기 때문이다. '每年', '每日', '每天', '每分钟', '每秒' 등과 같다.
  '每'가 '月', '星期', '小时', '人' 등과 같이 쓰일 때는 중간에 양사 '个'를 사용하거나 사용하지 않아도 된다. '每个月(每月)', '每个星期(每星期)', '每个小时(每小时)', '个人(每人)' 등과 같다. 하지만 '每个钟头'라고만 할 수 있으며, '每钟头'라고는 하지 않는다.

③ '各'는 단독으로 쓰일 수도 있고, 명사와 함께 쓸 수도 있다. 하지만 역시 한계가 있다. '各'가 단독으로 쓰일 경우, 아래와 같다.

① 血液是由什么构成的? 各有什么功能?

    Xuèyè shì yóu shénme gòuchéng de? Gè yǒu shénme gōngnéng?

② 既然我们不能继续合作下去，就各走各的路吧。

    Jìrán wǒmen bù néng jìxù hézuò xiàqu, jiù gè zǒu gè de lù ba.

혈액은 무엇으로 구성되어 있는가? 각각 어떤 기능이 있는가?

어차피 우리가 계속 합작해나갈 수 없다면 각자의 길을 갑시다.

  '各'는 명사와 이어서 쓸 수 있다. 명사가 일음절일 때, '各'와 명사의 중간에는 양사를 쓰지 않고, 명사가 이음절일때는 양사를 써도 되고 쓰지 않아도 된다. '各'와 이어서 쓸 수 있는 명사는 조직, 기구를 뜻하는 명사가 많다. '各国', '各省', '各县', '各地', '各民族', '各部门', '各单位', '各工厂', '各学校', '各机关团体', '各係', '各班', '各组', '各年级', '各支部', '各小队' 등과 같다. '人' 역시 '各人'과 같이 '各'와 이어서 쓸 수 있다.

① 交通部要求铁路各部门、各单位必须把安全工作放在第一位。

　　Jiāotōngbù yāoqiú tiělù gè bùmén、gè dānwèi bìxū bǎ ānquán gōngzuò fàng zài dì yī wèi.

교통부는 철도 각 부문과 각 기관에 안전작업을 반드시 첫 번째에 둘 것을 요구했다.

② 他每到一处，各地的报纸都欢迎这位新闻界老前辈的到来。

　　Tā měi dào yī chù, gèdì de bàozhǐ dōu huānyíng zhè wèi xīn wén jiè lǎo qiánbèi de dàolái

그가 도착하는 곳 마다, 각지의 신문들은 언론계의 노선배가 도착한 것을 환영했다.

③ 各级领导干部要树立安全第一的思想。

　　Gè jí lǐngdǎo gànbù yào shùlì ānquán dì yī de sīxiǎng.

각급 지도자 간부들은 안전제일의 사고를 확립해야 한다.

어떤 명사는 '各'와 연이어 쓸 수 없고, 중간에 양사를 써야만 한다. '各'와 연이어 쓸 수 있는 양사 또한 제한적이다. '各'와 같이 쓰이는 양사에는 '个', '种', 样, '位', '条', '类', '门', '届', '项', '级', '界' 등이 있다.

① 人们可以利用各种手段来确定鱼群的动向，发出鱼情预报，指导安排捕捞作业。

　　Rénmen kěyǐ lìyòng gèzhǒng shǒuduàn lái quèdìng yúqún de dòngxiàng, fāchū yúqíng yùbào, zhǐdǎo ānpái bǔlāo zuòyè.

사람들은 각종 방법을 사용하여 어군(물고기 떼)의 방향을 측정하고 어업상황에 대한 예보를 하여 어로작업을 안배하고 지도해야한다.

② 我住过各式各样的房屋，交过各式各样的房东朋友。

　　Wǒ zhùguo gèshìgèyàng de fángwū, jiāoguo gèshìgèyàng de fángdōng péngyou.

나는 온갖 형태의 집에 살아보았고 가지각색의 집주인들을 만나보았다.

③ 各行各业的专家对自己业务上的事情都非常敏感。

　　Gèhánggèyè de zhuānjiā duì zìjǐ yèwù shàng de shìqing dōu fēicháng mǐngǎn.

각 부문 직업의 전문가들은 자기 업무상의 일에 대해서 매우 민감하다.

 '每'와 '各'는 단독으로 동사를 수식할 수 있다.

① 每天夏天，他就去北方旅行。

　　Měitiān xiàtiān, tā jiù qù běifāng lǚxíng.

매번 여름이면 그는 북쪽으로 여행을 간다.

② 每当我遇到困难的时候，我就想到了你。

　　Měi dāng wǒ yùdào kùnnan de shíhou, wǒ jiù xiǎngdàole nǐ.

내가 어려움에 부딪칠 때마다 나는 너를 생각해냈어.

③ 我们每前进一步，都要付出一定的代价。

　　Wǒmen měi qiánjìn yí bù, dōu yào fùchū yídìng de dàijià.

우리는 한 걸음 앞으로 나아갈 때마다 언제나 일정한 대가를 지불해야만 한다.

④ 每逢节日和双休日，小程都去许家陪伴她，照顾她。

　　Měi féng jiérì hé shuāngxiūrì, Xiǎo Chéng dōu qù Xǔ jiā péibàn tā, zhàogù tā.

명절이나 공휴일이 겹친 때가 될 때마다 小程은 항상 許씨 집에 가서 그녀와 함께 있었고 그녀를 돌보아 주었다.

⑤ 桂林、杭州各有特点。

    Guìlín、Hángzhōu gè yǒu tèdiǎn.

⑥ 我的房间东西两边各放着一张桌子，一把椅子，一张床和一个
书架。

    Wǒ de fángjiān dōngxi liǎngbiān gè fàngzhe yì zhāng zhuōzi, yì bǎ yǐzi, yì zhāng chuáng hé yí ge shūjià.

桂林과 杭州는 각각 특색이 있다.

내 방의 동서 양쪽에는 각각 탁자와 의자, 침대와 책꽂이가 놓여있다.

  **某**

'某'는 직접 명사 앞에 놓여, 원하지 않는 일이나, 말할 필요 없거나, 혹은 말할 수 없는 사람이나 사물을 가리킨다.

① 代表团已于昨晚乘专机前往我国西北某地参观访问。

    Dàibiǎotuán yǐ yú zuówǎn chéng zhuānjī qiánwǎng wǒ guó xīběi mǒu dì cānguān fǎngwèn.

대표단은 이미 어제 저녁 전용비행기를 타고 우리나라 서북쪽의 모 지역으로 참관방문을 하러 갔다.

② 我国石油工人又在华北某省发现了一个大油田。

    Wǒ guó shíyóu gōngrén yòu zài Huáběi mǒu shěng fāxiànle yí ge dà yóutián.

우리나라 석유 노동자들은 또 화북지역 모 성에서 거대한 유전을 발견했다.

③ 几年前，这位学者曾在某大学作过两次学术报告。

    Jǐ nián qián, zhè wèi xuézhě céng zài mǒu dàxué zuòguo liǎng cì xuéshù bàogào.

몇 년 전, 이 학자는 일찍이 모 대학에서 두 차례의 학술 보고를 행한 바 있다.

④ 这个地区在某年某月某日曾发生过一次大地震。

    Zhège dìqū zài mǒu nián mǒu yuè mǒu rì céng fāshēngguo yí cì dà dìzhèn.

이 지역에서는 모년 모월 모일에 한 차례 대지진이 발생한 적이 있다.

'某'는 '某某'라고 중첩해서 쓰이기도 한다. '某某单位', '某某学校', '某某公司', '某某人', '某某出版社' 등과 같다. 때로는 '某'와 명사 사이에 양사가 필요한 때도 있는데, '某种原因' '某项规定', '某个事件' 등과 같다.

또한 '某'는 부정양사 '些'와 이어서 쓸 수도 있다.

① 这个工厂的某些产品的质量有了明显提高。

    Zhège gōngchǎng de mǒuxiē chǎnpǐn de zhìliàng yǒule míngxiǎn tígāo.

이 공장의 몇몇 산품들의 품질은 확실히 나아졌다.

② 社会上某些腐败现象虽说是个别的，但是不可饶恕的。

    Shèhuì shàng mǒuxiē fǔbài xiànxiàng suīshuō shì gèbié de, dànshì bùkě ráoshù de.

사회적으로 몇몇 부패 현상들은 비록 개별적인 것이라고는 해도 용서받을 수는 없다.

명사 앞에 수사나 수량사를 쓸 수도 있다.

① 他讲课两眼向上翻，看的好像天花板上的某一块地方。

    Tā jiǎng kè liǎng yǎn xiàng shàng fān, kàn de hǎoxiàng tiānhuābǎn shàng de mǒu yí kuài dìfang.

그는 강의를 할 때 두 눈을 위로 치떠서 마치 천장의 어떤 곳을 응시하는 것 같다.

② 对某一种花的喜爱，与各人心中的感触有关系。

    Duì mǒu yì zhǒng huā de xǐ'ài, yǔ gèrén xīnzhōng de gǎnchù yǒu guānxi.

어떤 꽃에 대한 호감은 각자 마음속의 감정과 관계가 있다.

 ‘某’는 확정되지 않은 사람이나 사물을 뜻하기도 하는데, 이러한 용법은 문어에서만 쓰인다.

① 这个故事发生在南方的某个县城。

    Zhège gùshi fāshēng zài nánfāng de mǒu ge xiànchéng.

이 이야기는 남부지방의 어떤 현에서 일어났다.

② 在实验中，如发生某种不正常现象，请保持镇静。

    Zài shíyàn zhōng, rú fāshēng mǒu zhǒng bú zhèngcháng xiànxiàng, qǐng bǎochí zhènjìng.

실험하는 중에 만일 모종의 비정상적 현상이 일어난다 하더라도 침착해 주십시오.

③ 某班有学生五十人，男生三十人，问女生有多少？

    Mǒu bān yǒu xuésheng wǔshí rén, nánshēng sānshí rén, wèn nǚshēng yǒu duōshao?

어떤 반에 학생이 50명 있다, 남학생이 30명이라면 여학생은 몇 명일까?

또한 ‘某’는 성씨의 뒤에서 확실한 사람을 뜻한다. ‘王某’, ‘李某’, 또는 ‘王某某’, ‘李某某’, 혹은 ‘王某人’, ‘李某人’ 등과 같다. 이 같은 용법은 자신이 자신을 부르는 말로, ‘我张某向来视荣华富贵如粪土(나 张 아무개는 지금까지 부귀영화를 아주 하찮을 일로 여겨왔다)’, ‘我王某绝不会背信弃义，出卖朋友(나 王 아무개는 절대 충의를 배신하거나 친구를 파는 일은 하지 않겠다)’와 같은 문장에 쓰인다. 이러한 ‘某’의 용법은 다른 사람과 대화할 때, 화자의 의욕에 찬 자신감을 나타낸다.

参考文献

崔希亮　　人称代词修饰名词“的”字隐现问题,世界汉语教学,1992年第3期。

李人鉴　　关于“自己”以及由“自己”构成的结构,中国语文,1984年第2期。

刘月华　　“怎么”与“为什么”,语言教学与研究,1985年第4期。

陆俭明　　周遍性主语及其他,中国语文,1986年第3期。

邵敬敏、赵秀风　　什么“非疑问用法研究,语言教学与研究,1989年第1期。

王晓澎　　“谁”、“哪个”、“什么”辨,汉语学习,1994年第2期。

张　静　　论代词,信阳师范学院学报,1984年第4期。

赵世开　　英汉疑问代词的对比研究,语言教学与研究,1980年第2期。

一. 다음 문장 속의 대사를 지적해내고 어떤 대사인지(인칭대사, 의문대사, 지시대사) 설명하시오.

1. 夜深了，这儿的夜是那么静。
2. 这里有四十多个姓张的同志，这个寄包裹的人连名字都不写，谁知道是寄给哪个老张的？
3. 大春和小李快要结婚了。这对青年人是怎么认识的呢？事情是这样……
4. 每当我看到自己画的那间草屋，就不由得想起那些活泼的姑娘，她们像一朵朵白色的梨花那样美丽，那样可爱。
5. 有一天，愚公对他的家里人说：“这两座山，对着我们家的门口，太不方便了，我们搬走它，好不好？”
6. 愚公的儿子、孙子都很同意。但是他的妻子决心不大，她说：“这两座山这么高，这么大，怎么搬得了呢？这么多石头，什么地方放得下呢？”

二. 적당한 대사를 골라 빈 곳을 채우시오.

1. 劳驾，去清华大学________走？
2. 通知上说的是________事？
3. 昨天的排球比赛，________个队赢了？
4. 这把锁________开？我________开了半天也开不开。
5. 这是________天的报纸？
6. ________张彩色照片是新照的，墙上挂着的________张是前年照的。
7. 这是________的试卷子，________没写名字呢？
8. 我没有用过毛笔，应该________拿笔？________拿行吗？
9. 新年晚会的会场________布置好呢？________提提意见。
10. 你总________坐着对身体不好，把腰直起来，挺胸。
11. 这个轮子________装，车子就走不动了。
12. 事情发生的经过是________的。
13. 这个螺丝帽我________拧也拧不上去。
14. 你应该________着，________着，方向错了，当然拧不上去。
15. 昨天来看我的________位老人是________父亲的一个老朋友。
16. 妈妈，结婚是________和________的事，________不要操心，让________准备吧。
17. ________的身体只能靠________来关心爱护，________是没有办法代替的。
18. 你着________急，钓鱼像你________没有耐心，那________行呢？
19. 老牧人说：“乡亲们，我来提一个人，请________考虑。”
20. 不论做________事，不能只考虑________的方便，不照顾________。

21. ________严重的情况，你________不跟________说说，你________一个人解决
得了吗?

三. 아래 각 구절의 밑줄 그은 부분을 의문대사로 바꾸어 의문문을 만드시오.

例如：我在北京语言大学学习汉语。
你在哪儿(哪个学校)学习汉语?
你在北京语言大学学习什么?

1. 小明生日那天，姐姐送给他一套彩色明信片。

2. 我们应该做有用的人，不应该做只讲体面而无用的人。

3. 一只做工的蜜蜂最多能活六个月。

4. 这个字念干(gān)那个字念于(yú)。

5. 明天上午8:00在学校东门上车，8:30出发。

6. 这个手提包是他妈妈从上海给他寄来的。

7. 织女星的光是太阳的五十倍，牵牛星的光是太阳的九倍多。

8. 来中国以前，我也是个教师。

9. 老刘同志对人非常热情。

10. 这张画儿画的是杭州西湖。

四. 의문대사를 이용하여 아래 문장을 바꾸시오. (의문대사의 활용에 주의하시오.)

1. 她今天不太舒服，一点东西都不想吃。
2. 这三四本字典，我都查过了，这三四字典里都没有这个字。
3. 老师说我们请英文水平高的人去当翻译。
4. 我们大院里人人都知道老王正直、可靠。
5. 小王只交给我一封信，没说话就走了。

6. 弟弟刚到这儿来的时候, 看到这个也觉得新鲜, 看到那个也觉得新鲜。
7. 我每次去他家的时候, 他都在学习呢。
8. 开始学太极拳的时候, 老师这样做, 我们也这样做, 老师那样做, 我们也那样做。

五. 다음 문장의 의문대사를 지적해내고 이 의문대사가 의문을 표시하는 것인지 임의지칭, 허지 혹은 반문인지 설명하시오.

1. 老师傅见了鲁班就问: "你叫什么名字? 从哪儿来的?"
2. 您的儿子把您交给我照顾, 我怎么也应该负责到底。
3. 人的正确思想是从哪儿来的?
4. 这个邮电所是先进单位, 电报什么时候来, 什么时候送。
5. 小姑娘抬一看, 这位老干部好像在哪里见过似的, 怎么这么面熟?
6. 哎呀, 你这个人, 这么大的事, 你怎么不早说?
7. 这一整天, 谁也没有买过一根火柴, 谁也没有给过她一个钱。
8. 离别以后, 她的情况到底怎么样, 我就一点也不知道了。
9. 回国之前, 我应该买点什么送给我的朋友。
10. 下次你再带礼物给我, 你怎么拿来, 还怎么带回去。

六. 단어를 골라 빈칸에 넣으시오.

(一)每、各
1. 老师要求我们________分钟写四十个汉字。
2. 这个班的学生________人有________人的特点。
3. 这种药片________四个小时吃一次, ________次吃两片。
4. 我家的房后有一个大花园, 花园里有________种花草。
5. 这种维护消费者权益的活动, 得到了社会上________方面群众的同情和支持。

(二)我们、咱们('我们'과 '咱们'을 쓸 수 있는 경우 되도록 '咱们'을 넣으시오.)
1. 接到你的来信, ________可高兴了。
2. ________永远不会忘记您对________教导。
3. 听到你的先进事迹, ________都感动极了。
4. 明天下午________一起开个座谈会, 交流交流经验好不好?
5. "下星期日________去长城, 你跟________一起去好吗?" "好吧, 我去。________什么时候出发呢?"
6. 这几张照片是张老师送给________两个人的, 这三张是你的, 这两张是我的。

(三)几、多少
1. 今天是________月________号, 星期________?
2. 你写的那篇论文有________字?

3.新盖的礼堂能坐________人？

4.我认识的________个日本朋友，有的中国已经住了________年了。

5.你们学校一共有________人？________个学生？________个教职工？

（四）别人、人家

1.________三班同学都那么团结，咱们班怎么做不到？

2.大刘和小王正准备考大学，________哪儿有时间陪你玩。

3.喂，小王都快忙死了，你帮帮________忙不行吗？还老跟________开玩笑。

4.今天家里只有我和妈妈两个人，没人________。

5.在座的都是咱们自己人，没有________，有什么事情说吧，没关系。

七.대사를 사용하여 빈칸을 채워 넣어 아래 대화를 완성하시오.

1.A：阿里，________道题________做？我________做不出来呢？

  B：道题有点儿难，不过我做出来了。

  A：你用________方法解出来的？

  B：用今天老师讲的________个公式，你看，都写在________了。

2.A：阿里，你在找________东西？

  B：我没找________，桌子上太乱了，我整理整理。

  A：对不起，我想借一本≪中国青年≫，你________有吗？

  B：我有。你要________一期的？

  A：最近新出来的一期，第三期吧。里面有________篇文章，我想看看。

  B：杂志都在________，________去拿吧。

3.A：________，请进。

  B：小王，你好，________，张经理不在吗？他去________了？

  A：张经理不在。________出差去上海了。您有________事吗？

  B：没________事儿，来看看他。他________时候回来呢？

  A：说不好，可能还得过________天吧。

  B：那打扰________了，对不起。

  A：没________，欢迎________再来。

4.A：你有________业余爱好？

  B：我的业余爱好是下棋，围棋、象棋________的，我都能来两手。

  A：________，你最拿手的是下________棋呢？

  B：最拿手的是象棋。嗯，可以________说吧。

  A：你的棋艺________？

  B：我的棋艺不________，可是见了________下棋，手就痒，非参加不可。

제 3 장

수사와 양사

수사는 수를 나타내는 품사이고, 양사는 사물 또는 동작의 수량의 단위를 나타내는 품사이다. 중국어에서 수사와 양사는 종종 함께 사용된다.

제 1 절

수사

수사에는 기수사와 서수사가 있고, 기수에는 또 정수와 분수, 소수, 배수가 있다.

 **정수 읽는 방법**

 阿

　　기수는 수치, 즉 수의 많고 적음을 가리킨다. 중국어의 기수사는 계수와 자릿수 두 부분으로 나뉜다. 정수의 계수사는 '零, 一, 二, 三, 四, 五, 六, 七, 八, 九, 十, 两' 등이고, 자리 수사는 个, 十, 百, 千, 万, 十万, 百万, 千万, 亿 등이다. 중국어에서 '万' 이하는 십진법에 의해 계산된다. 열 개의 '十'가 모여 '百'가 되고 '百'가 열 개 모여 '千', '千'이 열 개 모여 '万', 일만 개의 '万'이 모여 '亿'가 된다. '十' 이하의 수는 계수만으로 읽는다. 예를 들어 '5'는 '五'로 '8'은 '八'로, '10'은 '十'로 읽는다. '十' 이상의 수는 계수와 자릿수를 같이 읽는다. 계수사는 자리 수사 앞에 놓이고, 한 자릿수(단단위)에는 비록 '자리(位)'는 있지만 이에 해당하는 자리 수사는 없다.

```
3   5   1   2   6
↓   ↓   ↓   ↓   ↓
万   千   百   十  (个)
```
(읽는 법 : 三万五千一百二十六)

자릿수와 앞쪽의 계수는 서로 곱하는 관계이고, 서로 다른 자릿수는 더하는 관계이다.

숫자(수량) 万千百十(个)	수치 표시법	읽는 법
1 3	1×10+3	十三
2 2	2×10+2	二十二
3 6 4	3×100+6×10+4	三百六十四
7 2 1 2	1×1000+2×100+1×10+2	七千二百一十二
8 3 6 5 1	8×10000+3×1000+6×100+5×10+1	八万三千六百五十一

숫자가 '万' 이상일 경우에는 '万'을 단위로 하여 '万'자리에서 끊어준 후 '万' 이하의 자릿수와 같이 다시 '十', '百', '千'으로 읽는다. 이는 자릿수로 '十万', '百万', '千万' 이렇게 읽지 않음을 뜻한다.

```
3   7   8   6   4   2   1   6
↓   ↓   ↓   ↓   ↓   ↓   ↓   ↓
千  百  十  万  千  百  十  (个)
```
(읽는 법 : 三千七百八十六万四千二百一十六)
　三千万七百万八十万六万四千二百一十六로 읽어서는 안 된다.
　'亿' 이상의 수는 '亿'를 단위로 하며, 읽는 법은 '万' 이상의 수를 읽는 것과 같다.

```
3   5   6   7   4   3   2   1   3   3   1   9
↓   ↓   ↓   ↓   ↓   ↓   ↓   ↓   ↓   ↓   ↓   ↓
千  百  十  亿  千  百  十  万  千  百  十  (个)
```
(읽는 법 : 三千五百六十七亿四千三百二十一万三千三百一十九)

중국어의 수 읽는 방법은 네 자리를 하나의 단위로 한다.
　이처럼 중국어의 수 읽는 방법의 규칙성은 매우 엄격하다고 볼 수 있다. 편하게 읽기 위해 아라비아숫자에서 한 자리부터 시작하여 네 자리 간격으로 콤마(쉼표)를 찍는다. 이렇게 매 단위의 네 자릿수 자리가 모두 '千', '百', '十'가 되고, 뒤에는 수 단위를 나타내는 '个', '万', '亿'를 표시한다.

3216,9473　　　　三千二百一十六万九千四百七十三)
138,8612,3116　　一百三十八亿八千六百一十二万三千一百一十六)

　여기에서 주의해야 할 몇 가지 숫자의 읽기법이 있어 소개한다.
①　'11-19'의 수는 십 자리의 수가 '一'이지만, 읽을 때는 '一'를 생략한다.(예 : '18'='十八')
②　수열 중간에 빈 자릿수가 있을 경우(자리 수사 앞에 계수사가 없을 경우) 한 단위 내에 몇 자리 수가 비든 상관없이 모두 '零'이라고 읽는다. 하지만 '万' 단위나 '亿' 단

위의 ‘万’, ‘亿’는 읽어줘야 한다. 예를 들어 ‘1800,0000,0021’은 ‘一千八百亿零二十一’라고 읽어야 하며, ‘3003’은 ‘三千零三’, ‘5,8012’는 ‘五万八千零一十二’, ‘6050,0099’는 ‘六千零五十万零九十九’라고 읽어야 한다.

③ 만약 빈 자릿수 뒤에 몇 자리가 비든 빈 자리 뒷부분은 모두 생략하고 읽지 않아도 된다. 단 ‘亿’, ‘万’ 등의 자릿수는 여전히 읽어줘야 한다. 예를 들어 ‘360’은 ‘三百六(十)’, ‘3500’은 ‘三千五(百)’, ‘2,0400,0000’은 ‘两亿(零)四百万’이라고 읽는다.

2 분수, 소수 및 배수의 읽는 방법

1 분수

분수는 보통 ‘×分之×’(앞의 ×는 분모, 뒤의 ×는 분자)라고 읽으며, 분수 앞에 정수가 있으면 ‘×又×分之×’라고 읽는다. 예를 들어 ‘$\frac{2}{3}$’는 ‘三分之二’, ‘$\frac{7}{10}$’은 ‘十分之七’, ‘$3\frac{4}{25}$’는 ‘三又二十五分之四’이라고 읽는다.

분모가 100인 것은 ‘백분수’라고 하며, ‘百分之×’라고 읽는다. 예를 들어 ‘70%’는 ‘百分之七十’, ‘201%’는 ‘百分之二百零一’라고 읽는다.

분모가 1000인 것은 ‘千分之×’라고 읽는다. 예를 들어 ‘10‰’는 ‘千分之十’, ‘15‰’는 ‘千分之十五’라고 읽는 것과 같다.

‘分’, ‘成’은 모두 ‘十分之一’의 뜻이다. 예를 들어 ‘三分(이자)’는 ‘十分之三’(의 이자)을 의미하고, ‘今年的蔬菜比去年增加了三成’은 ‘10분의 3만큼 증가했음’을 의미한다.

2 소수

소수점은 보통 ‘点’으로 읽고, ‘소수점 이하’는 자릿수를 제외한 숫자만 읽는다. 하지만 ‘소수점 전’의 수는 자릿수를 다 읽을 수도 있지만, 숫자만 읽을 수도 있다. 예를 들어 ‘0.6’은 ‘零点六’, ‘3.1416’은 ‘三点一四一六’, ‘138.45’는 ‘一百三十八点四五’ 혹은 ‘一三八点四五’라고 읽는 것과 같다.

3 배수

배수는 수사 뒤에 양사 ‘倍’를 덧붙인다. 배수는 보통 ‘大于’ 혹은 ‘增加’의 상황에 사용된다. 예를 들어 ‘34是17的两倍(34는 17의 두 배이다)’와 같다. 주의해야 할 것은 ‘是……×倍’와 ‘增加了×倍’는 다르다는 것이다. ‘甲是乙的×倍’는 甲과 乙이 서로 제하는 관계로 ‘甲÷乙＝×倍’, 즉 ‘甲比乙增加(多)×倍’라는 뜻이다. 다시 말해 甲에서 乙을 뺀 다음 다시 乙로 나눈 값, 즉 ‘(甲−乙)÷乙＝×倍’의 뜻이다. 예를 들어 어떤 공장의 작년 생산량이 2000만 톤이고, 올 해의 생산량이 6000만 톤일 경우, 올해의 생산량이 작년의 3배라고 말하거나, 아니면 작년에 비해 두 배 증가했다고 할 수 있다.

'小于' 혹은 '减少'의 상황에선 보통 배수를 사용하지 않고, 분수로 표시한다. 예를 들어 '儿子十二岁, 爸爸三十六岁, 儿子的年龄是爸爸的三分之一(아들은 12살이고, 아버지는 36살이다. 아들의 나이는 아버지의 3분의 1이다)'와, '某学校去年的学生是 3000人, 今年的学生是2000人, 今年比去年减少了三分之一[또는 今年的学生是去年的三分之二](어떤 학교는 작년에 학생이 3000명이었는데, 올 해는 2000명이 되었다. 올 해가 작년에 비해 3분의 1 감소했다[또는 올 해의 학생이 작년의 3분의 2이다])' 등과 같다.

 개수(어림수)의 표시법

화자가 정확한 수를 모른다거나 굳이 밝히고 싶지 않을 때, 또는 말할 필요가 없을 때는 개수(이하 '대략의 수')만 말할 수도 있다. 대략의 수를 나타내는 데는 아래와 같은 몇 가지 방식이 있다.

① 두개의 서로 인접한 수를 연이어 쓴다. 일반적으로 계수사를 연용하고 숫자가 작은 것을 앞에, 큰 것을 뒤에 놓는다. '八九千', '七八岁', '十五六个', '三四百斤' 등과 같다. 한편 '两', '三'을 연용하여 쓸 경우, 두 가지 방식이 있다. 하나는 '两三天'、'两三千人'과 같이 '两三'이라 쓰는 것이고, 다른 하나는 '三两'인데 일반적으로 '三两天'(적다는 뜻)으로 그 사용이 제한된다. 그리고 '二', '三'으로는 쓰지 않는다. 또한 '九'와 '十'는 연이어 쓰지 않는다..

'来了三五百人', '去三五天就回来'와 같이 연속하지 않는 수를 연용하여 대략의 수를 나타내는 것에는 '三五'가 있다.

② 숫자 뒤에 대략의 수를 나타내는 단어를 붙인다. 주로 '来', '多', '把', '左右', '前后', '上下' 등이 사용된다.
① [来] '来'는 앞에 쓰인 숫자가 나타내는 바에 근접한 수를 말한다. 적을 수도 많을 수도 있으나 차이는 그다지 크지 않고 정수에서만 쓰인다. '十来个'는 여덟, 아홉 개에서 열 개나 열한 개까지를 의미하고, '一百来个'는 백보다 몇 개 많거나 적은 것을 나타낸다. '来'를 사용해서 대략의 수를 나타낼 때, 아래 몇 가지 사항에 반드시 주의해야만 한다.
⑴ '来'가 만약 양사 뒤에 쓰이면 이는 수량구 전체를 제한한다. '十斤来肉'에서 '来'는 '十斤'을 제한하여 대략 '九斤八两(9.8근)'에서 '十斤一二两(10.1근 또는 10.2근)'을 의미한다. 만약 '来'가 수량구 중간에 위치해 있다면 그것은 앞쪽의 숫자를 제한하는 것이다. '十来斤肉'은 '八九斤(8, 9근)'에서 '十一二斤(11, 12근)'을 의미하는 것과 같다.
⑵ '来'가 명량사 뒤에 쓰일 때, '来'의 위치는 명량사의 종류와 관계가 있다. 명량사를 두 종류로 나누면, 하나는 연속하는 양을 나타내며 재분할 할 수 있는 것으로, 즉 도량형 단위인 '斤', '两', '尺', '寸' 등과 시간을 나타내는 '年', '月', '天', 조직기구를 나타내는 '连', '排', '班' 등이 여기에 속한다. 이런 양사는 '一斤有十两', '一年有十二个月'처럼 나타내는 단위가 훨씬 더 작은 단위로 이루어져 있다. 다른 하나는 비연속

적인 양을 나타내는 것으로 재분할 수 없고 개체양사를 이용해 나타내는데, '个', '只', '把' 등이 있다. '来'와 연속량을 나타내는 양사가 같이 쓰일 때는 두 가지 위치가 있는데, A식과 B식으로 나누어 부른다. A식은 '수사(10, 100, 20000과 같이 끝자리수가 0인 것)+来+양사(+명사)'의 형식으로, '五十来里(路)', '三百来斤(米)', '四千来尺(布)', '三十来年(时间)' 등과 같다.

　B식은 '수사(끝자리수가 1부터 9까지인 것과 10)+양사+来+명사'의 형식으로, '五里来路', '六斤来肉', '十寸来布' 등과 같다.

　A식에서 양사 뒤의 명사는 때로 생략하고 말하지 않을 수도 있다. B식에서 수사는 1-10까지가 많고, '二十五里来路'처럼 때론 10 이상도 가능하지만 비교적 자주 쓰이지는 않는다. '十来斤米', '十斤来米'와 같이 수사가 10이 될 때 '来'는 두 가지 위치를 가진다. 그러나 앞에서 설명한 바와 같이 나타내는 의미는 같지 않다.

　'来'와 비연속량을 나타내는 양사가 연용 되었을 때, '来'는 수사 뒤에만 올 수 있고, 수사는 끝자리수가 '0'인 경우에만 해당된다. 즉 '十来个(人)', '三十来本(书)', '三千来棵(树)'와 같이 위의 A식으로 분류될 수 있다. 여기서도 명사는 생략 가능하다.

　(3) 숫자가 '十万'을 초과할 때 보통 '万', '亿' 뒤에 '来'를 쓰지 않는다. '一百三十万来人', '十二亿来人口'라고 말하지 않는다. 하지만 '一百三十来万人', '十来亿美元'의 경우에는 '万'이나 '亿' 앞에 '来'를 쓸 수 있다.

　(4) '来'는 주로 구어체에 많이 쓰인다.

② [多] '二十多个(人)', '五百多斤(米)'와 같이 '多'는 앞의 수사가 나타내는 수보다 약간 많음을 표시한다. '多'의 위치와 용법은 '来'와 같이 아래 두 가지로 나눌 수 있다.

　A식은 '수사(끝자리수가 0인 수)+多+양사(각종양사)(+명사)'의 형식이다.

　B식은 '수사(끝자리수가 1-9까지인 수와 10)+양사(연속량을 나타냄)+多+명사'의 형식이다.

③ [把] '把'는 '来'와 의미는 같지만 자릿수 '百', '千', '万'과 몇 개의 양사 뒤에만 쓰일 수 있다. 뿐만 아니라 자릿수 혹은 양사 앞에는 계수사를 쓸 수 없기 때문에 나타내는 의미가 '一'이다. 예를 들어 '百把人'의 뜻은 '一百来人'이고 '万把亩地'는 '一万来亩地', '块把钱'은 '一块来钱'의 뜻이다. 또한 '个把人'은 '一两个人'의 뜻으로 사람이 극히 적음을 의미하고, '个把月'는 '一个来月'로 '시간이 길지 않음'을 의미한다.

　북방에서는 '多'를 많이 쓰고, 남방에서는 '把'를 많이 쓴다.

④ [左右] '一年左右', '三天左右', '十五个左右'와 같이 '左右'는 실제 수치와 그리 멀지 않은 약간 많거나 약간 적음을 나타낼 때 사용한다. '左右'는 수량구와 함께 쓰여 수량구 뒤에 위치한다. 수치가 '十' 이상일 때는 일정한 언어 환경 내에서 '十五(岁)左右', '二十(号)左右'와 같이 연령, 날짜를 표시하는 양사 등을 생략할 수 있다. '左右'가 시간의 대략적인 수만을 나타낼 때, 즉 '十二点左右', '三天左右'와 같이 시점이나 시단을 모두 나타낼 수 있다. 하지만 수량사를 이용하여 표현하는 시간사 뒤에서만 쓸 수 있고 '春节左右', '天亮左右'와 같이 시간명사 뒤에는 쓸 수 없다.

⑤ [前后] ‘前后’는 시간에서 대략의 수를 나타낼 때만 쓰이며, 뜻은 ‘左右’와 기본적으로 동일하다. 시점을 나타낼 때만 사용할 수 있는데, ‘十一前后’(국경절 전후), ‘春节前后’, ‘天亮前后’, ‘停战前后’와 같이 주로 시간을 나타내는 명사 뒤에 자주 쓰인다. 시점을 나타내는 수량사 뒤에서는 매우 드물게 사용되는데, ‘十号前后’라고 말하기도 하지만 ‘星期一前后’, ‘五月前后’라고는 거의 말하지 않는다. ‘前后’는 ‘三天前后’라 말하지 않는 것처럼 시단을 나타내는 상황에서는 쓸 수 없다.

⑥ [上下] ‘上下’의 뜻과 용법은 기본적으로 ‘左右’와 같지만 활용범주가 약간 다르다. ‘上下’의 활용범주는 비교적 좁아서 주로 연령에 많이 쓰이고, ‘左右’의 경우에는 각종 양사에 활용될 수 있다. 연령에서 쓰일 때, ‘上下’는 ‘二十(岁)上下’, ‘七十(岁)上下’와 같이 주로 성인에게 쓰인다. 그러므로 ‘五岁上下’라고는 하지 않는다. 반면 ‘左右’의 경우엔 각 연령대에 모두 쓰인다.

⑦ [以上] ‘以上’은 수사나 수량구 뒤에 쓰여 그 수치보다 큰 대략의 수를 나타낸다. 용법은 ‘一年以上’, ‘一万以上’처럼 ‘左右’와 기본적으로 동일하다. ‘以上’은 때로 일정한 한계를 긋는 역할을 하지만, 대략적인 수를 나타내지는 않는다. 예를 들어 ‘十六岁以上的公民有选举权’은 ‘十六岁和超过十六岁的公民都有选举权’을 뜻한다. 습관상 ‘×以上’의 수는 ‘×’도 그 안에 포함하기 때문에 ‘二十岁以上的青年’에는 ‘二十岁’도 포함된다. 정식 문서에는 일반적으로 ‘满×的’를 사용한다.

⑧ [以下] ‘以下’는 어떤 수치보다 작은 대략적인 수를 나타낸다. 용법은 ‘以上’과 기본적으로 동일하다. 습관상 ‘×以下’는 ‘×’를 그 안에 포함하지 않는다. 예를 들어 ‘二十岁以下的青年’에서는 ‘二十岁’를 포함하지 않는다. 정식 문서에서는 일반적으로 ‘不足×的’를 사용한다.

⑨ [成] ‘成’은 ‘百’ 이상의 자릿수 앞에만 놓여 일정한 단위에 도달했음을 의미하며, 숫자가 크다는 의미를 내포한다. 예를 들어 ‘成千的人’은 ‘人数可以以千为单位来计算’을 뜻하며 사람이 많다는 것을 나타낸다. ‘成’은 ‘成车地往外拉’, ‘成年地劳动’과 같이 차용양사와 준량사(第二节 참조) 앞에 쓸 수 있다. ‘成’은 ‘成倍的增长’처럼 ‘倍’ 앞에 쓸 수도 있다.

⑩ [上] ‘上’ 역시 ‘百’ 이상의 자릿수 앞에 놓여 ‘미치다’, ‘이르다’의 의미를 나타내고 숫자가 크다는 뜻을 가진다. 예를 들어 ‘上万(的)人’은 ‘人数达到一万’을 뜻하며 여기서 ‘的’는 숫자가 큼을 강조한다.

⑪ [近] ‘近’은 수량구 앞에 놓여 일정 수치에 이르지는 못했지만 근접했음을 뜻한다. 활용되는 양사의 범위가 넓고 일반적으로 화자가 비교적 크다고 여기는 수량에 사용된다. ‘近千人’, ‘近五亿元’, ‘近三年的时间’과 같다.

⑫ [约] ‘约’는 수량구 앞에 쓰여 뒤 수량구의 수량과 차이가 크지 않음을 나타내며,

‘左右’와 용법이 비슷하다. ‘约’를 활용하는 수사와 양사의 범위는 매우 넓은데, ‘约三天时间’, ‘约十人’과 같다.

‘来’, ‘把’, ‘成’, ‘上’에 비해 ‘左右’, ‘上下’, ‘以上’, ‘以下’, ‘近’, ‘约’가 훨씬 구어적이다.

‘几’, ‘两’의 활용

① [几] ‘几’는 의문대사지만, ‘你去拿几本书来’처럼 어떤 경우에는 의문을 나타내지 않고 대략의 수를 표시할 때가 있다. ‘几’가 나타내는 대략의 수는 일반적으로 ‘十’ 이내이다. ‘我没读过几本书, 知道的东西很少’, ‘敌人坚持不了几天了’처럼 가끔 ‘几’가 나타내는 실제 수치가 ‘十’ 이내가 아니어도 화자가 이것을 이용하는 경우가 있는데, 이는 겸손이나 기타의 다른 이유로 수치를 축소하려는 의도에서 비롯된 것이다. 또한 ‘几’는 ‘十几本书’, ‘几十个人’, ‘几百人’, ‘几万人’ 등과 같이 수열 중 계수사를 대신하여 ‘十’ 이상의 대략적인 수를 나타내기도 한다.

② [两] ‘两’이 대략적인 수를 나타내는 용법은 ‘几’와 기본적으로 같다. ‘过两天我再去看你’, ‘都八点了, 才来这么两个人’에서 ‘两’은 모두 ‘几’로 바꿀 수 있다. 하지만 ‘两’은 일반적으로 긍정적 상황에서 주로 쓰이고 ‘几’는 긍정, 부정적 상황에서 모두 사용된다. 또한 ‘两’은 하나의 계수사로 사용되기 때문에 수열 중에서는 계수사를 대신할 수 없다.

4 서수

서수사는 순서를 나타내는 수사이다. 중국어 서수의 기본적 표시법은 기수사 앞에 ‘第’를 붙이는 것으로, ‘第一天’, ‘第七名’, ‘第二十八行’ 등과 같이 쓰인다.

중국어에서는 많은 경우 기수사로 서수를 나타낸다. 아래의 몇몇 단어들은 서수를 나타내는 특수한 방법을 가지고 있다.

① 연대를 나타낼 때 기수사를 사용하는데, 예를 들어 ‘1978年’은, ‘一千九百七十八年’으로 읽어도 되지만, ‘一九七八年’으로 더 자주 읽힌다.

② 월분(月份)을 나타낼 때도 기수사를 사용한다. ‘一月’, ‘二月’……‘十二月’ 등과 같다. ‘一月’는 ‘元月’라고도 한다. 음력 ‘一月’는 ‘正月’이라고 한다.

③ 날짜를 표시할 때도 기수사를 사용하는데, ‘一号’, ‘二号’……‘三十一号’ 등과 같다. 음력‘一号……十号’는 ‘初一……初十’라고 한다.

④ 가족 항렬을 표시할 때도 기수사를 사용한다. ‘大哥’, ‘二哥’, ‘三哥’……, ‘二弟’, ‘三弟’……, ‘大伯’, ‘二伯’……, ‘二叔’, ‘三叔’…… 등과 같다.

⑤ 자녀 항렬을 표시할 때도 기수사를 사용하는데, 예를 들어 ‘长子’, ‘次子’……, ‘小儿子’와 같이 말하는 것과 같다.

⑥ 등급을 표시할 때도 기수사를 사용한다. ‘头等’, ‘二等’, ‘三等’과 같다.

⑦ 건물의 층수를 나타낼 때도 기수사를 사용한다. ‘一楼(层, 지면보다 높은 층)’ ‘二楼(层)’, ‘三楼(层)’…… 등과 같다.

⑧ 버스차량의 편수를 표시할 때도 기수사가 사용된다. 예를 들어 '头班车(第一班)', '末班车(最后一班)' 등과 같다.

⑨ 서적을 표시할 때도 '第一卷', '第二卷'…… 과 같이 기수사를 사용한다.

⑩ 조직구조를 표시할 때도 '一班', '二班'……, '(第)一组', '(第)二组'……, '一厂', '二厂'……과 같이 기수사를 사용한다. 만약 명사의 음절수가 비교적 많을 때는, 음절의 균형을 맞추기 위해 앞에 '第'를 덧붙이는데, '第一教研室', '第二机械工业部' 등이 그러하다. 이것들을 줄여서 '一教', '二机部'라고 하기도 한다.

⑪ 기수사는 양사 뒤에서 서수를 나타내기도 하는데, 문어에서 자주 볼 수 있다.

교과서의 경우, '练习一', '练习二'……과 같이 쓰인다.

저작, 논문의 경우, '图一', '图二'……, '注一', '注二'……과 같이 쓰인다.

서적의 경우, '卷一', '卷二'……과 같이 쓰인다.

⑫ 天干地支 역시 일종의 서수로, 天干은 다음과 같이 쓰인다.

성적을 표시할 때, '甲', '乙', '丙', '丁'……과 같이 사용된다.

극중인물을 표시할 때, '甲', '乙', '丙', '丁'……과 같이 사용된다.

등급을 표시할 때, '甲等', '乙等,'……, 혹은 '甲级', '乙级'……와 같이 사용된다.

조직구조를 표시할 때, '甲班', '乙班', '丙班', '丁班'……, 또는 '甲组', '乙组', '丙组', '丁组'……와 같이 사용된다.

地支가 시각에 쓰일 때도 '子时', '丑时', '寅时', '卯时'…… 등과 같이 쓰인다.

天干地支가 합쳐져서 쓰일 때는 음력 년도에 쓰이는데, '甲子年', '乙丑年', '辛亥年', '丙辰年', '甲午年', '辛丑年'…… 등과 같다.

5 몇 가지 특수 수사의 용법

 [二]과 [两] '二'과 '两' 둘 모두 '2'라는 수를 나타내지만 용법은 다르다.

 양사 앞에 쓰일 경우, 양사가 도량형 단위일 때는, '二'과 '两' 모두 다 써도 되지만, '分, 亩, 顷, 合, 升, 斗, 石, 钱, 两, 斤' 등과 같은 중국 전통 도량형 단위에서는 '二'을 많이 쓰고, '米, 公里, 公顷, 平方米, 立方米' 등과 같은 새로 나온 도량형 단위에서는 '两'을 많이 쓴다.

二(两)亩 2묘	二(两)斤 두 근	二(两)斗 두 말	二(两)尺 두 척
二两 两两이라고는 쓰지 않음	两公斤 2킬로그램	两公里 2킬로미터	两公尺 2미터
两立方米 2제곱미터	两米 2미터	两公顷 2헥타르	
一斗 = 十升	一石 = 十斗	一两 = 十钱	一斤 = 十两

일반 양사 앞에는 '两'을 사용한다.

两件衣服 옷 두 점	两个房间 방 두 칸	两本书 책 두 권	两个人 두 사람
两次 두 번	两趟 두 차례	两把伞 우산 두 개	两条路 두 줄기 길
两张桌子 탁자 두 개	两杯茶 두 잔의 차	两手泥 두 주먹의 진흙	两回事 두 가지 일

② 자리 수사 앞에 쓰일 경우, ‘十’ 앞에는 ‘二’만 쓸 수 있다. ‘百’, ‘千’, ‘万’, ‘亿’가 자릿수 중간에 있을 때는 일반적으로 ‘二’을 쓰지만, 앞에 놓였을 때는 ‘千’, ‘万’, ‘亿’가 보통 ‘两’을 쓰는 것에 비해, ‘百’는 ‘二’와 ‘两’을 모두 쓰는데, ‘二十’, ‘二(两)百’, ‘二(两)百五十五万’, ‘两千二百万’, ‘一百二十万’, ‘两亿二千万’ 등과 같다.

③ 서수, 분수, 소수 및 기수의 한 자릿수에는 모두 ‘二’을 쓴다. ‘第二’, ‘二月’, ‘二楼’, ‘零点二’, ‘二点一一’, ‘二分之一’, ‘百分之二’, ‘十二’, ‘九十二’, ‘一百零二’, ‘三万五千一百二十二’ 등과 같다.

④ 半 앞에서는 ‘两’을 쓰고, 倍 앞에서는 ‘二’, ‘两’ 모두 다 써도 된다. ‘两半儿’과 ‘二倍’, ‘两倍’와 같다.

<‘两’, ‘二’ 용법표>

	도량형 단위	일반 양사	자리 수사	정수 분수 소수 서수	半(반)	倍(배)
两	两亩(2묘) 两斤(두 근) 两公里(2km) 两米(2m) 两公尺(2m) 两公斤(2kg)	两本书 (책 두 권) 两件衣服 (옷 두 벌) 两下(두 번) 两遍(두 번)	两万五(25,000) 两千九(29,000) 两亿(200,000,000) 两百(200)		两半儿 (절반)	两倍 (두 배)
二	二亩(2묘) 二斤(두 근) 二里(2리) 二米(2m)		二十(20) 二百五十六(256) 三亿二千二百三十二万 (322,320,000)	二(2) 十二(12) 三分之二(3분의 2) 二分之一(2분의 1) 二点二五(2.25) 第二(제2) 二楼(2층) 二哥(둘째 오빠) 二舅(둘째 외삼촌)		二倍 (두 배)

❷ [俩] ‘两个’의 뜻으로 북방 구어이다. 일반적으로 ‘两个’를 사용할 수 있는 곳에서는 ‘俩’를 써도 된다. ‘他们俩’, ‘俩人’, ‘姐妹俩’, ‘俩包子’ 등과 같다. ‘两个’를 사용할 수 없는 곳에서는 ‘俩’ 역시 쓸 수 없다. ‘俩天’, ‘俩兄弟’ 등과 같다.

❸ [仨] ‘三个’의 뜻으로, 용법은 ‘俩’와 비슷하지만, ‘俩’만큼 자주 쓰이지는 않는다.

④ [半] 수사 ‘半’의 뜻은 ‘½’이다. 앞에 정수가 없을 경우 양사 앞에 놓인다. ‘半斤’, ‘半个’, ‘半尺’, ‘半天’, ‘半匹布’, ‘多半袋面粉’과 같다. 앞에 정수가 있을 때는 양사 뒤에 놓이고, 그 뒤에 명사가 따라 붙는다. 이 때 명사는 생략 가능하다. ‘一斤半(肉)’, ‘一里半(地)’, ‘两天半’, ‘一个半苹果’와 같다.

‘半’이 수사, 양사와 같이 붙어서 쓰일 때의 위치는 기본적으로 ‘来’, ‘多’와 같다.

⑤ [一] 수사 ‘一’가 목적어를 한정할 때는 생략 가능하다. ‘昨天来了个客人’, ‘我送你件礼物’와 같다.

‘一’는 여러 파생용법이 있는데, 아래 몇 가지처럼 수를 표시하지는 않으면서 단어의 성질에 큰 변화를 주는 경우가 있다. 주요한 것 몇 가지를 예로 들면 다음과 같다.

① ‘每’의 의미로, 뒤에 반드시 수량구가 오는데, ‘一个人三个苹果’, ‘一个人一个想法’, ‘一天去一次’와 같다.

② ‘满’, ‘整个’의 의미로, 묘사 작용을 하는데, ‘他跑得一头汗’, ‘他弄了一身土’, ‘一路上车吗络绎不绝’, ‘我们一个学期都没有见面’, ‘一屋的人都醉倒了’ 등과 같다.

③ 동사나 형용사 앞에서 쓰일 때는 ‘갑자기 발생함’을 뜻하며, 보통 짧은 동작이나 변화를 나타낸다. 일반적으로 뒤에 동사구나 절이 따라 붙는데, ‘他一抬头, 看见一个陌生的人’, ‘他把门一关就走了’, ‘小芳听了脸一红, 不再说什么’와 같다. 이렇게 ‘一’를 쓸 때, ‘一’ 뒤의 동사가 나타내는 동작은 보통 이미 발생했거나 완성된 것으로 시간과는 관계가 없다.

④ 관용적 용법으로 쓰이기도 하는데, ‘写一笔好字’, ‘做一手好活’, ‘学了一身本领’ 등과 같다.

6 수사의 활용

몇몇 수사는 때로는 실제적인 수량을 나타내지 않고, 수량과 관계있는 기타의 뜻을 나타내는데, 이것이 곧 수사의 활용이다.

① 단일 수사의 활용

① [三] ‘三’이 때로는 ‘多’의 의미로 쓰이는데, ‘再三斟酌(여러 번 고려하다)’, ‘一问三不知(시치미를 뚝 떼다)’ 등과 같다. 또한 ‘少’의 의미로 쓰이기도 하는데, ‘三句话不离本行(화제가 모두 자신의 업무와 관련되다)’, ‘三天打鱼, 两天晒网(작심삼일)’, 등과 같다.

② [九] ‘九宵云外(까마득히 먼 곳)’, ‘九霄(하늘의 가장 높은 곳)’ 등과 같이 ‘多’의 의미를 나타낸다.

③ [十] ‘종류가 번다함, 완전히 갖춤’을 의미하는데, ‘十样锦(음식 이름)’, ‘十全十美(각 방면에서 나무랄 데가 없음)’, ‘十全大补丸(약 이름)’ 등과 같다.

④ [百] ‘多’의 의미로 쓰이는데, ‘百感交集(만감이 교차하다)’, ‘百病丛生(온갖 병이 많이 발생하다)’, ‘百思不解(여러 번을 생각해도 이해가 안 되다)’, ‘百废待举(내버려 두었던 많은 일들이 다 손보기를 기다리고 있는 것을 형용)’, ‘百看不厌(많이 봐도

질리지 않다)'와 같다.

⑤ [千] 역시 '多'의 의미로 쓰이는데, '千里马(천리마)', '千重浪(매우 큰 파도)'과 같다.

⑥ [万] 역시 '多'의 의미로 쓰이는데, '万头攒动(많은 사람이 모여 붐비다)', '万箭齐发(많은 일이 동시에 일어남을 형용)', '万籁俱寂(주위가 매우 조용함)'와 같다.

❷ 수사가 연합되어 활용될 때, 대부분 기타 품사와 교차되어 사용된다

① 적음을 의미
一知半解 수박 겉핥기　　　　一男半女 자녀가 적음을 의미
一时半会儿 잠시, 잠깐　　　　一天半天 한나절
一鳞半爪 산만하고 단편적인 사물의 편린

② 빈번함을 의미
三天两头 사흘이 멀다 하고　　　　接二连三 끊임없이

③ 적음을 의미
三脚两步 두 세 걸음　　　　三言两语 두 세 마디

④ 나쁜 뜻을 내포
丢三拉四 건망증이 심하고 실수가 많음을 형용　　　　说三道四 이것저것 마구 말하다
推三阻四 여러 핑계를 대며 회피하다　　　　朝三暮四 간사한 꾀로 남을 속여 희롱하다
顛三倒四 말과 일에 조리나 순서가 없다　　　　低三下四 굽실거리다
不三不四 하찮고 너절하다　　　　挑三捡四 좋은 것만 골라내다

⑤ 뒤죽박죽을 의미
乱七八糟 엉망진창이다　　　　横七竖八 어수선하게 흩어져 있는 모양
七扭八歪 찌그러지고 구부러지다　　　　七拼八凑 여기저기서 긁어모으다
七上八下 가슴이 두근거리고 마음이 혼란하다　　　　杂七杂八 뒤죽박죽이다
七手八脚 여러 사람이 합세하여 바쁘게 말하다　　　　七嘴八舌 여러 사람이 동시에 말하다

⑥ 많음을 의미
千疮百孔 건물 등이 파손된 게 말도 아니다　　　　千方百计 온갖 방법
千锤百炼 온갖 시련과 고생　　　　千言万语 매우 많은 말
千辛万苦 천신만고　　　　千变万化 끊임없이 변화하다
千刀万剐 갈기갈기 찢다　　　　千头万绪 사물, 사정 등이 매우 뒤얽혀 있다

⑦ 대조가 현저함을 의미
九死一生 구사일생　　　　九牛一毛 구우일모
万无一失 결코 틀림이 없다　　　　百里挑一 백에서 하나를 고르다, 매우 귀하다

千虑一得 어리석은 사람이라도 많은 생각 속에는 간혹 쓸 만한 것이 있다

挂一漏万 하나를 인용하고 만 개를 빠뜨리다, 면밀하지 못하고 빠진 것이 많다

百闻不如一见 백문이 불여일견이다

수사의 활용은 위와 같이 다양할 뿐만 아니라 대부분이 숙어성이 강하며 많은 부분 성어로 쓰인다. 그러므로 하나하나 일일이 외워야 하며, 마음대로 만들면 안 된다.

제 2 절

양사

양사는 사물이나 동작의 수량 단위를 나타내는 단어로, 크게 名量词와 动量词로 나누어진다.

 명량사

명량사는 사물의 수량단위를 나타내는 단어이다. 중국어에서 성어나 몇 가지 특별한 용법을 제외하면 수사는 보통 명사와 직접 연결되어 쓰이지 못하며, 가운데 반드시 양사가 있어야 한다.(제1장 '명사' 참조) 명량사는 다시 아래와 같이 크게 두 가지로 나눌 수 있다.

 고유양사

① 개체양사

類別語라고도 부른다. 개체 사물에 쓰이며, 이것은 중국어의 특징 중의 하나이다. 중국어에서 개체양사는 보통 특정한 양사와 조화를 이루어 쓰여야 하며, 마음대로 사용할 수 없다. 중국어의 개체양사는 백여 개가 있고, 자주 쓰이고 것은 '个', '把', '张', '本', '间', '根', '件', '条', '节', '口', '颗', '粒', '块', '名', '匹', '篇', '首', '所', '台', '枝', '门', '样', '项', '份' 등과 같다. 많은 개체양사와 상응하는 명사는 의미상 일정한 관계를 이룬다. '条'는 일반적으로 긴 모양의 사물에 쓰이는데, '一条带子', '一条绳子', '一条蛇', '一条河' 등과 같다. 그리고 '张'은 보통 펼칠 수 있는 사물에 쓰인다. '一张纸', '一张床', '一张嘴' 등과 같다. 한편 '棵'와 '粒'는 작고 둥근 물건에 쓰이는데, '一颗珍珠', '一颗星', '一粒米', '一粒子弹' 등과 같다. 또한 '个'는 사용범위가 가장 넓은 개체양사이고, 아주 많은 개체단어 앞에 쓰일 수 있다. 일반적으로 하나의 명사는 통상 하나의 개체양사를 갖는다. 예를 들어 '伞'은 '把'를 쓰고, '衣服'는 '件', '裤子'는 '条', '国旗'는 '面', '眼镜'은 '副' 등을 사용하는 것과 같다. 어떤 명사는 다른 양사를 사용할 수 있는데, 양사가 다르면 나타내는 명사도 약간 달라진다. 예를 들어 '枪'의 경우, '一把(手)枪'이라고 하면 '한 자루의 권총'을 표시하고, '一支(步)枪'이라고 하면 '한 자루의 보병총'을 말한다. 또한 '一杆枪'이라고 하면 '한 자루의 총'을 의

미한다. 또한 '药'의 경우, '三丸中药'는 '세 첩의 한약', '一贴膏药'은 '한 첩의 고약', '一付汤药'은 '한 첩의 탕약'을 가리킨다. '门'의 경우, '一扇门'은 '한 쪽의 문', '这个门'은 '이 문' 등의 뜻이 된다. 어떤 명사는 다른 양사를 사용함으로 인해 나타내고자 하는 사물이 전혀 달라지는데, 이것은 아마도 지방적 특색이나 어감이 다르다는 것을 나타내기 위함일 것이다. '汽车'의 경우, 북방인은 '一辆汽车'라고 하고, 남방인은 '一部汽车'라고 한다.

개체양사 앞에는 지시사를 쓸 수 있는데, '这张纸', '那条河' 등과 같다.

중국어의 개체양사는 중국어를 배우는 초급단계에서는 아주 어려운 과제이기 때문에 하나하나 주의 깊게 외워나가야 한다.

② 집체양사

두 개 이상의 개체로 이루어진 사물에 쓰인다. 예를 들어 '一副对联', '一双筷子', '一套房子', '一帮敌人', '一群孩子', '一伙强盗', '一打铅笔'와 같다. 집체양사 앞에는 일반적으로 지시대사가 올 수도 있다.

③ 도량사

도량사는 도량형의 계산 단위를 가리킨다.

길이 :	(市)分 푼	(市)寸 치	(市)尺 자, 척	丈 길
	(华)里 리, 500m	厘米(公分) 센티미터	米(公尺) 미터	公里 킬로미터
	海里 해리(문어에서는 '浬'로 씀)		10分＝1寸	10尺＝1丈
용량 :	合 합	升 되	斗 말	公升 리터	石(dàn) 섬 ＝ 十斗 열 말
중량 :	钱 푼	(市)两 량	(市)斤 근	克 그램	公斤 킬로그램	吨 톤
	(참고 : 1市斤＝10市两＝½公斤)				
면적 :	分 분	亩 묘	顷 경	平方寸 평방 센티미터
	平方尺 평방미터	平方米 평방미터	公顷 헥타르	
부피 :	立方寸 입방 센티미터	立方尺 입방미터	立方米 입방미터	立升 입방 리터
	加轮 갤런	品脱 파인트		

④ 不定양사

정해지지 않은 수량을 나타내는 양사에는 두 개가 있다. 즉 '些'와 '点儿'이다. '些'와 '点儿' 앞에는 보통 '一些', '一点儿'과 같이 숫자 '一'가 올 수 있다. 일반적으로 '一些'는 '一点儿'보다 수량이 더 많다는 것을 나타낸다. 또한 '些'와 '点儿' 앞에는 지시대사 '这', '那', '这么', '那么'를 쓸 수 있다. '这么些', '那么些'는 수량이 많음을 나타내고, '这么点儿' '那么点儿'은 수량이 적음을 나타낸다.

(1) '(一)些'의 용법

'(一)些'는 명사 앞에 쓸 수 있고 정해지지 않는 양을 나타낸다.

① 你去上街买些吃的吧，我饿了。　　너 길에 나가서 먹을 것 좀 사와라, 나 배고파.
　　Nǐ qù shàng jiē mǎi xiē chī de ba, wǒ è le.

② 你刚才都说了些什么呀? 太没礼貌了!

　　 Nǐ gāngcái dōu shuōle xiē shénme ya? Tài méi lǐmào le!

③ 这些书你快拿走吧, 放在这儿太碍事了。

　　 Zhè xiē shū nǐ kuài ná zǒu ba, fàng zài zhèr tài àishì le.

좀 전에 너 뭐라고 한거야? 너무 예의가 없구나!

이 책들을 좀 빨리 가져가라, 이곳에 놓으니까 일하는데 너무 방해가 돼.

'些' 앞에 '多'의 의미를 가진 '好'를 쓸 수도 있는데, '好些(个)人', '好些(间)房子', '好些(本)书' 등과 같다. 이 때, '些' 뒤의 양사는 생략할 필요가 없다.1)

'(一)些'는 형용사와 동사 뒤에 쓰일 수 있으며, 정도가 심하지 않음을 나타내는데, '他的病好(一)些了', '说话小声些'와 같다. 정도를 표시할 때는 '(一)些' 보다 '(一)点儿'을 더 자주 사용하는데 '(一)点儿'이 더 구어적이다.

정도를 나타내는 '(一)些'는 비교문에도 쓰일 수 있다.

① 他比我瘦一些。

　　 Tā bǐ wǒ shòu yìxiē.

② 小张花钱比以前注意一些了。

　　 Xiǎo Zhāng huā qián bǐ yǐqián zhùyì yìxiē le.

그는 나보다 좀 말랐다.

小张은 돈을 쓰는 것이 이전보다 좀 조심스러워졌다.

(2) '(一)点儿'의 용법

'(一)点儿'은 명사 앞에 놓여 사물의 수량이 적음을 나타낸다.

① A ：你刚才上街买什么了?

　　　　 Nǐ gāngcái shàng jiē mǎi shénme le?

　 B₁：买了点儿水果。

　　　　 Mǎile diǎnr shuǐguǒ.

　 B₂：买了些水果。

　　　　 Mǎile xiē shuǐguǒ.

너 아까 길에 나가서 뭘 샀니?

과일을 좀 샀어.(과일이 많지 않다)

과일을 좀 샀어.(과일이 적지 않다)

'(一)点儿'은 청원문이나 '想', '要' 등과 같은 조동사 뒤에 쓰여서 완곡하고 겸손한 어감을 나타내는 작용을 한다. '(一)些'에는 이런 용법이 없다.

② 你喝点儿什么?

　　 Nǐ hē diǎnr shénme?

③ 我饿了, 想吃点儿什么, 你有吃的吗?

　　 Wǒ è le, xiǎng chī diǎnr shénme, nǐ yǒu chī de ma?

너 뭐 좀 마실래?

나 배고파, 뭘 좀 먹고 싶은데, 너 먹을 거 있니?

---

1) '几' 앞에도 '好'가 와서 '多'의 의미를 나타내는데, '他买了好几本书'와 같다. 그러나 '好+几'가 나타내는 숫자는 보통 십을 넘지 않는다. 그리고 '好+几' 뒤에는 반드시 양사가 와야 한다. '多' 앞에도 '好'를 붙일 수 있는데, 의미와 용법은 '好些'와 같다. '好些'가 '好多'보다 구어적인 느낌이 더 강하다.

‘点儿’은 앞에 ‘一’를 쓸 수 있는 것 이외에도 ‘半’도 쓸 수 있다. 수량이 ‘(一)点儿’보다 더 적음을 나타내는데, ‘你半点儿本事都没有, 还想跟人家比(너는 조금의 능력도 없으면서 아직도 다른 사람과 비교할 생각이니)’ 등과 같다.

‘(一)点儿’은 또 형용사나 동사 뒤에 놓여 정도를 나타내며, ‘조금’의 뜻으로 쓰이는데, ‘好(一点)儿了’, ‘多(一)点儿’, ‘高(一)点儿’, ‘注意点儿’, ‘少声点儿’과 같다.

어떤 기준과 비교할 때, ‘(一)点儿’은 반드시 형용사나 상태동사 뒤에 놓아야 하며, ‘有’를 써도 안 된다.

① 你妹妹好像比你高一点儿。 　　Nǐ mèimei hǎoxiàng bǐ nǐ gāo yìdiǎnr	네 여동생이 너보다 좀 더 큰 것 같네.
② 今天比昨天冷点儿。 　　Jīntiān bǐ zuótiān lěng diǎnr.	오늘이 어제보다 좀 춥다.
③ 这间房子你们两个人住稍微小了点儿。 　　Zhè jiān fángzi nǐmen liǎng ge rén zhù shāowēi xiǎole diǎnr.	이 집은 너희 둘이 살기엔 좀 비좁다.
④ 这双鞋瘦了点儿, 我穿不了。 　　Zhè shuāng xié shòule diǎnr, wǒ chuān bu liǎo.	이 신발은 좀 작아, 신을 수가 없어.
⑤ 穿黑衣服会显得人瘦一点儿。 　　Chuān hēi yīfu huì xiǎnde rén shòu yìdiǎnr.	검은 옷을 입으면 확실히 좀 말라보여.
⑥ 你以后花钱得省一点儿了。 　　Nǐ yǐhòu huā qián de shěng yìdiǎnr le.	너 이담에 돈 쓸 때엔 좀 아껴야 하겠어.
⑦ 你走近一点, 我看不清楚。 　　Nǐ zǒu jìn yìdiǎn, wǒ kàn bù qīngchu.	좀 가까이 와 봐, 잘 안 보여.
⑧ 她们姐儿俩, 我更喜欢妹妹一点儿。 　　Tāmen jiě ér liǎ, wǒ gèng xǐhuan mèimei yìdiǎnr.	그 자매들 중 나는 동생을 좀더 좋아해.
⑨ 这件衣服颜色深了一点儿, 我不想买。 　　Zhè jiàn yīfu yánsè shēnle yìdiǎnr, wǒ bù xiǎng mǎi.	이 옷은 색깔이 좀 짙어요, 사고 싶지 않아요.

(3) ‘有(一)点儿’의 용법

앞에서 서술한 바와 같이 ‘(一)点儿’이 형용사나 상태동사와 함께 사용될 때 정도가 비교적 낮음을 의미한다. 그러나 반드시 주의해야 할 것은 비교를 하는 것도 아니고, 부정의미 형용사(负向形容词)를 사용했을 경우(第五章 第二节 ‘형용사의 분류’를 참조), 보통 ‘(一)点儿’을 형용사나 상태동사 앞에 놓고, ‘(一)点儿’ 앞에 반드시 ‘有’를 써서 꼭 ‘有(一)点儿……’이라고 써야 한다.

① 今天有一点儿冷, 你多穿点儿衣服吧。 　　Jīntiān yǒuyìdiǎnr lěng, nǐ duō chuān diǎnr yīfu ba.	오늘은 좀 춥다, 너 옷 좀 더 입어라.
② 她好像有点儿不高兴, 怎么了? 　　Tā hǎoxiàng yǒudiǎnr bù gāoxìng, zěnme le?	그녀는 좀 즐겁지 않은 것 같아, 왜 그러지?

③ 我有点儿累了，先走了。

　　Wǒ yǒudiǎnr lèi le, xiān zǒu le.

④ 这个人有点儿不讲理，你不要跟他说了。

　　Zhège rén yǒudiǎnr bù jiǎng lǐ, nǐ búyào gēn tā shuō le.

⑤ 这儿的灯光有点儿暗，你要注意眼睛。

　　Zhèr de dēngguāng yǒudiǎnr àn, nǐ yào zhùyì yǎnjing.

나 좀 피곤해져서 먼저 갈게.

그 사람 좀 말이 안돼, 너 그 사람이랑 말하지 마.

이곳의 불빛이 좀 어둡네, 너 눈을 조심해야겠다.

위의 예문 ①을 '今天一点儿冷'이라고는 할 수 없다.

⑤ 준량사

　어떤 명사는 직접 수사와 연결되어 쓸 수 있는데, 이 때 이런 명사의 어법기능은 기본적으로 양사와 같다. 이렇게 쓰이는 명사를 '준량사'라고 부른다. 주요 준량사에는 '年', '星期', '天', '小时', '分(钟)', '秒', '国', '省', '市', '县' 등이 있는데, '三年', '五天', '一小时', '两国' 등과 같이 다른 양사 없이 바로 수사와 준량사가 결합된다. 수사와 준량사 뒤에는 필요하다면 다른 명사도 올 수 있는데, '三年的时间', '五天的工作', '两县的情况' 등과 같다. 대다수의 준량사와 수사의 사이에는 다른 양사를 다시 쓸 수 없다. 예를 들어 '五个年', '四个天', '两个国', '五个分钟'이라고는 하지 않는다. 그러나 '月'와 '星期'와 '小时' 앞에는 '个'를 쓸 수 있는데, '三个星期', '四个月', '一个小时'와 같다. '国'의 용법은 '省, 市, 县'과 서로 다르다. 예를 들어 '中美两国', '两国人民'이라고는 할 수 있지만, '中美两个国', '两个国的人民'이라고는 할 수 없다. 그러나 '东北三省', '三省的人民'의 경우, '东北三个省', '三个省的人民'이라고도 쓸 수 있다. '市', '县'의 용법은 '省'과 같다. 이것은 '省', '市', '县'이 단독으로 쓰이는 반면, '国'는 단독으로 쓰이지 않기 때문이다.

⑥ 복합양사

　복합양사는 두 개 이상의 양사가 결합되어 하나의 복합단위를 나타내는 양사이다. '架次(비행기에 쓰임)', '人次(연인원에 쓰임)', '秒立方米(흐르는 물의 양에 쓰임)' 등과 같다.

② 차용양사

　그릇을 나타내는 많은 명사는 임시로 양사의 역할을 할 수 있는데, 이를 차용양사라고 한다. '三碗饭', '一杯水', '两壶酒', '一身新衣服', '一桌菜', '一盆花', '三车货' 등과 같다. 차용양사는 '一桌儿菜', '一身儿衣服'와 같이 儿化되기도 한다.

　어떤 명사는 '一'와 같이 쓸 수 있는데, 뒤에 '的'가 와서 '가득 차다'의 의미를 나타낸다.(第一节을 '[一]의 용법' 참조) '一桌子(的)菜', '一手(的)泥', '一屋子(的)人', '一肚子(的)坏主意', '一脸(的)汗' 등이 있다. 이렇게 쓰이는 명사와 차용양사는 다르며, 儿化도 되지 않는다.

 **동량사**

동작이나 변화회수의 단위를 나타내는 양사를 동량사라고 한다. 동량사는 고유동량사와 차용동량사 두 종류로 나눌 수 있다.

① 고유동량사

고유동량사의 숫자는 많지 않다. 주로 쓰이는 것으로는 '次, 下, 回, 顿, 阵, 场, 趟, 遍, 番' 등이 있다. 고유동량사는 일반적으로 동작이나 변화의 양만을 나타내는 것이 아니라, 어떠한 어휘의 어휘적 의미도 포함한다. 동량사의 사용은 동사와 관련이 있을 뿐만 아니라, 관련 명사와도 관계가 있다.

① [次] '次'는 동작의 회수를 나타낸다. 보통 반복출현 가능한 동작에 쓰이는데, '这个问题我们讨论了三次', '这个电影他看了两次, 都没看完' 등과 같다. '次'는 가장 많이 쓰이는 동량사이다.

② [下] '下'는 동작진행의 회수를 나타낸다. 보통 짧은 시간의 동작에 쓰이는데, '老李拍了小刘一下', '他摇了几下旗子', '他敲了桌子一下' 등과 같다. '一下'가 동사 뒤에 쓰이면 어조를 부드럽게 하는 기능을 하며, 동작의 회수를 나타내지는 않는다. 예를 들어 '你来一下', '喂, 你给我找一下小李', '你详细介绍一下事情的经过'와 같이 쓰인다. 이런 문장들은 '你来', '喂, 你给我找小李', '你详细介绍事情的经过'보다 훨씬 완곡한 어조를 나타낸다.

③ [回] '回'는 동작의 회수를 나타낸다. 또한 반복출현 가능한 동작에도 쓴다. '次'보다 구어적 느낌이 더 강한데, '他家我去过三回', '这件事他问过我一回, 我没告诉他', '一回生, 两回熟' 등과 같다. '回'는 명량사 역할을 하기도 하며, '事'와 같이 쓰이는데, '这是怎么一回事', '你们说的是一回事, 别争了'와 같다.

④ [顿] '顿'은 동작의 회수를 나타낸다. 보통 '식사, 질책, 구타, 욕설' 등의 동작에 쓰는데, '每天吃三顿饭', '他训斥了那个流氓一顿', '他昨天叫人打了一顿' 등과 같다.

⑤ [阵] '阵'은 보통 일정한 시간을 나타낸다. 갑자기 발생하여 지속시간이 비교적 짧은 상황에 쓰는데, '下了一阵雨', '响了一阵枪声', '台下爆发了一阵热烈的掌声', '她觉得身上一阵冷, 一阵热' 등과 같다.

⑥ [场] 완벽하게 진행된 한 번을 '一场'이라고 한다. 문학예술 공연 및 체육활동에 많이 쓰이는데, '上午打了一场球', '明天有两场电影', '她大哭了一场' 등과 같다.

⑦ [趟] 한 번 갔다 오는 것이 '一趟'이다. '我刚进了一趟城', '去年我去了欧洲一趟', '他今天来了三趟都没有看到你' 등과 같다.

⑧ [遍] 한 번(세트)의 동작 행위가 시작되어 끝날 때까지의 전 과정이 '一遍'이다. '这个电影我看了三遍, 没遍都很感动', '你把课文从头到尾念一遍' 등과 같다.

⑨ [番] 시간과 힘이 드는 행위에 많이 쓴다. '他又调查了一番', '这件事你得好好动一番脑筋才能想出解决的办法', '他们昨天较量了一番, 结果不分胜负' 등과 같은데, '番' 앞에는 보통 수사 '一'만 쓴다. 구어에서는 비교적 적게 쓰인다.

 차용동량사

동작 행위가 근거한 도구나 신체기관을 나타내는 명사 등이 차용되어 동량사로 쓰이는데, '砍了一斧子', '切了一刀', '放了一枪', '踢了一脚', '咬了一口', '看了一眼', '打了一拳' 등과 같다.

제 3 절
수량구의 어법기능

수사가 단독으로 쓰이는 경우는 극히 드물다. 단 숫자가 진술대상이 되는 경우에는 수사가 주어와 목적어로 쓰일 수 있는데, '一加一等于二', '十六是八的两倍' 등과 같다. 수사가 술어로 쓰일 때에는 반드시 계수사와 자리수사를 포함하여야 하는데, '这个孩子十二了', '今天十五了', '这是三百张卡片, 你二百, 我一百' 등과 같다. 술어로 쓰인 수사는 연령이나 날짜를 나타낼 뿐만 아니라 일반적으로 모두 앞에 나온 명사를 생략하고 쓴 것이다.

양사는 보통 단독으로 문장성분이 되지 못하지만 때로 관형어가 될 수도 있다. 이러한 경우에는 수사 '一'를 생략하는데, '他有个姐姐在北大学习', '我上街买了本书', '你写篇文章吧' 등과 같다. 이러한 현상은 목적어 앞에서만 일어나고 주어 앞에서는 일어나지 않는다. 그러므로 '这时个男孩子从房间里走了出来'라고 말할 수 없다.

수사와 양사는 보통 함께 사용되어 수량구를 이룬다. 양사나 수량구 앞에는 지시대사 '这', '那', 의문대사 '哪'가 함께 쓰여 '지시수량구'를 만들 수도 있는데, '这三本(书)', '那件(衣服)', '哪两个(人)' 등과 같다. 지시수량구의 어법기능은 수량구와 기본적으로 같다. 아래에서 수량구를 설명할 때, 일반적으로 지시수량구를 포함시켜 논의할 것이다.

 ## 명량사로 이루어진 수량구의 어법기능

 **명사를 제한하는 관형어로 쓰인다**

① 接着, 他给我讲了一个故事。
　　Jiēzhe, tā gěi wǒ jiǎngle yí ge gùshi.

> 이어서 그는 나에게 이야기를 하나 들려주었다.

② 那个商店大不大?
　　Nàge shāngdiàn dà bu dà?

> 그 가게 커?

③ 杨白劳身上落了一层雪。
　　Yáng Báiláo shēn shàng luòle yì céng xuě.

> 杨白劳의 몸에 눈이 내렸다.

④ 老任这着棋走得好, 有心胸, 有眼力。
　　Lǎo Rèn zhe zhāo qí zǒu de hǎo, yǒu xīnxiōng, yǒu yǎnlì.

> 老任의 이번 수는 잘 두었다, 배짱도 있고 보는 눈도 있어.

일반적으로 수량구의 중간에는 다른 성분이 들어갈 수 없다. 예를 들어 '一新件衣服', '一小开苹果', '两高座楼'라고 할 수 없는 경우와 같다. 이런 구는 '一件新衣服', '一个小苹果', '两座高楼'와 같이 바꾸어야 한다. 하지만 개체양사 뒤에 오는 명사가 표시하는 사물이 다시 나눌 수 있는 것이라면, 수사와 양사 사이에 '大'와 '小' 두 개의 형용사를 쓸 수 있는데, '三大块蛋糕', '五大张纸', '一小条布' 등과 같다. 또한 정해지지 않은 수량을 표시하는 집합양사 앞에도 '两小把米', '一大群人', '一小批货'와 같이 '大', '小'와 같은 형용사를 쓸 수 있다. 그러나 수량이 일정한 '打'와 짝을 이루는 것을 나타내는 '对', '副', '双' 등과 같은 집합양사 앞에서는 '大', '小'로 수식할 수 없다. '厚', '薄', '长' 등의 묘사성 형용사는 몇몇 명사 앞에 놓일 수도 있고, 또한 수량구의 중간에 들어가 쓰일 수도 있는데, '一长排桌子', '三厚册书', '一薄片饼干' 등과 같다. 이렇게 쓰일 수 있는 '수사+양사+명사'의 형식은 제한적으로 사용된다.

차용양사는 원래 명사였으므로 보통 형용사의 수식을 받을 수 있는데, '一满壶酒', '一平碗饭', '三大锅汤', '一小铁盒白糖'과 같다.

② 주어와 목적어로 쓰인다.

만약 수량구의 수식을 받는 명사가 이미 앞 문장에서 언급이 된 경우, 다음 문장에서 이 명사를 다시 이어서 언급하고 싶을 때, 수량구만 말할 수 있는데, 이 때 수량구는 명사를 대체하는 기능을 하게 되며, 결과적으로 수량구는 주어나 목적어가 된다.

① 我从图书馆借来两本书, 一本是英文的, 一本是中文的。

　　Wǒ cóng túshūguǎn jièlái liǎng běn shū, yì běn shì Yīngwén de, yì běn shì Zhōngwén de.

나는 도서관에서 책 두 권을 빌려왔다, 한권은 영어로 된 책이고 한권은 중국어로 된 책이다.

② A : 你这个学期都选了什么课?

　　Nǐ zhège xuéqī dōu xuǎnle shénme kè?

너 이번 학기에 무슨 과목을 신청했어?

　　B : 一门是中国历史, 一门是中文写作, 一门是中国文学。

　　Yì mén shì Zhōngguó lìshǐ, yì mén shì Zhōngwén xiězuò, yì mén shì Zhōngguó wénxué.

중국 역사 한 과목, 중문작문 한 과목, 중국문학 한과목이야.

③ 昨天我们去商店买衣服, 我买了两件, 小李买了一件。

　　Zuótiān wǒmen qù shāngdiàn mǎi yīfu, wǒ mǎile liǎng jiàn, Xiǎo Lǐ mǎile yí jiàn.

어제 우리는 가게에 옷을 사러 갔다. 나는 두 벌을 샀고 小李는 한 벌을 샀다.

③ 술어로 쓰인다.

① 小刘今年十八岁了。

　　Xiǎo Liú jīnnián shíbā suì le.

小刘는 올해 열여덟 살이 되었다.

② 明天十五号。

　　Míngtiān shíwǔ hào.

내일은 15일이다.

③ 现在发书, 每人五本。

　　Xiànzài fā shū, měi rén wǔ běn.

지금 책을 판매합니다, 한사람 당 5권입니다. (앞을 이어 명사 '书'를 생략했음)

④ 서수사로 구성된 수량구는 부사어로 쓰인다.

① 他第一次上街买东西就没有翻译陪着。

Tā dì yī cì shàng jiē mǎi dōngxi jiù méiyǒu fānyì péizhe.

그는 처음으로 통역을 데리고 가지 않고 거리에 나가 책을 샀다.

② 这是我第三次来中国了。

Zhè shì wǒ dì sān cì lái Zhōngguó le.

이번은 내가 세 번째 중국에 온 것이다.

③ 他第三次结婚时，才二十五岁。

Tā dì sān cì jiéhūn shí, cái èrshíwǔ suì.

세 번째 결혼을 할 때 그는 겨우 25살이었다.

2 동량사로 구성된 수량구의 어법기능

① 보어로 쓰인다.

① 老师傅把头轻轻点了一下。

Lǎo shīfu bǎ tóu qīngqīng diǎnle yíxià.

노사부는 고개를 가볍게 끄덕였다.

② 他朝敌人狠狠踢了两脚。

Tā cháo dírén hěnhěn tīle liǎng jiǎo.

그는 적을 향하여 사납게 두 번 걷어찼다.

② 부사어로 쓰인다.

① 为了保障人民群众的身体健康，最近药品几次降价。

Wèile bǎozhàng rénmín qúnzhòng de shēntǐ jiànkāng, zuìjìn yàopǐn jǐ cì jiàng jià.

국민대중의 건강을 보장하기 위하여, 최근 약품값을 몇 차례 내렸다.

② 你看过≪水浒≫吗? 谁三拳打倒了镇关西?

Nǐ kànguo ≪Shuǐhǔ≫ ma? Shéi sān quán dǎdǎole Zhènguānxī.

너 『수호전』 봤니? 누가 주먹 세 방으로 镇关西를 때려눕혔지?

③ 他一把把我拉住，问我为什么昨天没给他打电话。

Tā yì bǎ bǎ wǒ lāzhù, wèn wǒ wèishénme zuótiān méi gěi tā dǎ diànhuà.

그는 덥석 나를 움켜잡더니 어제 왜 그에게 전화를 하지 않았느냐고 물었다.

③ 관형어로 쓰인다.

① 긍정문에 쓰인 경우

① 这场电影演的时间真长。

Zhè chǎng diànyǐng yǎn de shíjiān zhēn cháng.

이 영화의 상영시간은 정말 길다.

② 这趟上海去得很值得，收获不少。

Zhè tàng Shànghǎi qù de hěn zhíde, shōuhuò bùshǎo.

이번에 上海에 간 것은 정말 가치가 있어어, 수확이 적지 않아.

③ 他这一顿打挨得太冤枉了。

Tā zhè yí dùn dǎ ái de tài yuānwang le.

그가 이번에 얻어맞은
것은 너무 억울했다.

동량사가 관형어로 쓰여 주어 앞에 왔을 때, 목적어 앞의 동량사는 보어가 된다. 이렇게 쓰이는 '동량명'구는 그다지 많지 않다.

② '一……也/都＋不/没……' 형식으로 대비초점을 나타내는 문장에서 쓰인다.

④ 我一次京剧也没看过。

Wǒ yí cì jīngjù yě méi kànguo.

나는 경극을 단 한번도
본 적이 없다.

⑤ 他连一遍课文都没念完就跑了。

Tā lián yí biàn kèwén dōu méi niàn wán jiù pǎo le.

그는 본문을 한번도 다
읽지 않고 도망쳐버렸
다.

3 수사, 양사, 수량구 중첩형식의 어법기능

① 수사 '一'는 중첩사용이 가능한데, '하나하나, 일일이'라는 뜻을 나타내며, 부사어로 쓰인다.

① 代表们和大家一一握手。

Dàibiǎomen hé dàjiā yīyī wòshǒu.

대표들은 사람들과 하
나하나 악수했다.

② 他把参观的情况向大家一一做了介绍。

Tā bǎ cānguān de qíngkuàng xiàng dàjiā yīyī zuòle jièshào.

그는 참관했던 상황에
대해 사람들에게 하나
하나 소개했다.

② 양사 역시 중첩이 가능한데, 비교적 용법이 복잡하다.

① 명량사 중첩은 '개체로 구성된 전체', '예외가 없는'이라는 뜻을 나타내며, 일반적으로 전체 중의 하나하나의 개체를 나누어 지칭하는 것에는 사용되지 않는다. 그러므로 대사 '每'의 뜻과는 구별이 된다. '每'는 '전체 중의 개체' 하나하나를 나누어 가리키기도 하고, 또 '개체로 구성된 전체'를 표시하기도 한다. 비교해 보면 다음과 같다.

① 他们班在学习方面每个人都很努力。

Tāmen bān zài xuéxí fāngmiàn měi ge rén dōu hěn nǔlì.

他们班在学习方面个个都很努力。

Tāmen bān zài xuéxí fāngmiàn gègè dōu hěn nǔlì.

걔네 반은 학습 방면에
있어서 모두들 무척 노
력한다.

걔네 반은 학습방면에
있어 모두들 매우 노력
한다.

② 他们在学习方面每个人努力的程度不一样。

Tāmen zài xuéxí fāngmiàn měi ge rén nǔlì de chéngdù bù yíyàng.

*他们在学习方面个个努力的程度不一样。

그들은 학습 방면에 있
어 노력하는 정도가 개
인마다 다르다.

③ 这个孩子每月都生病。

　　Zhège háizi měi yuè dōu shēng bìng.

　　这个孩子月月都生病。

　　Zhège háizi yuèyuè dōu shēng bìng.

④ 这个孩子每个月病一次。

　　Zhège háizi měi ge yuè bìng yí cì.

　　*这个孩子月月病一次。

이 아이는 매달 병이 난다.

이 아이는 매달 병이 난다.

이 아이는 매달 한번씩 병이 난다.

중첩된 명량사는 주어와 관형어로 쓰일 수 있다.

⑤ 我们班的男生个个都英俊。

　　Wǒmen bān de nánshēng gègè dōu yīngjùn.

⑥ 条条大路通罗马。

　　Tiáotiáo dàlù tōng Luómǎ.

⑦ 朵朵葵花向太阳。

　　Duǒduǒ kuíhuā xiàng tàiyáng.

우리 반 남학생들은 모두 다 잘 생겼다.

모든 큰 길은 다 로마로 통한다.

모든 해바라기는 태양을 향한다.

단, 중첩된 명량사는 주어의 관형어만 될 수 있으며, 목적어의 관형어는 될 수가 없다. 그러므로 ‘他的话打动了每个人的心’이라고는 할 수 있지만 ‘他的话打动了人人的心’이라고는 말할 수 없다.
　시간을 표시하는 준량사가 중첩된 경우, 부사어로 쓰일 수 있다.

⑧ 他天天做早操。

　　Tā tiāntiān zuò zǎocāo.

⑨ 这个大队年年超额完成生产任务。

　　Zhège dàduì niánnián chāo'é wánchéng shēngchǎn rènwu.

그는 매일 아침 샤워를 한다.

이 생산대대는 해마다 생산 임무를 초과달성한다.

　‘重’, ‘层’ 등의 양사가 중첩되었을 경우, ‘여러 층으로 포개어진, 겹쳐진 모양, 거듭된 모양’을 뜻하며, 관형어로도 쓰일 수 있고, 부사어로도 쓰일 수 있다. 또한 주어와 목적어 모두를 수식할 수 있다.

⑩ 他们冲破了“四人帮”设置的重重障碍。

　　Tāmen chōngpòle ‘sì rén bāng’ shèzhì de chóngchóng zhàng'ài.

⑪ 虽然重重困难摆在他们面前，但他们并没有退缩。

　　Suīrán chóngchóng kùnnan bǎi zài tāmen miànqián, dàn tāmen bìng méiyǒu tuìsuō.

⑫ 敌人层层设防，但仍然阻挡不住侦察英雄们。

　　Dírén céngcéng shèfáng, dàn réngrán zǔdǎng bu zhù zhēnchá yīngxióngmen.

그들은 ‘사인방’이 설치해놓은 여러 가지 방해물들을 깨버렸다.

거듭되는 어려움이 그들 앞에 놓여있었지만 그러나 그들은 결코 위축되지 않았다.

적들이 여러 겹의 방비를 해놓았지만 그러나 여전히 정찰하는 영웅들을 막지는 못했다.

飞机穿过层层去雾，高度不断下降。

Fēijī chuānguo céngcéng qù wù, gāodù búduàn xià jiàng.

비행기는 겹겹의 안개를 뚫고 고도를 끊임없이 낮췄다.

② 동량사 역시 중첩할 수 있으며 '예외가 없는'이라는 뜻을 나타낸다. 주로 주어로 쓰인다.

① 看电影，回回都少不了他。

　　Kàn diànyǐng, huíhuí dōu shǎo bu liǎo tā.

영화를 볼 때 매 회마다 그가 없어서는 안 된다.

② 他家顿顿吃米饭。

　　Tā jiā dùndùn chī mǐfàn.

그의 집에서는 끼니마다 쌀밥을 먹는다.

③ 수량구 역시 중첩이 가능하며, 관형어로 쓰일 때는 뒤에 '用'을 써야 한다. 이렇게 쓰일 때는 수사 '一'만을 사용한다.

① 桌子上摆着一盘一盘的水果。

　　Zhuōzi shàng bǎizhe yì pán yì pán de shuǐguǒ.

탁자에 쟁반마다 과일이 놓여있다.

② 山下，一条一条的小路通往各个生产队。

　　Shān xià, yì tiáo yì tiáo de xiǎo lù tōngwǎng gè ge shēngchǎnduì.

산 아래의 모든 작은 길들은 다 각 생산대로 통한다.

③ 院子里推着一堆一堆的柴火。

　　Yuànzi lǐ tuīzhe yì duī yì duī de cháihuǒ.

뜰에 몇 무더기의 땔감이 쌓여있다.

또 중첩된 '一'는 생략이 가능하고 생략하는 경우에는 '的'를 사용하지 않는다.

④ 他看着眼前一张张熟悉的面孔，感到无比亲切。

　　Tā kànzhe yǎnqián yì zhāng zhāng shúxī de miànkǒng, gǎndào wúbǐ qīnqiè.

그는 눈앞의 낯익은 얼굴들을 바라보며 비할 바 없는 친밀감을 느꼈다.

⑤ 这时一件件往事又涌上心头。

　　Zhèshí yì jiàn jiàn wǎngshì yòu yǒng shàng xīntóu.

이 때 지나간 일들이 하나하나 가슴 속에서 솟구쳐 올랐다.

이러한 중첩형식은 앞의 '一'가 생략되지 않은 경우만큼 묘사성이 강하지는 않다.

　이렇게 사용되는 중첩수량사는 묘사적인 성격이 강하여 여러 모양으로 묘사되며, 묘사되는 사물은 반드시 개체로 드러나야 하고, 집합양사를 사용하더라도 그 사물은 분리된 형태여야 한다. 따라서 '很多'와는 의미와 기능면에서 차이가 있으며, 화자의 의도가 묘사에 있지 않고, 단지 많다는 것만을 나타내고자 할 때는 중첩양사를 쓰는 것은 바람직하지 않다. 아래 두 개의 틀린 문장을 비교해 보자.

＊看到这里，一个一个的孩子笑了起来。
＊我很喜欢看小说，我想买一本一本的小说。

위 문장의 '一个一个'와 '一本一本'을 '很多'로 바꾸면 문장이 성립된다.

중첩된 수량구는 부사어로 쓰일 수 있는데, 이 경우 보통 동작의 방식을 표시하며, '연속해서'라는 뜻을 나타낸다. 또한 형상화와 개체나열의 작용을 갖는다.

⑥ 孩子们排着队，两个两个地走进教室。

　　Háizimen páizhe duì, liǎng ge liǎng ge de zǒu jìn jiàoshì.

아이들이 줄을 서서 두 명씩 교실로 들어갔다.

⑦ 她把糖水一勺一勺地喂给老大娘喝。

　　Tā bǎ tángshuǐ yì sháo yì sháo de wèi gěi lǎo dàniáng hē.

그는 설탕물을 한 수저씩 노마님에게 먹여드렸다.

중첩된 '一'는 생략할 수 있으며, '地' 역시 생략이 가능하다.

⑧ 天气一天天(地)暖和起来了。

　　Tiānqi yì tiāntiān(de) nuǎnhuo qǐlai le.

날씨가 매일매일 따뜻해진다.

⑨ 我们要把动摇的人一步步(地)争取过来。

　　Wǒmen yào bǎ dòngyáo de rén yí bùbù(de) zhēngqǔ guòlai.

우리는 동요하는 사람들을 차례차례 빼앗아 와야 한다.

동량사로 구성된 수량구는 보통 중첩이 가능하고, 그 용법은 명량사로 구성된 중첩 양사구와 동일하며 아래와 같이 관형어와 부사어로 쓰인다.

⑩ 一次次(的)失败，并没有吓倒他。

　　Yí cìcì(de) shībài, bìng méiyǒu xiàdǎo tā.

계속해서 매번 실패했지만 그 실패는 결코 그를 놀라게 하지 못했다.

⑪ 一场一场的比赛，搞得他精疲力竭。

　　Yì chǎng yì chǎng de bǐsài, gǎo de tā jīng pí lì jié.

계속해서 매번 벌어지는 시합이 그를 기진맥진하게 만들었다.

⑫ (老栓)提着大铜壶，一趟一趟(地)给客人冲茶。

　　Lǎo shuān tízhe dà tóng hú, yí tàng yí tàng (de) gěi kèren chōng chá.

老栓은 커다란 구리 주전자를 들고 차례차례 손님들에게 차를 따라 주었다.

⑬ 铁锤一下一下准确地落在钢钎上。

　　Tiěchuí yíxià yíxià zhǔnquède luò zài gāngqiān shàng.

쇠망치가 한번 또 한번 정확하게 강철 끝 위에 떨어졌다.

⑭ 他觉得身上一阵一阵地发冷，大概是发烧了。

　　Tā juéde shēn shàng yí zhèn yí zhèn de fā lěng, dàgài shì fāshāo le.

그는 조금씩 조금씩 떨리는 것을 느꼈다, 아마 열이 나는 것 같았다.

⑮ 为了纠正我的发音，老师一遍一遍地叫我念课文。

　　Wèile jiūzhèng wǒ de fāyīn, lǎoshī yíbiàn yíbiàn de jiào wǒ niàn kèwén.

나의 발음을 고치기 위해서 선생님은 매번 나에게 본문을 읽으라고 하셨다.

또 이 때는 빈도가 잦음을 의미하고 묘사적인 기능을 갖는다.

이러한 중국어의 양사, 동사, 형용사는 모두 중첩이 가능하며, 각종 중첩형식은 생동감 있게 언어를 표현할 수 있게 해 준다. 또한 위에서 설명한 바와 같이 양사와 수량구의 중첩형식은 모사적인 기능을 가지고 있을 뿐만 아니라 매우 강한 묘사작용도 갖고 있다. 물론 동사와 형용사의 중첩도 특수한 작용을 한다. 이러한 중첩형식을 배울 때는 그 표현기능에 주의해야 하며, 절대 중첩형식을 부사 '很'과 같다고 여겨서는 안 된다. 또한 형용사구 '很多'와 같다고 여겨서도 안 된다.

4 수량사의 문장법 기능

중국어는 명사가 가리키는 것과 실제 언어 환경에서 존재하는 사물과의 관계가 매우 복잡하다. 예를 들어 '一+양사'의 경우, '一个', '一本' 등은 때로 문장 안에서 정확한 수량을 나타내지 않을 수도 있으며, 어떤 명사들은 앞에 수량사가 없어도 '一'의 뜻을 나타낼 때도 있다. 명사 앞에 수량사를 쓰는 지의 여부는 일반적으로 마음대로 정할 수 없는 것이다.

1 일괄지칭(通指), 개별지칭(单指), 한정지칭(定指), 비한정지칭(不定指)

일괄지칭은 명사가 한 종류의 사물을 나타내는 것이다, 그에 반해 개별지칭은 명사가 현실에 존재하는 낱개의 사물 하나를 나타낸다.

① 我很喜欢花。

  Wǒ hěn xǐhuan huā.

나는 꽃을 아주 좋아한다.(일괄지칭)

② 学生的主要任务应该是学习。

  Xuésheng de zhǔyào rènwu yīnggāi shì xuéxí.

학생의 중요한 임무는 당연히 공부이다.(일괄지칭)

③ 一个国家经济发展快慢与政治制度不能说没有关系。

  Yí ge guójiā jīngjì fāzhǎn kuài màn yǔ zhèngzhì zhìdù bù néng shuō méiyǒu guānxi.

한 국가의 경제 발전 속도는 정치제도와 관계가 없다고 말할 수 없다.(일괄지칭)

④ 我最近认识了一个去过南极的人。

  Wǒ zuìjìn rènshile yí ge qùguo nánjí de rén.

나는 최근에 남극에 다녀온 사람을 알았다.(개별지칭)

⑤ 这时一个青年人站起来要求发言。

  Zhèshí yí ge qīngniánrén zhànqǐlai yāoqiú fāyán.

이때 한 젊은이가 일어나서 발언을 요구했다.(개별지칭)

⑥ 桌子上的笔是谁的?

  Zhuōzi shàng de bǐ shì shéi de?

탁자 위의 펜은 누구 것입니까?(개별지칭)

⑦ 这篇文章写得很好。

  Zhè piān wénzhāng xiě dé hěn hǎo.

이 문장은 참 잘 썼다.(개별지칭)

⑧ 你什么时候离开这儿?

  Nǐ shénme shíhou líkāi zhèr?

너는 언제 여기를 떠나니?(개별지칭)

⑨ 你最近看见张老师了吗?

  Nǐ zuìjìn kànjiàn Zhāng lǎoshī le ma?

너 최근에 張선생님 보았니?(개별지칭)

⑩ (售票员对乘客)：票!

  (shòupiàoyuán duì chéngkè): Piào!

(매표원이 승객에게): 표요!(개별지칭)

일괄지칭도 ③의 예처럼 '수량사+명사'의 형식을 쓸 수는 있지만, 보통 ①, ②의 예처럼 수식어를 전혀 갖지 않는 낱개의 명사를 쓴다. '一+양사+명사'의 형식은 일반적으로는 일괄지칭을 나타내지 않는다. 대부분 화제나 주어의 위치에 오는 경우에만 일괄지칭을 나타낸다.

개별지칭은 고유명사, 대사, '수량사+명사'의 형식 및 낱개 명사로 된 형식을 쓸 수 있다. 그러나 명사 하나를 단독으로 쓰면 개별지칭이 가리키는 대상이 제한을 받는다. 이 명사가 나타내는 사물은 보통 화자에게 있어 이미 알고 있는 정보여야 하며, ⑩의 예처럼 일정한 언어 환경이 이루어져야 한다.

한정지칭은 일정한 언어 환경 안에서 명사가 나타내는 사물이, 특히 청자에게 있어, 한정적인 것을 가리킨다. 화자가 한정지칭의 형식을 쓰는 것은 화자가 가리키는 사물이 무엇인지를 청자가 확실하게 알 수 있고, 해당 사물을 같은 류의 다른 사물과 구분해낼 수 있다고 여기기 때문이다. 반면, 비한정지칭이 가리키는 것은 화자는 명사가 가리키는 것을 알고 있지만 청자가 해당 사물을 같은 류의 다른 사물과 구분할 수 없다고 여기므로, 청자에게 있어서는 비한정적인 것이 된다.

① 我最近认识了一个去过南极的人。

    Wǒ zuìjìn rènshile yí ge qùguo nánjí de rén.

나는 최근에 남극에 다녀온 사람을 알았다. (비한정지칭)

② 这时一个青年人站起来要求发言。

    Zhèshí yí ge qīngniánrén zhànqǐlai yāoqiú fāyán.

이때 한 젊은이가 일어나 발언을 요구했다. (비한정지칭)

③ 我家来客人了，不能跟你去看电影了。

    Wǒ jiā lái kèren le, bù néng gēn nǐ qù kàn diànyǐng le.

우리 집에 손님이 오셨어, 너랑 영화 보러 갈 수 없게 되었네.(비한정지칭)

④ A：你去过一个叫巴哈吧的地方吗？

    Nǐ qùguo yí ge jiào Bāhābā de dìfang ma?

너 바하바라는 곳에 가보았니?(한정지칭)

  B：我去过那个岛，很漂亮。

    Wǒ qùguo nàge dǎo, hěn piàoliang.

나 그 섬에 가보았어, 정말 아름답지.(한정지칭)

⑤ 钥匙带了吗？

    Yuèshi dài le ma?

열쇠 가지고 왔어?(한정지칭)

⑥ 我刚才看见小赵了。

    Wǒ gāngcái kànjiàn Xiǎo Zhào le.

나 아까 小赵를 보았어.(한정지칭)

⑦ 你认识我们班一个叫约翰的美国学生吗？

    Nǐ rènshi wǒmen bān yí ge jiào Yuēhàn de Měiguó xuésheng ma?

너 우리 반의 존이라고 하는 미국 학생 알아?(한정지칭)

⑧ 关上窗户！

    Guān shàng chuānghu!

창문을 닫아라!(한정지칭)

⑨ A：昨天发给你们五十道复习题，你复习多少了？

    Zuótiān fā gěi nǐmen wǔshí dào fùxí tí, nǐ fùxí duōshao le?

어제 너희들에게 50개의 복습과제를 주었는데, 복습 얼마나 했니?

  B₁：五十道题我都复习了。

    Wǔshí dào tí wǒ dōu fùxí le.

50개는 저 모두 복습했어요.(한정지칭)

B₂ : 我只复习了一半。

    Wǒ zhǐ fùxí le yí bàn.

한정지칭의 명사는 주로 '지시대사+명사', 대사, 고유명사 등의 형식을 취한다. 명사 하나로 한정지칭을 나타낼 때는, ⑧의 예처럼 반드시 뚜렷한 언어 환경이 있어야 한다. 그리고 '수량사+명사'가 한정지칭을 나타낼 경우, 수량사 뒤에 예문 ⑦의 '我们班……叫约翰的美国学生'처럼 다른 관형어가 오거나, 예문 ⑨ B₁의 '五十道题'처럼 이미 알고 있는 정보가 오는데, 후자의 경우 대개 명사 뒤에 '都'를 써서 총괄한다.

비한정지칭은 대부분 '수량사+명사'의 형식을 이용한다. 단일명사 하나로 비한정지칭을 나타낼 때는 ③의 예처럼 보통 존현문에서만 쓰인다.

또한 명사는 实指와 虚指, 확정지칭(有指)과 불확정지칭(无指)으로 구분된다. 实指는 현실에 확실히 존재하는 사물을 가리키고, 虚指가 가리키는 사물은 현실에 존재할 수도 있고 존재하지 않을 수도 있는, 비한정적인 것이다. 예를 들어 '我们家最近换了一个阿姨'에서 '一个阿姨'는 实指이다. 그리고 '我想找一个人聊聊天'에서 '一个人'은 虚指이다.

확정지칭은 명사가 표현하는 사물이 대화 중에 존재하는 것을 가리킨다. 그 외의 것은 불확정지칭이다. 앞서 말한 한정지칭, 비한정지칭, 일괄지칭, 개별지칭, 实指, 虚指는 모두 확정지칭이다. 불확정지칭은 예를 들어 '他在大学当老师'에서의 '老师'와 같다.

❷ 주어, 목적어 역할을 하는 명사 앞에 수량사를 쓰는 지 여부의 문제

아래에서 우리는 주로 한정지칭과 비한정지칭 그리고 일괄지칭과 개별지칭 등의 개념을 사용하여, 주어와 목적어 역할을 하는 명사 앞에 오는 수량사 용법의 몇 가지 문제를 설명할 것이다.

[1] 이미 알고 있는 정보와 새로운 정보를 표현하는 명사와 수량사의 용법

우리는 중국어의 문장이 일반적으로 이미 알고 있는 정보는 앞에 오고 새로운 정보는 뒤에 온다는 것을 알고 있다. 즉 보통 한 문장은 이미 알고 있는 정보로 시작하여, 새로운 정보를 뒤에 둔다. 이미 알고 있는 정보라 함은 청자가 그것과 그것의 같은 종류의 사물을 구분해 낼 수 있는 정보를 가리킨다. 따라서 한정지칭이 된다. 중국어의 문장은 보통 이미 알고 있는 정보로부터 시작하므로, 보통 한정지칭 명사로 시작한다고 할 수 있으며, 문장머리에 보통 '지시대사+명사', 대사, 고유명사 등의 형식을 취한다.

① 朱自冶如果吃下一碗有面汤气的面，他会整天精神不振，总觉得有点什么事儿不如意。

    Zhū Zìyě rúguǒ chīxià yì wǎn yǒu miàntāng qì de miàn, tā huì zhěngtiān jīngshén bù zhèn, zǒng juéde yǒudiǎn shénme shìr bù rúyì.

② 如果这些地方都吃腻了，他们结伴远行，每人雇上一辆黄包车，或者是四人合乘一辆马车，浩浩荡荡，马蹄声碎。

Rúguǒ zhèxiē dìfang dōu chī nì le, tāmen jié bàn yuán xíng, měi rén gù shàng yí liàng huángbāo chē, huòzhě shì sì rén hé chéng yí liàng mǎchē, hàohào dàngdàng, mǎtí shēng suì.

이곳에서 먹다가 물리면 그들은 떼를 지어 먼 곳으로 갔다. 한 사람마다 황포차를 하나씩 고용하거나 혹은 네 명이서 마차를 함께 탔는데, 그 기세가 등등했고 말발굽 소리가 시끄러웠다.(한정지칭)

③ 会议一结束便要转入正题，为了慎重起见，还不得不抽出一段时间来讨论今日去向何方。

Huìyì yì jiéshù biàn yào zhuǎnrù zhèng tí, wèile shènzhòng qǐ jiàn, hái bùdébù chōuchū yí duàn shíjiān lai tǎolùn jīnrì qùxiàng héfāng.

회의가 끝난 후 곧 정식 의제로 들어갔다. 신중을 기하기 위하여 시간을 내어 오늘 어떤 방향으로 나아갈 것인가를 토론해야 했다.(한정지칭)

그러나 실제 언어에서 모든 문장마다 이미 알고 있는 정보가 있는 것은 아니다. 어쩌면 문장 전체가 새로운 정보여서, 당연히 새로운 정보로 시작할 수도 있다. 예를 들어 서술문이 새로운 정보로 시작할 수 있는데, 이 때 보통 '有'자문을 쓴다.

④ 从前有一个老人，住在大森林里。

Cóng qián yǒu yí ge lǎorén, zhù zài dàsēnlín lǐ.

옛날 어떤 노인이 있었는데 대삼림에 살았습니다.

여기서 동사 '有'는 새로운 정보인 '一个老人' 앞에 놓여서, 새로운 정보를 문장 머리에 오지 않게 하는데, 중국어의 일반 문장구조에 부합된다.

그러나 중국어 문장은 또한 비한정지칭 명사로 시작할 수도 있다.

⑤ 这时三个戴着红领巾的孩子跑上台向获奖者献上了鲜花。

Zhèshí sān ge dàizhe hóng lǐngjīn de háizi pǎoshàng tái xiàng huòjiǎngzhě xiànshàngle xiānhuā.

이때 붉은 스카프를 두른 세 명의 아이들이 무대위로 올라와 수상자들에게 싱싱한 꽃을 증정했다.

⑥ 突然一个人站了起来，要求发言。

Tūrán yí ge rén zhànle qǐlai, yāoqiú fāyán.

갑자기 한 사람이 일어나더니 발언을 요구했다.

이러한 비한정지칭 형식으로 시작하는 문장은 보통 서술체 문장에서 많이 나타나며, 대개 앞에 시간사가 온다. 또한 통신보도나 문어체 성질이 강한 서사를 담고 있는 동화 이야기류에 많이 쓰인다. 대화나, 논문, 묘사, 설명의 문장에서는, 보통 이러한 비한정지칭 명사로 시작하는 문장을 쓸 수 없다.

새로운 정보는 보통 문장의 후반부나 동사의 뒤에 오며 비한정지칭이다. '수량사+명사'의 형식이 가장 보편적으로 쓰인다.

① 那片大茶楼上有几个和一般茶客隔开的房间，摆着木桌、大藤椅，自成一个小天地。

Nà piàn dà chálóu shàng yǒu jǐ ge hé yìbān chákè gékāi de fángjiān, bǎizhe mùzhuō、dà téngyǐ, zìchéng yí ge xiǎo tiāndì.

그 커다란 찻집에는 일반 차 손님들이 있는 곳과 분리된 몇 개의 방이 있었는데, 나무탁자와 커다란 등나무 의자 등이 놓여있어 별세계를 이루고 있었다.(비한정지칭)

② 眼睛一睁，他的头脑里便跳出一个念头：“快和朱鸿兴去吃头汤面!”

   Yǎnjing yì zhēng, tā de tóunǎo lǐ biàn tiàochū yí ge niàntou: "Kuài hé Zhūhóngxīng qù chī tóu tāngmiàn!"

물론 목적어의 위치에도 이미 알고 있는 정보의 한정지칭 명사가 올 수 있다. 여기에는 고유명사, 대사, '지시대사+명사' 등이 속한다.

① 我刚才看见张老师了。

   Wǒ gāngcái kànjiàn Zhāng lǎoshī le.

② 你念一下这个句子。

   Nǐ niàn yíxià zhège jùzi.

③ 你下午能见到小王吗? 请你把这本书交给他。

   Nǐ xiàwǔ néng jiàndào Xiǎo Wáng ma? Qǐng nǐ bǎ zhè běn shū jiāo gěi tā.

② 일괄지칭, 개별지칭을 나타내는 명사와 수량사의 용법
  다음의 문장들을 분석해 보자.

① A : 你去哪儿?

      Nǐ qù nǎr?

   B₁ : 我去买书。

      Wǒ qù mǎi shū.

   B₂ : 我去买一本书。

      Wǒ qù mǎi yì běn shū.

B₁의 '我去买书'의 경우, '书'는 일괄지칭이면서 비한정지칭으로, 화자가 어떤 책을 살 것인지 알 수도 있고, 그렇지 않을 수도 있으며, 한 권만 살 수도 있고, 그렇지 않을 수도 있음을 표현한다. B₂는 개별지칭이면서 역시 비한정지칭이며 화자가 사려는 것은 두 권도 세 권도 아닌 '한 권의 책(一本书)'이다. 어떤 책을 살 지는 예문 ①의 B₂처럼 알고 있을 수도 있고, '我要去买一本书给小王做生日礼物'처럼 모를 수도 있다. 그러나 분명히 청자는 화자가 무슨 책을 사려하는지 모르고 있다. 즉 화자가 자신이 몇 권의 어떤 책을 사려는 지 한정할 수 없을 때, '书'는 일괄지칭을 나타내는 명사 하나만을 써야지 '我去买一本书'처럼 개별지칭을 나타내는 명사형식을 써서는 안 된다.

② 我觉得有点冷，去买件衣服，很快就回来。

   Wǒ juéde yǒudiǎn lěng, qù mǎi jiàn yīfu, hěn kuài jiù huílái.

이 문장에서 '件衣服'는 개별지칭이면서 비한정지칭으로, 새로운 정보를 표현한다. 그러나 화자는 단 한 벌을 살 것이며, 윗옷을 살지 아랫도리를 살지 확실히 알고 있다.

③ (在一个登记处)

    A：你的职业?

       Nǐ de zhíyè?

    B：大夫。

       Dàifu.

(등기처에서)

당신 직업은요?

의사입니다.

여기서의 '大夫'는 불확정지칭이고, 직업을 말하며 앞에 수량사를 덧붙여서는 안 된다.

④ 他父亲是一个大夫，在北京协和医院工作，医术很高明，远近闻名。

Tā fùqīn shì yí ge dàifu, zài Běijīng Xiéhé yīyuàn gōngzuò, yīshù hěn gāomíng, yuǎnjìn wénmíng.

그의 아버지는 의사이다. 北京 协和의원에서 근무하시는데 의술이 아주 뛰어나서 멀리 가까이에 명성이 자자했다.

여기서의 '大夫'는 역시 비록 불확정지칭이지만 '一个'를 붙인 후 구체화되어 묘사의 기능까지 하게 되었다. 따라서 만일 명사가 한 종류의 직업만을 나타낸다면 계사의 목적어, 즉 불확정지칭이 되며, 앞에 수량사를 덧붙일 수 없다. 단지 사람이나 사물을 묘사할 때만 '一+양사' 형식을 덧붙일 수 있다.

参考文献

陈　平　　释汉语中与名词性成分相关的四组概念,中国语文,1987年第2期。

马庆株　　数词、量词的语义成分和数量结构的语法功能,中国语文,1990年第3期。

연습문제

一. 다음 한자를 아라비아숫자로 쓰시오.

一万五千二百三十六
九千六百四十三
三十五万
一千八百二十六亿
十亿五千万零九百二十六
三千二百一十八万零四百

二. 다음 숫자를 읽어보시오.

20805	3692418
62154321	1080
250001	300000000
3/4	4/5
9/28	7/10
1/2	1/1000
80%	2%
95%	3.1416
584.32	1040.52

三. 개수로 다음 숫자를 표시하시오.

99个	9－11个	9个
21个	3－5个	7－9个
23－25岁	18－20岁	69岁

四. '二'이나 '两'을 빈 곳에 채워 넣으시오.

（　）斤三两	十（　）斤	（　）百（　）十五个	（　）万人
（　）米布	（　）亿（　）千万	（　）次	（　）亩
（　）件衣服	（　）个本子	（　）分之一	（　）倍

五. 다음 문장의 옳고 그름을 가려내고 틀린 곳을 바르게 고치시오.

1. 们班有十个来学生。

2. 他已经学了十来课书了。

3. 春节左右王刚要回家乡去一趟。

4. 老师的孩子很小，看上去五岁上下。

5. 某工厂去年生产化肥一千万吨，今年生产两千万吨，今年的产量是去年的一倍。

6. 小梅去天津了，国庆节前后回来。

7. 昨天我去电影院看了电影。

8. 他母亲在图书馆当一个职员，父亲在中学当一个老师。

9. 快看，一个人来了。

10. A：你去哪儿?

    B：去书店买一本书。

    A：买什么书?

    B：不一定，看有什么新书好书没有。

六. 적당한 양사를 빈 곳에 채워 넣으시오.

两（　）铅笔	三（　）衣服	一（　）床
两（　）椅子	这（　）课文	一（　）伞
一（　）黄瓜	一（　）蒜	五（　）梳子
一（　）毛巾	一（　）电视机	两（　）自行车
一（　）国旗	一（　）绳子	三（　）本子
一（　）橡皮	一（　）蛋糕	一（　）汤
一（　）茶	两（　）窗户	一（　）墙
一（　）珍珠	一（　）牛	一（　）狗

七. 필요하다면, 괄호 안에 '一个', '有一个', '这个/些', '那个/些'를 넣으시오.

1. 小李，楼下（　　　　）人找你，你快下去看看吧。
2. 我家有五口人，（　　　　）爸爸、（　　　　）妈妈、（　　　　）姐姐、（　　　　）弟弟和（　　　　）我。
3. 早上外边凉快、空气新鲜，应该打开（　　　　）窗户，下午外边很热，应该关上（　　　　）窗户。
4. 天快黑的时候，（　　　　）绿色的小轿车驶进了校园，在我们宿舍楼前停下，很快从里面走出（　　　　）警察。
5. 我的老师是（　　　　）国际知名的语言学家，他发表了很多文章，去年还出版了（　　　　）新书。
6. 妻子对丈夫：（　　　　）报纸来了，你现在看吗?
7. A：都六点了，怎么（　　　　）客人还不来?
   B：你听，（　　　　）人摁门铃，可能是（　　　　）客人来了。
8. （　　　　）人应该诚实，否则迟早会出（　　　　）问题。
9. 刚才我不小心把（　　　　）花盆碰倒了，（　　　　）花盆打了，（　　　　）花快干死了。
10. 我的职业是（　　　　）英语老师，在（　　　　）大学工作。

八. 옳고 그름을 가려내시오. (옳은 것에 √ 표시를 하시오)

1. A. 老作家用了一年的时间写完了那本书。
   B. 老作家用了一个年的时间写完了那本书。
2. A. 谢利用了十五月的时间写了一篇论文。
   B. 谢利用了十五个月的时间写了一篇论文。
3. A. 回忆往事，一张张熟悉的笑脸又出现在我的眼前。
   B. 回忆往事，张张熟悉的笑脸又出现在我眼前。
4. A. 小刚两三天没上学了。
   B. 小刚三两天没上学了。
5. A. 我去火车站用了一半个小时。
   B. 我去火车站用了一个半小时。
6. A. 那个工人每天裁八十、九十条裤子。
   B. 那个工每天裁八九十条裤子。
7. A. 她每月工资六百左右块钱。
   B. 她每月工资六百块钱左右。
8. A. 他家每年蔬菜产量是三百万多斤。
   B. 他家每年蔬菜产量是三百多万斤。

九. 다음 구절에서 어떤 수사와 양사 사이에 형용사를 넣을 수 있는가? 넣을 수 있다
면 적당한 형용사를 넣으시오. (예: 大、小、长、平、满 등등)

　　如：一(大)把米

 1. 一(　)群孩子   2. 三(　)堆火
 3. 五(　)把椅子   4. 六(　)筐苹果
 5. 两(　)面镜子   6. 一(　)片森林
 7. 一(　)块点心   8. 两(　)棵树
 9. 三(　)碗饭   10. 一(　)条布
11. 七(　)箱衣服   12. 一(　)杯牛奶

제 4 장
동사

제 1 절
동사의 어법특징

동사는 주로 동작행위를 나타낸다. 중국어의 동사 내부 상황은 비교적 복잡하여, 동사마다 다른 어법특징을 갖는다. 그러나 동사와 형용사는 몇몇 공통적인 어법특징을 갖기도 하는데, 이 때문에 모든 동사에 적합하고, 또 동사에만 속하는 어법특징을 개괄하는 것은 매우 어려운 일이다. 여기에서는 단지 몇몇 다수의 동사에 적합한 주요한 어법의 특징을 제시하고자 한다.

1. 문장 안에서 동사는 주로 술어로 쓰이며, 부분적으로 결과보어, 단순문과 정태보어로도 쓰일 수 있다.(第三編 第五章 '보어' 참조) 동사는 경우에 따라서 관형어, 주어(이 경우 사용할 수 있는 술어동사는 제한적이다. 第五章 '형용사' 참조), 목적어(앞부분은 단지 동사성 목적어동사로만 사용된다)와 부사어로도 쓰인다.
2. 동사는 일반적으로 모두 '不'를 사용하여 부정을 나타낼 수 있으며, 대부분의 동사 역시 '没'로 부정을 나타낼 수 있다.
3. 대부분의 동사 뒤에 시태조사인 '了', '着', '过'를 사용할 수 있다.
4. 대부분의 동사는 목적어를 가질 수 있다.

제 2 절
동사의 분류

동사는 여러 기준에 따라 분류할 수 있으며, 여러 다른 분류로 인해 다른 의미와 용도를 갖게 된다. 여기에서는 동사의 몇 가지 주요한 분류를 소개하고자 한다.

 **타동사와 자동사**

동사는 목적어 수반 여부에 따라서 또 어떤 종류의 목적어를 수반하느냐에 따라서 타동사와 자동사로 나눌 수 있다. 타동사는 주로 수사목적어(동작을 받는 자), 대상목적어, 결과목적어를 갖는데, '看(书)', '写(字)', '发动(群众)', '挖(牆)', '打(球)' 등과 같다.

어떤 동사는 목적어를 수반한 뒤 사역의 의미를 나타내는데, 이러한 종류의 동사 역시 타동사에 속하는데, '去皮'가 '使皮去掉(껍질을 벗기다)'의 뜻으로 쓰이는 것과 같다. 이밖에도 '下(蛋:알을 낳다)', '上(顔色:색을 칠하다)', '出(汗:땀을 흘리다)', '平(地:땅을 평평하게 고르다)' 등과 같은 동사들이 사역의 의미를 표시한다.

일정한 언어 환경, 즉 대답하는 말이나 일정한 담화맥락 중에 있는 대다수의 타동사의 목적어는 생략이 가능하다.

① 甲：你听录音吗？

    Nǐ tīng lùyīn ma?

  乙：听。

    Tīng.

너 녹음을 들었니?

들었어.

② 他昨天看过这部电影了，今天怎么又去看？

Tā zuótiān kàngu zhè bù diànyǐng le, jīntiān zěnme yòu qù kàn?

그는 어제 이 영화를 보았어, 오늘 어떻게 또 보러 가니?

'姓', '叫', '属于', '具有', '成为', '等于' 등도 타동사이다. 이러한 타동사는 일반적으로 목적어를 생략할 수 없다.

자동사는 목적어를 수반할 수 없고, 수사목적어를 수반할 수 없는 동사를 말한다. 목적어를 수반할 수 없는 동사로는 '着想', '相反', '问世', '通航', '休息', '指正', '毕业', '送行' 등이 있다. 많은 자동사는 비수사목적어를 가질 수 있다. 자동사가 수반할 수 있는 목적어는 아래와 같다.

1 행위의 장소를 나타내는데, '上山', '回家', '去上海', '出国', '下乡', '出院' 등과 같다.
2 동작행위가 근거한 도구를 나타내는데, '睡床', '过筛子'와 같다.
3 존재, 출현, 소실된 사물, 즉 존현목적어를 나타내는데, '来了两个人', '蹲着一个石狮子', '死了一头牛' 등과 같다.

여기에서 주의해야 할 것은, 어떤 동목구는 결합이 아주 긴밀해서 언어중의 하나의 단어에 해당되기도 하는데, '见面', '握手', '结婚' 등과 같이 뒤에는 다시 목적어를 가질 수 없다. 그러므로 '见面他', '握手你', '结婚她' 등과 같이 말할 수 없다.

또 어떤 동사는 몇 개의 뜻을 포함하고 있어, 타동사와 자동사 두 종류 모두에 속하는데, '去(南京)'의 경우는 자동사에, 그리고 '去(皮)'는 타동사에, '笑了'는 자동사에, '(大家都)笑(他)'는 타동사에 속한다.

2 동작동사, 상태동사, 관계동사와 조동사

1 동작동사

동작동사는 동작행위를 나타내는 동사로, 대부분의 동사가 여기에 속하는데, '吃', '看', '听', '说', '试验', '辩论', '收集', '表演', '通知' 등과 같다. 동작동사는 가장 전형적인 동사로 다음의 어법특징을 가진다.

① 대부분 중첩할 수 있다.
② 대부분 시태조사인 '了', '着', '过'를 수반할 수 있다.
③ '不'와 '没'를 사용하여 부정을 나타낼 수 있다.
④ 동량이나 시단을 나타내는 어구를 수반할 수 있다.
⑤ '来!', '走!'와 같이 청원문을 만들 수 있다.
⑥ 긍부정의문문 형식으로 의문을 나타낼 수 있다.
⑦ 정도부사의 수식을 받을 수 없다. 그러므로 '很吃', '非常跑'와 같이 말할 수 없다.
　 하지만 '很看了一阵子', '很解决问题' 중의 '很'은 뒤의 동사단어를 수식하고 있는
　 것이지, 단순하게 동사만을 수식하는 것은 아니다.

❷ 상태동사

　상태동사는 주로 사람 혹은 동물의 정신이나 심리와 생리상태를 나타내는데, '爱',
'恨', '喜欢', '讨厌', '想(念)', '希望(心理)'과 '聋', '瞎', '瘸', '饿', '醉', '病', '困(生理)'
등이 여기에 속한다. 상태동사는 동작동사와 다른 어법 특징을 갖는데, 다음과 같다.
① 대다수의 상태동사는 정도부사의 수식을 받을 수 있는데, '很饿', '特别喜欢', '十
　 分讨厌' 등과 같다. 그러나 '病', '醒' 등은 정도부사의 수식을 받을 수 없다.
② 상태동사는 청원문을 구성할 수 없다.
③ 심리상태를 나타내는 상태동사는 타동사이며, 생리상태를 나타내는 상태동사는
　 자동사이다.

❸ 관계동사

　관계동사의 어휘의미는 보통 비교적 추상적이다. 주요작용은 주어와 목적어를 연
결시켜, 주어와 목적어 사이에 존재하는 어떤 관계를 표시한다. 그러므로 관계동사
뒤에는 종종 목적어가 오게 되며, 대다수 관계동사의 목적어는 기본적으로 생략할
수 없다. 하지만 관계동사의 수는 많지 않은데, 주요한 관계동사를 예로 들면 아래와
같다.
① '是'(第四编 第二章 第一节 '是'자문 참조)
② '叫'(호칭), '姓', '当作', '成为', '像', '等于' 등.
　이러한 종류의 관계동사의 주요 어법특징은 다음과 같다.
　(1) 대부분 '不'를 사용하여 부정을 표시하는데, 가끔 '没'를 사용하여 부정을 나타내
기도 한다.
　(2) '像'을 제외하고는, 일반적으로 정도부사의 수식을 받을 수 없으며, 목적어를 생
략할 수 없다.
　(3) 일반적으로 중첩하여 쓸 수 없다. '成为', '叫', '等于', '像' 등은 근본적으로 중첩
이 불가능하다.
　(4) 보통 뒤에 시태조사 '了', '着'를 사용하는 경우가 드물다.
　(5) '把'자문의 술어동사로 쓸 수 없다.
　(6) 청원문을 구성할 수 없다.
③ '有'(제4편 제2장 제2절 '有'자문 참조)

④ 조동사

(본 장 제6절 참조)

3 수반하는 목적어에 따른 분류

① 명사성목적어 동사

체언(명사, 대사, 수량사)목적어만을 수반할 수 있는데, '打(电话)', '买(东西)', '开(汽车)', '缝(衣服)' 등과 같다.

② 동사성목적어 동사

용언(동사, 형용사)목적어만을 수반하는 동사를 말하는데, '进行(动员)', '加以(指责)', '开始(研究)', '继续(讨论)', '喜欢(跳舞)' 등과 같다. 이와 같은 종류의 동사에는 '希望', '从事', '给予', '装作', '声明', '值得', '受', '敢于', '企图', '受(到)', '觉得' 등도 속한다.

어떤 동사는 체언목적어를 수반할 수도 있고 또 용언목적어를 수반할 수도 있는데, '记得', '通知', '肯定', '表示', '研究', '准备', '同意', '看(见)', '听', '引起' 등이 여기에 속한다.

③ 주술구목적어를 수반하는 동사

하나의 주술구가 어떤 동사의 목적어가 될 수도 있는데, '我希望你明天早一点来', '刚才我看见有一个人从这儿出去了', '他认为事业最重要的, 家庭不那么重要' 등과 같다. 주술구목적어를 수반할 수 있는 많은 수의 동사는 용언구목적어도 수반할 수 있는데, '希望', '觉得', '怕' 등이 여기에 속한다. 주술구목적어를 수반할 수 있는 동사는 어떤 때에는 그 목적어가 하나의 문장을 넘어서는 경우도 있으며, 심지어는 하나의 단락을 이루기도 한다.

④ 이중목적어 동사

두 개의 목적어를 가질 수 있는 동사를 말한다. '给', '教', '交', '送' 등이 이중목적어 동사에 속하며, '张老师教我们中文', '他给了我一本新书' 등과 같다.

4 지속성동작동사와 비지속성동작동사

어떤 동사가 나타내는 동작은 지속적이고, 반복 진행적이어서 지속성동작동사라고 부른다. '看', '写', '听', '说', '跳', '拍', '敲', '坐', '批', '评', '挂', '放', '租' 등의 동사가 여기에 속한다. 지속성동작동사는 '听着', '他在纸上写着什么', '我看不清楚', '教室里坐着一些学生'과 같이 뒤에 '着'를 가질 수 있다. 또한 대부분의 지속성동작동사는 '你去看看', '他把自己的意见说了说', '大家都表示同意', '进来坐坐吧'와 같이 중첩이

가능하다.

　비지속성동작동사가 나타내는 동작은 비지속적이고, 왕왕 더욱 더 급작스러운데, '死', '散', '懂', '完', '结婚', '成立', '出现', '消失', '来' 등과 같다. 비지속성동작동사 뒤에는 '着'를 쓸 수 없다.

 ## 5 의지동작동사와 비의지동작동사

　동작을 하는 사람이 제어할 수 있는 동작을 나타내는 동사를 의지동작동사라고 부른다. 의지동작동사가 나타내는 동작은 보통 동작자의 뜻에 의해 이루어지는 경우가 많은데, '说', '唱', '学', '买', '打', '骂', '教', '吃', '喝', '帮助' 등과 같다. 의지동작동사는 청원문을 구성할 수 있다.

　동작자가 제어할 수 없는 동작을 나타내는 동사를 비의지동작동사라고 한다. '病', '死', '完', '知道', '怕', '塌', '漏' 등과 같다. 이러한 동사는 청원문을 구성할 수 없다.

제 3 절

동사로 구성된 문장에 관한 문제

　동사술어문 중 동사는 문장의 핵심이다. 일반 언어에서 동사의 용법은 비교적 복잡하다. 많은 언어의 동사는 어법의미를 나타내는 각종의 형태변화가 있다. 중국어의 동사에는 印欧语(인도유럽어)처럼 동사의 형태변화가 없고, 한자의 영향을 받아 사람들이 중국어의 동사는 모두 단독으로 문장을 만드는 것이 용이하다고 느끼게 한다. 그리고 어법의미를 나타내는 어떠한 성분도 필요하지 않다. 실제로 중국어의 동사는 때때로 단독으로 술어로 쓰여 문장을 만들 수 있다. 그러나 조건이 있는데, 많은 경우, 동사, 특히 동작동사는 단독으로 문장을 만들 수 없다. 중국어의 동사는 비록 엄격한 의미상의 형태변화는 없지만 각종 동작을 나타내는 독특한 어법의미의 방식을 갖고 있다. 예를 들어 동사의 뒤에 시태조사를 쓸 수 있는 것과 같다. 동작발생과 상태출현을 나타내는 '了', 동작의 지속을 나타내는 '着', 경험을 나타내는 '过' 등이 그러하다. 또한 각종 보어를 사용할 수 있는데, 결과상태의미를 나타내는 결과보어와 방향보어를 쓸 수 있다. 문장의 표현상 어법의미를 얘기할 때, 일반적으로 술어동사 뒤에 상응하는 조사나 부사어가 필요하다. 동사 하나의 의미만으로는 명확하지 않거나 문장이 성립되지 않는다.(第三编 第五章 '补语'와 本编의 第九章 '助词' 참조) 이것이 바로 하나의 동사가 어떻게 하나의 완전한 문장을 이룰 수 있는지의 문제가 생겨남을 의미한다.

　동사가 어떻게 하나의 완전한 문장을 구성할 수 있는가는 몇 가지의 요소에 따라 결정된다. 아래에는 어떠한 상황에서 동사가 단독으로 문장에 들어갈 수 있는지를 주로 말하고 있는데, 뒤에는 어법의미를 나타내는 조사나 부사가 따라오지 않는다.

 미래에 발생할 (미완성)동작을 서술할 때 쓰인다

① 明天我们学新课。

　Míngtiān wǒmen xué xīn kè.

② 同志，你借什么书？

　Tóngzhì, nǐ jiè shénme shū?

③ 甲：明天你去颐和园吗？

　　　Míngtiān nǐ qù Yíhéyuán ma?

　乙：去。

　　　Qù.

청원문 역시 이러한 상황에 속한다.

④ 走!

　Zǒu!

⑤ 说!

　Shuō!

 종종 일어나는 일이거나 정해진 시간이 없는 동작을 서술할 때 쓰인다.

① 小王每天来。

　Xiǎo Wáng měitiān lái.

② 文化宫常常举办各种展览。

　Wénhuàgōng chángcháng jǔbàn gèzhǒng zhǎnlǎn.

③ 这个队伍我当家。

　Zhège duìwu wǒ dāng jiā.

④ 一个人写文章是为了给别人看。

　Yí ge rén xiě wénzhāng shì wèile gěi biérén kàn.

⑤ 阿里住这个房间吗？

　Ālǐ zhù zhège fángjiān ma?

⑥ 这儿的气候变化无常，一会儿下雪，一会儿刮风。

　Zhèr de qìhòu biànhuà wúcháng, yíhuìr xià xuě, yíhuìr guā fēng.

⑦ 我妹妹喜欢你。

　Wǒ mèimei xǐhuan nǐ.

문장의 제목이나 표어구호 역시 이러한 상황에 속한다.

⑧ 虎穴追踪。

    Hǔxué zhuīzōng.

⑨ 预防流感！

    Yùfáng liúgǎn.

> 호랑이굴을 찾아가다.
>
> 유행성독감을　예방하자!

위의 문장들에서 아래의 특징들을 얻어낼 수 있다.

① 관계동사, 감정을 나타내는 동사나 동사 앞에 조동사가 있을 때, 동사나 동사에 목적어가 더해진 것 모두 문장이 될 수 있다.

② 동작동사가 의문문장과 청원문에서 문제에 대답할 경우, 단독으로 문장이 되는 것은 비교적 쉽다. 그러나 평서문에서는 시간을 나타내는 명사나 부사 등이 필요하다.

❸ 어떤 상태를 설명하거나 묘사는 하지만 동작, 사건, 상태의 발생, 완성이나 실현을 서술하지 않을 경우, 대부분 상태동사나 네 글자로 구성된 고정구가 술어가 되는데, 일반적으로 문학작품이나 기타 문어에서 많이 나타난다. 실제적으로 이러한 문장에서 동작의 발생 역시 확정된 시간은 없다.

① 马志民一向热爱集体。

    Mǎzhìmín yíxiàng rè'ài jítǐ.

> 마즈민은 줄곧 단체를 좋아한다.

② 我珍惜彼得的礼物，更珍惜彼得对中国人民的友谊。

    Wǒ zhēnxī Bǐdé de lǐwù, gēng zhēnxī Bǐdé duì Zhōngguó rénmín de yǒuyì.

> 나는 피터의 선물을 아끼지만, 중국 국민에 대한 피터의 우정을 더 아낀다.

③ 沟两岸崖陡立，沟里云飞雾绕。

    Gōu liǎng'àn yá dǒu lì, gōulǐ yún fēi wù rào.

> 개울 양쪽에는 절벽이 깎아지른 듯 서 있고 개울에는 구름과 안개가 서려있다.

④ 几年来，这个地区发生了巨大的变化，工农业生产蒸蒸日上。

    Jǐ nián lái, zhège dìqū fāshēngle jùdà de biànhuà, gōngnóngyè shēngchǎn zhēng zhēng rì shàng.

> 몇 년 동안 이 지역에는 거대한 변화가 발생하여 공업과 농업생산이 나날이 증가했다.

⑤ 我哥哥在大学教书。

    Wǒ gēge zài dàxué jiāo shū.

> 우리 형은 대학에서 가르친다.

⑥ A：你在这个戏里演什么？

    Nǐ zài zhège xì lǐ yǎn shénme?

    B：演一个工人。

    Yǎn yí ge gōngrén.

> 너는 이 연극에서 무슨 배역을 연기하니?
>
> 노동자를 연기해.

중국어의 4자어는 아주 강한 문장구성 능력을 가지고 있다. 특히 문어나 공식문장에서 그러하다.

 화자가 중점적으로 표현하려는 것이 사실설명, 상황소개이고 동작의 진행을 서술하는 것이 아닐 때, 동작사건을 표시하는 어구를 반드시 시간에 따라 배열해야 하는 것은 아니다. 다시 말해 이러한 종류의 문장은 결코 시간에 따른 발생의 동작, 사건을 진술하는 것이 아니고, 마치 동작이나 사건을 나란히 늘어놓는 것과 같다. 이러한 문장은 몇 개의 절로 이루어진다.

① 昨天，一班参观纺织厂，二班参观人民公社，我们班参观幼儿园。

Zuótiān, yì bān cānguān fǎngzhī chǎng, èr bān cānguān rénmín gōngshè, wǒmen bān cānguān yòuéryuán.

어제, 1반은 방직공장을 참관했고, 2반은 인민공사를, 우리 반은 유아원을 참관했다.

② 英雄的筑路工人和工程技术人员破除迷信，解放思想，精心设计，精心施工。

Yīngxióng de zhùlù gōngrén hé gōngchéng jìshù rényuán pòchú míxìn, jiéfàng sīxiǎng, jīngxīn shèjì, jīngxīn shīgōng.

길을 만드는 영웅적 노동자와 엔지니어 기술자들은 미신을 타파하고 사상을 해방시켰으며, 세심하게 설계하고 정밀하게 시공한다.

③ 去年市里召开模范教师代表大会。会上给模范老师戴红花，表彰先进事迹。市里主要领导还和教师促膝谈心，倾听他们的意见。

Qùnián shì lǐ zhàokāi mófàn jiàoshī dàibiǎo dàhuì. Huì shàng gěi mófàn lǎoshī dài hónghuā, biǎozhāng xiānjìn shìjì. Shì lǐ zhǔyào lǐngdǎo hái hé jiàoshī cù xī tán xīn, qīng tīng tāmen de yìjiàn.

작년에 시에서는 모범 교사 대표대회를 소집했다. 회의에서는 모범 교사들에게 붉은 꽃을 꽂아주었고 앞서간 사적을 표창했다. 시의 중요지도자들은 또한 교사들과 흉금을 터놓고 이야기하며 그들의 의견을 경청했다.

④ 昨天下午在八宝山公墓开追悼会。市委第三书记×××同志主持追悼会，市委书记××同志致悼词。

Zuótiān xiàwǔ zài Bābǎoshān gōngmù kāi zhuīdàohuì. Shì wěi dì sān shūjì ××× tóngzhì zhǔchí zhuīdàohuì, shìwěi shūjì ×× tóngzhì zhìdàocí.

어제 오후 八宝山 공묘에서 추도회를 개최하였다. 시 위원회 제3서기 ×××동지가 추도회를 주도하였고 시위원회 서기 ××동지가 추도사를 읽었다.

위의 문장은 비록 이미 발생한 몇 가지 동작을 나타내지만, 화자는 결코 시간의 순서에 따라 서술한 것이 아니며, 논리나 지위 등에 따라 배열한 것이다.

제목에는 보통 '了'가 없는데, 왜냐하면 제목은 문장의 내용의 개괄이지 서술성 문장이 아니기 때문이다.

 아래의 동사들 뒤에는 일반적으로 시태조사 '了', '着', '过'나 보어를 쓸 수 없다. 그러나 문장의 끝에는 시태조사 '了'를 쓸 수 있다.

1 관계동사 '是', '作为' 등
2 사역의 의미를 갖는 '使', '叫', '让' 등
3 조동사
4 '觉得', '显得', '以为' 등의 동사에는 시태조사나 부사를 쓸 수 없다. '知道', '认识', '明白', '承认'과 '有'는 부사를 쓸 수 없고, 보통 시태조사도 쓸 수 없다. 하지만 '모르다가 알게 되었을 때'나 '없다가 있게 되었을 때'와 같이 변화가 있을 때는 '了'를 쓸 수 있다.

① 他又有了一个新的女朋友。

   Tā yòu yǒule yí ge xīn de nǚpéngyou.

   비교 : 他有女朋友，我没有女朋友。

      Tā yǒu nǚpéngyou, wǒ méi yǒu nǚpéngyou.

② 昨天在晚会上他认识了很多人。

   Zuótiān zài wǎnhuì shàng tā rènshile hěn duō rén.

   비교 : 这个人我认识。

      Zhège rén wǒ rènshi.

③ 他刚才承认了这件事是他干的。

   Tā gāngcái chéngrènle zhè jiàn shì shì tā gàn de.

   비교 : 他承认这件事是他干的。

      Tā chéngrèn zhè jiàn shì shì tā gàn de.

> 그는 또 새 여자친구가 생겼다.
>
> 비교: 그는 여자친구가 있고, 나는 여자친구가 없다.
>
> 어제 저녁파티에서 그는 아주 많은 사람들을 사귀었다.
>
> 비교: 나는 이 사람을 안다.
>
> 그는 아까 이 일이 그가 한 것이라고 인정했다.('이전에 그는 인정하지 않았다'라는 뜻)
>
> 비교: 그는 이 일이 그가 한 것이라고 인정했다.

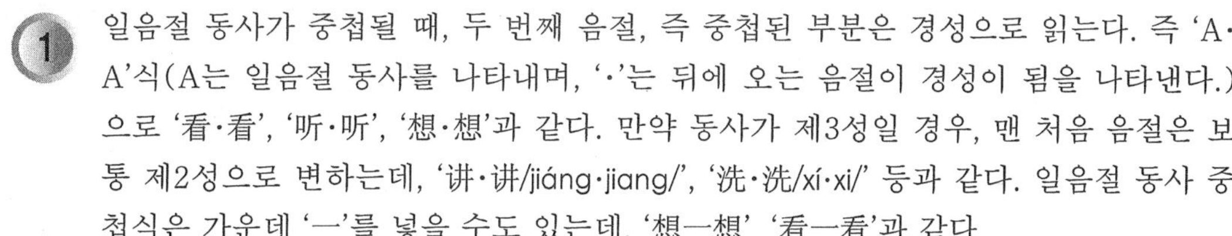

제 4 절

동사의 중첩

> 동사의 중첩은 중국어의 동사가 중첩되어 사용될 수 있음을 가리키는 것이며, 중첩된 동사는 일정한 의미를 나타낼 뿐만 아니라 특별한 표현기능을 갖추고 있다.

1 중첩동사의 방식

① 일음절 동사가 중첩될 때, 두 번째 음절, 즉 중첩된 부분은 경성으로 읽는다. 즉 'A·A'식(A는 일음절 동사를 나타내며, '·'는 뒤에 오는 음절이 경성이 됨을 나타낸다.)으로 '看·看', '听·听', '想·想'과 같다. 만약 동사가 제3성일 경우, 맨 처음 음절은 보통 제2성으로 변하는데, '讲·讲/jiǎng·jiang/', '洗·洗/xí·xi/' 등과 같다. 일음절 동사 중첩식은 가운데 '一'를 넣을 수도 있는데, '想一想', '看一看'과 같다.

② 이음절 동사는 단어를 단위로 삼아 중첩하는 것으로, 즉 'ABAB'식을 말한다. A와 B는 동사의 두 개 음절을 대표하며, 첫 번째 음절은 세게 읽고, 세 번째 음절은 조금 세게, 그리고 두 번째와 네 번째 음절은 경성으로 읽는데, '讨论讨论/tǎo·lun tǎo·lun/', '研究研究/yán·jiuyán·jiu/' 등과 같다.

2 동사중첩의 어법의미

동사중첩의 기본 어법의미는 동작의 지속 시간이 짧거나, 횟수가 적은 것을 나타낸다. 다시 말해 '소량'을 표시한다. 만약 동사가 지속적인 동작을 나타낼 경우, 중첩 후에 동작의 지속적인 시간이 짧음을 표시한다.

① 老四不好意思地笑笑，退回到墙根去了。

　　Lǎo Sì bùhǎoyìsī de xiàoxiao, tuì huídao qiánggēn qù le.

② 祥子咽了口气，咬了咬嘴唇，推门走出来。

　　Xiángzi yànle kǒuqì, yǎole yǎo zuǐchún, tuī mén zǒu chūlai.

③ 我向窗外看了看，一个人也没有。

　　Wǒ xiàng chuāng wài kànle kàn, yí ge rén yě méi yǒu.

老四는 미안하다는 듯이 웃으며 담장 밑으로 물러났다.

祥子는 숨을 삼키고 입술을 깨물며 문을 밀고 나왔다.

나는 창밖을 내다보았지만 한 사람도 없었다.

만일 동사가 비지속성이지만 반복 진행되는 동작을 표시할 경우, 중첩 후에 동작진행의 횟수가 적음을 표시한다.

④ 他用力扯了扯衣角。

　　Tā yòng lì chěle chě yījiǎo.

⑤ 听了我的话，他点了点头，没说话。

　　Tīngle wǒ de huà, tā diǎnle diǎn tóu, méi shuō huà.

⑥ 老师敲了敲了桌子，叫大家注意听。

　　Lǎoshī qiāole qiāo le zhuōzi, jiào dàjiā zhùyì tīng.

그는 힘껏 옷깃을 잡아 당겼다.

나의 말을 듣고 그는 고개를 끄덕이며 말하지 않았다.

선생님은 탁자를 두드리며 모두들 주의해서 들으라고 하셨다.

 **동사중첩의 표현기능**

　동사중첩은 아주 특별한 표현기능을 갖고 있으며, 이러한 기능은 그것의 어법의미에서 온 것이다. 하지만 완전히 같지는 않다. 동사의 중첩형식을 사용할 때는 반드시 주의해야 한다.

　동사중첩의 표현기능과 동작이 일어나는 시간은 밀접한 관계가 있다.

 동작이 아직 일어나지 않은 경우(未然时), 주로 부드러운 말투로 완곡하게 주관적 희망을 표현하는 방식으로 쓰이는데, 이것이 가장 보편적인 동사중첩의 용법이다.

① 你看看，这样写对不对？

　　Nǐ kànkàn, zhèyàng xiě duì bu duì?

② 我的钢笔不见了，你帮我找找。

　　Wǒ de gāngbǐ bú jiàn le, nǐ bāng wǒ zháozhao

③ 你等我一下，我去去就来。

　　Nǐ děng wǒ yíxià, wǒ qùqu jiù lái.

④ 没办法，只好暂时挤一挤。

　　Méi bànfǎ, zhǐhǎo zànshí jǐ yi jǐ.

⑤ 你叫他在外边等一等。

　　Nǐ jiào tā zài wàibiān děng yi děng.

보렴, 이렇게 쓰는 게 맞아?

내 만년필이 보이지 않아, 찾는 것 좀 도와줘.

너 나 좀 기다려줘, 내가 곧 갈게.

방법이 없어, 그저 잠시 좁히는 수밖에.

너 그에게 밖에서 좀 기다리라고 해.

바람이나 소망을 표시하는 '想', '打算', '希望' 등의 동사 뒤의 동사중첩형식에 쓰일 때도 역시 이러한 기능을 갖고 있다.

⑥ 我想出去走走。

   Wǒ xiǎng chūqù zóuzou.

나 좀 나가서 걷고 싶어.

⑦ 我希望详细听听那儿的情况。

   Wǒ xīwàng xiángxì tīngting nàr de qíngkuàng.

나는 그곳의 상황을 좀 자세하게 듣고 싶다.

동사중첩이 이러한 기능을 갖게 되는 이유는 '소량'이라는 일종의 어법의미를 나타내며, 동사를 중첩함으로써 자기의 부탁, 명령, 소망이 힘들이지 않고 쉽게 해낸 것을 표시하며, 상대방이 쉽게 받아들일 수 있게 할 뿐만 아니라, 중첩된 동사를 경성으로 읽음으로써 부드러운 어감을 줄 수 있는 작용을 하기 때문이다. 아래 두 문장을 비교해 보자.

⑧ 老师，这个字很难，你给我们写写。

   Lǎoshī, zhège zì hěn nán, nǐ gěi wǒmen xiéxie.

선생님, 이 글자는 정말 어려워요, 우리 대신 좀 써주세요.

   老师，这个字很难，你给我们写。

   Lǎoshī, zhège zì hěn nán, nǐ gěi wǒmen xiě.

선생님, 이 글자는 정말 어려워요, 우리 대신 써주세요.

첫 번째 문장의 어기는 매우 겸손한 것을 드러낸다.

아직 일어나지 않은 동작이 비교적 편안하면서도 지나치게 심각하거나 엄숙하지 않을 때도 보통 위의 예문 ④, ⑥과 같이 동사중첩식을 쓴다. 다시 아래 두 문장을 비교해 보자.

⑨ A : 我想跟你谈谈。

    Wǒ xiǎng gēn nǐ tántan.

너랑 얘기 좀 하고 싶어.

  B : 我想跟领导谈，不想跟你谈。

    Wǒ xiǎng gēn lǐngdǎo tán, bù xiǎng gēn nǐ tán.

나는 지도자와 얘기하고 싶지, 너와 얘기하고 싶지 않아.

예문 ⑨A는 아주 부드러운 어기에 태도 역시 그렇게 엄숙하지 않고, 마치 편안하게 '얘기하는' 것과 같다. 예문 ⑨B의 어기와 태도는 아주 엄숙한데, 공식적인 대화자리에서 주로 쓰인다.

동사중첩형식 뒤에 '看'을 붙이면, '시험 삼아 해보다'는 의미를 포함한다.

⑩ 这个电视机我修不好，你来修修看。

   Zhège diànshìjī wǒ xiū bù hǎo, nǐ lái xiūxiu kàn.

이 텔레비전을 못 고치겠어, 네가 좀 고쳐볼래.

 이미 일어난 동작에 쓸 경우, 중첩된 동사 사이에 종종 '了'를 붙여, 동작의 지속 시간이 아주 짧은 것을 보여주는데, 보통 두 가지 상황에서 많이 쓰인다.

[1] 몇몇 인체의 동작이 다른 사람들 모두에게 인정되는 특별한 의미를 나타낼 수 있

다. 예를 들면 머리를 흔드는 것은 부정이나 애석함을 표시하고, 머리를 끄덕이는 것은 긍정이나 칭찬 혹은 부름을 나타낸다. 어깨를 툭 치는 것은 관계가 친밀함을 나타내고, 눈썹을 찌푸리는 것은 만족스럽지 못함을, 어깨를 으쓱하는 것은 어쩔 수 없음을, 머리를 긁적거리는 것은 방법이 없음을, 입짓을 하거나 손짓을 하는 것은 지시작용을, 눈을 깜빡이는 것은 졸리거나 이해가 되지 않음을, 혀를 내미는 것은 겸연쩍음을 표시하는 것 등과 같다. 즉 보통 이런 것을 몸짓어라고 한다. 이러한 동작은 보통 지속 시간이 매우 짧음을 나타내며, 동사중첩형식은 이러한 동작을 가장 잘 표현하는 방식이다.

① 小宁伸了伸舌头，不觉摸了一下脑袋，又嘻嘻笑了起来。

  Xiǎo Níng shēnle shēn shétou, bùjué mōle yí xià nǎodài, yòu xīxī xiàole qǐlai.

小宁은 혀를 내밀고 자기도 모르게 머리를 만지며 또 히히 웃기 시작했다.

② 祥子摇摇头："不要紧。"

  Xiángzǐ yáoyao tóu "Bú yàojǐn."

祥子는 고개를 흔들었다. "걱정 마."

③ 他见了我只点点头，没说话。

  Tā jiànle wǒ zhǐ diándian tóu, méi shuō huà.

그는 나를 보자 그저 고개만 끄덕일 뿐 말을 하지 않았다.

② 지속 시간이 절대 길 수 없는 동작에도 쓰인다.

④ 欧阳海看了看停在旁边的火车，又看了看从火车上下来的人，微笑了一下，就闭上了眼睛。

  Ōuyáng Hǎi kànle kàn tíng zài pángbiān de huǒchē, yòu kànle kàn cóng huǒchē shàngxiàlai de rén, wēixiàole yí xià, jiù bìshàngle yǎnjing.

欧阳海는 곁에 멈춰있는 기차를 바라보고 또 기차에 오르내리는 사람들을 바라보며 미소를 띠고 눈을 감았다.

⑤ 徐书记又给他讲了讲酒厂的前途，摆了摆条件。

  Xú shūjì yòu gěi tā jiǎngle jiǎng jiǔchǎng de qiántú, bǎile bǎi tiáojiàn.

徐서기는 또 그에게 술 공장의 앞날에 대해 말하며 조건을 늘어놓았다.

⑥ 善良的铁人羞怯的笑笑，眨巴眨巴眼睛，红了脸。

  Shànliáng de tiěrén xiūqiè de xiàoxiao, zhǎba zhǎba yǎnjing, hóngle liǎn.

착한 철인은 수줍게 웃으며 눈을 깜박거리고 얼굴을 붉혔다.

⑦ 祥子更上了火，他故意把车停住了，掸了掸身上的雪。

  Xiángzǐ gèng shàngle huǒ, tā gùyì bǎ chē tíng zhù le, dǎnle dǎn shēn shàng de xuě.

祥子는 더욱 화가 나서 고의로 차를 정지시키고 몸의 눈을 털었다.

이렇게 쓰이는 동사중첩형식이 표시하는 동작은 비교적 편안한 의미를 나타낸다. 위의 예문 ⑤와 같이 "徐书记又给他讲了酒厂的前途，并摆了有利条件和不利条件。"은 아주 엄숙한 공식 언어에 많이 쓰이는 어투이다.

  이미 일어난 동작을 나타낼 때, 만약 동작이 반드시 하나의 과정을 거쳐야만 완성될 수 있다면 동사중첩형식을 쓸 수 없다. 아래 예문은 모두 틀린 것이다.

*我昨天晚上看了看电影。

*老师上课的时候给我们讲了讲故事。

*我们昨天听了听他的演讲。

*我去年夏天去中国玩玩。

③ 중첩동사는 자주 일어나는 동작 혹은 정해진 시간이 없는 동작을 나타내기도 하는데, 이렇게 쓰일 때는 문장이 종종 '부드럽고', '편하다'는 느낌을 갖는다. 몇 개의 문장을 연이어서 많이 쓴다.

① 他退了休以后, 平常看看书, 下下棋, 和老朋友聊聊天, 倒也不寂寞。

Tā tuìle xiū yǐhòu, píngcháng kànkan shū, xiàxia qí, hé lǎo péngyou liáoliao tiān, dào yě bú jìmò.

그는 퇴직한 이후에 보통 책을 보고 바둑을 두며 친구들과 한담을 나누지만 외롭지는 않다.

② 会议已经开完, 这几天他看看电影, 买买东西, 收拾收拾行李, 就等着回家了。

Huìyì yǐjīng kāi wán, zhè jǐ tiān tā kànkan diànyǐng, máimai dōngxi, shōushi shōushi xíngli, jiù děngzhe huí jiā le.

회의는 이미 다 끝났다. 요 며칠 그는 영화를 보고 쇼핑을 하며 짐을 정리하여 집으로 돌아갈 날을 기다리고 있다.

③ 打打球, 跑跑步, 就不会失眠了。

Dǎda qiú, páopao bù, jiù bú huì shīmián le.

공을 치고 달리기를 하면 불면증이 있을 수 없다.

동사중첩의 (一)과 (三), 두 가지 용법은 동작의 지속 시간이 짧거나 횟수가 적은 것을 나타내지 않기 때문에, 중첩된 동사 앞에 지속 시간이 길다는 것을 나타내는 부사어를 붙일 수가 있다.

④ 为了全面了解情况, 他要多听听, 多看看, 深入调查调查。

Wèile quánmiàn liǎojiě qíngkuàng, tā yào duō tīngting, duō kànkan, shēnrù diàocha diàocha.

전면적으로 상황을 이해하기 위하여 그는 많이 듣고, 많이 보고 깊이 있게 조사를 하려고 한다.

⑤ 我要好好回忆回忆那天的情况。

Wǒ yào hǎohǎo huíyì huíyì nàtiān de qíngkuàng.

나는 그날의 상황을 잘 기억해보려고 한다.

⑥ 你要彻底挖一挖思想根源。

Nǐ yào chèdǐ wā yi wā sīxiǎng gēnyuán.

너는 사상의 근원을 철저하게 파헤쳐야 한다.

⑦ 经常打打球, 游游泳, 对身体有好处。

Jīngcháng dǎda qiú, yóuyou yǒng, duì shēntǐ yǒu hǎochu.

늘 공을 치고 수영을 하면 건강에 좋은 점이 있다.

4 중첩이 가능한 동사의 특성

동사가 중첩이 되는 지의 여부는 동사 자체의 성질에 의해 결정된다. 또한 언어 환경이 다르거나 표현기능이 다르면 중첩 가능한 동사도 완전히 다르게 된다.

① 중첩이 가능한 동사는 주로 동작동사이며, 지속성동작동사와 의지동작도 중첩할 수 있다. 지속성동작동사로는 '看', '笑', '歇', '等', '摇', '拍', '跳', '躺', '坐' 등이 있다. 이

러한 동사는 모두 의지동작동사이다.

어떤 동사들은 보통 비의지 동작을 표시하기도 하는데, 중첩되어 쓰일 때, 제어할 수 있는 의지동작을 나타낸다.

① 不要管我, 你让我哭哭吧!

　　Búyào guǎn wǒ, nǐ ràng wǒ kūku ba!

'哭'는 사람들이 제어할 수 없는 동작이기 때문에 보통 비의지동작동사로 쓰인다. 하지만 위의 예문에서와 같이 '让'이라는 단어 때문에 '哭'가 의지동작으로 바뀌었다.

② 姨夫, 你醒醒!

　　Yífū, nǐ xíngxing!

'醒' 역시 제어할 수 없는 동작이지만 어떤 사람을 깨울 때 중첩되어 쓰일 수 있다.

③ 你咳嗽咳嗽, 没准儿能咳嗽出来。

　　Nǐ késou késou, méizhǔnr néng késou chūlai.

'咳嗽'도 보통 비의지 동작을 표현하지만 위의 예문에서와 같이 의도적으로 진행된 동작으로 바뀌어 쓰였는데, 이럴 때는 의지동작을 표현하게 된다.

비의지 동작동사는 아래와 같이 중첩되어 쓰이지 않는다.

　*刚才他睡了睡, 很快就醒了。

위 예문은 '刚才他睡了一会儿, 很快就醒了。'와 같이 바꾸어 쓸 수 있다.

　*孩子打了针以后, 哭了哭就不哭了。

위의 예문도 '孩子打了针以后, 哭了一会儿就不哭了。'와 같이 바꾸어 쓸 수 있다.

'시험 삼아 해보다'는 의미를 가질 때, 비지속성동사와 비의지동작동사도 중첩할 수 있다.

④ 你摔摔这个瓶子, 看结实不结实。

　　Nǐ shuāishuai zhège píngzi, kàn jiēshi bu jiēshi.

⑤ 杀鸡并不可怕, 不信你杀杀试试。

　　Shā jī bìng bù kě pà, bú xìn nǐ shāsha shìshi.

⑥ 你叫他生生孩子, 他就知道做母亲的甘苦了。

　　Nǐ jiào tā shēngsheng háizi, tā jiù zhīdào zuò mǔqin de gānkǔ le.

⑦ 你敢爱她, 你爱爱她试试, 有你的苦头吃。

　　Nǐ gǎn ài tā, nǐ ài'ai tā shìshi, yǒu nǐ de kǔtou chī.

③ 심리상태를 나타내는 동사와 형용사도 중첩할 수 있는데, 보통 사역의 의미를 갖는다.

⑧ 我一定可以把小东西还是活蹦乱跳地找回来，叫你高兴高兴。

Wǒ yídìng kěyǐ bǎ xiǎo dōngxi háishi huó bēng luàn tiào de zhǎo huílái, jiào nǐ gāoxing gāoxing.

내가 반드시 그 쥐새끼 같은 놈을 신나게 찾아 돌아와서 너를 기쁘게 해줄게.

⑨ 你们下来凉快凉快吧。

Nǐmen xiàlái liángkuai liángkuai ba.

너희들 내려와 피서 좀 해.

⑩ 我就是叫你知道知道我的厉害。

Wǒ jiùshì jiào nǐ zhīdao zhīdao wǒ de lìhai.

내가 얼마나 대단한지 네가 알도록 해줄 거야.

④ 문어보다 구어에서 쓰이는 동사 중에 중첩이 가능한 동사가 많고 이음절 동사보다 일음절 동사가 중첩되는 경우가 더 많다. 그리고 동사의 중첩형식은 문어보다는 주로 구어에서 쓰인다.

5 중첩동사의 통사 특징

① 현재 진행되고 있는 동작을 나타내는 동사는 중첩할 수 없는데, '*我正在看看书', '*他们听一听音乐呢'와 같다. 또한 시태조사 '着', '过'가 뒤에 붙을 경우 동사는 중첩할 수 없다.

② 중첩된 동사는 일반적으로 문장의 술어로 쓰이며, 주어와 목적어로도 쓰인다. 하지만 부사어와 보어로는 쓰이지 않는다.

① 看看是必要的。

Kànkan shì bìyào de.

살펴보는 것은 필요한 일이야.

② 他总喜欢多看看，多听听，不喜欢下车伊始哇啦哇啦地发议论。

Tā zǒng xǐhuan duō kànkan, duō tīngting, bù xǐhuan xià chē yī shǐ wālā wālā de fā yìlùn.

그는 항상 많이 보고 듣는 것을 좋아하지, 상황 판단도 하기 전에 꽥꽥거리며 논의하는 것을 좋아하지 않는다.

③ 중첩된 동사가 부정형식으로는 아래 두 경우 외에는 잘 쓰이지 않는다.

① 의문문이나 반어문에서 원망을 나타낸다.

① 你也不想想，他的话还有真的?

Nǐ yě bù xiǎngxiang, tā de huà hái yǒu zhēn de?

너도 생각해보지 않았니, 그의 말에 그래도 진실이 있을 거라고?

② 他怎么没等等我?

Tā zěnme méi déngdeng wǒ?

그는 왜 나를 기다리지 않았니?

② 가정이나 조건을 나타내는 축약문에 쓰인다.

① 对这种人，不教训教训不行。

　　Duì zhè zhǒng rén, bú jiàoxun jiàoxun bùxíng.

이런 종류의 인간에게 는 교훈을 주지 않으면 안돼.

② 这个问题不调查调查就弄不清楚。

　　Zhège wèntí bù diàocha diàocha jiù nòng bu qīngchu.

이 문제는 조사하지 않 으면 확실해지지 않을 거야.

6 동사의 기타 중첩방식

 1 'V来V去' 형식

동사는 몇몇 방향보어(来, 去)와 함께 중첩되어 쓰인다. 이때, 동작의 반복 혹은 교대로 진행되는 것을 나타낸다.

① 在公园里，我看见蝴蝶在花丛中飞来飞去。孩子们在旁边跑来跑去。

　　Zài gōngyuán lǐ, wǒ kànjiàn húdié zài huācóng zhōng, fēilái fēiqù. Háizimen zài pángbiān pǎolái pǎoqù.

공원에서 나는 나비가 꽃무더기 사이에서 날 아다니는 것을 보았다. 아이들이 곁에서 뛰어 다녔다.

② 他焦急地在房间里走来走去，不知道怎么办好。

　　Tā jiāojí de zài fángjiān lǐ zǒulái zǒuqù, bù zhīdào zěnme bàn hǎo.

그는 조급하게 방안에 서 서성이며 어떻게 하 는 게 좋을지 알 수 없 어했다.

③ 我想来想去想出来一个好办法。

　　Wǒ xiǎng lái xiǎng qù xiǎngchūlai yí ge hǎo bànfǎ.

나는 이런저런 생각을 하다가 좋은 방법을 생 각해냈다.

④ 大家讨论来讨论去，最后决定比赛推迟到下周举行。

　　Dàjiā tǎolùn lái tǎolùn qù, zuìhòu juédìng bǐsài tuīchí dào xiàzhōu jǔxíng.

모두들 토론을 하다가 마침내 시합을 다음 주 에 거행하는 것으로 연 기하기로 결정했다.

또한 두 개가 동시에 일어나고 의미가 관련된 동사와 '来, 去'를 같이 사용할 수 있다.

⑤ 他念诗的时候头不停地摇来摆去，非常可笑。

　　Tā niàn shī de shíhou tóu bùtíng de yáo lái bǎi qù, fēicháng kěxiào.

그가 시를 읽을 때 머리 를 끊임없이 흔들거려 서 굉장히 우스웠다.

⑥ 他们两个推来挡去，这个回合一直打了有两分钟，最后小白把乒乓球打出了界外。

　　Tāmen liǎng ge tuī lái dǎng qù, zhège huíhé yìzhí dǎle yǒu liǎng fēnzhōng, zuìhòu Xiǎo Bái bǎ pīngpāngqiú dǎchūle jièwài.

그들 둘은 서로 밀고 당 기면서 이번 랠리를 2 분이나 이어갔다. 마침 내 小白가 탁구공을 선 밖으로 나가게 했다.

⑦ 我们在上课，你怎么老是出来进去的。

　　Wǒmen zài shàng kè, nǐ zěnme lǎoshì chūlái jìnqù de.

우리가 수업 중인데 너 는 왜 그렇게 늘 들락날 락 하는 거냐.

한편, 동사 뒤에는 '过来, 过去'를 덧붙일 수도 있다.

① 夜已经很深了，还有人在我的窗前走过来走过去，害得我睡不着觉。

Yè yǐjing hěn shēn le, hái yǒu rén zài wǒ de chuāng qián zǒu guòlai lai zǒu guòqu, hài de wǒ shuì bù zháojiào.

밤이 이미 매우 깊었지만 아직도 누군가가 내 창문 앞에서 서성이는 바람에 내가 잠드는 것을 방해했다.

② 这件事她说过来说过去不知说了多少遍了。

Zhè jiàn shì tā shuō guòlai shuō guòqu bù zhī shuōle duō shao biàn le.

이 일에 대해 그는 계속 말을 해서 몇 번이나 말했는지 알 수 없을 지경이다.

② 'V₁V₁V₂V₂' 형식

어떤 동사는 '说说笑笑', '打打闹闹', '游游逛逛', '拖拖拉拉', '推推搡搡', '拍拍打打', '来来往往', '比比划划' 등과 같이 'V₁V₁V₂V₂' 형식으로 중첩되어 쓰인다. 또한 어떤 때는 '嘻嘻哈哈', '蹦蹦跳跳', '吹吹拍拍', '磕磕拌拌', '进进出出' 등과 같이 의미가 서로 관련이 있는 두 개의 단어가 중첩되어 쓰이는 경우도 있다. 이 때의 형식과 기능은 거의 형용사와 같다고 볼 수 있다.

① 孩子们整天蹦蹦跳跳的，非常活泼可爱。

Háizimen zhěngtiān bēngbēng tiàotiào de, fēicháng huópō kě'ài

아이들은 하루 종일 팔짝팔짝 뛰어다니니 정말 발랄하고 귀엽다.

② 你办事老是拖拖拉拉的，真急死人了。

Nǐ bàn shì lǎoshì tuōtuō lālā de, zhēn jí sǐ rén le.

너는 일을 할 때마다 언제나 질질 끄니 정말 사람 급해 죽겠다.

③ 他们俩一天到晚嘻嘻哈哈的，老是无忧无虑的样子。

Tāmen liǎ yì tiān dào wǎn xīxī hāhā de, lǎoshì wú yōu wú lǜ de yàngzi.

그들은 아침부터 저녁까지 깔깔거리며 언제나 아무 근심도 없는 모습이다.

위와 같이 술어로 쓰일 경우, 뒤에 늘 '的'가 붙는다.

④ 他们两个人说说笑笑地走进了教室。

Tāmen liǎng ge rén shuōshuo xiàoxiao de zǒujìnle jiàoshì.

그들 둘은 웃고 떠들면서 교실로 들어왔다.

⑤ 他推推搡搡地把犯人带了进来。

Tā tuītui sǎngsang de bǎ fànrén dàile jìnlái.

그는 밀치면서 범인을 데리고 들어왔다.

⑥ 他们一伙为游游逛逛地来到了一条热闹的大街上。

Tāmen yì huǒ wéi yóuyóu guàngguàng de láidàole yì tiáo rènao de dàjiē shàng.

그들은 이것저것 구경을 하면서 떠들썩한 거리로 들어섰다.

위와 같이 부사어로 쓰일 경우, 뒤에 늘 '地'가 붙는다.

제 5 절
동사, 명사의 겹품사 문제

어떤 동사는 명사의 어법특징이나 기능을 가지고 있는데, 이러한 류의 단어를 동·명 겹품사라고 한다. 동·명 겹품사는 아래의 몇 종류가 있다.

 어떤 동사는 일종의 동작행위를 나타내기도 하고, 또 일종의 구체적 사물을 가리키기도 한다. 단어의 의미관계는 아주 밀접한데, 전자는 동사로 후자는 명사로 쓰인 것이다. 이러한 류의 동사로는 다음과 같은 것이 있다.

摆 늘어놓다/진자, 추	包 싸다/포대, 가방	保管 보관하다/보관	报道 보도하다/보도
报告 보고하다/보고	笔译 서면번역하다/서면번역	病 병나다/병	裁判 심판하다/심판
参谋 조언하다/상담역	残废 장애인이 되다/장애인	沉淀 가라앉다, 침전하다/침전	陈设 늘어놓다/진열
称呼 부르다, 일컫다/호칭	代办 대신해주다/대리자	刺 찌르다/가시	代表 대표하다/대표
导演 감독하다/감독	点 점찍다/점	垛 쌓아올리다/장벽	调度 지도하다/지시, 배치
雕塑 조각하다/조소, 조각	对话 대화하다/대화	翻译 번역하다/통역	堆 쌓다/무더기
俘 사로잡다/포로	规划 계획하다/계획	合唱 합창하다/합창	合奏 합주하다/합주
汇报 총괄보고하다/종합보고	贿赂 뇌물을 주다/뇌물	祸害 해치다/재해	计划 계획하다/계획
记录 기록하다/기록	鉴定 감정하다/감정	剪辑 편집하다/편집	检讨 검토하다/검토
间隔 간격을 두다/간격	建筑 건축하다/건축	警卫 경비하다/경비	看守 지키다/지킴
口译 구두번역하다/구두번역	练习 연습하다/연습	领导 이끌다/지도자	埋伏 매복하다/매복
命令 시키다/명령	陪同 동행하다/동행	批示 지시를 내리다/지시	设计 설계하다/디자인
批注 비평과 주해를 달다/평어와 주해		声明 성명을 내다/성명서	说明 설명하다/설명
速记 속기하다/속기	随从 수행하다/수행	通报 통고하다/통고	通告 알리다/알림
通令 훈령을 내리다/훈령	通知 통지하다/통지	统计 통계 내다/통계	统帅 통수하다/통솔자
突起 갑자기 나타나다/돌기	写生 사생하다/사생	展览 전시하다/전시	侦探 정탐하다/정탐
证明 증명하다/증명	指挥 지휘하다/지휘	指示 지시하다/지시	主编 총편하다/총편집인
主演 주연을 맡다/주연	注解 주해하다/주해	注释 주석을 달다/주석	装备 설비하다/설비
装置 장치하다/장치	组合 조합하다/조합	组织 조직하다/조직	

 어떤 동사는 수량사나 성질이나 수량을 표시하는 형용사의 수식을 받기도 한다.

① 他有一个爱好。

　　Tā yǒu yí ge àihao.

　　그는 취미가 하나 있다.

② 上级给了他一个很严重的处分。

　　Shàngjí gěile tā yí ge hěn yánzhòng de chǔfèn.

　　상급자가 그에게 아주 엄한 처분을 내렸다.

③ 通过学习，我们有很大收获。

　　Tōngguò xuéxí, wǒmen yǒu hěn dà shōuhuò.

　　공부를 통해 우리는 아주 큰 수확을 얻었다.

동사가 이렇게 쓰일 때, '不'로 부정할 수도 없고, 목적어도 갖지 못하며, 시태조사 '了', "着", '过'도 갖지 못하는 등 동사의 어법적 특징을 잃어버리고, 명사의 특징을 지닌다. 이러한 류의 동사는 명사에 겸하여 속한다.

爱好 취미	爱护 애호	安排 안배	保障 보장	保证 보증
报复 보복	帮助 도움	比喻 비유	变化 변화	标志 표지
表示 표시	表演 공연	部署 부서	参考 참고	尝试 맛보기
惩罚 징벌	成就 성취	刺激 자극	处分 처분	触动 충돌
创造 창조	答复 대답	打击 타격	打算 계획	调查 조사
锻炼 단련	对比 대비	发明 발명	发现 발견	反复 반복
反映 반영	反应 반응	飞跃 도약	分析 분석	讽刺 풍자
负担 부담	改变 변경	改革 개혁	改进 개조	改善 개선
干扰 방해	感受 감명	革新 혁신	更正 개정	工作 작업
贡献 공헌	构思 구상	估计 예측	顾虑 고려	关怀 관심
规定 규정	号召 호소	幻想 환상	回答 대답	会战 결전
活动 활동	纪念 기념	寄托 기탁	记载 기록	假定 가정
建议 건의	奖励 장려	教导 이끌다	教训 교훈	教育 교육
揭发 계발	结合 결합	解释 해석	借鉴 참고	决定 결정
警告 경고	开始 시작	抗议 항의	考查 조사	考虑 생각
考验 시험	拉拢 회유	捏造 날조	判断 판단	判决 판결
批判 비판	批评 비평	陪衬 안받침	偏向 편향	评价 평가
评论 평론	迫害 박해	欺骗 사기	启发 계발	企图 시도
迁就 타협	牵制 견제	遣责 질책	倾向 경향	区别 구별
曲解 곡해	缺欠 결함	认识 알다	声援 성원	胜利 승리
失败 실패	失算 오산	实验 시험	示范 시범	试探 타진
试验 시험	收获 수확	束缚 속박	探索 탐색	提高 제고
体会 깨닫다	体现 체현	体验 체험	挑衅 도발	突变 돌변
突破 돌파	推测 추측	退步 퇴보	歪曲 왜곡	妄想 망상
威胁 위협	诬蔑 비방	污辱 모욕	侮辱 모욕	误会 오해
希望 희망	习惯 습관	限制 제한	象征 상징	消遣 소일
信任 신임	预感 예감	援助 원조	运动 운동	折磨 구박
诊断 진단	震动 진동	支援 지원	转折 곡절	作用 작용

제 6 절

조동사

조동사는 의미상 두 종류로 나누어 볼 수 있다. 한 종류는 바람이나, 도리, 사리, 주객관 조건, 가치에 대한 주관적 판단을 표시하며, 다른 한 종류는 사건 발생의 가능성에 대한 판단을 표시한다.

바람의 표시 :	要	想	愿意	肯	敢
도리, 사리 판단의 표시 :	应该	应当	应	该	得(děi)
주객관적 조건 판단의 표시 :	能	能够	可以		
용납, 허락의 표시 :	能	可以	可	准	许 得(dé)
평가 표시 :	配	值得			
가능의 표시 :	可能	会	要	得(děi)	能

 **조동사의 어법특징**

조동사 중 바람의 표시를 나타내는 조동사는 어법기능과 어법특징 방면에서 비동작동사와 매우 유사하다.

 대다수의 조동사는 단독으로 술어가 될 수 있는데, 주로 대답할 때 나타난다.

① 甲：明天你能去看电影吗？

　　　Míngtiān nǐ néng qù kàn diànyǐng ma?

　　乙：能。

　　　Néng.

갑: 내일 너 영화 보러 갈 수 있니?

을: 갈 수 있어.

② 甲：这儿可以吸烟吗？

　　　Zhèr kěyǐ xīyān ma?

　　乙：可以。

　　　Kěyǐ.

갑: 여기서 담배 피워도 되니?

을: 피워도 돼.

다른 경우, 어떤 조동사는 때로 단독으로 술어로 쓰일 수 있다.

③ 你去可以，他去也可以。

　　Nǐ qù kěyǐ, tā qù yě kěyǐ.

네가 가도 괜찮고 그가 가도 괜찮다.

④ 这样做应该。

　　Zhèyàng zuò yīnggāi.

이렇게 하는 것이 마땅해.

2 긍정, 부정을 병렬의 방식으로 사용하여 의문 표시를 할 수 있다.

① 你想不想看这本书?

　　Nǐ xiǎng bu xiǎng kàn zhè běn shū?

　　너 이 책을 보고 싶지 않니?

② 他今天能不能打球?

　　Tā jīntiān néng bu néng dǎ qiú?

　　너 오늘 공 칠 수 있니?

③ 一天到晚白看书，会不会遭人家的白眼?

　　Yì tiān dào wǎn bái kàn shū, huì bu huì zāo rénjia de báiyǎn?

　　아침부터 저녁까지 책만 보면 사람들이 백안시하지 않을까?

3 일부 부사의 수식을 받을 수 있다. 하지만 다른 조동사는 수식을 받을 수 있는 상황이 각기 다르다.

① 那伙人对他这么好，从此以后他更得铁了心跟它们在一起。

　　Nà huǒ rén duì tā zhème hǎo, cóngcǐ yǐhòu tā gèng děi tiěle xīn gēn tāmen zài yìqǐ.

　　그 사람들이 그에게 이렇게 잘하니 앞으로 그는 더더욱 굳은 마음으로 철석같이 그들과 함께 해야 할 것이다.

② 硬让我去，一定得捅出乱子来。

　　Yìng ràng wǒ qù, yídìng děi tǒngchū luànzi lái.

　　억지로 나를 가게 하면 분명히 난리가 날 거야.

③ 我去可以，你去也可以。

　　Wǒ qù kěyǐ, nǐ qù yě kěyǐ.

　　내가 가도 되고 네가 가도 돼.

④ 他这样说话很不应该。

　　Tā zhèyàng shuō huà hěn bù yīnggāi.

　　그가 이렇게 말하는 건 정말 말도 안돼.

⑤ 没问题，明天他当然会来。

　　Méi wèntí, míngtiān tā dāngrán huì lái.

　　문제없어, 내일 그는 당연히 올 거야.

4 조동사의 목적어로는 동사(구), 형용사(구), 주술구만 될 수 있고, 명사나 대사는 목적어로 쓰일 수 없다. 물론 몇몇 숙어는 예외이다.

① 可能遇到什么大事呢? 能够把江姐救出来么?

　　Kěnéng yùdào shénme dàshì ne? Nénggòu bǎ Jiāng jiě jiùchūlai ma?

　　아마 무슨 큰 일이 일어난 거지? 江姐를 구해낼 수 있을까?

② 对，不会错，这个纪延风一定是老纪的女儿。

　　Duì, bú huì cuò, zhège Jì Yánfēng yídìng shì Lǎo Jì de nǚ'ér.

　　맞아, 틀림없을 거야, 纪延風은 분명히 老纪의 딸일 거야.

③ 今天应该小张值班

　　Jīntiān yīnggāi Xiǎo Zhāng zhíbān.

　　오늘은 小张이 당직해야 해.

④ 在这场斗争中，要立场坚定，旗帜鲜明。

　　Zài zhè chǎng dòuzhēng zhōng, yào lìchǎng jiāndìng, qízhì xiānmíng.

　　이번 투쟁에서는 입장이 확실해야 하고 주장이 선명해야 해.

⑤ 조동사는 중첩할 수 없고, '了', '着', '过' 등의 시태조사도 수반할 수 없다.

⑥ 조동사의 주요 기능은 술어 역할을 하는 것인데, 이 때 그 뒤의 성분은 전부 조동사의 목적어가 된다. '应该的事多着呢, 可不一定能实现'과 같이 때때로 관형어 역할을 하기도 한다.

 2 조동사를 포함한 문장 구조특징

① 허락이나 용납의 의미만 있으면 조동사는 연결하여 쓸 수 있다.

① 明天我可能要去天津。

   Míngtiān wǒ kěnéng yào qù Tiānjīn.

내일 나는 아마 天津에 갈 거야.

② 我想他会答应我们的要求的。

   Wǒ xiǎng tā huì dāying wǒmen de yāoqiú de.

나는 그가 우리의 요구에 응할 거라고 생각해.

③ 他应该能做到这一点。

   Tā yīnggāi néng zuòdaò zhè yì diǎn.

그는 이것을 해낼 수 있을 거야.

② 조동사의 목적어는 부정형식으로 쓰일 수 있다.

① 能不去就不去。

   Néng bú qù jiù bú qù.

안가도 되면 가지 마라.

② 你可以不理他。

   Nǐ kěyǐ bù lǐ tā.

너는 그를 신경 쓰지 않아도 돼.

부정형식의 조동사도 부정형식의 목적어를 동반할 수 있다.

③ 你不会不同意吧?

   Nǐ bú huì bù tóngyì ba?

너 동의하지 않는 거 아니지?

④ 他不应该不来。

   Tā bù yīnggāi bù lái.

그는 오지 않으면 안 된다.

'(不)配', '(不)值得' 뒤에는 의미상 이미 결정된 것을 말하기 때문에 부정형식의 목적어를 쓸 수 없다.

③ 조동사의 목적어는 어기사를 제외하고 그 뒤에 있는 모든 단어와 구를 포함한다. 때때로 조동사의 목적어 자체가 하나의 동목구조일 때도 있다.

① 你能解决这个问题。

    Nǐ néng jiějué zhège wèntí.

너는 이 문제를 해결할 수 있어.

조동사의 목적어로 쓰인 동사의 대상도 문장 맨 앞으로 와서 화제가 될 수도 있다.

① ´这个问题你能解决。

    Zhège wèntí nǐ néng jiějué.

이 문제를 너는 해결할 수 있어.

또한 '关于', '对于' 등과 함께 부사어로 쓰일 수도 있다.

① 我们要认真地解决人民群众的生活问题。

    Wǒmen yào rènzhēn de jiějué rénmín qúnzhòng de shēnghuó wèntí.

우리는 인민군중의 생활문제를 진지하게 해결해야 한다.

② ´对于人民群众的生活问题，我们要认真地解决。

    Duìyú rénmín qúnzhòng de shēnghuó wèntí, wǒmen yào rènzhēn de jiějué.

인민군중의 생활문제에 대하여 우리는 진지하게 해결하여야 한다.

4 부사어와의 관계

조동사 자체는 수식을 받을 수 있다. 단, 일반적으로 부사만 사용된다.

① 父亲也快要睡了。

    Fùqīn yě kuài yào shuì le.

아버지도 곧 잠드실 거야.

② 你这样做很不应该。

    Nǐ zhèyàng zuò hěn bù yīnggāi.

너 이렇게 해서는 정말 안돼.

조동사는 '把'자문이나 '被'자문의 술어동사가 될 수 없다. 즉 '*你今天把这本书应该看完'과 같이 개사 '把', '被'로 구성된 부사어의 뒤에 쓰일 수 없다. 그러므로 이 문장은 '你今天应该把这本书看完'과 같이 말해야 한다. 다시 말해 조동사의 목적어는 보통 '把', '被'로 이루어진 부사어를 가질 수 있다. 또한 조동사 앞에는 일반적으로 묘사성 부사어나 '跟', '给', '向' 등의 개사로 구성된 부사어는 올 수 없다.

조동사를 포함한 문장에서 전체 술어 역시 부사어를 가질 수 있는데, 일반적으로 시간, 장소, 목적을 표시하거나 '对于', '关于' 등으로 구성된 부사어이다. 부사어는 조동사 앞에도 올 수 있고 문장의 앞에도 올 수 있다.

③ 我今天要处分你呢？

    Wǒ jīntiān yào chǔfèn nǐ ne?

내가 오늘 너를 처벌해야 하나?

④ 你在家应该多学习学习。

    Nǐ zài jiā yīnggāi duō xuéxí xuéxí.

너 집에서 공부 많이 해야 한다.

⑤ 今天，我们要在这里建设起人造平原。

　　Jīntiān, wǒmen yào zài zhèlǐ jiànshè qǐ rénzào píngyuán.

⑥ 我们主张，对发展中国的经济援助，应当尊重受援国的主权。

　　Wǒmen zhǔzhāng, duì fāzhǎn Zhōngguó de jīngjì yuánzhù, yīngdāng zūnzhòng shòuyuán guó de zhǔquán.

오늘 우리는 이곳에 인조평원을 건설하려 한다.

우리는 중국을 발전시키는 경제원조에 대하여 마땅히 원조를 받는 나라의 주권을 존중해야 한다고 주장한다.

조동사의 목적어로는 부사어가 쓰일 수 있다. 또한 목적어 역할을 하는 단어와 관련 있는 어떠한 부사어도 다 쓰일 수 있다. 예를 들어 중심어가 동사일 경우, 부사어는 일반 동사술어문의 부사어와 같다. 즉 시간, 장소, 목적, 대상을 나타내는 어구가 올 수도 있고, 묘사성 어구가 올 수도 있다.

⑦ 这样，我就不得不把游湖的计划延长一天了。

　　Zhèyàng, wǒ jiù bùdébù bǎ yóu hú de jìhuà yáncháng yì tiān le.

이렇게 되어 나는 호수를 유람하려는 계획을 하루 연기하지 않을 수 없었다.

⑧ 有时，一天要给几百人看病。

　　Yǒu shí, yì tiān yào gěi jǐ bǎi rén kàn bìng.

어떤 때에는 하루에 수백 명의 환자를 보아야 한다.

⑨ 但是，他一定得来，而且一定得早来。

　　Dànshì, tā yídìng děi lái, érqiě yídìng děi zǎo lái.

그러나 그는 반드시 와야만 했다, 게다가 반드시 일찍 와야만 했다.

⑩ 你应该痛痛快快地玩几天。

　　Nǐ yīnggāi tòngtong kuàikuài de wán jǐ tiān.

너는 통쾌하게 며칠 놀아야만 해.

만약 목적어가 형용사나 주술구일 경우, 목적어에 포함될 수 있는 부사어는 제한을 받게 된다. 즉 시간, 범위, 어기 등을 표시하는 제한성 부사어만 가능하다.
　하나의 문장 중에서 조동사의 부사어와 전체 술어의 부사어, 그리고 목적어 속에 포함된 부사어는 각각 역할이 다르기 때문에 마음대로 바꿀 수 없다.

⑪ 工资也要做适当地调整。

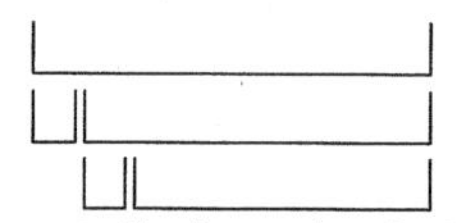

　　Gōngzī yě yào zuò shìdàng de tiáozhěng.

임금을 적당하게 조정해야만 한다.

⑫ 你不要光写他救人的事。

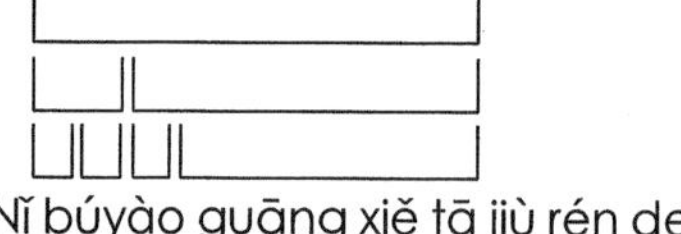

　　Nǐ búyào guāng xiě tā jiù rén de shì.

너는 그저 그가 사람을 구한 일만 써서는 안 된다.

部队明天就要走了。

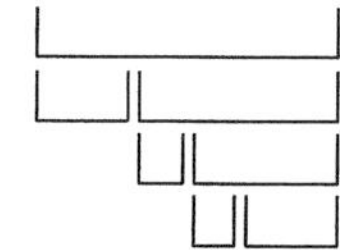

　　Bùduì míngtiān jiù yào zǒu le.

부대는 내일 떠날 것이다.

어떤 어구는 문장 전체나 조동사를 수식하는 부사어가 될 수도 있고, 술어동사의 부사어가 될 수도 있다. 하지만 위치와 작용이 다르고 사용하는 경우와 나타내는 뜻도 달라진다.

⑭ 你能明天走吗?

    Nǐ néng míngtiān zǒu ma?

你明天能走吗?

    Nǐ míngtiān néng zǒu ma?

> 내일은 갈 수 있니?('네가 오늘 혹은 다른 날 가는 것'을 바라지 않는다는 뜻을 포함함)
>
> 내일 갈 수는 있니?('내일' '갈' 수 있는 조건이 되는 지 안 되는 지를 주로 묻는 것임)

⑮ 你应该在北大学一门外语。

    Nǐ yīnggāi zài Běidà xué yì mén wàiyǔ.

你在北大应该学一门外语。

    Nǐ zài Běidà yīnggāi xué yì mén wàiyǔ.

> 너는 외국어 한 과목을 北京대학에서만 배워야만 한다.('다른 곳이 아닌 北京대학에서 외국어를 배워야 한다'는 뜻)
>
> 너는 北京대학에서 외국어 한 과목을 배워야만 한다.('北京대학에 있는 기간에 외국어 한 과목을 배워야만 한다.'는 뜻)

⑯ 我在家里总想睡觉。

    Wǒ zài jiā lǐ zǒng xiǎng shuì jiào.

我总想在家里睡觉。

    Wǒ zǒng xiǎng zài jiālǐ shuì jiào.

> 나는 집에 있을 때는 늘 잘 생각만 한다.('집에 있을 때에는 늘 자고 싶다'는 뜻)
>
> 나는 늘 잠은 집에서만 자고 싶다.('집 이외의 곳에서는 자고 싶지 않다'는 뜻)

부사어가 조동사 앞에 있을 때는 동작자가 어떤 시간이나 장소에서 무언가를 하려고 하거나 어떤 일을 할 가능성이 있음을 나타낸다. 반면 조동사 뒤에 부사어가 올 때는 동작자가 하려고 하는 것을 표시하거나 또는 어떤 시간이나 장소에서 어떤 일을 할 지도 모른다는 것을 나타낸다.

 3 조동사의 분류

 1 要

1 어떤 일을 하고자 하는 바람을 나타낸다.

① 他看我年纪大了, 每月都把我要买的东西送来。

    Tā kàn wǒ niánjì dà le, měi yuè dōu bǎ wǒ yào mǎi de dōngxi sònglai.

> 그는 내가 나이 많은 것을 알고 매달 내가 사려고 하는 물건을 보내온다.

② 毕业以后, 我还要回到农村来。

    Bìyè yǐhòu, wǒ hái yào huí dào nóngcūn lai.

> 졸업한 뒤에 나는 다시 농촌으로 돌아가려 한다.

③ 你们要把愫方怎么样?

    Nǐmen yào bǎ Sùfāng zěnmeyàng?

> 너희는 愫方을 어떻게 할 건데?

④ 这个孩子，今天非要去动物园不可。

    Zhège háizi, jīntiān fēi yào qù dòngwùyuán bùkě.

이 아이, 오늘 동물원에 가지 않으면 안돼.

부정의 뜻을 나타낼 때 북쪽 사람들은 '不要'를 쓰지 않고, '不想', '不打算'을 사용한다.

⑤ 甲：他要去东北，你呢？

    Tā yào qù Dōngběi, nǐ ne?

   乙：我不想去东北。

    Wǒ bù xiǎng qù Dōngběi.

갑: 그는 동북지방에 가려고 해, 너는?

나는 동북지방에 가고 싶지 않아.

⑥ 甲：今天晚上我要看电影，你看不看？

    Jīntiān wǎnshang wǒ yào kàn diànyǐng, nǐ kàn bu kàn?

   乙：我不打算看。

    Wǒ bù dǎsuàn kàn.

오늘 저녁에 나는 영화를 보려고 해, 너 볼래?

나는 볼 생각이 없어.

반면, 남쪽 사람들은 '不要'를 사용한다.

⑦ 这种滥电影我不要看。

    Zhè zhǒng làn diànyǐng wǒ búyào kàn.

이런 엉망진창인 영화를 나는 보고 싶지 않아.

⑧ 我不要吃这么甜的东西。

    Wǒ búyào chī zhème tián de dōngxi.

나는 이렇게 단 음식은 먹고 싶지 않아.

② 도리상 혹은 이치상의 필요를 표시할 때, '要'는 '应该', '须要'의 의미를 가지며, 주로 아직 발생하지 않은 상황을 나타낼 때 쓴다.

① 这么好的青年，当然要表扬了。

    Zhème hǎo de qīngnián, dāngrán yào biǎoyáng le.

이렇게 훌륭한 젊은이는 마땅히 표창해야만 해.

② 你不要送了，把大娘交给我吧。

    Nǐ búyào sòng le, bǎ dàniáng jiāo gěi wǒ ba.

너 보낼 필요 없어, 마님을 내게 넘기지.

③ 这个方法也要介绍到老百姓那里去。

    Zhège fāngfǎ yě yào jièshào dào lǎobǎixìng nàlǐ qù.

이 방법도 백성들에게 소개해야 한다.

④ 要建立和健全合理的规章制度。

    Yào jiànlì hé jiànquán hélǐ de guīzhāng zhìdù.

건전하고 합리적인 법규제도를 세워야 한다.

⑤ 干活的时候可要用脑子好好想一想。

    Gàn huó de shíhou kě yào yòng nǎozi hǎohāo xiǎng yi xiǎng.

일을 할 때에는 언제나 머리를 써서 잘 생각해야 한다.

③ '可能', '会'의 의미를 표시할 때 '要'를 쓴다. 그러나 '能', '会'보다 어감이 더 강하다.

① 你这样自以为是是要栽跟头的。

　　Nǐ zhèyàng zì yǐ wéi shì shì yào zāi gēntou de.

② 脱离群众，十个有十个要失败。

　　Tuōlí qúnzhòng, shí ge yǒu shí ge yào shībài.

부정의 의미를 나타낼 때에는 '不会', '不可能'을 사용한다.

③ 甲：你这样固执是要出问题。

　　　Nǐ zhèyàng gùzhí shì yào chū wèntí.

　　乙：你放心，不会(不可能)出问题。

　　　Nǐ fàngxīn, bú huì(bù kěnéng) chū wèntí.

④ 일종의 견해, 평가를 표시하는 비교문에서 '要'를 쓴다.

① 天气预报说今天气温上升，我怎么觉得今天比昨天要冷一点呢？

　　Tiānqì yùbào shuō jīntiān qìwēn shàngshēng, wǒ zěnme juéde jīntiān bǐ zuótiān yào lěng yìdiǎn ne?

② 报告说明年的经济形势要比今年好。

　　Bàogào shuō míngnián de jīngjì xíngshì yào bǐ jīnnián hǎo.

③ 我觉得姐姐要比妹妹聪明。

　　Wǒ juéde jiějie yào bǐ mèimei cōngmíng.

　'要'는 다른 의미와 용법으로도 많이 쓰인다. 예를 들어 '索取(독촉하다)', '要求(요구하다)'나 '将要(곧…하려고 하다)', '如果(만약)', '要么(또는, 그렇지 않으면)'의 뜻을 표시할 때도 쓰인다.

❷ 想

조동사 '想'은 '소망', '…하려고 하다'는 뜻으로 사용된다.

① 他想尽可能了解他们，然后再做他们的思想工作。

　　Tā xiǎng jǐnkěnéng liǎojiě tāmen, ránhòu zài zuò tāmen de sīxiǎng gōngzuò.

② 甫志高几次想问，却不好启齿。

　　Fǔ Zhìgāo jǐ cì xiǎng wèn, què bù hǎo qǐchǐ.

③ 除了我，谁也别想打败他。

　　Chúle wǒ, shéi yě bié xiǎng dǎbài tā.

④ 小刘，我想跟你聊聊。

    Xiǎo Liú, wǒ xiǎng gēn nǐ liáoliao.

⑤ 今天的活动我不想参加了。

    Jīntiān de huódòng wǒ bù xiǎng cānjiā le.

'要'와 비교해 보면, '想'은 일종의 소망이나 생각을 나타내는 반면, '要'는 의지를 나타내어 어감상 더 강하다. 그러므로 '要' 앞에는 '一定'이나 '非…不可'와 같은 강렬한 소망, 의지를 나타내는 어구를 쓸 수 있지만, '想'은 그렇지 못하다. '想'은 정도가 낮음을 표시하는 '有(一)点儿'을 덧붙일 수 있다.

⑥ 这个孩子非要抽烟不可，你说怎么办？

    Zhège háizi fēi yào chōuyān bùkě, nǐ shuō zěnme bàn?

⑦ 如果你一定要去，我也拦不住你。

    Rúguǒ nǐ yídìng yào qù, wǒ yě lán bu zhù nǐ.

⑧ 我有点儿想去游泳，你去吗？

    Wǒ yǒudiǎnr xiǎng qù yóuyǒng, nǐ qù ma?

그러나 '很'은 '想' 앞에만 쓸 수 있다.

⑨ 听说那个地方很有意思，我很想去看看。

    Tīngshuō nàge dìfang hěn yǒu yìsi, wǒ hěn xiǎng qù kànkan.

'想'은 '思念(그리워하다)', '思索(깊이 생각해보다)'라는 뜻의 동사로도 쓰인다.

③ 愿意

'…하기를 원하다, 좋아하다'의 뜻으로, 주관적인 바람을 나타낸다.

① 今天下午有一个学术报告谁愿意去听？

    Jīntiān xiàwǔ yǒu yí ge xuéshù bàogào shéi yuànyì qù tīng?

② 我愿意和你一起去，不愿意一个人去。

    Wǒ yuànyì hé nǐ yìqǐ qù, bú yuànyì yí ge rén qù.

③ 给人家当保姆你愿意吗？

    Gěi rénjia dāng bǎomǔ nǐ yuànyì ma?

④ A：小梅答应跟我结婚了吗？

      Xiǎo Méi dāying gēn wǒ jiéhūn le ma?

   B：我劝了半天，她还是不愿意。

      Wǒ quànle bàntiān, tā háishi bú yuànyì.

④ 肯

① 주관적인 바람을 표시한다. 경우에 따라 '일정한 노력을 하다, 어려움을 극복하다' 의 뜻을 포함하기도 한다.

① 只要你肯帮忙，工厂就撑得起来。

  Zhǐyào nǐ kěn bāngmáng, gōngchǎng jiù chēng de qǐlai.

  네가 기꺼이 도우려고 만 한다면 공장을 지탱할 수 있을 거야.

② 遇到困难，他最肯動脑筋、想办法。

  Yùdào kùnnan, tā zuì kěn dòng nǎojīn、xiǎng bànfǎ.

  어려움에 부닥쳤을 때 그는 가장 머리를 써서 방법을 생각해내려고 한다.

③ 在学习方面，小李是肯下功夫的。

  Zài xuéxí fāngmiàn, Xiǎo Lǐ shì kěn xià gōngfu de.

  공부 방면에 있어 小李는 열심히 하고자 한다.

② 유리한 사정이나 조건을 다른 사람에게 가능한 한 양보함을 나타낸다. 평서문에서 자주 부정형식으로 사용되고, '自己不肯(자신이 기꺼이 …하려고 하지 않는다)'이라고 말할 수 있다.

① 大家都很渴，但这杯水谁都不肯喝。

  Dàjiā dōu hěn kě, dàn zhè bēi shuǐ shéi dōu bù kěn hē.

  모두들 매우 목이 말랐다. 그러나 이 컵의 물은 누구도 마시려 하지 않았다.

② 还有这么多工作要做，她怎么肯先走？

  Hái yǒu zhème duō gōngzuò yào zuò, tā zěnme kěn xiān zǒu?

  이렇게 많은 일을 더 해야 하는데 그녀가 어떻게 먼저 가려 하겠어?

③ 다른 사람의 요구에 동의함을 나타낸다.

① 你答应我的条件我才肯去。

  Nǐ dāying wǒ de tiáojiàn wǒ cái kěn qù.

  네가 나의 조건에 대답해야만 내가 가겠어.

② 无论敌人怎么威胁利诱，小虎子始终不肯说出八路军的住处。

  Wúlùn dírén zěnme wēixié lìyòu, Xiǎo Hǔzi shǐzhōng bù kěn shuōchū bālùjūn de zhùchù.

  적들이 어떻게 협박하고 유혹할지라도 小虎子는 시종일관 팔로군이 머무는 곳을 말하려 하지 않았다.

③ 工人们坚持所提出的条件，一点也不肯让步。

  Gōngrénmen jiānchí suǒ tíchū de tiáojiàn, yìdiǎn yě bù kěn ràngbù.

  노동자들은 제시한 조건을 굳게 지키며 조금도 양보하려 하지 않았다.

⑤ 敢

① 담력이나 용기를 갖고 일처리 함을 나타낸다.

① 这主意，多少辈人都在想，就是不敢动手。

  Zhè zhǔyì, duōshao bèi rén dōu zài xiǎng, jiùshì bù gǎn dòngshǒu.

  이 의견은 여러 세대의 사람들이 다 생각했던 것이지만 감히 행동으로 옮기지 못했다.

② 你挺起腰杆来，看他敢怎么样你！

  Nǐ tǐng qǐ yāogǎn lai, kàn tā gǎn zěnmeyàng nǐ!

  너 허리를 펴라, 그가 너를 감히 어떻게 할 건지 보자고!

③ 他不敢不答应大家的要求。

　　Tā bù gǎn bù dāying dàjiā de yāoqiú.

　　그는 모두의 요구에 감히 응하지 않을 수 없었다.

② 자신 있게 판단을 내릴 수 있음을 나타낸다.

① 我敢保证，明天一定能完成任务。

　　Wǒ gǎn bǎozhèng, míngtiān yídìng néng wánchéng rènwu.

　　내가 감히 보증한다, 내일 반드시 임무를 완성할 거야.

② 我不敢肯定他会不会同意这个意见。

　　Wǒ bù gǎn kěndìng tā huì bu huì tóngyì zhège yìjiàn.

　　나는 그가 이 의견에 동의할지 안할지 감히 긍정할 수가 없다.

③ 事情能不能办了我不敢说，但是我一定会尽力。

　　Shìqing néng bu néng bànle wǒ bù gǎn shuō, dànshì wǒ yídìng huì jìnlì.

　　일이 이루어질지 안 될지 나는 감히 말할 수 없다. 그러나 나는 반드시 최선을 다할 거야.

6 应该，应当，应，该

① 사실상 혹은 도리상의 필요를 표시하며, 이미 발생했거나 아직 발생하지 않은 상황에서 모두 사용할 수 있다.

① 我们应该为人民做更多的贡献。

　　Wǒmen yīnggāi wèi rénmín zuò gèng duō de gòngxiàn.

　　우리는 마땅히 인민을 위하여 더욱 많은 공헌을 하여야 한다.

② 他没有什么困难，你不应该给他这么多钱。

　　Tā méi yǒu shénme kùnnan, nǐ bù yīnggāi gěi tā zhème duō qián.

　　그에게는 어떠한 어려움도 없다. 너는 그에게 이렇게 많은 돈을 주어서는 안돼.

③ 这种情况应当结束了。

　　Zhè zhǒng qíngkuàng yīngdāng jiéshù le.

　　이런 상황은 마땅히 끝나야만 해.

④ 这是一个革命者应有的品质。

　　Zhè shì yí ge gémìngzhě yīngyǒu de pǐnzhì.

　　이것은 혁명가에게 반드시 있어야 하는 품성이야.

⑤ 明天该种麦子了。

　　Míngtiān gāi zhǒng màizi le.

　　내일 보리를 심어야 해.

② 예측 혹은 추측을 나타내며, 이미 발생했거나 아직 발생하지 않은 상황에서 모두 사용할 수 있다.

① 都六点了，他该来了。

　　Dōu liù diǎn le, tā gāi lái le.

　　6시야, 그가 올 때가 되었는데.

② 此项决议顺利贯彻应无问题。

　　Cǐ xiàng juéyì shùnlì guànchè yīng wú wèntí.

　　이 결의가 순조롭게 통과되는 것은 문제가 없다.

③ 他是个聪明人，应该明白我的意思。

　　Tā shì ge cōngmíng rén, yīnggāi míngbai wǒ de yìsi.

　　그는 총명한 사람이니 나의 뜻을 확실히 알 것이다.

‘应该’, ‘应当’의 용법은 기본적으로 같다. 단독으로 질문에 대답할 수 있고, 뒤에 주술구를 목적어로 가질 수 있다. 문어와 구어 모두에서 사용할 수 있다. ‘应’과 ‘该’는 단독으로 질문에 대답할 수 없고, 주술구를 목적어로 사용할 수도 없다. ‘应’은 주로 문어에 쓰이며, ‘该’는 구어에 많이 사용된다. ‘该’는 동사로도 쓰이는데, ‘我唱完了, 该你了’와 같이 ‘차례가 돌아오다’의 뜻으로 쓰인다.

⑦ 得(děi)

1 도리상 혹은 사실상의 필요를 나타내고, ‘应该’에 비해 어기가 더 긍정적이고 구어적이다.

① 以后可得小心点儿。

　　Yǐhòu kě děi xiǎoxīn diǎnr.

앞으로 조심해야 한다.

② 咱们还得赶紧想办法，找到鸡蛋的主人。

　　Zámen hái děi gǎnjǐn xiǎng bànfǎ, zhǎodào jīdàn de zhǔrén.

우리는 빨리 방법을 생각해내어 달걀 주인을 찾아야 한다.

③ 崔治国是革命干部，他回来也得跟群众站在一条线儿上!

　　Cuī Zhìguó shì gémìng gànbù, tā huílái yě děi gēn qúnzhòng zhàn zài yì tiáo xiànr shàng!

崔治国은 혁명 간부이다. 그가 돌아오면 군중들과 같은 노선에 서야 한다.

부정 형식은 ‘不用’, ‘不必’로 써야 하며, 구어에서는 ‘甭’을 쓸 수도 있다.

① 你不用/不必/甭道歉，这不是你的错。

　　Nǐ búyòng / búbì / béng dàoqiàn, zhè bú shì nǐ de cuò.

너는 미안하다고 할 필요 없어, 이것은 네 잘못이 아니니까.

② 这次去外海没有他了，你不用/不必/甭通知他了。

　　Zhè cì qù wàihǎi méi yǒu tā le, nǐ búyòng / búbì / béng tōngzhī tā le.

이번에 외해에 가는데 그가 없다고 해서 너 그에게 알려줄 필요 없어.

③ 告诉他，不必/不用/甭不好意思，这是他该得到的。

　　Gàosu tā, búbì / búyòng / béng bù hǎoyìsi, zhè shì tā gāi dédào de.

그에게 일러줘, 미안해할 필요 없다고, 이것은 그가 가져야만 하는 것이니까.

2 예측, 추측을 나타내고, ‘会’에 비해 어기가 더 긍정적이다.

① 你一回来，小兰准得高兴。

　　Nǐ yì huílái, Xiǎo Lán zhǔn děi gāoxìng.

네가 돌아오기만 하면 小兰은 분명히 기뻐할 거야.

② 这个丫啊，我看早晚得当了我的儿媳妇。

　　Zhège yātou a, wǒ kàn zǎowǎn děi dāngle wǒ de érxífù.

이 계집아이, 내가 보기에 언제든 내 며느리가 될 것이야.

③ 她那泼辣劲儿一上来，还不得经常吵呀!

　　Tā nà pōlà jìnr yì shànglái, hái bù děi jīngcháng chǎo ya!

그녀가 그 못된 성질을 부리면 늘 싸우지 않을 수 있겠냐!

④ 这件衣服得好几百块吧?

　　Zhè jiàn yīfu děi hǎo jǐ bǎi kuài ba?

이 옷 몇 백 원은 되겠지?

평서문에서 쓰이는 부정 형식은 '不会', '不可能'이다.

⑧ 能, 能够

☐1 주관적으로 어떤 능력이 있음을 나타낸다.

① 刚来中国的时候，我连一个汉字也不认识，怎么能看中文书呢？

   Gāng lái Zhōngguó de shíhou, wǒ lián yí ge hànzì yě bú rènshi, zěnme néng kàn Zhōngwén shū ne?

막 중국에 왔을 때 나는 한자 한 글자도 몰랐는데 어떻게 중국어 책을 볼 수 있었겠어?

② 这个机器的马达坏了，不能开动了。

   Zhège jīqì de mǎdá tà huài le, bù néng kāidòng le.

이 기계의 모터가 고장났어, 움직일 수가 없네.

③ 打猎的越来越近，都能听见马跑的声音了。

   Dǎliè de yuèláiyuè jìn, dōu néng tīngjiàn mǎpǎo de shēngyīn le.

사냥하는 사람들이 점점 더 가까워져서 말발굽소리도 들을 수 있었다.

☐2 어떤 객관적인 조건을 갖추고 있음을 나타낸다.

① 今天气温低，水能结成冰。

   Jīntiān qìwēn dī, shuǐ néng jiéchéng bīng.

오늘 기온이 내려가서 물이 얼어 얼음이 될 거다.

② 时间还早，九点钟以前能赶回。

   Shíjiān hái zǎo, jiǔ diǎn zhōng yǐqián néng gǎn huí.

시간이 아직 일러, 9시 전에 서둘러 돌아올 수 있을 거야.

☐3 도리상 허가를 나타내고, 주로 의문문과 부정문에 사용된다.

① 天这么晚了，我不能让你走!

   Tiān zhème wǎn le, wǒ bù néng ràng nǐ zǒu.

시간이 이렇게 늦었는데, 너를 가게 할 수는 없어.

② 陈胜对吴广说：“我们不能去渔阳送死，应该起义反抗。”

   Chénshèng duì Wúguǎng shuō: "wǒmen bù néng qù Yúyáng sòng sǐ, yīnggāi qǐyì fǎnkàng."

陈胜이 吴广에게 말했다. "우리는 渔阳으로 가서 그냥 죽을 수는 없소, 봉기해서 반항해야만 하오."

③ 病人病情危急，不能坐等。

   Bìngrén bìngqíng wēijí, bù néng zuò děng.

환자의 병세가 위중하여 그냥 앉아서 기다릴 수만은 없었다.

☐4 허가(허용)를 나타내고, 의문문과 부정문에 자주 사용된다.

① 没有我的命令你不能动。

   Méi yǒu wǒ de mìnglìng nǐ bù néng dòng.

내 명령이 없으면 너 움직여서는 안 된다.

② 那是集体的财产，我怎么能让你随意破坏？

   Nà shì jítǐ de cáichǎn, wǒ zěnme néng ràng nǐ suíyì pòhuài?

그것은 단체 재산이야, 내가 어떻게 네게 맘대로 파괴하라고 할 수 있겠냐?

평서문에서 위 ③, ④번 용법의 긍정 형식은 '可以'를 쓴다.

⑤ 예측을 나타낸다.

① 今天小刘能到北京吗?

Jīntiān Xiǎo Liú néng dào Běijīng ma?

> 오늘 小刘가 北京에 도
> 착할 수 있을까?

② 电影已经演了一半了，他不能来了。

Diànyǐng yǐjīng yǎnle yí bàn le, tā bù néng lái le.

> 영화가 이미 반이나 상
> 영되었어, 그는 올 수
> 없을 거야.

⑥ 어떤 일을 하는데 능숙함을 나타낸다.

① 他能说会道，能写会算。

Tā néng shuō huì dào, néng xiě huì suàn.

> 그는 말할 수 있고 쓸
> 수 있으며 계산할 수도
> 있다.

② 老师傅可真能睡。

Lǎo shīfu kě zhēn néng shuì.

> 노사부는 정말 잘 주무
> 신다.

⑨ 可以

① 주관적으로 어떤 능력이 있음을 나타낸다.

① 他可以说三种外语。

Tā kěyǐ shuō sān zhǒng wàiyǔ.

> 그는 세 가지 외국어를
> 할 수 있다.

② 这本书我今天可以看完。

Zhè běn shū wǒ jīntiān kěyǐ kàn wán.

> 이 책 나 오늘 다 읽을
> 수 있어.

② 어떤 객관적인 조건을 갖춤을 나타낸다.

① 天气热了，可以游泳了。

Tiānqì rè le, kěyǐ yóuyǒng le.

> 날씨가 더워졌어, 수영
> 해도 된다.

② 这个房间很大，可以住三个人。

Zhège fángjiān hěn dà, kěyǐ zhù sān ge rén.

> 이 방은 무척 커서 세
> 사람이 묵을 수 있다.

위의 두 가지 용법은 평서문에서 '不能'이나 가능보어를 사용하여 부정형식을 나타
낼 수 있다.

①′ 他不能说三种外语，只能说两种。

Tā bù néng shuō sān zhǒng wàiyǔ, zhǐnéng shuō liǎng zhǒng.

> 그는 세 가지 외국어를
> 할 수 없어, 다만 두 가
> 지 만을 할 수 있지.

他说不了三种外语，只能说两种。

Tā shuō bu liǎo sān zhǒng wàiyǔ, zhǐnéng shuō liǎng zhǒng.

> 그는 세 가지 외국어를
> 할 수 없어, 다만 두 가
> 지 만을 할 수 있지.

②′ 这本书我今天看不完。

Zhè běn shū wǒ jīntiān kàn bu wán.

> 이 책을 나는 오늘 다
> 읽지 못해.

③ 도리상 허가를 나타낸다.

① 大家说：“可以把石头扔到海里去!”

  Dàjiā shuō : "Kěyǐ bǎ shítou rēngdào hǎi lǐ qù!"

② 休息室里可以吸烟。

  Xiūxishì lǐ kěyǐ xīyān.

평서문에서 부정 형식은 '不能'을 쓴다.

①´ 大家说：“不能把石头扔到海里去!”

  Dàjiā shuō: "Bù néng bǎ shítou rēngdào hǎi lǐ qù!"

②´ 休息室里不能吸烟。

  Xiūxishì lǐ bù néng xīyān.

단독으로 질문에 대답할 때는 '不行', '不成'을 사용한다.

③ 问：这儿可以吸烟吗?

  Zhèr kěyǐ xīyān ma?

 答：不行。

  Bù xíng.

④ 허가(허용)를 나타낸다.

① 狼听见马跑的声音渐渐地远了，就在口袋里喊：“先生，可以放我出去了吗?”

  Láng tīngjiàn mǎpǎo de shēngyīn jiànjiàn de yuǎn le, jiù zài kǒudài lǐ hǎn : "Xiānsheng, kěyǐ fàng wǒ chūqu le ma?"

② (敲门)可以进来吗?

  (qiāo mén)Kěyǐ jìnlái ma?

③ 你已经不是小孩子了，怎么可以这样胡闹。

  Nǐ yǐjīng bú shì xiǎo háizi le, zěnme kěyǐ zhèyàng húnào.

평서문에서 부정 형식 '不可以'를 쓸 수는 있지만, '不能'이 더 자주 사용된다. 단독으로 질문에 대답할 때는 '不行', '不成'을 사용한다.

⑤ '…할만한 가치가 있음'을 나타낸다.

① 这本书写得不错，你可以看看。

  Zhè běn shū xiě de búcuò, nǐ kěyǐ kànkan.

② 颐和园风景优美，很可以去游览游览。

  Yíhéyuán fēngjǐng yōuměi, hěn kěyǐ qù yóulan yóulan.

모두들 말했다. “바위를 바다에 던져버려도 돼.”

휴게실에서는 흡연을 해도 된다.

모두들 말했다. “바위를 바다에 던져서는 안 돼.”

휴게실에서 담배를 피워서는 안 된다.

이곳에서 담배를 피워도 됩니까?

안됩니다.

늑대는 말발굽소리가 점점 멀어지는 것을 듣고 자루 안에서 말했다. “아저씨, 저를 내보내 주시겠어요?”

(문을 두드리며) 들어가도 됩니까?

너는 이제 더 이상 어린애가 아니야, 어떻게 이렇게 함부로 굴 수가 있니.

이 책 제법 잘 썼어, 너 읽어 볼만해.

이화원의 경치는 아름답다, 가서 구경할 만하다.

부정 형식은 '不值(得)'이다.

③ A : 你昨天的演讲真是棒极了。

　　　Nǐ zuótiān de yǎnjiǎng zhēn shì bàng jí le.

　　B : 哦, 不值一提, 不值一提。

　　　Ò, bù zhí yì tí, bù zhí yì tí.

너 어제 강연 정말 멋있었어.

아이고, 말할 가치도 없어, 말할 가치도 없어.

⑩ 准, 许

허가(허용)를 나타내고, 평서문에서는 주로 부정 형식으로 쓰인다.

① 剧场里不准吸烟。

　Jùchǎng lǐ bùzhǔn xīyān.

② 你发烧了, 不准出去乱跑。

　Nǐ fā shāo le, bùzhǔn chūqù luànpǎo.

③ 我不许你们这样议论他。

　Wǒ bùxǔ nǐmen zhèyàng yìlùn tā.

극장에서는 담배를 피우면 안 된다.

너 열이 나잖아, 함부로 나가 돌아다니면 안돼.

너희들 그에 대해 이렇게 뭐라고 하는 것, 내가 허락하지 않아.

긍정의 뜻을 표현할 때는 '可以'를 사용한다.

④ A : (敲门)可以进来吗?

　　　(qiāo mén) Kěyǐ jìn lái ma?

　　B : 可以。

　　　Kěyǐ.

(문을 두드리며) 들어가도 됩니까?

들어오세요.

⑪ 准得(dé)

허가를 나타내고, 문어에 자주 사용된다. 평서문에서는 보통 부정 형식만 사용한다.

① 不得随地吐痰。

　Bùdé suídì tǔ tán.

② 每只船不得超过五人。

　Měi zhī chuán bùdé chāoguò wǔ rén.

아무 곳에나 침을 뱉으면 안 된다.

배 한 척당 다섯 사람을 초과하면 안 된다.

긍정의 뜻을 표현할 때는 '可以'를 사용한다.
'不得不'는 '부득불, 할 수 없이'의 뜻이다.

③ 这样, 我就不得不把游湖计划延长一天了。

　Zhèyàng, wǒ jiù bùdébù bǎ yóuhú jìhuà yáncháng yì tiān le.

이렇게 하여 나는 호수를 유람할 계획을 하루 연기하지 않으면 안 되다.

12 配

'자격 있음'의 뜻을 나타내고, 의문문을 제외한 모든 문장에서 앞에는 항상 '只, 才, 最, 不' 등의 부사가 오며, 주로 구어에서 사용된다.

① 他最配当我们的代表。

   Tā zuì pèi dāng wǒmen de dàibiǎo.

그는 우리의 대표가 되기에 가장 적당하다.

② 这种人不配在学校里工作。

   Zhè zhǒng rén bú pèi zài xuéxiào lǐ gōngzuò.

이런 종류의 사람은 학교에서 일을 하기엔 적당하지 않다.

③ 说这种话，他配吗?

   Shuō zhè zhǒng huà, tā pèi ma?

이런 말을 하다니, 그 사람 자격이 있는 거야?

13 值得

'가치 있음'의 뜻을 나타내고, 부정형식은 '不值得', '不值'이다.

① 这本书值得一读。

   Zhè běn shū zhíde yì dú.

이 책은 한번 읽어볼 만한 가치가 있다.

② 这个观点不值(得)一驳。

   Zhège guāndiǎn bù zhí(de) yì bó.

이 관점은 반박할 가치도 없다.

14 可能

객관적인 가능성을 나타내고, 보통 아직 발생하지 않은 동작이나 가상적인 상황에만 쓰인다.

① 这个工程很大，不可能那么快完工。

   Zhège gōngchéng hěn dà, bù kěnéng nàme kuài wángōng.

이 공정은 매우 커서 그렇게 빨리 완공될 수가 없다.

② 我看今天天气不错，不可能下雨。

   Wǒ kàn jīntiān tiānqì búcuò, bù kěnéng xià yǔ.

내가 보기에 오늘 날씨가 괜찮은데, 비가 올 리 없어.

③ 在这次行动中，可能遇到什么事呢?

   Zài zhè cì xíngdòng zhōng, kěnéng yùdào shénme shì ne?

이번 활동에서 무슨 사건을 만나게 될까?

'可能'은 명사로 쓰여 '가능성'이라는 뜻을 나타내며, 부사로도 쓰이는데, 이 때는 '아마도, 어쩌면, 혹시'의 뜻이다.

15 会

① 학습을 통해 어떤 능력을 갖게 됨을 나타낸다.

① 你会说几钟外语?

   Nǐ huì shuō jǐ zhōng wàiyǔ?

너 몇 가지 외국어를 할 줄 아니?

② 我会开车了。

　　Wǒ huì kāi chē le.

③ 他不会游泳。

　　Tā bú huì yóuyǒng.

나 운전할 줄 알아.

그는 수영을 할 줄 모른다.

'会'와 '能'을 비교해 보면 다음과 같다. '会'는 배운 뒤 할 수 있음을 나타내는 반면, 배우지 않아도 되는 것에는 '会'를 쓸 수 없고, '能'만 쓸 수 있다.

④ 我能把你举起来，你信不信？

　　Wǒ néng bǎ nǐ jǔ qǐlai, nǐ xìn bu xìn?

　　*我会把你举起来，你信不信？

⑤ 老师，我病了，不能去考试。

　　Lǎoshī, wǒ bìng le, bù néng qù kǎoshì.

　　*老师，我病了，不会去考试。

나 너를 들 수 있어, 믿어?

선생님, 저 병 났어요, 시험 보러 갈 수 없어요.

어떤 효율을 나타낼 때는 '能'을 사용한다.

⑥ 他一分钟能游二十米。

　　Tā yì fēnzhōng néng yóu èrshí mǐ.

그는 1분에 20미터를 헤엄칠 수 있다.

중국어를 공부하는 것에 대해 얘기할 때, '会说汉语', '会写汉字'라고는 말하지만, '会听中文', '会看电影'이라고는 말할 수 없다.

② 실현 가능함을 나타내고, 이미 발생했거나 아직 발생하지 않은 상황에서 모두 사용할 수 있다.

① 在建设社会主义社会的道路上，一定会遇到许许多多的困难。

　　Zài jiànshè shèhuì zhǔyì shèhuì de dàolù shàng, yídìng huì yùdào xǔxǔ duōduō de kùnnan.

사회주의 사회를 건설하는 길에서 분명히 여러 가지 어려움을 만나게 될 것이다.

② 明天早晨我会把准确的数字拿出来。

　　Míngtiān zǎochén wǒ huì bǎ zhǔnquè de shùzì ná chūlai.

내일 아침에 내가 정확한 숫자를 가지고 오겠다.

③ 我真没想到你今天会来。

　　Wǒ zhēn méi xiǎngdào nǐ jīntiān huì lái.

네가 오늘 올 수 있으리라고는 정말 생각지도 못했어.

④ 过去，我是不会同意这样做的。

　　Guòqù, wǒ shì bú huì tóngyì zhèyàng zuò de.

과거였다면 나는 아마 이렇게 하는 것에 동의하지 않았을 거야.

'会'는 동사로도 쓰일 수 있는데, '어떤 일에 능숙함'을 나타낸다.

① 这个孩子很会说话，见什么人说什么话。

　Zhège háizi hěn huì shuō huà, jiàn shénme rén shuō shénme huà.

② 你真会开玩笑，我哪里是什么百万富翁啊!

　Nǐ zhēn huì kāi wánxiào, wǒ nǎlǐ shì shénme bǎiwàn fùwēng a!

이 애는 정말 말을 잘하네, 어떤 사람을 만나더라도 무슨 말이든 하니.

너 정말 농담도 잘하는구나, 내가 어디 백만장자냐!

（주요조동사의 용법）

의미 / 조동사	가능성		바람		실제상의 수요		주·객관적 조건의 허용		도리상의 허가		허락		평가	
	肯定	否定	肯定	否定	肯定	否定	肯定	否定	肯定	否定	肯定	否定	肯定	否定
可能	可能	不可能	–	–	–	–	–	–	–	–	–	–	–	–
会	会	不会	–	–	–	–	–	–	–	–	–	–	–	–
要	要	不会	要	不想 /不要	要	不要	–	–	–	–	–	–	–	–
想	–	–	想	不想	–	–	–	–	–	–	–	–	–	–
打算	–	–	打算	不打算	–	–	–	–	–	–	–	–	–	–
愿意	–	–	愿意	不愿意	–	–	–	–	–	–	–	–	–	–
肯	–	–	肯	不肯	–	–	–	–	–	–	–	–	–	–
应该	–	–	–	–	应该	不应该	–	–	–	–	–	–	–	–
得(děi)	得	不会	–	–	得	不用	–	–	–	–	–	–	–	–
能	能	不能	–	–	–	–	能	不能	可以	不能	可以	不能	–	–
可以	–	–	–	–	–	–	可以	不能	可以	不能	可以	不能 /不可以	可以	不值得
可	–	–	–	–	–	–	可	不可	可	不可	–	–	可	–
准	–	–	–	–	–	–	–	–	–	–	可以	不准	–	–
许	–	–	–	–	–	–	–	–	–	–	可以	不许	–	–
得(dé)	–	–	–	–	–	–	–	–	–	–	可以	不得	–	–
值得	–	–	–	–	–	–	–	–	–	–	–	–	值得	不值得
配	–	–	–	–	–	–	–	–	–	–	–	–	配	不配

参考文献

邓守信　汉语动词的时间结构,第一届国际汉语教学讨论会论文选,北京语言学院出版社,1986年。

郭　锐　汉语动词的过程结构,中国语文,1993年第6期。

黄南松　试论短语自主成句所应具备的若干语法范畴,中国语文,1994年第6期。

金立鑫　语句成立的必要条件和充分条件,汉语学习,1989年第4期。

孔令达　影响汉语句子自足的语言形式,中国语文,1994年第6期。

张豫峰　光杆动词句的考察,汉语学习,1996年第3期。

一. 적당한 목적어를 고르시오. (목적어가 될 수 있는 단어 위에 √ 표시를 하시오)

1. 主张(参加　看电影　中国电影　去　工作　英语)
2. 希望(学习　老李　好成绩　知道　去上海　小汽车)
3. 收集(材料　鲁迅先生讲演　反映)
4. 能(能　说普通话　干净　英语　写)
5. 知道(阿里　去王府井怎么走　这部电影　跳高　明天什么时候上课　游泳)
6. 玩(球　公园　扑克牌　钢琴)
7. 告诉(小张　一件事　他我喜欢唱歌　小王今天没来)
8. 教(英文　唱歌　小王　小王英文　说英文)

二. 정확한 문장을 고르시오.

1. A. 甲：你姓赵吗?　　　　乙：我姓。
   B. 甲：你姓赵吗?　　　　乙：我姓赵。
2. A. 甲：你叫阿里吗?　　　乙：我叫阿里。
   B. 甲：你叫阿里吗?　　　乙：对，叫。
3. A. 请你指正这篇文章的缺点。
   B. 这篇文章一定有缺点，请你指正。
4. A. 明天下午我们去火车站送行小王。
   B. 明天下午我们去火车站给小王送行。
5. A. 今天下午我去医院看一个朋友，他病得很厉害。
   B. 今天下午我去医院看一个朋友，他很病了。
6. A. 现在我要去书店，咱们一起去去吧。
   B. 现在我要去书店，咱们一起去吧。
7. A. 甲：这件事叫你不高兴，是吗?
        乙：对，叫。
   B. 甲：这件事叫你不高兴了，是吗?
        乙：对，这件事是叫我不高兴了。
8. A. 这道题刚才我反复看了几遍，还是不明白。
   B. 这道题刚才我反复看看，还是不明白。
9. A. 我想一想就开始回答老师的问题。
   B. 我想了想就开始回答老师的问题。
10. A. 他对我点了点头就过去了。
    B. 他对我点点头了就过去了。

11. A. 他叫我明天去见面他。
    B. 他叫我明天去跟他见面。
12. A. 我是去年大学毕业的，今年一月开始工作。
    B. 我是去年毕业大学的，今年一月开始工作。

三. 다음 문장에서 동사중첩 용법이 어떤 의미를 나타내는지 설명하시오.(①짧은 시
    간 ②어조를 완화시킴 ③시도해보다 ④마음대로 하라는 의미를 포함함.)

 1. 春天到了，咱们到效外去玩玩吧。
 2. 这支歌很好听，不信你照谱子唱唱。
 3. 你想想，这样做对吗?
 4. 昨天小张来了，还到图书馆去看了看。
 5. 假期里，我们每天看看书，游游泳，打打球，有时还看看(电影，过得很充实，很
    愉快。
 6. 他朝我看了看就走了。
 7. 她对我挤挤眼，摆摆手，我明白了她的意思，于是不再问了。
 8. 小马躺在床上，想想这个，想想那个，半夜没睡着。
 9. 我回家看了看就走了。
10. 这件衣服怎么样，你穿穿看。

四. 다음 문장의 조동사가 무슨 뜻으로 쓰였는지 설명하시오.

 1. 甲：小李今天下午能来吗?
    乙：他今天下午没事，能来。
    (①주, 객관적 조건이 허용됨 ②정리 상 허락함 ③허가 ④가능성)

 2. 甲：刘红，你看明天能下雨吗?
    乙：大概下不了雨。
    (①주, 객관적 조건이 허용됨 ②정리 상 허락함 ③허가 ④가능성)

 3. 你不能这么说，他这样做是为了你好。
    (①주, 객관적 조건이 허용됨 ②정리 상 허락함 ③허가 ④가능성)

 4. 甲(敲门)：能进来吗?
    乙：可以进来。
    (①주, 객관적 조건이 허용됨 ②정리 상 허락함 ③허가 ④가능성)

5. 要想学好一门外语，就得下苦功夫。
   (①사실, 정리 상의 수요 ②가능성 ③허가)

6. 不经许可，不得入内。
   (①사실, 정리 상의 수요 ②가능성 ③허가)

7. 坐在后边的同学也可以看清楚黑板上的字。
   (①주, 객관적 조건이 허용됨 ②정리 상 허락함 ③허가 ④…할 가치가 있다)

8. 这个戏你可以去看看，演得不错。
   (①주, 객관적 조건이 허용됨 ②정리 상 허락함 ③허가 ④…할 가치가 있다)

9. 甲(敲门)：可以进来吗?
   乙：请进!
   (①주, 객관적 조건이 허용됨 ②정리 상 허락함 ③허가 ④…할 가치가 있다)

10. 我以后还要去中国。
    (①소망 ② 사실, 정리 상의 수요 ③ 가능성)

11. 你要记住这句话：有志者，事竟成。
    (①소망 ② 사실, 정리 상의 수요 ③ 가능성)

12. 你这样固执，是要犯错误的。
    (①소망 ② 사실, 정리 상의 수요 ③ 가능성)

五. 적당한 조동사를 사용하여 빈칸을 채워 넣으시오.

 1. A：老师，________问一个问题吗?
    B：当然________。
 2. 他病得很厉害，需要人帮助，你________去看看他。
 3. 那个地方一点意思也没有，开八个小时的车去那儿玩，不________。
 4. 你说明天________下雨吗?
 5. 这个孩子很聪明，________说三种外语。
 6. 未经允许不________入内。
 7. 明年我________去中国学中文。
 8. 这个问题我们一定________解决。
 9. 这个座位有人吗? 我________坐吗?
10. 你常常说假话，________代表我们。

1. 今天晚上我得去医院看阿里。

2. (外边下雪了,)你穿这双鞋出去准得摔跟头。

3. 我已经好多了，能自己走了。

4. 剧场里可以吸烟。

5. 吴明可以用英文写信。

6. 飞机票已经买到了，你们明天可以走了。

7. (今天的课就上到这儿吧,)同学们可以走了。

8. 那座庙你可以去看看，很有意思。

9. 我去请小李，他一定肯帮忙。

10. 下午要下雨吧。

11. 我要出去散步。

12. 这本书丢了要赔。

제 5 장

형용사

제 1 절

형용사의 구성

중국어의 품사 가운데 형용사의 구성 방식이 가장 다양하다. 구성 방식이 각기 다른 형용사는 그 어법특징 역시 다르다. 형용사는 다음의 네 가지 방식으로 구성된다.

1 일음절 형용사로는 '大·多·红·白·真·假·对·错' 등이 있다.

2 일반적인 이음절 형용사로는 '伟大·美丽·干净·庄严·清楚·重要' 등이 있다.

3 어떤 형용사는 뒤나 앞에 접어를 첨가할 수 있는데, 접어를 가진 형용사의 구성방식은 다음과 같다.

① 하나의 음절을 중첩하여 구성된 접미어

绿油油 푸르고 윤기 나다	红通通 새빨갛다	黑黢黢 새까맣다, 캄캄하다	阴森森 으시시하다
亮晶晶 반짝거리다	暖洋洋 따뜻하다	厚敦敦 두툼하다	直溜溜 꼿꼿하다
冷清清 썰렁하다	沉甸甸 묵직하다	干巴巴 말라서 딱딱하다	香喷喷 향기롭다
孤零零 외롭다	乱哄哄 웅성거리다	硬梆梆 단단하다	

② 두 개의 다른 음절로 구성된 접미어. 이러한 경우 형용사와 접미어 사이에 '里'·'不'·'了' 등의 사이음(嵌音)이 있는데 이러한 사이음은 경성으로 읽는다.

黑不溜秋 거무칙칙하다	白不呲咧 색이 바래다, 수수하다	脏了咕叽 지저분하다
傻里吧叽 어수룩하다	黑古隆咚 아주 캄캄하다	湿不济济 축축하다
黏了吧叽 끈적끈적하다	灰不溜秋 음산하다	小不溜丢 아주 작다
光不出溜 무지 밝다	傻不愣登 멍청하다	苦里呱叽 아주 고달프다

③ 접두어

滴溜圆 동그랗다	稀巴烂 흐물흐물하다

어떤 형용사에 어떤 접어를 사용하는가는 일정한 규칙이 있는 것으로 마음대로 사용할 수 없다. 어떤 접어는 그 앞뒤에 오는 형용사와 어휘의미적으로 관계가 있다. 예를 들면 '冷清清' 중의 '冷'과 '清清', '孤零零' 중의 '孤'와 '零零', '亮晶晶' 중의 '亮'과 '晶晶' 등이 그러한데 의미적으로 아무런 관계가 없는 것들도 있다. 접어를 사용하는 한자는 이전엔 정해져있지 않아 혼란스러웠으나 현재는 점차 일치되어가고 있는 추세이다. 이러한 접어는 형용사의 묘사를 더욱 생동감 있고 형상적이게 하는 작용을 한다. 위 ②번류의 접미어는 혐오스런 감정색채까지도 나타낸다.

④ 하나의 명사형태소 또는 동사형태소와 하나의 형용사형태소로 구성된 복합형용사가 있다. 명사나 동사형태소가 나타내는 사물과 형용사형태소의 의미 사이에는 어느 정도 관련이 있다.

雪白 눈처럼 희다　　　漆黑 칠흑처럼 어둡다　　　冰凉 얼음처럼 차다　　　滚热 펄펄 끓다

笔直 꼿꼿하다　　　通红 새빨갛다　　　煞白 창백하다

'雪白'는 '눈처럼 희다'는 의미이고, '冰凉'은 '얼음처럼 차다'는 의미이다.

제 2 절

형용사의 분류

1 일반형용사와 비술어형용사

문장 안에서 어떤 성분을 담당할 수 있는 가에 따라 형용사는 일반형용사와 비술어형용사로 나눌 수 있다.

① 일반형용사

술어를 담당할 수 있거나 관형어를 담당할 수 있는 형용사를 일반형용사라고 한다. 절대다수의 형용사는 일반형용사에 속한다. 일반형용사는 보통 관형어, 술어, 부사어, 보어 및 주어, 목적어를 담당할 수 있다. 대다수가 '很红', '很好看', '非常漂亮', '十分可爱' 등과 같이 정도부사의 수식을 받는다.

② 비술어형용사

비술어형용사는 명사를 수식하는(일반적으로 뒤에 '的'를 쓰지 않는다) 관형어만을 담당할 수 있고 술어, 보어 등의 성분은 담당할 수 없다. 다른 어법서에서는 이와 같은 형용사를 구별사라고 부르기도 한다. 이러한 형용사로는 다음과 같은 것들이 있다.

男 남자	女 여자	雌 암컷	雄 수컷	正 정
副 부	横 가로	竖 세로	棉 면	夹 겹으로 된
单 하나, 혼자	金 금	银 은	彩色 칼라	黑白 흑백
多项 다항	单项 단항	个别 개별적	共同 공동의	主要 중요한
次要 이차적인	急性 급성	慢性 만성	新式 신식	老式 구식
天然 천연의	人工 인공적인	高频 고주파	低频 저주파	西式 서양식
中式 중국식	有限 유한	无限 무한	军用 군용	民用 민용
相对 대립되다	小型 소형	初级 초급	中级 중급	高级 고급
根本 근본	基本 기본	一切 일체	四方 사방	万能 만능
人为 인위적이다	多功能 다기능	多年生 다년생	无记名 무기명	

비술어형용사와 일반형용사는 다음과 같은 점에서 구별된다.

① 명사를 수식하는 관형어만을 담당하며 술어, 부사어, 보어 등을 담당할 수 없다. 비술어형용사는 '的'자문을 구성하여 '男的', '大型的', '国营的' 등과 같이 쓸 수 있으며 이러한 '的'자문은 목적어를 담당할 수 있는데, '新来的老师是男的'·'这个商店是国营的'와 같다.

② '不'로 부정하지 않고 '非'로 부정하는데, '非大型', '非主要', '非个别' 등과 같다.

③ 비술어형용사는 대부분 '很'의 수식을 받을 수 없으므로 '很男', '很副', '很大型', '很四方' 와 같이 말할 수 없다. 단, '个别', '主要' 등은 '很'의 수식을 받을 수 있다.

비술어형용사는 본래 수량이 적었으나 과학기술의 발전에 따라 새로운 비술어형용사들이 끊임없이 출현하고 있다. 그러나 새로 출현한 비술어형용사 가운데는 사용범위가 매우 좁아 과학기술명사나 과학기술명사구를 구성하는 데에만 쓰이는 것도 있다.

③ 기타

이외에도 '多', '少', '够' 등의 형용사가 있는데 일반적으로 술어, 보어를 담당하며, 단독으로 관형어로 쓰여 명사를 수식할 수 없다. 즉 '多书', '多人', '够东西', '对时间', '错号码' 등으로 말할 수 없다. '多', '少'가 관형어로 쓰일 경우에는 부사와 결합해야 하며 뒤에 '的'를 쓸 필요가 없다. 즉 '很多书', '不少工作', '很多人' 등과 같다. '够', '对', '错' 등은 보통 관형어로 쓰이지 않지만 술어와 보어로 쓰여 '我的钱不够', '号码错了', '你电话打错了' 등과 같이 말할 수는 있다.

2 성질형용사와 상태형용사

형용사는 또 그 표현기능에 따라 성질형용사와 상태형용사로 구분할 수 있다.

① 성질형용사

성질형용사는 보통 사물의 성질을 나타내는데, '红花', '大家庭', '伟大的祖国' 등과 같다. 성질형용사는 앞 제1절의 1, 2류 방식으로 구성된 형용사를 포함한다. 즉 일음절 형용사와 일반적 이음절 형용사를 말한다. 성질형용사는 통사적 제약이 많다.

 상태형용사

상태형용사는 앞 제1절의 3, 4류 방식으로 구성된 형용사 및 형용사의 중첩형식 (본장 제5절 '형용사의 중첩' 참조)을 말한다. 상태형용사 형식은 비교적 복잡하며, 주요 기능은 사물을 묘사하는 것으로, 사물의 상태를 나타낸다. 통사상 구조면에서 비교적 자유롭다.

 **적극적(正向) 형용사와 소극적(负向) 형용사**

'大·长·粗·厚·高·胖·热·好·积极·美·聪明·快·熟' 등을 적극적 형용사라고 하고, '小·短·细·薄·矮·瘦·冷·坏·消极·丑·笨·慢·生' 등을 소극적 형용사라고 한다.

비교문에서 '没有'를 써서 비교를 나타낼 때는 일반적으로 적극적 형용사만을 사용 한다.

① 我没有他高。

　Wǒ méi yǒu tā gāo.

② 你没有小刘大吧?

　Nǐ méi yǒu Xiǎo Liú dà ba?

나는 그보다 크지 않다.

너 小刘보다 크지 않 지?

그러나 '*我没有他矮。', '*你没有小刘小吧?'와 같이 말할 수는 없다.

단, 날씨의 '덥고 시원함(冷热)'을 나타낼 때와 인체의 '뚱뚱하고 마름(胖瘦)'을 나타 낼 경우에는 이러한 제약을 받지 않는다.

상태의미를 나타내는 방향보어와 연결하여 쓸 때도 형용사의 방향성의 차이에 따 라 달라진다.(제3편 제5장 제2절 '방향보어' 참조)

제 3 절

형용사의 어법특징

중국어의 형용사는 동사와 비슷한 어법특징을 많이 가지고 있기 때문에 형용사를 동사의 한 종류로 보고 정태동사라고 부르는 사람도 있다. 일반적으로 형용사는 직접 술어로 쓰일 수 있 는데, 이것이 모든 동사와의 공통된 점이다. 절대 다수의 형용사는 정도부사의 수식을 받을 수 있는데, 이것이 심리상태를 나타내는 동사 및 조동사와 같은 점이고, 동작동사와는 다른 점이다. 어떤 형용사들은 뒤에 시태조사 '了' 및 동량·시량보어를 사용할 수 있는데, '红了一 下', '亮了一天' 등과 같다. 이 점은 또 동작동사와 같은 점이다. 그러나 형용사와 동사를 이와 같이 연관시킬 수 있다 하더라도 절대다수의 형용사와 절대다수의 동사는 어법특징에 근거하 여 구분해 낼 수 있다.

형용사의 주요 어법특징은 다음과 같다.

① 성질형용사는 일반적으로 정도부사의 수식을 받는데, '很红', '十分壮观' 등과 같다. 앞 제1절의 제3류(사철을 가진 것)와 제4류(명사·동사형태소＋형용사형태소로 구성된 것)의 형용사는 스스로 정도의 의미를 가지고 있기 때문에 정도부사의 수식을 받을 수 없다. 예를 들면 '很冷清清', '非常冰凉'이라고는 할 수 없다.

② 형용사는 목적어를 가질 수 없다. 어떤 형용사들은 때때로 목적어(사동의 의미를 나타내는 것)를 가지기도 하는데, 이 때 이러한 형용사들은 동사류에도 겸하여 속하는 것들로서 이것을 형용사와 동사의 겸품사 현상이라고 한다.(본장 제6절 '형용사와 기타 사류의 겸품사 문제' 참조)

③ 앞의 제1·제2·제4류 형용사는 중첩할 수 있다. 중첩형용사가 나타내는 의미와 동사의 중첩형식은 다르다. 제 2류 형용사의 중첩방식(AABB)도 동사와 다르다.(본장 제5절 '형용사의 중첩' 참조)

제 4 절

형용사의 어법기능

성질형용사와 상태형용사의 어법기능은 다르다. 성질형용사는 문장에서 주로 관형어, 술어, 부사어 및 보어로 쓰인다. 단 이러한 문장성분을 담당할 때 일정한 조건이 있다. 상태형용사가 문장을 구성할 때의 제약이 훨씬 적다.

 1 관형어로 쓰임

성질형용사가 직접 관형어로 쓰일 때('的'를 쓰지 않음) 제약이 있다. 아래의 두 구를 비교해보면 왼쪽 구는 성립하고 오른쪽 구는 일반적으로 성립하지 않는다.

方桌 네모 탁자	*方纸 네모 종이
薄纸 얇은 종이	*薄灰尘 얇은 먼지
白布 하얀 옷감	*短布 짧은 옷감
绿上衣 초록색 상의	*绿庄稼 초록색 작물
客气话 겸양어	*客气态度 겸손한 태도
老实人 성실한 사람	*老实工人 성실한 노동자
关键时刻 관건이 되는 시각	*关键地点 중요한 지점
重要问题 중요한 문제	*重要方针 중요한 방침

다시 말해 '的'를 쓰지 않는 '형용사＋명사'구에서 어떤 형용사와 어떤 명사들이 배합하는가는 제한적이라는 것이다. 이러한 제약은 의미적인 혹은 어법적인 근거가 있는 것이 아니라 장기간의 언어 사용에서 자주 조합되어 굳어져 사용된 것으로 습관적인

것이다. 따라서 중국어를 공부하는 사람들은 '的'를 쓰지 않는 '형용사＋명사'구를 반드시 하나하나 외워 두어야 한다.

성질형용사에 정도부사를 더하여 중첩시키고 다시 '的'를 써서 명사와 배합하는 것은 매우 자유롭다. 예를 들어 '很薄的灰尘', '很短的(一块)布', '绿绿的庄稼', '很客气的态度' 등과 같다.

어떤 성질형용사는 여러 가지 의미를 포함하고 있는데, 다른 명사와 조합할 경우 의미가 달라질 수도 있다. 예를 들면 '老工人'은 보통 '숙련된 공인'을 가리키고, '老朋友'는 보통 '서로 안 지 오래된 친구'를 말하며, '老同学'는 '일찍이 함께 공부한 적이 있는 사람'의 의미를 나타낸다. 또 예를 들어 '大树(규모)', '大事(중요도)', '大个子(높이)', '大雪(양)' 중의 '大'의 의미도 각각 다르다. 이와 같이 동일한 형용사로 구성된 '형용사＋명사'구는 기타 다른 언어에서도 다른 형용사를 사용하여 표현하기도 하므로 이점 역시 주의해야 한다.

상태형용사가 관형어로 쓰일 경우, 모두 '的'를 써야 한다. 의미가 서로 어울려야만 명사와의 결합이 자유로운데, '冷清清的面孔', '黑古隆咚的山洞', '雪白的衬衫', '红红的小脸' 등과 같다.

구어에서 형용사는 더욱 자주 술어로 사용되며, 문어나 표준적인 구어에서 형용사는 주로 관형어로 쓰인다.

2 술어로 쓰임

성질형용사가 단독으로 술어를 담당할 때도 일정한 제약이 있는데, 일반적으로 대조, 비교의 상황에서만 쓰일 수 있다.

① 这件衣服短，那件衣服长。

　Zhè jiàn yīfu duǎn, nà jiàn yīfu cháng.

이 옷은 짧고 그 옷은 길다.

이것은 중국어의 형용사 스스로 비교의 의미를 포함하고 있기 때문이다.[1] 상술한 문장에서 '短'의 의미는 '비교적 짧다'이고, '长'의 의미는 '비교적 길다'이다.

② 这个孩子人小志气大。

　Zhège háizi rén xiǎo zhìqì dà.

이 아이는 작지만 뜻은 크다.

③ 外边风大，快进来吧。

　Wài biān fēng dà, kuài jìnlai ba.

바깥에 바람이 많이 분다, 빨리 들어오렴.

④ 甲：黑龙江冷还是新疆冷?

　Hēilóngjiāng lěng háishi Xīnjiāng lěng?

갑: 黑龙江이 춥니, 아니면 新疆이 춥니?

---

1) 한 미국교수가 중국어의 형용사에 대해 토론할 때 일찍이 그 자신이 직접 체험했던 일을 이야기 해준 적이 있다. 그의 이야기는 다음과 같다. 그의 부인은 광동사람으로 그들이 홍콩에 살 때, 하루는 부인이 그에게 나가서 사과를 사오라고 하였는데 큰 것을 사오라고 당부했다. 그가 거리에 나가보니 사과가 모두 크지 않아 사과를 사지 않고 집으로 돌아갔다. 집에 돌아간 후에 부인이 그에게 사과 사온 것은 어디 있냐고 물었다. 그는 큰 사과가 없어서 사오지 않았다고 대답하였다. 부인이 말하기를 내가 큰 것을 사오라고 한 것은 사과를 살 때 (다른 것 보다)좀 큰 것을 골라서 사오라고 한 것이지 '크고 작은 것'에 절대적인 표준이 있는 것이 결코 아니라고 하였다. 그는 언어학자로 이 때 중국어의 형용사 자체에 비교의 의미가 있다는 것을 깨달았다.

乙：当然黑龙江冷。

　　Dāngrán Hēilóngjiāng lěng.

당연히 **黑龙江**이 춥지.

비교문에서의 형용사도 역시 이러한 경우에 속한다.

⑤ 我们班小刘比小张高。

　　Wǒmen bān Xiǎo Liú bǐ Xiǎo Zhāng gāo.

우리 반의 小刘는 小张 보다 크다.

대조나 비교의 의미가 없는 문장에서는 하나의 성질형용사만이 술어로 쓰일 수 있는데, 이것은 문장이 불완전하다는 느낌을 갖게 한다. 그러므로 형용사 앞에 정도부사 '很'을 첨가해야 하는데, '今天很冷', '他学习很好' 등과 같다. 여기서의 '很'은 정도의 의미가 약하다. 형용사 앞에 다른 부사나 또 다른 성분들도 첨가할 수 있는데, '外边风特别大', '他哥哥非常聪明' 등과 같다.

　　상태형용사 중 성질형용사의 중첩형식 및 제 3류 형용사는 단독으로 술어로 쓰일 수 있다. 단, 뒤에 어기조사 '的'를 써야 한다.

⑥ 屋里乱哄哄的。

　　Wū lǐ luànhōnghōng de.

방안이 엉망진창이다.

⑦ 这个孩子傻拉吧叽的。

　　Zhège háizi shǎla bājī de.

이 아이는 멍청하다.

⑧ 姑娘的脸红红的。

　　Gūniang de liǎn hónghóng de.

아가씨의 얼굴이 붉다.

⑨ 她大大方方的。

　　Tā dàdà fāngfāng de.

그녀는 대범하다.

　　제4류 형용사는 일반적으로 단독으로 술어로 쓰일 수 있다.

⑩ 我一摸，他的手冰凉。

　　Wǒ yì mō, tā de shǒu bīngliáng.

내가 만져보니 그의 손이 얼음장처럼 차가왔다.

⑪ 街上漆黑……

　　Jiē shàng qīhēi……

거리는 칠흑 같은 어둠……

이와 같은 문장은 종종 하나의 절로 쓰여 복문에 출현하기도 한다.

 ## 부사어로 쓰임

　　성질형용사는 대부분 단독으로 자유롭게 부사어로 쓰일 수 없다. 단지 '多', '少', '早', '晚', '迟', '快', '慢', '难', '容易' 등만이 단독으로 부사어로 쓰일 수 있다.

① 你们在一起多研究研究问题，少说闲话。

　　Nǐmen zài yìqǐ duō yánjiu yánjiu wèntí, shǎo shuō xiánhuà.

너희들 함께 있으면서 문제에 대해 많이 좀 연구해라, 쓸데없는 말들은 적게 하고.

② 小马经常早来晚走。

　　Xiǎo Mǎ jīngcháng zǎo lái wǎn zǒu.

小马는 언제나 일찍 오고 늦게 간다.

　어떤 일음절 형용사들은 단독으로 부사어로 쓰일 수 있지만 제약이 많으며, 개별적인 동사만을 수식할 수 있을 뿐이다. 예를 들면 '轻'은 일반적으로 '放', '弹' 등만을 수식하여 '轻放', '轻弹'을 구성한다. 유사한 구로 '高举', '高喊', '紧握', '紧跟', '粗看', '粗通', '静坐', '静听', '怪叫', '重打', '重创' 등이 있다.

　이음절 형용사는 구어에서 단독으로 부사어로 쓰이는 경우가 적고, 주로 중첩형식을 사용한다.

③ 孩子们规规矩矩地坐在那里，一动也不动。

　　Háizimen guīgui jǔjǔ de zuò zài nàlǐ, yídòng yě bú dòng.

아이들이 얌전히 그곳에 앉아 조금도 움직이지 않았다.

④ 今天放假，我们痛痛快快地玩了一天吧。

　　Jīntiān fàng jià, wǒmen tòngtong kuàikuài de wánle yì tiān ba.

오늘 방학이다, 우리 신나게 하루 놀자.

　소수의 이음절 형용사가 단독으로 부사어로 쓰일 수 있다.

⑤ 你再仔细看看，有没有错字。

　　Nǐ zài zǐxì kànkan, yǒu méi yǒu cuòzì.

너 다시 자세히 보렴, 틀린 글자 없는지.

⑥ 工人们把车间彻底打扫了一下。

　　Gōngrénmen bǎ chējiān chèdǐ dǎsǎole yíxià.

노동자들이 차 칸을 철저하게 청소했다.

　어떤 이음절 형용사는 문어에서만 부사어로 쓰일 수 있다.

⑦ 听一这个消息，战士们激动地表示：……

　　Tīng yī zhège xiāoxi, zhànshìmen jīdòng de biǎoshì：……

이 소식을 듣자 전사들은 격동하여 말했다……

⑧ 在我们的社会主义祖国，孩子们愉快地生活，健康地成长。

　　Zài wǒmen de shèhuì zhǔyì zǔguó, háizimen yúkuài de shēnghuó, jiànkāng de chéngzhǎng.

우리 사회주의 조국에서 아이들은 유쾌하게 생활하고 건강하게 자란다.

　상태형용사 중 어떤 것들은 부사어로 쓰일 수 있는데, 일반적으로 뒤에 '地'를 써야 한다.

⑨ 麦穗沉甸甸地垂着。

　　Màisuì chéndiāndiān de chuízhe.

보리이삭이 묵직하게 늘어져있다.

⑩ 老头儿孤零零地站在那里。

　　Lǎo tóur gūlínglíng de zhàn zài nàlǐ.

노인이 외롭게 그곳에 서있었다.

⑪ 小汤姆笔直地坐在椅子上。

  Xiǎo tāngmǔ bǐzhí de zuò zài yǐzi shàng.

톰은 꼿꼿하게 의자에 앉아있다.

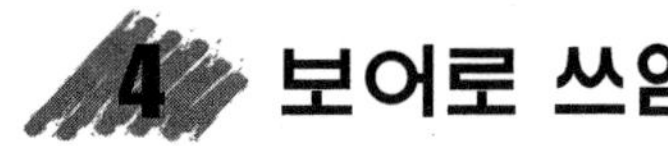

4 보어로 쓰임

성질형용사는 단독으로 결과보어로 쓰일 수 있다.

① 衣服晾干了。

  Yīfu liàng gān le.

옷이 말랐다.

② 这个电影我看明白了。

  Zhège diànyǐng wǒ kàn míngbai le.

나는 이 영화를 보고 확실히 알았다.

모든 형용사가 정태보어로 쓰일 수 있는데, 그 제약은 기본적으로 술어로 쓰일 때의 상황과 같다. 즉 성질형용사는 단독으로 정태보어로 쓰일 때 대조나 비교의 의미를 나타낸다.

③ 妹妹唱得好, 哥哥唱得不好。

  Mèimei chàng de hǎo, gēge chàng de bù hǎo.

누이동생은 노래를 잘 하는데 오빠는 못한다.

④ 小红长得漂亮, 小兰长得丑。

  Xiǎo Hóng zhǎng de piàoliang, Xiǎo Lán zhǎng de chǒu.

小红은 예쁘게 생겼고 小兰은 못생겼다.

성질형용사가 일반적인 묘사성의 정태보어로 쓰일 때 앞에 정도부사 등의 성분을 첨가해야 한다.

⑤ 我坐在第一排, 所以看得很清楚。

  Wǒ zuò zài dì yī pái, suǒyǐ kàn de hěn qīngchu.

나는 첫 번째 줄에 앉았다, 그래서 아주 또렷하게 보았다.

상태형용사 중 제3류 및 성질형용사의 중첩형식이 정태보어로 쓰일 때는 뒤에 '的'를 써야 한다.

⑥ 饭做得香喷喷的。

  Fàn zuò de xiāngpēnpēn de.

밥이 아주 향기롭게 되었다.

⑦ 孩子们穿得整整齐齐。

  Háizimen chuān de zhěngzheng qíqí.

아이들이 입은 것이 아주 반듯했다.

제4류 형용사는 단독으로 보어로 쓰일 수 있다.

⑧ 他的脸涨得通红。

  Tā de liǎn zhǎng de tōnghóng.

그의 얼굴이 새빨갛게 부어올랐다.

⑨ 孩子一动也不动, 站得笔直。

  Háizi yí dòng yě bú dòng, zhàn de bǐzhí.

아이는 미동도 하지 않고 꼿꼿하게 서있었다.

 ## 주어 및 목적어로 쓰임

형용사는 동사와 마찬가지로 주어, 목적어로 쓰일 수 있다. 주어로 쓰일 때는 술어 동사에 대해 다음과 같은 조건이 있다.(아래 예문에는 동사가 주어로 쓰이는 문장이 포함되어 있다.)

1 '是', '像'과 같은 계사(系词)가 쓰임

① 勤劳是一种美德。

　　Qínláo shì yì zhǒng měidé.

노동은 일종의 미덕이다.

② 对她来说, 黑暗简直像魔鬼一样。

　　Duì tā lái shuō, hēi'àn jiǎnzhí xiàng móguǐ yíyàng.

그녀에게 있어 어둠은 정말이지 마귀와 같았다.

③ 对很多人来说, 上班是一件快乐的事。

　　Duì hěn duō rén láishuō, shàng bān shì yí jiàn kuàilè de shì

많은 사람에게 있어서 출근은 즐거운 일이다.

2 '使', '让', '叫' 등 사역의 의미를 나타내는 단어가 쓰임

① 谦虚使人进步, 骄傲使人落后。

　　Qiānxū shǐ rén jìnbù, jiāo'ào shǐ rén luòhòu.

겸양은 사람을 발전하게 만들고 교만은 사람을 뒤떨어지게 만든다.

② 割麦子叫他懂得了劳动的意义。

　　Gē màizi jiào tā dǒngde le láodòng de yìyì.

보리를 베는 일이 그로 하여금 노동의 의미를 알게 해주었다.

③ 笑使她显得得年轻了许多。

　　Xiào shǐ tā xiǎnde de niánqīng le xǔduō.

웃음은 그녀를 더욱 젊게 보이게 한다.

④ 这次胜利更增强了他们必胜的信心。

　　Zhè cì shènglì gèng zēngqiángle tāmen bìshèng de xìnxīn.

이번 승리가 그들에게 필승의 신념을 증가시켜주었다.

3 조동사가 쓰임

① 成绩好会带给你快乐, 也会使人变得骄傲起来。

　　Chéngjì hǎo huì dài gěi nǐ kuàilè, yě huì shǐ rén biàn de jiāo'ào qǐlai.

성적이 좋으면 네게 기쁨을 주고, 또 사람을 의기양양하게 만든다.

② 劳动能改变一切。

　　Láodòng néng gǎibiàn yíqiè.

노동은 모든 것을 변화시킨다.

4 형용사가 쓰임

① 工作着是美丽的。

　　Gōngzuòzhe shì měilì de.

일한다는 것은 아름다운 것이다.

② 我们老师讲课很生动。

Wǒmen lǎoshī jiǎng kè hěn shēngdòng.

우리 선생님은 강의를 아주 생동적으로 하신다.

제 5 절
형용사의 중첩

성질형용사 및 제 4류의 형용사는 모두 중첩할 수 있다. 각 형용사의 중첩방식 및 나타내는 의미는 각기 다르다.

 ## 일음절 성질형용사의 중첩

일음절 성질형용사는 'AA'식에 따라 중첩한다. 구어에서 어떤 일음절 형용사는 중첩 후에 두 번째 음절을 儿化할 수 있는데, 이 때 제1성으로 읽으며 강세가 여기에 있다. '早早儿'/zǎo´zāor/, '远远儿'/yuǎn´yuānr/, '慢慢儿'/màn´mānr/ 등과 같다. 정중하고 예의를 갖추어야 할 상황이나 비구어화된 문학작품을 낭독할 때에는 중첩한 음절을 儿化하지 않으며 변조하지도 않는다.

중첩형식의 일음절 형용사가 부사어, 보어로 쓰일 때 정도가 심함을 나타낸다.

① 您行行好, 再重重地给我一拳。

Nín xíngxing hǎo, zài chóngchóng de gěi wǒ yì quán.

너 잘 해봐라, 다시 나를 세게 한번 쳐봐.

② 我自己会走, 我要走得远远的。

Wǒ zìjǐ huì zǒu, wǒ yào zǒu de yuǎnyuǎn de.

나 혼자 갈 수 있어, 나는 아주 멀리 가고 싶어.

관형어로 쓰일 때 일반적으로 정도가 심함을 나타내지는 않지만, 묘사 작용이 강하며 기쁨의 감정색채를 포함하고 있다.

③ 小女孩弯弯的眉毛, 大大的眼睛, 红红的嘴唇, 很可爱。

Xiǎo nǚhái wānwān de méimao, dàdà de yǎnjing, hónghóng de zuǐchún, hěn kě'ài.

꼬마아가씨의 둥근 눈썹, 큰 눈, 붉은 입술이 아주 귀엽다.

④ 彬彬梳着短短的头发, 穿着短短的裙子, 很精神。

Bīnbin shūzhe duǎnduǎn de tóufa, chuānzhe duǎnduǎn de qúnzi, hěn jīngshén.

彬彬은 짧은 머리를 빗고 짧은 치마를 입었다, 아주 산뜻했다.

예 ③중의 '弯弯的眉毛'는 결코 '눈썹이 휘어졌다'라는 의미가 아니고, '大大的眼睛'도 '눈동자가 아주 크다'라는 의미가 아니며, '红红的嘴唇'도 '입술이 아주 붉다'라는 의미가 아니다. '眉毛', '眼睛', '嘴唇'이 '휘어지고', '크고', '붉은' 정도가 '귀엽고 예쁘다'라는 의미이다.

두 개의 의미가 서로 관련된 일음절 형용사는 때로 대비 후에 중첩할 수 있는데,

‘大大小小’, ‘长长短短’, ‘红红绿绿’, ‘高高低低’, ‘远远近近’ 등과 같이 일률적으로 정제되어 있거나 어지럽게 섞여있다는 의미를 나타낸다.

① 教室里的椅子大大小小，桌子高高矮矮，很不美观。

　Jiàoshì lǐ de yǐzi dàdà xiǎoxiāo, zhuōzi gāogāo ǎi'ǎi, hěn bù měi guān.

교실안의 의자들이 어떤 것은 크고 어떤 것은 작아서, 탁자들은 높고 낮아서 정말 보기에 안 좋았다.

② 路高高低低的，坐在车里很不舒服。

　Lù gāogāo dīdī de, zuò zài chē lǐ hěn bù shūfu.

길이 높아졌다가 낮아졌다가 해서, 차를 타고 있는 것이 정말 불편했다.

③ 游行的人们举着大大小小的红旗，打着红红绿绿的彩旗，穿着五颜六色的衣服，显得气氛很热烈。

　Yóuxíng de rénmen jǔzhe dàdà xiǎoxiǎo de hóngqí, dǎzhe hónghóng lǜlǜ de cǎiqí, chuānzhe wǔyán liùsè de yīfu, xiǎnde qìfēn hěn rèliè.

시위하는 사람들은 크고 작은 붉은 깃발을 들었고, 붉고 푸른 채색 깃발들을 흔들었다. 오색찬란한 옷을 입으니 분위기가 훨씬 뜨거워졌다.

주의해야 할 것은 어떤 어구는 형식상 형용사의 중첩과 유사한데, 실제로는 숙어의 하나라는 것이다. ‘多多少少’의 의미는 ‘많기도 하고 적기도 하다’라는 뜻이다.

2 이음절 성질형용사의 중첩

이음절 성질형용사에는 두 가지 중첩방식이 있다. 하나는 완전중첩식, 즉 ‘AABB’식으로 ‘清清楚楚’, ‘干干净净’ 등과 같다. 구어에서 두 번째 음절은 경성으로 읽고 세 번째 음절과 네 번째 음절은 제1성으로 읽는데, 儿化와 강세는 네 번째 음절에 있다. ‘漂漂亮亮’/piào, piao liāng liāngr/, ‘明明白白’/míng, ming bāi bāir/와 같다. 표준적으로 발음해야 할 경우에는 첫 번째 음절을 강하게 읽고 두 번째 음절은 경성으로 읽으며, 세 번째, 네 번째 음절은 정상적으로 읽는다. ‘漂漂亮亮’/piào, piao liàng liàng/, ‘明明白白’/míng, ming bái bái/와 같다.

이음절 형용사의 완전중첩식이 부사어, 보어로 쓰일 때도 역시 정도가 심함을 나타낸다.

① 小喜亲亲热热的问长问短。

　Xiǎo Xī qīnqin rèrè de wèn cháng wèn duǎn.

小喜가 친밀하게 이것저것 자세히 물었다.

② 我看这是白纸黑字写得清清楚楚的。

　Wǒ kàn zhè shì bái zhǐ hēi zì xiě de qīngqing chǔchǔ de.

내가 보기에 이것은 흰 종이에 검은 글씨로 또렷하게 쓴 것이다.

관형어로 쓰일 때 묘사 작용이 더욱 강하며 정도를 나타내는 작용은 확실하지 않다.

③ 他家来了一个斯斯文文的姑娘。

　Tā jiā láile yí ge sīsi wénwén de gūniang.

그의 집에 아주 학구적인 아가씨가 왔다.

④ 他那朴朴素素的衣着，实实在在的态度，大大方方的举止，给
人留下了很好的印象。

Tā nà pǔpu sùsù de yīzhuó, shíshi zàizài de tàidù, dàda
fāngfāng de jǔzhǐ, gěi rén liúxiàle hěn hǎo de yìnxiàng.

⑤ 我这种拖拖拉拉的作风必须改变！

Wǒ zhè zhǒng tuōtuo lālā de zuòfēng bìxū gǎibiàn.

그의 소박한 의상, 실재적인 태도, 대범한 행동이 사람들에게 아주 좋은 인상을 남겼다.

이렇게 질질 끄는 작태는 반드시 고쳐져야 한다!

술어로 쓰일 때 단독으로 술어로 쓰일 수 있는 자격을 얻으며 동시에 묘사작용도
갖게 된다.

⑥ 家里干干净净的，……

Jiā lǐ gāngan jìngjìng de, ……

⑦ 这个姑娘大大方方的，一点也不扭捏。

Zhège gūniang dàda fāngfāng de yìdiǎn yě bù niūnie.

집안이 깨끗했다…

이 아가씨는 대범해서 조금도 우물쭈물하지 않는다.

이러한 문장도 대부분 복문에서 절로 쓰일 수 있다.

어떤 이음절 형용사는 완전중첩식으로만 쓰이며 기본식은 없는데, '病病歪歪', '大
大咧咧' 등과 같다.

이음절 형용사는 또 불완전 중첩식이 있는데, 그 격식은 'A里AB'이다. 중첩할 때
성조가 변하지 않으며 강세는 첫 번째 음절에 있고 두 번째 음절 사이음(嵌音) '里'
는 경성으로 읽으며, 세 번째, 네 번째 음절은 다음으로 가볍게 읽는다. 강세가 네 번
째 음절에 오는 경우도 있는데, 이 때는 어기를 보다 더 무겁게 한다. '糊里糊涂 /hú, li
hú tú/', '傻里傻气 /shǎ, li shǎ qì/', '罗里罗嗦 /luō, li luō suō/' 및 '拉里拉杂', '马里马虎'
등과 같다.

불완전 중첩식은 혐오와 경멸의 의미를 내포하고 있으며 이러한 중첩식은 부정적
인 의미를 가진 형용사에만 사용할 수 있다.

 3 제4류 형용사의 중첩

제4류 형식의 형용사는 모두 'ABAB'식에 따라 중첩하며, 일반적으로 정도가 심하
다는 의미를 내포하고 있다.

① 天空瓦蓝瓦蓝的。

Tiānkōng wǎlán wǎlán de.

② 这头小猪长得滚圆滚圆的。

Zhè tóu xiǎozhū zhǎng de gǔnyuán gǔnyuán de.

③ 他焦黄焦黄的长脸上布满了皱纹的。

Tā jiāohuáng jiāohuáng de cháng liǎn shàng bùmǎnle
zhòuwén de.

하늘이 짙은 남색이다.

이 꼬마돼지는 동글동글하게 생겼다.

그의 누렇게 뜬 긴 얼굴에 주름살이 가득했다.

주의해야 할 것은 모든 형용사가 모두 중첩할 수 있는 것은 아니라는 것이다. 중첩할 수 있는 형용사는 대부분 일상생활에서 자주 쓰이는 것들이다. 대부분의 형용사는 중첩할 수 없는데, '伟大', '光明', '幸福', '美丽', '英明', '勇敢', '熟悉', '困难', '艰巨', '悲', '疯', '假', '贼' 등과 같다. 이음절 형용사는 대부분 중첩할 수 없고, 일음절 형용사와 제4류 형용사의 절대다수는 모두 중첩할 수 있다.

제 6 절
형용사와 기타 품사와의 겹품사 문제

일부 형용사는 다른 품사와 겸하여 쓰인다.

 **형용사 겸 부사**

어떤 형용사는 동사나 형용사를 수식할 때 의미가 변화하고 어법기능도 부사와 같아지는데, 이 때 이 형용사는 부사에 귀속된다. 주로 다음과 같은 것들이 있다.

直(不断地) : 这个孩子直哭。
　(끊임없이): 이 아이는 끊임없이 운다.
怪(很, 非常) : 跑了一天了, 怪累的。
　(매우): 하루를 뛰었더니 정말 피곤하다.
老(总是) : 他怎么老不说话?
　(언제나): 그는 왜 언제나 말을 하지 않아?
全(都)我十道题全对了。
　(모두):나 10문제 모두 맞았어.
白(徒然) : 今天又白跑了一趟。
　(헛되이):오늘 또 허탕 쳤다(헛걸음했다).
光(只、单) : 不能光说不做。
　(다만): 말만 하고 행동을 하지 않으면 안된다.
快(时间接近) : 小刘快回国了。
　(시간이 접근해있다): 小刘가 곧 귀국할 거야.
偏(只有, 就) : 大家都高高兴兴, 偏你一人生气。
　(다만): 모두들 다 즐거워하는데 너만 혼자 화가 나있네.
死(不灵活、程度高等) : 学习的时候, 不要死记硬背。
　(기민하지 못함, 정도가 높음): 공부할 때 무조건(무턱대고) 외우기만 하지 마라.
　　　　　　　　这个箱子死沉死沉的。
　　　　　　　　이 상자는 정말 무겁다.
　　　　　　　　他犯了错误还死不承认。
　　　　　　　　그는 잘못을 하고도 절대로(죽어도) 인정하지 않는다.

早(很久以前)：我们早就认识了。
　(아주 오래 전) : 우리는 일찌감치 알았다.
真(的确、实在)：今天的电影真好。
　(확실히, 정말) : 오늘 영화 정말 좋았어.
干(徒然)：这件事他干着急没办法。
　(헛되이) : 이 일은 그가 조급해 할 뿐 방법이 없다.

이러한 부사들은 모두 구어에서만 사용된다.

 **형용사 겸 동사**

형용사가 만약 목적어(주로 사동의 의미를 나타냄)를 가질 수 있거나 동사의 중첩
방식('ABAB'식으로 시도나 짧은 시간 등의 의미를 나타낸다)에 따라 중첩할 수 있
다면 이것은 동사류에 겸하여 속하게 된다.

① 목적어를 가질 수 있고 동사의 중첩방식에 따라 중첩할 수 있고 또한 형용사의 중첩
식도 있다.

红 붉다	壮 튼튼하다	弯 구부러지다	正 바르다	斜 삐뚤어지다
平 평평하다	松 느슨하다	饿 배고프다	静 조용하다	多 많다
短 짧다	直 곧다	烫 뜨겁다	温 따뜻하다	宽 넓다
匀 고르다	光 빛나다	省 절약하다, 빼다	累 피곤하다	通 통하다
横 가로, 가로 놓다	端正 단정하다	清楚 또렷하다	平静 고요하다	明白 확실하다
摇晃 흔들리다	富余 넉넉하다	晃悠 흔들거리다	平整 평평하다	麻烦 귀찮다
安定 안정되다	冷淡 냉담하다			

② 목적어를 가질 수 있고 동사의 중첩방식에 따라 중첩할 수 있는데, 형용사의 중첩식
은 없다.

习惯 익숙해지다	充实 충실하다	坦白 솔직하다	公开 공개하다	缓和 완화시키다
统一 통일하다	孤立 고립되다	讲究 소중히 하다	开阔 넓다, 유쾌해지다	可怜 가련하다
肯定 긍정하다	深入 깊이 들어가다	疏远 멀어지다	壮大 장대하다	平均 평균
纯洁 순결하다	固定 고정된	严格 엄격하다	满意 만족하다	健全 건전하다
调和 조화롭다	突出 뛰어나다	繁荣 번영되다	密切 밀접하다	滋润 윤기가 흐르다
便利 편리하다	集中 집중하다	普及 보급하다	清醒 맑고 깨끗하다, 분명하다	
挤 좁다				

③ 목적어를 가질 수 있으나 동사의 중첩방식에 따라 중첩할 수 없다. 단, 형용사의 중
첩식은 있다.

厚 두껍다　　乱 어지럽다　　黑 어둡다　　脏 더럽다　　多 많다
少 적다　　苦 괴롭다　　死 죽다　　破 깨지다　　哑 소리가 나지 않다
模糊 모호하다　　勉强 간신히, 억지로 하다

④ 목적어를 가질 수 있으나 중첩할 수 없다.

聋 귀 먹다　　瞎 눈멀다　　瘸 다리를 절다　　对 맞다
错 틀리다　　差 차이가 나다　　涣散 풀다, 정신이 해이해지다　　焕发 환하게 빛나다
坚定 견고하다　　固执 고집스럽다　　讨厌 미워하다, 싫어하다　　忠诚 충성되다
便宜 값이 싸다　　松懈 느슨하다　　冤枉 억울하다

⑤ 목적어를 가질 수 없으나 동사의 중첩방식에 따라 중첩할 수도 있고 형용사의 중첩식도 있다.

高兴 즐겁다　　热闹 떠들썩하다　　凉快 시원하다　　安静 조용하다　　亲热 친밀하다
轻松 가뿐하다　　唠叨 잔소리하다　　痛快 통쾌하다　　愉快 유쾌하다　　舒服 편안하다
干净 깨끗하다　　漂亮 아름답다

형용사 겸 명사

　　형용사가 구체적 사물을 지칭하거나 명사의 어법특징을 가지고 있을 때 명사류에 겸하여 속한다. 이렇게 품사를 겸하는 형용사의 수는 제한되어 있다.

横 가로　　竖 세로　　苦 고통스럽다　　规矩 규칙　　秘密 비밀
便宜 값이 싸다　　保险 보험　　方便 편리하다　　热闹 떠들썩하다　　困难 어려움
痛苦 고통스럽다　　烦恼 번뇌, 고뇌

参考文献

刘月华　　表示状态意义的"起来"与"下来"之比较,世界汉语教学,1987年预刊(总第1期)。

朱德熙　　现代汉语形容词研究,语言研究,1956年第1期。

一. 다음 형용사 중 정도부사의 수식을 받는 단어 앞에는 적당한 부사를 넣고, 정도
　부사의 수식을 받지 않는 단어 앞에는 '×'표를 하시오.

＿＿＿＿白		＿＿＿＿整齐	
＿＿＿＿通红		＿＿＿＿正确	
＿＿＿＿正(副)		＿＿＿＿假	
＿＿＿＿大型		＿＿＿＿滚热	
＿＿＿＿直		＿＿＿＿漂亮	
＿＿＿＿竖		＿＿＿＿黑洞洞	
＿＿＿＿正式		＿＿＿＿随便	
＿＿＿＿相同		＿＿＿＿共同	
＿＿＿＿傻里傻气		＿＿＿＿一般	

二. 다음 형용사의 중첩식을 쓰시오.

大	高	红
凉快	热闹	漆黑
雪白	高兴	碧绿
滚圆	痛快	生疼
清楚	整齐	焦黄
模糊	顺当	冰凉

三. 다음 문장에서 형용사 중첩식의 작용을 밝히시오. (① 좋아하는 것을 포함 ② 정
　도 표시 ③ 혐오의 감정을 표시 ④ 묘사작용)

1. 天黑了，老人在路上慢慢地走着。
2. 孩子们把教室布置得漂漂亮的。
3. 弯弯的月亮斜挂在天空，星星在向我们眨眼，夜美极了。
4. 这时我抬头一看，从外面进来了个漂漂亮亮、干干净净的小姑娘。
5. 这个人办事总是马里马虎的，大家都不放心。
6. 小明把大海涂得蓝蓝的，树涂得绿绿的，国旗涂得红红的，色彩十分鲜明。
7. 我清清楚楚地听见有人叫我，可就是看不见他。
8. 小梅举着两只胖胖的小手，向我跑来。

四. 맞는 문장을 고르시오.

1. A. 我买了一本袖珍英汉词典。
   B. 我买了一本袖珍的英汉词典。
2. A. 这朵花白白的，很可爱。
   B. 这朵花白不呲咧的，很可爱。
3. A. 张群穿着一件新衣服，银灰色的，很精神。
   B. 张群穿着一件新衣服，灰了吧叽的，很精神。
4. A. 今天的会很主要，希望大家都要出席。
   B. 今天的会很重要，希望大家都要出席。
5. A. 我们的老师不爱打扮，总是朴朴素素。
   B. 我们的老师不爱打扮，总是朴朴素素的。
6. A. 医生轻轻地走到病人床前，给他盖好被子。
   B. 医生很轻轻地走到病人床前，给他盖好被子。
7. A. 这个孩子小眼睛睁得滴溜圆。
   B. 这个孩子小眼睛睁得滴溜圆的。
8. A. 地里的庄稼绿油油。
   B. 地里的庄稼绿油油的。
9. A. 我们的学校很漂亮。
   B. 我们的学校漂亮。
10. A. 北京到上海没有到天津近。
    B. 北京到天津没有到上海远。

五. 아래 문장의 옳고 그름을 판단하고 정확하지 않은 문장을 바르게 고치시오.

1. 中国人民友好我国人民。

2. 我们宿舍很干净。

3. 这件事情他们了解得清楚。

4. 小明没有小刚矮。

5. 我们人穷志不短。

6. 不喜欢音乐的人是个别的。

7. 老师的房间里有多书。

8.颐和园的风景十分优美。

9.扮演小花的演员得真实。

10.外面漆黑漆黑。

11.黑板上的字写得很清清楚楚。

12.新建的工厂很大型。

제 6 장

부사

부사는 동사, 형용사 앞에서 수식, 한정 작용을 하는 단어이다. 주로 동작행위나 성질, 상태 등이 미치는 범위, 시간, 정도, 정태 및 긍정이나 부정의 상황을 설명하는 데 사용된다. 때때로 두 가지 동작 행위나 성질 상태 사이의 관계를 나타내는 데 쓰이기도 한다.

제 1 절

부사의 특징과 어법기능

① 부사의 주요 어법기능은 부사어를 담당하는 것이다. 부사는 동사, 형용사를 수식할 수 있고 혹은 문장 전체를 수식하는데, '刚到', '已经走了', '最好你去', '非常高兴' 등과 같다. 동사, 형용사를 대체하는 대사 '这样', '那样', '这么着' 등을 수식할 수도 있다.

① 我们都是留学生。

　　Wǒmen dōu shì liúxuéshēng.

우리는 모두 유학생이다.

② 我很喜欢学习汉语。

　　Wǒ hěn xǐhuan xuéxí Hànyǔ

나는 중국어 배우는 것을 아주 좋아한다.

③ 那里的景色太好了。

　　Nàlǐ de jǐngsè tài hǎo le.

그곳의 경치는 너무 아름답다.

④ 我没学过汉语，不认识汉字。

　　Wǒ méi xuéguo Hànyǔ, bù rènshi Hànzì.

나는 중국어를 배운 적이 없어서 한자를 모른다.

⑤ 难道你不想参加这次旅行吗?

　　Nándào nǐ bù xiǎng cānjiā zhè cì lǚxíng ma?

너 설마 이번 여행에 참가하지 않을 생각이니?

⑥ 事情已经这样了，还有什么办法?

　　Shìqing yǐjīng zhèyàng le, hái yǒu shénme bànfǎ?

일이 이미 이렇게 되었는데 또 무슨 방법이 있겠어?

⑦ 你就这么着，不要动。

　　Nǐ jiù zhèmezhe, búyào dòng.

너 그럼 이렇게 해라, 움직이지 마.

⑧ 这篇文章就那样了，不需要再修改了。

　　Zhè piān wénzhāng jiù nàyàng le, bù xūyào zài xiūgǎi le.

이 문장은 그냥 그렇게 하자, 더 이상 고칠 필요가 없다.

⑨ 经过批评帮助，他不再那样了。

　　Jīngguò pīpíng bāngzhù, tā bú zài nàyàng le.

　예①의 '都'는 부사로 동사 '是'를 수식하고 예③의 '太'는 부사로 형용사 '好'를 수식
하며 예⑤의 '难道'는 어기부사로 전체 문장을 수식한다. 예⑥의 '已经'은 부사로 술
어동사를 대체하는 대사 '这样'을 수식한다.

　부사는 일반적으로 명사(구), 수량사(구)를 수식할 수 없다. 그러나 이러한 사어가
술어로 쓰일 때는 시간, 범위 등을 나타내는 부사의 수식을 받을 수 있다.

① 今天才星期五，我以为又星期六了。

　　Jīntiān cái xīngqīwǔ, wǒ yǐwéi yòu xīngqīliù le.

② 王大伯都七十多岁了，他儿子刚十几岁。

　　Wáng dàbó dōu qīshí duō suì le, tā érzi gāng shí jǐ suì.

③ 他们结婚已经两三年了。

　　Tāmen jié hūn yǐjing liǎng sān nián le.

　범위, 부정을 나타내는 소수의 부사는 때로 명사(구), 대사, 수량사를 제한하기도 한
다.

① 光你一个人去吗?

　　Guāng nǐ yí ge rén qù ma?

② 这件事就你不知道，我们早就都知道了。

　　Zhè jiàn shì jiù nǐ bù zhīdào, wǒmen zǎo jiù dōu zhīdào le.

③ 天一擦黑，男的一律裤头，女的一律裙子……

　　Tiān yì cā hēi, nán de yílù kùtou, nǔde yílù qúnzi……

2 부사는 일반적으로 다른 단어의 수식을 받지 않는다.

3 부사는 단독으로 문장을 이룰 수 없으며 일반적으로 단독으로 질문에 답하기도 어렵
다. 어떤 사람이 '昨天的电影好吗?'라고 물었을 때 '很好' 또는 '好'라고 답할 수는 있
으나 '很'이라고 답할 수는 없다. '也许', '一定', '别', '差不多', '当然' 등과 같은 소수
의 부사 등이 단독으로 질문에 답하는 데 쓰일 수 있다.

甲 : 给你的钱够不够?

　　Gěi nǐ de qián gòu bu gòu?

乙 : 差不多，差不多吧。嘿嘿。

　　Chàbuduō, chàbuduō ba, hēi hēi.

이와 같이 부사가 단독으로 답하는 문장은 구어에서 자주 보인다.

④ 어떤 부사는 또 보어를 담당하기도 하는데 정도를 나타내는 '极', '很', '坏', '死', '透' 등에만 제한된다. 이 때 앞에 나오는 사어는 형용사나 심리상태를 나타내는 동사들로, '好极了', '高兴极了', '坏极了', '髒死了', '吓死了', '急死了', '糟糕透了', '恨透了', '坏透了'등이다.(第三篇 第五章 第五节 '程度补语' 참조)

① 昨天的乒乓球表演赛精彩极了。

Zuótiān de pīngpāngqiú biǎoyǎn sài jīngcǎi jí le.

어제의 탁구시범시합 정말 멋졌어.

② 街上的车多得很。

Jiē shàng de chē duō de hěn.

거리의 차가 정말 많다.

③ 半路上车出问题了，真把我急死了。

Bànlù shàng chē chū wèntí le, zhēn bǎ wǒ jí sǐ le.

오는 길에 자동차에 문제가 생겨서 정말 급해 죽는 줄 알았어.

⑤ 어떤 부사는 문장에서 관련 작용을 하기도 하는데 두 개의 동사나 형용사를 연접하거 두 개의 구나 절을 연접하는 데 쓰인다.

① 한 개의 부사를 써서 연관시킨다.

① 说干就干。

Shuō gàn jiù gàn.

한다면 한다.

② 死也不投降。

Sǐ yě bù tóuxiáng.

죽더라도 항복하지 않는다.

② 두 개의 서로 같은 부사를 써서 연관시킨다.

① 那座新楼又高又大。

Nà zuò xīn lóu yòu gāo yòu dà.

그 새로 지은 건물은 높고도 크다.

② 我越学习越觉得自己知道的少。

Wǒ yuè xuéxí yuè juéde zìjǐ zhīdào de shǎo.

내가 공부를 하면 할수록 스스로 아는 것이 적다는 것을 깨닫는다.

③ 두 개의 서로 다른 부사를 써서 연관시킨다.

① 再困难也不怕。

Zài kùnnan yě bú pà.

더 어려운 일이 있어도 두려워하지 않는다.

② 非学会不可。

Fēi xué huì bùkě.

배워서 알지 않으면 안된다.

④ 한 개의 부사와 한 개의 중국어나 개사를 써서 연관시킨다.

① 不管多困难也得学会。

Bùguǎn duō kùnnan yě děi xué huì.

어떠한 어려움이 있다고 해도 배울 거야.

② 刚来中国时，我连一个汉字也不认识。

Gāng lái Zhōngguó shí, wǒ lián yí ge Hànzì yě bù rènshi.

막 중국에 왔을 때 나는 한자 한 글자도 몰랐다.

제 2 절
부사의 분류

의미에 따라 부사를 다음과 같은 종류로 나눌 수 있다.

① 시간을 나타내는 상용부사

刚 막	刚刚 방금	已 이미	已经 이미
曾经 일찍이	早 일찍	就 곧	早先 이전
正 마침	正在 …하고 있다	在 …하고 있다	将 장차
将要 장차 …하려 하다	立刻 곧	马上 즉시	顿时 잠시
回头 조금 있다가	起初 최초에, 처음	原先 원래	一时 잠시
向来 줄곧	一直 줄곧	一向 줄곧	好久 오랫동안
永远 영원히	从来 지금까지	随时 수시로	时时 때때로
偶而 때로	间或 가끔	老(是) 언제나	总(是) 항상
忽然 갑자기			

② 범위를 나타내는 상용부사

都 모두	全 전부	统统 모두	一共 다
共 함께	总共 모두	一起 함께	一块儿 함께
一同 다같이	一齐 한꺼번에	一道 함께	一概 한꺼번에
净 다만	一味 오로지	只 오직	仅仅 다만
就 오직	独 다만	唯独 단지	单 단지
光 다만			

③ 중복, 빈도를 나타내는 상용부사

又 또	再 다시	还 또	也 또한
屡次 여러 번	再三 여러 번	常常 항상	经常 늘
时常 때로	往往 왕왕	不断 끊임없이	反复 반복해서

④ 정도를 나타내는 상용부사

很 매우	极 매우	挺 상당히	怪 꽤
太 너무	非常 매우	格外 특히	十分 매우
极其 지극히	分外 특히	最 가장	顶 매우
更 더욱	更加 더욱더	越发 한층	越加 더욱
相当 무척	稍 약간	稍微 조금	稍稍 조금

略 대략　　　略微 약간　　　比较 비교적　　　较 비교적

有点儿 약간　　　可 대략　　　真 정말　　　好 무척

多 많다　　　多么 얼마나　　　几乎 거의　　　尤其 더구나

过于 지나치게

⑤ 어기를 나타내는 상용부사

可 어조를 강조할 때 쓰임　　　幸亏 다행히　　　多亏 덕분에　　　难道 설마

何尝 언제…한 적이 있었느냐　　　居然 확실히, 뜻밖에　　　究竟 도대체　　　到底 도대체

偏偏 기어코　　　索性 차라리, 아예　　　简直 차라리, 아예　　　反正 어쨌든

却 오히려　　　倒 오히려　　　多亏 덕분에　　　也许 아마도

大约 대략　　　好在 다행히　　　几乎 거의　　　差点儿 거의

果真 과연　　　果然 과연　　　明明 분명히　　　敢情 알고 보니, 정말

⑥ 긍정, 부정을 나타내는 상용부사

不 아니다　　　没(有) 아니다　　　一定 분명히　　　准 틀림없이

未必 반드시…한 것은 아니다　　　必定 분명히　　　必然 반드시　　　未 …이 아니다

别 …하지 마라　　　莫 …해서는 안 된다　　　休 …하지 마라　　　勿 …하지 마라

⑦ 정태를 나타내는 상용부사

猛然 갑자기　　　依然 여전히　　　仍然 여전히　　　逐步 점차

逐渐 점점　　　渐渐 점차　　　亲自 친히　　　擅自 몸소

百般 여러 가지로, 백방으로　　　毅然 의연히, 단호하게　　　互相 서로　　　特地 특별히

제 3 절
상용부사의 용법

중국어의 품사는 일반적으로 형태표지가 없다. 일부분의 단어들만이 형태표지를 가지는데, 이는 우리가 그 단어의 성질을 식별하는데 도움을 준다. 중국어에서 명사의 형태표지는 두 종류로 나눌 수 있다. 하나는 접두어로 어근형태소의 앞에 오고, 또 하나는 접미어로 접미어형태소 뒤에 온다.

1 都

① '都'는 주로 범위를 나타내고 그 앞에 제시한 인물이나 사물을 총괄하는 데 쓰인다. 통사구조상 부사어이며 그 뒤에 위치한 동사나 형용사를 수식하여 '都'가 제한하는

사물에 예외가 없이 동작이 나타내는 행위동작이 발생하거나 또는 형용사가 나타내는 성질 상태를 가지고 있음을 나타낸다.

① 咱们都不要客气。

    Zámen dōu búyào kèqi.

우리 사양하지 맙시다.

② 今天学生都却参观了。

    Jīntiān xuésheng dōu què cānguān le.

오늘 학생들이 오히려 모두 참관했다.

③ 柜子里都是书。

    Guìzi lǐ dōu shì shū.

장에 가득 책이다.

④ 这儿的人都那么热情、好客。

    Zhèr de rén dōu nàme rèqíng、hàokè.

이곳 사람들은 모두 그렇게 열정적이고 손님을 맞는 것을 좋아한다.

⑤ 老张每天都睡得很晚。

    Lǎo Zhāng měitiān dōu shuì de hěn wǎn.

老张은 매일 아주 늦게까지 잔다.

⑥ 这是绝密，对任何人都不能讲。

    Zhè shì juémì, duì rènhé rén dōu bù néng jiǎng.

이것은 절대 비밀이야, 누구에게도 말해서는 안돼.

예①에서 '都'가 총괄하는 것은 '咱们'으로 즉 '청자와 화자 모두'를 나타낸다. 예②에서 총괄하는 것은 모든 '学生'이다. 예③에서 총괄하는 것은 '장'안에 있는 모든 물건이다. 예④에서 총괄하는 것은 '여기 있는 사람'이다. 예⑤에서 총괄하는 것은 부사어 '每天'이다. 예⑥에서 총괄하는 것은 개사의 목적어 '任何人'이다. '都'의 앞에서 제시한 사람이나 사물이 모두 복수일 경우에 '都'가 총괄하는 부분이 세 가지일 가능성이 있는 경우가 있다.

⑦ 这几个句子大家翻译得都很好。

    Zhè jǐ ge jùzi dàjiā fānyì de dōu hěn hǎo.

이 구절을 모두들 아주 잘 번역했습니다.

여기에서 '都'가 총괄하는 것은 '这几个句子'일 수도 있고 '大家'일 수도 있으며 '这几个句子'와 '大家' 두 가지 모두일 수도 있으니 이것은 언어 환경에 따라 확정해야 한다. 때때로 화자의 논리 강세도 '都'가 총괄하는 내용을 나타낼 수 있다. 예를 들어 예⑦의 강세가 '这几个句子'에 있다면 '这几个句子'를 총괄하는 것이 되고, 만약 '大家'에 있다면 '大家'를 총괄하는 것이 된다.

  주의해야 할 것은 부사 '都'가 문장에서 반드시 그것이 총괄하는 사어 뒤에 위치하여야 한다는 것으로 예를 들어 '我们都是学生'은 '都我们是学生'으로 말할 수 없다.

  부사 '都'는 아래와 같은 상황에서 상용되며 때로 '都'를 절대로 생략할 수 없는 경우도 있다.

⬛ 문장의 주어가 복수 사물일 때 '전부'의 의미를 드러내고자할 경우에 술어에 '都'를 상용한다.

① 大家都为你的成功感到高兴。

　　Dàjiā dōu wèi nǐ de chénggōng gǎndào gāoxìng.

② 这件上衣很合身，长短肥瘦都合适。

　　Zhè jiàn shàngyī hěn héshēn, chángduǎn féishòu dōu héshì.

예①의 '都'는 앞의 주어 '大家'를 의미지향하며 예②의 '都'는 '长短肥瘦'를 의미지향
한다.
　'都'도 개사의 목적어를 총괄할 수 있다.

① 好，这样对双方都有好处。

　　Hǎo, zhèyàng duì shuāngfāng dōu yǒu hǎochu.

② 他把练习里的错字都改正过来了。

　　Tā bǎ liànxí lǐ de cuòzì dōu gǎizhèng guòlai le.

예①의 '都'는 개사 '对'의 목적어 '双方'을 의미 지향한다. 예②의 '都'는 개사 '把'의
목적어 '练习里的错字'를 의미 지향한다.
　때때로 '都'가 총괄하는 사어를 생략할 수도 있는데 이 때 '都'의 앞에 아무 것도 출
현하지 않는다.

① A : 这些书怎么办?

　　　　Zhèxiē shū zěnme bàn?

　B : 都扔了。

　　　　Dōu rēng le.

② 见了他，你别都说优点，不说缺点，他不喜欢拍马屁。

　　Jiànle tā, nǐ bié dōu shuō yōudiǎn, bù shuō quēdiǎn, tā bù
　　xǐhuan pāi mǎpì.

'都'는 어떤 문장에서는 생략할 수 없다.

① 王教授的外文书很多，英文的、法文的、日文的都有。

　　Wáng jiàoshòu de wàiwénshū hěn duō, Yīngwén de、Fǎwén
　　de、Rìwén de dōu yǒu.

② 我们学校的留学生来自世界各地、亚洲的、非洲的、美洲的、
　　澳州的都有。

　　Wǒmen xuéxiào de liúxuéshēng láizì shìjiè gèdì、Yàzhōu de、
　　Fēizhōu de、Měizhōu de、Àozhōu de dōu yǒu.

상술한 문장에서 '都'가 총괄하는 명사는 모두 화제(주제)를 담당한다.

② 문장에 '每', '各', '所有', '一切', '全部', '这些', '那些' 및 '随时', '到处', '任何' 등의
어구가 있을 때 술어에 일반적으로 '都'를 써서 서로 호응하도록 한다.

① 诗人贾岛的每句诗和每个字都经过反复锤炼，有心推敲修改。

   Shīrén Jiǎ Dǎo de měi jù shī hé měi ge zì dōu jīngguò fǎnfù chuíliàn, yǒu xīn tuīqiāo xiūgǎi.

시인 贾岛의 시 구절과 글자들은 모두 반복해서 다듬고, 세심하게 퇴고를 거쳐 열심히 고친 것이다.

② 你看这些家具都是你从前顶喜欢的东西。

   Nǐ kàn zhèxiē jiājù dōu shì nǐ cóngqián dǐng xǐhuan de dōngxi.

봐, 이 가구들이 모두 네가 전에 무척 좋아하던 것들이야.

③ 一切都照你是正式嫁过周家的人看。

   Yíqiè dōu zhào nǐ shì zhèngshì jiàguo Zhōu jiā de rén kàn.

모든 것이 네가 정식으로 周씨 집안에 시집간 사람으로 보이는 데 달려 있다.

④ 我国的石拱桥几乎到处都有。

   Wǒ guó de shí gǒngqiáo jīhū dàochù dōu yǒu

우리나라의 아치형 돌다리는 곳곳에 거의 다 있다.

⑤ 所有的老师都说你很聪明。

   Suǒyǒu de lǎoshī dōu shuō nǐ hěn cōngmíng.

모든 선생님들이 네가 아주 총명하다고 말씀하신다.

⑥ 我每天都看报。

   Wǒ měitiān dōu kàn bào.

나는 매일 신문을 본다.

　명사나 양사를 중첩하여 사용할 때 복수의 의미를 가지고 있으면 술어에도 '都'를
써야 한다.

① 人人都应该遵守交通规则。

   Rénrén dōu yīnggāi zūnshǒu jiāotōng guīzé.

사람마다 모두 교통규칙을 준수해야 한다.

② 她很积极，热情，在厂里事事都跑在前面。

   Tā hěn jījí, rèqíng, zài chǎng lǐ shìshì dōu pǎo zài qiámiàn.

그는 아주 적극적이고 열정적이어서 공장에서 늘 앞서 달린다.

③ 幼儿园的孩子们，个个都长得很健壮。

   Yòu'éryuán de háizimen, gègè dōu zhǎng de hěn jiànzhuàng.

유아원 아이들은 모두 아주 건강하다.

③ 문장에 임의지시를 나타내는 의문대사 '谁', '什么', '哪', '哪儿', '哪里', '怎么' 등이
있을 때도 술어에 '都'나 '也'를 써서 호응해야 한다. 이 때 '都'는 생략할 수 없다. 의
문대사의 임의지시 용법은 단수가 아니라 모두 포함하는 의미를 나타내기 때문이다.

① 您的问题，谁都答不上来。

   Nín de wèntí, shéi dōu dá bu shànglai.

당신의 문제는 누구라도 대답해줄 수 없습니다.

② 他回来后，什么都没说，拿一本书又走了。

   Tā huílái hòu, shénme dōu méi shuō, ná yì běn shū yòu zǒu le.

그는 돌아온 뒤에 아무 말도 하지 않았고, 책 한 권을 갖고 다시 떠났다.

③ 我刚来北京，哪儿都不认识。

   Wǒ gāng lái Běijīng, nǎr dōu bú rènshi.

내가 막 北京에 왔을 때 아무 것도 몰랐다.

④ 大青山上，目之所及，哪里都是绿的。

  Dàqīngshān shàng, mù zhī suǒ jí, nǎlǐ dōu shì lǜ de.

대청산 위에서 눈에 들어오는 모든 것이 다 초록색이다.

④ 문장에 '无论', '不论', '不管' 등의 중국어가 있을 때 술어나 두 번째 절에 '都'를 써서 호응하도록 해야 한다. 이 역시 '无论' 등이 언급하는 것이 한가지의 단일한 경우가 아니기 때문이다. 자주 보이는 격식은 '无论(不论, 不管)……都/也'이다.

① 无论谁都应当讲究公共道德。

  Wúlùn shéi dōu yīngdāng jiǎngjiu gōnggòng dàodé.

누구를 막론하고 마땅히 공공도덕을 중시해야 한다.

② 无论做什么事，都不能只顾自己，不考虑别人。

  Wúlùn zuò shénme shì, dōu bù néng zhǐ gù zìjǐ, bù kǎolǜ biérén.

무슨 일을 하든지 자기만 생각하고 남을 고려하지 않아서는 안 된다.

③ 不管你学习还是工作，都要讲究效率。

  Bùguǎn nǐ xuéxí háishi gōngzuò, dōu yào jiǎngjiu xiàolǜ.

네가 공부를 하든 일을 하든 언제나 효율을 중시해야 한다.

⑤ 의문대사 '谁', '什么', '哪儿', '哪＋수량사', '哪＋几＋양사'로 구성된 의문문에 '都'가 자주 쓰이며 '都'는 경성으로 읽는다. 이 때 '都'는 술어동사 앞에 두어야 하며 뒤의 의문대사가 묻는 내용을 총괄한다. 이러한 문제에 대답할 때는 '都'를 쓸 수 없다.

① A：你家里都有什么人?

  Nǐ jiā lǐ dōu yǒu shénme rén?

너희 집에는 누가 있니?

 B：我家里有我父亲、母亲、两个哥哥一个妹妹。

  Wǒ jiā lǐ yǒu wǒ fùqīn、mǔqīn、liǎng ge gēge yí ge mèimei.

우리 집에는 아버지, 어머니, 형 두 명 그리고 여동생이 한 명 있다.

② A：这件事情你都告诉谁了?

  Zhè jiàn shìqing nǐ dōu gàosu shéi le?

이 일을 너는 누구에게 말했니?

 B：我告诉了张老师和咱们班的同学。

  Wǒ gàosule Zhāng lǎoshī hé zámen bān de tóngxué.

나는 張 선생님과 우리 반 친구들에게 말했다.

③ A：这次旅行你都去哪儿了?

  Zhè cì lǚxíng nǐ dōu qù nǎr le?

이번 여행에 너 어디어디 가니?

 B：我去了天津、上海、杭州、广州和桂林。

  Wǒ qùle Tiānjīn、Shànghǎi、Hángzhōu、Guǎngzhōu hé Guìlín.

天津, 上海, 杭州, 广州와 桂林에 가.

④ A：参加座谈会的都有哪些人?

  Cānjiā zuòtánhuì de dōu yǒu nǎxiē rén?

좌담회에 참가한 사람들은 다 어떤 사람들이야?

 B：有学校的各级领导和各年级的学生代表。

  Yǒu xuéxiào de gè jí lǐngdǎo hé gè niánjí de xuésheng dàibiǎo.

학교의 각급 지도자와 각 학년 학생대표들이야.

⑤ A：张老师，您都教哪几门课?

  Zhāng lǎoshī, nín dōu jiào nǎ jǐ mén kè?

張 선생님, 당신은 어떤 과목들을 가르치나요?

B：我只教现代汉语。

    Wǒ zhǐ jiāo xiàndài Hànyǔ.

나는 현대중국어만 가르칩니다.

이와 같이 질문하는 문장에 모두 '都'를 썼는데 이것은 물어보는 사람이 답안이 단수가 아니라고 가정했을 때 만약 '都'를 쓰지 않는다면 이러한 가정을 나타내기에 부족하여 듣는 사람의 오해나 불쾌함을 불러일으킬 수 있기 때문이다. 그러나 '都'는 총괄하는 명사(문미에 있다) 뒤에 놓을 수는 없다. 답하는 문장에서 '都'를 다시 쓰지 않는 것은 '都' 앞의 '家', '我' 등이 단수이기 때문이다.

  구어에서 '都'는 때때로 직접 의문대사 앞에 놓이기도 한다.

① 你这辆自行车都哪儿有毛病？

    Nǐ zhè liàng zìxíngchē dōu nǎr yǒu máobìng?

네 자전거 어디가 고장났어?

② 今年暑假都谁想回国探亲？

    Jīnnián shǔjià dōu shéi xiǎng huí guó tànqīn?

올 여름방학에 누가 귀국하여 가족을 만나볼 거냐?

 **'都'의 기타 용법**

① 개사 '连', 부사 '甚至', 수사 '一(＋양사＋명사)'와 자주 배합하여 사용되며 문장의 화제대비초점(第五編 第四章 '텍스트' 참조) 뒤에 출현한다. 자주 보이는 격식으로는 '连…都…', '甚至…都…', '一…都…'가 있다.

① 连弟弟都懂得这个道理，你这么大了，怎么不懂。

    Lián dìdi dōu dǒngde zhège dàolǐ, nǐ zhème dà le, zěnme bù dǒng.

동생도 이런 이치를 알아, 너 이렇게 큰데 어떻게 모를 수가 있니.

② 他胆子太小了，甚至树叶子落下来都怕砸了脑袋。

    Tā dǎnzi tài xiǎo le, shènzhì shù yèzi luòxiàlai dōu pà zále nǎodài.

그는 간이 너무 작아, 심지어 나뭇잎만 떨어져도 머리가 깨지는 줄 알고 겁을 내지.

③ 这次考试，李力一个汉字都没写错。

    Zhè cì kǎoshì, Lǐ Lì yí ge Hànzì dōu méi xiě cuò.

이번 시험에서 李力는 한 글자도 틀리지 않았다.

④ 她是女扮男装吗？一点儿都看不出来。

    Tā shì nǚ bàn nánzhuāng ma? Yì diǎnr dōu kàn bu chūlai.

그녀는 여자가 남장을 한 거야? 조금도 알아차리지 못했어.

때때로 부사 '都' 하나만을 사용하여 같다는 의미를 나타내기도 한다.

① 这么重要的消息你都不知道。

    Zhème zhòngyào de xiāoxi nǐ dōu bù zhīdào.

이렇게 중요한 소식을 너는 모르고 있구나.

② 他为赶火车，饭都没吃就走了。

    Tā wèi gǎn huǒchē, fàn dōu méi chī jiù zǒu le.

그는 기차를 잡아타기 위해 밥도 먹지 않고 떠났다.

---

③ 爷爷，我都不怕那个家伙，您还怕他!

　　Yéye, wǒ dōu bú pà nàge jiāhuo, nín hái pà tā!

④ 小明的俄文一百个字都不到，太短了。

　　Xiǎo Míng de Éwén yībǎi ge zì dōu bú dào, tài duǎn le.

할아버지, 저는 그놈이
두렵지 않아요, 할아버
지는 아직 두려우세요!

小明의 러시아어 문장
은 100글자도 되지 않
아, 너무 짧아.

예①은 두 개의 의미를 나타낸다. 논리 강세가 문두에 있을 때 대비초점은 '这么重要的消息'이고 뒤의 '你'에 있을 때는 초점이 '你'가 된다.

'都' 앞에도 수량사(구)가 위치할 수 있다.

① 小明写的作文一百字都不到。

　　Xiǎo Míng xiě de zuòwén yībǎi zì dōu bú dào.

② 我每天十个生词都记不住。

　　Wǒ měitiān shí ge shēngcí dōu jì bu zhù.

③ 你太极拳学三天都不到，就不想学了，那是学不好的。

　　Nǐ tàijíquán xué sān tiān dōu bu dào, jiù bù xiǎng xué le, nà shì xué bu hǎo de.

小明이 쓴 작문은 100
글자도 안 된다.(적게
썼다)

나는 매일 10개의 단어
조차 못 외운다.(수량
이 적다)

너는 태극권을 배운지
사흘이 되지도 않아서
할 줄 모른다고 곧 배우
려 하지 않는구나, 그러
면 제대로 배울 수가 없
어.

'都'는 화제대비초점 뒤(제5편 제4장 제1절 '信息, 话题, 焦点' 참조)에도 출현할 수 있다.

① 听完老师的问题，他想都没想就回答出来了。

　　Tīng wán lǎoshī de wèntí, tā xiǎng dōu méi xiǎng jiù huídá chūlai le.

② 拿到信后，她看都没看一眼就塞在书包里了。

　　Ná dào xìn hòu, tā kàn dōu méi kàn yì yǎn jiù sāi zài shūbāo lǐ le.

③ 这个小家伙走都走不稳，就想跑!

　　Zhège xiǎo jiāhuo zǒu dōu zǒu bù wěn, jiù xiǎng pǎo!

선생님의 문제를 다 듣
고 나서 그는 생각도 해
보지 않고 곧 대답을 했
다.

편지를 받은 뒤 그녀는
힐끗 보지도 않은 채 책
가방 속에 밀어 넣었다.

이 녀석 걷는 것조차 제
대로 못하면서 뛰려고
하다니!

② '已经'의 의미를 나타낼 때 '都'는 경성으로 읽으며 문미에 '了'를 쓴다.

① 哟，都十二点了，该睡觉了。

　　Yō, dōu shí'èr diǎn le, gāi shuì jiào le.

② 几年不见了，你怎么头发都白了。

　　Jǐ nián bú jiàn le, nǐ zěnme tóufa dōu bái le.

③ 打猎的追上来了，听，都能听见马跑的声音了。

　　Dǎliè de zhuīshànglai le, tīng, dōu néng tīngjiàn mǎ pǎo de shēngyīn le.

어, 12시가 되었네, 자
야겠다.

몇 년 동안 만나지 못했
더니 너 왜 머리가 벌써
하얗게 되었냐.

사냥하는 사람들이 쫓
아왔다. 들어봐, 말이
달리는 소리까지 들을
수 있잖아.

'都' 뒤에 '快', '快要' 등의 시간부사가 위치할 수 있다.

① 老愚公都快八十岁了，还带领儿孙们搬山呢。

　　Lǎo Yúgōng dōu kuài bāshí suì le, hái dài lǐng érsūnmen bān shān ne.

② 飞机都快要起来了，阿里才来。

　　Fēijī dōu kuài yào qǐlai le, Āǐ cái lái.

③ 都快到冬天了，天气还这么暖和。

　　Dōu kuài dào dōngtiān le, tiānqì hái zhème nuǎnhuo.

> 늙은 우공은 곧 80세가 되지만 아들과 손자들을 데리고 산을 옮기는 것이었어요.
>
> 비행기가 곧 뜨려고 할 때가 되어서야 阿里가 왔다.
>
> 곧 겨울이 오려고 하는데 날씨가 아직도 이렇게 따뜻하다니.

'都' 뒤에 수량구가 위치할 수 있다.

① 阿里来中国都三年了。

　　Āǐ lái Zhōngguó dōu sān nián le.

② 最近老王很忙，都半个月没回家了。

　　Zuìjìn Lǎo Wáng hěn máng, dōu bàn ge yuè méi huí jiā le.

③ 这个句子，老师都解释三遍了，我还不懂。

　　Zhège jùzi, lǎoshī dōu jiěshì sān biàn le, wǒ hái bù dǒng.

④ 你都掌握两千多常用词了，跟中国人谈话没什么大问题了吧。

　　Nǐ dōu zhǎngwò liǎngqiān duō chángyòngcí le, gēn Zhōngguórén tánhuà méi shénme dà wèntí le ba.

> 阿里는 중국에 온지 3년이나 되었다.(시간이 길다)
>
> 최근에 老王은 아주 바빠서 석 달이나 집에 돌아가지 못했다.(시간이 길다)
>
> 이 구절을 선생님께서 세 번이나 해석해주셨는데도 나는 아직 모르겠어.(해석한 횟수가 많다)
>
> 너는 2천여 개나 되는 상용단어를 다 파악하고 있으니 중국 사람과 이야기 할 때 뭐 큰 문제는 없을 거야.

 只

'只'는 범위를 나타내는 부사로 기본 작용은 '한정'을 표시하는 것이다. 통사적으로 뒤에 오는 동사(구)를 수식하며 의미적으로 동사가 나타내는 행위동작이나 언급하는 사물의 범위를 한정한다.

 '只'는 동사의 목적어를 한정하며 일반적인 경우에 '只'는 항상 주어 뒤, 술어동사의 앞에 쓰여 동사 뒤의 목적어를 의미 지향한다.

① 这学期，我们只学习汉语。

　　Zhè xuéqī, wǒmen zhǐ xuéxí Hànyǔ.

② 我父母去世早，身边只有哥哥、姐姐了。

　　Wǒ fùmǔ qùshì zǎo, shēnbiān zhǐ yǒu gēge、jiějie le.

③ 那两个村庄只隔一条河。

　　Nà liǎng ge cūnzhuāng zhǐ gé yì tiáo hé.

> 이번 학기에 나는 중국어만 공부한다.
>
> 우리 부모님은 일찍 세상을 뜨셨어, 곁에 형과 누나만 있었지.
>
> 그 두 마을은 강을 사이에 두고 있을 뿐이었다.

④ 姑娘朝大刘走来了，小伙子只觉得脸上热哄哄的。

　Gūniang cháo Dàliú zǒu lái le, xiǎohuǒzi zhǐ juéde liǎn shàng rèhōnghōng de.

아가씨들이 大刘를 향해 걸어왔다, 젊은 大刘는 얼굴이 붉어지는 것을 느낄 뿐이었다.

‘只’는 개사의 목적어를 의미지향하기도 한다.

⑤ 我只给家里写信了，没给朋友写信。

　Wǒ zhǐ gěi jiā lǐ xiě xìn le, méi gěi péngyou xiě xìn.

나는 집에만 편지를 썼을 뿐, 친구에게는 쓰지 않았어.

⑥ 会上，他只对这个问题发表了意见。

　Huì shàng, tā zhǐ duì zhège wèntí fābiǎole yìjiàn.

회의에서 그는 이 문제에 대해서만 의견을 발표했다.

예⑤의 ‘只’는 ‘给家里写信’을 수식하며, 개사 ‘给’의 목적어 ‘家里’를 의미 지향한다. 예⑥의 ‘只’의 의미지향은 개사 ‘对’의 목적어 ‘这个问题’로, ‘다른 일에 대해서는 의견을 발표하지 않았다’는 의미를 나타낸다.

‘只’는 목적어의 관형어를 의미 지향한다.

⑦ 实现我们的计划，这只是一个时间问题。

　Shíxiàn wǒmen de jìhuà, zhè zhǐ shì yí ge shíjiān wèntí.

우리의 계획을 실현하는데, 이것은 그저 시간의 문제일 뿐이야.(‘只’의 어의2는 ‘时间’을 향한다.)

⑧ 老王啊，我们不能只关心青年工人的生活，那些老职工的问题也不能忽视。

　Lǎo Wáng a, wǒmen bù néng zhǐ guānxīn qīngnián gōngrén de shēnghuó, nàxiē lǎo zhígōng de wèntí yě bù néng hūshì.

老王아, 우리는 청년노동자의 생활에만 관심을 갖고 그 늙은 직공들의 문제를 경시할 수는 없단다.(‘只’의 어의가 ‘青年工人’을 향한다)

 ‘只’는 술어동사나 동사구를 한정하는데, 이러한 용법은 다시 다음의 세 가지 경우로 구분된다.

① ‘只’는 술어동사의 앞에 쓰이며 뒤에 보통 의미적으로 관계있는 부정문이 있어 앞절의 의미에 보충하는 역할을 한다.

① 我问她哭什么，她只哭，什么也不说。

　Wǒ wèn tā kū shénme, tā zhǐ kū, shénme yě bù shuō.

나는 그녀에게 왜 우느냐고 물었지만 그녀는 그저 울기만 할 뿐, 아무 것도 말하지 않았다.

이 문장의 의미는 ‘그녀’가 그저 ‘울기만’하고 대답을 하지 않는다는 것이다. ‘什么也不说’가 ‘只哭’를 보충하는데, 역시 ‘不回答’의 의미를 나타낸다.

② 他打开门，只看了看，没吭一声就走了。

　Yā dǎ kāi mén, zhǐ kànle kàn, méi kēng yì shēng jiù zǒu le.

그는 문을 열고 그저 한 번 둘러보기만 했을 뿐, 한 마디 소리도 내지 않고 가버렸다.

③ 咱们应该说得到，做得到，不能只说不做。

　Zámen yīnggāi shuō de dào, zuò de dào, bù néng zhǐ shuō bú zuò.

우리는 한다고 말하면 해야 해, 그저 말만 하고 행동으로 옮기지 않아서는 안돼.

④ 他学习外语，只看书，不爱张嘴，自然学不好。

　　Tā xuéxí wàiyǔ, zhǐ kàn shū, bú ài zhāng zuǐ, zìrán xué bu hǎo.

⑤ 只学得好，还不够，还要会用。

　　Zhǐ xué de hǎo, hái bú gòu, hái yào huì yòng.

⑥ 那些劳保用品，我只领回来了，还没分给大家。

　　Nàxiē láobǎo yòngpǐn, wǒ zhǐ lǐng huílái le, hái méi fēn gěi
　　dàjiā.

② 문장에 조동사가 있으면 '只'는 조동사의 앞에 위치하여 조동사 및 그 뒤의 사어
를 한정한다.

① 他懂一点汉语，可是只会说，不会写。

　　Tā dǒng yìdiǎn Hànyǔ, kěshì zhǐ huì shuō, bú huì xiě.

② 这些年，我也学乖了，我只想看看他，他究竟是我生的孩子。

　　Zhèxiē nián, wǒ yě xué guāi le, wǒ zhǐ xiǎng kànkan tā, tā jiūjìng
　　shì wǒ shēng de háizi.

③ 有些人只会空想，不会做事，也有些人只顾做事，不动脑筋。

　　Yǒu xiē rén zhǐ huì kōngxiǎng, bú huì zuò shì, yě yǒu xiē rén zhǐ
　　gù zuò shì, bú dòng nǎojīn.

③ 때때로 앞 절에 부정형식이 있기도 한데, 이 때 뒷 절의 '只'는 범위를 한정하고,
앞 절을 보충하는 역할을 한다.

① 这壶酒不够两个人喝，只够一个人喝。

　　Zhè hú jiǔ bú gòu liǎng ge rén hē, zhǐ gòu yí ge rén hē.

② 有的人做事情，常常不从实际出发，不调查研究，只凭自己主观
愿望和想像。

　　Yǒu de rén zuò shìqing, chángcháng bù cóng shíjì chūfā, bú
　　diàochá yánjiū, zhǐpíng zìjǐ zhǔguān yuànwàng hé xiǎngxiàng.

 '只'가 수량사와 연용 될 때 수량이 적음을 나타내는데 이 때 '只'는 동사나 동사구의
앞에 놓여야 하며 수량사와 직접 연용 될 수 없다.

① '只'는 목적어 앞의 수량관형어를 한정한다.

① 这本书只有二百页。

　　Zhè běn shū zhǐ yǒu èrbǎi yè.

② 我只买了两条鱼。

　　Wǒ zhǐ mǎile liǎng tiáo yú.

③ 花瓶里只插一朵花。

　　Huāpíng lǐ zhǐ chā yì duǒ huā.

④ 信里他只写了这么几行字。

　　Xìn lǐ tā zhǐ xiěle zhème jǐ háng zì.

나는 생선 두 마리만을 샀다.

꽃병에 꽃이 한 송이만 꽂혀 있다.

편지에 그는 겨우 이렇게 몇 줄만 썼다.

② '只'는 동사 뒤의 시량보어, 동량보어 혹은 수량보어를 한정한다.

① 联欢会只进行了一个多小时。

　　Lián huānhuì zhǐ jìnxíngle yí ge duō xiǎoshí.

파티는 겨우 한 시간 쯤 진행되었다.

② 织女急中生智，只喊了一声：“快去找爸爸。”

　　Zhīnǚ jí zhōng shēng zhì, zhǐ hǎnle yì shēng: “kuài qù zhǎo bàba.”

직녀는 급히 지혜를 짜내어 이렇게 소리칠 뿐이었다. "빨리 아빠를 찾아가렴."

③ 钟只敲了一下儿，也不知道是几点了。

　　Zhōng zhǐ qiāole yíxiàr, yě bù zhīdào shì jǐ diǎn le.

시계가 한번 울렸을 뿐, 몇 시가 되었는지 알 수 없었다.

④ 我们只见过一次面。

　　Wǒmen zhǐ jiànguo yí cì miàn.

우리는 다만 한번 만났을 뿐이다.

⑤ 这件衬衫比那件只长半公分。

　　Zhè jiàn chènshān bǐ nà jiàn zhǐ cháng bàn gōng fēn.

이 셔츠는 그것보다 0.5센티 길 뿐이야.

③ '只' 앞에 시단(시간의 양)을 나타내는 시간어구가 있고 뒤에 일반 수량사어가 있거나, 혹은 시간어구가 뒤에 있고 일반 수량사어가 앞에 있을 때, 이 두 가지 구식이 나타내는 의미는 다르다. '只'는 술어동사 뒤의 수량사어를 수식하여 수량이 적고 시간이 짧음을 나타낸다.

① 他两个小时只写了四百字。

　　Tā liǎng ge xiǎoshí zhǐ xiěle sìbǎi zì.

그는 두 시간동안 겨우 4백자를 썼다.(쓴 글자가 적다)

② 他四百字只写了两个小时。

　　Tā sìbǎi zì zhǐ xiěle liǎng ge xiǎoshí.

그는 4백 자를 겨우 두 시간 동안에 썼다.(쓴 시간이 짧다)

③ 你在车一小时只走五十公里。

　　Nǐ zài chē yì xiǎoshí zhǐ zǒu wǔshí gōnglǐ.

너는 자동차로 한 시간 동안 겨우 50킬로를 갔다.(간 거리가 짧다)

④ 你的车五十公里只走了一小时。

　　Nǐ de chē wǔshí gōnglǐ zhǐ zǒule yì xiǎoshí.

네 차는 50킬로를 한 시간 동안에 갔다.(간 시간이 짧다)

④ 때때로 '只'가 직접 명사구의 앞에 놓이기도 한다.

① 今天家里只我一个人，你们来玩儿吧。

　　Jīntiān jiā lǐ zhǐ wǒ yí ge rén, nǐmen lái wánr ba.

오늘 집에는 나뿐이야, 너희들 놀러 오렴.

② 他头上是一顶破毡帽，身上只一件很薄的棉袄。

Tā tóu shàng shì yì dǐng pò zhānmào, shēn shàng zhǐ yí jiàn hěn báo de mián'ǎo.

③ 这个消息只大张和王师傅听说了。

Zhège xiāoxi zhǐ dà Zhāng hé Wáng shīfu tīng shuō le.

④ 这次午餐会，只王太太没来参加，她身体不好。

Zhè cì wǔcānhuì, zhǐ Wáng tàitai méi lái cānjiā, tā shēntǐ bù hǎo.

그의 머리에는 낡은 털모자, 몸에는 아주 얇은 솜저고리뿐이었다.

이 소식은 大张과 王사부만 들었다.

이번 오찬회에 王부인만 참가하지 못했다, 그녀는 건강이 좋지 않다.

이러한 용법은 조건적인 것으로 즉 예①, ②와 같이 명사구가 문장의 술어이거나 또는 예③, ④와 같이 주어일 때이다. 명사구가 목적어로 쓰일 때는 이와 같이 쓸 수 없다. '阿里会只英语'라고 말할 수는 없으니, 이 문장의 술어는 '会'이지 '英语'가 아니기 때문이다.

　'只'의 이러한 용법은 '只有'와 같으므로, 예①-④는 다음과 같이 말할 수도 있다.

①´ 今天家里只有我一个人，你们来玩儿吧。

Jīntiān jiā lǐ zhǐ yǒu wǒ yí ge rén, nǐmen lái wánr ba.

②´ 他头上是一顶破毡帽，身上只有一件很薄的棉袄。

Tā tóu shàng shì yì dǐng pò zhānmào, shēn shàng zhǐ yǒu yí jiàn hěn báo de mián'ǎo.

③´ 这个消息只有大张和王师傅听说了。

Zhège xiāoxi zhǐyǒu dà Zhāng hé Wáng shīfu tīng shuō le.

④´ 这次午餐会，只有王太太没来参加，她身体不好。

Zhè cì wǔcānhuì, zhǐyǒu Wáng tàitai méi lái cānjiā, tā shēntǐ bù hǎo.

오늘 집에는 나 밖에 없다, 너희들 놀러 오렴.

그는 머리에 낡은 털모자를, 몸에는 아주 얇은 솜저고리만 걸쳤을 뿐이다.

이 소식은 大张과 王 사부만이 들었다.

이번 오찬회에 王 부인만이 참가하지 못했다, 그녀의 건강이 좋지 못하다.

④ '只'는 이중목적어문에 쓰여 통사적으로 동사를 수식한다. 그러나 의미지향은 비교적 복잡하여 앞뒤 문맥, 언어 환경과 문장의 논리강세를 고려하여 확정해야 한다.

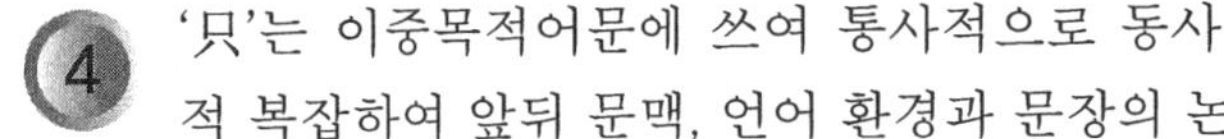

我只给她一本书。 Wǒ zhǐ gěi tā yì běn shū.	나는 그녀에게 책을 한권 주었을 뿐이다.(그녀의 책 한권을 '내가' 준 것이다. 다른 것은 누가 준 것인지 알 수 없다.)
我只´给她一本书。	나는 이 책을 그녀에게 주었을 뿐이다.(그녀에게 '준'것이다. 다른 것은 모두 그녀에게 빌려준 것이다.)
我只给´她一本书。	나는 그녀에게 책을 한 권 주었을 뿐이다.(책은 '그녀'에게 준 것이지 다른 사람에게 준 것이 아니다.)
我给她´一本书。	나는 그녀에게 한 권의 책을 주었다.(나는 '한 권의 책'을 주었다, 두 권이나 세 권이 아니다.)
我只给她一本´书。	나는 그녀에게 책을 한권 주었을 뿐이다.(책을 주었지, 다른 것을 준 것이 아니다.)

⑤ '只'가 겸어문에서 쓰일 때 두 가지 위치가 가능하다. 즉 첫 번째 동사의 앞에 위치할 수도 있고 두 번째 동사의 앞에 위치할 수도 있는데, '只'의 위치가 다르면 의미지향도 다르다. '只'가 첫 번째 동사의 앞에 놓일 때 의미지향은 첫 번째 동사 뒤의 겸어, 또는 두 번째 동사, 또는 두 번째 동사의 목적어일 수 있는데, 이것은 강세에 따라 결정된다.

我只叫´你帮助他。 Wǒ zhǐ jiào nǐ bāngzhù tā.	나는 너만을 불러 그를 돕게 했다.('너'를 불러 돕게 한 것이지 다른 사람에게 돕게 한 것이 아니다.)
我只叫你´帮助他。	나는 너에게 그를 도와주라고만 했다.(다만 그를 '도와주라고'했지, 그를 '대신'하라고 하지 않았다.)
我只叫你帮助´他。	나는 너에게 그만을 도와주라고 했다.('그'만을 도와주라고 했지 다른 사람을 도와주라고 하지 않았다.)

'只'가 두 번째 동사의 앞에 놓일 때 의미지향은 두 번째 동사의 목적어이다.

我叫你只帮助´他。	나는 너더러 그 만을 도와주라고 했다.(다만 '그'를 도와주라고 했지 다른 사람을 도와주라고 하지 않았다.)

⑥ '只'가 연동문에서 쓰일 때 두 가지 위치가 가능하다. 즉 첫 번째 동사의 앞이나 두 번째 동사의 앞에 위치할 수 있다. 첫 번째 동사의 앞에 위치할 때, '只'의 의미지향은 동사목적어이다. 두 번째 동사의 앞에 위치할 때 의미지향은 동사일 수도 있고, 목적어일 수도 있으며, 목적어의 수량관형어일 수도 있다.

我只去´书店买一本书。 Wǒ zhǐ qù shūdiàn mǎi yì běn shū.	나는 책방에만 가서 책을 한권 샀다.(다만 '책방'에만 갔지 다른 곳에 가지 않았다.)
我去书店只´买一本书。	나는 책방에 가서 책 한 권을 샀을 뿐이다.(다만 '책 한 권을 샀지' 다른 일을 한 것이 아니다.)
我去书店只买´一本书。	나는 책방에 가서 책을 한 권만 샀다.(책을 '한 권'만 샀을 뿐이지 두 권이나 세 권을 산 것이 아니다.)

이상에서 '只'의 각각의 구식 안에서의 위치와 의미지향에 대해 간단하게 소개하였다. 술어가 비교적 복잡한 문장에서는 '只'의 의미지향도 비교적 복잡하므로 운용과 이해에 주의를 기울여야 한다.

3 最

'最'는 정도를 나타내는 부사로 '가장', '같은 유의 사물을 초과하는' 등의 의미를 나타내며 비교에 자주 사용된다. '最'는 형용사, 조동사, 심리 상태를 나타내는 동사('喜欢', '恨', '可怜' 등)의 앞에 위치하며, '使, 让, 叫' 등의 동사 앞에도 '最'를 쓸 수 있다. '最'는 문장 안에서 부사어로 쓰인다.

① 甲班有9个学生，乙班有6个，丙班有12个，丙班的学生最多。 Jiǎ bān yǒu jiǔ ge xuésheng, yǐ bān yǒu liù ge, bǐng bān yǒu shí'èr ge, bǐng bān de xuésheng zuì duō.	갑반에는 학생이 9명 있고 을반에는 6명이, 병반에는 12명이 있다. 병반의 학생이 가장 많다.

② 数理化三门功课比较起来，他数学学得最好。

　　Shù lǐ huà sān mén gōngkè bǐjiào qǐlai, tā shùxué xué de zuì hǎo.

수학, 물리, 화학 세 과목을 비교해볼 때 그는 수학을 가장 잘한다.

③ 这三个年轻人中，小王最爱学习，最有钻劲儿。

　　Zhè sān ge niánqīngrén zhōng, Xiǎo Wáng zuì ài xuéxí, zuì yǒu zhān jìnr.

이 세 젊은이 중에서 小王이 가장 공부하는 것을 좋아하고 가장 탐구심이 있다.

④ 谁最能代表群众的利益，群众就最拥护谁。

　　Shéi zuì néng dàibiǎo qúnzhòng de lìyì, qúnzhòng jiù zuì yōnghù shéi.

누가 가장 군중의 이익을 잘 대표할 것인지, 군중은 그를 가장 옹호할 것이다.

'비교'하는 사물이 출현하지 않는 경우도 있다.

① 玛丽最怕冷。

　　Mǎlì zuì pà lěng.

메리는 추운 것을 제일 싫어한다.(메리와 관련된 사람과 비교할 때)

② 中国的乐山大佛是世界上最大的佛像。

　　Zhōngguó de Lèshāndàfó shì shìjiè shàng zuì dà de fóxiàng.

중국의 낙산대불은 세계에서 가장 큰 불상이다.(세계 각지의 불상과 비교할 때)

③ 气象灾害是自然灾害中发生频率最高，范围最大，损失最重的一种灾害。

　　Qìxiàng zāihài shì zìrán zāihài zhōng fāshēng pínlǜ zuì gāo, fànwéi zuì dà, sǔnshī zuì zhòng de yì zhǒng zāihài.

기상재해는 자연재해 중에서 발생빈도가 가장 높고 범위가 가장 넓으며 손실이 가장 많은 재해이다.(기타 자연재해와 비교하여)

다른 사물과 비교하지 않는 경우에도 '最'가 쓰일 수 있는데 뒤에 대부분 '高', '低', '大''小', '长', '短', '快', '慢', '早', '晚', '多', '少', '粗', '细', '冷', '热' 등의 형용사가 오며 '最'는 성질, 상태, 시간, 수량 등이 극에 달했음을 나타낸다. 계산을 하거나 어떤 제한을 제기하는 데 자주 쓰인다.

① 我们将尽最大努力完成好这项任务。

　　Wǒmen jiāng jìn zuì dà nǔlì wánchéng hǎo zhè xiàng rènwu.

우리는 최대한의 노력을 다하여 이 임무를 완성할 것입니다.

② 婴儿的睡眠时间最少要十二个小时。

　　Yīng'ér de shuìmián shíjiān zuì shǎo yào shí'èr ge xiǎoshí.

어린 아기의 수면시간은 적어도 12시간이 되어야 한다.

③ 用这种办法养鱼，每年亩产最高达到三四十万斤。

　　Yòng zhè zhǒng bànfǎ yǎng yú, měi nián mǔ chǎn zuì gāo dádào sān sìshí wàn jīn.

이런 방법으로 물고기를 기르면 해마다 1묘의 단위생산량이 최고 3, 40만근에 이른다.

④ 从北京到上海最快也要一个小时。

　　Cóng Běijīng dào Shànghǎi zuì kuài yě yào yí ge xiǎoshí.

北京에서부터 上海까지 아무리 빨라도 한 시간은 걸린다.

⑤ 你最晚在下午下班以前给我答复。

　　Nǐ zuì wǎn zài xiàwǔ xiàbān yǐqián gěi wǒ dáfù.

너는 아무리 늦어도 오후 하교시간 전에 나에게 대답해야해.

⑥ 每们代表的发言时间最多不能超过十分钟。

　　Měimen dàibiǎo de fāyán shíjiān zuì duō bù néng chāoguò shí fēnzhōng.

각 대표의 발언시간은 아무리 많아도 10분을 초과할 수 없다.

'最'는 정점에 도달했다는 의미를 내포하고 있기 때문에 방위사의 앞에 쓰여 방위의 극점을 나타내기도 한다.

① 走在游行队伍最前头的是身经百战的母亲们。

　　Zǒu zài yóuxíng duìwu zuì qiántou de shì shēnjīng bǎizhàn de mǔqinmen.

시위대의 맨 앞에 걸어 가고 있는 것은 백전노장 어머니들이었다.

② 怕压的东西放在最上边儿，不怕压的放在最下边儿。

　　Pà yā de dōngxi fàng zài zuì shàngbiānr, bú pà yā de fàng zài zuì xiàbiānr.

눌리면 안 되는 물건을 제일 위쪽에 놓고 눌려도 괜찮은 것은 제일 아래쪽에 놓아라.

③ 最后边的一节车厢是餐车。

　　Zuì hòubiān de yì jié chēxiāng shì cānchē.

맨 끝 쪽 칸이 식당차이다.

④ 你住在几号房间?—几号不知道，我住在最东边的那一间。

　　Nǐ zhù zài jǐ hào fángjiān? – Jǐ hào bù zhīdào, wǒ zhù zài zuì dōngbiān de nà yì jiān.

너 몇 호실에 묵니?-몇 호인지는 모르지만 나는 가장 동쪽 방에 묵어.

 **4　更**

'更'은 정도부사로 사물 자체의 발전의 각 단계의 비교나 두 개 사물사이의 비교에 쓰여 기준의 정도나 상황보다 진일보했음을 나타낸다. '更'은 형용사(구), 동사(구) 앞에 주로 사용되어 부사어로 쓰인다.

① 那篇文章修改以后，主题更突出了。

　　Nà piān wénzhāng xiūgǎi yǐhòu, zhǔtí gèng tūchū le.

그 문장은 수정 후에 주제가 더욱 드러났다.

비교하는 기준은 '修改前'이다.

② 雨过天晴，景色显得更美丽了。

　　Yǔ guò tiān qíng, jǐngsè xiǎnde gèng měilì le.

비가 온 뒤에 날이 개면 풍경이 더욱 아름답게 나타난다.

③ 这个戏脱稿于去年春天，酝酿这个戏的时间还要更早一些。

　　Zhège xì tuō gǎo yú qùnián chūntiān, yùnniàng zhège xì de shíjiān hái yào gèng zǎo yìxiē.

이 희극은 작년 봄에 탈고했지만, 이 희극을 구상해낸 시기는 더욱 이르다.

④ 做出这道题的不是小王，也不是小李，更不是小张。小张对数学最不感兴趣。

　　Zuòchū zhè dào tí de bú shì Xiǎo Wáng, yě bú shì Xiǎo Lǐ, gèng bú shì Xiǎo Zhāng. Xiǎo Zhāng duì shùxué zuì bù gǎn xìngqù.

이 문제를 낸 것은 小王이 아니고 小李도 아니야, 小张은 더욱 아니지. 小张은 수학에 대해서는 정말 흥미가 없거든.

⑤ 这里的一切都很好，可是故乡的一草一木更吸引着我。

　　Zhèlǐ de yíqiè dōu hěn hǎo, kěshì gùxiāng de yì cǎo yí mù gèng xīyǐnzhe wǒ.

이곳의 모든 것은 다 좋아, 하지만 고향의 초목은 더욱더 나를 끌어당겨.

‘更’은 또 ‘比’자문에 자주 사용된다.

① 现在的生活比过去好了，将来会比现在更好。

　　Xiànzài de shēnghuó bǐ guòqù hǎo le, jiānglái huì bǐ xiànzài gèng hǎo.

지금의 생활은 과거에 비해 좋아졌어, 앞으로는 지금보다 더 좋아질 거야.

② 那时他认为学习文艺比学习医学更重要。

　　Nà shí tā rènwéi xuéxí wényì bǐ xuéxí yīxué gèng zhòngyào.

그때 그는 문예를 공부하는 것이 의학을 공부하는 것보다 더 중요하다고 여겼다.

③ 这个例子比那个例子更能说明问题。

　　Zhège lìzi bǐ nàge lìzi gèng néng shuōmíng wèntí.

이 예는 저 예보다 문제를 더 잘 설명할 수 있다.

④ 通过接触，他比以前更信任我们了。

　　Tōngguò jiēchù, tā bǐ yǐqián gèng xìnrèn wǒmen le.

접촉을 거쳐 그는 이전보다 더욱 우리를 신임했다.

　비교문에서 ‘更’을 쓸 때는 어떤 사물이 이미 어떤 성질상태를 갖추었음을 먼저 긍정하는 것으로, 예①에서는 ‘현재의 생활이 좋다’는 사실을 먼저 긍정하고, ‘更’은 다른 사물(비교하는 사물)의 성질 상태가 한층 진일보했음을 나타낸다. 즉 예①에서는 ‘앞으로의 생활은 더욱 좋을 것’이라는 것을 나타내는 것이다. 예②에서는 ‘의학 공부가 중요하다’는 것을 먼저 긍정하였고, 예③에서는 ‘저 예가 문제를 잘 설명할 수 있다’는 것을 먼저 긍정하였으며 예④에서는 ‘그가 이전에 우리를 신임했었다’는 것을 먼저 긍정한 것이다. 따라서 만약 ‘갑이 을보다 더 크다’라고 말하고자 한다면 ‘甲’이 키가 크다고 생각한다는 사실을 전제하는 것이다.

　‘更’ 뒤에 부정부사가 위치하기도 한다.

　　昨天的天气不好，今天天气更不好。

　　Zuótiān de tiānqì bù hǎo, jīntiān tiānqì gèng bù hǎo.

어제의 날씨는 좋지 않았어, 오늘 날씨는 더 좋지 않아.

5　比较

　‘比较’는 정도부사로, 어느 정도의, 그다지 높지 않은 정도를 가지고 있음을 나타낸다. 다음의 예문을 비교해 보자.

① A : 今天冷吗?

　　　Jīntiān lěng ma?

오늘 춥니?

　B₁ : 比较冷。

　　　Bǐjiào lěng.

비교적 추워.

B₂ : 冷。

    Lěng.

추워.

B₃ : 很冷。

    Hěn lěng.

무척 추워.

B₄ : 非常冷。

    Fēicháng lěng.

굉장히 추워.

B₄의 대답 '非常冷'의 정도가 가장 높고 B₃의 대답 '很冷'이 B₂의 대답 '冷'보다 정도가 높다. B₂의 대답 '冷'은 또 B₁의 대답 '比较冷'보다 높으니, '比较冷'의 정도가 가장 낮다. 비슷한 의미로 '有点儿冷'이 있다.

② 小王比较了解我。

    Xiǎo Wáng bǐjiàole jiě wǒ.

小王은 비교적 나를 이해한다.

③ 对这里的情况，您一定比较熟悉。

    Duì zhèlǐ de qíngkuàng, nín yídìng bǐjiào shúxī.

이곳 상황에 대해 당신은 분명히 비교적 익숙하지요.

④ 我们的工厂在本市不算是最大的，也算是比较大的工厂之一。

    Wǒmen de gōngchǎng zài běnshì bú suàn shì zuì dà de, yě suàn shì bǐjiào dà de gōngchǎng zhī yī.

우리 공장은 이 시에서 가장 크다고 할 수는 없지만 비교적 큰 공장 중의 하나라고 할 수 있다.

　주의해야 할 것은 '比较'가 비교용법으로 쓰이지 않고, 단지 어느 정도의, 높지 않은 정도를 가지고 있음을 나타내는 데에도 자주 쓰인다는 것이다.

⑤ 这个电影比较好，你可以去看。

    Zhège diànyǐng bǐjiào hǎo, nǐ kěyǐ qù kàn.

이 영화는 비교적 괜찮아, 너 가서 볼만 해.

    这个电影很好，你应该去看。

    Zhège diànyǐng hěn hǎo, nǐ yīnggāi qù kàn

이 영화는 참 좋아, 너 꼭 가서 봐.

    这个电影非常好，你一定要去看，不然会后悔的。

    Zhège diànyǐng fēicháng hǎo, nǐ yídìng yào qù kàn, bùrán huì hòuhuǐ de.

이 영화는 굉장히 좋아, 너 꼭 가서 봐야 해, 안 그러면 후회할 거야.

⑥ 你这次考试成绩只能说比较好，不能算好。

    Nǐ zhè cì kǎoshì chéngjì zhǐ néng shuō bǐjiào hǎo, bù néng suàn hǎo.

너 이번 시험 성적 그저 비교적 좋다고 할 수 있을 뿐이지 좋다고 할 수는 없어.

　'比较' 뒤에 일반적으로 부정부사를 쓸 수 없다. 예를 들어 '这个电影比较不好', '今天比较不热' 등등이라고는 말하지 않는다.

6 稍微

'稍微'도 정도부사로 정도가 높지 않음을 나타낸다. 형용사(구), 심리활동을 나타내는 동사(구) 앞에서 부사어로 쓰인다. 특히 주의해야 할 것은 형용사나 동사의 뒤에 반드시 소량을 나타내는 수량사어, '一点儿', '一些', '一会儿', '一下' 등을 쓰거나 또는 짧은 시간, 적은 양의 의미를 나타내는 동사의 중첩형식을 써야한다는 것이다.

① 这课书的生词稍微多了一点儿。

Zhè kè shū de shēngcí shāowēi duōle yìdiǎnr.

이번 과의 새 단어는 좀 많은 편이다.

② 他们俩的关系稍微缓和了一些，不怎么吵嘴了。

Tāmen liǎ de guānxi shāowēi huǎnhéle yìxiē, bù zěnme chāo zuǐ le.

그들의 관계는 좀 느슨해졌다, 그다지 싸우지 않는다.

③ 您稍微等一会儿，他马上就来。

Nín shāowēi děng yíhuìr, tā mǎshàng jiù lái.

당신 좀 기다려주세요, 그가 곧 올 겁니다.

④ 这种药特别灵，稍微撒上几滴，虫子就能杀死了。

Zhè zhǒng yào tèbié líng, shāowēi sā shàng jǐ dī, chóngzi jiù néng shāsǐ le.

이 약은 특히 신통해서 몇 방울만 뿌려주면 벌레를 곧 죽일 수 있어요.

⑤ 这个问题你稍微想一想就能答出来。

Zhège wèntí nǐ shāowēi xiǎng yi xiǎng jiù néng dá chūlai.

이 문제는 네가 조금만 생각해보면 곧 대답할 수 있어.

⑥ 王师傅经验多，这种小故障只要稍微敲打三五下，就能中出毛病所在。

Wáng shīfu jīngyàn duō, zhè zhǒng xiǎo gùzhàng zhǐyào shāowēi qiāodǎ sānwǔ xià, jiù néng zhòngchū máobìng suǒzài.

왕사부는 경험이 많아, 이런 조그만 고장은 서너 번 두드려보기만 하면 고장 난 곳을 알아낼 수 있어.

'稍微'와 형용사 사이에 '有一点'을 첨가할 수 있다.

① 你嗓子稍微有点儿红。

Nǐ sǎngzi shāowēi yǒudiǎnr hóng.

너 목구멍이 조금 붉어졌다.

② 这个小姑娘，稍微有点儿不称心就撅嘴。

Zhège xiǎo gūniang, shāowēi yǒudiǎnr bù chèn xīn jiù juē zuǐ.

이 꼬마아가씨는 조금만 마음에 맞지 않아도 입을 삐쭉거린다.

③ 他稍微有点儿头痛，没什么大病。

Tā shāowēi yǒudiǎnr tóutòng, méi shénme dà bìng.

그는 머리가 조금 아플 뿐, 뭐 그리 큰 병은 아니다.

또 '稍微' 뒤에 동작이 짧음을 나타내는 부사 '一'를 쓰고 뒤에 다시 동사나 형용사를 써서 동작이 짧거나 정도가 심하지 않음을 나타내기도 한다. 이와 같이 쓸 때 뒤에 종종 다른 절이 따라 온다.

① 小心点儿，你稍微一碰，杯子就会掉下来的。

Xiǎoxin diǎnr, nǐ shāowēi yí pèng, bēizi jiù huì diào xiàlai de.

조심해, 너 조금만 부딪쳐도 컵이 떨어질 거야.

② 天稍微一亮，咱们就出发。

   Tiān shāowēi yí liàng, zámen jiù chūfā.

③ 你稍微一疏忽就会出差错。

   Nǐ shāowēi yì shūhū jiù huì chū chàcuò.

‘稍微’와 의미와 용법이 같은 것으로는 ‘稍’, ‘稍稍’, ‘略略’가 있다.

① 地太滑，你稍不留神就会摔倒。

   Dì tài huá, nǐ shāo bù liú shén jiù huì shuāi dǎo.

② 人们稍不提防，触动了它们，这种凶恶的家伙就会伤人。

   Rénmen shāo bù dīfang, chùdòngle tāmen, zhè zhǒng xiōng'è de jiāhuo jiù huì shāng rén.

③ 组长用亲切的但稍有点难为情的语调说……

   Zǔzhǎng yòng qīnqiè de dàn shāo yǒudiǎn nánwéiqíng de yǔdiào shuō……

④ 她并没有在那里哭，不过眼眶稍稍有点红。

   Tā bìng méi yǒu zài nàlǐ kū, búguò yǎnkuàng shāoshāo yǒu diǎn hóng.

⑤ 风虽然稍稍小了些，寒冷却好像更甚了。

   Fēng suīrán shāoshāo xiǎole xiē, hánlěng què hǎoxiàng gèng shèn le.

⑥ 不过，她看过一些翻译小说，也略略知道一点西洋人的生活情形。

   Búguò, tā kànguo yìxiē fānyì xiǎoshuō, yě lüèlüè zhīdào yìdiǎn xīyáng rén de shēnghuó qíngxing.

⑦ 有一回她对我说道：‘你读过书吗？’我略略点一点头。

   Yǒu yì huí tā duì wǒ shuōdao: ‘Nǐ dúguo shū ma?’ Wǒ lüèlüè diǎn yi diǎn tóu.

7 曾经, 已经, 刚

‘曾经, 已经, 刚’은 모두 시간을 나타내는 부사로, 동사나 형용사를 수식하며 부사어로 쓰인다. 과거 시간에서 발생한 동작행위나 상태를 나타낸다.

① 他曾经来过中国。

   Tā céngjīng láiguo Zhōngguó.

② 他已经来中国了。

   Tā yǐjīng lái Zhōngguó le.

③ 他刚来中国。

  Tā gāng lái Zhōngguó.

그는 막 중국에 왔다.

④ 衣服已经干了。

  Yīfu yǐjīng gān le.

옷이 이미 말랐다.

⑤ 他曾经对她很亲热，可是，后来不知为什么两个人竟分手了。

  Tā céngjīng duì tā hěn qīnrè, kěshì, hòulái bù zhī wèishénme liǎng ge rén jìng fēnshǒu le.

그는 예전에는 그녀에게 아주 친절했다. 그러나 후에 무슨 일인지 그들 둘은 결국 헤어졌다.

⑥ 您的境况刚好，多多保重吧。

  Nín de jìngkuàng gāng hǎo, duōduō bǎozhòng ba.

당신의 상황이 막 좋아졌어요, 몸조심 하세요.

예①, ②, ③의 ‘来中国’는 발화 전에 이미 발생한 것이다. 예④, ⑤, ⑥의 ‘干’, ‘亲热’, ‘好’도 발화 전에 이미 존재했던 것이다. 그러나 이 부사들은 구체적 용법에 있어서는 각기 차이가 있다.

‘曾经’과 ‘曾’은 모두 과거에 발생한 적이 있는 어떤 동작이나 상태를 나타내는데 이 것은 발화 전에 이미 정지된 것임을 나타낸다. 예를 들어 예①은 그가 ‘중국에 온 적이 있는’ 경력이 있다는 것인데 이 상황은 발화까지 이어지지 않고 발화 전에 이미 종료되었음을 의미한다. 설사 그가 지금 ‘중국에 있고’, 다시 ‘온’ 것이라고 하더라도 지난번에 ‘중국에 온 것’과는 무관한 것이다. ‘曾’은 ‘曾经’과 기능은 같으며, 다만 문어적 색채가 더 짙다.

① 동사(구) 앞에서 ‘曾经’을 쓸 때 뒤에 경험을 나타내는 시태조사 ‘过’를 자주 쓰니, 즉 ‘曾经＋동사＋过’의 형식으로 자주 쓰인다.

① 我曾经学过汉语。

  Wǒ céngjīng xuéguo Hànyǔ.

나는 일찍이 중국어를 배운 적이 있다.

② 我们曾经见过面。

  Wǒmen céngjīng jiànguo miàn.

우리들은 만난 적이 있다.

③ 这种事我曾经碰到过。

  Zhè zhǒng shì wǒ céngjīng pèngdàoguo.

이 일은 내가 전에 부닥쳤던 적이 있다.

④ 我们这次访问包头，曾经登临包头市西北大青山，游览了这里的一段赵长城。

  Wǒmen zhè cì fǎngwèn Bāotóu, céngjīng dēnglín Bāotóu shì xīběi dà Qīngshān, yóulǎnle zhèlǐ de yí duàn Zhào Chángchéng.

우리는 이번에 包头를 방문했다. 일찍이 包头市 서북쪽 大青山에 올라 이 지역 赵나라 장성 한 구간을 구경한 적이 있다.

② 동사 뒤에 동량보어나 시량보어를 쓰기도 한다.

① 我曾经跟他见过一次面。

  Wǒ céngjīng gēn tā jiànguo yí cì miàn.

나는 그와 한번 만난 적이 있다.

② 我曾经找他谈过三小时。

　　Wǒ céngjīng zhǎo tā tánguo sān xiǎoshí.

③ 부정을 나타낼 때 일반적으로 '没(没有)'를 써서 '曾经'을 대체한다.

① 你曾经来过中国吗？ — 我没有来过中国。

　　Nǐ céngjīng láiguo Zhōngguó ma? -- Wǒ méi yǒu láiguo Zhōngguó.

② 你曾经看过那个电影吗？ — 我没有看过那个电影。

　　Nǐ céngjīng kànguo nàge diànyǐng ma? – Wǒ méi yǒu kànguo nàge diànyǐng.

'曾经'을 쓰기도 하는데 뒤에 '没'를 다시 쓴다.

① 这里曾经半年多没有一场雨。

　　Zhèlǐ céngjīng bàn nián duō méi yǒu yì chǎng yǔ.

② 老李曾经两三年没回家，回到家连自己的孩子都不认识了。

　　Lǎo Lǐ céngjīng liǎng sān nián méi huí jiā, huí dào jiā lián zìjǐ de háizi dōu bú rènshi le.

또 '不曾'을 쓰기도 하는데 문어적 색채가 짙다.

① 事情的结果会如此之糟，这是我不曾料到的。

　　Shìqing de jiéguǒ huì rúcǐ zhī zāo, zhè shì wǒ bù céng liàodào de.

② 结果如何，我不曾想过。

　　Jiéguǒ rúhé, wǒ bù céng xiǎngguo.

 '已', '已经'의 기능은 같아 서로 바꾸어 쓸 수 있다. '已'는 주로 문어에 쓰인다. '已经'은 발화 전이나 또는 어떤 특정한 시간 이전에 동작 상태가 이미 발생하여 발화시나 또는 어떤 특정한 시간에 이르러서도 그 결과 상태가 여전이 존재함을 나타낸다.

① 她女儿已经结婚了。

　　Tā nǚ'ér yǐjīng jié hūn le.

② 天气已经暖和了，树梢都绿了。

　　Tiānqì yǐjīng nuǎnhuo le, shùshāo dōu lǜ le.

③ 那个公司的招聘条件上个月我已经问了，现在不知道变没变。

　　Nàge gōngsī de zhāopìn tiáojiàn shàng ge yuè wǒ yǐjīng wèn le, xiànzài bù zhīdào biàn méi biàn.

④ 中国那时候已经有了自己的工程师，詹天佑就是他们中间的一个。

　Zhōngguó nà shíhou yǐjīng yǒu le zìjǐ de gōngchéngshī, Zhān Tiānyòu jiù shì tāmen zhōngjiān de yí ge.

중국은 그때 이미 자기들의 기술자를 갖고 있었다. 詹天佑는 그들 중의 하나였다.

예①-③에서 '已经' 뒤의 상황은 발화시에도 여전히 존재한다. 예④ 뒤의 상황은 발화 전의 어떤 시각에 발생한 것으로 '그 때'는 '已经' 뒤의 상황에도 존재한다.

'已经' 뒤에 부정부사를 쓰기도 한다.

① 他已经不吸烟了。

　Tā yǐjīng bù xī yān le.

그는 이미 담배를 피우지 않는다.

② 你已经不小了，别太孩子气了。

　Nǐ yǐjīng bù xiǎo le, bié tài háizi qì le.

너는 이제 어리지 않아, 너무 애들처럼 굴지 마라.

'已经'은 또 미래의 시간에도 쓰일 수 있는데 '曾经'은 그럴 수 없다.

　明年的现在，我们已经毕业了。

　Míngnián de xiànzài, wǒmen yǐjīng bì yè le.

내년 이맘때쯤, 우리는 이미 졸업했을 것이다.

③ '刚'과 '刚刚'의 기능과 용법은 서로 같다. 동사 앞에서 부사어로 쓰여 동작행위가 발화전에 발생했거나 오래지 않은 어떤 시각에 발생했음을 나타낸다. '刚'이 '刚刚' 보다 자주 쓰인다.

① 呀! 你的电话，刚挂上。

　Yā! Nǐ de diànhuà, gāng guà shàng.

아! 네 전화야, 막 끊었는데.

② 天刚刚亮，他们就动身了。

　Tiān gānggāng liàng, tāmen jiù dòng shēn le.

하늘이 밝아지자마자 그들은 곧 움직였다.

예①의 '刚'은 '挂上'이라는 동작이 발생한 지 얼마 되지 않았음을 나타내고, 예②의 '天刚刚亮'은 '하늘이 어두웠다가 밝아진' 상태가 발생한 지 얼마 되지 않았다는 의미이다.

'刚'과 '刚才'의 차이

① '刚才'는 시간을 나타내는 명사로, 발화전 오래지 않은 그 시간을 나타낸다. 다음을 비교해 보자.

① A : 小张呢?

　　Xiǎo Zhāng ne?

小张은?

　B : 我刚才还看见他在这儿呢，现在不知道去哪儿了。

　　Wǒ gāngcái hái kànjiàn tā zài zhèr ne, xiànzài bù zhīdào qù nǎr le.

내가 아까 그가 여기에 있는 것을 봤는데, 지금은 어디로 갔는지 모르겠네.

② 小张常常是刚吃了饭就饿。

Xiǎo Zhāng chángcháng shì gāng chīle fàn jiù è.

예①의 '刚才'는 발화 전의 오래지 않은 상황을 가리킨다. 발화 시간이 아침 10시라면 '刚才'는 대체로 9시30분에서 10시 사이의 시간을 나타낸다. 그러므로 '刚才'가 나타내는 것은 절대적인 시간이 아니다. 예②의 '刚'은 '밥을 먹은 지' 오래 되지 않았음을 나타내며 절대적인 시간을 나타내지 않는다. 심지어 발화한 시간과는 아무 관계가 없기도 하다.

③ 刚才谁来了?

Gāngcái shéi lái le?

아까 누가 왔지?

④ 你怎么刚来?

Nǐ zěnme gāng lái

너 왜 이제 막 왔어?

보통 '他刚从大学毕业'라고는 할 수 있지만 '他刚才毕业'라고는 하지 않으니, '刚才'는 발화 전의 얼마 되지 않은, 짧은 시간만을 나타내기 때문이다.

② '刚才'를 사용한 문장 말미에는 '了'를 쓸 수 있지만 '刚'을 사용한 문장의 말미에는 '了'를 쓸 수 없다.

① 小张刚才来了，很快就走了。

Xiǎo Zhāng gāngcái lái le, hěn kuài jiù zǒu le.

小张刚来。

Xiǎo Zhāng gāng lái.

＊小张刚来了。

小张이 아까 왔었는데 금방 갔다.

小张이 막 왔다.

② A：你刚才去哪儿了?

Nǐ gāngcái qù nǎr le?

B：我刚才上课了。

Wǒ gāngcái shàng kè le.

＊我刚上课了。

너 아까 어디 갔었어?

나 아까 수업 들어갔어.

8 快(快要), 就(就要), 将(将要)

'快(快要), 就(就要), 将(将要)'는 모두 시간부사로 동작행위가 장차 또는 곧 발생할 것임을 나타낸다. '快', '就'는 가장 가까운 장래를 나타낸다.

① 快到站了，准备下车吧。

Kuài dào zhàn le, zhǔnbèi xià chē ba.

곧 역에 도착합니다, 내릴 준비 하세요.

② 对不起，请等一会儿，我就来。

    Duìbuqǐ, qǐng děng yíhuìr, wǒ jiù lái.

③ 半个世纪后，中国将成为一个发达国家。

    Bàn ge shìjì hòu, Zhōngguó jiāng chéngwéi yí ge fādá guójiā.

<table><tr><td></td><td>미안합니다, 좀 기다리세요, 곧 갈게요.</td></tr><tr><td></td><td>반세기 이후, 중국은 발달한 국가가 될 것이다.</td></tr></table>

1 ‘快’, ‘就’, ‘将’은 자주 ‘要’와 연용 되어 ‘快要, 就要, 将要’를 구성한다. ‘将’과 ‘将要’는 주로 문어에 많이 보이고 구어에서는 ‘快(要)’, ‘就(要)’를 많이 사용한다. 또한 ‘快要’나 ‘就要’는 ‘快’, ‘就’보다 나타내는 시간이 더욱 긴박하다. 이러한 부사들을 사용할 때 문미에 자주 어기조사 ‘了’를 쓴다. 자주 보이는 격식은 ‘快……了’, ‘快要……了’, ‘就要……了’이다.

① 他们快回国了，飞机票都买好了。

    Tāmen kuài huí guó le, fēijī piào dōu mǎi hǎo le.

그들은 곧 귀국할 것이다. 비행기표도 모두 사 두었다.

② 天快亮了。

    Tiān kuài liàng le.

하늘이 곧 밝아올 것이다.

③ 春天快要到了。

    Chūntiān kuài yào dào le.

봄이 곧 올 것이다.

④ 四年的大学生活就要结束了。

    Sì nián de dàxué shēnghuó jiù yào jiéshù le.

4년의 대학생활이 곧 끝나려 한다.

⑤ 那几座楼下几个月就要全部完工了。

    Nà jǐ zuò lóu xià jǐ ge yuè jiù yào quánbù wángōng le.

그 몇 동의 건물은 다음 몇 개월 동안 곧 전부 완공될 것이다.

2 시간을 나타낼 때 ‘就’는 ‘立刻’의 의미를 가지며 단독으로 사용할 때 대부분의 경우에 ‘了’를 쓰지 않으니, ‘我就走’, ‘借你的词典查一个字，用完马上就还’ 등과 같다. ‘就要……了’는 ‘快要……了’보다 나타내는 시간이 더 빠르고 긴박함을 나타내어 ‘就要’ 앞에는 시간을 나타내는 부사어를 쓸 수 있다. ‘快(快要)……了’ 앞에 ‘已经’과 ‘已经’의 의미를 나타내는 ‘都’를 쓸 수 있는 이외에는 일반적으로 시간어구를 쓸 수 없다.

① 胜利的时刻马上就要到了。

    Shènglì de shíkè mǎshàng jiù yào dào le.

승리의 시각이 곧 올 것이다.

② 他们的试验眼看就要成功了。

    Tāmen de shìyàn yǎnkàn jiù yào chénggōng le.

그들의 실험은 성공을 눈앞에 두었다.

③ 你借的那本书下星期三就要到期了。

    Nǐ jiè de nà běn shū xià xīngqīsān jiù yào dào qī le.

네가 빌린 그 책은 다음 주 수요일에 돌려줘야 한다.

④ 太阳已经快要下山了。

    Tàiyáng yǐjīng kuài yào xià shān le.

태양이 이미 곧 지려고 한다.

⑤ 你再说下去他都快要哭了。

    Nǐ zài shuōxiàqu tā dōu kuài yào kū le.

네가 계속 말하면 그는 곧 울 거야.

그러나 ‘电映七点半快要开始了’라고 말할 수는 없다.

9 在

부사 ‘在’는 동작의 진행을 나타낸다.

① A : 老师在做什么? 怎么不来上课?

　　　Lǎoshī zài zuò shénme? Zěnme bù lái shàng kè?

　　B : 老师开会呢。课取消了。

　　　Lǎoshī kāi huì ne. Kè qǔxiāo le.

선생님께서는 무엇을 하고 계셔? 왜 수업하러 오시지 않지?

선생님은 회의하고 계셔. 수업은 취소되었어.

② 早上我正在洗澡的时候，有人打电话来。

　Zǎoshang wǒ zhèngzài xǐzǎo de shíhou, yǒu rén dǎ diànhuà lái.

아침에 내가 목욕할 때 누군가가 전화를 했다.

③ 明年这个时候，你会在做什么?

　Míngnián zhège shíhou, nǐ huì zài zuò shénme?

내년 이맘 때 너는 무엇을 하고 있을까?

④ 去年这个时候，我正在上课。

　Qùnián zhège shíhou, wǒ zhèngzài shàng kè.

작년 이맘 때 나는 수업을 하고 있었어.

‘在’는 동작의 진행을 나타내는 ‘呢’와 함께 쓰일 수도 있다.

⑤ 我到学校的时候，同学们正在考试呢。

　Wǒ dào xuéxiào de shíhou, tóngxuémen zhèngzài kǎoshì ne.

내가 학교에 갔을 때 동학들은 막 시험을 보고 있었어.

‘在’는 동작의 지속을 나타내는 ‘着’와 함께 쓰이기도 한다.

⑥ 你们看，观众正在注视着我们，我们做动作的时候千万不能马虎!

　Nǐmen kàn, guānzhòng zhèngzài zhùshìzhe wǒmen, wǒmen zuò dòngzuò de shíhou qiānwàn bù néng mǎhu!

너희들 봐, 관중들이 우리를 보고 있어, 우리가 동작을 할 때 절대로 아무렇게나 해서는 안 돼.

10 还

‘还’는 행위동작의 지속적인 진행이나 상황이 지속하여 존재함을 나타내며 ‘仍旧’, ‘依然’의 의미를 내포한다.

① 几年没见，你还是老样子。

　Jǐ nián méi jiàn, nǐ háishi lǎo yàngzi.

몇 년 동안 못 보았지만 너는 여전히 그대로구나.

② 夜深了，小明还在看书。

　Yè shēn le, Xiǎo Míng hái zài kàn shū.

밤이 깊었어, 小明은 아직도 책을 보고 있네.

③ 这个矛盾解决了，还会遇到新的矛盾。

　Zhège máodùn jiějué le, hái huì yùdào xīn de máodùn.

이 모순이 해결되었지만 그러나 새로운 모순을 만나게 될 수도 있다.

④ 已经五月了，天还这么冷。

Yǐjīng wǔ yuè le, tiān hái zhème lěng.

⑤ 你怎么还不睡觉，都十二点了。

Nǐ zěnme hái bú shuì jiào, dōu shí'èr diǎn le.

이미 오월이 되었는데 날씨가 여전히 이렇게 춥다니.

너 왜 아직도 안자니, 벌써 12시가 되었는데.

이외에 '还'는 또 아직 발생하지 않았거나 장차 발생할 동작이나 상태에 쓰이기도 하는데, '会', '要', '想' 등의 조동사와 함께 쓰인다.

① 你明年还想学中文吗?

Nǐ míngnián hái xiǎng xué Zhōngwén ma?

너 내년에 또 중국어 배우려고 하니?

② 这次比赛你取得了好成绩，今后还要刻苦学习，争取更上一层楼。

Zhè cì bǐsài nǐ qǔdéle hǎo chéngjì, jīnhòu hái yào kèkǔ xuéxí, zhēngqǔ gèng shàng yì céng lóu.

이번 시합에서 네가 좋은 성적을 얻었어, 이후에 더욱 노력해서 더 높은 곳으로 올라가도록 해라.

③ 过完国庆节，这儿还会这么热闹吗?

Guò wán Guóqìngjié, zhèr hái huì zhème rènao ma?

국경일을 지냈는데 여기는 아직도 이렇게 떠들썩하네?

---

② 제기한 상황 이외에 달리 보충할 것이 있음을 나타낸다.

① 你不但要关心自己的学生，还要关心自己的身体。

Nǐ búdàn yào guānxīn zìjǐ de xuésheng, hái yào guānxīn zìjǐ de shēntǐ.

너는 네 학생에게 관심을 가져야 할 뿐만 아니라 스스로의 건강에도 간심을 가져야 한다.

② 除他们，还有谁支持你的意见。

Chú tāmen, hái yǒu shéi zhīchí nǐ de yìjiàn.

그들을 제외하고 또 누가 너의 의견을 지지하겠니.

③ 这次旅游到上海，我们看了看市容，还尝了尝上海小吃。

Zhè cì lǚyóu dào Shànghǎi, wǒmen kànle kàn shìróng, hái chángle cháng Shànghǎi xiǎochī.

이번에 上海에 놀러가서 우리는 도시의 모습을 보았다. 그리고 上海의 간단한 음식 맛도 보았다.

④ 按照规定，复试者还要唱一支外国歌。

Ānzhào guīdìng, fùshìzhě hái yào chàng yì zhī wàiguó gē.

규정에 의하면 다시 시험 보는 사람은 외국노래를 한곡 더 불러야만 한다.

'还'가 이러한 의미를 나타낼 때, 앞에 자주 '不但……', '除了……(以外)', '既……' 등과 함께 쓰인다.

③ 정도와 수량면에서 진일보했음을 나타낸다. 의미가 '更'과 같으며 '更'보다 더 구어화되어 '比'자문에 자주 쓰인다.

① 声速快，光速比声速还快。

Shēngsù kuài, guāngsù bǐ shēngsù hái kuài.

소리의 속도는 빠르지만 빛의 속도는 소리의 속도보다 더 빠르다.

② 现在的年青人，你能干，我比你还能干。

Xiànzài de niánqīngrén, nǐ néng gàn, wǒ bǐ nǐ hái néng gàn.

지금의 젊은이들은, 네가 능력 있다면 나는 너보다 더 능력 있다는 식이다.

③ 你急啊？我比你还急。

Nǐ jí a? Wǒ bǐ nǐ hái jí.

너 급하니? 나는 너보다 더 급해.

④ '勉强'의 의미를 나타낸다. 어떤 일에 대해 작고 가볍고 얇은 곳에서부터 말하고 뒤에 대부분 긍정적인 의미를 가진 형용사가 온다.

① 您最近身体好吗？— 还可以。

Nín zuìjìn shēntǐ hǎo ma? – Hái kěyǐ.

당신 요즘 건강 좋으세요?– 그런대로 괜찮아요.

② 这部小说写得怎么样？— 还不错，值得一看。

Zhè bù xiǎoshuō xiě de zěnmeyàng? – Hái búcuò, zhíde yí kàn.

이 소설 쓴 것이 어때요?– 그런대로 괜찮아요, 한번 볼 만 해요.

③ 他这个人当个基层干部还能胜任。

Tā zhège rén dāng ge jīcéng gànbù hái néng shèngrèn.

그는 기층간부를 하게 되어도 잘 해낼 것이다.

예①의 '还可以'는 '不很好, 也不很坏'의 의미를 나타낸다. 예②의 '还不错'는 '不是很好, 也不坏, 勉强达到了一定水平'의 의미를 나타낸다. 예③은 겨우 '当基层干部'의 표준에 도찰했음을 나타낸다.

⑤ '还'는 '尚且'의 의미를 나타낸다. 복문의 앞 절에서 쓰여 양보의 상황을 제기하고, 뒷절에서는 진일보하여 추론한 결과를 나타낸다.

① 课文他还念不好呢，怎么能背得出来！

Kèwén tā hái niàn bù hǎo ne, zěnme néng bèi de chūlai.

그는 본문을 아직 제대로 읽지도 못하는데 어떻게 외울 수 있겠어!

② 他还能参加三千米长跑呢，你这个运动肯定没问题。

Tā hái néng cānjiā sānqiān mǐ chángpǎo ne, nǐ zhège yùndòng kěndìng méi wèntí.

그도 3천 미터 장거리 뛰기에 참가했는데, 네가 이 운동을 해도 분명히 아무 문제없을 거야.

③ 三年级学生还读不了原著呢，我们刚上二年级更不行了。

Sān niánjí xuésheng hái dú bu liǎo yuánzhù ne, wǒmen gāng shàng èr niánjí gèng bù xíng le.

3학년 학생도 아직 원서를 읽지 못하는데, 우리는 이제 막 2학년에 올라왔으니 더 못하지요.

④ 她走路还走不稳呢，就想跑？

Tā zǒu lù hái zǒu bù wěn ne, jiù xiǎng pǎo?

그녀는 걷는 것도 아직 안정되게 못하면서 뛰려고 한다고?

이러한 '还'를 쓰는 문장은 '连……'의 의미를 함유하고 있다. 예를 들어 예①은 '课文連念尚且念不好, 怎么能背得出来!'로 말할 수 있다.

⑥ '还'는 시간이 오래되었음을 나타낸다. 동작행위나 상태가 아주 오래전에 발생했음을 나타낸다.

① 那还是1984年以前的事呢，有好多细节已经模糊了。

   Nà hái shì yī jiǔ bā sì nián yǐqián de shì ne, yǒu hǎo duō xìjié yǐjīng móhu le.

그것은 이미 1984년 이전의 일이야, 아주 많은 세세한 부분들이 이미 모호해졌어.

② 这张照片还是我考小学时候照的呢。

   Zhè zhāng zhàopiān hái shì wǒ kǎo xiǎoxué shíhou zhào de ne.

이 사진은 내가 초등학교 시험 볼 때 사진이네.

③ 这件毛衣还是我十岁的时候我母亲给我织的呢。

   Zhè jiàn máoyī hái shì wǒ shí suì de shíhou wǒ mǔqīn gěi wǒ zhī de ne.

이 스웨터는 내가 열 살 때쯤 엄마가 나에게 짜주신거야.

 '还'는 또 감정을 나타내기도 한다.

① 의외의 감정을 나타내며 '居然'의 의미를 함유하고 있다. 뒤에 보통 부사 '真'을 쓴다.

① 这么难的题，他还真做出来了。

   Zhème nán de tí, tā hái zhēn zuòchūlai le.

이렇게 어려운 문제를 그는 정말로 해냈다.

② 他们母子失散了几十年，最后还真团聚了。

   Tāmen mǔzǐ shīsànle jǐ shí nián, zuìhòu hái zhēn tuánjù le.

그들 모자는 헤어진 지 몇 십 년인데 그래도 마침내 정말 만났다.

③ 进院时，他烧伤得非常严重，可是，他还真活过来了。

   Jìn yuàn shí, tā shāoshāng de fēicháng yánzhòng, kěshì, tā hái zhēn huóguòlai le.

병원에 왔을 때 그는 화상이 무척 심각했다. 하지만 그는 그래도 정말 살아났다.

② 반문의문문에 쓰여 어기를 강조한다.

① 他是渔民的后代，还能不会游泳？

   Tā shì yúmín de hòudài, hái néng bú huì yóuyǒng?

그는 어민의 후손이야, 어떻게 수영을 못하겠어?

② 放心吧，您对我这么好，我还能不为您尽心尽力吗？

   Fàngxīn ba, nín duì wǒ zhème hǎo, wǒ hái néng bú wèi nín jìn xīn jìn lì ma?

마음 놓으세요, 당신이 저에게 이렇게 잘해주시는데 제가 어떻게 당신을 위해 최선을 다하지 않을 수 있겠어요?

③ 师傅说：'活人，活人，不干活，还能算大活人吗？'

   Shīfu shuō: 'Huó rén, huó rén, bù gàn huó, hái néng suàn dà huó rén ma?'

사부가 말했다. '살아있는 사람이 일을 하지 않으면, 어떻게 살아있는 사람이라고 하겠느냐?'

③ 명실상부함을 표시하며 반드시 그러해야 함을 나타낸다. 책망이나 풍자의 의미를 가진다.

① 你还是哥哥呢，带着弟弟淘气。

   Nǐ hái shì gēge ne, dàizhe dìdi táoqì.

너 그래도 형이잖아, 동생의 개구쟁이 같은 기질을 갖고 있네.

② 还是大学生呢，这么容易的题都不会！

   Hái shì dàxuéshēng ne, zhème róngyì de tí dōu bú huì!

그래도 대학생이잖아, 이렇게 쉬운 문제를 못하다니!

③ 还行政科长呢，你这件事是怎么办的？哼！

   Hái xíngzhèng kēzhǎng ne, nǐ zhè jiàn shì shì zěnme bàn de? Hng!

그래도 행정과장이잖아, 당신 이 일을 어떻게 처리한 거야? 흥!

 又

① 같은 동작행위가 중복하여 발생하거나 반복하여 진행됨을 나타낸다. 이미 발생한 상황에 많이 쓰인다.

① 동일한 동사나 동사구를 반복하는 데 쓰인다.

① 这份试卷张老师看了一遍，李老师又看了一遍。

   Zhè fèn shìjuǎn Zhāng lǎoshī kànle yí biàn, Lǐ lǎoshī yòu kànle yí biàn.

이 답안지를 张선생님께서 한번 보셨고 李선생님께서도 또 한번 보셨다.

② 见我沉思不答话，老纪又问一句：怎么样？

   Jiàn wǒ chénsī bù dáhuà, lǎo Jì yòu wèn yí jù: zěnmeyàng?

내가 생각만하고 대답하지 않는 것을 보고 老纪가 다시 물었다. '무슨 일이야?'

③ 张文觉得弟弟比以前又长高了一些。

   Zhāng Wén juéde dìdi bǐ yǐqián yòu zhǎng gāo le yìxiē.

张文은 동생이 이전보다 더 자랐다고 생각했다.

④ 丁力拿着妈妈寄来的相片看了又看。

   Dīng Lì názhe māma jìlai de xiàngpiàn kànle yòu kàn.

丁力는 엄마가 보내오신 사진을 들고 보고 또 보았다.

'又'는 날짜, 수업시간표 등과 같이 예상되는 반복을 표시할 때 쓰인다. '又' 뒤에 주로 관계동사, 형용사 또는 조동사가 온다.

① 明天又是星期日了，我们又可以去郊外游玩了。

   Míngtiān yòu shì xīngqīrì le, wǒmen yòu kěyǐ qù jiāowài yóu wán le.

내일은 또 일요일이야, 우리 또 교외에 놀러가도 돼.

② 明亮又圆了，明天大概又是农历十五了。

   Míngliàng yòu yuán le, míngtiān dàgài yòu shì nónglì shíwǔ le.

밝고 또 둥글어졌어, 내일 아마 또 음력 보름인가 봐.

③ 下礼拜又轮到咱们组值日了，大家别忘了。

   Xià lǐbài yòu lún dào zámen zǔzhírì le, dàjiā bié wàng le.

다음 주일에 또 우리 조의 당직일이 돌아온다. 모두들 잊지 마.

④ 周末又到了，你又能跟你的好朋友见面了。

   Zhōumò yòu dào le, nǐ yòu néng gēn nǐ de hǎo péngyou jiàn miàn le.

주말이 또 왔다. 너 네 친한 친구들과 또 만나겠네.

② '又'의 앞뒤에 수량사어를 반복하여 쓰기도 한다.

① 老船长把彼得送给他的礼物包了一层又一层。

   Lǎo chuánzhǎng bǎ Bǐdé sòng gěi tā de lǐwù bāole yì céng yòu yì céng.

늙은 선장은 피터가 그에게 보낸 선물을 싸고 또 쌌다. ('한 겹 싸고 또 한 겹 싸다'라는 뜻)

② 他很会写，这小小说他写了一篇又一篇。

　　Tā hěn huì xiě, zhè xiǎo xiǎoshuō tā xiěle yì piān yòu yì piān.

그는 글을 잘 쓴다. 이 소설은 그는 한편 또 한편 썼다.

③ '又'의 앞뒤에 '一+(동량사)'가 와서 동사 앞에서 부사어로 쓰인다.

① 你一次又一次地来帮助我，真太感谢了。

　　Nǐ yí cì yòu yí cì de lái bāngzhù wǒ, zhēn tài gǎnxiè le.

네가 계속해서 나를 도와주니 정말 너무 고맙다.

② 你一趟又一趟地来找他，有什么急事吗？

　　Nǐ yí tàng yòu yí tàng de lái zhǎo tā, yǒu shénme jíshì ma?

너 계속해서 그를 찾는데, 무슨 급한 일 있니?

③ 我一遍又一遍地说，他才勉强接受了我的意见。

　　Wǒ yí biàn yòu yí biàn de shuō, tā cái miǎnqiǎng jiēshòule wǒ de yìjiàn.

나는 반복해서 말했고 그때서야 그는 억지로 나의 의견을 접수했다.

④ '又'의 앞뒤에 '一+年/月/天'이 와서 동사의 앞뒤에서 부사어나 보어로 쓰인다.

① 她织了一天又一天，织了一个月又一个月，终于织成了锦缎。

　　Tā zhīle yì tiān yòu yì tiān, zhīle yí ge yuè yòu yí ge yuè, zhōngyú zhīchéngle jǐnduàn.

그녀는 하루 또 하루 옷감을 짰고 한달 또 한달 옷감을 짜, 마침내 수놓은 비단을 짜냈다.

② 日子一年又一年地过去了，理想至今也没有实现。

　　Rìzi yì nián yòu yì nián de guòqù le, lǐxiǎng zhìjīn yě méi yǒu shíxiàn.

일년 또 일년 해가 지나갔지만 이상은 지금도 실현되지 않았다.

⑤ '又'의 앞뒤에 '一+명량사'가 와서 명사나 명사구 앞에서 관형어로 쓰인다.

① 从他一封又一封的来信可以看出，他是多么想念久别的故乡啊。

　　Cóng tā yì fēng yòu yì fēng de lái xìn kěyǐ kànchū, tā shì duōme xiǎngniàn jiǔbié de gùxiāng a.

그가 한 통 한 통 보내오는 편지들로부터 그가 오래전 떠나온 고향을 얼마나 그리워하는지 알 수 있다.

② 一辆又一辆的汽车飞驰而过，叫过路的行人很害怕。

　　Yí liàng yòu yí liàng de qìchē fēi chí ér guò, jiào guòlù de xíngrén hěn hàipà.

자동차들이 꼬리를 물고 날아갈 듯이 달려와, 지나가는 행인들이 무척 두려워했다.

⑥ 두 개의 절에서 교체 사용되는 동사나 형용사의 앞에 '又'를 써서 두 개의 동작이나 두 가지 상황이 교체되어 발생함을 나타낸다.

① 他把模型拆了又装，装了又拆，从中学会了不少手艺。

　　Tā bǎ móxíng chāile yòu zhuāng, zhuāngle yòu chāi, cóng zhōng xuéhuì le bùshǎo shǒuyì.

그는 모형을 부수고 다시 만들고, 만들고 다시 부수었다, 중학시절부터 적지 않은 손재주를 익혔다.

② 这张图纸，他画了又改，改了又画，整整忙了两天。

　　Zhè zhāng túzhǐ, tā huàle yòu gǎi, gǎile yòu huà, zhěngzhěng mángle liǎng tiān.

이 그림을 그는 그리고 고치고, 고치고 또 그리고 하면서 이틀을 보냈다.

③ 他把家中的旧石章，刻了又磨，磨了又刻，终于学会了篆刻的
本领。

Tā bǎ jiā zhōng de jiù shízhāng, kèle yòu mó, móle yòu kè,
zhōngyú xuéhuìle zhuànkè de běnlǐng.

그는 집에 있는 오래된 돌 도장을 새기고 갈고, 갈고 또 새기며 마침내 전각의 기예를 배웠다.

'又'를 이와 같이 쓸 때 앞 동사나 형용사 뒤에 자주 시태조사 '了'를 쓴다.

② 두 가지 상황이나 성질 상태가 동시에 존재함을 나타낸다.

① 听说我要到中国来学习，妈妈高兴，又不高兴。

Tīngshuō wǒ yào dào Zhōngguó lái xuéxí, māma gāoxìng, yòu
bù gāoxìng.

내가 중국에 공부하러 간다는 말을 듣고 엄마는 기뻐하기도 했고 또 기뻐하지 않기도 했다.

② 他离婚了，在家是爸爸，又是妈妈。

Tā líhūn le, zài jiā shì bàba, yòu shì māma.

그는 이혼했다. 집에서 그는 아빠이기도 하고 엄마이기도 했다.

③ 天这么黑，又下着雨，也不带个电筒。

Tiān zhème hēi, yòu xiàzhe yǔ, yě bù dài ge diàntǒng.

하늘이 이렇게 어둡고 또 비가 내리고 있는데, 전등도 갖고 오지 않았다.

이상의 각 문장들 사이에는 미세한 차이가 있다. 예①의 두 가지 상황은 병렬이다. 예②의 두 가지 상황은 계층의 구분이 있는데, '又' 뒤의 상황은 한 단계 더 나아간다는 의미이다. 예③의 '又'는 추가 보충의 의미를 가지고 있다.

때때로 두 개 혹은 세 개의 '又'를 동시에 사용하여 '又……又……'나 '又……又……又……'의 격식을 구성하기도 한다.

두 개 혹은 두 개 이상의 행위동작이나 성질상태가 동시에 발생하거나 존재함을 나타낸다. 이렇게 쓸 때 '又……又……'사이의 형용사는 모두 적극적(긍정적)인 의미를 가지는 것이거나, 아니면 모두 소극적(부정적)인 의미를 가진 것이다. 만약 동사라면 두 개의 동사가 자주 함께 발생하는 동작을 나타내는 것이어야 한다.

① 那天晚上，月亮又圆又亮。

Nà tiān wǎnshang, yuèliang yòu yuán yòu liàng.

그날 저녁 달은 둥글고도 밝았다.

② 这个姑娘又喜欢唱歌又喜欢跳舞。

Zhège gūniang yòu xǐhuan chàng gē yòu xǐhuan tiào wǔ.

이 아가씨는 노래 부르는 것을 좋아하고 또 춤추는 것도 좋아한다.

③ 懘小姐画张画也值得你们这样大惊小怪的，又赋诗、又题字、
又亲自送去裱。

Sù xiǎojie huà zhāng huà yě zhíde nǐmen zhèyàng dà jīng xiǎo
guài de, yòu fù shī, yòu tí zì, yòu qīnzì sòngqù biǎo.

미스 懘가 그린 그림은 당신들이 이렇게 놀랄 만한 가치가 있지요, 시도 짓고 글씨도 써넣고 또 직접 표구하러 보냈으니까요.

③ 서로 이어져 발생하는 동작을 나타낸다.

① 孩子们给我们唱了一支歌，又跳了一个舞。

　　Háizimen gěi wǒmen chàngle yì zhī gē, yòu tiàole yí ge wǔ.

아이들이 우리에게 노래를 한 곡 불러주고 또 춤도 춰주었다.

② 她先看了镯子，又看了项圈，随后又看了十字架，做工都非常精巧。

　　Tā xiān kànle zhuózi, yòu kànle xiàngquān, suíhòu yòu kànle shízìjià, zuògōng dōu fēicháng jīngqiǎo.

그녀는 먼저 팔찌를 보고 다시 목걸이를 보았다. 그런 후에 또 십자가를 보았는데 만든 것이 무척이나 정교했다.

③ 昨天他刚从东北回来，明天又要去广州。

　　Zuótiān tā gāng cóng Dōngběi huílái, míngtiān yòu yào qù Guǎngzhōu.

어제 그는 막 동북지방에서 돌아왔는데 내일 다시 广州로 가려한다.

예③의 '又'는 '要去广州' 앞에 쓰여 '要去……'를 제한하면서 '去广州'가 또 '발생할 것'임을 분명하게 나타낸다. 따라서 '又'는 아직 발생하지 않은 동작의 동사 앞에 절대로 쓸 수 없다. 즉 동작이 아직 발생하지 않았는데 또 '又'를 쓸 경우에는 '又' 뒤에 반드시 조동사 '可以', '能', '要' 등이 있어야 한다.

 어기를 나타낸다.

① 전환의 어기를 강조한다. 앞뒤가 서로 모순되는 상황을 나타낼 때, '又'를 써서 전환의 어기를 강조한다.

① 有件事想告诉你，又怕你听了不高兴，你想听吗？

　　Yǒu jiàn shì xiǎng gàosu nǐ, yòu pà nǐ tīngle bù gāoxìng, nǐ xiǎng tīng ma?

너에게 알려줄 일이 있지만 네가 듣고 즐거워하지 않을까봐 걱정이 되기도 해, 들을래?

② 那是一个多么美丽而又痛苦的梦啊。

　　Nà shì yí ge duōme měilì ér yòu tòngkǔ de mèng a.

그것은 얼마나 아름답고 또 고통스런 꿈일까.

③ 这个句子不太像中国话，可我又不知道应该怎么改。

　　Zhège jùzi bú tài xiàng Zhōngguó huà, kě wǒ yòu bù zhīdào yīnggāi zěnme gǎi.

이 구절은 그다지 중국어 같지 않아, 하지만 나는 또 어떻게 바꿔야만 하는지 모르겠어.

④ 她想安慰妈妈，可又想不出适当的话来。

　　Tā xiǎng ānwèi māma, kě yòu xiǎng bu chū shìdàng de huà lai.

그녀는 엄마를 위로해 드리고 싶었지만 적당한 말을 생각해낼 수가 없었다.

⑤ 他确实像一棵树，健壮，沉默可是又有生气。

　　Tā quèshí xiàng yì kē shù, jiànzhuàng, chénmò kěshì yòu yǒu shēngqì.

그는 확실히 나무와 같았다, 건장하고 말이 없었지만 생기가 있었다.

⑥ 田忌听说齐王要跟他赛马，他怕自己输给齐王，可是又不敢说不赛，只好同意了。

　　Tiánjì tīng shuō Qí wáng yào gēn tā sài mǎ, tā pà zìjǐ shū gěi Qí wáng, kěshì yòu bù gǎn shuō bú sài, zhǐhǎo tóngyì le.

田忌는 齊나라 왕이 그와 말달리기 시합을 하려고 한다는 것을 듣고 자기가 齊나라 왕에게 질까봐 걱정이 되었다. 그러나 시합을 하지 않겠다고는 말을 못하고 동의할 수밖에 없었다.

이와 같이 '又'를 쓸 때 '又'의 앞뒤에 전환을 나타내는 접속어 '可', '可是', '而' 등을 자주 사용하여 전환의 어기를 더욱 강화한다.

② 부정의 어기를 강조한다. 부정문, 반분의문문에 쓰인다.

① 衣服旧一点儿，又有什么关系呢?

　Yīfu jiù yìdiǎnr, yòu yǒu shénme guānxi ne?

옷이 좀 낡은들 무슨 상관이야?

② 他又不是孩子，用不着管得那么严。

　Tā yòu bú shì háizi, yòng bu zháo guǎn de nàme yán.

그는 아이도 아닌 걸, 그렇게 엄하게 다룰 필요 없어.

③ 路又不远，何必要坐车去呢。

　Lù yòu bù yuǎn, hébì yào zuò chē qù ne.

길도 멀지 않은데 뭐 차를 타고 가니.

④ 过去旧事，又何必再提呢?

　Guòqù jiùshì, yòu hébì zài tí ne?

지나간 과거의 일을 또 뭐 하러 다시 들춰내니?

③ 정도가 심함을 강조한다. 동일한 형용사(구)나 동사(구)를 '又'를 써서 연결하여 '非常'의 의미를 나타낸다.

① 现在，你身上这套衣服的款式已经是普通又普通了。

　Xiànzài, nǐ shēn shàng zhè tào yīfu de kuǎnshì yǐjīng shì pǔtōng yòu pǔtōng le.

지금, 네가 입은 이 옷의 스타일은 이미 평범하고도 평범한 거야. ('매우 평범하다'는 뜻)

② 在我们这儿，像这种扶老携幼的事情常见又常见。

　Zài wǒmen zhèr, xiàng zhè zhǒng fú lǎo xié yòu de shìqing chángjiàn yòu chángjiàn.

여기서는 이렇게 노인을 부축하고 아이를 이끌어주는 것이 흔히 볼 수 있는 일이죠.('매우 자주 보인다'는 뜻)

이와 같이 '又'를 쓸 때, '又'의 앞에 '而'을 자주 사용하여 어기를 강화한다.

③ 这种故事也正在各处市镇上表演着，真是平常而又平常。

　Zhè zhǒng gùshi yě zhèngzài gèchù shìzhèn shàng biǎoyǎn zhe, zhēn shì píngcháng ér yòu píngcháng.

이 이야기는 지금도 각 도시와 마을에서 공연되고 있지요, 그것은 정말 평범하고도 평범한 일이에요.

 12 再

① 동일한 동작의 중복이나 계속을 나타낸다는 점에서 '又'와 매우 비슷하지만, '又'는 이미 발생한 상황에 쓰이고 '再'는 아직 발생하지 않은 상황에 쓰인다.

① 我还不懂，请老师再讲一遍。

　Wǒ hái bù dǒng, qǐng lǎoshī zài jiǎng yí biàn.

저는 아직 이해가 되지 않으니 선생님 다시 한 번 말씀해 주십시오.

여기의 '再'는 선생님에게 다시 '설명해'(讲)달라는 의미를 나타내며 이 동작은 발화 시에 아직 발생하지 않은 일이다. 만약 '我还不懂，老师又讲了一遍'이라고 하면, '讲'의 행위가 이미 중복 발생했다는 것을 의미한다.

② 你如果还有困难，明天再来。

 Nǐ rúguǒ hái yǒu kùnnan, míngtiān zài lái.

> 만약 또 어려운 일이 생기면 내일 다시 와.

③ 王芳没赶上这趟火车，只好再等下趟车了。

 Wáng Fāng méi gǎnshàng zhè tàng huǒchē, zhǐhǎo zài děng xià tàng chē le.

> 王芳은 이번 기차를 놓쳐서 다음 기차를 기다릴 수밖에 없었다.

④ 祝母校，在辉煌的过去上再创辉煌。

 Zhù mǔxiào, zài huīhuáng de guòqù shàng zài chuàng huīhuáng.

> 모교가 과거의 훌륭했던 역사를 발판으로 해서 더욱더 발전하기를 기원합니다.

⑤ 再过几个月，我们就毕业回国了。

 Zài guò jǐ ge yuè, wǒmen jiù bìyè huí guó le.

> 몇 개월이 더 지나면 우리들은 졸업하여 귀국하게 된다.

⑥ 他再不来，咱们就不等了。

 Tā zài bù lái, zámen jiù bù děng le.

> 그가 오지 않는다면 우리들은 기다리지 않겠다.

때때로 '再'가 과거의 동작에 쓰인 것 같지만, 발화시점은 이보다 훨씬 까마득한 과거이다.

⑦ 三个月前我去看了他一次，当时他已经卧床不起，过了一个月再去看他时，竟完全认不出他来了。

 Sān ge yuè qián wǒ qù kànle tā yí cì, dāngshí tā yǐjīng wò chuáng bu qǐ, guòle yí ge yuè zài qù kàn tā shí, jìng wánquán rèn bu chū tā lai le.

> 3개월 전에 나는 그를 보러 한번 갔었는데, 그 때 그는 침대에 누워서 일어나지 못하고 있었다. 한 달이 지나 다시 그를 보러 갔을 때에는 뜻밖에도 그를 전혀 알아볼 수가 없었다.

'再去看他时'를 말할 때, 화자는 서술시점을 현재에 두지 않고, '三个月' 전에 두고 있다. '三个月前'의 시점을 기준으로 보면, '一个月后'의 일은 자연히 아직 발생하지 않은 것이 된다. 이 문장은 '三个月前我去看了他一次，当时他已经卧床不起，过了一个月再去看他时，竟完全认不出他来了。'로 바꿀 수 있는데, 이 문장은 서술시점을 발화시점에 두고 있다.

동작 행위를 '늦추다(后延)'라는 의미를 나타낸다. 즉 어떤 동작을 지금은 하고 싶지 않거나 진행할 계획이 없으며, 다른 일을 하고 난 뒤에 진행하려는 것을 나타낸다. '先', '等'과 함께 쓰이며, '然后'와 연이어 쓰기도 한다.

① 咱们应该先订个计划，然后再开始行动。

 Zámen yīnggāi xiān dìng ge jìhuà, ránhòu zài kāishǐ xíngdòng.

> 우리들은 먼저 계획을 정하고 난 후에 다시 행동을 해야 한다.

② 回头说，回头说，等会儿见了老爷再说吧!

 Huítóu shuō, huítóu shuō, děng huìr jiànle lǎoyé zài shuō ba.

> 조금 있다가 이야기 해, 좀 기다렸다가 나리를 만나거든 다시 이야기하자!

③ 你让我办的事，等我病好了再给你办。

 Nǐ ràng wǒ bàn de shì, děng wǒ bìng hǎole zài gěi nǐ bàn.

> 네가 나보고 처리하라고 한 일은 내 병이 다 나은 후에 처리할게.

④ 祥子喝了两壶茶，他觉出饿来，决定在外面吃饱再回家。

  Xiángzǐ hēle liǎng hú chá, tā juéchū è lái, juédìng zài wàimiàn chī bǎo zài huí jiā.

⑤ 真正的道理是在行动中取得经验后，再根据经验想出来的。

  Zhēnzhèng de dàolǐ shì zài xíngdòng zhōng qǔdé jīngyàn hòu, zài gēnjù jīngyàn xiǎngchūlai de.

祥子는 차 두 주전자를 마시고 나니 배가 고파져서 밖에서 배불리 먹고 다시 집으로 돌아가기로 결정했다.

진정한 진리는 행동하는 가운데에서 경험을 얻고 다시 경험을 바탕으로 생각해 낸 것이다.

윗 문장에서 '再' 뒤의 동작은 현재 진행할 수 없다는 것이 아니라 지금은 하고 싶지 않거나 진행할 준비가 되어 있지 않은 것이다.

 정도를 심화시키거나 범위를 확대하는 의미를 나타낸다.

① 형용사구 앞에 쓰인다.

① 这个游泳池再大一点儿就好了。

  Zhège yóuyǒngchí zài dà yìdiǎnr jiù hǎo le.

이 수영장은 좀 더 크게 해야 좋다.

② 老师，请您说得再慢一点。

  Lǎoshī, qǐng nín shuō de zài màn yìdiǎn.

선생님, 좀 더 천천히 말씀해 주세요.

③ 我想租一个比这间屋子再大一点儿的房间。

  Wǒ xiǎng zū yí ge bǐ zhè jiān wūzi zài dà yìdiǎnr de fángjiān.

나는 이 방보다 좀 더 큰방을 빌리고 싶다.

④ 这双鞋不够大，有再大一点的吗？

  Zhè shuāng xié bù gòu dà, yǒu zài dà yìdiǎn de ma?

이 신발은 작은데 좀 더 큰 것 있습니까?

⑤ 事情再多，她也不嫌多，不叫苦。

  Shìqing zài duō, tā yě bù xián duō, bú jiào kǔ.

일이 더 많아도 그녀가 많다고 싫어하지 않으니까 힘들어하지 않을 것이다.

⑥ 您来得再早，也很难碰上他，我们的经理很少坐办公室，经常去各分公司。

  Nín lái de zài zǎo, yě hěn nán pèng shàng tā, wǒmen de jīnglǐ hěn shǎo zuò bàngōngshì, jīngcháng qù gè fēngōngsī.

당신이 더 일찍 와도 그를 만나기는 어렵습니다. 우리 사장님은 사무실에는 잘 계시지 않고 늘 각 지점에 가십니다.

⑦ 在高原上，有好的食物也不能多吃，再饿也只能吃六七成饱。

  Zài gāoyuán shàng, yǒu hǎo de shíwù yě bù néng duō chī, zài è yě zhǐ néng chī liù qī chéng bǎo.

고원에서는 좋은 음식이라도 많이 먹으면 안 되며 아무리 배가 고파도 6,70%만 먹어야 한다.

이렇게 쓰인 '再'는 의미에 있어서 어느 정도 '更'과 유사하다. 예를 들면 ①은 '수영장'이 작아서 싫어한다는 뜻이 아니라, 그 '수영장'은 이미 큰 편에 속하지만 단지 조금 더 컸으면 하고 바라는 것이다. ⑤는 '그녀는 일이 이미 매우 많지만, 설사 조금 더 많아진다고 하더라도 많다고 싫어하지 않는다'는 뜻이다.

 '再……也没有/不过了'는 '더 이상 …할 수 없다'라는 뜻으로 평가할 때 쓰인다.

① 云南的风景再美不过了。

　　Yúnnán de fēngjǐng zài měi búguò le.

云南의 풍경은 더 이상 아름다울 수가 없다.

② 如果你能亲自去一趟，那真是再好没有了。

　　Rúguǒ nǐ néng qīnzì qù yí tàng, nà zhēnshì zài hǎo méiyǒu le.

만약 네가 직접 한번 갈 수 있다면 정말 더 이상 좋은 것은 없다.

③ 他这个人再狡猾不过了，你不能相信他说的。

　　Tā zhège rén zài jiǎohuá búguò le, nǐ bù néng xiāngxìn tā shuō de.

그는 그 이상 교활할 수가 없으니 너는 그가 말하는 것을 믿으면 안 된다.

② '再里头'와 같이 방위사 앞에 쓰이기도 하는데, 이때도 의미가 '更'과 비슷하다.

① 我的前边是阿里，再前边是彼得。

　　Wǒ de qiánbiān shì Ālǐ, zài qiánbiān shì Bǐdé.

내 앞에 있는 사람은 阿里이고 그 앞에 있는 사람은 피터이다.

② 每课课文的后边是生词，再后边是练习。

　　Měi kè kèwén de hòubiān shì shēngcí, zài hòubiān shì liànxí.

매 과 본문의 뒤에는 새로 나온 단어가 있고 다시 그 뒤에는 연습문제가 있다.

③ 这个假山洞，洞口还有一点儿亮儿，里头就黑了，再里头就更黑了，什么都看不见。

　　Zhège jiǎshāndòng, dòngkǒu hái yǒu yìdiǎnr liàngr, lǐtou jiù hēi le, zài lǐtou jiù gèng hēi le, shénme dōu kàn bu jiàn.

이 인공의 산 동굴은 입구가 약간 밝지만, 안은 어두우며 더 안쪽은 더욱 어두워 아무 것도 보이지 않는다.

③ 동사 뒤에 쓰여 '첨가하다(添加)'라는 의미를 나타낸다.

① 你穿上中式小布褂，头上再包上一块白毛巾，就算化装成农民了。

　　Nǐ chuānshàng zhōngshì xiǎo bùguà, tóu shàng zài bāo shàng yí kuài bái máojīn, jiù suàn huàzhuāng chéng nóngmín le.

네가 중국식 짧은 천 저고리를 입고 머리에 또 흰 수건을 두르니까 농민으로 분장한 것 같다.

② 这张画儿再配上一个精致的镜框，那就再好也没有了。

　　Zhè zhāng huàr zài pèishàng yí ge jīngzhì de jìngkuàng, nà jiù zài hǎo yě méiyǒu le.

이 그림을 다시 좋은 액자에 넣으면 그 이상 더 좋을 것이 없을 것이다.

③ 这碗汤再放上点儿味精、胡椒之类调料，就更香了。

　　Zhè wǎn tāng zài fàngshàng diǎnr wèijīng、 hújiāo zhīlèi diàoliào, jiù gèng xiāng le.

이 국에 미원·후추 등의 조미료를 좀 더 넣으면 더 맛이 좋을 것이다.

 '再(也)不'와 '不再'

　'再'는 '不'의 앞뒤에 다 쓰일 수 있다. 즉, '再不'라고 할 수도 있고 '不再'라고 할 수도 있다. 그러나 그 의미는 다르다. '再不'는 구조상 '再+[不+(동사)]'의 형태를 취하고 문미에 항상 '了'가 온다. 동사가 가리키는 동작 행위를 다시는 반복하지 않는다는 뜻을 나타낸다. 예를 들어 甲이 '你以后还来吗?'라고 물었을 때 乙은 '再不来了.' 즉, '永远不来了.'라고 대답할 수 있을 것이다. 이렇게 쓰인 '再' 뒤에는 '也'가 오는데 뜻

은 '再不'와 같다. 그러나 어기가 더 무거워지기 때문에 말하는 사람의 결심이 더 확고하다는 것을 나타낼 수 있다.

① 它再不想吃桑叶了，只是挺着胸，抬着头，一动也不动地蹲在竹器边上。

   Tā zài bù xiǎng chī sāngyè le, zhǐshì tǐngzhe xiōng, táizhe tóu, yí dòng yě bù dòng de dūn zài zhúqì biān shàng.

그것은 더 이상 뽕잎을 먹지 않으려고 한다. 단지 가슴을 펴고 고개를 든 채, 꼼작도 하지 않고 대나무그릇 가에 웅크리고 있다.

② 从这天起，他俩形影不离，朝夕相处，姑娘再也不像往日那样躲躲闪闪了。

   Cóng zhè tiān qǐ, tā liǎ xíngyǐng bù lí, zhāoxī xiāng chǔ, gūniang zài yě bú xiàng wǎngrì nàyàng duǒduǒ shǎnshǎn le.

이 날부터 그 둘은 그림자처럼 붙어 다니면서 아침저녁으로 함께-지내자, 아가씨는 더 이상 예전처럼 이리저리 피해 다니지 않았다.

③ 这位作曲家再也不想作曲了。

   Zhè wèi zuòqǔjiā zài yě bù xiǎng zuòqǔ le.

이 작곡가는 더 이상 작곡을 하려고 하지 않는다.

④ 这次村干部改选，村里人再也不敢投坏人的票了。

   Zhè cì cūn gànbù gǎixuǎn, cūn lǐ rén zài yě bù gǎn tóu huàirén de piào le.

이번 마을 간부 재선거에서 마을 사람들은 감히 더 이상 나쁜 사람에게 표를 주지 않았다.

⑤ 我再也不吃西餐了，真受不了。

   Wǒ zài yě bù chī xīcān le, zhēn shòu bu liǎo.

나는 더 이상 양식을 먹지 않을래. 정말 견딜 수가 없어.

'不再'가 동사와 연이어 쓰여 '不+[再+(동사)]' 형태를 취한다. 즉, '再'는 뒤에 오는 동사와 먼저 결합한 다음에 다시 '不'와 결합한다. 동사의 동작을 더 이상 하지 않는다는 의미를 나타낸다.

① 他原来想写两封信，可是写完一封以后已经很晚了，就不再写了。

   Tā yuánlái xiǎng xiě liǎng fēng xìn, kěshì xiě wán yì fēng yǐhòu yǐjīng hěn wǎn le, jiù bù zài xiě le.

그는 원래 편지 두 통을 쓰려고 하였으나 한 통을 다 쓰고 난 후에는 이미 너무 늦어 더 쓰지 않았다.

② 她哭了一会就不再哭了。

   Tā kūle yíhuì jiù bù zài kū le.

그녀는 잠시 울고 나더니 더 이상 울지 않았다.

③ 他说得正高兴，忽然被进来的客人打断了，就不再说了。

   Tā shuō de zhèng gāoxìng, hūrán bèi jìnlái de kèrén dǎduàn le, jiù bù zài shuō le.

그는 한창 유쾌하게 말하고 있었는데 갑자기 들어 온 손님 때문에 말이 끊기고 나서는 더 이상 말하지 않았다.

13 也

'也'의 기본 의미는 '같다(类同)'이며, 동사(구)와 형용사(구)를 수식하는 부사어로 쓰인다. '也'는 접속 작용을 하기도 하고 또 어기를 나타내기도 한다.

① '같다(类同)'라는 뜻을 나타내며 부사어로 쓰인다.

① '也'는 두 개 혹은 두 개 이상의 사물이 하나의 유형에 속하는 경우에 쓰이기도 하고, 동일하거나 유사한 동작 행위를 하거나 성질이나 상태를 가진 경우에 쓰인다.

(1) 동일한 유형에 속함을 나타낸다.

① 这本书英文的，那本也是英文的。

　　Zhè běn shū Yīngwén de, nà běn yě shì Yīngwén de.

이 책은 영어 책이고 저 책도 영어 책이다.

② 张教授是一位著名的语言学家，王教授也是一位著名的语言学家。

　　Zhāng jiàoshòu shì yí wèi zhùmíng de yǔyán xuéjiā, Wáng jiàoshòu yě shì yí wèi zhùmíng de yǔyán xuéjiā.

张 교수는 유명한 언어학자이며 王 교수도 유명한 언어학자이다.

(2) 동일한 동작 행위가 이루어짐을 나타낸다.

① 老师说汉语，我们也说汉语。

　　Lǎoshī shuō Hànyǔ, wǒmen yě shuō Hànyǔ.

선생님은 중국어로 말하고 우리도 중국어로 말한다.

② 妈妈每天六点起床，我也六点起床。

　　Māma měitiān liù diǎn qǐ chuáng, wǒ yě liù diǎn qǐ chuáng.

엄마는 매일 6시에 일어나고 나도 6시에 일어난다.

③ 我想给他发奖的同时，也给一些著名的作家发奖。

　　Wǒ xiǎng gěi tā fā jiǎng de tóngshí, yě gěi yìxiē zhùmíng de zuòjiā fā jiǎng.

나는 그에게 상을 주는 동시에 몇몇 유명한 작가에게도 상을 주려고 한다.

(3) 동일한 성질이나 상태를 공유하고 있음을 나타낸다.

① 春天了，天上风筝渐渐多了，地上孩子也多了。

　　Chūntiān le, tiān shàng fēngzheng jiànjiàn duō le, dì shàng háizi yě duō le.

봄이 되니 하늘에는 연이 점점 많아지고 땅에는 아이들도 많아진다.

② 科学的自由王国无穷无尽，科学家的探索也永无止境。

　　Kēxué de zìyóu wángguó wúqióng wújìn, kēxuéjiā de tànsuǒ yě yǒng wú zhǐ jìng.

과학의 자유왕국은 무궁무진하며 과학자의 탐색도 영원히 끝이 없다.

③ 今年，花木供应多了，买花的人也多了。

　　Jīnnián, huāmù gōngyìng duō le, mǎi huā de rén yě duō le.

올해는 꽃나무의 공급이 많아 꽃을 사는 사람도 많아졌다.

때때로 진술하는 두 개 사물이 한 문장에 동시에 출현하지 않기도 한다.

① 晏子不慌不忙地站起来说：我听说过，橘子树长在淮河以南，结的果实又香又甜。如果把它移到淮河以北，结的果实就会又酸又苦。这是因为水土的关系。我们齐国人从来不偷别人的东西，可是一到楚国就变成了小偷。我看，这一定也是因为水土的关系吧。

晏子는 침착하게 일어서서 말했다. "저는 귤나무가 淮河 이남에서 자라면 열매가 향기롭고 달다고 들은 적이 있습니다. 만약 그것을 淮河 이북으로 옮긴다면 열매가 시고 떫을 겁니다. 이것은 물과 토양

Yànzi bù huāng bù máng de zhànqǐlai shuō: wǒ tīngshuōguo, júzishù zhǎng zài Huáihé yǐ nán, jié de guǒshí yòu xiāng yòu tián. Rúguǒ bǎ tā yí dào Huáihé yǐ běi, jié de guǒshí jiù huì yòu suān yòu kǔ. Zhè shì yīnwèi shuǐtǔ de guānxi. Wǒmen Qíguórén cónglái bù tōu biérén de dōngxi, kěshì yí dào Chǔguó jiù biànchéngle xiǎotōu. Wǒ kàn, zhè yídìng yě shì yīnwèi shuǐtǔ de guānxi ba.

'这是因为水土的关系'와 '我看，这一定也是因为水土的关系吧' 사이에 '我们齐国人从来不偷别人的东西，可是一到楚国就变成了小偷'라는 문장이 사이를 가로막고 있다.

② 两个洋人果然走到柜台前，男的还学着中国礼节朝小晶、瑞香拱了拱手，用非常蹩脚的普通话说道："恭喜发财。"小晶也忙拱了拱手说："欢迎你们到中国来，祝你们新春大吉。"

Liǎng ge yángrén guǒrán zǒu dào guìtái qián, nánde hái xuézhe Zhōngguó lǐjié cháo Xiǎo Jīng、Ruì Xiāng gǒngle gǒng shǒu, yòng fēicháng biéjiǎo de pǔtōnghuà shuōdao: "Gōngxǐ fācái." Xiǎo Jīng yě máng gǒngle gǒng shǒu shuō: "Huānyíng nǐmen dào Zhōngguó lái, zhù nǐmen xīn chūn dà jí."

때때로 단지 하나의 사물만을 말하고 같은 속성을 가지는 다른 사물은 말할 필요가 없거나 말하기 어렵다.

① 后来人们发现钢铁在磁石上磨擦，也能产生磁性，而且这种磁性还能保持较长的时间。

Hòulái rénmen fāxiàn gāngtiě zài císhí shàng mócā, yě néng chǎnshēng cíxìng, érqiě zhè zhǒng cíxìng hái néng bǎochí jiàocháng de shíjiān.

② 这些年我也学乖了，我只想他，他究竟是我生的孩子。

Zhèxiē nián wǒ yě xué guāi le, wǒ zhǐ xiǎng tā, tā jiūjìng shì wǒ shēng de háizi.

③ 你自然想不到，侍萍的相貌有一天也会老得连你都不认识了。

Nǐ zìrán xiǎng bu dào, Shìpíng de xiāngmào yǒu yì tiān yě huì lǎo de lián nǐ dōu bú rènshi le.

② 동일한 사람 혹은 사물이 동시에 두 가지 속성을 가지고 있거나 두 가지 동작을 하거나, 두 가지 성질이나 상태를 가짐을 나타낸다.

① 中国是具有五千年历史的文明古国，也是土地辽阔人口众多的大国。

Zhōngguó shì jùyǒu wǔqiān nián lìshǐ de wénmíng gǔguó, yě shì tǔdì liáokuò rénkǒu zhòngduō de dàguó.

② 辅导员批评了我们，也表扬了我们。

　　Fǔdǎoyuán pīpíngle wǒmen, yě biǎoyángle wǒmen.

③ 在这个世界上，确实有丑恶的，也有美好的东西。

　　Zài zhège shìjiè shàng, quèshí yǒu chǒu'è de, yě yǒu měi hǎo de dōngxi.

④ 姑娘信中没明确同意，但也没说不同意。

　　Gūniang xìn zhōng méi míngquè tóngyì, dàn yě méi shuō bù tóngyì.

⑤ 妹妹比哥哥活泼多了，话也多。

　　Mèimei bǐ gēge huópo duō le, huà yě duō.

⑥ 梅家的一个年轻小姐很贤慧，也很规矩。

　　Méi jiā de yí ge niánqīng xiǎojie hěn xiánhuì, yě hěn guīju.

지도원은 우리들을 비판하기도 하고 또 칭찬하기도 했다.

이 세계에는 분명 추악한 것도 있고 아름다운 것도 존재한다.

아가씨의 편지 속에 명확한 동의도 없었지만, 그렇다고 동의하지 않는다는 말도 하지 않았다.

누이동생은 오빠보다 훨씬 활발하고 말도 많다.

梅家의 나이 어린 아가씨는 매우 어질고 똑똑하며 성실하다.

또한 몇 개의 관련된 부분에 모두 '也'를 써서 몇 개의 동작 행위나 상황이 동시에 존재함을 나타낸다.

① 天气暖和了，树梢也发绿了，小草也青了。

　　Tiānqì nuǎnhuo le, shùshāo yě fā lǜ le, xiǎocǎo yě qīng le.

② 苦也吃了，烟也戒了，临走，临走，你难道还想闹场乱子。

　　Kǔ yě chī le, yān yě jiè le, lín zǒu, lín zǒu, nǐ nándào hái xiǎng nào chǎng luànzi.

③ 一年不见，小家伙个子也高了，也懂事了。

　　Yì nián bú jiàn, xiǎo jiāhuo gèzi yě gāo le, yě dǒng shì le.

④ 刘华为人正直，对领导也那样，对群众也那样。

　　Liú Huá wéirén zhèngzhí, duì lǐngdǎo yě nàyàng, duì qúnzhòng yě nàyàng.

⑤ 王老五也不生气，也不发作，也不觉得有什么难堪，乖乖地一拐一晃的家去了。

　　Wáng lǎowǔ yě bù shēngqì, yě bù fāzuò, yě bù juéde yǒu shénme nánkān, guāiguāi de yì guǎi yì huǎng de jiā qù le.

⑥ 新媳妇哭了一天一夜，头也没梳，脸也没洗，饭也没吃，躺在炕上，谁也叫不起来，父子两个没了办法。

　　Xīn xífù kūle yì tiān yí yè, tóu yě méi shū, liǎn yě méi xǐ, fàn yě méi chī, tǎng zài kàng shàng, shéi yě jiào bu qǐlai, fùzǐ liǎng ge méi le bànfǎ.

날씨가 따뜻해지자 나뭇가지 끝에도 잎이 돋아나고 풀도 푸르러졌다.

고생도 하고 담배도 끊었는데, 떠나면서 너 설마 또 소동을 일으키려는 것은 아니겠지.

일년 만나지 못하는 동안 녀석이 키도 커지고 철도 들었다.

刘华는 사람됨이 정직하여 상사에게나 일반 사람에게나 모두 한결같다.

왕씨 집안 다섯째는 화도 내지 않고 성질도 부리지 않았다. 또 난감해하지도 않고 얌전하게 휙 뒤돌아 집으로 갔다.

새 며느리는 하루 밤낮을 울어댔는데 머리도 빗지 않았으며 얼굴도 씻지 않았다. 또 밥조차 먹지 않고 온돌에 누워 있었는데 누가 불러도 일어나지 않았다. 두 부자는 손쓸 방법이 없었다.

② '也'는 접속 작용을 하기도 하는데 복문의 두 번째 절 혹은 긴축문의 두 번째 동사 (구) 앞에 쓰인다.

① '无论', '不论', '不管', '虽然', '尽管', '即使', '就是', '宁可' 등이 쓰인 문장에서 두 번째 절에 쓰인다.

① 无论遇到什么样的天气，我们的队伍也要到达目的地。

    Wúlùn yùdào shénme yàng de tiānqì, wǒmen de duìwu yě yào dàodá mùdìdì.

날씨가 어떻든 간에 우리 부대도 목적지에 도달해야 한다.

이 문장에서 '也'는 여전히 '같다(类同)'라는 뜻을 포함한다. 즉 날씨가 좋으면 우리 부대는 반드시 목적지에 도달해야 하고, 날씨가 좋지 않더라도 우리는 반드시 목적지에 도달해야 한다는 뜻이다.

② 不管有多大困难，咱们也要干下去。

    Bùguǎn yǒu duō dà kùnnan, zámen yě yào gànxiàqu.

어떠한 어려움이 있더라도 우리들도 계속해 나가야 한다.

③ 这次试验即使不成功，也不能气馁。

    Zhè cì shìyàn jíshǐ bù chénggōng, yě bù néng qìněi.

이번 시험에 설사 성공하지 못하더라도 낙담하면 안 된다.

예③은 이번 실험이 성공하면 당연히 낙담할 리 없고, 설사 실패하더라도 낙담해서는 안 된다는 뜻이다.

④ 这东西，现在你就是出十块钱一只，也买不到。

    Zhè dōngxi, xiànzài nǐ jiùshì chū shí kuài qián yì zhī, yě mǎi bu dào.

이 물건은 지금 하나에 십 원을 주더라도 살 수가 없다.

⑤ 十年啦，工作再忙，时间再紧也得去看望一下老战友。

    Shí nián la, gōngzuò zài máng, shíjiān zài jǐn yě děi qù kànwàng yíxià lǎo zhànyǒu.

십 년이야, 일이 아무리 바쁘고 시간이 빠듯하더라도 옛 전우를 한 번 찾아가 봐야만 해.

⑥ 我最早也要到月底才能接到你的信。

    Wǒ zuì zǎo yě yào dào yuèdǐ cái néng jiēdào nǐ de xìn.

나는 가장 빨라도 월말이 되어야 네 편지를 받을 수 있다.

② '连', '一' 및 임의지칭(任指)을 나타내는 의문대사와 결합하여 사용된다.

 (1) '连……也……'의 형식에 쓰인다(제5편 제4장 '텍스트' 참조).

① 他连早饭也没吃，就到机场接朋友去了。

    Tā lián zǎofàn yě méi chī, jiù dào jīchǎng jiē péngyou qù le.

그는 아침밥조차도 먹지 않고 비행장으로 친구를 맞으러 갔다.

이 문장은 그가 아침에 반드시 해야만 하는 일인 아침밥을 먹는 것을 포함하여 어떤 일도 하지 않았다는 뜻이다. 이러한 문장은 가장 극단적인 예로써 어떤 사실이나 이치, 상황 등을 설명하는 역할을 한다.

② 连小孩子也知道打人骂人是不对的。

    Lián xiǎoháizi yě zhīdào dǎ rén mà rén shì bú duì de.

어린아이조차도 사람을 때리고 욕하는 것은 옳지 않다는 것을 안다. (어른은 더 잘 알아야만 함)

③ 他走了这么久连一个电话也没来，真不像话。

Tā zǒule zhème jiǔ lián yí ge diànhuà yě méi lái, zhēn bú xiàng huà.

그는 떠난 지 이렇게 오래 되었는데 전화 한 통 조차도 하지 않다니, 정말 말도 안 돼.

(2) '一……也……'의 형식에 쓰인다.

① 大家好像都睡觉了，院子里一点儿声儿也没有了。

Dàjiā hǎoxiàng dōu shuìjiào le, yuànzi lǐ yìdiǎnr shēngr yě méi yǒu le.

다들 잠이 든 것 같다. 정원에서 아무 소리도 나지 않다.

이 문장은 '정원에서 아무 소리도 나지 않는다'는 뜻이며, '조용하다'는 것을 설명한다.

② 今天闷热得很，一点儿风也没有。

Jīntiān mēnrè de hěn, yìdiǎnr fēng yě méi yǒu.

오늘은 바람 한 점도 없이 매우 후덥지근하다.

(3) 의문대사의 임의지칭 용법과 함께 쓰여, '谁……也……', '什么……也……', '哪儿……也……', '哪儿＋(양사)……也……' 등의 형식을 이룬다.

① 大人孩子我给你照顾，谁也不要惦记。

Dàrén háizi wǒ gěi nǐ zhàogù, shéi yě búyào diànjì.

어른과 아이들은 내가 돌봐 줄 테니, 아무도 걱정하지 마.

이 문장은 '너는 어른을 염려할 필요도 없고, 아이도 염려할 필요 없다. 어른과 아이 모두 염려할 필요 없다'는 것을 뜻한다.

② 关于那个学校的情况，我什么也不知道。

Guānyú nàge xuéxiào de qíngkuàng, wǒ shénme yě bù zhīdào.

그 학교의 상황에 관하여 나는 아무 것도 모른다.

③ 我第一次到这个城市来，哪儿也不认识。

Wǒ dì yí cì dào zhège chéngshì lái, nǎr yě bú rènshi.

나는 처음으로 이 도시에 와서 아무 데도 모른다.

④ 这几位朋友，哪位也不是外人。

Zhè jǐ wèi péngyou, nǎ wèi yě bú shì wàirén.

이 친구들은 그 누구도 남이 아니다.

⑤ 这几个汉字写得太潦草了，这句话我怎么也看不懂。

Zhè jǐ ge Hànzì xiě de tài liáocǎo le, zhè jù huà wǒ zěnme yě kàn bu dǒng.

이 한자들은 너무 흘려 써서 이 말은 내가 아무리 봐도 알 수가 없다.

③ '也'와 '都'의 비교

'也'는 주로 부정문에 쓰이는 반면 '都'는 긍정문, 부정문에 모두 쓰인다.

① 我无论跟他怎么说，他都不答应。

Wǒ wúlùn gēn tā zěnme shuō, tā dōu bù dāying.

내가 그에게 어떻게 말하든 그는 모두 승낙하지 않을 것이다.

我无论跟他怎么说，他也不答应。

Wǒ wúlùn gēn tā zěnme shuō, tā yě bù dāying

我无论提什么条件，他都答应。

Wǒ wúlùn tí shénme tiáojiàn, tā dōu dāying.

*我无论提什么条件，他也答应。

② 连这么重要的会你都不参加，你以后还打算在这儿工作吗？

Lián zhème zhòngyào de huì nǐ dōu bù cānjiā, nǐ yǐhòu hái dǎsuàn zài zhèr gōngzuò ma?

连这么重要的会你也不参加，你以后还打算在这儿工作吗？

Lián zhème zhòngyào de huì nǐ yě bù cānjiā, nǐ yǐhòu hái dǎsuàn zài zhèr gōngzuò ma?

连最不重要的会他都要参加，哪儿有时间作研究啊？

Lián zuì bú zhòngyào de huì tā dōu yào cānjiā, nǎr yǒu shíjiān zuò yánjiū a?

连最不重要的会他也要参加，哪儿有时间作研究啊？

Lián zuì bú zhòngyào de huì tā yě yào cānjiā, nǎr yǒu shíjiān zuò yánjiū a?

3 어기를 완화시키는 역할을 하는데 이때 일반적으로 약하게 읽는다.

'也'를 쓰면 어기가 조금 부드러워지며, 만약 쓰지 않으면 직설적이고 딱딱하게 느껴진다.

① 这句话你这样翻译也不能算错，不过……

Zhè jù huà nǐ zhèyàng fānyì yě bù néng suàn cuò, búguò……

이 문장은 '이 말이 비록 틀렸다고는 할 수 없지만 정확히 맞는다고도 할 수 없다'는 뜻이다.

② 这件事也不能全怪他，主要是我做得不对。

Zhè jiàn shì yě bù néng quán guài tā, zhǔyào shì wǒ zuò de bú duì.

③ 由他唠叨去吧，都给他个装聋，也就过去了。

yóu tā láodao qù ba, dōu gěi tā gè zhuānglóng, yě jiù guòqu le.

④ 你也太娇气了，说你两句就哭。

Nǐ yě tài jiāoqi le, shuō nǐ liǎng jù jiù kū.

⑤ 老太太也不怕滑倒了摔着，下着雨还出来走。

Lǎo tàitai yě bú pà huádǎole shuāizhe, xiàzhe yǔ hái chūlái zǒu.

14 就와 才

‘就’와 ‘才’는 자주 쓰이는 부사이며, 부사어로 쓰여 시간, 수량, 범위를 나타낼 수 있다. 또 어기를 나타낼 수도 있고 접속작용을 할 수도 있다.

1 시간을 나타낸다

① ‘就’와 ‘才’는 시간을 나타내는 어구 뒤에 쓰이는데, ‘就’는 화자가 동작의 발생이 이르거나 걸린 시간이 적다고 여기는 경우에 쓰인다. ‘才’는 화자가 동작의 발생이 늦거나 걸린 시간이 많다고 여기는 경우에 쓰인다. ‘就’와 ‘才’는 약하게 발음된다. 이미 발생한 동작을 나타낼 때, ‘就’를 쓴 문장의 끝에는 ‘了’를 써야 하지만, ‘才’를 쓴 문장의 끝에는 ‘了’를 쓸 수 없다.

① 演出七点半开始，他七点就到剧场了。

    Yǎnchū qī diǎn bàn kāishǐ, tā qī diǎn jiù dào jùchǎng le.

    演出七点半开始，他八点才到剧场。

    Yǎnchū qī diǎn bàn kāishǐ, tā bā diǎn cái dào jùchǎng.

> 공연이 7시 반에 시작되는데 그는 7시에 벌써 극장에 도착했다. (빨리 도착한 경우)
>
> 공연이 7시 반에 시작되는데 그는 8시에야 극장에 도착했다.(늦게 도착한 경우)

② 这个地区，夏天四点左右天就亮，冬天七点左右天才亮。

    Zhège dìqū, xiàtiān sì diǎn zuǒyòu tiān jiù liàng, dōngtiān qī diǎn zuǒyòu tiān cái liàng.

> 이 지역은 여름에는 4시 정도면 날이 밝지만, 겨울에는 7시 정도가 되어야 날이 밝는다. (‘就’는 시간의 이름을, ‘才’는 시간의 늦음을 나타냄)

③ 这课书他念了十分钟就会背了。

    Zhè kè shū tā niànle shí fēnzhōng jiù huì bèi le.

    这课书他念了三十分钟才会背。

    Zhè kè shū tā niànle sān shí fēnzhōng cái huì bèi.

> 이 본문은 그가 10분이면 외울 수 있다.(짧은 시간 안에 빨리 외움)
>
> 이 본문은 그가 30분 걸려야만 외울 수 있다.(시간이 걸려 늦게 외움)

④ 这课的生词他看了三遍就记住了。

    Zhè kè de shēngcí tā kànle sān biàn jiù jìzhù le.

    这课书他念了三遍才背。

    Zhè kè shū tā niànle sān biàn cái bèi.

> 이과의 새로 나온 단어는 그가 3번 보면 외울 수 있다. (읽는 횟수가 적고 빨리 외움)
>
> 이 책은 그가 3번 읽어야만 외울 수 있다.(읽는 횟수가 많고 늦게 외움)

‘就’와 ‘才’는 모두 두 개의 연이어 발생한 동작과 사건을 나타낼 수 있다. ‘就’는 두 동작 사이의 시간이 짧은 경우에, ‘才’는 두 동작 사이의 시간이 긴 경우에 쓰인다.

① 他刚生病就告诉妈妈了。

    Tā gāng shēng bìng jiù gàosu māma le.

    他病好了，才告诉他妈妈。

    Tā bìng hǎo le, cái gàosu tā māma.

> 그는 병이 나자마자 어머니에게 말했다.
>
> 그는 병이 다 나은 후에야 그의 어머니에게 말했다.

② 他一毕业就回国了。

    Tā yí bìyè jiù huí guó le.

他毕业一个月后，才回国。

    Tā bìyè yí ge yuè hòu, cái huí guó.

그는 졸업을 하자마자 귀국했다.

그는 졸업한지 한 달 후에야 귀국했다.

'一…就…'는 두 동작이 긴밀하게 연이어 발생함을 나타낸다.

③ 他很聪明，什么事一学就会。

    Tā hěn cōngmíng, shénme shì yì xué jiù huì.

④ 我一下课就去图书馆看书了。

    Wǒ yí xià kè jiù qù túshūguǎn kàn shū le.

그는 매우 영리해서 어떤 일이든 배우면 바로 할 줄 안다.

나는 수업이 끝나자마자 바로 도서관에 공부하러 갔다.

② '就'와 '才'는 시간을 나타내는 어구 앞에 쓰이는데, '就'는 화자가 시간이 늦다고 여기는 것을 나타내고, '才'는 시간이 이르다고 여기는 것을 나타낸다.

① 那天，看完演出，我们到家就九点五十了，所以没给你打电话。

    Nà tiān, kàn wán yǎnchū, wǒmen dào jiā jiù jiǔ diǎn wǔshí le, suǒyǐ méi gěi nǐ dǎ diànhuà.

那天，看完演出，我们到家才九点五十了，所以又聊一会儿才睡觉。

    Nà tiān, kàn wán yǎnchū, wǒmen dào jiā cái jiǔ diǎn wǔshí le, suǒyǐ yòu liáo yíhuìr cái shuìjiào.

그 날, 공연을 다 보고 우리들이 집으로 돌아오니 9시 50분이었다. 그래서 너에게 전화를 하지 않았다. (시간이 늦음)

그 날, 공연을 다 보고 우리들이 집으로 돌아오니 9시 50분밖에 안 되어서 이야기를 더 나누고 나서야 잠을 잤다. (시간이 이름)

② 这座楼光盖房顶就用了十四个月。

    Zhè zuò lóu guāng gài fángdǐng jiù yòngle shísì ge yuè.

这座楼才用了十四个月就盖好了。

    Zhè zuò lóu cái yòngle shísì ge yuè jiù gài hǎo le.

이 건물은 지붕을 덮는 데만 14개월이 소요되었다. (시간이 오래 걸리고 공정의 진척 속도가 느리다고 생각함)

이 건물은 다 짓는데 14개월밖에 걸리지 않았다. (소요 시간이 짧고 공정의 진척 속도가 빠르다고 생각함)

③ 这篇小故事，他只是翻译就翻译了三天。

    Zhè piān xiǎo gùshi, tā zhǐshì fānyì jiù fānyìle sān tiān.

他翻译这篇故事，才翻译了三天。

    Tā fānyì zhè piān gùshi, cái fānyìle sān tiān.

이 짧은 이야기는 그가 단지 번역만 하는데 3일이 걸렸다. (소요 시간이 많이 걸리고 늦게 번역했다고 여김)

그는 이 이야기를 번역하는 데 3일밖에 안 걸렸다. (소요 시간이 적게 걸리고 빨리 번역했다고 여김)

예③의 '就'는 강하게 읽어서는 안 된다. 만약 강하게 읽으면 경과한 시간이 짧음을 나타내어 '只'의 의미가 된다.

③ '就'는 '즉시(立刻)', '곧(马上)'의 뜻을 나타내는데, 이 때에는 강하게 읽어야 한다. '就' 뒤에 '要'를 쓸 수도 있다.

① 我就走, 你别催了。

　　Wǒ jiù zǒu, nǐ bié cuī le.

곧 갈 테니 재촉하지 마라.

② 你再等等, 小明就要回来了。

　　Nǐ zài déngdeng, Xiǎo Míng jiù yào huílái le.

조금만 더 기다려. 小明이 곧 돌아올 거야.

③ 别走了。你看, 天黑上来了, 又打雷, 又打闪, 就要下雨。

　　Bié zǒu le. Nǐ kàn, tiān hēi shànglai le, yòu dǎ léi, yòu dǎ shǎn, jiù yào xià yǔ.

가지 마라. 봐, 날이 어두워 오잖아, 또 천둥도 치고 번개도 치니 곧 비가 올 거야.

② 수량을 수식한다

① '就'가 수량사의 앞에 놓이고, '就'를 약하게 발음하고 그 앞에 온 명사나 수량사를 강하게 발음하면, 화자가 수량이 '많다'고 여기고 있음을 의미한다.

① 王老师'一周就上八节课。

　　Xáng lǎoshī yì zhōu jiù shàng bā jié kè.

王 선생님은 1주일에 여덟 시간이나 수업을 한다.(많음)

② 我'一天就走了一百里。

　　Wǒ yì tiān jiù zǒule yì bǎi lǐ.

나는 하루에 백리나 걸었다.(많음)

③ A : 你们昨天只逛街, 没买什么吧?

　　　Nǐmen zuótiān zhǐ guàng jiē, méi mǎi shénme ba?

너희들 어제 거리구경만 하고 별다른 것 사지 않았지?

　　B : 怎么没买? 光'我就买了三件衣服。

　　　Zěnme méi mǎi? Guāng wǒ jiù mǎile sān jiàn yīfu.

왜 사지 않았겠어? 나만해도 옷을 세 가지나 샀는걸.(많음)

그러나 만약 '就'나 뒤에 온 수량사를 강하게 발음하면, '적다'고 여기고 있음을 의미한다.

④ 这次考试, 他'就错了三个题。

　　Zhè cì kǎoshì, tā jiù cuòle sān ge tí.

　　这次考试, 他就错了'三个题。

　　Zhè cì kǎoshì, tā jiù cuòle sān ge tí.

이번 시험에 그는 세 문제만 틀렸다. (적음)

⑤ 那个报告, 我'就听懂了三分之二。

　　Nàge bàogào, wǒ jiù tīngdǒngle sān fēn zhī èr.

　　那个报告, 我就听懂了'三分之二。

　　Nàge bàogào, wǒ jiù tīngdǒngle sān fēn zhī èr.

그 보고는 내가 3분의 2밖에 알아듣지 못했다. (적음)

다음 문장을 비교해보자.

① 这种菜一毛钱′就能买三斤。

Zhè zhǒng cài yì máoqián jiù néng mǎi sān jīn.

这种菜一毛钱就能买′三斤。

Zhè zhǒng cài yì máoqián jiù néng mǎi sān jīn.

这种菜′一毛钱就能买三斤。

Zhè zhǒng cài yì máoqián jiù néng mǎi sān jīn.

이런 채소는 10전에 세 근밖에 살 수 없다. (비싸서 많이 살 수 없음)

이런 채소는 10전에 세 근이나 살 수 있다. (싸서 많이 살 수 있음)

② 他们四个人′就住一间屋子。

Tāmen sì ge rén jiù zhù yì jiān wūzi

他们四个人就住′一间屋子。

Tāmen sì ge rén jiù zhù yì jiān wūzi.

他们′四个人就住一间屋子。

Tāmen sì ge rén jiù zhù yì jiān wūzi.

그들은 한 칸짜리 집에서 네 사람이나 산다. (사는 사람이 많아 비좁음)

그들은 한 칸짜리 집에서 네 사람만 산다. (사는 사람이 적어 넓음)

'才'는 수량사를 강하게 발음하더라도 모두 수량이 적음을 나타낸다.

这种菜十块钱才买′三斤。

Zhè zhǒng cài shí kuàiqián cái mǎi sān jīn.

这种菜′十块钱才买三斤。

Zhè zhǒng cài shí kuàiqián cái mǎi sān jīn.

이 채소는 10원에 겨우 세 근밖에 살 수 없다. (비싸서 많이 살 수 없음)

이 채소는 10원으로도 겨우 세 근밖에 살 수 없다. (돈이 많이 들어 많이 살 수 없음)

② '就'와 '才' 앞에 수량사가 있을 때, '就'는 화자가 수량이 적다고 여기는 것을 나타내고, '才'는 화자가 수량이 많다고 여기는 것을 나타내는데 모두 수량사를 강하게 읽는다.

① ′四个人就把这块大石头搬走了。

Sì ge rén cái bǎ zhè kuài dà shítou bān zǒu le.

′四个人才把这块大石头搬走了。

Sì ge rén cái bǎ zhè kuài dà shítou bān zǒu le.

겨우 네 사람이 이 큰 돌을 옮겼다. (사람이 적음)

네 명이나 되는 사람이 이 큰 돌을 옮겼다. (사람이 많음)

② 用了′三台收割机就把那片麦田抢收完了。

Yòngle sān tái shōugējī jiù bǎ nà piàn màitián qiǎngshōu wán le.

用了′三台收割机才把那片麦田抢收完。

Yòngle sān tái shōugējī cái bǎ nà piàn màitián qiǎngshōu wán.

콤바인 세 대만을 써서 그 밀밭을 서둘러 수확했다. (콤바인이 적음)

콤바인 세 대나 써서 그 밀밭을 서둘러 수확했다. (콤바인이 많음)

③ 他睡了′五个小时就起床了。

Tā shuìle wǔ ge xiǎoshí cái qǐ chuáng le.

그는 5시간만 자고 일어났다. (시간이 짧음)

他睡了'十个小时才起床了。

Tā shuìle wǔ ge xiǎoshí cái qǐ chuáng le.

그는 10시간이나 자고
서야 일어났다. (시간
이 길음)

그러나 '就'와 '才' 뒤에 수량사가 있고, 또 수량사를 강하게 발음하면 '就'와 '才'는 모두 화자가 수량이 적다고 여기는 것을 나타낸다.

① 这次考试，他就错了'三道题。

Zhè cì kǎoshì, tā cái cuòle sān dào tí.

이번 시험에 그는 세 문제만 틀렸다. (적음)

这次考试，他才错了三道题。

Zhè cì kǎoshì, tā cái cuòle sān dào tí.

이번 시험에 그는 세 문제만 틀렸다. (적음)

② 我们班就有'十个学生。

Wǒmen bān jiù yǒu shí ge xuésheng.

우리 반은 학생이 단지 10명뿐이다. (적음)

我们班才有十个学生。

Wǒmen bān cái yǒu shí ge xuésheng.

우리 반은 학생이 겨우 10명뿐이다. (적음)

③ 这里离城市中心就'三公里路。

Zhèlǐ lí chéngshì zhōngxīn jiù sān gōnglǐ lù.

이곳은 시내 중심에서 단지 3킬로미터 밖에 안 된다. (적음)

这里离城市中心才三公里路。

Zhèlǐ lí chéngshì zhōngxīn cái sān gōnglǐ lù.

이곳은 시내 중심에서 겨우 3킬로미터 밖에 안 된다. (적음)

④ 上海我就去过'两次。

Shànghǎi wǒ jiù qùguo liǎng cì.

上海는 내가 두 번 가봤을 뿐이다. (적음)

上海我才去过两次。

Shànghǎi wǒ cái qùguo liǎng cì.

上海는 내가 겨우 두 번 가봤다. (적음)

⑤ 我就认识'一百多个汉字。

Wǒ jiù rènshi yì bǎi duō ge Hànzì.

나는 한자 100여 개를 알 뿐이다. (적음)

我才认识一百多个汉字。

Wǒ cái rènshi yì bǎi duō ge Hànzì.

나는 겨우 한자 100여 개를 안다. (적음)

❸ 범위를 나타낸다.

'就'는 범위를 한정할 수 있는데 이때 강하게 발음해야 한다. 문장에서 주어, 목적어, 술어를 제한할 수 있다. 이 용법은 부사 '只'와 유사하다.

① 주어를 제한하며 '就'는 명사나 명사성 주어 앞에 쓰인다.

① 我们班就阿里学过一点儿汉语。

Wǒmen bān jiù Ālǐ xuéguo yìdiǎnr Hànyǔ.

우리 반에서 阿里만 중국어를 조금 배운 적이 있다. ('就'는 '只有'의 뜻임)

② 这件事就你和我知道，不要告诉别人。

Zhè jiàn shì jiù nǐ hé wǒ zhīdào, búyào gàosu biérén.

이 일은 너와 나만 알고 있으니 다른 사람에게 말하지 마라.

③ 别的手续都办完了, 就护照和机票还没有取回来。

Bié de shǒuxù dōu bàn wán le, jiù hùzhào hé jīpiào hái méi yǒu qǔ huílai.

다른 수속은 모두 다 처리했고 여권과 비행기 표만 아직 찾아오지 않았다.

② 목적어를 제한하며 '就'는 술어로 쓰인 동사의 앞에 쓰인다.

① 谢力就学汉语, 不学日语。

Xièlì jiù xué Hànyǔ, bù xué Rìyǔ.

谢力는 중국어만 배우고 일어는 배우지 않는다. ('就'는 '只有'의 뜻임)

② 我就借你新买的那本书。

Wǒ jiù jiè nǐ xīn mǎi de nà běn shū.

나는 너에게만 새로 산 그 책을 빌려 주겠다.

③ 这次去北京, 我们就游览了故宫和长城, 其他地方没有去。

Zhè cì qù Běijīng, wǒmen jiù yóulǎnle Gùgōng hé Chángchéng, qítā dìfang méi yǒu qù.

이 번에 북경에 가서 우리들은 고궁과 만리장성만 관광하고 다른 곳은 가지 않았다.

③ 술어를 제한한다.

① 这本书我就翻了翻, 还没有仔细看。

Zhè běn shū wǒ jiù fānle fān, hái méi yǒu zǐxì kàn.

이 책은 내가 뒤적여보기만 하고 아직 자세히 보지는 않았다. ('就'는 '只有'의 뜻임)

② 他就碰了你一下, 哪至于疼得那个样子。

Tā jiù pèngle nǐ yíxià, nǎ zhìyú téng de nàge yàngzi.

그는 너와 한 번 부딪쳤을 뿐인데 어떻게 그렇게까지 아플 수 있니?

③ 办公室里就剩老王一个人, 别人都下班回家了。

Bàngōngshì lǐ jiù shèng Lǎo Wáng yí ge rén, biérén dōu xià bān huí jiā le.

사무실 안에 왕 형 혼자 남아 있고 다른 사람은 모두 퇴근하여 집으로 돌아갔다.

④ 这套诗集, 图书馆就有这么一套, 不出借。

Zhè tào shījí, túshūguǎn jiù yǒu zhème yí tào, bù chū jiè.

이 시집은 도서관에 이렇게 한 질만 있어 대출이 되지 않는다.

'就'가 범위를 나타낼 때, 그것이 수식하는 어구는 항상 수량어구를 포함한다. 수량어구는 '他就碰了你一下'처럼 제한을 받는 어구 뒤에 출현하거나 혹은 '就阿里(一个人)学过一点儿汉语'처럼 출현하지 않는다.

④ 접속 작용을 한다.

'就'는 조건 복문의 두 번째 절에 출현하여 접속시키는 역할을 한다.

① 你如果有问题, 就去请教张老师。(如果……就……)

Nǐ rúguǒ yǒu wèntí, jiù qù qǐng jiào Zhāng lǎoshī.

너에게 만약 문제가 생기면 张 선생님에게 가르침을 청해라.

② 只要咱们大家齐心协力, 事情就能办好。(只要……就……)

Zhǐyào zámen dàjiā qí xīn xiélì, shìqing jiù néng bàn hǎo.

우리 모두 마음을 모아 협력하기만 하면 일은 잘 처리할 수 있다.

③ 既然你不同意，我就不再说下去了。（既然……就……）

　　Jìrán nǐ bù tóngyì, wǒ jiù bú zài shuō xiàqu le.

④ 要是阿里今天不来，你就再等他一天。（要是……就……）

　　Yàoshì Ālǐ jīntiān bù lái, nǐ jiù zài děng tā yì tiān.

⑤ 你只要认真想想就明白了。（只要……就……）

　　Nǐ zhǐyào rènzhēn xiǎngxiang jiù míngbái le.

이왕 네가 동의하지 않으니 나는 더 이상 말하지 않겠다.

만약 阿里가 오늘 오지 않으면 너는 그를 하루 더 기다려.

너는 진지하게 생각하기만 하면 이해할 것이다.

'才'는 조건이나 원인을 나타내는 접속사와 함께 쓰일 수 있다.

① 只有认识落后，才能去改变落后；只有学习先进，才有可能赶超先进。（只有……才……）

　　Zhǐyǒu rènshi luòhòu, cái néng qù gǎibiàn luòhòu; zhǐyǒu xuéxí xiānjìn, cái yǒu kě néng gǎnchāo xiānjìn.

② 只有首先正视事实，才有可能作出合理的解释。

　　Zhǐyǒu shǒuxiān zhèngshì shìshí cái yǒu kěnéng zuòchū hélǐ de jiěshì.

③ 因为不懂才来向你请教。（因为……才……）

　　Yīnwèi bù dǒng cái lái xiàng nǐ qǐng jiào.

④ 那时候，为了工作方便，他才更换了姓名。（为了……才……）

　　Nà shíhou, wèile gōngzuò fāngbiàn, tā cái gènghuànle xìngmíng.

뒤떨어졌다는 것을 인식해야만 그 뒤떨어진 것을 바꿀 수 있고, 선진적인 것을 배워야만 선진적인 것을 앞지를 수 있다.

먼저 사실을 직시해야만 합리적인 해석을 할 수 있다.

알지 못하기 때문에 너에게 가르침을 청하는 것이다.

그 때 업무상 편의를 위하여 그는 이름을 바꿨다.

'就'와 '才'는 또 긴축문에 자주 쓰여 접속 작용을 한다(제5편 제3장 '긴축문' 참조).

5 어기를 나타낸다

① '就'는 긍정의 어기를 나타낼 수 있다.

① ‘这就是赵经理。

　　Zhè jiùshì Zhào jīnglǐ.

② A：谁是这儿的负责人?

　　　Shéi shì zhèr de fùzérén?

　　B：‘我就是。

　　　Wǒ jiù shì.

이 사람이 바로 조사장이다.

누가 여기 책임자입니까?

바로 전데요.

'就'는 또 아래의 문형에 자주 쓰인다.

③ A：教室在哪儿?

　　　Jiàoshì zài nǎr?

교실은 어디에 있습니까?

B ： 教室不远，'就在二楼。

　　Jiàoshì bù yuǎn, jiù zài èr lóu.

④ A ： 哪儿有小卖部？

　　Nǎr yǒu xiǎomàibù.

B ： '楼下就有一个。

　　Lóuxià jiù yǒu yí ge.

⑤ A ： 你能找一个会吹笛子的人吗？

　　Nǐ néng zhǎo yí ge huì chuī dízi de rén ma?

B ： '我弟弟就吹得不错。

　　Wǒ dìdi jiù chuī de búcuò.

교실은 멀지 않아요. 바로 2층에 있습니다.

어디에 매점이 있습니까?

아래층에 하나 있어요.

너는 피리를 불 줄 아는 사람을 찾을 수 있니?

내 남동생이 잘 불어요.

'就'와 '才'는 모두 단호한 어기를 나타낼 수 있으며 구어에 많이 쓰인다. 이때 '就'를 강하게 읽는다.

① 弟弟捂住自己的嘴说：“我'就不吃，我'就不吃。”

　　Dìdi wǔzhù zìjǐ de zuǐ shuō: “Wǒ jiù bù chī, wǒ jiù bù chī.”

② 我'就讨厌说假话的人。

　　Wǒ jiù tǎoyàn shuō jiǎhuà de rén.

③ '我才不相信你那套大道理呢。

　　Wǒ cái bù xiāngxìn nǐ nà tào dà dàolǐ ne.

④ '我才不会有那么好的运气呢。

　　Wǒ cái bú huì yǒu nàme hǎo de yùnqi ne.

남동생은 자기 입을 가리며 "나 진짜 안 먹을래요, 안 먹는다니까요."라고 말했다.

나는 거짓말을 하는 사람이 정말 싫어.

나야말로 너의 허풍을 믿지 않아.

내가 그렇게 운이 좋을 리 없어.

'就'가 어기를 나타낼 때, 문장 구조는 비교적 간단해서 일반적으로 앞에 조건이나 시간 혹은 수량을 나타내는 어구가 올 수 없다.

'才'는 또 만족이나 찬양의 어기를 나타낼 수 있다. 응당 있어야 할 어떤 정도에 도달했음을 나타낸다.

① 那位书法家的字才棒呢！

　　Nà wèi shūfǎjiā de zì cái bàng ne!

② 王教授才有学问呢！

　　Wáng jiàoshòu cái yǒu xuéwèn ne!

그 서예가의 글자는 정말 대단해!

왕 교수는 정말 학문이 깊어!

15　不와 没(有)

'不'와 '没(有)'는 모두 부정부사면서 동사와 형용사의 앞에 쓰일 수 있지만, 의미와 용법에 차이가 있다.

1 不

‘不’는 주관적인 바람이나 성질, 상태에 대한 부정을 나타낸다. 현재, 미래 시제에 많이 쓰이지만, 과거 시제에도 쓰일 수 있다.

1 현재와 미래의 동작 행위, 심리 상태, 바람, 애호 혹은 가능성에 대한 부정을 나타낸다.

동작 행위에 대한 부정은 이미 정해진 계획, 객관적인 사실 혹은 바람을 나타낸다.

① 我现在不去，过一会再去。

Wǒ xiànzài bú qù, guò yíhuì zài qù.

나는 지금 안가고 좀 이따가 간다. (이미 정해진 계획)

② 天气预报说明天有雨，我们明天不去春游。

Tiānqì yùbào shuō míngtiān yǒu yǔ, wǒmen míngtiān bú qù chūnyóu.

일기예보에서 내일 비가 온다고 해서 우리들은 내일 봄 소풍을 가지 않을 것이다. (계획 취소)

③ 周朴园说：“也好，我们暂且不提这一层。”

Zhōu Piáoyuán shuō: “Yě hǎo wǒmen zànqiě bù tí zhè yì céng.”

周朴园은 “그것도 좋다. 우리 이 일을 잠시 보류하자”고 말했다. (상대방이 원하지 않기 때문에)

④ 他不是我的老师，是我的邻居。

Tā bú shì wǒ de lǎoshī, shì wǒ de línjū.

그는 나의 선생님이 아니고 나의 이웃이다. (객관적 사실)

일상적이거나 습관적인 동작을 부정하는 것도 이 유형에 속한다.

⑤ 那个地方一年四季不下雪。

Nàge dìfang yì nián sìjì bù xià xuě.

그 지방은 일년 사계절 내내 눈이 오지 않는다. (객관적 사실)

⑥ 他不吸烟，也不喝酒。

Tā bù xī yān, yě bù hē jiǔ.

그는 담배도 피지 않고 술도 마시지 않는다.

⑦ 来中国以前，我一个汉字也不认识。

Lái Zhōngguó yǐqián, wǒ yí ge Hànzì yě bú rènshi.

중국에 오기 이전에 나는 한자를 한 글자도 몰랐다.

⑧ 勇敢不等于鲁莽。

Yǒnggǎn bù děngyú lǔmǎng.

용감한 것이 무모한 것과는 같지 않다.

2 ‘不’는 바람, 가능 등을 부정하는데, ‘不’의 뒤에 조동사가 온다.

① 想到这，罗平不愿再想下去了。

Xiǎng dào zhè, Luó Píng bú yuàn zài xiǎngxiàqu le.

생각이 여기에 미치자 罗平은 더 생각하고 싶지 않았다.

② 我不敢说，你去问别人吧。

Wǒ bù gǎn shuō, nǐ qù wèn biérén ba.

나는 감히 말하지 못하겠으니 네가 다른 사람에게 물어봐.

③ 他想上法院去告状，他爹不让他去。

Tā xiǎng shàng fǎyuàn qù gàozhuàng, tā diē bú ràng tā qù.

그는 법원으로 가서 고소하려고 했으나 그의 아버지가 가지 못하게 했다.

④ 这个问题目前还不能解决。

Zhège wèntí mùqián hái bù néng jiějué.

이 문제는 현재 아직 해결할 수 없다.

⑤ 她不会是你说的那样的人。

Tā bú huì shì nǐ shuō de nàyàng de rén.

그녀는 네가 말하는 그런 사람일 리가 없다.

⑥ 这些事不可能是他干的。

Zhèxiē shì bù kěnéng shì tā gàn de.

이 일들은 그가 했을 리가 없다.

⑦ 这以后，鲁家的人永远不许再到周家来。

Zhè yǐhòu, Lǔ jiā de rén yǒngyuǎn bùxǔ zài dào Zhōu jiā lái.

이때 이후로 鲁氏 집안 사람들은 영원히 周氏 집에 오는 것이 금지되었다.

⑧ 您不该在作品里非难那位女主人公。

Nín bù gāi zài zuòpǐn lǐ fēinàn nà wèi nǚ zhǔréngōng.

당신은 작품 속의 그 여주인공을 비난해서는 안 된다.

가능보어도 이 유형에 속한다.

⑨ 我永远也忘不了您对我的忠告。

Wǒ yǒngyuǎn yě wàng bu liǎo nín duì wǒ de zhōnggào.

나는 영원히 당신이 나에게 한 충고를 잊을 수 없다.

③ 형용사 앞에 쓰여 성질이나 상태에 대한 부정을 나타낸다.

① 近来，我们不忙。

Jìnlái, wǒmen bù máng.

요즘 우리는 바쁘지 않아.

② 你的志气真不小。

Nǐ de zhìqì zhēn bù xiǎo.

너의 패기는 정말 대단하다.

③ 你看，月亮不圆，今天肯定不是农历十五。

Nǐ kàn, yuèliang bù yuán, jīntiān kěndìng bú shì nónglì shíwǔ.

너 봐라, 달이 둥글지 않으니 오늘은 분명 음력 15일이 아니야.

④ 此路不通，请绕行。

Cǐ lù bù tōng, qǐng rào xíng.

이 길은 막혔으니 우회하시기 바랍니다.

⑤ 她日子过得不痛快，总有一些麻烦事儿。

Tā rìzi guò de bú tòngkuài, zǒng yǒu yìxiē máfan shìr.

그녀는 늘 번거로운 일들이 생겨서 즐겁게 지내지 못한다.

⑥ 虽然她长得并不漂亮，可是优雅、淡泊。

Suīrán tā zhǎng de bìng bú piàoliang, kěshì yōuyǎ, dànbó.

비록 그녀가 결코 예쁘게 생기지는 않았지만 우아하고 청순하다.

2 没(有)

　'没'이나 '没有'는 존재, 소유 및 동작 행위의 발생이나 완성을 부정할 때 쓰일 수 있다.

① 존재, 소유를 부정한다.

① 我没有汽车、没有洋房，算什么大款？（긍정형태는 '有汽车、洋房'）

Wǒ méi yǒu qìchē, méi yǒu yángfáng, suàn shénme dàkuǎn?

나는 차도 없고 고급주택도 없는데 무슨 부자라고 할 수 있겠어?

② 屋子里没有人，好像发生了什么事情。（긍정형태는 '有人'）

Wūzi lǐ méi yǒu rén, hǎoxiàng fāshēngle shénme shìqing.

방안에 사람이 없어. 무슨 일이 생긴 것 같아.

③ 你看，院子里没有一点儿东西，都搬走了。（긍정형식은 '有东西'）

Nǐ kàn, yuànzi lǐ méi yǒu yìdiǎnr dōngxi, dōu bān zǒu le.

너 봐라, 뜰에 물건이 하나도 없어. 모두 옮겼어.

② 동작 행위의 발생이나 완성을 부정한다.

① 昨天没下雪。

Zuótiān méi xià xuě.

어제 눈이 오지 않았다.

② 以前，我没学过汉语。

Yǐqián, wǒ méi xuéguo Hànyǔ.

이전에 나는 중국어를 배운 적이 없다.

③ 那次会议我们没派人参加。

Nà cì huìyì wǒmen méi pài rén cānjiā.

그 회의에 우리들은 참가할 사람을 보내지 않았다.

④ 那次去泰山，我们没有看到日出的奇景。

Nà cì qù Tàishān, wǒmen méi yǒu kàndào rìchū de qíjǐng.

그 때 태산에 가서 우리들은 웅장한 일출을 보지 못했다.

⑤ 我没听说过这样的事情。

Wǒ méi tīngshuōguo zhèyàng de shìqing.

나는 이러한 일을 들어 본 적이 없다.

⑥ 都10点多了，爸爸还没有回来。

Dōu shí diǎn duō le, bàba hái méi yǒu huílái.

벌써 10시가 넘었는데 아버지는 아직 돌아오지 않으셨다.

⑦ 我还没接到回信呢。

Wǒ hái méi jiēdào huí xìn ne.

나는 회신을 아직 받지 못했어.

⑧ 已经十二月了，河里的水还没有结冰。

Yǐjīng shí'èr yuè le, hé lǐ de shuǐ hái méi yǒu jiébīng.

이미 12월이 되었는데 강물은 아직 얼지 않았다.

③ 형용사 앞에 쓰여 상태의 출현을 부정한다.

① 那天，天没亮，他们就出发了。

Nà tiān, tiān méi liàng, tāmen jiù chūfā le.

그 날, 날이 밝지도 않았는데 그들은 출발했다.

② 这件衣服没干，换另外一件穿吧。

Zhè jiàn yīfu méi gān, huàn lìngwài yí jiàn chuān ba.

이 옷은 마르지 않았으니 다른 옷으로 갈아입어라.

③ 树上的果子还没熟，吃不了，还得过一个多月。

Shù shàng de guǒzi hái méi shú, chī bu liǎo, hái děi guò yí ge duō yuè.

나무 열매가 아직 익지 않아 먹을 수가 없어, 아직 한달 여 더 지나야 해.

④ 小伙子的病没(有)好，就急着出院了。

Xiǎohuǒzi de bìng méi(yǒu) hǎo, jiù jízhe chū yuàn le.

젊은이는 병이 낫지 않았는데 급하게 퇴원했다.

‘没有’가 동사 술어나 형용사 술어 앞에 쓰이면 부사이다. 그러나 ‘没有’가 명사나 수량사 앞에 쓰이면, ‘没’는 부사이고 ‘有’는 동사이며 그 뒤의 명사나 수량어구는 목적어가 된다.

① 我回家住了没有两天。(부사＋동사)

　Wǒ huí jiā zhùle méi yǒu liǎng tiān.

　나는 집에 돌아와 머문 지 이틀이 되지 않았다.

　我回家没有住两天就离开了。(부사)

　Wǒ huí jiā méi yǒu zhù liǎng tiān jiù líkāi le.

　나는 집에 돌아와 이틀을 머물지 못하고 곧 떠났다.

② 我没有中文画报。(부사＋동사)

　Wǒ méi yǒu Zhōngwén huàbào.

　나는 중국어 화보가 없다.

　我没有看中文画报。(부사)

　Wǒ méi yǒu kàn Zhōngwén huàbào.

　나는 중국어 화보를 보지 못했다.

③ ‘不’와 ‘没(有)’의 차이

［1］ 의미상 ‘不’는 판단, 바람, 사실, 성질을 부정하지만 ‘没有’는 동작 행위의 발생 혹은 상태의 실현을 부정한다. 예를 들면 ‘哪个营业员见我们来了也不站起来’와 ‘她根本没有看见我们，所以没站起来’에서 ‘不’와 ‘没’의 뜻은 다르다. 앞 문장의 ‘不站起来’의 ‘不’는 ‘(기꺼이) …하려고 하지 않다(不肯)’, ‘원하지 않다(不愿意)’의 뜻이다. 뒷 문장의 ‘没站起来’는 단지 동작이 발생하지 않았음을 나타내고 바람과는 관련이 없다.

① 我不打乒乓球。(바람, 사실 부정)

　Wǒ bù dǎ pīngpāngqiú.

　나는 탁구를 치지 않는다.

　我没打乒乓球。(동작 발생 부정)

　Wǒ méi dǎ pīngpāngqiú.

　나는 탁구를 치지 않았다.

② 那个西红柿不红。(성질 부정)

　Nàge xīhóngshì bù hóng.

　그 토마토는 빨갛지 않다.

　那个西红柿没红。(변화 부정)

　Nàge xīhóngshì méi hóng.

　그 토마토는 빨게 지지 않았다.

‘不’와 ‘没(有)’가 동사 및 형용사와 결합해서 이루어진 구에 각각 대응하는 긍정 형식도 아래 표처럼 같지 않다.

동사의 부정형식	대응하는 긍정형식	형용사의 부정형식	대응하는 긍정형식
没去	去了	没红	红了
没来	来了	没热	热了
没上来	上来了	没亮	亮了
没吃	吃了	没冷	冷了
不去	去	不红	红
不来	来	不热	热
不上来	上来	不亮	亮
不吃	吃	不冷	冷

② '没(有)'는 동작의 발생을 부정하기 때문에 미래 시제에는 쓰이지 않고 과거와 현재 시제에만 쓰인다. 그러나 '不'는 과거, 현재, 미래 시제에 모두 쓰일 수 있다.

① 我过去不喜欢你, 现在不喜欢你, 将来也不会喜欢你。

  Wǒ guòqù bù xǐhuan nǐ, xiànzài bù xǐhuan nǐ, jiānglái yě bú huì xǐhuan nǐ.

나는 과거에 너를 좋아하지 않았고 지금도 좋아하지 않으며, 앞으로도 너를 좋아하지 않을 거야.

② 他以前不抽烟, 现在也不抽烟。

  Tā yǐqián bù chōu yān, xiànzài yě bù chōu yān.

그는 이전에 담배를 피우지 않았고 지금도 피우지 않는다.

③ 会议已结束了, 可是主席还没来。

  Huìyì yǐ jiéshù le, kěshì zhǔxí hái méi lái.

회의가 이미 끝났으나 회장은 아직 오지 않았다.

④ A : 明天你来吗?

    Míngtiān nǐ lái ma?

내일 너 오니?

  B : 明天我不来。

    Míngtiān wǒ bù lái.

내일 나는 가지 않는다.

  *明天我没来。

아래와 같이 말할 수도 있다.

  A : 明年这个时候你毕业了吗?

    Míngnián zhège shíhou nǐ bìyè le ma?

내년 이 때쯤에 너 졸업하니?

  B : 明年这个时候可能还没毕业。

    Míngnián zhège shíhou kěnéng hái méi bìyè.

내년 이 때쯤에 아마도 아직 졸업하지 못할 거야.

이렇게 쓰일 수 있는 것은 동작의 발생 시간이 미래의 한 시점을 기준으로 볼 때 현재이기 때문이다.

③ 동사와 형용사 자체의 의미 범주가 같지 않기 때문에 '不'와 '没'의 쓰임도 다르다.

일부 동사는 '不'로만 부정할 수 있는데, '是', '等于' 등의 관계 동사가 여기에 해당한
다. '聪明', '漂亮', '对', '错', '大', '小' 등의 사물의 성질만을 나타내는 형용사도 일반
적으로 '不'로 부정한다. 단지 그 뒤에 동태조사 '过'가 쓰였을 때에만 '没'로 부정할
수 있다('我从来没漂亮过'). 동작동사, 상태동사 및 심리 활동을 나타내는 동사는
'不'로 부정할 수도 있고 '没'로 부정할 수도 있다. 조동사는 모두 '不'로 부정하는데
'能', '要', '肯', '敢'은 '没'로 부정할 수도 있다. 동사 '有'는 '没'로만 부정할 수 있다.

④ 이중 부정

　이중 부정은 긍정을 더욱 강조하는 표현 효과를 나타낼 수 있다. 이중 부정의 문장
에는 '是', '有', 조동사 등이 많이 쓰인다. 자주 쓰이는 이중 부정 형식으로는 '不是
不……', '不得不……', '不会/该/可不……', '无不……', '不论……', '非不可……' 등이 있
다.

① 这病又不是不能治，着什么急。

　　Zhè bìng yòu bú shì bù néng zhì, zháo shénme jí.

이 병은 치료할 수 없는
것도 아닌데 왜 그렇게
조급해하니.

이 문장은 '这个病能治'보다 어기가 더 강하다.

② 当前汽车工业的发展，不得不走上兼并大联合的道路。

　　Dāngqián qìchē gōngyè de fāzhǎn, bùdébù zǒushàng
　　jiānbìng dàliánhé de dàolù.

현재 자동차 산업은 그
발전을 위해 합병의 길
을 걸을 수밖에 없다.

③ 这个企业，由于经营不善，年年亏损，最后不得不宣布破产。

　　Zhège qǐyè, yóuyú jīngyíng bú shàn, niánnián kuīsǔn, zuìhòu
　　bùdébù xuānbù pòchǎn.

이 기업은 경영 부실로
인해 해마다 손해를 입
고 끝내는 파산을 선포
할 수밖에 없었다.

④ 这项大型工程的总设计师，不能不研究当前科技发展的方方面
面。

　　Zhè xiàng dàxíng gōngchéng de zǒngshèjìshī, bù néng bù
　　yánjiū dāngqián kējì fāzhǎn de fāngfāng miànmiàn.

이 대형 공사의 총설계
사는 현재의 과학기술
발전의 여러 방면을 연
구하지 않을 수 없다.

⑤ 这是我的终身大事，我不能不跟父母亲商量。

　　Zhè shì wǒ de zhōngshēn dàshì, wǒ bù néng bù gēn fùmǔqīn
　　shāngliang.

이것은 내 평생의 중대
한 일이기에 나는 부모
님과 상의하지 않을 수
없다.

⑥ 他们在技术攻关过程中，不会不遇到这样的困难。

　　Tāmen zài jìshù gōngguān guòchéng zhōng, bú huì bú yùdào
　　zhèyàng de kùnnan.

그들은 기술 연구 과정
중에 이러한 어려움에
부닥치지 않을 리 없다.

⑦ 当时，我不该不听他的劝告。

　　Dāngshí, wǒ bù gāi bù tīng tā de quàngào.

당시, 나는 그의 권고를
들었어야 했다.

⑧ 在这样的环境里求生，人们不可不处处留意，来不得半点马
虎。

　　Zài zhèyàng de huánjìng lǐ qiúshēng, rénmen bùkě bù chùchù
　　liúyì, lái bu de bàn diǎn mǎhu.

이러한 환경에서 살길
을 찾으려면 사람들은
항상 주의하지 않으면
안 되며 한 치의 소홀함
도 있어서는 안 된다.

⑨ 搞经济工作，不会算账不行。

　　Gǎo jīngjì gōngzuò, bú huì suànzhàng bùxíng.

경제 업무를 하려면 회계를 할 줄 모르면 안 된다.

⑩ 老人今年97岁了，庄上的老老少少1400余人，没有一个不尊敬他的。

　　Lǎorén jīnnián jiǔshí suì le, zhuāng shàng de lǎolaoshàoshào yì qiān sì bǎi yú rén, méi yǒu yí ge bù zūnjìng tā de.

어르신은 올해 97세가 되었으며 마을의 1400여 명되는 노인과 젊은 이 중에 그분을 존경하지 않는 사람은 하나도 없다.

⑪ 对他们的精彩表演，在座的观众无不起立，鼓掌。

　　Duì tāmen de jīngcǎi biǎoyǎn, zài zuò de guānzhòng wú bù qǐlì, gǔzhǎng.

그들의 뛰어난 공연에 앉아 있던 관중 가운데 기립하여 박수를 치지 않는 사람이 없었다.

⑫ 这种设计方案，不无可取之处。

　　Zhè zhǒng shèjì fāng'àn, bù wú kě qǔ zhī chù.

이 설계안은 취할 만한 점이 없는 것은 아니다.

⑬ 学习任何一种语言，非下苦功夫不可。

　　Xuéxí rènhé yì zhǒng yǔyán, fēixià kǔ gōngfu bùkě.

어떤 언어를 배우든지 피나는 노력을 들이지 않으면 안 된다.

⑭ 泡这种茶非用滚开的开水不出香味。

　　Pào zhè zhǒng chá fēi yòng gǔnkāi de kāishuǐ bù chū xiāngwèi.

이러한 차는 펄펄 끓는 물에 타지 않으면 향기가 나지 않는다.

参考文献

陈小荷　　主观量问题初探—兼谈副词"就"、"才"、"都",世界汉语教学,1994年第4期。

崔希亮　　试论关联形式"连……也/都……"的多重语言信息,世界汉语教学,1990年第3期。

崔永华　　不带前提句的"也"字句,中国语文,1997年第1期。

龚千炎　　谈现代汉语的时制表示和时态表达系统,中国语文,1991年第4期。

陆俭明　　副词独用考察,语言研究,1983年第2期。

马　真　　修饰数量词的副词,语言教学与研究,1981年第1期。

　　　　　关于表示程度浅的副词"还",中国语文,1984年第3期。

　　　　　关于"都/全"所总括的对象的位置,汉语学习,1983年第1期。

沈开木　　表示"异中有同"的"也"字独用的探索,中国语文,1983年第1期。

史锡尧　　论副词"也"的基本语义,世界汉语教学,1988年第4期。

　　　　　"再"语义分析—并比较"再"、"又",汉语学习,1996年第2期。

王　还　　再谈谈"都",世界汉语教学,1988年第2期。

杨从洁　　"不"和"没、没有"的用法辨析,对外汉语教学,1984年第2期。

杨淑璋　　副词"还"和"再"的区别,语言教学与研究,1985年第3期。

周小兵　　限定副词"只"和"就",烟台大学学报,1991年第3期。

연습문제

一. 알맞은 단어로 빈칸을 채우시오.

(一) 都、只

1. 这几份考卷________有这一份是全对的，其他几份________有些错误。

2. 你家有几口人? 我家________有三口人，我和我爱人，还有一个小女儿。

3. 书架上所有的英文书________是我的。

4. 每个人________有他自己的缺点。一个人一个样儿。

5. 小明，你怎么能________看别人的缺点，而看不到人家的优点呢?

6. ________有小王还没有来，别人________到了。

7. 桃子、梨、石榴、香蕉________是水果。

8. 爷爷和奶奶________有他这么一个小孙子，怎么不疼爱呢!

(二) 最、更、稍微、比较

1. 她的水果摊，生意一直不错，新年马上就要到了，买卖________红火。

2. 她一个人照顾四个孩子，________大的10岁，老二8岁，老三6岁，________小的2岁。

3. 做这个菜，一定要________加点儿糖才好吃。

4. 我新买的一双皮鞋________有点儿紧，式样倒不错。

5. 今天虽然不刮风了，可是还是________冷。

6. 你的个子算________高的，小王和小明都只有1.70米左右。

7. 我爱上了这里的劳动生活，爱上这一片金黄色的田野，________爱上了这里的勤劳朴实的农民。

8. 这篇文章改了两遍以后，还是________长。

9. 干这种活，________马虎一点儿就会出问题。

10. 会上每个代表的发言时间________多不能超过十分钟。

(三) 已经、曾经

1. 我看你很面熟，我们好像________在哪儿见过面。

2. 他________去广州了，有事可以写信告诉他。

3. 我小的时候________跟爸爸来过这个地方。

4. 这个学期________过了三分之二了，再过一个月左右就要放假了。

5. 这位伟大的作家，青少年时代________当过卖报童和印刷工人。

(四) 还、又、再、也

1. 那天，天________不亮，就听见外边一阵阵的欢呼声。

2. 别看我满头白发，我的心________年轻着哪!

3. 我们老师的办公室________干净________整齐。

4. 你刚才唱的歌实在太动听了，观众请你________唱一遍。

5. 日子过得真快，明天________是星期六了。________过两天这个月________过去了。

6. 自从母亲去世的那年我见过大哥一面，后来没有________见到过他，________没有通过信。

7. 那个外语电影我________看了一遍，可是________有些地方没看懂。

8. 自从那年大学毕业后，我________没有见过他。

9. 你的病虽然好了，可是________需要修养一段时间。

10. 音乐会上，她唱的歌有中文的，有英文的，________有法文的。

（五）才、就

1. 为了能掌握这门新技术的，她大学毕业，工作十年后________结婚。

2. 一路上他太累了，午饭时他只吃了一点点，________不想吃了。

3. 听了老学者提出的问题，夏明低着头想了半天，________说出了自己的看法。

4. 玩了一整天，也没觉得累，直到晚上，躺在床上________觉得累了。

5. 我们姐妹四个________大姐是大学毕业生。二姐、小妹和我上完高中________工作了。

6. 这么难的句子他________不会翻译呢，他刚学了一年英文。

7. 你不是想买字典吗？我看这本字典________不错，你________买这本吧！

8. 她说什么也不肯接受这份礼物，直到我们都着急了，她________勉强收下。

9. 我明天________要出差，这次可能要在外边呆两个多月后________能回来。

10. 马上________上课了，快跑两步吧。

（六）不、没(有)

1. 要是你________了解情况，就请你________要乱说。

2. 这种圆珠笔好用吗？我还从来________用过。

3. 对不起，我________姓沈，我姓陈，我也________叫沈芳，我叫陈放。

4. 看他那样子，好像还________听懂我说的话。

5. 大家都知道，________有空气，飞机是飞________起来的。

6. 刚才我来找过你三次，都________见到你。

7. 在上次小组预赛中________取得前三名的就________能参加这次的大组比赛。

8. 大家都以为小王________高兴了。小王说他根本就________高兴。

9. 他肯定有什么别的事，急急忙忙把东西交给我什么也说就走了。

10. 老张从来________抽烟，________喝酒，有的朋友请他喝酒，他也从来________喝过。

11. 这几个字________可能是小王写的，小王今天________来上课。

12. 最近一段时间，我哪儿都________去也________干什么事儿，彻底休息了几天。

二. 주어진 문장의 내용에 근거하여 알맞은 부사를 선택하여 빈칸을 채우시오.

也、很、正、就、再、只、一块儿(一起)、已经、比较、非常(十分)、曾经

[문장]阿里在来信中说：我是昨天下午到杭州的。这是我到中国以后第二次游览
西湖，这里要比北京暖和得多，到处是一片春色。我将在这里玩一个星期
左右，三月中旬以前一定回到北京。

1. 在这次去游览西湖以前，阿里________去过一次杭州。
2. 我接到信时，阿里________到达杭州了。
3. 这几天，阿里________在杭州参观游览。
4. ________过四五天，阿里________回北京来了。
5. 阿里这次去南方旅行一共________用了七八天的时间。
6. 阿里这次旅行的时间是________短的，但是一定________有意思，因为那里现在
________是春天。
7. 春天的西湖风景是________优美的。
8. 有机会，我________想去杭州玩一次，并且请阿里跟我________去。

三. 맞는 문장에 ○표 하시오.

1. A. 太阳曾经落山了，咱们该回去了。（　　）
   B. 太阳已经落山了，咱们该回去了。（　　）
2. A. 天黑下来了，就要马上下雨了。（　　）
   B. 天黑下来了，马上就要下雨了。（　　）
3. A. 那个地方太冷了，我不想还去。（　　）
   B. 那个地方太冷了，我不想再去了。（　　）
4. A. 我们立刻才出发，你怎么现在就来。（　　）
   B. 我们立刻就出发了，你怎么现在才来。（　　）
5. A. 他的球掉到就要水里去了。（　　）
   B. 他的球就要掉到水里去了。（　　）
6. A. 东郭先生把狼藏起来了，打猎的哪儿找不到了。（　　）
   B. 东郭先生把狼藏起来了，打猎的哪儿也找不到狼了。（　　）
7. A. 姐姐在商店买糖也水果了。（　　）
   B. 姐姐在商店买糖了，也买水果了。（　　）
8. A. 都我们喜欢写汉字。（　　）
   B. 我们都很喜欢写汉字。（　　）

제 7 장

개사

개사는 허사의 일종이다. 개사 대다수는 동사에서 허화된 것이기 때문에 그 어법 특징은 동사와 유사한 점이 많다. 개사는 명사(구), 대사 앞에 위치하며 명사(구), 대사와 함께 개사구를 구성한다. 개사 뒤의 명사 혹은 대사는 개사의 목적어이다. 개사구는 문장에서 부사어로 쓰이며, 동작 행위, 성질과 관계있는 시간, 장소, 방식, 범위, 대상 등을 표현한다.

① 我在家等你。（처소）

   Wǒ zài jiā děng nǐ.

   나는 집에서 너를 기다리겠다.

② 弟弟比我高了。（비교 대상）

   Dìdi bǐ wǒ gāo le.

   남동생은 나보다 키가 크다.

③ 他们对于提高产品质量很重视。（대상）

   Tāmen duìyú tígāo chǎnpǐn zhìliàng hěn zhòngshì.

   그들은 품질 향상을 매우 중시하고 있다.

예①의 '在家'는 동작 행위가 발생한 장소를 나타내며, 예②의 '比我'는 비교의 대상 혹은 기준을 가리킨다. 예③의 '对于提高产品质量'은 '중시하는(重视)' 대상을 나타낸다.

제 1 절

개사의 종류

개사의 수는 많지는 않지만 사용 빈도는 비교적 높다. 게다가 모든 개사가 대부분 여러 가지의 용법을 가지고 있다.

자주 쓰이는 개사는 아래와 같다.

(一) 공간을 나타냄

介词	예문	기능	비고
在	老王在北京住了三年了。 랑오왕은 북경에서 3년을 살았다. 他在钢笔上刻上了自己的名字。 그는 만년필에다가 자기이름을 새겼다.	동작 행위가 발생한 장소를 나타냄	
于	鲁迅生于浙江绍兴。 노신은 절강성 소흥에서 태어났다. 这种草药多生长于山地。 이런 약초는 주로 산지에서 자란다.	동작 행위가 발생한 장소를 나타냄	

介词	예문	기능	비고
从	外婆从农村搬到城市里来了。 외할머니가 농촌에서 도시로 이사 왔다. 汽车从大桥上开过去了。 자동차가 대교를 지나갔다.	1. 동작 행위가 발생한 기점을 나타냄 2. 동작이 통과한 장소를 나타냄	
自	我们都来自五湖四海。 우리는 모두 전국각지에서 왔다. 他这些话都是发自内心的。 그의 말은 내심으로 한 것이다.	동작 행위가 발생한 기점을 나타냄	
打	你打哪儿来？ 넌 어디에서 왔니? 他刚打我们前走过去。 그는 우리 앞을 막 지나갔다.	1. 동작 행위가 발생한 기점을 나타냄 2. 동작이 통과한 장소를 나타냄	주로 구어에 쓰임
由	由天津到北京只要两个小时。 천진에서 북경까지 2시간 밖에 안 걸린다.	동작 행위가 발생한 기점을 나타냄	
朝	李虎朝天上开了两枪。 이호는 하늘에 대고 총을 두 방 쐈다.	마주 보고 있는 방향을 나타냄	
向	向敌人阵地开炮。 적의 진지에 포를 쏘다. 这条小路通向后花园。 이 소로는 뒷 화원으로 통한다.	동작 행위의 방향을 나타냄	
往	往西走二百步就到家了。 서쪽으로 200보만 가면 집에 도착한다. 本次列车开往武汉。 이 열차는 무한행이다.	동작 행위의 방향을 나타냄	
沿着	咱们沿着湖边散步吧。 우리 호숫가를 따라 산책하자. 沿着科教兴国的大道奋勇前进。 과학교육으로 나라를 일으키는 대도를 따라서 용기를 내서 나아가자.	동작 행위의 경로를 나타냄	
到	明天，他到上海去办点事。 내일 그는 일을 처리하러 상해에 간다.	동작 행위의 종점을 나타냄	

(二) 시간을 나타냄

介词	예문	기능	비고
从	他们从清早一直干到太阳落山。 그들은 새벽부터 해가 질 때까지 계속 일했다. 他们从昨天开始放暑假了。 그들은 어제부터 여름방학을 시작했다.	동작이 시작한 시간을 나타냄	
自	图书馆每天自8点开到12点。 도서관은 매일 8시부터 12시까지 연다. 他自小就喜欢画画儿。 그는 어릴 때부터 그림 그리는 것을 좋아했다.	동작이 시작한 시간을 나타냄	주로 과거에 쓰임

自从	自从参加工作到现在已经十年了。 입사하고 나서 지금까지 벌써 10년이 되었다. 自从到中国以后，她的身体好起来了。 중국에 온 이후로 그녀는 건강이 좋아졌다.	동작이 시작한 시간을 나타냄	
由	本店营业时间：由8点到17点。 본점의 영업시간은 8시에서 17시까지이다. 由今天算起，再过十天就过年了。 오늘부터 계산에서 10일 더 지나면	동작이 시작한 시간을 나타냄	
打	游泳池打哪天开的？ 수영장은 언제 열었습니까? 打明天起，我每天6点起床。 내일부터 난 매일 6시에 일어날 것이다.	동작이 시작한 시간을 나타냄	주로 구어에 쓰임
在	人在生病的时候，常常想念亲人。 사람은 병이 날 때 늘 혈육이 그립다. 这个工厂是在解放初期办起来的。 이 공장은 해방초기에 세워졌다.	동작이 발생한 시간을 나타냄	
当	当红日从地平线升起时，紧张的劳动要开始了。 태양이 지평선에서 올라올 때 바쁜 노동이 시작된다. 当你遇到困难的时候，一定要鼓起勇气。 어려움에 부딪쳤을 때 반드시 용기를 내야 한다.	동작이 처한 시간을 나타냄	
于	运动会将于5月12日举行。 운동회는 5월 12일 거행한다. 这位作家生于1818年。 이 작가는 1818년에 태어났다.	동작이 발생한 시간을 나타냄	

（三）대상을 나타냄

介词	예문	기능	비고
对	他对工作是负责的。 그는 일에 책임감이 강하다. 老李对人很热情。 라오 리는 남에게 친절하다.	동작 행위의 대상이나 관련된 것을 이끌어 냄	
对于	这种药对于人体是有益无害的。 이 약은 인체에 유익하고 해가 없다 对于具体问题要进行具体分析。 구체적인 문제에 대해서 구체적으로 분석해야 한다.	동작 행위의 대상이나 관련된 것을 이끌어 냄	
关于	关于节约能源的问题，有各种不同的方案。 에너지원을 절약하는 문제에 대해서 각종 다른 방안이 있다. 关于期终考试，还要研究一次。 기말고사에 대해서 한 번 더 연구해야 한다.	사물이나 동작 행위의 관련된 것을 이끌어 냄	
至于	他们是有一台记录仪，至于它的性能，我不很清楚。 그들은 기록계 한 대를 갖고 있는데 그 기능에 대해선 난 잘 모른다. 他已决定报考北大，至于学什么专业，还没定下来。 그는 이미 북경대학에 응시원서를 냈는데 전공을 뭘 배울 것인가에 대해선 아직 결정하지 않았다.	논의 중의 상관된 또 다른 대상이나 화제를 끌어들임	

和	扩建厂房的事我和老王商量过。 공장건물 증축은 난 라오 왕과 상의했었다. 这件事和你没关系。 이 일은 너와 관계없다.	동작의 협조 대상을 이끌어 냄	
跟	她的业务水平跟你差不多。 그녀의 업무 수준은 너와 비슷하다. 这件事老王跟你说过了。 이 일은 라오 왕이 네게 말했었다.	동작의 협조 대상을 이끌어 냄	
同(与)	昨天我同计算站联系好了，你把程序送去就行了。 어제 컴퓨터가게에 연락을 취했으니 넌 프로그램을 보내면 돼. 这次春游，我同你们一道去。 이번 봄놀이는 난 너희와 같이 간다.	동작의 협조 대상을 이끌어 냄	주로 서면어에 쓰임
为	为大家出力是应该的。 모두를 위해서 힘쓰는 것은 당연한 것이다. 老李为国家作出了重大贡献。 라오 리는 국가를 위해서 공헌을 크게 했다.	봉사 대상을 가리킴	
给	请给我开开门。 문 좀 열어 주십시오. 我曾给他回过一封信。 난 일찍이 네게 회신을 한 적이 있다.	1. 봉사의 대상을 끌어들임 2. 동작의 접수 대상을 나 　타냄	
替	一切手续他都替你办好了。 그는 모든 수속을 모두 널 위해서 다 해놓았다. 你见到他时，替我问他好。 그를 만날 때 나대신 그에게 안부 전해 주시오.	동작의 봉사 대상을 이끌어 냄	
于	科研工作要更好地服务于生产。 과학 연구 사업은 생산에 더 잘 힘써야 한다. 吸烟于身体无益而有害。 흡연은 몸에 유해무익하다.	동작의 대상이나 관계자를 이끌어냄	서면어에 쓰임
把	把一切献给人民。 일체를 인민에게 바치다. 把孩子们培养成有用的人。 애들을 유용한 사람으로 기르다.	동작의 효과를 받는 접수자 를 나타냄	
将	将问题交待清楚。 문제를 분명하게 설명하다. 将化验结果进行了反复的研究。 화학 실험 결과를 반복 연구했다.	동작의 효과를 받는 접수자 를 나타냄	주로 서면어에 쓰임
叫(让)	录音机叫(让)小王弄坏了。 녹음기를 싸오 왕이 망가뜨렸다. 他让人请去作报告了。 그는 초청되어 강의하러 갔다.	동작의 주체자를 끌어냄	구어에 비교적 자주 쓰임
被	你的自行车被谁骑走了。 네 자전거를 누가 타고 갔다. 他们的秘密被发现了。 그들의 비밀은 발각되었다.	동작의 주체자를 끌어냄	주체자가 나타나지 않을 수도 있음
比	姐姐比妹妹胖一点儿。 언니는 여동생보다 조금 살쪘다. 他的发音比以前好多了。 그의 발음은 전보다 훨씬 좋아졌다.	비교의 대상을 가리킴	

介词	예문	기능	비고
朝	我朝他借了两本小说。 난 그에게 소설책 두 권을 빌렸다.	동작의 대상을 가리킴	
向	他向我表示祝贺。 그는 날 축하해 주었다. 你经常向别人借钱。 넌 늘 남에게 돈을 빌린다.	1. 동작의 접수자를 가리킴 2. 동작의 대상을 가리킴	

(四) 근거를 나타냄

介词	예문	기능	비고
按	按制度办事。 규정대로 일을 처리하다 按高矮个儿排队。 키 높이에 따라 줄을 서다	어떤 규정, 조건 및 기준에 따름을 나타냄	
按照	按照上级的规定，只能这样做。 상급의 규정에 따라 이렇게 할 수밖에 없다 按照客观规律，制定方针政策。 객관 법칙에 따라 정책방침을 제정하다	어떤 규정, 조건 및 기준에 따름을 나타냄	
依	依当地风俗习惯，除夕晚上都要守岁。 현지 풍습에 의하면 섣달 그믐날 밤은 자지 않고 밤을 샌다 依我看，大家的水平都不低。 내가 보기에는 다들 수준이 낮지 않다	어떤 규정, 조건 및 기준에 따름을 나타냄	
依照	依照常规办事，绝不会出问题。 관례대로 일 처리하면 절대로 문제가 생길 리 없다 依照原件复制一份。 원본대로 한 벌을 복제하다	어떤 규정, 조건 및 기준에 따름을 나타냄	뒤에 2음절 명사가 옴
照	照这种管理办法进行管理，产品就能保证质量。 이 관리방법대로 관리하면 제품은 품질을 보장할 수 있다 她这件衣服是照这个样子做的。 그녀의 이 옷은 이 모양대로 만든 것이다	어떤 규정, 조건 및 기준에 따름을 나타냄	
据	据天气预报说，明天有大风。 일기예보에 따르면 내일 강풍이 분다고 한다 据报导，今年农业又获得丰收。 보도에 의하면 올 농업은 또 풍작을 거뒀다	어떤 사물을 전제나 근거로 삼는 것을 나타냄	
根据	根据统计材料可以得出这个结论。 통계자료에 근거해 이 결론을 내릴 수 있다 根据群众要求，工会将组织春游。 군중의 요구에 따라 노조에서는 봄놀이를 조직했다	어떤 사물을 전제나 근거로 삼는 것을 나타냄	뒤에 2음절 명사가 옴
以	以革命者的姿态克服了种种困难。 혁명자의 자세로 갖가지 어려움을 극복했다 这里以瓷器为最有名。 이곳은 도자기로 가장 유명하다 九大行星以太阳为中心。 9대 행성은 태양을 중심으로 삼는다	1. 근거를 나타냄 2. 원인을 나타냄 3. 把……作为(…을 …로 삼다)의 의미를 나타냄	

介词	예문	기능	비고
凭	只凭主观愿望办事往往会犯错误。 주관적인 바람으로만 일 처리를 하면 잘못을 범하게 된다 要凭证据下结论。 증거를 근거로 결론을 내려야 한다	근거를 나타냄	
论	香烟都论包卖，不零卖。 담배는 모두 갑으로 팔고 낱개로는 안 판다 论学习，你比他好，论身体，他比你强。 공부로 치면 네가 그보다 낫고, 신체로 보면 그가 너보다 강하다	어떤 단위, 분류에 따르거나 어떤 방면에 근거해서 말함을 나타냄	

(五) 원인, 목적을 나타냄

介词	예문	기능	비고
由于	由于计划的变动，某些设计需要修改。 계획의 변동으로 인하여 일부 설계는 수정해야만 한다. 他没回答上来是由于没听懂你的问题。 그는 네 문제를 알아듣지 못했기 때문에 대답하지 못했다.	원인을 나타냄	
为	大家都为他的精彩表演热烈鼓掌。 모두 너의 뛰어난 연기에 뜨거운 박수를 보냈다. 为帮助后进学生，老师经常早来晚走。 후학을 돕기 위하여 선생님은 늘 일찍 오시고 늦게 가신다.	1. 원인을 나타냄 2. 목적을 나타냄	
为了	为了加强两国人民的友谊，我要努力工作。 두 나라 국민의 우정을 돈독하게 하기 위하여 나는 열심히 일할 것이다. 为了加速四化，应该大力培养人才。 빠른 속도로 四代化하기 위해서는 온 힘으로 인재를 양성해내야 한다.	목적을 나타냄	전치사구와 동사 사이에 흔히 而을 씀
为着	为着新一代的健康成长，园丁们付出了全部精力。 신세대의 건전한 성장을 위하여 초등학교 교사들은 모든 정력을 기울였다.	목적을 나타냄	자주 쓰이지는 않음

(六) 기타 방면을 나타냄

介词	예문	기능	비고
连	连盒子一起都拿走吧。 상자와 함께 다 가져가세요 这次洪水连输电塔都给冲坏了。 이번 홍수는 송전탑마저 휩쓸고 갔다	화제의 대비 초점을 이끌어 냄	
除了	这儿除了咱们俩，没有别人。 여기는 우리 둘 이외에 다른 사람은 없다 他除了教书，还搞研究工作。 그는 교사로 일하는 것 말고도 연구 일도 한다	포함한 것을 계산하지 않음을 나타냄	
趁	趁农闲，搞点副业。 농한기를 틈타 부업을 좀 하다 趁实习的机会，他们收集了许多标本。 실습의 기회를 틈타 그들은 많은 표본을 수집했다	기회나 조건을 이용함을 나타냄	

개사의 어법 특징과 개사구의 어법 기능

 **개사의 어법 특징**

현대 중국어의 개사에는 예를 들면 '于', '以', '自' 등처럼 고대 중국어의 개사를 계속 사용하는 것이 있고 '把', '被' 등처럼 고대 중국어 동사로부터 변천해 온 것들도 있다. 그밖에 주로 개사로 쓰이지만 동사의 용법을 보존하고 있어서 개사와 동사를 겸하는 유형에 속하는 것들도 있다.

① 小明不在家。(동사)

　Xiǎo Míng bú zài jiā.

　书在桌子上放着。(개사)

　Shū zài zhuōzi shàng fàngzhe.

② 我家的大门朝南。(동사)

　Wǒ jiā de dàmén cháo nán.

　妈妈朝我笑着点了点头。(개사)

　Māma cháo wǒ xiàozhe diǎnle diǎn tóu.

③ 病人给大夫医疗。(동사)

　Bìngrén gěi dàifu yīliáo.

　大夫给病人打针。(개사)

　Dàifu gěi bìngrén dǎ zhēn.

小明은 집에 없다.

책이 책상 위에 놓여져 있다.

우리 집의 대문은 남쪽으로 나 있다.

어머니는 나를 향해 웃으며 머리를 끄덕이셨다.

환자는 의사에게 치료를 받았다.

의사는 환자에게 주사를 놓아주었다.

이러한 유형의 단어로는 '在', '朝', '向', '往', '顺', '随着', '对', '为', '跟' 등이 있다.

개사와 동사의 관계는 매우 밀접하기 때문에 우리는 개사의 어법 특징을 말할 때 주로 개사와 동사의 차이에 착안한다.

1 개사는 허사이기 때문에 일반적으로 단독으로 쓰일 수 없을 뿐만 아니라 주어, 술어 등의 성분이 될 수도 없다. 예를 들면 '他对于', '小明把', '阿里从'이라고 말할 수 없다. 그러나 '你在图书馆学习吗?'라는 질문에 '在'라고 대답할 수 있으며, '你跟他一起走吗?'라는 질문에 '跟'으로 대답할 수도 있다. 그러나 대부분의 개사는 단독으로 질문에 답할 수 없다. 예를 들면 어떤 사람이 '这本书从图书馆借的吗?'라고 질문했을 때 '从'이라고 대답할 수 없다.

2 개사는 중첩할 수 없고, 또 동태 조사 '了', '着', '过' 등을 부가할 수 없다. 어떤 개사는 여러 가지의 형태가 있을 수 있는데, 예를 들면 '为'、'为着'、'为了'、'沿'、'沿

‘着’、‘朝’、‘朝着’、‘向’、‘向着’、‘随’、‘随着’、‘除’、‘除了’ 등등이다. 이러한 개사의 ‘了’, ‘着’는 아무런 어법 의미도 나타내지 않으며 ‘了’, ‘着’를 쓰든지 안 쓰든지 그 의미, 용법은 기본적으로 같다. 따라서 여기의 ‘了’, ‘着’는 동태 조사가 아니라 개사 자체의 고유한 구성 성분이다.

③ 개사 뒤에는 반드시 한 개의 명사성 성분이 따라와서 개사 목적어구를 구성한다. 목적어가 될 수 있는 것은 주로 명사(구)와 대사인데, 형용사(구), 동사(구)와 주술구도 때때로 가능하다.

명사　　 : 学生对老师很尊敬。
명사구　 : 老师对我们的学生和生活很关心。
대사　　 : 班主任谢老师比我更了解这个学生的情况。
형용사　 : 晚霞已由橘红渐渐变成暗红。夜幕, 已悄悄由天边撒了过来。
형용사구 : 老人骑车, 慢一点比快一点好。
동사구　 : 关于怎么样学好汉语, 阿里谈了自己的经验。
주술구　 : 人们都在为工程早日完成而努力工作。

2 개사구의 어법 기능

① 부사어가 된다

부사어로 쓰이는 것이 개사구의 주요 어법 기능이다.

① 我的一个老同学从上海来了。

Wǒ de yí ge lǎo tóngxué cóng Shànghǎi lái le.

② 他对我们的学习很关心。

Tā duì wǒmen de xuéxí hěn guānxīn.

③ 会上, 老教授向我们介绍了他的研究成果。

Huì shàng, lǎo jiàoshòu xiàng wǒmen jièshàole tā de yánjiū chéngguǒ.

④ 将来比现在更美好。

Jiānglái bǐ xiànzài gèng měihǎo.

⑤ 随着晚风, 隐约飘来一阵美妙的乐曲声。

Suízhe wǎn fēng, yǐnyuē piāolái yí zhèn měimiào de yuèqǔ shēng.

⑥ 为了幸福的明天, 人们都在努力地工作。

Wèile xìngfú de míngtiān, rénmen dōu zài nǔlì de gōngzuò.

나의 옛 동창이 상해에서 왔다.(장소를 나타냄)

그는 우리들의 공부에 대해 매우 관심을 가지고 있다.(대상을 나타냄)

회의에서 노교수는 우리들에게 그의 연구 성과를 소개했다.(대상을 나타냄)

미래는 현재보다 더 아름다울 것이다.(비교 대상을 나타냄)

저녁바람을 타고 희미하게 아름다운 음악소리가 흘러 왔다.(수반하는 동작 혹은 사물을 나타냄)

행복한 내일을 위하여 사람들은 모두 열심히 일한다.(목적을 나타냄)

2 관형어가 된다

개사구와 중심어 사이에는 반드시 ‘的’를 써야 한다.

① 人们对月球的研究，以后还会不停地继续下去。

Rénmen duì yuèqiú de yánjiū, yǐhòu hái huì bù tíng de jìxù xiàqu.

달에 대한 사람들의 연구는 이후에도 끊임없이 계속될 것이다.

② 古时候流传着不少关于这位诗人的故事。

Gǔshíhou liúchuánzhe bù shǎo guānyú zhè wèi shīrén de gùshi.

옛날에 이 시인에 관한 많은 이야기들이 전해졌다.

③ 这些沿街的小商亭都是为了方便群众而设立的。

Zhèxiē yán jiē de xiǎo shāngtíng dōu shì wèile fāngbiàn qúnzhòng ér shèlì de.

이 도로변의 작은 상점들은 모두 대중의 편의를 위하여 만들어진 것이다.

④ 在向四个现代化的进军中，李四光是中国科技工作者学习的榜样。

Zài xiàng sì gè xiàndàihuà de jìnjūn zhōng, Lǐ Sìguāng shì Zhōngguó kējì gōngzuòzhě xuéxí de bǎngyàng.

4개 현대화를 향한 진군에서 李四光은 중국 과학 기술자가 배워야 할 귀감이다.

3 보어가 된다

① 鲁迅生于1881年。

Lǔxùn shēngyú yī bā bā yī nián.

鲁迅은 1881년에 출생했다.

② 我们从胜利走向胜利。

Wǒmen cóng shènglì zǒu xiàng shènglì.

우리들은 계속 승리를 향해 나아가고 있다.

③ 约翰来自美国南部的一个城市。

Yuēhàn lái zì Měiguó nánbù de yí ge chéngshì.

존은 미국 남부의 한 도시에서 왔다.

④ 我一定要把你送到飞机场，以后很难再见面了。

Wǒ yídìng yào bǎ nǐ sòngdào fēijīchǎng, yǐhòu hěn nán zài jiàn miàn le.

나는 꼭 너를 공항까지 배웅할 거야, 나중에 다시 만나기 매우 힘들 테니까.

⑤ 他想把‘友谊’两个字绣在一块红布上。

Tā xiǎng bǎ ‘yǒuyì’ liǎng ge zì xiù zài yí kuài hóngbù shàng.

그는 ‘우정’이라는 두 글자를 붉은 천에 수를 놓고 싶다.

⑥ 这趟火车是往上海方向的。

Zhè tàng huǒchē shì wǎng Shànghǎi fāngxiàng de.

이번 기차는 상해로 가는 것이다.

보어가 될 수 있는 개사에는 ‘于’, ‘向’, ‘自’, ‘到’, ‘在’, ‘给’, ‘往’ 등 소수의 몇 개가 있을 뿐이다.

4 목적어가 된다

목적어로 자주 쓰이는 개사에는 ‘为了……’, ‘在……’가 있으며 ‘是’자문에 많이 보인다.

① 他这次来不仅仅是为了工作，也是为了你。

Tā zhè cì lái bùjǐnjǐn shì wèile gōngzuò, yě shì wèile nǐ.

② 我初次见到您是在一次电影招待会上。

Wǒ chūcì jiàndào nín shì zài yí cì diànyǐng zhāodài huì shàng.

③ 这部片子最初构思是在1950年。

Zhè bù piānzi zuìchū gòusī shì zài yī jiǔ wǔ líng nián.

그는 이번에 일을 위해서 뿐만 아니라 너를 위해서도 온 것이다.

내가 당신을 처음 만난 것은 영화 초대회에서이다.

이 영화가 처음으로 구상된 것은 1950년이다.

⑤ 주어가 된다

① 从8:00到12:00是工作时间。

Cóng bā diǎn dào shí'èr diǎn shì gōngzuò shíjiān.

② 村子从南到北有一条河。

Cūnzi cóng nán dào běi yǒu yì tiáo hé.

8시에서 12까지는 일하는 시간이다.

마을에는 남북으로 강이 하나 있다.

제 3 절
상용 개사의 용법

1  从

① 기점을 나타낸다.

① 공간의 기점을 나타낼 때 뒤에 일반적으로 그 뒤에 장소나 방위를 나타내는 어구가 와야 한다.

① 他姐姐从英国来了。

Tā jiějie cóng Yīngguó lái le

② 下课铃响了，学生都从自己的座位上站起来了。

Xià kè líng xiǎng le, xuésheng dōu cóng zìjǐ de zuòwèi shàng zhànqǐlai le.

③ 明天大家先到我家集合，从我这儿走比较近。

Míngtiān dàjiā xiān dào wǒ jiā jíhé, cóng wǒ zhèr zǒu bǐjiào jìn.

④ 不论做什么事，都要从实际出发。

Búlùn zuò shénme shì, dōu yào cóng shíjì chūfā.

⑤ 他一边说一边从口袋里掏出一个小瓶子。

Tā yì biān shuō yì biān cóng kǒudài lǐ tāochu yí ge xiǎo píngzi.

그의 누나는 영국에서 왔다.

수업이 끝나는 종이 울렸고 학생들은 모두 자기의 자리에서 일어났다.

내일 모두 먼저 우리 집에 모여. 여기에서 가면 비교적 가까워.

무슨 일을 하던 모두 현실에서 출발해야 한다. (추상적인 장소)

그는 말을 하면서 주머니에서 작은 병 하나를 꺼냈다.

⑥ 他从秘书那里取来了陈伊玲的报名单……

　　Tā cóng mìshū nàlǐ qǔláile Chén Yīlíng de bàomíngdān.

그는 비서 쪽에서 陈伊玲의 신청명단을 가져왔다.

예⑤의 '口袋'와 예⑥의 '秘书' 두 명사 뒤에는 반드시 방위사 '里'를 써야 한다는 점에 주의해야 한다.

② 시간의 기점을 나타낼 때 '从' 뒤에 시간을 나타내는 어구가 와야 한다.

① 我们从5月1日开始改用夏季作息时间。

　　Wǒmen cóng wǔ yuè yī rì kāishǐ gǎi yòng xiàjì zuòxī shíjiān

우리들은 5월 1일부터 하계 작업 시간을 바꿨다.

② 她从昨天下午开始就有点不舒服。

　　tā cóng zuótiān xiàwǔ kāishǐ jiù yǒudiǎn bù shūfu.

그녀는 어제 오후부터 좀 아팠다.

③ 从找到大庆油田以后，中国石油工业很快发展起来了。

　　Cóng zhǎodào Dàqìng yóutián yǐhòu, Zhōngguó shíyóu gōngyè hěn kuài fāzhǎn qǐlai le.

大庆 유전을 발견한 이후로 중국 석유공업은 매우 빠르게 발전하기 시작했다.

④ 这个故事要从四年前初春的一个星期天说起。

　　Zhège gùshi yào cóng sì nián qián chūchūn de yí ge xīngqītiān shuōqǐ.

이 이야기는 4년 전 초봄 어느 일요일에서부터 시작해야 한다.

⑤ 从30年代起他写了很多重要论文，成了国际上有名的地质学家。

　　Cóng sānshí niándài qǐ tā xiěle hěn duō zhòngyào lùnwén, chéngle guójì shàng yǒumíng de dìzhì xuéjiā.

30년대부터 그는 매우 많은 우수한 논문을 써서 국제적으로 유명한 지질학자가 되었다.

③ 사물이 관련되는 범위나 발전 변화의 기점을 나타낸다.

① 小刚从一个不懂事的孩子成长为大学生了。

　　Xiǎo Gāng cóng yí ge bù dǒngshì de háizi chéngzhǎng wéi dàxuésheng le.

小刚은 철이 없던 아이에서 대학생으로 자랐다.

② 春节过后，大地渐渐从沉睡中苏醒过来。

　　ChūnJié guò hòu, dàdì jiànjiàn cóng chénshuì zhōng sūxǐng guòlai.

설날이 지나자 대지는 점점 깊은 잠에서 깨어났다.

③ 我们应该深刻地注意解决群众生活的问题，从土地、劳动问题，到柴米油盐问题。

　　Wǒmen yīnggāi shēnkè de zhùyì jiějué qúnzhòng shēnghuó de wèntí, cóng tǔdì、láodòng wèntí, dào cháimǐ yóu yán wèntí.

우리들은 일반 국민의 생활문제 해결을 심각하게 고려해야 한다. 토지, 노동문제에서부터 생활필수품 문제에 이르기까지 말이다.

④ 这儿的伙食办得不错，从采购到做饭全由她一个人包了，又便宜又好吃。

　　Zhèr de huǒshí bàn de búcuò, cóng cǎigòu dào zuò fàn quán yóu tā yí ge rén bāo le, yòu piányi yòu hǎochī.

이 곳의 단체 급식은 잘 된다. 재료 구입에서 음식 만드는 것까지 모두 그녀 혼자 책임을 지고 있는데 싸고도 맛있다.

예①의 '一个不懂事的孩子'는 '小刚'이 성장한 기점이다. 예② '沉睡'는 '大地苏醒过
来'라는 변화의 기점이다. 예④에서 '采购'는 그녀가 책임지고 있는 작업 범위의 기점
이다.

2 통과하는 장소나 노선을 나타낸다.

① 这儿有一条小路，狼也许从小路逃走了。

Zhèr yǒu yì tiáo xiǎo lù, láng yěxǔ cóng xiǎo lù táozǒu le.

이 곳에 오솔길 하나가 있는데 늑대가 아마도 오솔길로 도망쳤을 것이다.

② 晏子对卫兵说：只有到狗国去的人，才从狗洞进去。

Yànzǐ duì wèibīng shuō: zhǐyǒu dào gǒu guó qù de rén, cái cóng gǒu dòng jìnqù.

晏子가 경비병에게 '개나라로 가는 사람만이 개구멍으로 들어간다'라고 말했다.

③ 这里树木遮天蔽日，阳光从树缝中射进来，像一条光彩夺目的金棒儿。

Zhèlǐ shùmù zhē tiān bì rì, yángguāng cóng shù fèng zhōng shè jìnlai, xiàng yì tiáo guāngcǎi duómù de jīn bàngr.

이 곳의 나무가 하늘을 가리고 있어 태양 빛이 나무 틈 사이로 비쳐들어 왔다. 마치 눈부실 정도로 광채를 띤 금방망이 같다.

④ 我从这里路过，看到这个少年躺在地上动不了了。

Wǒ cóng zhèlǐ lù guò, kàn dào zhège shàonián tǎng zài dì shàng dòng bu liǎo le.

나는 이곳을 지나칠 때 이 소년이 땅에 누워 움직이지 못하는 것을 보았다.

3 내원(来源)을 나타낸다.

① 山洞里的二氧化碳是从哪儿的呢?

Shāndòng lǐ de èryǎnghuàtàn shì cóng nǎr de ne?

산굴 속의 이산화탄소는 어디에서 나오는 거지?

② 我们现在用 '推敲' 这个词，就是从这个故事来的。

Wǒmen xiànzài yòng 'tuīqiāo' zhège cí, jiùshì cóng zhège gùshi lái de.

우리들이 지금 사용하는 '推敲'라는 단어는 바로 이 고사에서 나온 것이다.

③ 从生活中找语言，语言就有了根。

Cóng shēnghuó zhōng zhǎo yǔyán, yǔyán jiù yǒule gēn.

생활에서 언어를 찾으면 언어는 바로 뿌리가 생기는 것이다.

④ 汉语的各种方言都是从古代汉语演变分化出来的。

Hànyǔ de gèzhǒng fāngyán dōu shì cóng gǔdài Hànyǔ yǎnbiàn fēnhuà chūlai de.

중국어의 각종 방언은 모두 고대 중국어에서 변천 분화되어 온 것이다.

4 근거를 나타낸다.

근거를 나타낼 때, '从'의 목적어는 대부분 추상적인 의미를 나타내는 어구가 많이
오고, 동사 술어로는 '인지(认知)' 의미를 나타내는 동사 '看', '认识', '体会', '知道',
'明白', '懂得', '感到', '感觉' 등이 대부분이다.

① 从这件小事，我们深深体会到他对青年人的关怀和爱护。

Cóng zhè jiàn xiǎo shì, wǒmen shēnshēn tǐhuìdào tā duì qīngniánrén de guānhuái hé àihù.

이 사소한 일에서 우리들은 젊은이에 대한 그의 관심과 사랑을 깊이 느낄 수 있다.

② 从他的脸色分明看得出来他病了。

Cóng tā de liǎnsè fēnmíng kàn de chūlai tā bìng le.

그의 얼굴빛에서 그가 병이 났음을 분명하게 알 수 있다.

③ 从孩子嘴里知道，他姐姐是个转业军，从文工团回来的。

Cóng háizi zuǐ lǐ zhīdào, tā jiějie shì gè zhuǎnyèjūn, cóng Wéngōngtuán huílái de.

아이 입을 통해 그의 누나가 제대하여 文工团에서 돌아왔다는 것을 알았다.

④ 他虽然年轻，但从他那沉着冷静的眼神中可以看出，他是一个头脑清醒、心理素质良好的小伙子，只要精心培养，将来必成大器。

Tā suīrán niánqīng, dàn cóng tā nà chénzhe lěngjìng de yǎnshén zhōng kěyǐ kànchū, tā shì yí ge tóunǎo qīngxǐng、xīnlǐ sùzhì liánghǎo de xiǎohuǒzi, zhǐyào jīngxīn péiyǎng, jiānglái bì chéng dàqì.

그는 비록 젊지만 침착하고 냉정한 눈빛에서 판단력이 뛰어나고 천성이 착한 젊은이임을 알아 볼 수 있었다. 잘 교육시키면 장래에 분명 큰 그릇이 될 것이다.

⑤ 从阅读文学名著中，我明白了一些运用语言的规则。

Cóng yuèdú wénxué míngzhù zhōng, wǒ míngbái le yìxiē yùnyòng yǔyán de guīzé.

문학 명저를 읽으면서 나는 언어를 구사하는 규칙들을 이해했다.

⑤ 개사 '从'으로 구성된 상용 형식

개사 '从'은 종종 몇몇 어구와 호응하여 일정한 형식을 구성한다. 자주 쓰이는 것으로 '从……到……', '从……起', '从……以来', '从……往……', '从……说来', '从……到……来看' 등이 있다.

① 从……到……

'从……到……'는 시간, 장소의 기점에서 종점까지를 나타낼 수 있고 또 사람, 수량 등의 범위를 나타낼 수 있다.

(1) 부사어가 된다.

① 春天像刚落地的娃娃，从头到脚都是新的，它生长着。

Chūntiān xiàng gāng luòdì de wáwa, cóng tóu dào jiǎo dōu shì xīn de, tā shēngzhǎngzhe.

봄은 막 태어난 아이처럼 머리부터 발끝까지 모두 새롭기만 하며 성장하고 있다.

② 我国的建筑，从古代的宫殿到近代的一般住房，绝大部分是对称的，左边怎么样，右边也怎么样。

Wǒ guó de jiànzhù, cóng gǔdài de gōngdiàn dào jìndài de yìbān zhùfáng, juédà bùfen shì duìchèn de, zuǒbiān zěnmeyàng, yòubiān yě zěnmeyàng.

우리나라의 건축은 고대의 궁전에서부터 근대 일반 주택까지 거의 대부분이 대칭으로 되어 있다. 즉, 왼쪽의 모양과 오른쪽의 모양이 똑같다.

③ 从甲骨文到金文，从金文到篆文，从篆到隶，从隶到楷，文字数量的增减，形体笔画的繁简等变化，从没有停止过。

Cóng jiǎgǔwén dào jīnwén, cóng jīnwén dào zhuànwén, cóng zhuàn dào lì, cóng lì dào kǎi, wénzì shùliàng de zēngjiǎn, xíngtǐ bǐhuà de fánjiǎn děng biànhuà, cóng méiyǒu tíngzhǐ guo.

> 갑골문에서 금문으로, 금문에서 전서로, 전서에서 예서로, 예서에서 해서로 변천하면서 한자 수량이 증감하였고 글자체, 획수 등의 간화와 번화의 변화가 이제까지 멈춘 적이 없다.

④ 这些瓷雕，从构思到情态，都是在他厚实的生活根本上创造出来的好作品。

Zhèxiē cídiāo, cóng gòusī dào qíngtài, dōu shì zài tā hòushí de shēnghuó gēnběn shàng chuàngzàochulai de hǎo zuòpǐn.

> 이 자기로 된 조각 작품들은 구상에서 풍격까지 모두 그의 충실한 생활 밑바탕에서 창조되어 나온 훌륭한 것들이다.

⑤ 第二天，有人问起，他又把这档事从头到尾学说了一遍，有声有色。

Dì èr tiān, yǒurén wèn qǐ, tā yòu bǎ zhè dàng shì cóng tóu dào wěi xué shuōle yí biàn, yǒu shēng yǒu sè.

> 이튿날 누군가가 묻자, 그는 또 이 일을 처음부터 끝까지 똑같이 말하였는데 실감났다.

⑥ 那天，从天亮到清晨，全城的爆竹声不绝于耳。

Nà tiān, cóng tiān liàng dào qīngchén, quán chéng de bàozhúshēng bù jué yú ěr.

> 그 날, 날이 밝기 시작하여 새벽녘까지 전 시내의 폭죽소리는 귀에서 끊이지 않았다.

(2) 술어가 된다.

① 海风，从八级到九级，又从九级到十级。

Hǎifēng, cóng bā jí dào jiǔ jí, yòu cóng jiǔ jí dào shí jí.

> 바다바람은 8급에서 9급으로 되었다가 다시 9급에서 10급으로 올라갔다.

② 北京的工业从无到有，从小到大。

Běijīng de gōngyè cóng wú dào yǒu, cóng xiǎo dào dà.

> 북경의 공업은 무에서 유로, 작은 것에서부터 큰 것으로 발전하였다.

③ 沙丘的高度一般从几米到几十米，也有高达一百米以上的。

Shāqiū de gāodù yìbān cóng jǐ mǐ dào jǐ shí mǐ, yě yǒu gāodá yībǎi mǐ yǐshàng de.

> 사구의 높이는 일반적으로 몇 미터에서 몇 십 미터까지이며 높은 것은 백 미터 이상 되기도 한다.

(3) 주어가 된다.

① 从开花到果子成熟，大约得3个月……

Cóng kāi huā dào guǒzi chéngshú, dàyuē děi sān ge yuè……

> 꽃이 피어 열매가 익을 때까지 대략 3개월이 걸리는데 ……

② 从居庸关到呼和浩特大约有一千多公里的路程。

Cóng Jūyōngguān dào Hūhéhàotè dàyuē yǒu yì qiān duō gōnglǐ de lùchéng.

> 居庸关에서 呼和浩特까지 대략 천 여 킬로미터 된다.

(4) 목적어가 된다.

① 搞经济，搞文化，哪一件不是从不会到会，从一无所知，到知之不多，这是一个不断转化的过程。

Gǎo jīngjì, gǎo wénhuà, nǎ yí jiàn bú shì cóng bú huì dào huì, cóng yī wú suǒ zhī, dào zhī zhī bù duō, zhè shì yí ge búduàn zhuǎnhuà de guòchéng.

> 경제에 종사하든, 문화에 종사하든 간에 어떠한 것이든 할 줄 모르다가 할 줄 알게 되고 아무 것도 모르다가 좀 알게 되는 것 아닌가? 이것이 끊임없이 변화하는 과정이다.

② 这条高速公路是从三元桥到首都国际机场，全长15公里。

Zhè tiáo gāosù gōnglù shì cóng Sānyuánqiáo dào Shǒudū guójì jīchǎng, quán cháng shíwǔ gōnglǐ.

이 고속도로는 三元桥에서 수도국제공항까지 모두 15 킬로미터 거리다.

(5) 관형어가 된다.

① 从省委到各地、市、县委，到各部门的负责同志都有计划地下去蹲点。

Cóng shěngwěi dào gè dì、shì、xiànwěi、dào gè bùmén de fùzé tóngzhì dōu yǒu jìhuà de xiàqu dūndiǎn.

省 위원회에서 각 지구, 시, 현 위원회 그리고 각 부문의 책임자까지 모두 계획에 따라 현장 지도조사를 한다.

② 过去它，年年都牵动着从市领导到老百姓的心。

Guòqù tā, niánnián dōu qiāndòngzhe cóng shì lǐngdǎo dào lǎobǎixìng de xīn.

과거에 그것은 해마다 시 지도자부터 일반 백성의 마음에까지 영향을 주고 있다.

③ 中国茶叶的发展经历了从药用到饮用，从野生到种植的漫长过程。

Zhōngguó cháyè de fāzhǎn jīnglìle cóng yàoyòng dào yǐnyòng, cóng yěshēng dào zhòngzhí de màncháng guòchéng.

중국차는 약용에서 음용으로, 야생에서 재배까지 긴 과정을 거쳐 발전했다.

④ 从北京到张家口的铁路长二百公里，是连接华北和西北的交通要道。

Cóng Běijīng dào Zhāngjiākǒu de tiělù cháng èrbǎi gōnglǐ, shì liánjiē Huáběi hé xīběi de jiāotōng yàodào.

200㎞의 北京에서 张家口까지의 철로 华北와 西北를 연결하는 중요한 교통 요로이다.

② 从……起

'从……起'는 '从……开始'의 뜻이 있으며 주로 시간을 나타낸다. '从……起'는 주로 문장 첫머리에 와서 부사어로 쓰인다.

① 每个人从学迈第一步起，便一直小心翼翼。

Měi ge rén cóng xué mài dì yī bù qǐ, biàn yìzhí xiǎoxīn yìyì.

모든 사람이 내딛는 배움의 첫 걸음은 늘 매우 신중하다.

② 从今天起，我就要在中国学习、生活了。

Cóng jīntiān qǐ, wǒ jiù yào zài Zhōngguó xuéxí、shēnghuó le.

오늘부터 나는 중국에서 배우고 생활할 것이다.

③ 但是从那时候起，每逢春节，我就想起那盏小橘灯。

Dànshì cóng nà shíhou qǐ, měi féng ChūnJié, wǒ jiù xiǎngqi nà zhǎn xiǎo júdēng.

그러나 그때부터 매번 설날이 되면 나는 그 작은 귤등이 생각난다.

④ 从三十年代起，他写了很多重要论文，成了国际上有名的地质学家。

Cóng sānshí niándài qǐ, tā xiěle hěn duō zhòngyào lùnwén, chéngle guójì shàng yǒumíng de dìzhì xuéjiā.

30년대부터 그는 매우 많은 우수한 논문을 써서 국제적으로 유명한 지질학자가 되었다.

⑤ 从大年初一起，珍珠灯塔就挂在铺中最显眼的地方，用以招揽
　　顾客。

　　Cóng dànián chūyī qǐ, zhēnzhū dēngtǎ jiù guà zài pù zhōng zuì
　　xiǎnyǎn de dìfang, yòng yǐ zhāolǎn gùkè.

음력 정월 초하루부터 장식용 트리는 점포에서 가장 눈에 가장 잘 띄는 곳에 걸어두어 고객을 끌고 있다.

때때로 '从……起' 사이에 동목구나 주술구가 올 수 있으며, 동사 술어로는 '说', '找', '学', '算' 등이 자주 쓰이는데 '起'의 앞에 놓인다. 시작하는 시간이나 동작의 기점을 나타낸다.

① 从我上学算起，我已经学习十几年了。

　　Cóng wǒ shàngxué suàn qǐ, wǒ yǐjīng xuéxí shí jǐ nián le.

내가 학교에 들어가면서부터 치면 이미 십 몇 년을 배웠다.

② 事情还得从他们结婚时说起。

　　Shìqing hái děi cóng tāmen jiéhūn shí shuō qǐ.

이야기는 역시 그들의 결혼 때부터 시작해야 한다.

③ 学习外语，一般都是从发音学起。

　　Xuéxí wàiyǔ, yìbān dōu shì cóng fāyīn xué qǐ.

외국어를 배울 때 일반적으로 발음부터 배우기 시작한다.

④ 苏林教授手持纸条，不知从何找起。

　　Sūlín jiàoshòu shǒuchí zhǐtiáo, bù zhī cóng hé zhǎo qǐ.

苏林 교수는 종이쪽지를 들고 어디에서부터 찾아야 될지 몰랐다.

⑤ 我问姐姐：找对象从何找起呢?

　　Wǒ wèn jiějie: zhǎo duìxiàng cóng hé zhǎo qǐ ne?

나는 누나에게 물었다. "결혼상대자를 어디에서부터 찾을 거야?"

③ 从……以来
　'从……以来'는 과거 어떤 한 시점에서 시작해서 말하는 순간까지 줄곧 계속됨을 나타낸다. '从……以来' 중간에 시간을 나타내는 어구, 동사구, 주술구가 올 수 있다. '从'은 때때로 생략되기도 한다.

① 从开学以来，我还没有请过假。

　　Cóng kāixué yǐlai, wǒ hái méiyǒu qǐngguo jià.

개학한 이후로 나는 아직 결석계를 내 본적이 없다.

② 从到中国以来，我还没有生过病。

　　Cóng dào Zhōngguó yǐlai, wǒ hái méiyǒu shēngguo bìng.

중국에 온 이후로 나는 아직 병이 나 본적이 없다.

③ 从结婚以来，他们小俩口还没红过脸。

　　Cóng jiéhūn yǐlai, tāmen xiǎoliǎkǒu hái méi hóngguo liǎn.

결혼한 이후로 그들 두 젊은 부부는 아직 얼굴을 붉혀본 적이 없다.

④ 从他自己开这个公司以来，天天夜里十点多钟才到家。

　　Cóng tā zìjǐ kāi zhège gōngsī yǐlai, tiāntiān yèlǐ shí diǎn duō
　　zhōng cái dào jiā.

그 스스로 이 회사를 창업한 이후로 매일 밤 10시가 되어서야 집에 도착한다.

④ 从……以后
　'从……以后'의 '从'은 때때로 생략되기도 한다.

① 从今以后，我决定不再工作。

Cóng jīn yǐhòu, wǒ juédìng bú zài gōngzuò.

오늘 이후로 나는 일을 하지 않기로 결정했다.

② 从那以后，他一直生活在月球上。

Cóng nà yǐhòu, tā yìzhí shēnghuó zài yuèqiú shàng.

그 때 이후로 그는 줄곧 달에서 생활하고 있다.

③ 说真话，五岁以后，四十五年来，我还真没有买过帽子。

Shuō zhēnhuà, wǔ suì yǐhòu, sìshíwǔ nián lái, wǒ hái zhēn méiyǒu mǎiguo màozi.

사실 다섯 살 이후로 45년 동안 나는 정말 아직 모자를 사 본 적이 없다.

⑤ 从……来说(说来)

'从……来说'는 '……방면에서부터 문제를 이야기하다(从……方面谈问题)'의 뜻이다. '从……来看'이라고 해도 된다.

① 从养蚕的季节来说，有春蚕、夏蚕、秋蚕之分。

Cóng yǎng cán de jìjié láishuō, yǒu chūncán、xiàcán、qiūcán zhī fēn.

누에를 기르는 계절을 말하자면, 봄누에, 여름누에, 가을누에로 나뉜다.

② 从这本小说的内容来说，中学生看不太合适。

Cóng zhè běn xiǎoshuō de nèiróng láishuō, zhōngxuésheng kàn bú tài héshì.

이 소설의 내용으로 보면 중학생이 보기에는 그다지 적합하지 않다.

③ 从工程质量来说，这点小错误也是不能容忍的。

Cóng gōngchéng zhìliàng láishuō, zhè diǎn xiǎo cuòwù yě shì bù néng róngrěn de.

공사의 질로 보자면 이 작은 실수도 용인되어서는 안 된다.

④ 从另一个角度来看，信息产业的发展，为社会提供了大量就业机会。

Cóng lìng yí ge jiǎodù láikàn, xìnxī chǎnyè de fāzhǎn, wèi shèhuì tígōngle dàliàng jiùyè jīhuì.

다른 각도에서 보면, 정보산업의 발전은 사회를 위해 대량의 취업 기회를 제공하고 있다.

⑤ 从我们的具体情况来看，这围墙的作用主要有两个：一是为了安静，一是为了美观。

Cóng wǒmen de jùtǐ qíngkuàng láikàn, zhè wéiqiáng de zuòyòng zhǔyào yǒu liǎng ge: yī shì wèile ānjìng, yī shì wèile měiguān.

우리들의 구체적인 상황으로 보면, 이 담의 역할은 주로 두 가지가 있다. 하나는 소음 차단을 위해서이고 다른 하나는 미관을 위해서이다.

⑥ 从这一点来看，虽不能说她就是学生中的佼佼者，但可以说她是一个幸运儿。

Cóng zhè yì diǎn láikàn, suī bù néng shuō tā jiù shì xuésheng zhōng de jiǎojiǎozhě, dàn kěyǐ shuō tā shì yí ge xìngyùn'ér.

이런 면에서 보면, 비록 그녀가 학생 중에서 뛰어난 사람이라고 할 수는 없지만 행운아라고는 말할 수 있다.

2 由, 自, 打, 自从

‘从’과 비슷한 용법의 개사로 ‘由’, ‘自’, ‘从’, ‘自’, ‘打’ 등이 있다.

1 由

개사 ‘由’는 여러 가지 뜻을 나타낼 수 있다.

① 장소, 시간의 기점과 사물 변화 발전의 기점, 내원을 나타낼 수 있으며 ‘从’과 뜻이 같다. 일반적으로 ‘从’을 쓰는 곳이면 모두 ‘由’를 쓸 수 있다. 그러나 ‘从’이 ‘由’보다 훨씬 구어적이다.

(1) 장소의 기점을 나타낸다.

① 碑身南面有三幅浮雕，由东向西的第一幅，是1911年的武昌起义。

Bēishēn nánmiàn yǒu sān fú fúdiāo, yóu dōng xiàng xī de dì yī fú, shì yī jiǔ yī yī nián de Wǔchāng qǐyì.

비석 남쪽에 부조 세 개가 있는데, 동에서 서쪽으로 있는 첫 번째 것이 1911년의 武昌 의거이다.

② 明天大家先到方先生家集合，由方先生那儿走比较近。

Míngtiān dàjiā xiān dào Fāng xiānsheng jiā jíhé, yóu Fāng xiānsheng nàr zǒu bǐjiào jìn.

내일 모두 먼저 方 선생의 집에 모이는데 그곳에서 가면 비교적 가깝다.

③ 这趟列车，由北京开出，经济南、南京就到了终点站上海。

Zhè tàng lièchē, yóu Běijīng kāichū, jīng Jǐnán、Nánjīng jiù dàole zhōngdiǎn zhàn Shànghǎi.

이 열차는 北京에서 출발하여 济南, 南京을 거쳐 종착역인 上海에 도착한다.

④ 这条小路走的人很少，狼也许由这条小路逃走了。

Zhè tiáo xiǎo lù zǒu de rén hěn shǎo, láng yěxǔ yóu zhè tiáo xiǎo lù táozǒu le.

이 오솔길로 가는 사람은 매우 드문데, 늑대도 아마 이 오솔길로 도망쳤을 것이다.

(2) 시간의 기점을 나타낸다.

① 那部电影是由陈建华第二次去机场迎接妹妹开始的。

Nà bù diànyǐng shì yóu Chénjiànhuá dì èr cì qù jīchǎng yíngjiē mèimei kāishǐ de.

그 영화는 陈建华가 두 번째로 비행장으로 가서 여동생을 맞이하는 장면으로 시작된다.

② 由1979年开始，他就从事业余写作，已经坚持十八年了。

Yóu yī jiǔ qī jiǔ nián kāishǐ, tā jiù cóngshì yèyú xiězuò, yǐjīng jiānchí shíbā nián le.

1979년부터 그는 아마추어 문예창작에 종사하였으며 이미 18년 동안 계속하고 있다.

③ 由上午9：00到下午3：00，是他们对外办公的时间。

Yóu shàngwǔ jiǔ diǎn dào xiàwǔ sān diǎn, shì tāmen duìwài bàngōng de shíjiān.

오전 9시부터 오후 3시까지는 그들이 대외업무를 보는 시간이다.

(3) 사물의 변화나 발전의 기점을 나타낸다.

① 中国实现现代化，必须要有一个由初级到高级的过程。

Zhōngguó shíxiàn xiàndàihuà, bìxū yào yǒu yí ge yóu chūjí dào gāojí de guòchéng.

중국이 현대화를 실현하는 데에는 반드시 초급단계에서 고급단계까지의 과정이 있어야 한다.

② 凡事都有由量变到质变的过程。

Fánshì dōu yǒu yóu liàngbiàn dào zhìbiàn de guòchéng.

모든 일은 양의 변화에서 질의 변화로의 과정을 거친다.

③ 刚才他的发言，由犹豫不决，转为语气坚定。

Gāngcái tā de fāyán, yóu yóu yù bù jué, zhuǎn wéi yǔqì jiāndìng.

방금 그의 발언은 결단을 내리지 못하고 망설이던 것에서 어기가 확고부동하게 바뀌었다.

④ 八十年代，我和高力在同一单位工作，由认识到相爱。

Bāshí niándài, wǒ hé Gāolì zài tóngyī dānwèi gōngzuò, yóu rènshi dào xiāng'ài.

80년대에 나와 高力는 같은 회사에서 근무했는데, 알게 된 후 서로 사랑하게 되었다.

⑤ 那次会议之后，他由助教越级晋升为副教授。

Nà cì huìyì zhīhòu, tā yóu zhùjiào yuè jí jìnshēng wéi fù jiàoshòu.

그 회의 뒤에 그는 조교에서 등급을 뛰어넘어 부교수로 승진하였다.

(4) 내원을 나타낸다.

① 我们由沥青铀矿中提出的物质，它的分解特性与铋相近。

Wǒmen yóu lìqīng yóukuàng zhōng tíchū de wùzhì, tā de fēnjiě tèxìng yǔ bì xiāngjìn.

우리들이 역청우라늄광에서 채집한 물질은 그 분해 특성이 비스무트와 비슷하다.

② 那个地区的许多不同品种的马，都是由同一种野生的马进化而来的。

Nàge dìqū de xǔduō bù tóng pǐnzhǒng de mǎ, dōu shì yóu tóngyī zhǒng yěshēng de mǎ jìnhuà ér lái de.

그 지역의 여러 품종의 말들은 모두 동종의 야생마가 진화한 것이다.

③ 豆腐是由黄豆做的。

Dòufu shì yóu huángdòu zuò de.

두부는 대두로 만든다.

④ 人才是由学校培养出来的。

Réncái shì yóu xuéxiào péiyǎng chūlai de.

인재는 학교에서 배출된다.

② 행위자를 끌어들여서 일을 하는 주체를 강조한다.

① 说到底，这种悲哀也许主要应该由我自己负责。

Shuō daodǐ, zhè zhǒng bēi'āi yěxǔ zhǔyào yīnggāi yóu wǒ zìjǐ fùzé.

결국 이런 비애는 아마도 나 스스로 주된 책임을 져야 할 것이다.

② 给家里买些日常吃的菜，向来是由我父母操办和操劳的。

Gěi jiā lǐ mǎi xiē rìcháng chī de cài, xiànglái shì yóu wǒ fùmǔ cāobàn hé cāoláo de.

집에서 일상 먹는 음식 재료를 사는 것은 여태까지 부모님께서 수고하셨다.

③ 只要爷爷同意，爹的说服工作由我来做。

Zhǐyào yéye tóngyì, diē de shuōfú gōngzuò yóu wǒ lái zuò.

할아버지가 동의만 하시면 아버지를 설득하는 것은 내가 하겠다.

④ 这是可以由你自己作主的事。

　　Zhè shì kěyǐ yóu nǐ zìjǐ zuòzhǔ de shì.

　　이것은 네 스스로 처리할 수 있는 일이다.

⑤ 这是一条完全由我国的工程技术人员设计施工的铁路干线。

　　Zhè shì yì tiáo wánquán yóu wǒ guó de gōngchéng jìshù rényuán shèjì shīgōng de tiělù gànxiàn.

　　이것은 완전히 우리나라의 기술자가 설계 시공한 철도노선이다.

③ 구성요소를 나타낸다. 자주 쓰이는 형식에는 '由……组成', '由……构成'이 있다.

① 谈到石油的化学成分，我们可以说，它是由多种物质组成的混合物。

　　Tándào shíyóu de huàxué chéngfēn, wǒmen kěyǐ shuō, tā shì yóu duō zhǒng wùzhì zǔchéng de hùnhéwù.

　　석유의 화학성분을 이야기하면 우리들은 그것이 여러 종류의 물질로 구성된 혼합물이라고 할 수 있다.

② 这些星星是由非常稀薄的气体状态的物质组成的。

　　Zhèxiē xīngxing shì yóu fēicháng xībó de qìtǐ zhuàngtài de wùzhì zǔchéng de.

　　이러한 별들은 매우 희박한 기체상태의 물질로 구성되었다.

③ 这个句子的宾语结构比较复杂，这是由几个定语一层一层地递加在中心语上构成的。

　　Zhège jùzi de bīnyǔ jiégòu bǐjiào fùzá, zhè shì yóu jǐ gè dìngyǔ yì céng yì céng de dìjiā zài zhōngxīnyǔ shàng gòuchéng de.

　　이 문장의 목적어 구조는 비교적 복잡한데, 몇 개의 관형어가 단계적으로 중심어를 수식하고 있다.

'由'는 상용구에 쓰이기도 한다. 예를 들면 '由此可知', '由此可见', '由此往前'이 있다.

① 由此可见，我们原先的分析是对的。

　　Yóu cǐ kě jiàn, wǒmen yuán xiān de fēnxī shì duì de.

　　이로써 우리가 원래 분석한 것이 맞는다는 것을 알 수 있다.

② 由此可知，他根本没有来学校，而是去医院看病去了。

　　Yóu cǐ kě zhī, tā gēnběn méiyǒu lái xuéxiào, érshì qù yīyuàn kànbìng qù le.

　　이로써 학교에는 전혀 오지 않았고 병원으로 진찰하러 갔다는 것을 알 수 있다.

③ 由此往前，走四百米就是汽车站。

　　Yóu cǐ wǎng qián, zǒu sì bǎi mǐ jiù shì qìchēzhàn.

　　여기에서 앞으로 400m 가면 바로 버스 정류장이다.

② 自, 打

'自'와 '打'는 모두 장소 혹은 시간의 기점을 나타낸다. '打'는 북방 구어에서 많이 쓰이고, '自'는 문어에 많이 쓰인다.

① '自'와 '打'는 장소사나 시간사와 결합하여 개목구(개사＋목적어)를 구성하여 장소나 시간 기점을 설명하는 부사어로 쓰인다.

① 他出生在海南，自幼失去了父母。

　　Tā chūshēng zài Hǎinán, zì yòu shīqùle fùmǔ.

　　그는 海南에서 출생했으며 어릴 때 부모님을 여의었다.

② 黄河渡口，自古以来，夜不行船，要过河，等着天亮吧。

Huánghé dùkǒu, zìgǔ yǐlái, yè bù xíng chuán, yào guò hé, děngzhe tiān liàng ba.

③ 他自幼娇生惯养。

Tā zì yòu jiāo shēng guàn yǎng.

④ 花瓶里的花是打哪儿掐来的?

Huāpíng lǐ de huā shì dǎ nǎr qiā lái de?

⑤ 打八点钟起，他便趴在桌子上写啊，写啊……

Dǎ bā diǎnzhōng qǐ, tā biàn pā zài zhuōzi shàng xiě a, xiě a……

黄河 나루터는 옛날부터 밤에 배가 다니지 않으니, 강을 건너려면 날이 밝을 때까지 기다리시오.

그는 어릴 때부터 응석받이로 자랐다.

꽃병 안의 꽃은 어디에서 꺾어 왔니?

8시부터 그는 책상에 엎드려 쓰고 또 쓰고……

② '自'로 이루어진 전목구는 보어가 될 수 있는데 문어에 많이 쓰인다. '从', '自从', '打'는 이렇게 쓰일 수 없다.

① 一封封来自祖国各地的祝贺信激励着他不断前进。

Yìfēngfēng lái zì zǔguó gèdì de zhùhèxìn jīlìzhe tā búduàn qiánjìn.

② 信里他流露出发自内心的喜悦。

Xìn lǐ tā liúlòuchu fā zì nèixīn de xǐyuè.

③ 他对事业的一往情深出自一个简单的信念。

Tā duì shìyè de yì wǎng qíng shēn chū zì yí ge jiǎndān de xìnniàn.

④ 目前，这项试验受到了来自各方面的欢迎。

Mùqián, zhè xiàng shìyàn shòudàole lái zì gè fāngmiàn de huānyíng.

⑤ 这发自肺腑、掷地有声的话语，使他感到十分意外，当然也很感动。

Zhè fā zì fèifǔ、zhìdì yǒu shēng de huàyǔ, shǐ tā gǎndào shífēn yìwài, dāngrán yě hěn gǎndòng.

조국 각 지역에서 온 축하편지는 그에게 끊임없이 전진하도록 힘을 불어넣고 있다.

편지 속에 그가 내심 회열을 느끼고 있다는 것이 드러나 있다.

그의 사업에 대한 두터운 정은 간단한 신념에서 나온다.

현재 이 실험은 각 방면의 환영을 받고 있다.

진심에서 우러난 박력 있는 말에 그는 무척 의외라고 느꼈으며 또한 매우 감동했다.

3 自从

'自从'은 시간의 기점만을 나타낼 수 있으며 게다가 과거에만 쓰일 수 있다.

① 自从搬进小阁楼，玛丽的学习效率大大提高了。

Zìcóng bān jìn xiǎo gélóu, Mǎlì de xuéxí xiàolǜ dàdà tígāo le.

② 自从他当了班长以后，课堂秩序有了明显好转。

Zìcóng tā dāngle bānzhǎng yǐhòu, kètáng zhìxù yǒule míngxiǎn hǎozhuǎn.

조그만 다락방으로 이사 온 이후로 마리의 학습효율은 크게 향상되었다.

그가 반장이 된 이후로 교실의 질서가 확실히 좋아졌다.

③ 阿里自从来中国以后，汉语水平提高得很快。

   Ālǐ zìcóng lái Zhōngguó yǐhòu, Hànyǔ shuǐpíng tígāo de hěn kuài.

阿里는 중국에 온 이후로 중국어 실력이 매우 빠르게 향상되었다.

 **在**

‘在’는 동사이면서 개사이다. 동사 ‘在’의 뜻은 ‘존재하다(存在)’이며 문장의 술어가 된다. 이때 ‘在’의 목적어는 ‘我母亲在家, 我父亲不在家’처럼 장소를 나타내는 어구이다. 그러나 ‘张老师在吗? —他不在’처럼 ‘在’가 목적어를 취하지 않을 수도 있다.

개사 ‘在’는 뒤에 오는 목적어와 함께 개사구를 이루어 장소를 나타낸다. 동사 앞에 쓰여 부사어가 될 수 있으며, 동작 행위 발생의 시간, 장소 및 범위 등을 나타낸다.

① 동작 행위 발생의 시간을 나타낸다.

① 这趟火车每天在七点钟通过这座桥。

   Zhè tàng huǒchē měitiān zài qī diǎnzhōng tōngguò zhè zuò qiáo.

이 기차는 매일 7시에 이 다리를 지나간다.

② 在出发之前，排长就到各班进行了纪律检查。

   Zài chūfā zhī qián, páizhǎng jiù dào gè bān jìnxíngle jìlǜ jiǎnchá.

출발하기 전에 소대장은 각 반으로 가서 규율 검사를 했다.

③ 在那些困难的岁月里，大伯父给了我们家很大的帮助。

   Zài nàxiē kùnnan de suìyuè lǐ, dà bófù gěile wǒmen jiā hěn dà de bāngzhù.

그 어려웠던 시절에 큰 아버지께서는 우리 집을 무척 많이 도와주셨다.

④ 他(鲁迅)在逝世的前三天，还给别人翻译的苏联小说写了一篇序言，在逝世的前一天还记了日记。

   Tā(Lǔxùn) zài shìshì de qián sān tiān, hái gěi biérén fānyì de Sūlián xiǎoshuō xiěle yì piān xùyán, zài shìshì de qián yì tiān hái jìle rìjì.

그(鲁迅)는 죽기 3일 전에 다른 사람이 번역한 소련 소설의 서문을 써 주었으며 하루 전날에도 일기를 썼다.

⑤ 就在这个时候，一架飞机朝这儿飞来，在上空盘旋着。

   Jiù zài zhège shíhou, yí jià fēijī cháo zhèr fēi lái, zài shàngkōng pánxuánzhe.

바로 이때 비행기 한 대가 이곳으로 날아와 상공을 빙빙 돌았다.

‘在’ 앞에는 ‘就’, ‘正’, ‘恰好’, ‘正好’, ‘恰巧’, ‘大概’, ‘大约’ 등의 부사를 쓸 수 있다. 개사구 ‘在……’가 부사어가 될 때, 예①, ④처럼 동사 술어 앞에 쓰일 수도 있고, 예②, ③, ⑤처럼 문장의 첫머리(주어 앞)에 놓일 수도 있다.

‘在’로 이루어진 시간을 나타내는 어구는 ‘在……时候’, ‘在……时期’, ‘在……时刻’, ‘在……年代’, ‘在……同时’, ‘在……前(以前, 之前)’, ‘在……(以后, 之后)’ 등이 자주 쓰인다.

 장소를 나타낸다.

① 你在前面走，我们在后面跟。

　　Nǐ zài qiánmiàn zǒu, wǒmen zài hòumiàn gēn.

네가 앞에서 가면 우리들은 뒤에서 따라가겠다.

② 彼得在海员俱乐部工作。

　　Bǐdé zài hǎiyuán jùlèbù gōngzuò.

피터는 선원클럽에서 일한다.

③ 我走进他的房间，他正用那只接活的手在一块红布上绣'友谊'两个字。

　　Wǒ zǒu jìn tā de fángjiān, tā zhèng yòng nà zhī jiēhuó de shǒu zài yí kuài hóngbù shàng xiù 'yǒuyì' liǎng ge zì.

나는 그의 방으로 들어갔을 때 그는 마침 붉은 천에 '우정'이라는 두 글자를 그 능숙한 손으로 수를 놓고 있었다.

④ 星期日我们全家在张老师那儿玩了一天。

　　Xīngqīrì wǒmen quán jiā zài Zhāng lǎoshī nàr wánle yì tiān.

일요일에 우리 가족은 모두 张 선생님 집에서 하루 종일 지냈다.

⑤ 阿里，你不舒服，先在我这儿休息会儿吧！

　　Āli, nǐ bù shūfu, xiān zài wǒ zhèr xiūxi huìr ba!

아리, 너 아프면 우선 여기에서 좀 쉬어라!

　　개사 '在'로 이루어진 개사구는 동사 앞에 쓰여 동작 발생의 장소를 나타낸다. 이 경우 두 가지로 나누어진다. 하나는 동작자도 그 장소에 있는 경우이다. 예②의 '피터(彼得)'는 '선원클럽'에 있다. 다른 하나는 동작자는 그 장소에 없는 경우이다. 예③의 '他'는 '붉은 천 위'에 없다. '붉은 천 위'는 단지 그가 수를 놓는 장소이다.

③ 범위, 한계를 나타낸다.

① 범위를 나타낸다.

① 在她这个年纪的女人里边，她是个顶有福气的。

　　Zài tā zhège niánjì de nǚrén lǐbiān, tā shì ge dǐng yǒu fúqì de

이 나이의 여자들 가운데서 그녀는 아주 복 있는 사람이다.

② 在我们这个集体里，同学之间，像亲兄弟一样，亲如手足。

　　Zài wǒmen zhège jítǐ lǐ, tóngxué zhījiān, xiàng qīn xiōngdì yíyàng, qīn rú shǒuzú.

우리 이 단체에서 학우들은 친형제처럼 가깝다.

③ 在许许多多的同学之中，阿彤是我最要好的朋友。

　　Zài xǔxǔ duōduō de tóngxué zhīzhōng, Ātóng shì wǒ zuì yào hǎo de péngyou.

수많은 학우들 중에서 阿彤은 내 가장 친한 친구이다.

④ 在这几天之内，又传来了令人振奋的消息。

　　Zài zhè jǐ tiān zhīnèi, yòu chuán lái le lìng rén zhènfèn de xiāoxi.

요 며칠 사이에 사람들을 흥분시키는 소식이 또 전해왔다.

⑤ 当然，在理想和现实之间还有一段遥远的路程。

　　Dāngrán, zài lǐxiǎng hé xiànshí zhījiān hái yǒu yí duàn yáoyuǎn de lùchéng.

물론, 이상과 현실 사이에는 아직 멀고먼 여정이 남아 있다.

⑥ 乡人带来的酒每次都在五斤以上，可供张先生喝几天。

　　Xiāngrén dàilái de jiǔ měi cì dōu zài wǔ jīn yǐshàng, kě gōng Zhāng xiānsheng hē jǐ tiān.

고향사람들이 가져온 술은 매번 다섯 근 이상이어서 张 선생은 며칠을 마실 수 있었다.

‘在’가 범위를 나타낼 때 종종 방위사와 함께 쓰여 ‘在……+방위사’ 형식을 구성한다. 자주 쓰이는 것에는 ‘在……里(里边)’, ‘在……中(之中)’, ‘在……内(之内)’, ‘在……之间’, ‘在……以上’ 등이 있다.

② 한계를 나타낸다.

① 在一万一千米以上的高空，温度是不随着高度而改变的。

Zài yí wàn yì qiān mǐ yǐshàng de gāokōng, wēndù shì bù suízhe gāodù ér gǎibiàn de.

11,000미터 이상 되는 높은 곳에서는 온도가 높이에 따라 변하지는 않는다.

② 这座小楼盖得很有气魄，楼上三间，楼下四间，水磨石地板，每间面积都在二十平方米以上。

Zhè zuò xiǎo lóu gài de hěn yǒu qìpò, lóushàng sān jiān, lóuxià sì jiān, shuǐmòshí dìbǎn, měi jiān miànjī dōu zài èrshí píngfāngmǐ yǐshàng.

이 건물은 아주 웅장하게 지어졌는데 위층은 세 칸이고 아래층은 네 칸이다. 바닥은 테라초로 되어 있고 각 방의 면적은 모두 20평방미터가 넘는다.

③ 这种飞机在海拔两万公尺以内可以飞行。

Zhè zhǒng fēijī zài hǎibá liǎng wàn gōngchǐ yǐnèi kěyǐ fēixíng.

이 비행기는 해발 이만 미터 이내에서 비행할 수 있다.

④ 这种雷达不能发现在五百公尺以外的目标。

Zhè zhǒng léidá bù néng fāxiàn zài wǔ bǎi gōngchǐ yǐwài de mùbiāo.

이 레이더는 500미터 밖의 목표물은 감지할 수 없다.

⑤ 这种胶在摄氏二百度以下是不会熔化的。

Zhè zhǒng jiāo zài shèshì èrbǎi dù yǐxià shì bú huì rónghuà de.

이 고무는 섭씨 200도 이하에서는 녹지 않는다.

개사 ‘在’는 방위사와 함께 쓰여 한계를 나타내는 형식을 구성한다. 자주 쓰이는 것으로 ‘在……以上’, ‘在……之内’, ‘在……之外’, ‘在……以下’ 등이 있다.

④ 시간, 공간, 범위, 방면, 조건 등을 나타낼 수 있다.

‘在’와 방위사 ‘上’, ‘中’, ‘下’로 이루어진 ‘在……上’, ‘在……中’, ‘在……下’는 시간, 공간, 범위, 방면, 조건 등을 나타낼 수 있다.

① 在……上

‘在……上’은 범위, 방면, 조건을 나타낼 수 있다. ‘在’와 ‘上’ 사이에는 명사 혹은 명사구가 오는데 때때로 동사나 동사구가 오기도 한다.

① 小华在玩上可有办法了。

Xiǎo Huà zài wánshàng kě yǒu bànfǎ le.

小华는 노는 데에는 일가견이 있다.

② 文学革命在创作上是从白话诗开始的。

Wénxué gémìng zài chuàngzuò shàng shì cóng báihuàshī kāishǐ de.

문학 혁명은 창작 방면에서는 백화시로부터 비롯되었다.

③ 在题材的选择上，我一向喜欢寻找独特点。

Zài tícái de xuǎnzé shàng, wǒ yí xiàng xǐhuan xúnzhǎo dútè diǎn.

제재의 선택에 있어서 나는 줄곧 독특함을 추구하기를 좋아했다.

④ 一年来，他在学习上的进步是很显著的。

    Yì nián lái, tā zài xuéxí shàng de jìnbù shì hěn xiǎnzhù de.

⑤ 科学技术是一种在历史上起推动作用的革命力量。

    Kēxué jìshù shì yì zhǒng zài lìshǐ shàng qǐ tuīdòng zuòyòng de gémìng lìliàng.

⑥ 我们要在发展生产的基础上，逐步改善人民生活。

    Wǒmen yào zài fāzhǎn shēngchǎn de jīchǔ shàng, zhúbù gǎishàn rénmín shēnghuó.

일년 동안 그는 학습방면에 있어서 현저하게 성적이 좋아졌다.

과학 기술은 역사적으로 추진 역할을 하는 혁명의 힘이다.

우리들은 생산을 발전시킨 기초 위에서 점진적으로 국민들의 생활을 개선시켜야 한다.

② 在……中

'在……中'은 동작 발생이나 상태의 환경, 범위, 시간, 조건 등을 나타낸다. 그 사이에 대부분 명사, 명사구, 동사, 동사구, 형용사 등이 온다.

① 青年人就是要在艰苦中奋斗，在奋斗中创业，在创业中成长。

    Qīngniánrén jiù shì yào zài jiānkǔ zhōng fèndòu, zài fèndòu zhōng chuàngyè zài chuàngyè zhōng chéngzhǎng.

② 他在忙乱中，把这么重要的信件忘在桌子上了。

    Tā zài máng luàn zhōng, bǎ zhème zhòngyào de xìnjiàn wàng zài zhuōzi shàng le.

③ 孩子们是在不知不觉中模仿自己的父母的。

    Háizi men shì zài bù zhī bù jué zhōng mófǎng zìjǐ de fùmǔ de.

④ 我们预祝你不断进步，在中美文化交流中取得成绩。

    Wǒmen yùzhù nǐ búduàn jìnbù, zài Zhōng Měi wénhuà jiāoliú zhōng qǔdé chéngjì.

⑤ 在思想的碰撞中，产生了多少智慧的火花。

    Zài sīxiǎng de pèngzhuàng zhōng, chǎnshēngle duōshǎo zhìhuì de huǒhuā.

⑥ 他在教学工作中的成绩是有目共睹的。

    Tā zài jiàoxué gōngzuò zhōng de chéngjì shì yǒu mù gòng dǔ de.

젊은이들은 고생하는 중에 분투해야 하며 그러면서 창업하고 창업하면서 성장하는 것이다.

그는 허둥지둥 거리다가 이렇게 중요한 우편물을 책상에 올려놓고 잊어버렸다.

아이들은 자기도 모르는 사이에 부모를 따라 한다.

우리들은 당신이 끊임없이 발전하여 중미 문화 교류에 있어서 성과가 있기를 축원합니다.

사상의 충돌 과정에서 많은 지혜의 불씨들이 일어났다.

교육 업무에 대한 그의 성과는 모든 사람이 다 잘 알고 있다.

'在……中'은 술어가 되기도 하는데 동작 행위가 현재 진행되고 있는 과정에 있음을 나타낸다.

① 你的要求正在考虑中，有了结果，我马上告诉你。

    Nǐ de yāoqiú zhèngzài kǎolǜ zhōng, yǒu le jiéguǒ, wǒ mǎshàng gàosu nǐ.

② 他的病正在积极治疗中。

    Tā de bìng zhèngzài jījí zhìliáo zhōng.

너의 요구에 대해 지금 고려 중이며 결과가 나오면 너에게 바로 알려 주겠다.

그의 병은 지금 우선적으로 치료 받고 있다.

③ 他写的教材，上册已经由出版社出版了，下册正在编写中。

　　Tā xiě de jiàocái, shàngcè yǐjīng yóu chūbǎnshè chūbǎn le, xiàcè zhèngzài biānxiě zhōng.

④ 随着现代化科学技术的发展，机器人的研制正在迅速发展中。

　　Suízhe xiàndàihuà kēxué jìshù de fāzhǎn, jīqìrén de yánzhì zhèngzài xùnsù fāzhǎn zhōng.

그가 쓴 교재 중 상편은 이미 출판사에서 출판되었으며 하편은 지금 편집 중이다.

현대 과학 기술의 발전에 따라 로봇의 연구 제작이 신속하게 발전하고 있다.

'在……中'은 그 앞에서 '正' 등의 부사의 수식을 받을 수 있다.

③ 在……下

'在……下'는 조건을 나타낸다. 그 사이에 대부분 명사구나 관형어를 수반한 이음절 동사가 온다.

① 在舅舅的劝说下，母亲卖了部分房子和土地，供我们读中学。

　　Zài jiùjiu de quàn shuō xià, mǔqīn màile bùfen fángzi hé tǔdì, gōng wǒmen dú zhōngxué.

② 在他的带领下，全乡农民已经脱贫致富，提前实现了小康。

　　Zài tā de dàilǐng xià, quán xiāng nóngmín yǐjīng tuō pín zhì fù, tíqián shíxiànle xiǎokāng.

③ 我们认为在社会主义制度下，积累和消费的关系，根本上是一致的。

　　Wǒmen rènwéi zài shèhuìzhǔyì zhìdù xià, jīlèi hé xiāofèi de guānxì, gēnběn shàng shì yízhì de.

④ 这些花灯、鱼灯是在老艺人的指点下，群众业余创出来的。

　　Zhèxiē huā dēng、yú dēng shì zài lǎoyìrén de zhǐdiǎn xià, qúnzhòng yèyú chuàngchulai de.

⑤ 在老师和同学们的帮助下，小明进步了。

　　Zài lǎoshī hé tóngxué men de bāngzhù xià, Xiǎo Míng jìnbù le.

외삼촌의 권유로 어머니는 집과 땅의 일부를 팔아 우리를 중학교에 보내셨다.

그의 인솔로 전 마을의 농민은 이미 가난에서 벗어나 부를 이루었으며 앞당겨 중산층의 생활수준을 실현했다.

우리들은 사회주의 제도 하에서 저축과 소비의 관계는 근본적으로 일치한다고 생각한다.

이 꽃등, 어등들은 숙련된 수공예인의 지도로 많은 초심자들이 만든 것이다.

선생님과 학우들의 도움으로 小明은 실력이 향상되었다.

5 전체 문장의 논단이나 견해가 적용되는 대상을 가리킨다.

'在'는 때때로 전체 문장의 논단이나 견해가 적용되는 대상을 가리킨다. '对于……来说'에 해당한다.

① 做这种特技飞行动作，在他是不成问题的。

　　Zuò zhè zhǒng tèjì fēixíng dòngzuò, zài tā shì bù chéng wèntí de.

이런 특수 비행 기술은 그에게 있어서 별 문제가 없다.

이 문장에서 '他'는 논단이 적용되는 대상이다. 문장의 뜻은 '그가 이러한 비행 동작을 하는 것은 문제가 없다' 혹은 '그는 확실히 이러한 비행 동작을 할 수 있다'이다.

② 在她一切都来得自然简单，率直爽朗。

    Zài tā yíqiè dōu lái de zìrán jiǎndān, shuàizhí shuǎnglǎng.

그녀에게 있어서 모든 것이 자연스럽고 간단하며 솔직하고 명랑하다.

③ 这点儿力气活，在他算不了什么。

    Zhè diǎnr lìqìhuó, zài tā suàn bu liǎo shénme.

이 정도 육체노동은 그에게는 아무것도 아니다.

④ 能用中文写出这样的文章，在他们已是很不容易了。

    Néng yòng Zhōngwén xiěchū zhèyàng de wénzhāng, zài tāmen yǐ shì hěn bù róngyì le.

중국어로 이러한 문장을 쓸 수 있다는 것은 그들에게는 이미 쉽지 않은 일이다.

⑥ 在……看来

'在……看来'는 자주 쓰이는 형식인데, 어떤 견해를 가지고 있는 사람을 끌어들이는 역할을 한다. 그 사이에는 사람을 가리키는 명사나 대사가 오며, 전체 문장의 측면에서 볼 때 삽입 성분의 역할을 하는데, 문어에 많이 쓰인다.

① 那时，在很多人看来，人类遨游太空仅仅是一种美好的愿望。

    Nà shí, zài hěn duō rén kànlái, rénlèi áoyóu tàikōng jǐnjǐn shì yì zhǒng měihǎo de yuànwàng.

그때 많은 사람들이 보기에 인류가 우주를 여행하는 것은 단지 아름다운 소망에 불과했다.

이 문장에서 '在很多人看来'는 '많은 사람들이 …로 생각하다'는 뜻이다.

② 这件事情的发生，在我们看来不是偶然的。

    Zhè jiàn shìqing de fāshēng, zài wǒmen kànlái bú shì ǒurán de.

이 일이 발생한 것은 우리들이 보기에 우연이 아니다.

③ 在专家们看来，这种做法是得不偿失的。

    Zài zhuānjiā men kànlái, zhè zhǒng zuòfǎ shì dé bù cháng shī de.

전문가들이 보기에 이러한 방법은 얻는 것보다 잃는 것이 많다.

⑦ 동사 뒤에 쓰여 보어가 될 수 있다.

개사구 '在……'는 동사 뒤에 쓰여 보어가 될 수 있고, 사물이 동작 행위를 통해 존재하게 되는 장소나 동작 행위가 발생한 시간을 나타낸다(제3편 제5장 제7절 '개사구 보어'를 참조).

[1] 장소를 나타낸다.

① 他生气地把衣服扔在地上。

    Tā shēngqì de bǎ yīfu rēng zài dì shàng.

그는 화가 나서 옷을 땅에 던졌다.

② 计算出来的那些数据已经都存储在计算机里了。

    Jìsuàn chūlái de nàxiē shùjù yǐjīng dōu cúnchǔ zài jìsuànjī lǐ le.

출력되어 나온 그 데이터는 이미 모두 컴퓨터에 저장되었다.

③ 他进屋就趴在床上了。

    Tā jìn wū jiù pā zài chuáng shàng le.

그는 방에 들어가자마자 침대에 엎어졌다.

② 시간을 나타낸다.

① 事情就发生在星期日的夜晚。

　　Shìqing jiù fāshēng zài xīngqīrì de yèwǎn.

② 这座教堂建筑在11世纪末。

　　Zhè zuò jiàotáng jiànzhù zài shíyī shìjì mò.

③ 她就死在我说话的第二天。

　　Tā jiù sǐ zài wǒ shuōhuà de dì èr tiān.

④ 这番话如果是说在会议的开头，肯定会引起纷争。

　　Zhè fān huà rúguǒ shì shuō zài huìyì de kāitou, kěndìng huì yǐnqǐ fēnzhēng.

일은 일요일 밤에 발생했다.

이 교회는 11세기말에 지어졌다.

그녀는 내가 말한 그 다음날 죽었다.

이 말을 만약 회의 첫머리에 하게 되면 분명 쟁론이 일어날 것이다.

4 对于, 对, 关于

‘对于’, ‘对’, ‘关于’, 이 세 가지 개사의 어법 의미와 용법에는 같은 점도 있고 다른 점도 있다.

① 对于

개사 ‘对于’는 관련된 대상이나 사물의 관계자를 끌어내는 데 쓰인다. 목적어로는 명사(구), 동사(구), 주술(구)가 온다. ‘对于’로 이루어진 개사구는 문장에서 주로 동사 술어(구)나 형용사 술어(구)를 수식한다. 만약 문장 첫머리에 놓이면 전체 술어를 수식한다. 개사구 ‘对于……’는 때때로 관형어가 되기도 하며, 부사어로 쓰이면 술어는 비교적 복잡한 경우가 많다.

① ‘对于’의 목적어는 동사 술어의 대상을 나타내며, 의미에 있어 문장의 동사 술어의 지배를 받는다.

① 鲁迅到了晚年，对于时间抓得更紧。（抓紧时间）

　　Lǔxùn dàole wǎnnián, duìyú shíjiān zhuā de gèng jǐn.

② 对于在教学工作中作出突出贡献的教师应当表扬和奖励。（表扬和奖励……教师）

　　Duìyú zài jiàoxué gōngzuò zhōng zuòchu tūchū gòngxiàn de jiàoshī yīngdāng biǎoyáng hé jiǎnglì.

③ 如果我们不具备相当的科学文化水平，不学习新的生产技能，对于现代化的工业生产就很难掌握。（掌握现代化的工业生产）

　　Rúguǒ wǒmen bú jùbèi xiāngdāng de kēxué wénhuà shuǐpíng, bù xuéxí xīn de shēngchǎn jìnéng, duìyú xiàndàihuà de gōngyè shēngchǎn jiù hěn nán zhǎngwò.

鲁迅은 말년에 이르러 시간을 더욱 타이트하게 관리했다.

교육에 종사하면서 두드러진 공헌을 한 교사는 널리 표창하고 격려해야 한다.

우리들이 어느 정도의 과학 지식을 갖추지 않고 새로운 생산 기술을 배우지 않는다면 현대화된 공업 생산에 정통하기는 매우 어렵다.

④ 我公安人员对于案件的每一细节都调查得很详细。（调查……细
节）

Wǒ gōng'ān rényuán duìyú ànjiàn de měi yí xìjié dōu diàochá
de hěn xiángxì.

⑤ 你问错人了，对于这个地方，我并不熟悉。（不熟悉这个地方）

Nǐ wèn cuò rén le, duìyú zhège dìfang, wǒ bìng bù shúxī.

이렇게 쓰는 '对于'는 두 가지 역할을 할 수 있다. 한 가지는 '对于'를 통해서 동작의 대상자를 동사 앞에 오게 하여 눈에 뜨이는 자리에 위치하게 함으로써 그것을 더욱 두드러지게 한다는 것이다. 다른 한 가지는 문장 구조상 필요하기 때문이다. '对于'를 써서 동작의 대상을 동사 앞으로 전치시키면 동사 뒤의 목적어, 보어 성분의 길이를 줄일 수 있기 때문에 문장 구조의 평형을 유지하기가 용이하다. 또한 예④처럼 동사 술어 뒤에 '得'를 쓴 보어가 있고 또 동사의 대상이 비교적 복잡할 때, 목적어는 동사 뒤에 놓일 수 없다. 이때 '对于'는 이 모순을 해결해 준다.

② '对于'가 동작과 관련 있는 사물을 끌어들일 때, '对于'의 목적어는 의미에 있어 동사의 지배를 받지 않는다.

① 对于这个问题，我的看法与你不同。

Duìyú zhège wèntí, wǒ de kànfǎ yǔ nǐ bùtóng.

② 教学法对于提高教学质量有很大作用。

Jiàoxuéfǎ duìyú tígāo jiàoxué zhìliàng yǒu hěn dà zuòyòng.

③ 对于犯错误的干部，一般地应采取说服的方法，帮助他们改正
错误。

Duìyú fàn cuòwù de gànbù, yìbān de yīng cǎiqǔ shuōfú de
fāngfǎ, bāngzhù tāmen gǎizhèng cuòwù.

④ 我们对于农业、轻工业都有一套切实可行的政策。

Wǒmen duìyú nóngyè、qīnggōngyè dōu yǒu yí tào qièshí
kěxíng de zhèngcè.

'对于'로 이루어진 전목구는 종종 관형어로 쓰이기도 하는데, 이 때 관형어와 중심어 사이에는 반드시 구조 조사 '的'를 써야 한다.

① 这件事充分表现了这位作家对于未来的信心。

Zhè jiàn shì chōngfēn biǎoxiànle zhè wèi zuòjiā duìyú wèilái de
xìnxīn.

② 对于太阳能的利用已经被越来越多的人所注意。

Duìyú tàiyángnéng de lìyòng yǐjīng bèi yuèláiyuè duō de rén
suǒ zhùyì.

③ 随着现代医学的发展，我们对于笑的认识更加深刻了。

　　Suízhe xiàndài yīxué de fāzhǎn, wǒmen duìyú xiào de rènshi gèngjiā shēnkè le.

현대 의학의 발전에 따라 웃음에 대한 우리들의 인식이 더욱 깊어졌다.

③ 对于……来说(说来)

　'对于……来说'는 어떤 판단이나 견해와 관련 있는 사람이나 사물을 끌어들인다. '对于……来说'는 일반적으로 화자의 판단이나 견해를 표현하며, 그것과 관련 있는 사람이 꼭 같은 견해를 가지는 것은 아니다.

① 本来像这样的劳动活，对于他这样一个老矿工来说不是什么新课。

　　Běnlái xiàng zhèyàng de láodònghuó, duìyú tā zhèyàng yí ge lǎo kuànggōng láishuō bú shì shénme xīn kè.

본래 이런 노동은 그와 같은 나이든 광부에게 있어서 새로운 과제도 아니다.

윗 문장은 화자의 견해를 표현하고 있는데, 화자는 '그는 늙은 광부이고', '이러한 노동을 하는 것이 당연히 처음은 아니다'라고 여기고 있다.

② 对于搞这样的活动来说，总是多一点人好。

　　Duìyú gǎo zhèyàng de huódòng láishuō, zǒngshì duō yìdiǎn rén hǎo.

이러한 활동을 하려면 늘 사람이 좀 많이 있어야 좋다.

윗 문장도 분명히 화자의 견해를 나타내고 있다.

③ 她失业很久了，所以对于她来说，现在不是工作好坏的问题，而是有无的问题。所以她大概会接受这个工作。

　　Tā shīyè hěn jiǔ le, suǒyǐ duìyú tā láishuō, xiànzài búshì gōngzuò hǎohuài de wèntí, érshì yǒuwú de wèntí. Suǒyǐ tā dàgài huì jiēshòu zhège gōngzuò.

오랫동안 실업 상태에 있는 그녀에게 있어 지금 일이 좋고 나쁜 것이 문제가 아니고 있느냐 없느냐 하는 것이 문제이다. 그래서 그녀는 아마 이 일을 받아들일 것이다.

④ 父亲：你现在还是学生，对于你来说，现在最重要的是学习，打工会影响学习，所以我不同意你出去打工。

　　Fùqīn: Nǐ xiànzài hái shì xuésheng, duìyú nǐ láishuō, xiànzài zuì zhòngyào de shì xuéxí, dǎgōng huì yǐngxiǎng xuéxí, suǒyǐ wǒ bù tóngyì nǐ chūqù dǎgōng.

아버지: 너는 지금 아직 학생인 만큼 너에게 가장 중요한 것은 공부이다. 아르바이트는 공부에 영향을 줄 수 있으니 나는 네가 아르바이트 나가는 것에 반대한다.

　儿子：可是只会学习，将来也未必能找到好工作。

　　Érzi: Kěshì zhǐ huì xuéxí, jiānglái yě wèi bì néng zhǎodào hǎo gōngzuò.

아들: 그러나 공부만 할 줄 안다고 해서 장래에 좋은 직업을 가질 수 있는 것은 아니에요.

　예④에서 알 수 있듯이 '对于……来说' 뒤의 문장이 나타내는 것은 화자인 아버지의 견해인 '지금 아들에게 가장 중요한 것은 공부'이다. 그러나 아들은 이 견해에 동의하지 않는다.

 **对**

'对'는 동사와 개사로 쓰인다. 동사 '对'는 '대우하다(对待)', '대응하다(对付)', '…로 향하다(朝/向)'의 뜻을 갖는다.

① A：这场球赛谁对谁?

    Zhè chǎng qiúsài shéi duì shéi?

  B：北京队对上海队。

    Běijīng duì duì Shànghǎi duì.

이 구기 경기는 누구와 누가 하는 거니?

북경 팀하고 상해 팀.

② 我家的门口对着一棵老槐树。

  Wǒ jiā de ménkǒu duìzhe yì kē lǎo huáishù.

우리 집 문 맞은편에 늙은 회나무 한 그루가 서 있다.

개사 '对'의 어법 의미는 다음과 같다.

① 개사 '对'는 동사 '对'로부터 변천해 온 것으로 '对待', '对待', '朝', '向'의 뜻을 여전히 가지고 있지만, '对于'에는 이러한 용법이 없다.

① 你把试验的注意事项，对学生说说。（向）

  Nǐ bǎ shìyàn de zhùyì shìxiàng, duì xuésheng shuōshuo.

너는 실험의 주의사항을 학생들에게 말해주어라.

② 他对小张点了点头，没说什么。（向、朝）

  Tā duì Xiǎo Zhāng diǎnle diǎn tóu, méi shuō shénme.

그는 小张에게 고개를 끄덕이고 아무 말도 하지 않았다.

③ 我们对工作应该认真负责，一丝不苟。（对待）

  Wǒmen duì gōngzuò yīnggāi rènzhēn fùzé, yì sī bù gǒu.

우리들은 책임감을 갖고 열심히 일을 해야 하며 조금도 소홀히 해서는 안 된다.

④ 他对人很热情。（对待）

  Tā duì rén hěn rèqíng.

그는 사람에게 매우 친절하다.

상술한 각 예문에서 '对'는 모두 '对于'로 대체할 수 없다.

② '对'가 동작과 관련 있는 사물 혹은 동사의 대상이기도 한 '对'의 목적어를 이끌고 나온다. 즉 '对于'의 용법 1, 2와 같다.

① 对这次考试成绩我不太满意。（不满意……成绩）

  Duì zhè cì kǎoshì chéngjì wǒ bú tài mǎnyì.

이번 시험 성적에 대해 나는 그다지 만족스럽지 않다.

② 对在科学研究中做出较大贡献的科学家，我们应该奖励。（奖励……科学家）

  Duì zài kēxué yánjiū zhōng zuòchū jiào dà gòngxiàn de kēxuéjiā, wǒmen yīnggāi jiǎnglì.

과학 연구에서 비교적 큰 공헌을 한 과학자에게 우리는 표창을 해야 한다.

③ 对严格要求自己的人，我一向很尊重。（尊重……人）

  Duì yángē yāoqiú zìjǐ de rén, wǒ yíxiàng hěn zūnzhòng.

스스로에게 요구가 엄격한 사람은 내가 줄곧 존경해왔다.

④ 这次试验，对我们的研究非常重要。

　　Zhè cì shìyàn, duì wǒmen de yánjiū fēicháng zhòngyào.

상술한 문장에서 '对'는 모두 '对于'로 바꾸어 쓸 수 있다.
　　'对于……来说(说来)'는 '对……来说(说来)'로 바꾸어 쓸 수 있다.

① 北方的气候，对养花来说，不算很好，冬天冷，春天多风，夏天不是干旱就是倾盆大雨，秋天最好，可是会闹霜冻。

　　Běifāng de qìhòu, duì yǎng huā láishuō, bú suàn hěn hǎo, dōngtiān lěng, chūntiān duō fēng, xiàtiān búshì gānhàn jiùshì qīngpén dà yǔ, qiūtiān zuì hǎo, kěshì huì nào shuāngdòng.

② 起名儿，对农家人来说，不是重要的事。

　　Qǐ míngr, duì nóngjiā rén láishuō, bú shì zhòngyào de shì.

③ 关于

① '关于'의 목적어는 동작 행위와 관련된 사물이나 범위를 나타낸다. '关于'로 이루어진 개사구가 부사어로 쓰이면 언제나 문장 첫머리에 놓인다.

① 关于这座白塔，相传有这样一个故事。

　　Guānyú zhè zuò báitǎ, xiāngchuán yǒu zhèyàng yí ge gùshi.

② 关于怎样合理使用人力，提高工作效率的问题，领导上已经作出了安排。

　　Guānyú zěnyàng hélǐ shǐyòng rénlì, tígāo gōngzuò xiàolǜ de wèntí, lǐngdǎo shàng yǐjīng zuòchūle ānpái.

③ 关于校园的绿化问题，今天先谈这些，大家再考虑考虑。

　　Guānyú xiàoyuán de lǜhuà wèntí, jīntiān xiān tán zhèxiē, dàjiā zài kǎolǜ kǎolǜ.

'关于'로 이루어진 개사구가 관형어로 쓰일 때, 뒤에 '的'를 부가해야 한다.

① 我也还想打听这些关于祥林嫂的消息……

　　Wǒ yě hái xiǎng dǎting zhèxiē guānyú Xiánglínsǎo de xiāoxi ……

② 这本书里收集了许多关于海底动物的原始资料。

　　Zhè běn shū lǐ shōujíle xǔduō guānyú hǎidǐ dòngwù de yuánshǐ zīliào.

③ 当时流传着不少关于他刻苦做诗的故事。

　　Dāngshí liúchuánzhe bùshǎo guānyú tā kèkǔ zuò shī de gùshi.

② 关于와 对于의 같은 점과 다른 점

  (1) ‘关于’와 ‘对于’는 의미가 다르다. ‘对于’는 동작의 대상을 끌어들이지만, ‘关于’의 목적어는 관련되는 범위를 나타낸다.

① 关于织女星，民间有个美丽的传说。

    Guānyú zhīnǚxīng, mínjiān yǒu ge měilì de chuánshuō.

직녀성에 관하여 민간에 아름다운 전설이 전해지고 있다.

② 对于文化遗产，我们必须进行研究分析。（研究……文化遗产）

    Duìyú wénhuà yíchǎn, wǒmen bìxū jìnxíng yánjiū fēnxī.

문화유산에 대하여 우리들은 반드시 연구 분석을 해야 한다.

앞에서 나왔던 예③처럼 때때로 ‘对于’의 목적어는 비록 동사의 대상이 아닐 수도 있지만, 술어 동사나 문장에 쓰인 동사와의 관계는 여전히 비교적 밀접하다. 앞의 ‘对于’에 대한 예문과 같다.

③ 教学法对于提高教学质量有很大作用。

    Jiàoxuéfǎ duìyú tígāo jiàoxué zhìliàng yǒu hěn dà zuòyòng.

교수법은 교육의 질을 향상시키는데 매우 큰 역할을 한다.

이 문장은 ‘教学法参与提高(教学质量)’라고 할 수도 있다.

④ 对于犯错误的干部，一般地应采取说服的方法，帮助他们改正错误。

    Duìyú fàn cuòwù de gànbù, yìbān de yīng cǎiqǔ shuōfú de fāngfǎ, bāngzhù tāmen gǎizhèng cuòwù.

잘못을 저지른 간부에 대하여 일반적으로 설득하는 방법을 취하여 그들이 잘못을 고칠 수 있도록 도와야 한다.

이 문장에서 ‘犯错误的干部’가 바로 ‘说服’의 대상이다.

만약 개사의 목적어가 동작이 미치는 대상이면서 동작이 미치는 범위를 나타내면, ‘对于’와 ‘关于’ 모두 가능하다.

⑤ 对于／关于农业、轻工业，我们都有一套切实可行的政策。

    Duìyú / guānyú nóngyè、qīnggōngyè, wǒmen dōu yǒu yí tào qièshí kěxíng de zhèngcè.

농업과 경공업에 대하여 우리들은 모두 실행할 수 있는 적절한 정책을 가지고 있다.

⑥ 关于／对于举行汉语表演的问题，同学们的看法不一致。

    Guānyú / duìyú jǔxíng Hànyǔ biǎoyǎn de wèntí, tóngxuémen de kànfǎ bù yízhì.

중국어 공연을 하는 문제에 관하여 학우들의 견해가 일치하지 않는다.

만약 명사가 단지 동작이 미치는 범위를 나타낼 경우에는 ‘关于’만 쓰일 수 있다.

⑦ 关于他，能够回到我记忆里来的就是这么一点。

    Guānyú tā, nénggòu huídào wǒ jìyì lǐ lái de jiù shì zhème yìdiǎn.

그에 대하여 내가 기억해낼 수 있는 것은 이 정도에 불과하다.

  (2) ‘关于’는 항상 문두에 위치하고 주어 앞에 쓰이지만, ‘对于’는 주어 앞에 쓰일 수도 있고 주어 뒤에 쓰일 수도 있다.

  (3) ‘关于’로 이루어진 개사구는 단독으로 표제가 될 수 있지만, ‘对于’는 될 수 없다.

5 跟, 和, 与, 同

‘跟’은 동사, 개사, 접속사로 쓰인다.

① 개사 ‘跟’은 반드시 甲乙이 참여하는 동작 행위를 수반하는 문장에 쓰인다. 甲은 주도적 역할을 하여 주어의 위치에 놓인다. 乙은 동작 행위의 참여자나 관련자 혹은 동작의 대상이며 ‘跟’의 뒤에 놓이고 개사의 목적어가 된다. 甲乙의 위치는 바꿀 수 없다.

① 我们要跟中国同学开一个联欢会。

   Wǒmen yào gēn Zhōngguó tóngxué kāi yí ge liánhuānhuì.

우리들은 중국 학우와 친목 모임을 가지려고 한다.

② 王朋躺在床上，李友跟他握手以后，就坐在床前边的椅子上了。

   Wángpéng tǎng zài chuáng shàng, Lǐyǒu gēn tā wòshǒu yǐhòu, jiù zuò zài chuáng qiánbiān de yǐzi shàng le.

王朋은 침대에 누워 있었고 李友는 그와 악수를 하고는 곧 침대 옆의 의자에 앉았다.

③ 这些事情跟你有什么关系，你那么操心?

   Zhèxiē shìqing gēn nǐ yǒu shénme guānxi, nǐ nàme cāoxīn?

이 일들이 너와 무슨 관계가 있기에 그렇게 신경을 쓰니?

④ 那个小棋友，棋艺非常好，很多人都喜欢跟他下棋。

   Nàge xiǎo qíyǒu, qíyì fēicháng hǎo, hěn duō rén dōu xǐhuan gēn tā xià qí.

그 어린 바둑친구는 실력이 매우 좋아 많은 사람들이 그와 바둑을 두는 것을 좋아했다.

‘握手’, ‘见面’, ‘结婚’, ‘配合’, ‘共事’, ‘打交通’, ‘打仗’, ‘打架’, ‘吵嘴’, ‘闹矛盾’, ‘谈得来’, ‘合得来’, ‘比赛’, ‘讨论’, ‘争论’, ‘辩论’, ‘商量’, ‘有关系’, ‘有联系’, ‘有矛盾’, ‘平行’, ‘垂直’, ‘相交’, ‘互补’ 등의 동사나 동사구는 모두 ‘跟……’의 형태가 부사어로 쓰인 문장의 술어가 될 수 있다. 이 동사들은 모두 둘 이상의 참여자를 요구한다.

‘见面’은 어법상 동목 구조이기 때문에 뒤에 목적어를 취할 수 없다. 따라서 ‘甲跟乙见面’이라고 해야지 ‘甲见面乙’라고 해서는 안 된다. ‘结婚’도 마찬가지이다. ‘甲跟乙结婚’이라고 해야지 ‘甲结婚乙’라고 해서는 안 된다. 어떤 동사들은 목적어를 취할 수 없는데 예를 들면 ‘比赛’가 그러하다. 마찬가지로 ‘甲跟乙比赛’라고 해야지 ‘甲比赛乙’라고 해서는 안 된다.

상술한 동사를 이용해서 문장을 만들 때, 만약 문장 중에 ‘跟’을 쓰지 않을 경우에 주어는 복수를 나타내는 명사(구)나 대사이어야 한다.

① 两个人握手后，就各奔东西了。

   Liǎng ge rén wòshǒu hòu, jiù gè bēn dōngxī le.

두 사람은 악수한 후에 각자 갈 길로 갔다.

② 我们两个经常打交道。

   Wǒmen liǎng ge jīngcháng dǎ jiāodào.

우리 둘은 늘 내왕을 한다.

‘跟’으로 이루어진 개사구는 관형어가 될 수 있는데 종종 ‘关系’, ‘联系’, ‘交情’, ‘友谊’ 등의 단어를 수식하며 그 뒤에 반드시 ‘的’를 써야 한다.

① 中国人民要加强跟世界各国人民的友谊。

Zhōngguó rénmín yào jiāqiáng gēn shìjiè gè guó rénmín de yǒuyì.

중국은 세계 여러 나라 사람들과 우정을 돈독히 하려고 한다.

② 毕业以后，我跟他的联系就中断了。

Bìyè yǐhòu, wǒ gēn tā de liánxì jiù zhōngduàn le.

졸업한 후에 나와 그는 연락이 끊겼다.

2 '跟'은 또 단지 일방이 완성할 수 있는 동작 행위에 쓰이기도 하는데 이 경우에도 '跟'은 참여자, 동작을 함께 하는 사람, 혹은 동작의 대상을 끌어내는 역할을 한다.

① 看完体操表演，校长和其他几位体育老师从主席台下走上来跟孩子们一起照了相。

Kàn wán tǐcāo biǎoyǎn, xiàozhǎng hé qítā jǐ wèi tǐyù lǎoshī cóng zhǔxítái xià zǒu shàng lái gēn háizimen yìqǐ zhàole xiàng.

체조공연을 다 보고 나서 교장과 몇 명의 체육 선생님들은 회장단에서 내려와 아이들과 함께 사진을 찍었다.

② 我跟你们一块儿上山打猎去吧!

Wǒ gēn nǐmen yíkuàir shàng shān dǎliè qù ba.

함께 사냥 하러 산에 갑시다!

③ 小孙子坐在我床边，跟我讲了许多夏令营的事。

Xiǎo sūnzi zuò zài wǒ chuángbiān, gēn wǒ jiǎngle xǔduō xià lìngyíng de shì.

어린 손자는 내 침대 옆에 앉아서 나에게 여름 청소년 캠프의 여러 일들을 이야기했다.

④ 近几年来有几个青年工人一直跟我学技术。

Jìn jǐ nián lái yǒu jǐ ge qīngnián gōngrén yìzhí gēn wǒ xué jìshù.

요 몇 년 동안 젊은 기술자 몇 명이 줄곧 나에게 기술을 배웠다.

⑤ 一路上，我跟你讲了那么些道理，都白说了。

Yí lù shàng, wǒ gēn nǐ jiǎngle nàme xiē dàolǐ, dōu bái shuō le.

가는 도중에 나는 너에게 그런 이치들을 이야기했는데 모두 헛수고였다.

⑥ 我跟他说过盖大楼的事。

Wǒ gēn tā shuōguo gài dàlóu de shì.

나는 그에게 빌딩을 짓는 일을 말한 적이 있다.

'跟' 뒤에 자주 '一起', '一块儿'을 써서 '跟……一起', '跟……一块儿'의 형식을 구성한다. 예③, ④, ⑤, ⑥처럼 '跟'이 동작 행위의 대상을 나타낼 때는 개사 '向', '对', '朝'의 뜻에 가까우며 때때로 바꾸어 쓸 수 있다.

3 서로 다른 점과 같은 점을 비교하는 문장에 쓰인다. 사물의 다른 점과 같은 점을 비교하는 문장에서 '跟'을 써서 비교 기준이 되는 사물을 제시하는데, 주어 뒤에 놓는다. 뒤에는 비교 결과를 나타내는 형용사나 동사 등이 온다. 비교 결과를 나타내는 어구 중에서 자주 쓰이는 것에는 '相同', '不同', '一样', '不一样', '相似', '相反', '相等', '差不多' 등이 있다.

① 这个字跟那个字的发音一样。

Zhège zì gēn nàge zì de fāyīn yíyàng.

이 글자는 그 글자의 발음과 같다.

② 三角形A跟三角形B相似。

Sānjiǎoxíng A gēn sānjiǎoxíng B xiāngsì.

삼각형 A는 삼각형 B와 비슷하다.

③ 这篇文章跟那篇文章的观点恰好相反。

　　Zhè piān wénzhāng gēn nà piān wénzhāng de guāndiǎn qiàhǎo xiāngfǎn.

이 문장은 그 문장의 관점과 완전히 서로 반대이다.

④ 这里的气候跟我们国家的气候差不多。

　　Zhèlǐ de qìhòu gēn wǒmen guójiā de qìhòu chàbuduō.

이곳의 기후는 우리나라의 기후와 비슷하다.

⑤ 老人六十多岁了，可他走起路来跟年轻人一样快。

　　Lǎorén liù duō suì le, kě tā zǒuqǐ lù lái gēn niánqīngrén yíyàng kuài.

노인이 60 여세가 되었으나 길을 걸을 때는 젊은이처럼 빠르다.

⑥ 他的精神面貌跟去年大不相同了。

　　Tā de jīngshén miànmào gēn qùnián dà bù xiāngtóng le.

그의 정신 상태는 작년과 크게 달라졌다.

‘跟’ 뒤에는 동사 ‘比’나 ‘比较’가 자주 쓰이는데, 이때 ‘跟……相比(比较)’는 문두에 놓이기도 한다.

① 我们拿水跟铁比较一下儿，一块铁，不管放在什么地方，它的形状都不会改变，水却不是这样，水能流动。

　　Wǒmen ná shuǐ gēn tiě bǐjiào yíxiàr, yí kuài tiě, bùguǎn fàng zài shénme dìfang, tā de xíngzhuàng dōu bú huì gǎibiàn, shuǐ què bú shì zhèyàng, shuǐ néng liúdòng.

우리들이 물을 철과 잠시 비교해보면, 철은 어디에 놓더라도 모양이 변하지 않지만 물은 그렇지 않다. 물은 유동성을 띤다.

② 跟过去相比，现在的生活好多了。

　　Gēn guòqù xiāngbǐ, xiànzài de shēnghuó hǎo duō le.

과거와 비교하면, 지금 생활은 많이 좋아졌다.

‘跟’ 외에 ‘和’, ‘与’, ‘同’도 개사이며 의미와 용법은 ‘跟’과 같다.

① 如果这一次落选了，也许她终生就和音乐分手了。

　　Rúguǒ zhè yí cì luòxuǎn le, yěxǔ tā zhōngshēng jiù hé yīnyuè fēnshǒu le.

만약 이번에 떨어지면 아마도 그녀는 평생 음악과 멀어질 것이다.

② 他的经历和村上大多数人一样。

　　Tā de jīnglì hé cūn shàng dàduōshù rén yíyàng.

그의 경력은 농촌의 대부분 사람들과 같다.

③ 我们这儿，元旦的光景与除夕截然不同。

　　Wǒmen zhèr, Yuándàn de guāngjǐng yǔ chúxī jiérán bùtóng.

우리가 있는 이곳은 양력 설날 광경이 섣달 그믐날 밤과는 확연히 다르다.

④ 苏州园林与北京的园林不同，很少使用彩绘。

　　Sūzhōu yuánlín yǔ Běijīng de yuánlín bùtóng, hěn shǎo shǐyòng cǎihuì.

苏州의 조경림은 北京의 조경림과는 달리 채화를 거의 사용하지 않는다.

⑤ 有的智能机器人能够学文化，同人进行简单的对话。

　　Yǒu de zhìnéng jīqìrén nénggòu xué wénhuà, tóng rén jìnxíng jiǎndān de duìhuà.

어떤 인공지능 로봇은 문화를 배울 수 있으며 사람과 간단한 대화를 할 수 있다.

⑥ 外国人学汉语，同汉族人学汉语有许多不同的地方。

　　Wàiguórén xué Hànyǔ, tóng hànzúrén xué Hànyǔ yǒu xǔduō bùtóng de dìfang.

외국인이 중국어를 배우는 것은 한족이 중국어를 배우는 것과는 다른 점이 많다.

‘跟’과 ‘和’는 구어에 쓰이고 ‘同’과 ‘与’는 문어 색채가 비교적 짙다.

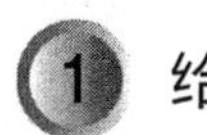 **给, 为, 替**

1 给

개사 '给'는 동사에서 변천해 온 것이다. 현대 중국어에서 '给'는 동사이면서 개사이다. 개사 '给'의 뜻은 비교적 복잡하다.

☐ '给'는 동작 행위의 접수자나 동작과 관련이 있는 물체의 접수자를 끌어들인다. 아래의 예문에서 '给'의 목적어는 물체의 접수자를 나타낸다.

① 老场长正在给林子里的树浇水。

　　Lǎo chǎngzhǎng zhèngzài gěi línzi lǐ de shù jiāoshuǐ.

늙은 농장장은 지금 숲 속의 나무에 물을 주고 있다.(나무: 물을 주는 대상)

② 我也给妹妹带来了几样礼物。

　　Wǒ yě gěi mèimei dàiláile jǐ yàng lǐwù.

나도 여동생을 위해 몇 가지 선물을 가져왔다. (여동생: 선물을 받는 수혜자)

'给'의 목적어가 동사 뒤에 놓여 '给+목적어'가 보어로 쓰일 수도 있다(제3편 제5장 제8절 '보어와 부사어 비교' 참고).

① 那个制糖厂已经包给另外一个公司了。

　　Nàge zhìtángchǎng yǐjīng bāo gěi lìngwài yí ge gōngsī le.

그 설탕 제조 공장은 이미 다른 회사에 맡겨졌다.

② 劳驾，请把我们的假条带给老师。

　　Láo jià, qǐng bǎ wǒmen de jiàtiáo dài gěi lǎoshī.

죄송합니다만, 우리의 결석계를 선생님에게 전해주세요.

③ 农民们每年都交给国家一定数量的公粮，也就是农业税。

　　Nóngmínmen měinián dōu jiāogěi guójiā yídìng shùliàng de gōngliáng, yě jiù shì nóngyè shuì.

농민들은 매년 모두 나라에 일정한 수량의 현물세를 내야 하는데 그것이 바로 농업세입니다.

④ 请你把这封信转给有关的领导同志。

　　Qǐng nǐ bǎ zhè fēng xìn zhuǎn gěi yǒuguān de lǐngdǎo tóngzhì.

이 편지를 관계 지도자에게 전해주십시오.

⑤ 这两本书我卖给你，只收一块钱。

　　Zhè liǎng běn shū wǒ mài gěi nǐ, zhǐ shōu yí kuài qián.

이 책 두 권을 너에게 1원만 받고 팔게.

'给'의 목적어는 동작의 접수자를 나타내는데 '向'을 써서 대체할 수 있다.

① 工厂的领导同志给我们介绍了技术革新的情况。

　　Gōngchǎng de lǐngdǎo tóngzhì gěi wǒmen jièshàole jìshù géxīn de qíngkuàng.

공장의 책임자는 우리에게 기술혁신 상황을 소개했다.

② 老科学家给我们讲了许多科学幻想的小故事。

　　Lǎo kēxuéjiā gěi wǒmen jiǎngle xǔduō kēxué huànxiǎng de xiǎo gùshi.

원로 과학자는 우리에게 과학의 환상에 관한 많은 이야기들을 해주었다.

③ 丈夫给我使了个眼色，我马上给婆婆鞠了一个躬。

    Zhàngfu gěi wǒ shǐle ge yǎnsè, wǒ mǎshàng gěi pópo jūle yí ge gōng.

남편이 내게 눈짓을 보내자마자 나는 바로 시어머니에게 허리를 굽혀 절을 했다.

④ 没关系，不要给我道歉了，这点儿小事算什么？

    Méi guānxi, búyào gěi wǒ dàoqiàn le, zhè diǎnr xiǎoshì suàn shénme?

괜찮아, 나한테 사과할 필요 없어, 이 정도 일은 아무것도 아니야?

정보 전달 의미 특징을 가지는 동사는 이러한 문장에 쓰일 수 있다. 예를 들면 '说', '讲', '解释', '讲解', '介绍', '反映', '道歉', '敬礼', '拜年', '鞠躬', '磕头', '下跪' 등이 여기에 해당한다. 그중에 '说', '讲', '谈', '推荐', '介绍' 등은 동시에 두 개의 목적어가 올 수 없으며, '给'를 써서 동작의 접수 대상을 끌어들인다. 예를 들면 '我给他介绍一个女朋友'는 '我介绍他一个女朋友'라고 하지 않으며, '我给你们讲一个故事'는 '我讲你们一个故事'라고 할 수 없다. '道歉', '敬礼', '拜年' 등은 어법상 동목 구조이기 때문에 뒤에 목적어를 취할 수 없다. 따라서 개사를 써서 동작의 접수 대상을 끌어들여야 한다. 예를 들면 '我给老师鞠个躬'이라고 해야지 '我鞠躬老师'라고 해서는 안 된다.

② 동작 행위의 봉사 대상을 끌어들인다.

① 我跟你谈谈心，你给我解解心烦吧。

    Wǒ gēn nǐ tántan xīn, nǐ gěi wǒ jiějie xīn fán ba.

내가 너에게 속마음을 털어놓을 테니 마음 좀 풀어.

이 문장에서 '我'는 '你给我解解心烦'의 봉사 대상이자 동작 행위의 수혜자라고 말할 수도 있다.

② 那个少年抱起孩子，给他抹去嘴上的血。

    Nàge shàonián bào qǐ háizi, gěi tā mǒqù zuǐ shàng de xiě.

그 소년은 아이를 안아들고 입가의 피를 닦아주었다. (他 : 봉사 대상)

③ 请等一会儿，我给你们拿酒去。

    Qǐng děng yíhuìr, wǒ gěi nǐmen ná jiǔ qù.

잠깐 기다리세요, 당신들에게 술을 가져다 드릴게요. (你们 : 봉사 대상)

때때로 '给'의 목적어가 출현하지 않거나 심지어 확실한 목적어를 채워 넣기가 매우 어려울 수도 있다.

① 黄大姐每天给接电话，给找人，从早忙到晚。

    Huáng dàjiě měitiān gěi jiē diànhuà, gěi zhǎo rén, cóng zǎo máng dào wǎn.

黄大姐는 매일 전화를 받아주고 사람을 찾아주려 아침부터 저녁까지 바쁘다.

② 劳驾，给拿块肥皂。

    Láo jià, gěi ná kuài féizào,

죄송한데요, 비누를 가져다주세요.

③ 顾八奶奶：对了，劳驾您，四爷，你给倒杯水。

    Gùbā nǎinai; duì le, láo jià nín, Sì yé, nǐ gěi dào bēi shuǐ.

顾八奶奶 : 아참, 미안하지만, 四爷, 물을 따라주세요.

명령문에서 '给我'는 '반드시 나를 위해 봉사해야 한다'는 뜻을 나타내며 강압, 명령, 위압의 어기를 가진다.

① 都别急着走, 先给我到这边来, 还有里边的, 都给我出来。

　　Dōu bié jízhe zǒu, xiān gěi wǒ dào zhèbiān lái, hái yǒu lǐbiān de, dōu gěi wǒ chūlái.

② 为什么把我的东西都扔在地上? 你给我拣起来。

　　Wèi shénme bǎ wǒ de dōngxi dōu rēng zài dì shàng? Nǐ gěi wǒ jiǎn qǐlai.

③ 这时, 父亲气得脸色发青, 并大声对我说 : '给我老实讲, 你还干了些什么?'

　　Zhè shí, fùqīn qì de liǎnsè fā qīng, bìng dàshēng duì wǒ shuō : 'Gěi wǒ lǎo shí jiǎng, nǐ hái gànle xiē shénme?'

> 모두 서둘러 가지 마세요, 먼저 여기로 오고 또 안에 있는 사람들도 모두 나오세요.

> 왜 내 물건을 모두 땅에 버렸죠? 주우세요.

> 이때 아버지는 화가 나 얼굴빛이 파래지며 큰 소리로 나에게 말했다: '솔직하게 말해, 너 또 무슨 짓을 한 거야?'

③ 동작 행위의 주체를 끌어들이며 '被'와 뜻이 같아 '被'를 써서 대체할 수 있다.

① 这本字典都给他翻破了。

　　Zhè běn zìdiǎn dōu gěi tā fān pò le

② 粮食给土匪抢走了, 房子也都给他们占去了。

　　Liángshi gěi tǔfěi qiǎng zǒu le, fángzi yě dōu gěi tāmen zhàn qù le.

③ 好听的话都给他说尽了, 就是不见行动。

　　Hǎo tīng de huà dōu gěi tā shuō jìn le, jiùshì bú jiàn xíngdòng.

④ 到了家里, 我就给父母姐弟等包围起来, 欣喜地问这问那。

　　Dàole jiā lǐ, wǒ jiù gěi fùmǔ jiědì děng bāowéi qilai, xīnxǐ de wèn zhè wèn nà.

> 이 자전은 그가 써서 너덜너덜해 졌다.

> 양식을 도적떼에게 모두 빼앗겼고 집도 그들이 모두 차지했다.

> 듣기 좋은 말만 그는 잔뜩 하고 행동으로 보이진 않았다.

> 집에 도착하자 부모님과 형제들이 나를 둘러싸고 기뻐하며 이것저것을 물었다.

때때로 '给' 뒤에 목적어가 없거나 채워 넣기가 어려운 경우도 있다.

① 这些纸都给放黄了。

　　Zhèxiē zhǐ dōu gěi fàng huáng le.

② 大白菜给冻了。

　　Dà báicài gěi dòng le.

③ 圆珠笔给搁干了。

　　Yuánzhūbǐ gěi gēgān le

> 이 종이들을 놔두었더니 모두 누렇게 되어버렸다.

> 배추가 얼어버렸다.

> 볼펜을 내버려두었더니 말라버렸다.

이런 유형의 문장의 주체는 예를 들면 '날씨(天气)'처럼 자연현상인 경우가 대부분이다.

④ 동사 술어가 나타내는 동작의 접수자를 끌어들이는데 개사 '把'의 뜻을 갖는다.
구어적 표현으로 비교적 드물게 쓰인다.

① 听了这个消息，给我急坏了。

Tīngle zhège xiāoxi, gěi wǒ jí huài le.

이 소식을 듣고 나는 몹시 초조해졌다.

② 这些谣言给他吓呆了，太意外了。

Zhèxiē yáoyán gěi tā xiàdāi le, tài yìwài le.

이 헛소문들은 그를 놀라 멍하게 만들었고 너무 뜻밖이었다.

③ 劳驾，你给这两个暖水瓶灌上水。

Láo jià, nǐ gěi zhè liǎng gè nuǎnshuǐpíng guànshang shuǐ.

실례합니다, 이 보온병에 물을 부어주세요.

④ 爸爸，你快给小狗叫回来，它会给鹌鹑咬死的。

Bàba, nǐ kuài gěi xiǎogǒu jiào huílái, tā huì gěi ānchún yǎo sǐ de.

아버지, 빨리 강아지를 부르세요, 메추리한테 물려죽을 거예요.

'给'가 조사로 쓰이기도 한다.

① 一个月的薪水让(被)他给输光了。

Yí ge yuè de xīnshuǐ ràng(bèi) tā gěi shū guāng le.

한 달 치 월급을 그는 전부 날려버렸다.

② 他把我刚写的论文给弄丢了。

Tā bǎ wǒ gāng xiě de lùnwén gěi nòng diū le.

그는 내가 막 쓴 논문을 잃어버렸다.

② 为, 为了, 为着

① 봉사의 대상을 나타낸다.

① 我们要绿化我们家园，为子孙后代造福。

Wǒmen yào lǜhuà wǒmen jiāyuán, wèi zǐsūn hòudài zào fú.

우리들은 정원을 푸르게 만들어서 자손후대가 복을 누리도록 해야 한다.

② 你们为灾区的人民做了些什么？

Nǐmen wèi zāiqū de rénmín zuòle xiē shénme?

너희들은 재해 지역의 사람들에게 어떤 것들을 해주었니?

③ 他生前为村里做了很多事，死后大家自然很怀念他。

Tā shēngqián wèi cūn lǐ zuòle hěn duō shì, sǐ hòu dàjiā zìrán hěn huáiniàn tā.

그가 생전에 마을을 위해 많은 일을 해서 죽은 뒤에 사람들은 자연히 그를 그리워했다.

'为' 뒤에 오는 동사가 동작 동사가 아닐 때, '为'는 일반적으로 '替'와 바꾸어 쓸 수 있지만 '给'와 바꾸어 쓸 수는 없다.

④ 你的考试成绩这么好，我真为你高兴。

Nǐ de kǎoshì chéngjì zhème hǎo, wǒ zhēn wèi nǐ gāoxìng.

너의 시험 성적이 이렇게 좋으니 나는 정말 기쁘다.

⑤ 您不要为我担心，一切都会好的。

Nín búyào wèi wǒ dānxīn, yíqiè dōu huì hǎo de.

당신은 나 때문에 걱정하지 마세요, 모든 것이 다 잘 될 거예요.

② 원인을 나타낸다.

① 大家都为他比赛失利而感到惋惜。

　　Dàjiā dōu wèi tā bǐsài shīlì ér gǎndao wǎnxī.

사람들 모두 그가 시합에서 져서 애석해하고 있다.

② 他从来没有为钱发过愁。

　　Tā cónglái méi yǒu wèi qián fāguo chóu.

그는 이제껏 돈 때문에 걱정해 본적이 없다.

③ 看球的观众在为北京队队员高尚的风格鼓掌呢。

　　Kàn qiú de guānzhòng zài wèi Běijīng duì duìyuán gāoshàng de fēnggé gǔzhǎng ne.

축구경기를 보던 관중들이 북경 팀 선수의 신사적인 태도에 박수를 보내고 있다.

④ 她曾为不公平的议论苦恼过，但不去理它，也就心安理得了。

　　Tā céng wèi bù gōngpíng de yìlùn kǔnǎoguo, dàn bú qù lǐ tā, yě jiù xīn ān lǐ dé le.

그녀는 일찍이 불공평한 평가에 고심하였었으나 그것에 신경 쓰지 않고 마음을 편히 먹었다.

③ 목적이나 목표를 나타낸다.

① 朋友们，为我们的友谊干杯。为朋友们的健康干杯。

　　Péngyou men, wèi wǒmen de yǒuyì gān bēi, wèi péngyoumen de jiànkāng gān bēi.

친구들이여, 우리의 우정을 위하여 건배. 친구의 건강을 위하여 건배.

② 为此事，我一直充满着歉意，我是最反对伤害别人的自尊心的。

　　Wèi cǐ shì, wǒ yìzhí chōngmǎnzhe qiànyì, wǒ shì zuì fǎnduì shānghài biérén de zìzūnxīn de.

이 일로 나는 줄곧 유감의 뜻을 가져왔으며 다른 사람의 자존심을 상하게 하는 것을 가장 반대했다.

③ 他为这些衣料花了一百多元。

　　Tā wèi zhèxiē yīliào huāle yì bǎi duō yuán.

그는 이 옷감 때문에 100원 넘게 썼다.

④ '为'가 목표를 나타낼 때 '为了'나 '为着'를 써도 된다. 이 두 단어의 뒤에 붙은 '了'나 '着'는 모두 동태 조사가 아니다.

　(1) 为了

① 为了她，我可以牺牲一切。但是为了我，她却什么都不愿意做。

　　Wèile tā, wǒ kěyǐ xīshēng yíqiè. Dànshì wèile wǒ, tā què shénme dōu bú yuànyì zuò.

그녀를 위하여 나는 모든 것을 희생할 수 있다. 그러나 나를 위하여 그녀는 오히려 아무 것도 하려고 하지 않는다.

② 为了他的事业，这位电影艺术家都四十多岁了，还没有结婚。

　　Wèile tā de shìyè, zhè wèi diànyǐng yìshùjiā dōu sìshí duō suì le, hái méi yǒu jiéhūn.

그의 사업을 위하여 이 영화 예술가는 벌써 40세가 넘었는데도 아직 결혼을 하지 않고 있다.

③ 他为了达到自己的目的，对她百般奉承。

　　Tā wèile dádào zìjǐ de mùdì, duì tā bǎi bān fèngcheng.

그는 자기의 목적을 이루기 위하여 그녀에게 모든 수단을 다 동원하여 아부를 하였다.

④ 为了当一名话剧演员，他每天背诵台词，练习发音。

　　Wèile dāng yì míng huàjù yǎnyuán, tā měitiān bèisòng táicí, liànxí fāyīn.

연극배우가 되기 위하여 그는 매일 대사를 배우고 발음을 연습하였다.

⑤ 为了实现这一目标，他和她的助手们付出了常人意想不到的一切。

Wèile shíxiàn zhè yī mùbiāo, tā hé tā de zhùshǒumen fùchūle chángrén yìxiǎng bú dào de yíqiè.

'为了……'를 두 번 연이어 쓸 수 있다.

① 为了方便，也为了不再过多地打扰房东，我自己立伙，但所用的锅灶却是他家的。

Wèile fāngbiàn, yě wèile bú zài guò duō de dǎrǎo fángdōng, wǒ zìjǐ lìhuǒ, dàn suǒ yòng de guōzào què shì tā jiā de.

② 为了自己的身体，也为了不影响别人的健康，你一定要戒烟。

Wèile zìjǐ de shēntǐ, yě wèile bù yǐngxiǎng biérén de jiànkāng, nǐ yídìng yào jiè yān.

(2) 为着

① 为着她自己的孩子，后来她又嫁了两次。

Wèi zhe tā zìjǐ de háizi, hòulái tā yòu jiàle liǎng cì.

② 为着我们美好的明天，朋友们努力吧。

Wèi zhe wǒmen měihǎo de míngtiān, péngyoumen nǔlì ba.

③ 他为着实现自己的理想，忍受了许许多多难言之苦。

Tā wèizhe shíxiàn zìjǐ de lǐxiǎng, rěnshòule xǔxǔ duōduō nán yán zhī kǔ.

'为……'와 '为了……'는 관형어나 술어가 될 수 있다.

① 这是为国为民的好事，我能拦着他去做吗？

Zhè shì wèi guó wèi mín de hǎo shì, wǒ néng lánzhe tā qù zuò ma?

② 母亲为了自己再婚的事，好长时间心神不安，睡不好觉。

Mǔqīn wèile zìjǐ zàihūn de shì, hǎo cháng shíjiān xīnshén bùān, shuì bu hǎo jiào.

③ 现在我们搞绿化，就是为了子孙后代的幸福。

Xiànzài wǒmen gǎo lǜhuà, jiù shì wèile zǐsūn hòudài de xìngfú.

③ 替

'替'는 동사이자 개사이다. 동사 '替'는 '대신하다(替代)'의 뜻을 가지고 있으며, '自己做的事自己负责，谁也不能替谁'，'三号球员受伤了，四号上场替他.'처럼 일반적으로 뒤에 목적어가 와야 한다.

'替'는 개사로서 뒤에 사람을 나타내는 명사나 대사를 취해서 부사어가 될 수 있으며, 때때로 관형어가 될 수도 있다.

① 대신하는 대상을 끌어들인다.

① 今天张老师病了, 我替他上课。

　　Jīntiān Zhāng lǎoshī bìng le, wǒ tì tā shàng kè.

오늘 张 선생님이 병이 나셔서 내가 그 대신 수업을 한다.

② 但是开明书店的经理, 替我租定了三间平房, 又替我买了些家具。

　　Dànshì Kāimíng shūdiàn de jīnglǐ, tì wǒ zūdìngle sān jiān píngfáng, yòu tì wǒ mǎile xiē jiājù.

그러나 开明书店의 사장은 내 대신 세 칸짜리 단층집을 빌렸으며 또 가구들도 샀다.

③ 爷爷, 我会替你搓烟叶, 为你祷告上帝。

　　Yéye, wǒ huì tì nǐ cuō yānyè, wèi nǐ dǎogào shàngdì.

할아버지, 제가 할아버지를 대신해서 담뱃잎을 말아드리고 할아버지를 위해서 하느님께 기도할 거예요.

④ 说着, 他就划着一根火柴, 替道静点上了灯。

　　Shuōzhe, tā jiù huázhe yì gēn huǒchái, tì dào jìng diǎn shàng le dēng.

말하면서 그는 성냥을 그어 道静 대신에 등을 켰다.

⑤ 他们太欺负小王了, 我要替他说几句公道话。

　　Tāmen tài qīfù Xiǎo Wáng le, wǒ yào tì tā shuō jǐ jù gōngdào huà.

그들은 너무 小王을 업신여겨 나는 그 대신에 몇 마디 입바른 소리를 하려고 했다.

② 봉사 대상을 끌어들이고 어떤 사람이 어떤 일을 하는 것을 돕거나 협조한다는 뜻을 가진다.

① 当时船主常到大连去做生意, 我在船上替人家做饭。

　　Dāngshí chuánzhǔ cháng dào Dàlián qù zuò shēngyì, wǒ zài chuán shàng tì rénjiā zuò fàn.

당시에 선주는 자주 大连에 가서 장사를 하였으며, 나는 배에서 그를 위해 밥을 지었다.

② 刚才你不在, 我替你接了一个电话, 王主任请你去一下儿。

　　Gāngcái nǐ bú zài, wǒ tì nǐ jiēle yí ge diànhuà, Wáng zhǔrèn qǐng nǐ qù yíxiàr.

방금 네가 없어서 나는 당신 대신 전화를 받았는데 王 주임이 당신보고 한번 다녀가라고 했어.

③ 劳驾, 请顺便替我把这封信投到邮筒里。

　　Láojià, qǐng shùnbiàn tì wǒ bǎ zhè fēng xìn tóu dào yóutǒng lǐ.

죄송합니다, 가는 김에 나 대신 이 편지를 우체통에 넣어주세요.

③ 관련 대상을 끌어들인다.

① 你总是那么粗心大意, 我真替你担心将来会出大事的。

　　Nǐ zǒngshì nàme cūxīn dàyì, wǒ zhēn tì nǐ dānxīn jiānglái huì chū dàshì de.

너는 늘 그렇게 대충대충 일을 해서 나는 정말 네가 앞으로 큰 사고를 칠까봐 걱정이다.

② 小明又得了全校数学比赛的冠军, 班上的同学都替他高兴。

　　Xiǎo Míng yòu déle quán xiào shùxué bǐsài de guànjūn, bān shàng de tóngxué dōu tì tā gāoxìng.

小明은 또 전교 수학 경시 대회에서 우승을 차지하여 반 학우들이 모두 기뻐했다.

③ 小王要骑摩托车跨越黄河了，乡亲们都替他捏一把汗。

　　Xiǎo Wáng yào qí mótuōchē kuà yuè Huánghé le, xiāngqīn men dōu tì tā niē yì bǎ hàn.

小王이 오토바이를 타고 黄河를 건너뛰려고 하자 고향 사람들은 모두 손에 땀을 쥐었다.

상술한 문장의 '替'는 모두 '为'와 바꿔 쓸 수 있다.

④ 개사 '给', '为', '替'는 모두 대상을 끌어들일 수 있지만, 의미상 때때로 분명한 차이가 있을 수 있다.

① 小明给我发了一份传真。

　　Xiǎo Míng gěi wǒ fāle yí fèn chuánzhēn.

小明은 나에게 팩스를 보냈다. ('나'는 '팩스'를 받는 사람임)

　　小明为我发了一份传真。

　　Xiǎo Míng wèi wǒ fāle yí fèn chuánzhēn.

小明은 나를 위해서 팩스를 보냈다. (小明이 나를 대신하거나, 나를 도와서 팩스를 제3자에게 보내거나, 小明이 내 일 때문에 다른 사람에게 팩스를 보냈음)

　　小明替我发了一份传真。

　　Xiǎo Míng tì wǒ fāle yí fèn chuánzhēn.

小明은 나를 대신해서 팩스를 보냈다. (小明은 나를 도와서 다른 사람에게 팩스를 보냈음)

만약 개사 다음의 명사가 사물의 접수자를 나타내지도 않고 원인도 나타내지 않으면, 상술한 세 개의 개사가 나타내는 의미에는 별 차이가 없다.

② 孩子，一定要给妈争口气。

　　Háizi, yídìng yào gěi mā zhēng kǒuqì.

얘야, 반드시 엄마를 위해서 본때를 보여줘야 해.

　　孩子，一定要为妈争口气。

　　Háizi, yídìng yào wèi mā zhēng kǒuqì.

　　孩子，一定要替妈争口气。

　　Háizi, yídìng yào tì mā zhēng kǒuqì.

朝, 向, 往

 **朝**

'朝'는 동사이자 개사이다. 동사 '朝'는 '마주 보다(面对)'는 뜻으로 쓰이는데, '我家住两间房，一间朝南，一间朝北', '请大家脸朝前，不要东张西望', '谈话的时候，你要脸朝着听话的人，不要低着头不看人'처럼 뒤에 오는 목적어는 대부분 방위를 나타낸다.

개사 '朝'로 이루어진 개사구는 일반적으로 부사어가 되지만 관형어가 될 수도 있다.

1 '朝'는 동작 행위가 향하는 방향을 나타낸다.

① 天开始亮了，天边最亮处是行进的正前方，这说明我们是朝东走呢。

Tiān kāishǐ liàng le, tiānbiān zuì liàng chù shì xíngjìn de zhèng qiánfāng, zhè shuōmíng wǒmen shì cháo dōng zǒu ne.

날이 밝아오기 시작했고 하늘가의 가장 밝은 곳은 행진하는 바로 전방이었다. 이것은 우리들이 동쪽으로 가고 있다는 것을 설명하고 있다.

② 小阿宝朝窗户看了几眼，好像发现了什么。

Xiǎo Ābǎo cháo chuānghu kànle jǐ yǎn, hǎoxiàng fāxiànle shénme.

어린 阿宝는 창문 쪽을 몇 번 보았는데 무엇인가 발견한 듯 했다.

③ 他朝远处一指，我就朝他指的方向望过去。

Tā cháo yuǎnchù yì zhǐ, wǒ jiù cháo tā zhǐ de fāngxiàng wàngguoqu.

그는 먼 곳을 가리켰고 나는 그가 가리킨 곳을 바라보았다.

④ 我呼唤了一声"有车吗?" 马上好几辆人力车都朝我们冲了过来。

Wǒ hūhuànle yìshēng 'Yǒu chē ma?' mǎshàng hǎo jǐ liàng rénlìchē dōu cháo wǒmen chòngle guòlai.

내가 '차 있어요?'하고 외쳤더니, 인력거 몇 대가 곧장 우리 쪽으로 달려왔다.

2 동작 행위의 대상을 끌어들인다.

'朝'가 대상을 끌어들일 때 목적어는 대부분 사람을 가리키는 명사, 대사이며 뒤에 오는 동사는 '笑', '招手', '挥手', '摆手', '点头', '摇头', '打招呼' 및 '说', '喊', '叫', '嚷', '骂' 등의 인체의 동작 행위를 나타내는 것들이 많이 쓰인다.

① 我朝弟弟大喊道："快走，要下雨了。"

Wǒ cháo dìdi dà hǎn dào, "Kuài zǒu, yào xià yǔ le."

나는 남동생에게 큰소리로 외쳤다. "빨리 가자, 비가 오려고 해."

② 瘦小的车夫朝我说："准保送您平安到家请上来吧。"

Shòu xiǎo de chēfū cháo wǒ shuō: "Zhǔn bǎo sòng nín píng'ān dào jiā qǐng shànglái ba."

몸이 여위고 왜소한 인력거꾼이 나에게 말했다. "확실히 당신을 편안하게 집으로 모셔다 드릴 테니 올라타십시오."

③ 那天，我偷着看你，你朝我笑了笑。

Nà tiān, wǒ tōuzhe kàn nǐ, nǐ cháo wǒ xiàole xiào.

그날, 내가 너를 훔쳐봤을 때 너는 나를 향해 웃었다.

④ 接过奖状，我朝我的教练深深地鞠了一躬。

Jiē guò jiǎngzhuàng, wǒ cháo wǒ de jiàoliàn shēnshēn de jūle yì gōng.

상장을 받고서 나는 감독에게 깊숙이 허리를 굽혀 절을 했다.

⑤ 您有话朝我说，我是摊主，人家都是顾客。

Nín yǒu huà cháo wǒ shuō, wǒ shì tān zhǔ, rénjia dōu shì gùkè.

할 말이 있으면 저에게 하세요, 제가 노점 주인이고 다른 사람들은 모두 고객입니다.

2 向

'向'은 동사이자 개사이다. 동사 '向'은 '…로 향하다(对着)'의 뜻으로 쓰이는데, '他家的房子向东，我家的房子向西', '这间房子向阳，屋里特别亮'처럼 사람이나 사물이 어떤 한 방향을 바라보는 것을 나타낸다. 개사 '向'은 명사구나 대사와 함께 개사구를 이루어 동작의 방향이나 동작의 대상을 나타낸다.

[1] 동작의 방향이나 목표를 나타낸다.

① 我抱着灯笼，上身向前弯着，怕让雨打湿了。

　　Wǒ bàozhe dēnglóng, shàng shēn xiàng qián wānzhe, pà ràng yǔ dǎ shī le.

나는 초롱을 안고 비에 젖을까봐 상반신을 앞으로 구부렸다.

② 船向着左右两边摇晃，走得很慢。

　　Chuán xiàngzhe zuǒyòu liǎng biān yáohuàng, zǒu de hěn màn.

배는 좌우 양쪽으로 흔들렸으며 매우 느리게 갔다.

③ 她的嘴角微微向上挑起，好像在微笑。

　　Tā de zuǐ jiǎo wēiwēi xiàng shàng tiāo qǐ, hǎoxiàng zài wēixiào.

그녀의 입언저리는 약간 위로 올라가 미소를 짓고 있는 듯 했다.

④ 一群小姑娘又说又笑向草屋走来。

　　Yì qún xiǎo gūniang yòu shuō yòu xiào xiàng cǎowū zǒulái.

한 무리의 젊은 아가씨들이 웃고 떠들면서 초가집으로 걸어왔다.

⑤ 跑道上的运动员们正向终点冲去。

　　Pǎodào shàng de yùndòngyuánmen zhèng xiàng zhōngdiǎn chòng qù.

트랙을 달리던 선수가 결승점을 향해 달려가고 있다.

⑥ 探照灯的光柱直向天空射去。

　　Tànzhàodēng de guāngzhù zhí xiàng tiānkōng shè qù.

탐조등의 빛줄기는 하늘을 향해 비춰졌다.

[2] 동작 행위의 대상을 끌어들인다.

① 早晨，那位小朋友碰到我时，总要用英语向我问好。

　　Zǎochén, nà wèi xiǎo péngyou pèngdao wǒ shí, zǒngyào yòng Yīngyǔ xiàng wǒ wèn hǎo.

새벽에 그 꼬마는 나와 우연히 만나게 되면 늘 영어로 안부를 묻곤 했다.

② 借此机会，我向朋友们拜年。

　　Jiè cǐ jīhuì, wǒ xiàng péngyoumen bài nián.

이 기회를 빌어 친구들에게 새해인사를 하겠습니다.

③ 我们不能等待大自然的恩赐，我们的任务是向大自然索取。

　　Wǒmen bù néng děngdài dàzìrán de ēncì, wǒmen de rènwu shì xiàng dàzìrán suǒqǔ.

우리들은 대자연의 혜택을 기다려서는 안 된다. 우리들의 임무는 대자연으로부터 찾아오는 것이다.

④ 我幻想着，过几天，丈夫会来娘家向我道歉。

　　Wǒ huànxiǎngzhe, guò jǐ tiān, zhàngfu huì lái niángjiā xiàng wǒ dàoqiàn.

나는 며칠 뒤에 남편이 친정으로 와서 나에게 사과할 거라는 환상을 가지고 있다.

⑤ 你不要向别人借钱。

　　Nǐ búyào xiàng biérén jiè qián.

다른 사람에게 돈을 빌리지 마라.

⑥ 请你把事情的经过向大家说一下。

　　Qǐng nǐ bǎ shìqing de jīngguò xiàng dàjiā shuō yíxià.

일의 경과를 모두에게 한번 말씀해 주십시오.

'向'이 동작 행위의 대상을 나타낼 때, 뒤에 오는 동사는 '말하다'는 의미를 함유한다.

예를 들면 '说', '问', '道歉', '赔礼', '提出', '打听', '诉说', '了解', '介绍', '指出', '要求', '表示', '报告' 및 '要', '讨还', '借', '学习', '负责' 등이다.

③ '向'으로 이루어진 개사구는 동사 뒤에 쓰여 보어가 될 수 있다.

① 我赶紧走向前，拉住了他，没撞上车，好危险啊。

　　Wǒ gǎnjǐn zǒu xiàng qián, lāzhùle tā, méi zhuàng shàng chē, hǎo wēixiǎn a.

내가 재빨리 앞으로 나아가 그를 붙잡는 바람에 차에 부딪치지 않았는데 매우 위험했어.

② 现在有些科学家又把目光投向无穷无尽的宇宙。

　　Xiànzài yǒuxiē kēxuéjiā yòu bǎ mùguāng tóu xiàng wú qióng wú jìn de yǔzhòu.

지금 일부 과학자들은 또 끝이 없는 우주를 향해 시선을 던졌다.

3　往

'往'은 개사이며 동사이다. 개사 '往'은 동작 행위의 방향을 나타낸다.

① 你往前走，前边儿有卖花的。

　　Nǐ wǎng qián zǒu, qiánbiānr yǒu mài huā de.

앞으로 가면 앞에 꽃 파는 사람이 있습니다.

② 股票的行市直往下落，股民们纷纷往外抛手里的股票。

　　Gǔpiào de xíngshì zhí wǎng xiàluò, gǔmínmen fēnfēn wǎng wài pāo shǒu lǐ de gǔpiào.

증권 시세는 계속해서 떨어졌고 증권 투자자들은 앞 다투며 가지고 있던 증권을 내다 팔았다.

③ 我们也是往北京大学方向去的，咱们搭伴走吧。

　　Wǒmen yě shì wǎng Běijīng dàxué fāngxiàng qù de, zámen dābàn zǒu ba.

우리들도 北京大学 쪽으로 가니, 우리 같이 갑시다.

④ 你别往自己脸上贴金，也别往自己脸上抹黑。

　　Nǐ bié wǎng zìjǐ liǎn shàng tiē jīn, yě bié wǎng zìjǐ liǎn shàng mǒ hēi.

자신을 미화하려고 하지도 말고 또 스스로 얼굴에 먹칠하려고도 하지 마라.

⑤ 您不要总往坏里想，吓唬自己。

　　Nín búyào zǒng wǎng huài lǐ xiǎng, xiàhǔ zìjǐ.

당신은 항상 나쁜 쪽으로 생각하면서 자신을 학대하지 마세요.

⑥ 关于他的表现，我们尽量替他往好里说。

　　Guānyú tā de biǎoxiàn, wǒmen jǐnliàng tì tā wǎng hǎo lǐ shuō.

그의 품행에 관하여 우리들은 되도록 그를 위해 좋은 쪽으로 말을 해야 한다.

4　朝, 向, 往의 비교

① '朝', '向', '往'은 모두 동작의 방향을 나타낼 수 있지만 용법상 다른 점이 있다.
　'朝', '向'의 목적어는 '朝我点头', '向图书馆走'와 같이 방위 장소사일 수도 있고 사람이나 물체를 나타내는 명사일 수도 있다. 그러나 '往' 뒤에 오는 목적어는 모두 방위사 '上', '下', '里', '外' 등을 포함해야 한다. 만약 명사라면 그 뒤에 '方向'을 붙여야 한다. 예를 들면 '往图书馆的方向走', '你往火车站的方向找', '往他那个方向跑去'라고 해야 한다.
　'往'을 쓴 문장은 동작의 방향을 나타낼 뿐 아니라 동작이 미치는 물체가 동작의 결과 위치하게 되는 장소를 나타내기도 한다. 예를 들면 '往自己脸上贴金', '往头上浇冷水', '把缺点错误往自己身上揽', '把成绩功劳往他人身上推', '往怀里搂'와 같다. 바로 이 점이 '往'과 '朝', '向'이 용법상 가장 크게 차이나는 점이다. 두 가지 예를 더 들어 보겠다.

① 老房里还挂着我们亲家的家谱, 供着祖宗的灵位, 这些东西, 拆了老屋, 往哪里摆呢?

　　Lǎo fáng lǐ hái guàzhe wǒmen qīnjiā de jiāpǔ, gōngzhe zǔzōng de língwèi, zhèxiē dōngxi, cāle lǎo wū, wǎng nǎlǐ bǎi ne?

② 桌子上放着很多钱, 他大把大把地往兜里揣。

　　Zhuōzi shàng fàngzhe hěn duō qián, tā dàbǎ dàdǎ de wǎng dōu lǐ chuāi.

옛집에 아직 우리 친가의 가보가 걸려 있고 조상의 위패가 모셔져 있어. 옛집이 헐리면 이 물건들을 어디에 두지?

책상 위에 돈이 많이 놓여 있었는데 그는 한 움큼씩 주머니 속에 넣었다.

이 두 문장에서 '往'은 모두 '朝', '向'으로 바꾸어 쓸 수 없다.

② '朝', '向'은 동작의 대상을 끌어들일 수 있지만, '往'은 그럴 수 없다. 예를 들면 '朝我点点头', '朝我笑笑', '向我们招手', '向您致敬', '向我们青年人召唤' 등에서 '往'을 '朝', '向'으로 바꾸어 쓸 수 없다.

 除(除了……以外)

'除'는 개사이며 '제외하다(不计在内)'의 뜻을 나타낸다. '除' 대신에 '除了', '除开', '除去' 등을 쓰기도 하는데, 그것들의 기본 의미는 같다. 그 중에서 가장 자주 쓰이는 것은 '除了'이다. '除了' 뒤의 목적어로는 명사(구), 대사, 동사(구)나 형용사(구) 및 주술구 등이 온다.

'除了'는 방위사 '外', '之外' 혹은 '以外' 등과 함께 쓰여 '除了……以外(之外, 外)'의 형식을 이루기도 하는데, 뒤에 오는 문장에 따라 배제식과 포용식 두 가지 형식으로 나뉜다.

 배제식

　뒷 절에 '……都/全'가 와서 호응하며, 뒷절은 긍정문이 올 수 있다.

① 这里是佛国, 除了七八家店铺外, 全是寺院。

　　Zhèlǐ shì fóguó, chúle qī bā jiā diànpū wài, quán shì sìyuàn.

② 除了面积稍小点儿外, 这套房子都很好。

　　Chúle miànjī shāo xiǎo diǎnr wài, zhè tào fángzi dōu hěn hǎo.

③ 学员注册名单上有29人, 除了约翰以外, 其余的全都登录在上边了。

　　Xuéyuán zhùcè míngdān shàng yǒu èrshíjiǔ rén, chúle Yuēhàn yǐwài, qíyú de quán dōu dēnglù zài shàngbiān le.

여기는 불교나라야, 가게 일고여덟 개만 제외하고는 모두 사원이다.

면적이 약간 작은 것 외에 이 집은 모두 좋다.

학생 등록 명단에 29명이 있는데 존을 제외하고 나머지는 모두 등록하였다.

④ 这座古老的城市，除了西边那部分之外，都是三百年以上的古
建筑

    Zhè zuò gǔlǎo de chéngshì, chúle xībiān nà bù fēn zhī wài, dōu
shì sānbǎi nián yǐshàng de gǔjiànzhù.

이 옛 도시는 서쪽의 그 부분을 제외하고 모두 300년 이상 된 고건축물이다.

   이런 문장에서 일반적으로 배제하는 것은 '除了' 뒤에 놓이는 특수한 사물이다. 전체 문장은 술어 부분이 미치는 사물의 일치성을 긍정하는 역할을 한다. 예①이 배제하는 것은 '七八家店铺'이고 긍정하는 것은 '这里全是寺院'이다. 예②가 배제하는 것은 '面积小'이고 긍정하는 것은 '这套房子很好'이다. 예③이 배제하는 것은 '约翰'이고 긍정하는 것은 '学员全登录在上边了'이다. 예④가 배제하는 것은 '西边那部分'이고 긍정하는 것은 '这座古老的城市都是三百年以上的建筑'이다.

   뒷절이 부정문일 수도 있다.

① 除了几句安慰的话外，她什么也不能够带给淑贞。

    Chúle jǐ jù ānwèi de huà wài, tā shénme yě bù nénggòu dài
gěi Shūzhēn.

위로 몇 마디 외에 그녀는 淑贞에게 아무 것도 줄 수 없었다.

② 除了丈夫和她的两个小心肝，她的心里几乎什么都没有。

    Chúle zhàngfu hé tā de liǎng ge xiǎo xīngān, tā de xīn lǐ jīhū
shénme dōu méi yǒu.

남편과 그녀의 두 어린 자식 외에 그녀의 마음 속에 거의 아무 것도 없었다.

③ 除了他以外，班里同学谁也没买这本书。

    Chúle tā yǐwài, bān lǐ tóngxué shéi yě méi mǎi zhè běn shū.

그 외에 반 학우들은 누구도 이 책을 사지 않았다.

④ 我周末除了休息以外，不做什么事。

    Wǒ zhōumò chúle xiūxi yǐwài, bú zuò shénme shì.

나는 주말에 쉬는 것 외에 아무 일도 하지 않는다.

② 포용식

   소위 포용식이란 '除了'의 목적어가 나타내는 사물이 뒤의 술어가 진술하는 내용 범위 안에 포함되는 경우를 말한다. '还', '也', '又' 등이 '除了'와 결합하여 사용된다.

① 这个村里有本事的人，除了王大姐还有你。

    Zhège cūnlǐ yǒu běnshì de rén, chúle Wáng dàjiě hái yǒu nǐ.

이 마을에서 수완이 좋은 사람은 王 큰언니 외에 또 네가 있잖아.

   이 문장의 뜻은 '이 마을에서 수완이 있는 사람은 王 큰언니가 있고, 너도 있다'이다.

② 这些家具，除了我自己买的，也有我母亲留给我的。

    Zhèxiē jiājù, chúle wǒ zìjǐ mǎi de, yě yǒu wǒ mǔqin liú gěi wǒ
de.

이 가구들은 내가 직접 산 것 외에도 어머니가 나에게 물려주신 것도 있다.

③ 他除了学习规定的课程外，还参加了两项科研活动。

    Tā chúle xuéxí guīdìng de kèchéng wài, hái cānjiāle liǎng
xiàng kēyán huódòng.

그는 규정된 교과과정을 배우는 것 외에 또 두 가지 과학 연구 활동에도 참가했다.

④ 乡下人除了吃饭穿衣外，他们在生活里，也需要说说唱唱，鸟语花香。

Xiāngxiàrén chúle chī fàn chuān yī wài, tāmen zài shēnghuó lǐ, yě xūyào shuōshuo chàngchang, niǎo yǔ huā xiāng.

시골사람들은 먹고 입는 것 외에 생활에 있어서 여가활동도 필요하다.

⑤ 法院除了叫他赔偿人家的损失外，又判了他两年徒刑。

Fǎyuàn chúle jiào tā péicháng rénjia de sǔnshī wài, yòu pànle tā liǎng nián túxíng.

법원은 그에게 상대방의 손해를 배상하는 것 외에 또 징역 2년을 선고했다.

이런 문장은 '还', '也', '又' 뒤의 사물이 '除了' 뒤의 사물을 보충하는 역할을 한다.

'除此以外'는 서술하는 문장 뒤에 쓰여 보충 설명하는 역할을 한다.

⑥ 他是一个球迷，几乎天天参加各种业余球赛，除此以外，他还有不少兴趣和爱好，他喜欢周末时弹钢琴，拉二胡。

Tā shì yí ge qiúmí, jīhū tiāntiān cānjiā gèzhǒng yèyú qiúsài, chú cǐ yǐwài, tā hái yǒu bùshǎo xìngqù hé àihao, tā xǐhuan zhōumò shí tán gāngqín, lā èrhú.

그는 운동광이어서 거의 매일 각종의 아마추어 시합에 참가한다. 이 외에도 그는 여러 방면에 관심과 취미가 있어 주말에는 피아노를 치고 二胡를 연주하는 것을 좋아한다.

9 连

'连'은 동사이자 개사이다. 개사 '连'의 뜻은 '심지어(甚至)'와 비슷하다. '连' 뒤에는 명사(구), 대사, 동사(구)가 와서 개목구를 이루며 '……也/都'와 결합하여 사용된다.

'连'은 주제 대비 초점을 끌어내는 기능을 한다(제5편 제4장 '텍스트'를 참고).

주제 대비 초점인 '连'의 목적어로는 극단적인 예가 쓰인다. 예를 들면 가장 좋거나 가장 나쁜 것, 가장 크거나 가장 작은 것, 반드시 해야 할 것이나 반드시 하지 말아야 할 것 등을 나타낸다. 뒤의 문장에서는 일반적인 상황, 결론을 이야기한다. 예를 들면 '你的意思连我这个大老粗都听懂了，那些文化水平高的人肯定更听懂了'라고 한다. 이 문장에서 '我这个大老粗'는 주제 대비의 초점, 대비의 기준이다. 문장의 함의는 '무식쟁이도 알아들을 수 있는데, 그처럼 문화수준이 높은 사람은 당연히 아무런 문제가 없다'이다. 아래에서는 '连……也/都……' 형식을 분석하기로 한다.

① '连'의 목적어

① 동작 행위의 주체일 수 있는데, 이때 개사 '连'은 주어 앞에 쓰인다.

① 连我母亲也支持我，让我离开家去创业。

Lián wǒ mǔqīn yě zhīchí wǒ, ràng wǒ líkāi jiā qù chuàngyè.

나의 어머니조차도 내가 집을 떠나와 창업하는 것을 지지하셨다.

② 这女孩唱完第二首歌，连声乐专家王教授都点头称赞。

Zhè nǚhái chàng wán dì èr shǒu gē, lián shēngyuè zhuānjiā Wáng jiàoshòu dōu diǎn tóu chēngzàn.

이 여자아이가 두 번째 노래를 다 부르자, 성악가인 王 교수도 머리를 끄덕이며 칭찬했다.

③ 比赛那天连六七十岁的老人都来了。

    Bǐsài nà tiān lián liù qī shí suì de lǎorén dōu lái le.

시합이 있던 그 날 육칠십 세 되는 노인들도 모두 왔다. (이러한 일에 노인은 와서는 안 되거나 올 리가 없음)

④ 这个简单的道理，连小孩子都懂。

    Zhège jiǎndān de dàolǐ, lián xiǎoháizi dōu dǒng.

이 간단한 이치는 어린 아이도 모두 안다.

② 동작 행위의 대상일 수 있는데, 이때 개사 '连'은 주어 뒤, 술어 앞에 쓰인다.

① 你连这样的好姑娘也不要，你要谁呀。（要……好姑娘）

    Nǐ lián zhèyàng de hǎo gūniang yě bú yào, nǐ yào shéi ya.

이런 좋은 아가씨도 싫다하면 너는 누구를 원하는 거니.

② 妈妈连一件像样的过冬的衣服都没有。（没有……衣服）

    Māma lián yí jiàn xiàngyàng de guòdōng de yīfu dōu méi yǒu.

엄마는 겨울을 지낼 제법 그럴싸한 옷 한 벌조차도 없다.

③ 他连一张便条都不肯写。（写……便条）

    Tā lián yì zhāng biàntiáo dōu bù kěn xiě.

그는 간단한 메모조차도 쓰려고 하지 않는다.

④ 他救了我，可是我连他叫什么名字也没有问。（没有问……名字）

    Tā jiùle wǒ, kěshì wǒ lián tā jiào shénme míngzi yě méi yǒu wèn.

그는 나를 구했으나 나는 그의 이름이 무엇인지도 묻지 않았다.

2 '连' 뒤에 쓰인 동사를 두 번 중복하기도 한다.

  '连'은 주어 뒤, 술어 앞에 쓰인다. 전체 문장의 뜻은 '가장 기본적인 일도 하지 않았다'이다.

① 我这里的情况，他连问都没有问，还谈什么关心吗?

    Wǒ zhèlǐ de qíngkuàng, tā lián wèn dōu méi yǒu wèn, hái tán shénme guānxīn ma?

여기 상황을 그는 묻지도 않았는데 무슨 관심사를 더 이야기하겠는가?

이 말의 뜻은 '만약 그가 나에게 관심이 있다면, 최소한 여기 상황을 물어봐야 하는데, 그가 물어보지 않았으니 그가 내 일에 관심이 있겠는가?'이다.

② 她接信后，连看一眼也没看，就跑去上课了。

    Tā jiē xìn hòu, lián kàn yì yǎn yě méi kàn, jiù pǎo qù shàng kè le.

그녀는 편지를 받은 후에 나를 쳐다보지 않고 수업하러 뛰어갔다.

그녀가 매우 바쁘거나 그 편지에 관심이 없다면 편지를 받고서 최소한 한 번은 보는 것이 마땅하다.

③ 老先生看见那幅山水画，连考虑也没有考虑，就喊了一声好。

    Lǎo xiānsheng kànjiàn nà fú shānshuǐhuà, lián kǎolǜ yě méi yǒu kǎolǜ, jiù hǎnle yìshēng hǎo.

노선생님은 그 산수화를 보고 나서 생각도 하지 않고 바로 좋다고 외쳤다.

④ 这种菜只生在南方，北方人连见都没有见过。

Zhè zhǒng cài zhǐ shēng zài nánfāng, běifāngrén lián jiàn dōu méi yǒu jiànguo.

3 '连……也/都……'의 문장 형태는 관형어가 될 수도 있다.

① 这儿是一片连野草也不生长的荒野。

Zhèr shì yípiàn lián yěcǎo yě bù shēngzhǎng de huāngyě.

여기는 들풀조차도 자라지 못하는 황야이다.

② 这本书是一位连中学都没念完的工人写的。

Zhè běn shū shì yí wèi lián zhōngxué dōu méi niàn wán de gōngrén xiě de.

이 책은 중학교도 마치지 못한 노동자가 쓴 것이다.

③ 连汉字都没见过的人，怎么会写汉字呢？

Lián Hànzì dōu méi jiànguo de rén, zěnme huì xiě Hànzì ne?

한자는 본 적도 없는 사람이 어떻게 한자를 쓸 줄 알겠어?

④ 你想，一个连味道好坏都尝不出来的人，怎么算得上美食家呢？

Nǐ xiǎng, yí ge lián wèidao hǎohuài dōu cháng bu chūlai de rén, zěnme suàn de shàng měishíjiā ne?

생각해봐, 맛이 좋은지 나쁜지조차 알아내지 못하는 사람이 어떻게 미식가라고 할 수 있겠어?

관형어로 쓰일 때, '连……也/都……' 뒤에는 반드시 구조 조사 '的'가 와야 한다.

10 按照, 按, 照

개사 '按照'는 지켜야 하는 규정이나 조건, 표준을 끌어내는 역할을 하며, '按照'로 이루어진 개사구는 부사어가 된다. '按照' 대신 '按'이나 '照'를 쓸 수도 있으며 뜻은 변하지 않는다. '照'가 '按照'나 '按'에 비해 더 구어적이다.

1 按照

① 我们的教学进度要按照教学计划进行。

Wǒmen de jiàoxué jìndù yào ànzhào jiàoxué jìhuà jìnxíng.

우리의 학습진도는 학습계획에 따라 진행되어야 한다.

② 您提的方案符合实际，我们的图纸就是按照您的方案设计的。

Nín tí de fāng'àn fúhé shíjì, wǒmen de túzhǐ jiùshì ànzhào nín de fāng'àn shèjì de.

당신이 제안한 방안은 실제에 부합하여 우리 도면을 당신의 방안대로 설계했다.

③ 按照规定，应试者还要唱一支外国歌。

Ànzhào guīdìng, yìngshìzhě hái yào chàng yì zhī wàiguó gē.

규정에 따라 응시자는 외국노래를 한 곡 더 불러야 한다.

④ 按照北京的老规矩，春节期间商店停业五天，到正月初六才开张。

Ànzhào Běijīng de lǎo guīju, Chūn Jié qījiān shāngdiàn tíngyè wǔ tiān, dào Zhēngyuè chū liù cái kāizhāng.

북경의 오랜 관습에 따라 설날 기간에 상점은 5일 동안 휴업하고 정월 초엿새 날에야 문을 연다.

⑤ 我想按照这条蓝裙子的样子，再做一条花的。

Wǒ xiǎng ànzhào zhè tiáo lán qúnzi de yàngzi, zài zuò yì tiáo huā de.

나는 이 푸른 치마의 모양대로 다시 꽃무늬 치마를 만들 생각이다.

② 按

① 每辆公共汽车都要按规定的数量运载乘客，不得超载。

Měi liàng gōnggòngqìchē dōu yào àn guīdìng de shùliàng yùnzài chéngkè, bù děi chāo zài.

모든 버스는 규정된 인원만큼 승객을 태워야 하며 초과해서는 안 된다.

② 按我的判断，昨天的地震不超过五级。

Àn wǒ de pànduàn, zuótiān de dìzhèn bù chāoguò wǔ jí.

내 판단에 의하면, 어제 지진은 5급을 넘지 않는다.

③ 我们一定要按原定计划办事，除非发生意外情况。

Wǒmen yídìng yào àn yuándìng jìhuà bàn shì, chúfēi fāshēng yìwài qíngkuàng.

우리들은 의외의 상황이 발생하지 않는 한 반드시 원래 정한 계획대로 일을 처리해야 한다.

④ 下棋，按现在的话来说，是为了交流棋艺，增进友谊。

Xià qí, àn xiànzài de huà láishuō, shì wèile jiāoliú qíyì, zēngjìn yǒuyì.

장기를 두는 것은 요즘 말로 하면 장기 기량을 겨루어 우정을 돈독하게 하기 위해서이다.

⑤ 按眼下的行情，这张画至少值五千多元。

Àn yǎnxià de xíngqíng, zhè zhāng huà zhìshǎo zhí wǔqiān duō yuán.

현재 시세로 이 그림은 최소한 5000여원의 가치가 있다.

⑥ 按规定，你要先办一下手续，请你先填一张表。

Àn guīdìng, nǐ yào xiān bàn yíxià shǒuxù, qǐng nǐ xiān tián yì zhāng biǎo.

규정대로 당신은 먼저 수속을 해야 하니 우선 표를 기입해 주십시오.

③ 照

① 有一天，妻子对丈夫说："咱们应该照大多数的家庭那样生活，不要天天吵了。"

Yǒu yì tiān, qīzi duì zhàngfu shuō : "Zámen yīnggāi zhào dàduōshù de jiātíng nàyàng shēnghuó, búyào tiāntiān chǎo le."

어느 날, 아내는 남편에게 말했다. "우리 날마다 다투지 말고 대다수의 가정처럼 생활합시다."

② 照你这种说法，中国人把家里最小的孩子叫老小，是吗？

Zhào nǐ zhè zhǒng shuōfǎ, Zhōngguórén bǎ jiā lǐ zuì xiǎo de háizi jiào lǎoxiǎo, shì ma?

너의 말대로라면, 중국인은 식구 중에서 가장 어린 아이를 老小라고 부른다는 거니?

③ 我们照着您的办法去做了，试验还真成功了。

　　Wǒmen zhàozhe nín de bànfǎ qù zuò le, shìyàn hái zhēn chénggōng le.

④ 他照着他师傅的模型，自己又做了一个。

　　Tā zhàozhe tā shīfu de móxíng, zìjǐ yòu zuòle yí ge.

⑤ 我想照你的衣服的样子做一件。

　　Wǒ xiǎng zhào nǐ de yīfu de yàngzi zuò yí jiàn.

⑥ 照您的说法，吃饭不用筷子，用刀叉的人，就不是中国人？

　　Zhào nín de shuōfǎ, chī fàn búyòng kuàizi, yòng dāo chā de rén, jiù bú shì Zhōngguórén?

우리들은 너의 방법대로 했는데 실험이 정말 성공했다.

그는 그의 스승의 모형대로 직접 또 하나 만들었다.

나는 너의 옷 모양대로 하나를 만들고 싶다.

당신의 견해에 의하면, 밥을 먹을 때 젓가락을 사용하지 않고 칼과 포크를 사용하는 사람은 중국 사람이 아니라는 건가요?

④ ‘按照……来说’ 혹은 ‘按照……说来’ 형태

이 유형은 ‘按……来说/说来’, ‘照……说’라고 할 수도 있다.

① 小王和小李两个人，按能力说，小王占优势，按人品来说，小王不如小李。

　　Xiǎo Wáng hé Xiǎo Lǐ liǎng ge rén, àn nénglì shuō, Xiǎo Wáng zhàn yōushì, àn rénpǐn láishuō, Xiǎo Wáng bùrú Xiǎo Lǐ.

② 这些事情，按理说，应该由主任处理。

　　Zhèxiē shìqing, àn lǐ shuō, yīnggāi yóu zhǔrèn chǔlǐ.

③ 按理来说，这些事情应该由他负责处理。

　　Àn lǐ láishuō, zhèxiē shìqing yīnggāi yóu tā fùzé chǔlǐ.

④ 照道理说，父母不应该不管孩子，可是这孩子的情况有些特殊。

　　Zhào dàolǐ shuō, fùmǔ bù yīnggāi bùguǎn háizi, kěshì zhè háizi de qíngkuàng yǒu xiē tèshū.

小王과 小李 두 사람은 능력으로 말하면 小王이 낫지만, 인품으로 말하자면 小王은 小李만 못하다.

이 일들은 이치대로 말하자면, 주임이 처리해야 한다.

이치대로 말하면 이 일들은 그가 책임지고 처리해야 한다.

이치로 얘기하자면, 부모님은 아이들을 단속해야만 하는데, 이 아이의 상황은 약간 특수하다.

또 ‘按说’, ‘照说’라고 할 수도 있는데, 그 뜻은 ‘이치대로 말하면(按/照道理说)’이다.

① 按说，这些事情应该由他负责处理。

　　Àn shuō, zhèxiē shìqing yīnggāi yóu tā fùzé chǔlǐ.

② 照说，父母不应该不管孩子，可是这孩子的情况有些特殊。

　　Zhào shuō, fùmǔ bù yīnggāi bù guǎn háizi, kěshì zhè háizi de qíngkuàng yǒuxiē tèshū.

이치대로 말하면, 이 일들은 그가 책임지고 처리해야 한다.

사리대로 말하면, 부모는 아이들을 단속해야만 하는데, 이 아이의 상황은 약간 특수하다.

参考文献

陈炯、徐浩良　"对"字句和"对",语文学习,1984年第3期。

崔希亮　汉语"连"字句的语用分析,中国语文,1993年第3期。

崔永华　"连……也/都……"句式试析,语言教学与研究,1984年第4期。

范干良　"向"、"往"、"朝"及其相关的介词,烟台大学学报,1990年第4期。

范　晓　介词短语"给 N"的语法意义,汉语学习,1987年第4期。

李临定　介词短语使用漫谈,语言教学与研究,1985年第3期。

刘丹青、徐烈炯　焦点与背景、话题及汉语"连"字句,中国语文,1998年第4期。

刘宁生　句首介词结构"在……"的语义指向,汉语学习,1984年第2期。

沈开本　"除"字句的探索,汉语学习,1998年第2期。

盛济良　说说主语后的"关于……",汉语学习,1987年第6期。

一. 알맞은 개사로 빈칸을 채우시오.

> 对　为　向　从　跟　在　替　连　给　为了　除了　按照(按)
> 由于　在……中　在……下　在……上　离

1. ________受到冷空气的影响，这两天的气温又下降了。
2. ________热烈的掌声________，走下了讲台。
3. 你去邮局的时候，劳驾________我寄一封挂号信。
4. 请您把您家的住址写________我这个小本子里。
5. 大家________你的发言表示赞同。
6. ________今天起，咱们俩每天用汉语谈话好吗？
7. 谁都知道我们上学读书绝不是________做官发财。
8. 他的身体________以前比好多了。
9. 他们在农村________当地的老农学到了许多书本上没有的知识。
10. ________老师的教育和帮助________，小明________一个后进生变成三好学生了。
11. ________学校的规定，你得先办入学手续，然后才可以________同学们一起上课。
12. 您________我家干了一天活儿，怎么________一口水都不喝？您太客气了。
13. 他老婆手敲着桌子________他说："钱! 钱! 你还知道什么？"

二. 알맞은 개사로 빈칸을 채우시오.

甲₁：(老同学)：你好!你是新同学吗？________哪儿来的？

乙₁：(新同学)：是的，我是________武汉来的。

甲₂：还没办入学手续吧？要不要我________你去办？

乙₂：谢谢，不用了。请问男同学都________这座楼住吗？

甲₃：对。你是第一次到北京来吗？ 刚________南方到北方来，也许________这儿的
　　　天气还不习惯吧!

乙₃：北京的冬天________我这个南方人来说，可能是最不习惯的。

甲₄：这儿的冬天不算太冷，我想________武汉差不多。这儿室内都有暖气，所以要
　　　________武汉舒服多了。

乙₄：那倒是。请问你有没有________咱们学校的介绍材料? 我想看看。或者，以后
　　　你有时间________我介绍咱们学校的具体情况，可以吗？

甲₅：可以，可以。咱们这儿的同学都很用功。大家________一个共同目标，整天都
　　　在埋头学习。

乙₅：我作为一个新生，一定要好好________老同学学习。

甲₆：大家互相学习，互相帮助吧。

乙₆：咱们的宿舍＿＿＿＿＿＿教室、食堂远不远？

甲₇：不远，不远。这儿一切都很方便。各方面条件可以说都＿＿＿＿＿别的学校好一些。

乙₇：听说这儿的老师＿＿＿＿＿＿学生要求很严，＿＿＿＿＿＿同学的关系也很好。他们
＿＿＿＿＿＿各方面关心学生的成长。

甲₈：对。学校也这样。领导上＿＿＿＿＿＿现有的条件＿＿＿＿＿＿尽量＿＿＿＿＿＿学生创造
良好的学习环境，使学生＿＿＿＿＿＿德育、智育、体育三方面得到全面的发展。

三. 알맞은 개사로 빈칸을 채우시오.

（一）向、往、朝

1.大家注意了。立正！＿＿＿＿＿＿右看齐！＿＿＿＿＿＿前看！＿＿＿＿＿＿右转！齐步走！

2.火车渐渐地走远了，欢送的人们还在＿＿＿＿＿＿我们招手。

3.我要到首都电影院去，从这里应该＿＿＿＿＿＿哪个方向走？

4.李时珍处处留心＿＿＿＿＿＿父亲学习，还暗自记下了不少药方。

5.小明到家后，把书包＿＿＿＿＿＿床上一扔，出去玩去了。

6.有了正确的指导思想，我们的事业一定会走＿＿＿＿＿＿胜利。

7.他什么东西都喜欢＿＿＿＿＿＿墙上挂。

（二）从、由、自

1.＿＿＿＿＿＿今以后，我们应该加强联系。

2.这段话引＿＿＿＿＿＿《鲁迅全集》。

3.这个剧团＿＿＿＿＿＿十名演员组成。

4.＿＿＿＿＿＿古以来，这里就是一个繁华的地方。

5.这项工作＿＿＿＿＿＿我负责。

（三）跟、对

1.你每天＿＿＿＿＿＿谁在一起学习？

2.大刘生在北京，长在北京，＿＿＿＿＿＿北京的一切都很熟悉。

3.明天是春节，你到我家来＿＿＿＿＿＿我们一起过春节好吗？

4.阿毛的死，＿＿＿＿＿＿祥林嫂是个很大的打击。

5.嘿！小明，你不＿＿＿＿＿＿我玩，以后我就不＿＿＿＿＿＿你做伴儿了。

6.小明一直＿＿＿＿＿＿小力特别好，＿＿＿＿＿＿小力特别关心。

（四）为、给、替

1.这次，你＿＿＿＿＿＿我耽误了工作，我该怎么感谢呢？

2.下午的会要是你没时间参加，我＿＿＿＿＿＿你去吧。

3.我这儿有小王一封信，请你＿＿＿＿＿＿我带给他。

4.这几天，大家都＿＿＿＿＿＿你们俩的喜事高兴。

5.昨天他家里又＿＿＿＿＿＿他打来一个电话，催他回去。

6. 人的生命是有限的, 可是, ________人民服务是无限的。

7. 小明恭恭敬敬地________老师鞠了一个躬, 谢谢老师的帮助。

(五) 对于、关于、对

1. ______旅行的问题, 大家有什么意见还可以提出来, ________出发的日期、住宿等问题, 有意见也可以提出来, 现在还定不下来。

2. 今天的报告讲的是____怎样加快发展农业的问题。

3. ________开联欢会的事, 我已经通知大刘了, 他很高兴, 笑着________我说了一句:"我一定去参加。"

4. ________这种生活小事, 小王从来不在乎。

5. 咱们________人家提的意见应该表示欢迎。

四. 맞는 문장에 ○표 하시오.

1. A. 文艺工作者要服务四化。( )
   B. 文艺工作教师要为四化服务。( )

2. A. 他借来了很多杂志在图书馆里。( )
   B. 他从图书馆借来了很多杂志。( )

3. A. 我看见他的在礼堂前边。( )
   B. 我在礼堂前边看见仓皇。( )

4. A. 他给写这封信, 今天没休息。( )
   B. 他为写这封信, 今天没有休息。( )

5. A. 北京图书馆除了有这本书以外, 别的地方都没有。( )
   B. 除了北京图书馆有这本书以外, 别的地方都没有。( )

6. A. 这种报告我们学习中文很有帮助。( )
   B. 这种报告对我们学习中文很有帮助。( )

7. A. 公共汽车和小汽车从我们学校门口开过去了。( )
   B. 公共汽车和小汽车在我们学校门口开过去了。( )

8. A. 这件事情, 他说过我。( )
   B. 这个事情, 他对我说过。( )

9. A. 我要觉得比他一样好。( )
   B. 我要学得跟他一样好。( )

10. A. 敌人对我们投降了。( )
    B. 敌人向我们投降了。( )

11. A. 小刚把球往我扔过来。( )
    B. 小刚把球往我这边儿扔过来。( )

12. A. 他除了会说英语外, 还会说法语。( )
    B. 他除了会说英语外, 都不会说法语。( )

13. A. 今天阿时为了病, 没有来上课。( )
    B. 今天阿里因为病了, 没有来上课。( )

14. A.汽车开动了，玛丽还在招手我们。（ ）

B.汽车开动了，玛丽还在向我们招手。（ ）

五. 다음의 틀린 문장을 바르게 고쳐 쓰시오.

1. 你在哪儿来？

2. 昨天我跟一个朋友遇见在汽车上。

3. 狼给东郭先生说：“打猎的从后边追来了，先生救救我吧!”

4. 先生谈跟我几次，为了了解我的学习情况。

5. 他跟这里的情况很熟悉。

6. 为了他每天练习发音，他的发音特别好。

7. 他对这件事知道，但是他不说。

8. 中国同学关于我们的学习很关心。

제 8 장
접속사

접속사는 허사의 일종으로 두 개의 단어, 구, 단문을 연결하는 역할을 한다. 예를 들면 '丁力和我'의 '和'는 '丁力'와 '我' 사이가 병렬 관계임을 나타내고, '丁力或者我'의 '或者'는 '丁力'와 '我' 사이가 선택 관계임을 나타낸다. 또 '因为丁力学得好, 所以大家都选他当班长'에서 '因为……所以……'는 두 개의 단문을 연결하며, 두 단문의 인과 관계를 나타낸다. 접속사는 문장 성분이 될 수 없다.

접속사는 '和', '或者'처럼 단독으로 쓰일 수도 있고, '因为……所以……', '不但……而且……'처럼 짝을 이루어 사용되기도 한다.

어떤 접속사는 단락, 텍스트를 연결하는 기능을 가지고 있기도 하다(제5편 제4장 '텍스트' 참조).

제 1 절
접속사 열거

중국어의 접속사는 그 수가 비교적 많다. 단어나 구를 연결하는데 주로 쓰이기도 하고, 단문을 연결하는데 주로 쓰이기도 한다. 접속사가 나타내는 관계는 대체로 연합 관계와 수식 관계의 두 가지로 나뉜다. 전자는 병렬 접속사라고 하며, 후자는 한정 접속사라고 한다. 중국어에서 자주 쓰이는 접속사는 다음 쪽의 표와 같다.

접속사	결합 어휘	연합관계				연결 대상		
		병렬	선택	승접	체진	단어	구	절
和		+	+			+	+	
跟		+				+	+	
与		+				+	+	
及		+				+	+	
既	既……又(也)	+				+	+	+
以及		+				+	+	+
并					+	+	+	+
并且	不但……并且(又，还)……				+	+	+	+
而	为了……而…… 因为……而……	+		+	+	+	+	+
而且	不但……而且(还，又，更)……				+	+	+	+
或			+			+	+	+
或者			+			+	+	+
还是	还是……还是……		+			+	+	+
要么	要么……要么……		+			+	+	+
不但	不但……而且(还，也，又)……				+		+	+
何况	尚且……何况……				+			+
况且					+			+
尚且	尚且……何况……				+			+
宁可	宁可……也不…… 宁可……也要……		+					+
与其	与其……宁可…… 与其……不如……		+					+
而况					+			+
以致				+				+
从而					+			+
于是				+				+

접속사	결합 어휘	편정관계							연결 대상		
		인과	가정	조건	양보	전환	취사	목적	단어	구	절
因为	因为……所以……	+									+
因此		+									+
因而		+									+
所以	因为……所以……	+									+
既然	既然……那么…… 既然……就……	+									+
无论	无论……还是……都(也)…… 无论……或者……都(也)……			+						+	+
不论	不论……还是……都(也)……			+						+	+
不管	不管……都(也)……			+						+	+
只有	只有……才……			+					+	+	+
只要	只要……就……			+					+	+	+
除非	除非……才……不(否则)……			+							+
要是	要是……就(也)……		+								+
倘若	倘若……就(也)……		+								+
假如	假如……就(也)……		+								+
如果	如果……就(也)……		+								+
但是	虽然……但是……					+					+
可是	虽然……可是……					+					+
不过	虽然……不过……					+					+
然而	虽然(尽管)……然而……					+					+
虽然	虽然……但是 / 可是 / 不过				+						+
尽管	尽管……可是 / 但是				+						+
即使	即使……也……				+						+
就是	就是……也……				+						+
哪怕	哪怕……也……				+						+
固然	固然……可是……				+						+
省得								+			+
免得								+			+

제 2 절

접속사의 어법 특징

 ## 접속사는 허사이며, 허사의 일반적 특징을 가지고 있다

① 실재 어휘 의미는 없고 단지 일정한 어법 의미만 나타낸다.

② 문장 성분이 될 수 없다. 이 점에 있어서 접속사는 부사, 개사와 다른 점이 있다. 부사와 개사는 비록 모두 허사에 속하지만 일부 부사는 단독으로 문장에서 문장 성분이 될 수 있고 수식 역할을 하여 부사어가 될 수 있다. 개사와 명사나 대사로 이루어진 개사구도 문장 성분이 될 수 있으며 부사어나 보어가 될 수 있다. 그러나 접속사는 단지 단어, 구, 단문을 연결하여 연결된 두 어법 단위 사이의 각종 관계를 나타낼 수 있을 뿐, 어떠한 수식이나 보충 역할을 하지 못한다.

③ 단독으로 질문에 대답할 수 없다.

 ## 접속사와 부사, 개사의 차이

 ### 접속사와 부사의 차이

상술한 바와 같이 일부 접속사는 몇몇 부사와 결합하여 특정한 관계를 나타낸다. 이러한 부사는 문장에서 연결 작용을 하기도 한다. 예를 들면 '如果你去, 我就去'는 가설 복문인데, 여기서 부사 '就'는 연결 작용을 한다. 만약 접속사 '如果'를 제거하면 문장은 '你去, 我就去'가 되는데 문장은 여전히 성립하며 그 뜻도 원래 문장과 같다. 그러나 만약 관련 부사 '就'를 제거하면 문장은 '如果你去, 我去'가 된다. 혹은 '如果'와 '就'를 모두 제거하면 '你去, 我去'가 된다.

'你去, 我去'는 여러 가지로 이해될 수 있다. 예를 들면 '만약 네가 가면, 나도 간다(如果你去, 我就去 / 你去, 我就去)', '네가 가고, 나도 간다(你去, 我也去)', '네가 갈까 아니면 내가 갈까?(你去, 还是我去?)' 등으로 이해될 수 있다. 따라서 부사 '就'가 문장에서 중요한 관련 역할을 한다는 것을 알 수 있다. 예를 더 들면 '无论谁听到这个消息都会很高兴'이라는 문장에서 접속사 '无论'과 부사 '都'가 있는데, 접속사 '无论'을 제거해도 문장의 의미는 변하지 않는다. 그러나 다시 부사 '都'를 제거하면 '谁听到这个消息会很高兴'이 되는데, 서술문에서 의문문으로 변했고 뜻이 달라졌고 통사 관계도 변했다.

그러면 이처럼 접속 역할을 하는 부사를 접속사에 편입시킬 수 있는가 없는가? 그럴 수 없다. 왜냐하면 접속사를 기타 품사와 구별 짓는 중요한 특징은 주어 앞에 쓰일 수도 있고 주어 뒤에 쓰일 수도 있다는 것이다. 그러나 접속 작용을 하는 '就', '都', '也' 및 '又', '再', '还', '却', '便' 등의 부사는 모두 단지 주어의 뒤, 동사나 형용사 술어 앞에만 쓰일 수 있다. 그것들의 위치는 비교적 고정적이다. 따라서 이런 부사들은 비록 문장에서 일정한 연결 작용을 하지만 여전히 부사에 속한다.

 **접속사와 개사의 차이**

‘跟’, ‘和’, ‘同’, ‘与’ 등은 개사와 접속사를 겸한다. 그러면 접속사와 개사를 구분하는 기준은 무엇인가? 의미 표현상 또 어떤 차이가 있는가?

① 접속사가 연결하는 두 성분은 구조상 대등하므로 위치를 바꿀 수 있지만, 개사는 그렇지 않다. 우선 아래 두 조의 예문을 보자.

甲组

① 我跟方强都会英语。

    Wǒ gēn Fāngqiáng dōu huì Yīngyǔ.

나와 方强은 모두 영어를 할 줄 안다.

② 长久以来，海员和渔民们多希望能在礁顶上设一座航标灯呀!

    Chángjiǔ yǐlái, hǎiyuán hé yúmínmen duō xīwàng néng zài jiāodǐng shàng shè yí zuò hángbiāo dēng ya!

오랫동안 선원과 어민들은 암초 위에 항로표시등을 더 설치할 것을 바래왔다.

乙组

③ 小燕昨天只跟小青说了这件事。

    Xiǎo Yàn zuótiān zhǐ gēn Xiǎo Qīng shuōle zhè jiàn shì.

小燕은 어제 小青과만 이 일을 이야기했다.

④ 看，胖胖跑的速度和走差不多。

    Kàn, pàngpàng pǎo de sùdù hé zǒu chàbuduō.

봐, 뚱보의 뛰는 속도가 걷는 것과 거의 같아.

甲组 예①의 ‘我’와 ‘方强’의 위치를 바꾸면 ‘方强跟我都会英语’가 되는데 뜻은 변하지 않았다. 예②의 상황도 마찬가지이다. 그러나 乙组 예③의 ‘小燕’과 ‘小青’의 위치를 바꾸면 ‘小青昨天只跟小燕说了这件事’가 된다. 그 뜻은 원문과 달리 ‘小青’이 화자로 변하고, ‘小燕’이 청자로 변했다. 마찬가지로, 만약 예④의 ‘和’ 앞뒤의 두 성분을 위치를 바꿔보면 ‘胖胖走的速度和跑差不多’가 되면서 의미가 원문과 정반대가 된다. 따라서 ‘和’ 등의 접속사가 연결하는 두 성분은 대등한 병렬 관계이고, 연결된 단어나 구는 문장에서 동일한 어법 성분을 담당한다. 甲组의 ‘我’와 ‘方强’, ‘海员’과 ‘渔民们’은 모두 문장의 주어이다. 접속사 ‘和’, ‘跟’은 서면상에서는 모점(、)으로 대체할 수 있는데 뜻에는 변함이 없다. 그러나 개사 앞뒤 두 성분은 대등한 병렬 관계가 아니라, 양자간에는 경중(轻重)의 구분이 있다. 어법 구조에 있어, 개사 ‘和’, ‘跟’ 등은 앞의 어구와 직접 관계를 발생시키는 것이 아니라 뒤에 오는 명사와 결합한 뒤에 개사구를 이루고 나서 뒤에 오는 동사, 형용사를 수식하는 부사어의 역할을 한다. 따라서 개사 ‘和’, ‘跟’ 등은 모점으로 대체할 수 없다.

② 접속사 앞에는 수식 성분을 삽입할 수 없다. 예를 들면 ①을 ‘我从前跟方强都会英语’라고 할 수 없다. 그러나 ‘跟’, ‘和’, ‘同’, ‘与’가 개사일 때 앞에 수식 성분을 삽입할 수 있다. 예③의 ‘跟’ 앞에 부사어로 쓰인 부사 ‘只’가 있다. 예④의 개사 ‘和’ 앞에 ‘确

实’, ‘简直’ 등의 단어를 삽입할 수 있다. 즉, ‘看, 胖胖跑的速度简直和走差不多’라고 할 수 있다. 이것은 개사구가 다른 성분의 수식을 받을 수 있기 때문이다.

③ ‘跟’, ‘和’ 등이 접속사일 때, 연결되는 두 어구 뒤에 ‘都’를 써서 앞의 주어를 총괄할 수 있다. 예②는 ‘海员’과 ‘渔民们’ 뒤에 ‘都’를 써서 총괄 작용을 할 수 있다. 그러나 乙조 예③의 ‘小青’ 뒤에는 ‘都’를 쓸 수 없고 예④에도 ‘走’ 뒤에 ‘都’를 쓸 수 없다.

제 3 절
상용 접속사의 용법

 和

‘和’는 병렬 관계를 나타내는 접속사이며 단어나 구만 연결할 수 있고 단문은 연결할 수 없다. 예를 들면 ‘我父亲是工程师, 和我母亲是医生’, ‘下午我复习了语法, 和做了练习’라고 할 수 없다.

 ‘和’는 명사나 명사구 및 대사를 연결한다.

① 长江和黄河是中国最大的两条河。

　　Chángjiāng hé Huánghé shì Zhōngguó zuì dà de liǎng tiáo hé.

양자강과 황하는 중국의 가장 큰 두 강이다.

② 去年的十月和今年的三月他都出差去了上海了。

　　Qùnián de shí yuè hé jīnnián de sān yuè tā dōu chūchāi qùle Shànghǎi le.

작년 10월과 올해 3월에 그는 上海로 출장 갔었다.

③ 他和我都是华侨。

　　Tā hé wǒ dōu shì huáqiáo.

그와 나는 모두 화교이다.

④ 这个花瓶和那个花瓶都很好看。

　　Zhège huāpíng hé nàge huāpíng dōu hěn hǎokàn.

이 화병과 그 화병은 모두 예쁘다.

만약 두 개 이상의 병렬 어구가 있으면 ‘和’는 일반적으로 마지막 두 단어 사이에 놓인다.

① 铁、石头和金子都是固体。

　　Tiě、shítou hé jīnzi dōu shì gùtǐ.

철, 돌과 황금은 모두 고체이다.

② 这个班有美国、日本、荷兰和尼泊尔等几个国家的学生。

　　Zhège bān yǒu Měiguó、Rìběn、Hélán hé Níbó'ěr děng jǐ ge guójiā de xuésheng.

이 반에는 미국, 일본, 네덜란드와 네팔 등의 몇 개 나라의 학생이 있다.

 형용사나 동사를 연결한다. '和'를 써서 연결한 동사, 형용사구는 문장의 주어, 목적어, 관형어가 될 수 있다.

1 병렬된 형용사나 동사는 주어나 목적어(개사의 목적어를 포함함)로 쓰일 수 있다.

① 他的聪明和勤奋都足以使他的理想成为现实。(주어)

Tā de cōngmíng hé qínfèn dōu zúyǐ shǐ tā de lǐxiǎng chéngwéi xiànshí.

그의 영리함과 근면은 모두 그의 꿈을 실현하기에 족하다.

② 我为故乡的人民感到幸福和骄傲。(목적어)

Wǒ wèi gùxiāng de rénmín gǎndào xìngfú hé jiāo'ào.

나는 고향 사람들로 인해 행복하고 자랑스럽다.

③ 她作画是为了表达对正义和幸福的向往。(개사목적어)

Tā zuò huà shì wèile biǎodá duì zhèngyì hé xìngfú de xiàngwǎng.

그녀가 그림을 그리는 것은 정의와 행복에 대한 동경을 표현하기 위한 것이다.

④ 李勇对游泳、滑冰和射击都很兴趣, 很有研究。(개사목적어)

Lǐ Yǒng duì yóuyǒng、huábīng hé shèjī dōu hěn xìngqù, hěn yǒu yánjiū.

李勇은 수영, 스케이트와 사격에 대해 흥미가 있고 조예가 깊다.

⑤ 那些在旧路上走惯了的年轻人, 在走上新的生活道路的时候, 总会摇摆和反复。(조동사의 목적어)

Nàxiē zài jiù lù shàng zǒu guànle de niánqīngrén, zài zǒu shàng xīn de shēnghuó dàolù de shíhou, zǒng huì yáobǎi hé fǎnfù.

그 옛 길을 걷는 것이 습관이 젊은이들은 새로운 길을 걸을 때 분명히 동요되고 흔들릴 것이다.

⑥ 报告中的全部数据, 测量和计算都很准确。(주어)

Bàogào zhōng de quánbù shùjù, cèliàng hé jìsuàn dōu hěn zhǔnquè.

보고서의 모든 데이터는 측량과 계산이 매우 정확하다.

2 병렬된 동사(구)나 형용사(구)는 관형어로 쓰일 수 있다.

① 这在母亲心里是多么惨痛悲哀和无可奈何的事啊!

Zhè zài mǔqin xīn lǐ shì duōme cǎntòng bēi'āi hé wú kě nài hé de shì a!

이것으로 인해 어머니의 마음이 얼마나 비통하고 슬프며 어찌할 수 없는 일이 아닌가?

② 教师应该大力培养学生的阅读和写作能力。

Jiàoshī yīnggāi dàlì péiyǎng xuéshēng de yuèdú hé xiězuò nénglì.

교사는 힘을 기울여 학생의 읽기와 쓰기 능력을 길러주어야 한다.

③ 语文是学好各门知识和从事各种工作的基本工具。

Yǔwén shì xué hǎo gè mén zhīshi hé cóngshì gèzhǒng gōngzuò de jīběn gōngjù.

국어는 각 방면의 지식을 익히고 각종 직업에 종사하는데 필요한 기본 도구이다.

④ 现在会说和能听懂普通话的人越来越多。

Xiànzài huì shuō hé néng tīng dǒng pǔtōnghuà de rén yuèláiyuè duō.

지금 표준어를 말하고 알아들을 줄 아는 사람들은 갈수록 많아지고 있다.

3 '和'는 또한 병렬 관계의 술어동사를 연결할 수 있다. 일반적으로 '和'의 뒤에 공통의 목적어 혹은 보어가 있거나 앞에 공통의 수식어가 있어서 병렬된 동사와 형용사

가 하나의 문장 성분이 되도록 한다. 이때 '和'는 병렬된 술어나 두 개의 절을 연결시킬 수 없으며, 연결한 동사와 형용사는 반드시 이음절이어야 한다.

① 政府提倡和推行计划生育。

Zhèngfǔ tíchàng hé tuīxíng jìhuà shēngyù.

정부는 가족계획을 제창하고 보급시키고 있다.(공통의 목적어)

② 在人才的问题上，我们必须打破常规去发现、选拔和培养杰出的人才。

Zài réncái de wèntí shàng, wǒmen bìxū dǎpò chángguī qù fāxiàn、xuǎnbá hé péiyǎng jiéchū de réncái.

인재 문제에 대해 우리들은 반드시 일반적 관습을 깨고 뛰어난 인재를 찾아내고 선발하여 양성해야 한다.(공통의 목적어)

③ 这篇小说酝酿和创作于1950年。

Zhè piān xiǎoshuō yùnniàng hé chuàngzuò yú yī jiǔ wǔ líng nián

이 소설은 1950년에 준비작업과 창작이 이루어졌다.(공통의 보어)

④ 比较，从来都是防止和医治受骗的重要方法。

Bǐjiào, cónglái dōu shì fángzhǐ hé yìzhì shòu piàn de zhòngyào fāngfǎ.

비교는 이제껏 모두 속임을 방지하고 치료하는 중요한 방법이었다.(공통의 목적어)

⑤ 他也不像他见到的许多义军首领那样肤浅和粗俗。

Tā yě bú xiàng tā jiàndào de xǔduō yìjūn shǒulǐng nàyàng fūqiǎn hé cūsú.

그도 그가 만난 많은 의병의 우두머리처럼 천박하거나 거칠지는 않았다.(공통의 부사어)

⑥ 近年来，民用机场越来越庞大、复杂和现代化了。

Jìn nián lái, mínyòng jīchǎng yuèláiyuè pángdà、fùzá hé xiàndàihuà le.

최근 들어 민용 비행장이 갈수록 커지고 복잡해지며 현대화되어 가고 있다.(공통의 부사어와 '了')

⑦ 他很激动，因为过去自己的劳动从没被人重视和关心过。

Tā hěn jīdòng, yīnwèi guòqù zìjǐ de láodòng cóng méi bèi rén zhòngshì hé guānxīnguo.

그는 매우 감격했다. 과거에 자기가 일했던 것들이 여태껏 사람들에게 중시와 관심을 받지 못했기 때문이다.(공통의 '过')

'和'와 용법이 같은 접속사로는 '与', '跟', '同' 등이 있다. '与'는 문어에 많이 쓰이고 '跟'은 북방어에서 비교적 많이 쓰이며 '同'은 화중 일대에서 많이 쓰인다. 그러나 '和'가 가장 광범위하게 쓰이며, 구어와 문어에서 모두 자주 보인다.

2 及, 以及

'及'와 '以及'는 모두 병렬 관계를 나타내는 접속사이다.

1 及

'及'는 명사(구)를 연결할 수 있다. 연결된 명사 사이에는 휴지가 없으며 쉼표를 쓸 수 없다.

① 这个时候的上海滩，画家及收藏家们正掀起一股石涛热。

Zhège shíhou de Shànghǎi tān, huàjiā jí shōuzàngjiāmen zhèng xiān qǐ yì gǔ shítāo rè.

이 때의 上海 해변에서는 화가 및 수장가들이 마침 수석 바람을 일으키고 있었다.

② 茶经三分卷，卷上讲茶的起源、性状、名称，采茶、制茶的用具及茶叶的种类和制茶方法，卷中列举煮茶、饮茶的器具，卷下讲烹茶的方法，各地水质的优劣及饮茶的习俗等。

Chá jīng sān fēn juàn, juàn shàng jiǎng chá de qǐyuán、xìngzhuàng、míngchēng, cǎichá、zhìchá de yòngjù jí cháyè de zhǒnglèi hé zhìchá fāngfǎ, juàn zhōng lièjǔ zhǔ chá、yǐn chá de qìjù, juàn xià jiǎng pēng chá de fāngfǎ, gèdì shuǐzhì de yōuliè jí yǐn chá de xísú děng.

② 以及

'以及'는 주로 명사구, 동사구를 연결하는데, 명사와 단문을 연결할 수도 있다. '以及' 앞에서 휴지를 둘 수 있으며, 쉼표가 올 수도 있다.

① 他在实践中学会了春种、秋收、养猪、喂牛以及开拖拉机等劳动技能。

Tā zài shíjiàn zhōng xué huì le chūn zhǒng、qiū shōu、yǎng zhū、wèi niú yǐjí kāi tuōlājī děng láodòng jìnéng.

그는 작업을 하면서 봄철 파종, 가을 추수, 양돈, 소 사육 및 트랙터 운전 등의 기술을 배웠다.

② 小孩被制作精美的布娃娃，姿态多样的小猫、小狗以及红红绿绿的小鼓、小喇叭吸引住了，赖在那里，不肯走开。

Xiǎo hái bèi zhìzuò jīngměi de bùwáwa, zītài duōyàng de xiǎo māo、xiǎo gǒu yǐjí hónghóng lǜlǜ de xiǎogǔ、xiǎo lǎba xīyǐn zhùle, lài zài nàlǐ, bù kěn zǒukāi.

꼬마는 정교하고 아름다운 천 인형, 다양한 모양의 새끼고양이와 강아지, 알록달록한 작은 북과 작은 나팔에 미혹되어 그곳에 눌러앉아 떠나려 하지 않는다.

③ 这个电影反映了一个职员做好事却经常不被人理解，以及由此引起的一系列故事。

Zhège diànyǐng fǎnyìngle yí ge zhíyuán zuò hǎo shì què jīngcháng bù bèi rén lǐjiě, yǐjí yóu cǐ yǐnqǐ de yí xìliè gùshi.

이 영화는 한 직원이 좋을 일을 하고서도 오히려 늘 사람들에게 오해를 받으며 이로 인해 일어나는 일련의 이야기를 그리고 있다.

④ 我们开会、做报告、写文章，以及做任何工作都是为了解决问题。

Wǒmen kāi huì、zuò bàogào、xiě wénzhāng、yǐjí zuò rènhé gōngzuò dōu shì wèile jiějué wèntí.

우리들이 회의를 열고 보고를 하고 글을 쓰는 등 어떠한 일이라도 하는 것은 모두 문제를 해결하기 위해서이다.

⑤ 统筹法的实用范围极为广泛，在企业管理和基本建设中，以及关系复杂的科研项目的组织与管理中，都可以应用。

Tǒngchóu fǎ de shíyòng fànwéi jíwéi guǎngfàn, zài qǐyè guǎnlǐ hé jīběn jiànshè zhōng, yǐjí guānxi fùzá de kēyán xiàngmù de zǔzhī yǔ guǎnlǐ zhōng, dōu kěyǐ yīngyòng.

统筹法의 실용 범위는 지극히 광범위하여, 기업관리와 기본 기획 및 관계된 복잡한 과학 연구 항목의 구성과 관리에 모두 응용할 수 있다.

⑥ 更令我吃惊的是，讲课时所涉及的引语，他竟能说出它们出自某书，某版本以及出版年月，甚至页数。

Gèng lìng wǒ chījīng de shì, jiǎngkè shí suǒ shèjí de yǐnyǔ, tā jìng néng shuōchū tāmen chū zì mǒu shū, mǒu bǎnběn yǐjí chūbǎn nián yuè, shènzhì yèshù.

나를 더 놀라게 한 것은 수업 중에 언급한 인용인데, 그는 뜻밖에도 그 인용들이 어떤 책, 어떤 판본 및 출판 시기, 심지어 쪽수까지 말하였다.

‘及’와 ‘以及’는 동시에 하나의 문장에 쓰일 수 있다.

⑦ 19世纪及20世纪前半期的作家的作品，以及当代的作品可以多
　　读，对学习英语和写作有好处。

Shí jiǔ shìjì jí èrshí shìjì qiánbànqī de zuòjiā de zuòpǐn, yǐjí dāngdài
de zuòpǐn kěyǐ duō dú, duì xuéxí Yīngyǔ hé xiězuò yǒu hǎochu.

19세기 및 20세기 전반기 작가의 작품 및 당대의 작품을 많이 읽을 수 있으면, 영어와 작문을 배우는 데 도움이 된다.

위의 각 예문과 같이 ‘及’와 ‘以及’는 일반적으로 마지막 두 단어나 구 사이에 놓인다.

‘及’와 ‘以及’는 또한 층차를 구분하는 역할도 한다.

① 参加今天大会的有国家领导人、政府各部门负责人、工人、农
　　民、学生和解放军的代表，以及各国驻华使节、外资企业代表
　　和外国友好人士。

Cānjiā jīntiān dàhuì de yǒu guójiā lǐngdǎorén、zhèngfǔ gè
bùmén fùzérén、gōngrén、nóngmín、xuésheng hé jiěfàngjūn
de dàibiǎo, yǐjí gè guó zhù huá shǐjié、wàizī qǐyè dàibiǎo hé
wàiguó yǒuhǎo rénshì.

오늘 대회에 참가하는 사람들은 국가 지도자, 정부 각 부분의 책임자, 노동자, 농민, 학생과 해방군의 대표 및 각국의 주중 외교사절, 외국 기업대표와 우방인사들이다.

이 문장에서 ‘以及’는 회의에 참가한 중국인과 외국인을 구분한다.

② 关于工业、农业及科技、教育方面存在的问题今年下半年都要
　　解决。

Guānyú gōngyè、nóngyè jí kējì、jiàoyù fāngmiàn cúnzài de
wèntí jīnnián xià bàn nián dōu yào jiějué.

공업, 농업 및 과학기술, 교육 방면에 존재하는 문제들을 올해 하반기에 모두 해결해야 한다.

‘工业’, ‘农业’는 한 부류에 속하고, ‘科技’, ‘教育’는 또 다른 한 부류에 속한다.

 ## 或者(或)

‘或者(或)’는 선택 관계를 나타내는 접속사이다. ‘或者(或)’는 각종 문장 성분, 각 품사, 구를 연결할 수 있으며, 절이나 문장을 연결할 수도 있다.

① 단어를 연결한다.

① 在一定条件下，液体的东西也可以变成固体或气体。

Zài yídìng tiáojiàn xià, yètǐ de dōngxi yě kěyǐ biànchéng gùtǐ
huò qìtǐ.

일정한 조건하에서 액체는 고체 혹은 기체로 변할 수 있다.

② 关于这个题目，你最好看看前人是不是已经有过类似的或相反
　　的结论。

Guānyú zhège tímù, nǐ zuì hǎo kànkàn qián rén shì bu shì yǐjīng
yǒuguo lèisì de huò xiāngfǎn de jiélùn.

이 항목에 관하여 너는 앞사람들이 이미 유사하거나 반대되는 결론을 냈는지를 살펴보는 것이 가장 좋다.

③ 如果你能每天或者经常翻阅一下这方面的资料，那将很有好
处。

Rúguǒ nǐ néng měitiān huòzhě jīngcháng fānyuè yíxià zhè
fāngmiàn de zīliào, nà jiāng hěn yǒu hǎochu.

④ 这一屋子书，老王一上午能整理出一半或者三分之一就不错
了。

Zhè yì wūzi shū, lǎo Wáng yí shàngwǔ néng zhěnglǐ chū yī bàn
huòzhě sān fēn zhī yī jiù búcuò le

② 구(혹은 단어와 구)를 연결한다.

① 星期日或下班以后，人们都喜欢到这个公园来玩儿。

Xīngqīrì huò xiàbān yǐhòu, rénmen dōu xǐhuan dào zhège
gōngyuán lái wánr.

② 勤劳的小虎子放学回家总要先做些挑水或者捡柴禾之类的家务
劳动，然后才开始做功课。

Qínláo de Xiǎo Hǔzǐ fàngxué huí jiā zǒng yào xiān zuò xiē tiāo
shuǐ huòzhě jiǎn chái hé zhī lèi de jiāwù láodòng, ránhòu cái
kāishǐ zuò gōngkè.

③ 这个门向里推或者向外拉都可以。

Zhège mén xiàng lǐ tuī huòzhě xiàng wài lā dōu kěyǐ.

④ 王医生说这种病痊愈至少要半年或者更长的时间。

Wáng yīshēng shuō zhè zhǒng bìng quányù zhìshǎo yào bàn
nián huòzhě gèng cháng de shíjiān

⑤ 至于修辞格，只好比作在领子或袖口上滚一道花边，或者在胸
前别个纪念章什么的，是锦上添花的性质。

Zhìyú xiūcígé, zhǐhǎo bǐ zuò zài lǐngzi huò xiùkǒu shàng gǔn yí
dào huābiān, huòzhě zài xiōng qián bié gè jìniànzhāng
shénme de, shì jǐn shàng tiān huā de xìngzhì.

③ 절이나 문장을 연결한다.

① 这样，为什么人的问题他们就还是没有解决，或者没有明确地
解决。

Zhèyàng, wèishénme rén de wèntí tāmen jiù háishi méi yǒu
jiějué, huòzhě méi yǒu míngquè de jiějué.

② 要解决问题，一定要自己下去，或者是请下面的人上来。

Yào jiějué wèntí, yídìng yào zǐjǐ xiàqù, huòzhě shì qǐng xiàmiàn
de rén shànglái.

③ 知道某个字的发音，忘了怎么写，或者会读某个词，不知道它
的意思，可以用音序检字法。

Zhīdào mǒu gè zì de fāyīn, wàngle zěnme xiě, huòzhě huì dú
mǒu ge cí, bù zhīdào tā de yìsi, kěyǐ yòng yīnxù jiǎnzìfǎ.

④ 工作之余，我们常常全家到公园畅叙，或者到戏院看戏，那时
的戏院也是聊天的场所。

Gōngzuò zhī yú, wǒmen chángcháng quán jiā dào gōngyuán
chàngxù, huòzhě dào xìyuàn kàn xì, nàshí de xìyuàn yě shì
liáotiān de chǎngsuǒ.

어떤 글자의 발음은 알고 어떻게 쓰는지 잊어버렸거나 혹은 그 단어를 읽을 줄은 아는데 그 뜻을 모른다면 발음순 검자법을 사용하면 된다.

일이 끝난 여가 시간에 우리는 항상 전 가족이 공원에 가서 마음껏 떠들거나 극장으로 가서 연극을 본다. 이때 극장은 이야기하는 장소가 되기도 한다.

때때로 문장에 동시에 두 개 혹은 두 개 이상의 '或者'를 쓸 수도 있다.

① 明天或者你来，或者我去怎么都行。

Míngtiān huòzhě nǐ lái, huòzhě wǒ qù zěnme dōu xíng.

내일 네가 오든 내가 가든 모두 괜찮다.

② 杠杆的主要作用或者省力，或者省距离，或者改变用力方向。

Gànggǎn de zhǔyào zuòyòng huòzhě shěnglì, huòzhě shěng
jùlí, huòzhě gǎibiàn yònglì fāngxiàng.

지렛대의 주요 기능은 힘을 절약하거나 거리를 줄이거나 혹은 힘을 들이는 방향을 변화시키는 것이다.

♣ '或者'와 '还是'의 비교

'还是'도 선택 관계를 나타내는 접속사인데, 선택 의문문에 쓰이는 반면, '或者'는 평서문에 쓰인다.

① 老何，我心里有点儿疑惑，这茶叶到底是真的还是假的?

Lǎo Hé, wǒ xīn lǐ yǒu diǎnr yíhuò, zhè cháyè dàodǐ shì zhēn de
háishi jiǎ de?

老何, 난 조금 의심이 가는데 이 찻잎은 도대체 진짜요, 가짜요?

② 您要长袜还是短袜?

Nín yào cháng wà háishi duǎn wà?

목 긴 양말을 원하십니까 아니면 짧은 양말을 원하십니까?

③ 你想吃中餐还是西餐?

Nǐ xiǎng chī zhōngcān háishi xīcān?

중국요리를 드시겠습니까 아니면 양식을 드시겠습니까?

때때로 '还是'가 쓰인 절은 의문의 성질을 갖지만, 전체 문장은 평서문인 경우도 있다.

① 从他说话的语气来看，他是同意还是不同意，这不是很明显的
吗!

Cóng tā shuō huà de yǔqì láikàn, tā shì tóngyì háishi bù tóngyì,
zhè bú shì hěn míngxiǎn de ma!

그가 말한 어기로 봐서 그가 동의한 건지 안한 건지 분명하지 않니!

② 你是中国人还是日本人，我真看不出来。

Nǐ shì Zhōngguórén háishi Rìběnrén, wǒ zhēn kàn buchūlai.

당신이 중국인인지 일본인인지 난 정말 구별할 수가 없다.

4 与其, 宁可

이 둘은 모두 선택 관계를 나타내는 접속사이다. '与其'와 '宁可'는 함께 쓰일 수 있으며 각각 취사선택의 양면을 나타낸다. '与其' 뒤에 연결된 것은 버리는 부분이고, '宁可' 뒤에 연결된 것은 선택하는 부분이다. 이러한 문장에 선택하도록 제공된 사물은 일반적으로 모두 이상적이지 않거나 이상적이라고 하기에는 아직 불충분한 것들이므로 마지못해 하는 취사선택이다. '与其'와 '宁可'는 '不如', '也不' 등의 단어와 함께 쓰일 수 있는데, 여전히 취사 선택문을 구성한다. '宁可'는 문장에서 단독으로 쓰일 수도 있는데 선택하는 부분만이 제시된 선택문이다. 구체적인 문장 형식과 용법은 아래와 같이 나누어 서술한다.

1 与其 A, 宁可 B

이것은 선택 관계를 나타내는 형식으로 비교적 자주 쓰인다. A는 버리는 부분이고 B는 선택하는 부분이다. 비록 A와 B는 모두 이상적이라고 하기에는 불충분하지만, 비교를 하자면 B를 선택하고 A를 버린다. '宁可'는 일종의 염원을 나타낸다.

① 我决心已定：与其屈膝投降，宁可粉身碎骨。

　　Wǒ juéxīn yǐ dìng: yǔqí qūxī tóuxiáng, nìngkě fěn shēn suì gǔ.

　　나는 이미 결심했다. 무릎을 꿇고 투항하느니 차라리 분골쇄신하겠다.

② 与其生产一大堆残品，宁可少生产一些，但质量高一些。

　　Yǔqí shēngchǎn yí dà duī cánpǐn, nìngkě shǎo shēngchǎn yìxiē, dàn zhìliàng gāo yìxiē.

　　대량으로 불량품을 생산하느니 차라리 소량을 생산하더라도 질을 높이겠다.

③ 与其低声下气求人家来帮忙，我宁可自己加班加点。

　　Yǔqí dī shēng xià qì qiú rénjia lái bāngmáng, wǒ nìngkě zìjǐ jiābān jiādiǎn.

　　굽실거리면서 사람들에게 도움을 청하느니 보다 나는 차라리 스스로 연장근무를 하겠다.

④ 导演想，这一伟大形象与其叫一个不合适的演员来演，宁可采取暗场处理。

　　Dǎoyǎn xiǎng, zhè yì wěidà xíngxiàng yǔqí jiào yí ge bù héshì de yǎnyuán lái yǎn, nìngkě cǎiqǔ ànchǎng chǔlǐ.

　　감독은 이 위대한 인물의 이미지를 어울리지 않는 배우가 연기하느니 차라리 영화의 전체 흐름으로 알 수 있게 하는 것이 낫다고 생각했다.

2 与其 A, 不如 B

이것도 역시 자주 쓰이는 취사선택 형식으로서 바로 위의 문장 형식과 유사하다. 다른 점은 선택하는 부분이 염원의 성분을 포함하지 않고 주로 일종의 견해를 나타낸다는 것이다. A는 버리는 한 면이고 B는 비록 만족스럽지는 않지만 A보다는 좋고 적합하다.

① 与其给敌人干事，不如让敌人杀死。

　　Yǔqí gěi dírén gàn shì, bùrú ràng dírén shāsǐ.

　　적을 위해 일을 하느니 차라리 적에게 죽임을 당하는 것이 낫다.

② 喜儿说：“与其在黄仕仁家挨打受骂，不如逃到山里去。”

    Xǐ'ér shuō: "Yǔqí zài Huángshìrén jiā áidǎ shòumà, bùrú táo dào shān lǐ qù."

③ 涓生认为与其一同毁灭，不如分道扬镳，各自去谋求生路。

    Juānshēng rènwéi yǔqí yìtóng huǐmiè, bùrú fēn dào yángbiāo, gèzì qù móu qiú shēng lù.

이러한 문장 형식 중의 ‘不如’ 앞에는 종종 부사 ‘倒’, ‘还’, ‘真’이 쓰이기도 한다.

④ 天气这么好，与其呆在家里休息，倒不如出去走走。

    Tiānqì zhème hǎo, yǔqí dāi zài jiā lǐ xiūxi, dǎo, dào bùrú chū qù zóuzou.

⑤ 这辆旧自行车与其这么一次一次地修理，真不如换辆新的。

    Zhè liàng jiù zìxíngchē yǔqí zhème yī cì yī cì de xiūlǐ, zhēn bùrú huàn liàng xīn de.

⑥ 这本《日俄词典》与其放在我这儿用不上，还不如送给你用吧。

    Zhè běn 《Rì É cídiǎn》 yǔqí fàng zài wǒ zhèr yòng bu shàng, hái bùrú sòng gěi nǐ yòng ba.

이 문장 형식에서 ‘与其’와 ‘不如’ 뒤에는 종종 ‘说’가 쓰여 어떤 사물에 대한 화자의 견해를 중점적으로 나타낸다.

⑦ 我本想留他多住几天，与其说使他老人家得到一点享受，还不如说使我自己得到一点安慰。

    Wǒ běn xiǎng liú tā duō zhù jǐ tiān, yǔqí shuō shǐ tā lǎorénjiā dédào yìdiǎn xiǎngshòu, hái bùrú shuō shǐ wǒ zìjǐ dédào yìdiǎn ānwèi.

⑧ 他的病房并不宽大，写字台上堆满了信件、书报。与其说是病房，倒不如说是一间书房。

    Tā de bìngfáng bìng bù kuāndà, xiězìtái shàng duīmǎnle xìnjiàn、shūbào. Yǔqí shuō shì bìngfáng, dào bùrú shuō shì yì jiān shūfáng.

⑨ 与其说小捷天资聪敏，倒不如说他刻苦勤奋。

    Yǔqí shuō Xiǎo jié tiānzī cōngmǐn, dào bùrú shuō tā kèkǔ qínfèn.

‘与其’는 ‘宁可’, ‘不如’와 결합할 뿐만 아니라 ‘宁愿’이나 ‘宁肯’과 결합하기도 하는데, ‘宁可’를 쓰는 것보다 염원을 나타내는 정도가 조금 더 강하다.

① 与其让同志替自己承担任务，他宁愿带病坚持工作。

Yǔqí ràng tóngzhì tì zìjǐ chéngdān rènwu, tā nìngyuàn dài bìng jiānchí gōngzuò.

② 与其向国家伸手求援，给国家增加困难，他们宁肯自己艰苦奋斗、自力更生。

Yǔqí xiàng guójiā shēn shǒu qiúyuán, gěi guójiā zēngjiā kùnnan, tāmen nìngkěn zìjǐ jiānkǔ fèndòu、zìlì gèngshēng.

3 宁可/宁愿/宁肯 B，决不/也不/也别 A

'宁可/宁愿/宁肯'은 '与其'와 함께 쓰일 뿐만 아니라 종종 부사 '也不', '决不', '也别' 등과 호응하기도 한다. 이 문장 형식에서 A는 반드시 부정적인 면, 하기를 희망하지 않는 내용이어야 한다. A를 부정하기 위해서라면 설사 B의 대가를 지불할지라도 기꺼이 원한다는 의미를 나타낸다.

① 他宁愿受穷挨饿，也不和敌人微笑干杯。

Tā nìngyuàn shòu qióng ái è, yě bù hé dírén wēixiào gānbēi.

② 当时，全城的老百姓宁可淹死，决不投降。

Dāngshí, quán chéng de lǎobǎixìng nìngkě yān sǐ, jué bù tóuxiáng.

③ 宁可早到半个小时，也别迟到半分钟。

Nìngkě zǎo dào bàn ge xiǎoshí, yě bié chídào bàn fēn zhōng.

④ 爸爸宁可默默忍受儿子的误会和斥责，也不愿暴露自己的身份。

Bàba nìngkě mòmò rěnshòu érzi de wùhuì hé chìzé, yě bù yuàn bàolù zìjǐ de shēnfèn.

⑤ 我宁愿十天不吃啥，也不能让孩子受苦。

Wǒ nìngyuàn shí tiān bù chī shá, yě bù néng ràng háizi shòu kǔ.

⑥ 我宁肯饿死，也不愿意跟余敬唐这样的人在一起

Wǒ nìngkěn è sǐ, yě bú yuànyì gēn Yújìngtáng zhèyàng de rén zài yìqǐ.

때때로 어기를 강화하기 위해 '也不'와 '决不'를 합쳐서 '也决不'라고 하기도 한다.

⑦ 他宁肯自己做点自我牺牲，也决不学那些市侩，做损人利己的事。

Tā nìngkěn zìjǐ zuò diǎn zìwǒ xīshēng, yě jué bù xué nàxiē shì kuài, zuò sǔn rén lì jǐ de shì.

 **宁可/宁肯/宁愿 A，也要……**

이 문장 형식에서 A는 선택하는 내용이고 '也要'는 A를 선택하는 목적을 나타낸다.

① 他想："有我在就有大桥在！宁可牺牲自己，也要保住大桥。"

　　Tā xiǎng: "Yǒu wǒ zài jiù yǒu dàqiáo zài! Nìngkě xīshēng zìjǐ, yě yào bǎozhù dàqiáo."

② 宁可掉脑袋，也要坚持真理，对得起自己的良心！

　　Nìngkě diào nǎodài, yě yào jiānchí zhēnlǐ, duì de qǐ zìjǐ de liángxīn!

③ 我宁可倾家荡产，也要帮助你度过这个难关。

　　Wǒ nìngkě qīngjiā dàngchǎn, yě yào bāngzhù nǐ dùguò zhège nánguān.

때때로 A를 선택해서 달성해야 하는 목적을 부각시키기 위해 개사 '为了'를 써서 목적을 나타내는 어구를 문두에 쓰기도 한다.

① 为了给王强补课，张老师宁愿放弃星期天的电影。

　　Wèile gěi Wáng Qiáng bǔ kè, Zhāng lǎoshī nìngyuàn fàngqì xīngqītiān de diànyǐng.

② 为了寻求救国的真理，他宁愿远离家乡到异国去求学。

　　Wèile xúnqiú jiù guó de zhēnlǐ, tā nìngyuàn yuǎn lí jiāxiāng dào yìguó qù qiúxué.

③ 为了帮助夫人，我宁愿赴汤蹈火。

　　Wèile bāngzhù fūrén, wǒ nìngyuàn fù tāng dǎo huǒ.

④ 为了给战友们开辟前进的道路，黄继光宁愿牺牲自己，用胸口堵住敌人的枪口。

　　Wèile gěi zhànyǒumen kāibì qiánjìn de dàolù, Huáng Jìguāng nìngyuàn xīshēng zìjǐ, yòng xiōngkǒu dǔzhù dírén de qiāngkǒu.

문맥이 분명한 언어 환경에서, 화자가 말하지 않아도 자명하다고 생각하거나 설명할 필요가 없을 때에는 선택하는 부분만을 말하더라도 염원을 분명하게 드러낼 수 있다.

① 不过，我宁愿听'蓝色的多瑙河'。

　　Búguò, wǒ nìngyuàn tīng 'lánsè de Duōnǎohé'.

② 我宁愿自己吃点亏。

　　Wǒ nìngyuàn zìjǐ chī diǎn kuī.

⑤ 宁

성어에서는 '宁可/宁肯/宁愿'의 뜻을 나타낼 때 일반적으로 '宁'만 쓰기도 한다. '宁' 뒤에 바로 뒤따르는 어구는 선택하는 내용이다. '宁'과 어울려 쓰이는 것은 '勿', '毋', '不' 등이고 그 뒤에 바로 뒤따르는 것은 버리는 부분이다.

宁左勿右 : 좌파가 될지언정 우파가 되지는 마라

宁缺毋滥 : 차라리 부족한 대로 놓아둘망정 아무거나 마구 쓸 수는 없다.

宁死不屈 : 죽을지언정 굽히지 않는다.

宁停三分, 不抢一秒 : 3분을 정차할지언정 1초를 다투지 맙시다.(교통 표어)

 而

'而'은 단어(주로 형용사나 동사), 구(형용사구나 동사구), 절이나 문장을 연결할 수 있다. '而'이 연결하는 두 성분 사이에는 병렬, 전환, 연접, 점층 등의 관계가 있다. '而'은 명사나 명사구를 연결할 수 없다.

① 병렬 관계를 나타내며(한층 나아가다는 뜻을 함축함) 연결된 두 항목의 의미는 일치한다.

① 船上生活, 是如何的清新而活泼。

Chuán shàng shēnghuó, shì rúhé de qīngxīn ér huópō.

배에서 생활하는 것은 얼마나 신선하고 생동적이던가.

② 戏里的主人公, 高大而丰满, 真实而感人, 亲切而可信。

Xì lǐ de zhǔréngōng, gāodà ér fēngmǎn, zhēnshí ér gǎnrén, qīnqiè ér kěxìn.

극중의 주인공은 크고 풍만하며 진실되고 감동적이다. 또한 친근하고도 믿음이 간다.

③ 在饮酒中间, 徐以显虽然恭敬而热情地向闯王敬酒, 心中却继续想着如何劝说献忠下狠心。

Zài yǐn jiǔ zhōngjiān, Xú Yíxiǎn suīrán gōngjìng ér rèqíng de xiàng Chuǎngwáng jìng jiǔ, xīnzhōng què jìxù xiǎngzhe rúhé quàn shuō Xiàn Zhōng xià hěnxīn.

술을 마시는 중에 徐以显은 비록 정중하고 친절하게 闯王에게 술을 권했으나 마음속으로는 어떻게 献忠에게 모진 결심을 내리라고 권해야 할지를 계속 생각하고 있었다.

④ 他确乎有点像一棵树, 坚壮、沉默而又生气。

Tā quèhū yǒu diǎn xiàng yì kē shù, jiānzhuàng、chénmò ér yòu shēngqì.

그는 확실히 나무를 조금 닮아서인지 건장하고 과묵하며 또 생기가 있다.

때때로 연결된 두 항목은 하나는 긍정 형식이고 다른 하나는 부정 형식일 수 있지만 의미상 일치한다.

⑤ 会上, 同志之间展开了正确的而不是歪曲的, 认真的而不是敷衍的批评和自我批评。

Huì shàng, tóngzhì zhījiān zhǎnkāile zhèngquè de ér bú shì wāiqǔ de, rènzhēn de ér bú shì fūyǎn de pīpíng hé zìwǒ pīpíng.

회의에서 동료들 간에 정확하고도 왜곡되지 않으며 진실되면서도 무성의하지 않은 토론과 자아비판을 펼쳤다.

⑥ 就是太阳也不是什么宇宙中心，而只是满天星斗中的一颗而
已。

Jiùshì tàiyáng yě bú shì shénme yǔzhòu zhōngxīn, ér zhǐshì
mǎntiān xīngdǒu zhōng de yì kē éryǐ.

태양은 어떠한 우주의 중심도 아니며 단지 온 하늘에 총총히 떠 있는 별들 중의 하나일 뿐이다.

 전환 관계를 나타낸다.

'而'로 연결된 두 성분은 의미가 상반되는데, 이때 '而'은 '可是', '但是', '然而'의 뜻을 가진다. 그러나 어기는 비교적 부드러워서 부사 '却'에 해당한다. 때때로 '而'과 '却'가 동시에 출현하기도 한다.

① 这张画的色彩艳而不俗。

Zhè zhāng huà de sècǎi yàn ér bù sú.

이 그림의 색채는 화려하지만 속되지 않다.

② 张老师讲课向来是少而精，简而明。

Zhāng lǎoshī jiǎng kè xiànglái shì shǎo ér jīng, jiǎn ér míng.

장 선생님의 강의는 여태까지 내용은 적지만 핵심이 있고 간략하지만 명확하다.

③ 能读懂文章而写不通文章的人是大有人在的。

Néng dú dǒng wénzhāng ér xiě bu tōng wénzhāng de rén shì
dà yǒu rén zài de.

문장을 읽을 줄은 알지만 매끄럽게 쓰지 못하는 사람이 많이 있다.

④ 大家敢怒而不敢言地在那里立着，心中并没有给刘四爷念着吉
祥话儿。

Dàjiā gǎnnù ér bùgǎn yán de zài nàlǐ lìzhe, xīn zhōng bìng méi
yǒu gěi Liú sìyé niànzhe jíxiáng huàr.

모두 격분했지만 감히 말을 못한 채 거기에 서 있었지만, 마음속으로는 결코 刘四爷에게 덕담을 하지 않았다.

⑤ 那些老友的穿戴已经落伍，而四爷的皮袍马褂全是新做的。

Nàxiē lǎoyǒu de chuāndài yǐjīng luòwǔ, ér sìyé de pípáo
mǎguà quán shì xīn zuò de.

그 옛 친구들의 옷차림은 이미 뒤떨어졌지만 四爷의 皮袍와 마고자는 전부 새것이다.

⑥ 有的作品内容确实不错，但因为写得拖沓累赘，读起来就像背
着一块石板在剧场里看戏，使人感到吃力头疼。而读大师的名
著呢，却有如顺风行船，轻松畅快。

Yǒu de zuòpǐn nèiróng quèshí búcuò, dàn yīnwèi xiě de tuōtà
léizhui, dúqilai jiù xiàng bèizhe yí kuài shíbǎn zài jùchǎng lǐ kàn
xì, shǐ rén gǎndào chī lì tóuténg. Ér dú dàshī de míngzhù ne,
què yǒu rú shùnfēng xíng chuán, qīngsōng chàngkuài.

어떤 작품의 내용은 확실히 훌륭하지만 말이 요점 없이 번잡하여 읽으면 마치 극장에서 석판을 등에 얹고 연극을 보는 것처럼 힘들고 머리 아프게 해. 그러나 대가들의 명저를 읽으면 순풍에 돛단배처럼 편하고 통쾌해진다.

 연접 관계를 나타내며 또한 '진일보하다(进一步)'의 뜻이 있다.

① 青出于蓝而胜于蓝。

Qīng chū yú lán ér shèng yú lán.

푸른 물감이 쪽에서 나오지만 쪽보다 더 푸르다.

② 他的脸慢慢由红而白，把以前所受过的一切委屈都一下子想起来，全堵在心上。

Tā de liǎn mànmàn yóu hóng ér bái, bǎ yǐqián suǒ shòuguo de yíqiè wěiqū dōu yíxiàzi xiǎng qilai, quán dǔ zài xīn shàng.

그의 얼굴은 천천히 붉었다가 하얗게 되었다. 이전에 당한 모든 억울함 들이 한꺼번에 생각이 나 가슴이 답답해졌다.

③ 他也许拉一辈子车，而一辈子连拉车也没出过风头。

Tā yěxǔ lā yíbèizi chē, ér yíbèizi lián lā chē yě méi chūguo fēngtou.

그는 아마도 한평생 수레를 끌었겠지만, 평생 수레를 끌었어도 내세울 것이 없다.

④ 四个现代化的关键是科学技术现代化，而数学在科学技术现代化中有着重要的地位和作用。

Sì ge xiàndàihuà de guānjiàn shì kēxué jìshù xiàndàihuà, ér shùxué zài kēxué jìshù xiàndàihuà zhōng yǒuzhe zhòngyào de dìwèi hé zuòyòng.

4개 현대화의 관건은 과학기술의 현대화이며 수학은 과학기술의 현대화에서 중요한 지위와 역할을 담당하고 있다.

⑤ 这些颜色与草木的绿色配合，引起了人们安静闲适的感觉，而到各种花开时节，更显得各种花明艳照眼。

Zhèxiē yánsè yǔ cǎomù de lǜsè pèihé, yǐnqǐle rénmen ānjìng xiánkuò de gǎnjué, ér dào gèzhǒng huā kāi shíjié, gèng xiǎn de gèzhǒng huā míngyàn zhàoyǎn.

이 색깔들은 초목의 녹색과 잘 어우러져 사람들에게 한적하고 편안한 느낌을 불러일으키고 있다. 더욱이 각종 꽃이 피는 때가 되면 더욱 선명하고 아름다워 눈부시게 보인다.

 '而'은 방식, 목적, 원인 등을 나타내는 부사어와 뒤에 오는 동사구를 연결시킨다.

1 부사어가 방식을 나타낸다.

① 唯物辩证法认为外因是变化的条件，内因是变化的根据，外因通过内因而起作用。

Wéiwù biànzhèngfǎ rènwéi wàiyīn shì biànhuà de tiáojiàn, nèiyīn shì biànhuà de gēnjù, wàiyīn tōngguò nèiyīn ér qǐ zuòyòng.

유물변증법은 외적 요인이 변화의 조건이고 내적 요인은 변화의 근거이며, 외적 요인은 내적 요인을 통해서 작용한다고 주장한다.

② 这些青翠的竹子，沿着细长的滑道，穿云钻雾，呼啸而来。

Zhèxiē qīngcuì de zhúzi, yánzhe xìcháng de huádào, chuān yún zhēn wù, hūxiào ér lái.

이 푸른 대나무들은 좁고 긴 수로를 따라 구름과 안개를 뚫고 휙휙 소리를 내며 내려왔다.

③ 不一会，雨声就由沙沙沙而刷刷刷，雨丝由断而联，由细而粗，雨大起来了。

Bù yíhuì, yǔ shēng jiù yóu shāshāshā ér shuāshuāshuā, yǔsī yóu duàn ér lián, yóu xì ér cū, yǔ dà qǐlai le.

얼마 안 있어 빗소리가 쏴악하고 커지더니, 빗줄기가 끊어졌다 이어지고, 가늘어졌다 굵어지면서 비가 세차게 내리기 시작했다.

④ 小郭接过雨衣，热泪滚滚而下。

Xiǎo Guō jiēguò yǔyī, rèlèi gǔngǔn ér xià.

小郭는 비옷을 받고는 뜨거운 눈물을 뚝뚝 떨어뜨렸다.

⑤ 这颗种子终于破土而出，并开始萌发出嫩绿的幼芽。

Zhè kē zhǒngzi zhōngyú pò tǔ ér chū, bìng kāishǐ méngfāchū nènlǜ de yòuyá.

이 씨앗은 마침내 흙을 뚫고 나와 파르스름한 새싹이 돋아나기 시작했다.

⑥ 人，不管吃荤也好，吃素也好，反正都是靠植物而生活。

Rén, bùguǎn chī hūn yě hǎo, chī sù yě hǎo, fǎnzhèng dōu shì kào zhíwù ér shēnghuó.

'而'로 연결된 어구 가운데 자주 쓰이는 것은 다음과 같다.

不欢而散 : 불쾌한 기분으로 헤어지다.
挺身而出 : 위험한 일에 용감히 나서다.
日出而作 : 해가 떠오르면 일을 한다.
日落而息 : 해가 지면 쉰다.
不期而遇 : 우연히 만나다.
一饮而尽 : 깨끗하게 마셔버리다.
一扫而光 : 말끔히 치워버리다.
一跃而起 : 기세 좋게 획 뛰어오르다.

② 부사어가 목적이나 원인, 내원을 나타낸다. '而'이 원인이나 목적을 나타낼 때, '为', '为了', '由于', '因为' 등과 함께 쓰이는 경우가 많다. 가장 자주 보이는 형식은 '为(为了, 因为)……而……'이다.

① 会上代表们表示一定要为了祖国国防的现代化而努力!

Huì shàng dàibiǎomen biǎoshì yídìng yào wèile zǔguó guófáng de xiàndàihuà ér nǔlì!

② 谁个曾因为太阳本身有黑子而否认了它的灿烂的光辉呢?

Shéi ge céng yīnwèi tàiyáng běnshēn yǒu hēizi ér fǒurènle tā de cànlàn de guānghuī ne?

③ 祥子还照常拉车，并不因为谣言而偷懒。

Xiángzǐ hái zhàocháng lā chē, bìng bù yīnwèi yáoyán ér tōulǎn.

④ 田野里的禾苗因一场夏雨刚过而变得生机盎然。

Tiányě lǐ de hémiáo yīn yì chǎng xiàyǔ gāng guò ér biàn de shēngjī àngrán.

⑤ 她是因为怯场心慌，还是由于身体不适而影响声音?

Tā shì yīnwèi qiè chǎng xīn huāng, háishi yóuyú shēntǐ bú shì ér yǐngxiǎng shēngyīn?

'而' 앞의 성분도 내원을 나타낼 수 있다.

⑥ 一切种类的文学艺术的源泉究竟是从何而来呢?

Yíqiè zhǒnglèi de wénxué yìshù de yuánquán jiūjìng shì cóng hé ér lái ne?

6 并, 并且

'并', '并且'는 모두 점층 관계를 나타내는 접속사이고 두 개의 동사(구)와 절을 연결할 수도 있다. '并且'는 또 문장을 연결하기도 한다. '并'과 '并且'는 연결된 두 성분 중에서 뒤에 오는 단어나 절의 앞에 쓰인다.

(1) 두 개의 동사를 연결한다.

두 개의 동사를 연결하는데, 두 개 이상의 동작이(동시에 혹은 선후로) 진행되며 두 번째 동작이 첫 번째 동작보다 더 진일보하다는 것을 나타낸다.

① 在昨天的会上，代表们讨论并通过了两项决议。

Zài zuótiān de huì shàng, dàibiǎomen tǎolùn bìng tōngguòle liǎng xiàng juéyì.

> 어제 회의에서 대표들은 두 개의 결의안을 토론하고 통과시켰다.

'讨论' 이후에 비로소 '通过'할 수 있다. '通过'는 '讨论'보다 더 진일보한 것이다.

② 而现在语言文字学家真正关心并参与这项工作的不多。

Ér xiànzài yǔyán wénzì xuéjiā zhēnzhèng guānxīn bìng cānyǔ zhè xiàng gōngzuò de bù duō.

> 현재 언어문자학자들 가운데 이 일에 진정으로 관심을 가지고 참여하는 사람은 많지 않다.

③ 中国是世界上最早发现并利用茶树的国家。

Zhōngguó shì shìjiè shàng zuì zǎo fāxiàn bìng lìyòng cháshù de guójiā.

> 중국은 세계에서 가장 일찍 차나무를 발견하고 사용한 나라이다.

④ 新中国确立并推行的简化字，大部分是历代流行已久。

Xīn Zhōngguó quèlì bìng tuīxíng de jiǎnhuàzì, dàbùfen shì lìdài liúxíng yǐ jiǔ.

> 새로운 중국이 확정하고 보급시킨 간화자는 대부분이 역대로 오래전부터 널리 쓰였다.

(2) 두 개의 동사구를 연결한다.

① 真理是跟谬误相比较，并且同它作斗争发展起来的。

Zhēnlǐ shì gēn miùwù xiāng bǐjiào, bìngqiě tóng tā zuò dòuzhēng fāzhǎn qǐlai de.

> 진리는 오류와 서로 비교하고 또 그것과 투쟁을 하며 발전해 온 것이다.

② 我希望所有的人都去干并且都干好自己爱干的工作，为国家现代化建设做出贡献。

Wǒ xīwàng suǒyǒu de rén dōu qù gàn bìngqiě dōu gàn hǎo zìjǐ ài gàn de gōngzuò, wèi guójiā xiàndàihuà jiànshè zuòchū gòngxiàn.

> 나는 어떤 사람이 자신이 좋아하는 일을 하고 게다가 잘 처리하여 국가의 현대화 건설을 위해 공헌하기를 바란다.

③ 今天是老母亲七十整寿，大儿子上礼拜就来了并给了五百块钱。

Jīntiān shì lǎo mǔqīn qīshí zhěngshòu, dà érzi shàng lǐbài jiù láile bìng gěile wǔbǎi kuàiqián.

> 오늘이 노모의 70세 생일이라, 큰아들은 지난주에 왔으며 게다가 500원을 드렸다.

3 절을 연결한다.

① 这位老大夫十分重视基础医学理论的探讨，并在新的手术设计
和改进方面有许多贡献。

Zhè wèi lǎo dàifu shífēn zhòngshì jīchǔ yīxué lǐlùn de tàntǎo,
bìng zài xīn de shǒushù shèjì hé gǎijìn fāngmiàn yǒu xǔduō
gòngxiàn.

이 노의사는 기초 의학 이론의 연구를 상당히 중시할 뿐 아니라 새로운 수술의 구상과 개선 방면에 있어서 많은 공헌을 했다.

② 老师用右手拍了拍阿宝的肩膀，并向他作了个鼓励的手势。

Lǎoshī yòng yòushǒu pāile pāi Ābǎo de jiānbǎng, bìng xiàng
tā zuòle ge gǔlì de shǒushì.

선생님은 오른손으로 阿宝의 어깨를 두드리며 그에게 격려하는 손짓을 했다.

③ 要是他还活着，他一定会对四化建设表示衷心拥护，并且全力
以赴。

Yàoshì tā hái huózhe, tā yídìng huì duì sìhuà jiànshè biǎoshì
zhōngxīn yōnghù, bìngqiě quánlì yǐ fù.

만일 그가 아직 살아있다면 틀림없이 4개 현대화 건설에 대해 열렬히 지지했을 것이며 전력을 다했을 것이다.

④ 这种构件有很好的硬度、强度和耐高温性，并且很轻。

Zhè zhǒng gòujiàn yǒu hěn hǎo de yìngdù、qiángdù hé nài
gāowēnxìng, bìngqiě hěn qīng.

이러한 부품은 경도, 강도와 내열성이 좋을 뿐 아니라 매우 가볍다.

⑤ 为什么语言要学，并且要用很大的力气去学呢？

Wèishénme yǔyán yào xué, bìngqiě yào yòng hěn dà de lìqi
qù xué ne?

왜 언어를 배워야 하며 게다가 많은 노력을 들여 공부해야 하나요?

⑥ 历代书法家的墨迹都有简体字，并且书写得很好。

Lìdài shūfǎjiā de mòjì dōu yǒu jiǎntǐzì, bìngqiě shū xiě de hěn
hǎo.

역대 서예가들의 필체에는 모두 간체자가 있으며 게다가 매우 잘 썼다.

4 '并且'는 문장을 연결할 수 있다.

① 既然决定不再工作，何妨离开工作的地方呢？ 并且那些糊里糊
涂只知道吃的同伴，也实在叫人看着生气。

Jìrán juédìng bú zài gōngzuò, héfáng líkāi gōngzuò de dìfang
ne? Bìngqiě nàxiē húlíhútu zhǐ zhīdào chī de tóngbàn, yě shízài
jiào rén kànzhe shēngqì.

다시 일하지 않기로 결정했다면 일하던 곳을 떠난들 무슨 상관이 있겠는가? 게다가 단지 먹는 것만 아는 그 어리석은 동료들을 보고 있으면 정말 화가 난다.

② 要是你以后能出去的话，千万想法把那个东西交给咱们的人。
并且告诉他们，我对得起大家，对得起死去的爹。

Yàoshì nǐ yǐhòu néng chūqù de huà, qiānwàn xiǎng fǎ bǎ
nàge dōngxi jiāo gěi zámen de rén. Bìngqiě gàosu tāmen, wǒ
duì de qǐ dàjiā duì de qǐ sǐqù de diē.

만일 네가 나중에 나갈 수 있다면 부디 그 물건을 우리 쪽 사람들에게 건네줄 방법을 생각해라. 또 그들에게 나는 모두에게 그리고 돌아가신 아버지에게 떳떳하다고 말해줘.

7 不但

‘不但’은 점층 관계를 나타내는 접속사로, 복문의 앞절에 쓰이며 뒷절에는 일반적
으로 접속사 ‘而且’, ‘并且’ 등을 써서 그것과 호응한다. 즉 ‘不但……而且(并且)……’
형식을 이룬다. 이 형식은 사물의 깊이나 넓이 방면에서의 점층 관계를 나타내는 데
쓰인다.

① 사물의 깊이 방면에 있어서의 점층관계를 나타낸다.

즉, 뒷절의 내용이 앞절보다 정도에 있어서 더 심함을 나타낸다.

① 雨后的春笋，不但长得多，而且长得快。

　　Yǔ hòu de chūnsǔn, búdàn zhǎng de duō, érqiě zhǎng de kuài.

비온 뒤의 봄 죽순은 많이 자랐을 뿐 아니라 빨리 자란다.

② 石拱桥不但形式优美，而且结构坚固。

　　Shígǒngqiáo búdàn xíngshì yōuměi, érqiě jiégòu jiāngù.

아치형 돌다리는 형식이 우아하고 아름다울 뿐 아니라 구조도 견고하다.

③ 诗的语言不但要求准确，而且还要精炼。

　　Shī de yǔyán búdàn yāoqiú zhǔnquè, érqiě hái yào jīngliàn.

시 언어는 정확해야 할 뿐만 아니라 더 간결해야 한다.

④ 我们沙漠进军，不但保护了农田，开辟了绿洲，而且对交通线
　路也起了防护的作用。

　　Wǒmen shāmò jìnjūn, búdàn bǎohùle nóngtián, kāipìle lǜzhōu, érqiě duì jiāotōng xiànlù yě qǐle fánghù de zuòyòng.

우리들의 사막 진군은 농토를 보호하고 오아시스를 개척할 뿐만 아니라 도로를 방어하고 지키는 역할도 한다.

⑤ 平时，我不但爱读诗，并且还先后编写出版了几部诗集。

　　Píngshí, wǒ búdàn ài dú shī, bìngqiě hái xiānhòu biānxiě chūbǎnle jǐ bù shījí.

평상시, 나는 시 읽는 것을 좋아할 뿐 아니라 연이어 시집 몇 권을 엮어 출판하였다.

⑥ 半年以后，他不但还清了欠人家的债，改善了家庭条件，还在
　银行存一笔款。

　　Bàn nián yǐhòu, tā búdàn huánqīngle qiàn rénjia de zhài, gǎishànle jiātíng tiáojiàn, hái zài yínháng cún yì bǐ kuǎn.

반년 후에 그는 다른 사람에게 진 빚을 청산하고 가정 형편이 나아졌을 뿐만 아니라 게다가 은행에 어느 정도의 돈도 저축해 놨다.

⑦ 理发也是技术，不但是技术，也是艺术。

　　Lǐfà yě shì jìshù, búdàn shì jìshù, yě shì yìshù.

이발도 기술이다. 기술일 뿐 아니라 예술이기도 하다.

‘不但’은 예⑥, ⑦에서처럼 접속 작용을 하는 부사 ‘还’, ‘也’ 등과 결합하기도 한다. 혹
은 부사 ‘更’, ‘甚至’ 등과 결합해서 ‘不但……还……’, ‘不但……而且……也……’, ‘不
但……更……’, ‘不但……甚至……’ 등의 형식을 구성하기도 한다. ‘而且’는 예⑤처럼
‘并且’로 대체할 수 있다.

 **사물의 넓이 방면의 점층을 나타낸다.**

① 汉语水平测试不但三年级学生参加了，而且二年级的学生也参加了。

    Hànyǔ shuǐpíng cèshì búdàn sān niánjí xuésheng cānjiā le, érqiě èr niánjí xuésheng yě cānjiā le.

중국어 수평고사는 3학년 학생들이 참가했을 뿐 아니라 2학년 학생들도 참가했다.

② 弟弟参加地质探险队的愿望，不但父亲支持，而且母亲也赞成。

    Dìdi cānjiā dìzhì tànxiǎnduì de yuànwàng, búdàn fùqīn zhīchí, érqiě mǔqīn yě zànchéng.

남동생이 지질탐험대에 참가하고자 하는 바람은 아버지가 지지했을 뿐 아니라 어머니도 찬성했다.

③ 不但学习成绩优秀的同学受到了表扬，而且学习成绩提高得快的同学也受到了表扬。

    Búdàn xuéxí chéngjì yōuxiù de tóngxué shòudàole biǎoyáng, érqiě xuéxí chéngjì tígāo de kuài de tóngxué yě shòudào le biǎoyáng.

학습 성적이 우수한 학우가 칭찬을 받았을 뿐만 아니라 학습 성적이 빠르게 향상된 학우도 칭찬을 받았다.

④ 人才市场优胜劣汰，不但人才之间存在着竞争，而且用人单位也同样面临一场竞争。

    Réncái shìchǎng yōushèng liètài, búdàn réncái zhījiān cúnzàizhe jìngzhēng, érqiě yòng rén dānwèi yě tóngyàng miànlín yì chǎng jìngzhēng.

인재시장에서 강한 자는 살아남고 약한 자는 도태되기 마련이라서, 인재들 간에 경쟁이 존재할 뿐 아니라 구인 기관도 마찬가지로 경쟁에 직면해 있다.

⑤ 在联欢会上，不但专业演员表演了节目，而且业余的文艺爱好者也纷纷上台给大家演出了精彩的节目。

    Zài liánhuānhuì shàng, búdàn zhuānyè yǎnyuán biǎoyǎnle jiémù, érqiě yèyú de wényì àihǎozhě yě fēnfēn shàngtái gěi dàjiā yǎnchūle jīngcǎi de jiémù.

페스티벌에서 전문 연예인뿐만 아니라 아마추어 문예애호가들도 잇달아 무대에 올라가 다채로운 프로그램을 공연했다.

역행 점층을 나타낸다.

앞 절에서는 '不但'과 부정부사 '不'나 '没有'를 연이어 쓰고, 뒷 절에서는 '而且' 대신 '反而'을 쓴다. 즉, '反而'과 접속사 '不但'이 서로 호응한다. '不但'은 앞 절에 쓰여 실현되기를 희망하거나 반드시 실현되어야 하지만 실현되지 않은 정황을 끌어들인다. 뒷 절에서는 '反而'을 써서 상반되는 결과나 효과를 끌어들여 역행 점층 상황을 만든다. 자주 쓰이는 형식은 '不但＋不/没有……, 反而……'이다.

① 半年的减肥锻炼，他的体重不但没有减下来，反而又增加了。

    Bàn nián de jiǎnféi duànliàn, tā de tǐzhòng búdàn méi yǒu jiǎn xialai, fǎn'ér yòu zēngjiā le.

반년 동안의 다이어트 운동에도 그는 체중이 줄지 않았을 뿐 아니라 도리어 늘어났다.

② 不恰当的过多的描写，不但不会使文章增色，反而会变成累赘，使人感到厌烦。

    Bú qiàdàng de guòduō de miáoxiě, búdàn bú huì shǐ wénzhāng zēngsè, fǎn'ér huì biànchéng léizhui, shǐ rén gǎndào yànfán.

적정선을 넘어서서 지나치게 많이 묘사하는 것은 문장의 정취를 더하지 못할 뿐 아니라 도리어 번잡하게 되어 싫증을 느끼게 한다.

③ 五十多岁的人了，可是我对钓鱼的兴趣不但没有减退，反而越来越浓了。

Wǔshí duō suì de rén le, kěshì wǒ duì diàoyú de xìngqù búdàn méi yǒu jiǎntuì, fǎn'ér yuèláiyuè nóng le.

50세가 넘은 사람이지만 낚시에 대한 나의 흥미는 줄어들지 않았을 뿐 아니라 도리어 갈수록 더해지고 있다.

④ 在这里等了半小时，雨不但没有停，反而越下越大。

Zài zhèlǐ děngle bàn xiǎoshí, yǔ búdàn méi yǒu tíng, fǎn'ér yuè xià yuè dà.

여기에서 반시간 동안 기다렸는데 비는 그치지 않고 도리어 갈수록 세졌다.

⑤ 这位科长做法，不但没有得到表扬和奖励，反而被扣罚了半年的资金。

Zhè wèi kēzhǎng zuòfǎ, búdàn méi yǒu dédào biǎoyáng hé jiǎnglì, fǎn'ér bèi kòufále bàn nián de zījīn.

이 과장의 방법은 칭찬과 격려를 얻지 못했을 뿐 아니라 도리어 반년 간의 기금을 벌금으로 깎였다.

 况且, 何况, 再说

이 세 개의 접속사는 모두 점층 관계를 나타내고 복문의 뒷절 첫머리에 쓰인다. '况且', '何况'이 끌어들인 단문은 언제나 앞절이 표현하는 연유나 정황에 대해 추가한다. 주로 문어에 많이 쓰이고 구어에서는 '再说'를 많이 쓴다.

① 小船是逆水而上，况且又顶风冒雨，行走得很慢。

Xiǎo chuán shì nì shuǐ ér shàng, kuàngqiě yòu dǐngfēng màoyǔ, xíngzǒu de hěn màn.

작은 배는 물을 거슬러 올라갔으며 게다가 또 비바람을 무릅썼기에 매우 느리게 항해했다.

② 小明天赋聪敏，况且又刻苦勤奋，学习一定很好。

Xiǎo Míng tiānfù cōngmǐn, kuàngqiě yòu kèkǔ qínfèn, xuéxí yídìng hěn hǎo.

小明은 천부적으로 영리하며 게다가 또 각고의 노력을 기울이니 틀림없이 공부를 잘 할 것이다.

③ 你刚来，哪儿都不认识，再说语言又不通，不要一个人到处乱跑。

Nǐ gāng lái, nǎr dōu bú rènshi, zài shuō yǔyán yòu bù tōng, bú yào yí ge rén dàochù luàn pǎo.

네가 방금 와서 아무데도 모르는데다가 말도 통하지 않으니 혼자 여기저기 돌아다니지 마라.

이 세 개의 접속사는 또 문장을 연결할 수도 있다.

① 爸爸胳膊上的伤还没好，怎能去比赛呢？ 况且对手又是个大力士!

Bàba gēbo shàng de shāng hái méi hǎo, zěn néng qù bǐsài ne? Kuàngqiě duìshǒu yòu shì ge dàlìshì.

아버지 팔에 난 상처가 아직 낫지 않았는데 어떻게 시합에 나갈 수 있겠니? 하물며 상대는 힘센 장사인데!

② 他很高兴，因为他第一次有了一个社会职业。何况这个工作又那么合乎他的理想。

Tā hěn gāoxìng, yīnwèi tā dì yī cì yǒule yí ge shèhuì zhíyè. Hékuàng zhège gōngzuò yòu nàme héhū tā de lǐxiǎng.

그는 처음으로 사회에서 직장을 갖게 되었기 때문에 매우 기뻤다. 게다가 이 일은 그의 이상과 너무나 잘 맞았다.

③ 这种茶叶是难得的珍品，哪有这样包装的？ 况且市面上也根本
买不来。

Zhè zhǒng cháyè shì nándé de zhēnpǐn, nǎ yǒu zhèyàng
bāozhuāng de? Kuàngqiě shìmiàn shàng yě gēnběn mǎi bu
lái.

　　'何况'은 또 반어문에 쓰여 긍정 어기를 더욱 강하게 한다. 앞 절은 '尚且', '连' 등을 써서 甲의 일조차 그러하다는 것을 설명하고 뒷 절은 '何况'을 써서 甲의 일과 대비되는 乙의 일은 더욱 그러하다는 것을 나타낸다. 이 때 뒷 절에 '명사(구)+呢'가 오는 경우가 자주 있다.

① 总之，行行出状元。古代尚且如此，何况我们这个时代呢？

Zǒngzhī, hángháng chū zhuàngyuán. Gǔdài shàngqiě rúcǐ,
hékuàng wǒmen zhège shídài ne?

② 我站在岸上穿着棉衣还冷得打战，何况站在水里穿着单衣的人们呢？

Wǒ zhàn zài àn shàng chuānzhe miányī hái lěng de dǎzhàn,
hékuàng zhàn zài shuǐ lǐ chuānzhe dānyī de rénmen ne?

③ 连王奶奶每天都读读书，看看报，何况咱们这些中学生呢？

lián Wáng nǎinai měitiān dōu dúdu shū, kànkan bào, hé kuàng
zámen zhèxiē zhōng xuésheng ne?

④ 那些比你年纪大得多，而且已经有了工作的人还想继续学习，更何况你大学刚刚毕业？

Nàxiē bǐ nǐ niánjì dà de duō, érqiě yǐjīng yǒule gōngzuò de rén
hái xiǎng jìxù xuéxí, gèng hékuàng nǐ dàxué gānggāng bì yè?

　　이상 예문은 모두 '况且'로 바꿀 수 없다.

9　因为, 由于

　　'因为', '由于'는 인과 관계를 나타내는 접속사이며 인과 복문의 앞절에 많이 쓰여 어떤 상황의 발생이나 존재의 원인을 표현한다.

1　因为

　　① 인과 관계를 나타내는 복문에서 '因为'는 원인을 설명하고 뒷절은 결과를 나타낸다. 주로 '所以', '就', '只好' 등을 써서 연결한다.

① 因为你不是中国人，中国人叫你'老外'。

Yīnwèi nǐ bú shì Zhōngguórén, Zhōngguórén jiào nǐ 'lǎo wài'.

② 我因为一直很忙，所以没有时间来看望你。

  Wǒ yīnwèi yìzhí hěn máng, suǒyǐ méi yǒu shíjiān lái kànwàng nǐ.

나는 줄곧 바빴기 때문에 너를 보러올 시간이 없었다.

③ 他因为想当老师，所以报考了师范院校。

  Tā yīnwèi xiǎng dāng lǎoshī, suǒyǐ bàokǎole shīfàn yuànxiào.

그는 선생님이 되고 싶었기 때문에 사범학교에 응시했다.

④ 简化字因为好认好写，所以受到广大群众的欢迎。

  Jiǎnhuàzì yīnwèi hǎo rèn hǎo xiě, suǒyǐ shòudào guǎngdà qúnzhòng de huānyíng.

간화자는 알기 쉽고 쓰기도 쉽기 때문에 많은 사람들의 환영을 받았다.

⑤ 因为他姓孔，别人便从描红纸上的'上大人孔乙己'这半懂不懂的话里替他取了个绰号，叫做孔乙己。

  Yīnwèi tā xìng Kǒng, biérén biàn cóng miáo hóngzhǐ shàng de 'shàng dàrén Kǒng Yǐjǐ' zhè bàn dǒng bù dǒng de huà lǐ tì tā qǔle ge chuòhào, jiào zuò Kǒng Yǐjǐ.

그는 공씨이기 때문에 다른 사람들은 붉은 습자용 용지에 쓰여 있는 '上大人孔乙己'라는 알 듯 말 듯한 말에서 별명을 따서 그를 孔乙己라고 불렀다.

⑥ 范进因为一心想当官发财，就整天地念书。

  Fànjìn yīnwèi yì xīn xiǎng dāng guān fācái, jiù zhěngtiān de niàn shū.

范进은 일편단심 관리가 되어 부자가 되고 싶었기 때문에 온종일 공부를 했다.

2 '因为'를 쓴 종속절은 주절의 뒤에 놓일 수도 있는데 여전히 원인을 설명한다.

① 我可没有成为养花专家，因为没有功夫去研究和试验。

  Wǒ kě méi yǒu chéngwéi yǎng huā zhuānjiā, yīnwèi méi yǒu gōngfu qù yánjiū hé shìyàn.

내가 꽃 재배 전문가가 되지 못한 것은 실험할 시간이 없기 때문이다.

② 我的儿子踢球需要营养，因为体力消耗太大。

  Wǒ de érzi tī qiú xūyào yíngyǎng, yīnwèi tǐlì xiāohào tài dà.

내 아들이 축구를 하기 위해서 영양이 필요한데, 체력 소모가 너무 크기 때문이다.

③ 他没有来上课，因为他病了。

  Tā méi yǒu lái shàngkè, yīnwèi tā bìng le.

그는 병이 났기 때문에 수업에 오지 않았다.

3 '因为'는 단문을 연결할 뿐만 아니라 문장을 연결할 수도 있다.

① "也许，兰兰能回来吧！"老奶奶心想，因为毕竟八十岁生日是具有特殊意义的日子。

  "Yěxǔ, Lánlán néng huílái ba!" lǎo nǎinai xīn xiǎng, yīnwèi bìjìng bāshí suì shēngrì shì jùyǒu tèshū yìyì de rìzi.

"아마도 쯔쯔은 돌아올 수 있을 거야!" 늙으신 할머니는 어쨌든 80세 생일은 특별한 의미를 지닌 날이니까 라고 속으로 생각했다.

② 心里想到内山书店去吧，在那儿躲一会儿雨，顺便歇歇也好。因为接连一个礼拜的夜班，每天都在车上摇晃十一个钟头，我已经困得像一团棉花了。

  Xīn lǐ xiǎng dào Nèishān shūdiàn qù ba, zài nàr duǒ yíhuìr yǔ, shùnbiàn xiēxie yě hǎo. Yīnwèi jiēlián yí ge lǐbài de yèbān, měitiān dōu zài chē shàng yáohuǎng shíyí ge zhōngtóu, wǒ yǐjīng kùn de xiàng yì tuán miánhuā le.

마음속으로 内山서점으로 가자, 거기에서 잠시 비를 피하고 그 김에 좀 쉬어도 좋지 라고 생각했다. 연이어 일주일 동안 매일 야근으로 차에서 11시간 동안 흔들려 나는 이미 솜뭉치처럼 피곤하다.

③ 他确实高兴得快要疯了。因为做梦想着的父亲的那笔遗产今天
终于汇来了。

Tā quèshí gāoxìng de kuài yào fēng le. Yīnwèi zuò mèng xiǎngzhe de fùqin de nà bǐ yíchǎn jīntiān zhōngyú huìlái le.

> 그는 확실히 거의 미칠 것처럼 기뻤다. 꿈에 그리던 아버지의 그 유산을 오늘 마침내 받았기 때문이다.

④ '因为'가 쓰인 절은 '是'자문에서 목적어가 될 수 있으며 원인을 설명한다.

① 这几天，妈妈的精神有些不正常，是因为弟弟刚发生了车祸。

Zhè jǐ tiān, māma de jīngshén yǒu xiē bú zhèngcháng, shì yīnwèi dìdi gāng fāshēngle chēhuò.

> 요 며칠, 어머니의 정신은 약간 정상이 아니었는데 남동생이 막 교통사고를 당했기 때문이다.

② 联盟一号，今天发生的一切就是因为检查时忽略了一个小数点。

Liánméng yí hào, jīntiān fāshēng de yíqiè jiùshì yīnwèi jiǎnchá shí hūlüèle yí ge xiǎoshùdiǎn.

> 소유즈1호 우주선에, 오늘 발생한 모든 것은 검사할 때 소수점 하나를 소홀히 했기 때문이다.

③ 那辆车受到这么严重的损坏，就是因为长期放在楼下，没有人维护。

Nà liàng chē shòudào zhème yánzhòng de sǔnhuài, jiùshì yīnwèi chángqī fàng zài lóuxià, méi yǒu rén wéihù.

> 그 차가 이렇게 심각하게 파손된 것은 바로 오랫동안 아래층에 놓여져 지키는 사람이 없었기 때문이다.

④ 这次他没有考上大学，就是因为平日学习不努力。

Zhè cì tā méi yǒu kǎo shàng dàxué, jiùshì yīnwèi píngrì xuéxí bù nǔlì.

> 이 번에 그는 대학에 떨어졌는데 평상시에 열심히 공부하지 않았기 때문이다.

⑤ '因为' 뒤에 뒤따르는 것이 명사성 어구일 때, '因为'는 개사이며 뒤에 오는 것은 목적어이다.

① 是不是因为陈亮的车祸，你的精神不正常。

Shì bu shì yīnwèi Chénliàng de chēhuò, nǐ de jīngshén bú zhèngcháng.

> 陈亮의 차사고로 인해 네 정신이 정상이 아닌 거니?

② 大概因为过度的寒冷，他的声音有些发抖。

Dàgài yīnwèi guòdù de hánlěng, tā de shēngyīn yǒu xiē fādǒu.

> 아마도 심한 추위로 인해 그의 목소리가 약간 떨렸을 것이다.

③ 有的医院因为同名同姓发错了药，差点儿没闹出人命。

Yǒu de yīyuàn yīnwèi tóngmíng tóngxìng fācuòle yào, chàdiǎnr méi nàochū rénmìng.

> 어떤 병원은 같은 이름으로 인해 약을 잘못 주었는데, 하마터면 사람 목숨까지 앗아갈 뻔했다.

④ 妻子是因为钱，才离开他的。

Qīzi shì yīnwèi qián, cái líkāi tā de.

> 아내는 돈 때문에 그를 떠났다.

⑥ '因为'는 접속사 '而'과 함께 쓰여 하나의 구를 이루는데, 이때 종종 '因'만 쓰기도 한다.

① 兰兰因对母亲十分孝顺而获得了市政府的奖励。

Lánlán yīn duì mǔqin shífēn xiàoshùn ér huòdéle shì zhèngfǔ de jiǎnglì.

> 쁘쁘은 어머니에 대한 지극한 효성으로 시 정부의 상을 받았다.

② 小叶杨树，因叶小而得名。

　　Xiǎoyè yángshù, yīn yè xiǎo ér dé míng.

③ 他因考试作弊而被勒令退学。

　　Tā yīn kǎoshì zuòbì ér bèi lèlìng tuìxué.

小叶杨树는 잎이 작아
얻은 이름이다.

그는 시험에서 커닝을
하여 강제로 퇴학당했
다.

2 由于

인과 복문에서 앞 절은 ‘由于’를 써서 원인을 설명하고 뒷 절은 결과를 나타낸다.

① 由于他聪明能干，很快就被提升为副经理了。

　　Yóuyú tā cōngmíng nénggàn, hěn kuài jiù bèi tíshēng wéi fùjīnglǐ le.

② 由于父亲常去跳舞，所以家里常闹矛盾，很不和睦。

　　Yóuyú fùqīn cháng qù tiàowǔ, suǒyǐ jiā lǐ cháng nào máodùn, hěn bù hémù.

③ 由于去晚了；第一排已经没空位子，我坐在后几排。

　　Yóuyú qù wǎn le, dì yì pái yǐjīng méi kōng wèizi, wǒ zuò zài hòu jǐ pái.

④ 听课的同学，由于抱着挑毛病的心理，所以格外认真听。

　　Tīng kè de tóngxué, yóuyú bàozhe tiāo máobìng de xīnlǐ, suǒyǐ géwài rènzhēn tīng.

⑤ 由于家庭困难，我没有毛衣，天气变冷的时候，只好穿上妈妈的旧毛衣。

　　Yóuyú jiātíng kùnnan, wǒ méi yǒu máoyī, tiānqì biàn lěng de shíhou, zhǐhǎo chuānshang māma de jiù máoyī.

⑥ 由于作者抓住了人物的个性特征，因此刻画得生动逼真。

　　Yóuyú zuòzhě zhuāzhùle rénwù de gèxìng tèzhēng, yīncǐ kè huà de shēngdòng bízhēn.

그는 영리하고 능력이
뛰어나 매우 빠르게 부
사장으로 승진하였다.

아버지는 늘 춤을 추러
갔기 때문에 항상 집안
에 갈등이 빚어지곤 했
으며 화목하지도 않았
다.

늦게 갔기 때문에 첫 줄
에 이미 빈자리가 없어
나는 뒤쪽 줄에 앉았다.

수업을 듣는 학우는 결
점을 찾아내는 심리가
있었기 때문에 특별히
열심히 들었다.

나는 가정형편이 어려
워 스웨터가 없어서 날
씨가 추워지면 어머니
의 낡은 스웨터를 입는
수밖에 없었다.

작가는 인물의 개성을
잡아냈기에 생동감 있
고 사실적으로 묘사해
내었다.

‘由于’ 뒤에 뒤따르는 것이 명사성 어구일 때, ‘由于’는 개사이고 뒤에 오는 어구는 목적어이다.

3 由于와 因为의 용법상 차이

□ ‘由于’와 ‘因为’는 모두 원인을 나타내고 바꾸어 쓸 수 있지만, 용법상 여전히 차이가 존재한다. ‘由于’는 문어에 많이 쓰이고 ‘因为’는 구어에 많이 쓰인다. ‘由于’는 ‘所以’ 뿐만 아니라 ‘因而’, 因此’와도 결합할 수 있다. 그러나 ‘因为’는 일반적으로 ‘因而’이나 ‘因此’와 결합하지 않는다.

李大伯由于老伴早已去世，所以他和儿子、儿媳、孙子一起生活。

Lǐdàbó yóuyú lǎobàn zǎoyǐ qùshì, suǒyǐ tā hé érzi、érxí、sūnzi yìqǐ shēnghuó.

李大伯因为老伴早已去世，所以他和儿子、儿媳、孙子一起生活。

Lǐdàbó yīnwèi lǎobàn zǎoyǐ qùshì, suǒyǐ tā hé érzi、érxí、sūnzi yìqǐ shēnghuó.

李大伯由于老伴早已去世，因而他和儿子、儿媳、孙子一起生活。

Lǐdàbó yóuyú lǎobàn zǎoyǐ qùshì, yīn'ěr tā hé érzi、érxí、sūnzi yìqǐ shēnghuó.

?李大伯因为老伴早已去世，因而他和儿子、儿媳、孙子一起生活。

Lǐdàbó yīnwèi lǎobàn zǎoyǐ qùshì, yīn'ěr tā hé érzi、érxí、sūnzi yìqǐ shēnghuó.

> 李 큰아버지는 부인이 일찍이 세상을 떠났기 때문에 아들, 며느리, 손자와 함께 생활한다.

② '由于'가 포함되어 있는 종속절은 주절의 뒤에 놓일 수 없지만, '因为'는 가능하다.

 10 所以, 因此, 因而

'所以', '因此', '因而' 등은 모두 인과 관계를 나타내는 접속사이고 뒷절에 쓰여 결과를 나타낸다.

1 '所以', '因此', '因而' 세 개 접속사는 모두 단독으로 쓰일 수도 있으며, 인과 복문을 구성할 수도 있다.

① 阿里感冒了，所以没有来上课。

Ālǐ gǎnmào le, suǒyǐ méi yǒu lái shàng kè.

> 阿里는 감기가 걸려 수업에 오지 않았다.

② 他考前做了充分的准备，所以考得很好。

Tā kǎo qián zuòle chōngfèn de zhǔnbèi, suǒyǐ kǎo de hěn hǎo.

> 그는 시험보기 전에 충분한 준비를 하였기 때문에 시험을 잘 보았다.

③ 那天我病了，所以没参加那个会。

Nà tiān wǒ bìng le, suǒyǐ méi cānjiā nàge huì.

> 그날 나는 병이 나서 그 회의에 참가하지 못했다.

④ 会前已做了充分准备，因此会议开得很好。

Huì qián yǐ zuòle chōngfèn zhǔnbèi, yīncǐ huìyì kāi de hěn hǎo.

> 회의 전에 이미 충분한 준비를 했기 때문에 회의를 아주 잘 치렀다.

⑤ 工程遇到了新情况新问题，因此保证如期竣工是一个严重的考验。

Gōngchéng yùdàole xīn qíngkuàng xīn wèntí, yīncǐ bǎozhèng rúqī jùngōng shì yí ge yánzhòng de kǎoyàn.

> 공사는 새로운 상황과 문제에 부딪쳐서 기일 내에 준공하는 것을 보장하기가 어려운 시련기를 맞았다.

⑥ 围棋是我国的国粹，因此父亲也喜欢下围棋。

Wéiqí shì wǒ guó de guócuì, yīncǐ fùqīn yě xǐhuan xià wéiqí.

> 바둑은 우리나라의 문화적 정화이어서 아버지도 바둑을 좋아하신다.

⑦ 他家庭条件十分优越，头脑聪明，外表又英俊，因而深得女孩子的青睐。

　　Tā jiātíng tiáojiàn shífēn yōuyuè, tóunǎo cōngmíng, wàibiǎo yòu yīngjùn, yīn'ér shēn de nǚháizi de qīnglài.

그는 가정환경이 무척 좋으며 머리도 영리하다. 외모 또한 준수하여 여학생들의 깊은 호감을 사고 있다.

⑧ 小明病了，因而不能来参加今天的全校运动会。

　　Xiǎo Míng bìng le, yīn'ér bù néng lái cānjiā jīntiān de quán xiào yùndònghuì.

小明은 병이 나서 오늘 전교 운동회에 참가할 수 없다.

‘所以’, ‘因此’, ‘因而’은 일반적으로 서로 대체할 수 있으며 또한 의미도 차이가 없다. 게다가 일반적인 상황에서는 ‘所以’, ‘因此’, ‘因而’을 단독으로 사용해도 그 기능은 ‘因为……所以……’를 쓰는 것과 같다.

　‘之所以’는 ‘所以’와 뜻은 같지만 복문의 첫 번째 절에 쓰이며, 두 번째 절의 첫머리에는 문어 표현인 ‘是因为’를 써서 연결해야 한다.

　　我们之所以拒绝参加此次会议，是因为该会议的目的有悖于我们的宗旨。

　　Wǒmen zhī suǒyǐ jùjué cānjiā cǐ cì huìyì, shì yīnwèi gāi huìyì de mùdì yǒu bèi yú wǒmen de zōngzhǐ.

우리들이 이번 회의에 참가를 거부한 이유는 이 회의의 목적이 우리들의 취지와 어긋나기 때문이다.

2 접속사 ‘所以’, ‘因此’, ‘因而’은 모두 문장을 연결할 수 있다.

① 平时，无论谁到市府去找他，他都接见。所以当地市民尊敬地称他是‘平民市长’。

　　Píngshí, wúlùn shéi dào shìfǔ qù zhǎo tā, tā dōu jiējiàn. Suǒyǐ dāngdì shìmín zūnjìng de chēng tā shì ‘píngmín shìzhǎng’.

평상시 누구든지 시정부로 그를 찾아오면 그는 모두 접견했다. 그래서 그 지역 시민들은 존경의 의미로 그를 ‘평민 시장’이라고 일컫는다.

② 我们的工资每月起码四百元。因此，我们不缺钱，但需要对我们理解。

　　Wǒmen de gōngzī měi yuè qǐmǎ sìbǎi yuán, yīncǐ, wǒmen bù quē qián, dàn xūyào duì wǒmen lǐjiě.

우리들의 월급은 매달 최소한 400원이다. 그래서 우리들은 돈이 부족하지는 않지만 우리들을 이해해주기를 바란다.

③ 从生活中找语言，语言就有了根。因而，学习语言是和体验生活分不开的。

　　Cóng shēnghuó zhōng zhǎo yǔyán, yǔyán jiù yǒule gēn. Yīn'ér xuéxí yǔyán shì hé tǐyàn shēnghuó fēn bu kāi de.

생활에서 언어를 찾으면 언어는 바로 뿌리가 생기는 것이다. 그래서 언어 학습은 생활체험과 뗄 수가 없다.

상술한 것을 종합하면 ‘所以’는 아래 열거한 네 가지 문장 형식에 쓰일 수 있다.

① 因为我和他在一起工作过，所以对他比较熟悉。

　　Yīnwèi wǒ hé tā zài yìqǐ gōngzuòguo, suǒyǐ duì tā bǐjiào shúxī.

나는 그와 함께 일한 적이 있기 때문에 그에 대해 비교적 잘 아는 편이다.

② 我和他在一起工作过，所以我对他比较熟悉。

　　Wǒ hé tā zài yìqǐ gōngzuòguo, suǒyǐ wǒ duì tā bǐjiào shúxī.

③ 我所以对他比较熟悉，是因为我和他在一起工作过。

　　Wǒ suǒyǐ duì tā bǐjiào shúxī, shì yīnwèi wǒ hé tā zài yìqǐ gōngzuò guo.

④ 我和他在一起工作过，这就是我所以对他比较熟悉的原因。

　　Wǒ hé tā zài yìqǐ gōngzuòguo, zhè jiùshì wǒ suǒyǐ duì tā bǐjiào shúxī de yuányīn.

내가 그에 대해 비교적 잘 아는 것은 그와 함께 일한 적이 있기 때문이다.

나는 그와 함께 일한 적이 있는데, 이것이 그에 대해 비교적 잘 아는 이유이다.

11　既然, 既

‘既然’, ‘既’는 모두 접속사이고 추정 인과 관계를 나타낸다. 복문의 첫 번째 절에 쓰여 추론이 의거하는 전제나 이유를 끌어내며, 또한 이 이유는 청자와 화자 쌍방 모두 이미 알고 있는 사실이다. 뒷 절은 추론의 결과를 나타낸다.

1 뒷 절의 주어 뒤에 접속 부사 ‘就’, ‘便’, ‘也’ 등이 많이 쓰이며, 접속사 ‘那么’가 쓰이기도 한다.

① A : 队长，我适应不了这儿的气候，老生病。

　　Duìzhǎng, wǒ shìyìng bu liǎo zhèr de qìhòu, lǎo shēng bìng.

B : 你既然适应不了这里的气候，就离开这里，换个地方。

　　Nǐ jìrán shìyìng bu liǎo zhèlǐ de qìhòu, jiù líkāi zhèlǐ, huàn ge dìfang.

대장, 저는 이곳의 기후에 적응하지 못해서 늘 병이 납니다.

기왕에 이곳의 기후에 적응하지 못하겠으면 여기를 떠나 다른 곳으로 가라.

② A : 老师，我病了，在发烧。

　　Lǎoshī, wǒ bìng le, zài fā shāo.

B : 既然你病了，就在家里休息吧。

　　Jìrán nǐ bìng le, jiù zài jiā lǐ xiūxi ba.

선생님, 제가 병이 나서 열이 납니다.

이왕 병이 났다니 집에서 쉬어라.

③ 我们既然对搞经济不内行，就要老老实实，从头学起。

　　Wǒmen jìrán duì gǎo jīngjì bú nèiháng, jiù yào lǎolaoshíshí, cóng tóu xué qǐ.

우리들은 어차피 경제에 대해 문외한이라서 착실히 처음부터 배워야한다.

④ A : 这幅画我真想买，就是太贵了。

　　Zhè fú huà wǒ zhēn xiǎng mǎi, jiùshì tài guì le.

B : 既然你真想买，我愿意赔本儿卖给你，拿去吧。

　　Jìrán nǐ zhēn xiǎng mǎi, wǒ yuànyì péi běnr mài gěi nǐ, ná qù ba.

이 그림은 내가 정말 사고 싶은데 너무 비싸다.

네가 정말 사고 싶다니 밑지지만 너에게 팔 테니 가져가라.

⑤ A : 听说你们盖的那座楼基有问题，盖了多久了？

　　Tīngshuō nǐmen gài de nà zuò lóu jī yǒu wèntí, gàile duō jiǔ le?

B : 刚盖。

　　Gāng gài.

너희들이 지은 그 건물이 기본적으로 문제가 있다고 들었는데 지은 지 얼마나 되었니?

막 지었어.

A：既然刚盖，立刻停工！

　　Jìrán gāng gài, lìkè tíng gōng!

⑥ 你既然已经知道这个秘密事关重大，就绝不能泄漏出去。

　　Nǐ jìrán yǐjīng zhīdào zhège mìmì shìguān zhòngdà, jiù jué bù néng xièlòu chūqu.

상술한 예문에서 '既然'이 쓰인 절은 분명히 청자와 화자 쌍방이 모두 알고 있는 원인을 나타낸다.

② 뒷 절은 의문문이나 반어문이다.

① 您既然认为他扮演这个角色不太合适，为什么还让他参加试演呢？

　　Nín jìrán rènwéi tā bànyǎn zhège juésè bú tài héshì, wèishénme hái ràng tā cānjiā shìyǎn ne?

② 你既然不愿参与此事，还问什么？

　　Nǐ jìrán bú yuàn cānyǔ cǐ shì, hái wèn shénme?

③ 既然许多人都是这么过来的，为什么我就不能照这样过下去呢？

　　Jìrán xǔduō rén dōu shì zhème guòlai de, wèishénme wǒ jiù bù néng zhào zhèyàng guò xiàqu ne?

④ 她既然希望你将来替她出口气，为什么又不让你多读几年书呢？

　　Tā jìrán xīwàng nǐ jiānglái tì tā chū kǒuqì, wèishénme yòu bú ràng nǐ duō dú jǐ nián shū ne?

③ '既然' 뒤에 대사 '这样', '那样', '如此' 등을 쓸 수 있는데, 앞 문장에서 말한 내용을 가리킨다.

对于这个问题，她的态度既然这样(那样，如此)，我们就不再跟他商量了。

Duìyú zhège wèntí, tā de tàidù jìrán zhèyàng(nàyàng, rúcǐ), wǒmen jiù bú zài gēn tā shāngliàng le.

④ '既然'과 '因为', '如果'는 다르다. '因为'도 원인 이유를 끌어내지만, 청자가 이미 알고 있는 사실이 아니다. 이것이 '既然'과 근본적으로 다른 점이다.

① A：你为什么不走了？

　　Nǐ wèishénme bù zǒu le?

B：因为外边下雨了。

  Yīnwèi wàibiān xià yǔ le.

A：什么？下雨了？

  Shénme? Xià yǔ le?

바깥에 비가 와서요.

뭐? 비가 와?

'如果'가 끌어낸 조건은 가설적인 것으로 이미 알고 있는 사실이 아니다.

② A：我走了。

  Wǒ zǒu le.

 B：外边好像有雨声。如果下雨了，你就不要走了。

  Wàibiān hǎoxiàng yǒu yǔshēng. Rúguǒ xià yǔ le, nǐ jiù bú yào zǒu le.

갈게요.

바깥에 비 소리가 들리는 듯한데. 만약 비가 오면 가지 마라.

'既然'이 끌어낸 원인은 청자와 화자 쌍방이 이미 알고 있는 실제 사실이다.

③ A：我该走了。哎，下雨了。

  Wǒ gāi zǒu le. Āi, xià yǔ le.

 B：既然下雨了，你就不要走了。我们正好可以多聊一会儿。

  Jìrán xià yǔ le, nǐ jiù bú yào zǒu le. Wǒmen zhèng hǎo kěyǐ duō liáo yíhuìr.

가야 될 것 같습니다. 아유, 비가 오네요.

비가 오니 가지 마라. 덕분에 잠시 더 이야기할 수 있겠다.

 '既'는 '既然'과 동일한 용법으로 쓰이기도 하는데, 문어에 많이 쓰인다. '既'는 또한 병렬 관계를 나타낼 수 있는데, 부사 '又', '也' 등과 자주 결합하여 '既……又……', '既……也……'의 형식을 구성한다. 두 사물이 동시에 존재함을 강조한다.

① 他觉得自己还在成长，他似乎既是成人，又是孩子，非常有趣。

 Tā juéde zìjǐ hái zài chéngzhǎng, tā sìhū jì shì chéngrén, yòu shì háizi, fēicháng yǒuqù.

그는 자기가 아직도 자라고 있으며 마치 어른 같기도 하고 또 어린아이 같아서 매우 재미있다고 느꼈다.

② 我和他既不是亲戚，也不是朋友。

 Wǒ hé tā jì bú shì qīnqī, yě bú shì péngyou.

나와 그는 친척도 친구도 아니다.

③ 新修的这座办公楼，既有民族风格，也不盲目复古。

 Xīn xiū de zhè zuò bàngōnglóu, jì yǒu mínzú fēnggé, yě bù mángmù fùgǔ.

새로 보수한 이 행정 건물은 민속적인 분위기가 나면서도 맹목적으로 복고적이지도 않다.

④ 多少条山岭啊，在疾驰的火车上看几个钟头，既看不厌，又看不烦。

 Duōshǎo tiáo shānlǐng a, zài jíchí de huǒchē shàng kàn jǐ gè zhōngtóu, jì kàn bú yàn, yòu kàn bù fán.

얼마나 많은 산봉우리인가, 쏜살같이 달리는 기차에서 몇 시간 동안 봐도 조금도 지겹지 않다.

⑤ 大家听了他的话以后都哈哈大笑起来，笑得既开心，又潇洒。

　　Dàjiā tīngle tā de huà yǐhòu dōu hāhā dàxiào qǐlai, xiào de jì kāixīn, yòu xiāosǎ.

⑥ 经过几年折磨以后，他既没显老，也没生病，很是意外。

　　Jīngguò jǐ nián zhémo yǐhòu, tā jì méi xiǎn lǎo, yě méi shēng bìng, hěn shì yìwài.

⑦ 在我小时候，一听'烤白薯喽'，就非买一块不可。一路上既可以把那烫手的白薯揣在袖筒里取暖，到学校还可以拿出来大嚼一通。

　　Zài wǒ xiǎo shíhou, yì tīng 'kǎo bái shǔ lóu', jiù fēi mǎi yí kuài bùkě. Yí lù shàng jì kěyǐ bǎ nà tàng shǒu de báishǔ chuāi zài xiùtǒng lǐ qǔ nuǎn, dào xuéxiào hái kěyǐ ná chūlai dà jiáo yì tōng.

'既……又……'와 '又……又……'는 모두 병렬 관계를 나타내지만 양자는 조금 차이가 있다. '又……又……' 사이에 쓰인 형용사는 의미적으로 모두 긍정적인 뜻(褒义)을 가진 단어이거나 모두 부정적인 뜻(贬义)을 가진 단어이다. 예를 들면 '又高又大', '又聪明又漂亮', '天又黑又冷', '这个人又奸又滑'처럼 쓰인다. 만약 동사구라면 반드시 주로 함께 출현하는 동작을 나타낸다. 예를 들면 '又蹦又跳', '又打又闹', '又气又恨'처럼 쓰인다. 또한 두 개의 '又' 사이에 오는 단어의 음절은 일반적으로 비교적 짧고 길이도 같다. '既……又……' 사이에 형용사가 오면 기본적으로는 '又……又……'처럼 褒贬의 의미가 동일한 것들이 오지만 만약 동사나 동사구인 경우에는 이러한 제한이 강하게 적용되지는 않는다. 예①의 '既是成人，又是孩子'와 '我们既要藐视敌人，又要为消灭敌人做好充分的准备(우리는 적을 얕봐야 하며 적을 섬멸하기 위하여 준비를 충분히 해야 한다)'처럼 쓰인다.

 虽然, 尽管

① '虽然', '尽管'은 모두 양보와 전환 관계를 나타내는 접속사이다. 복문의 앞절에 쓰여 양보를 나타내는 절을 끌어들인다. 소위 '양보'란 어떤 단정이 사실임을 인정하는 것을 말한다. 양보 전환 복문은 대개 먼저 양보를 나타내고 그 다음에 전환을 나타낸다. 자주 쓰이는 전환 접속사에는 '可是', '但是', '然而' 등이 있다. 자주 쓰이는 형식에는 '虽然……但是(可是，然而)……', '尽管……但是(可是，然而)……' 등이 있다.

① 他虽然没有经验，但是工作做得很好。

　　Tā suīrán méi yǒu jīngyàn, dànshì gōngzuò zuò de hěn hǎo.

② 她说话时虽然脸带笑容，可是听得出话中有责备的味道。

　　Tā shuō huà shí suīrán liǎn dài xiàoróng, kěshì tīng de chū huà zhōng yǒu zébèi de wèidao.

③ 创作计划虽然按期完成了，然而并不很理想。

　　Chuàngzuò jìhuà suīrán ànqī wánchéng le, rán'ér bìng bù hěn lǐxiǎng.

④ 虽然坐车很快，可是方向错了，结果离他要去的地方越来越远。

　　Suīrán zuò chē hěn kuài, kěshì fāngxiàng cuò le, jiéguǒ lí tā yào qù de dìfang yuèláiyuè yuǎn.

⑤ 尽管她的文化程度比别人低一些，可是她的工作成绩并不比别人差。

　　Jǐnguǎn tā de wénhuà chéngdù bǐ biérén dī yìxiē, kěshì tā de gōngzuò chéngjì bìng bù bǐ biérén chà.

⑥ 思考有时尽管令人苦恼，但清醒中的苦恼总比糊里糊涂的幸福好一些。

　　Sīkǎo yǒushí jǐnguǎn lìng rén kǔnǎo, dàn qīngxǐng zhōng de kǔnǎo zǒng bǐ húlihútú de xìngfú hǎo yìxiē.

때때로 '虽然', '尽管'이 이끄는 절이 뒤에 출현하기도 한다.

⑦ 没想到交际舞风也转到了农村，虽然带点偷偷摸摸的性质。

　　Méi xiǎngdào jiāojì wǔfēng yě zhuǎndào le nóngcūn, suīrán dài diǎn tōutōumōmō de xìngzhì.

⑧ 看来自己也没有上当受骗，尽管这袋茶叶正是从一个妇女摆的小摊上买的。

　　Kànlái zìjǐ yě méi yǒu shàngdàng shòu piàn, jǐnguǎn zhè dài cháyè zhèng shì cóng yí ge fùnǚ bǎi de xiǎotān shàng mǎi de.

 '虽然', '尽管'은 부사 '却', '还(是)', '总(是)', '仍然' 등과 결합하여 사용되기도 한다. '却', '还是' 등은 주어의 뒤에 쓰여야 한다.

① 虽然时间比较紧一些，他们还是按时完成了。

　　Suīrán shíjiān bǐjiào jǐn yìxiē, tāmen háishi ànshí wánchéng le.

② 人虽然受点累，该办的事总都办完了。

　　Rén suīrán shòu diǎn lèi, gāi bàn de shì zǒng dōu bàn wán le.

③ 尽管太阳是人类生存不可缺少的，但总还是有人批评太阳的某些过失。

　　Jǐnguǎn tàiyáng shì rénlèi shēngcún bùkě quēshǎo de, dàn zǒng háishi yǒu rén pīpíng tàiyáng de mǒu xiē guòshī.

④ 尽管人们对她有误解，有种种看法，她那双眼睛仍是那么善良、清澈。

　　Jǐnguǎn rénmen duì tā yǒu wùjiě, yǒu zhǒngzhǒng kànfǎ, tā nà shuāng yǎnjing réng shì nàme shànliáng、qīngchè.

⑤ 尽管我们在同一单位工作，然而却很少见面说话。

Jǐnguǎn wǒmen zài tóngyī dānwèi gōngzuò, rán'ér què hěn shǎo jiàn miàn shuō huà.

우리들이 같은 직장에
서 일하고 있으나 자주
만나 이야기하지 못한
다.

3 주절에서 '但(是)', '可(是)', '然而'등과 '却', '还(是)', '仍(然)'은 한 문장에 함께 출현할 수 있다.

① 他的名气虽然不如别人那么响，可他的作品却一炮一响。

Tā de míngqì suīrán bùrú biérén nàme xiǎng, kě tā de zuòpǐn què yí pào yì xiǎng.

그의 명성이 비록 다른 사람만큼 대단하지는 않지만, 그의 작품은 나오기만 하면 인기를 끈다.

② 傍晚来了一位客人，虽然穿着西装革履，但仍是一副农民的面孔。

Bàngwǎn láile yí wèi kèrén, suīrán chuānzhe xīzhuāng gélǚ, dàn réng shì yí fù nóngmín de miànkǒng.

저녁 무렵 손님이 한 분 왔는데, 비록 양복에 가죽구두를 신었지만 생김새는 여전히 농사꾼이었다.

③ 家庭虽然发生了悲剧，但生活还得照样进行，画还得照样做。

Jiātíng suīrán fāshēngle bēijù, dàn shēnghuó hái děi zhàoyàng jìnxíng, huà hái děi zhàoyàng zuò.

가정에 비극이 발생했지만, 생활은 여전히 예전대로 계속되었고 그림도 그대로 그렸다.

④ 尽管他整天忙碌地工作，然而工资收入却十分少。

Jǐnguǎn tā zhěngtiān mánglù de gōngzuò, rán'ér gōngzī shōurù què shífēn shǎo.

그는 하루 종일 바쁘게 일했지만 월급은 오히려 무척 적었다.

4 앞 절에서 '虽然', '尽管' 등의 접속사를 쓰지 않아도 뒷 절에서 '但是', '然而' 등을 써서 전환을 나타내면, 전제 문장은 변함없이 양보 전환 관계를 나타낸다.

① 除夕是热闹的，可是他家却冷冷清清。

Chúxī shì rènào de, kěshì tā jiā què lěnglěngqīngqīng.

섣달그믐날에 떠들썩했으나 그의 집은 오히려 썰렁하기만 했다.

② 这个姑娘每有集市都来卖花，经常赶集的人都认识她，但不知道她叫什么名字。

Zhège gūniang měi yǒu jíshì dōu lái mài huā, jīngcháng gǎnjí de rén dōu rènshi tā, dàn bù zhīdào tā jiào shénme míngzi.

이 아가씨는 장이 열릴 때마다 꽃을 팔아서 늘 장에 오는 사람들은 그녀를 알고 있지만, 그녀의 이름은 모른다.

5 '虽然', '尽管'도 문장을 연결할 수 있는데, 뒤 절에 주로 지시 대사 '这样', '那样', '如此' 등을 써서 앞 절의 내용을 가리킨다.

① 十年的成就远远超过了过去几十年、几百年的成就。尽管如此，但它并不意味着我们十年来的工作丝毫没有缺点和错误。

Shí nián de chéngjiù yuǎnyuǎn chāoguòle guòqù jǐshí nián、jǐ bǎi nián de chéngjiù. Jǐnguǎn rúcǐ, dàn tā bìng bù yìwèizhe wǒmen shí nián lái de gōngzuò sīháo méi yǒu quēdiǎn hé cuòwù.

십 년의 성과는 과거 몇 십 년, 몇 백 년의 성과를 훨씬 뛰어넘었다. 설령 이와 같다 하더라도 그것은 결코 우리들이 십 년여 동안 해온 일이 결점과 실수가 전혀 없다는 것을 의미하지는 않는다.

'尽管'이 나타내는 양보의 어기는 '虽然'보다 대체로 약간 무겁다.

'尽管'은 접속사이면서 부사이다. 부사로 쓰일 경우 다른 정황을 고려할 필요가 없거나 구속을 받지 않고 어떤 일을 하는 것을 나타낸다.

① 你有什么困难，尽管说，我能帮助你的，一定尽力。

　　Nǐ yǒu shénme kùnnan, jǐnguǎn shuō, wǒ néng bāngzhù nǐ de, yídìng jìnlì.

어떤 어려움이 있으면 얼마든지 얘기해, 내가 도울 수가 있는 것은 반드시 최선을 다할게.

② 您尽管说吧，只要我办得到，一定帮忙。

　　Nín jǐnguǎn shuō ba, zhǐyào wǒ bàn de dào, yídìng bāng máng.

마음 놓고 말씀하세요, 제가 할 수 있는 한, 꼭 도와드리겠습니다.

③ A：我们想买灯。

　　　Wǒmen xiǎng mǎi dēng.

전등을 사려고 합니다.

　　B：您尽管挑，什么款式都有。

　　　Nín jǐnguǎn tiāo, shénme kuǎnshì dōu yǒu.

얼마든지 고르세요, 모든 스타일이 다 있습니다.

④ 你有话尽管说，这几位都不是外人。

　　Nǐ yǒu huà jǐnguǎn shuō, zhè jǐ wèi dōu bú shì wàirén.

이 분들은 모두 남이 아니니 할 말 있으면 마음 놓고 해.

13 即使

'即使'는 양보를 나타내는 접속사이고 양보 복문의 앞 절에 쓰인다. 뒷 절에는 주로 '也', '还', '总', '又', '仍然' 등의 부사가 쓰인다. 자주 쓰이는 형식에는 '即使……也……'가 있다. 이 형식은 '即使'가 이끄는 양보 조건이 성립할 때, '也'를 쓴 문장이 나타내는 내용도 여전히 성립함을 나타낸다. '即使'가 이끄는 양보 조건은 아직 발생하지 않은 것일 수도 있고 이미 발생한 것일 수도 있다.

1 아직 발생하지 않은 양보 조건은 가설문이라고도 하는데 두 가지로 나눌 수 있다. 한 가지는 말을 할 때 이러한 양보 조건이 아직 존재하지 않지만 출현할 수 있는 경우이고, 다른 한 가지는 출현이 절대 불가능한 경우로서 일종의 극단적인 가설이다.

① 他说即使不幸遇到了麻烦，也有办法对付，他是不会吃大亏的。

　　Tā shuō jíshǐ búxìng yùdàole máfan, yě yǒu bànfǎ duìfù, tā shì bú huì chī dà kuī de.

그는 설사 운이 없어 어려움을 겪게 되더라도 방법을 써서 대처할 것이며 큰 손해를 볼 리가 없다.

② 即使永远等不到理想中的人，也不要糊里糊涂地结婚。

　　Jíshǐ yǒngyuǎn děng bú dào lǐxiǎng zhōng de rén, yě búyào húlihútú de jiéhūn.

설사 영원히 이상형의 사람을 만나지 못한다 하더라도 대충대충 결혼하지는 마라.

③ 即使上刀山下火海，他也要把这个科研任务拿下来。

　　Jíshǐ shàng dāoshān xià huǒhǎi, tā yě yào bǎ zhège kēyán rènwu ná xiàlai.

설사 아무리 힘들고 어려운 일이라 하더라도 그는 이 과학 연구 임무를 완수해야 한다.

④ 即使天塌下来，他也不怕，他坚信自己是对的。

　　Jíshǐ tiāntā xiàlai, tā yě bú pà, tā jiānxìn zìjǐ shì duì de.

하늘이 무너져도 그는 두려워하지 않고 자신이 옳다고 굳게 믿고 있다.

② '即使'가 이끄는 것이 이미 발생한 상황이면 전체 문장은 가설문이 아니라 진언문(眞言句)이다. 이렇게 극단적으로 좋지 않은(혹은 불리한) 조건에서도 '也'가 이끄는 결과가 여전히 존재하거나 출현함을 가리킨다. '即使'가 이끄는 상황이 이미 발생한 것인지 아닌지에 대한 판단은 일반적으로 언어 환경과 사람의 지식수준 등에 달려 있다.

① 这里用草皮覆盖了地面，即使有风，刮起来的沙子也不多了。

　　Zhèlǐ yòng cǎopí fùgàile dìmiàn, jíshǐ yǒu fēng, guā qǐlai de shāzi yě bù duō le.

이곳은 땅에 잔디를 깔았기 때문에 설사 바람이 불어도 모래가 많이 날리지는 않는다.

② 即使在寒冷的日子里，你也能感受太阳在烧烤你的皮肤。

　　Jíshǐ zài hánlěng de rìzi lǐ, nǐ yě néng gǎnshòu tàiyáng zài shāokǎo nǐ de pífū.

추운 날이라 하더라도 너는 태양이 너의 피부를 태우고 있다는 느낌을 받을 수 있다.

③ 他整天衣冠楚楚，即使是到郊区植树，他也不穿球鞋，不穿布鞋。

　　Tā zhěngtiān yīguān chǔchǔ, jíshǐ shì dào jiāoqū zhí shù, tā yě bù chuān qiúxié, bù chuān bùxié.

그는 하루 종일 옷을 단정하게 차려 입고 있으며 교외에 나가 나무를 심더라도 운동화나 천으로 만든 신을 신지 않는다.

④ 即使花那么大的痛苦的代价，她也要尽可能多留一点儿东西给中国人民。

　　Jíshǐ huā nàme dà de tòngkǔ de dàijià, tā yě yào jǐnkěnéng duō liú yìdiǎnr dōngxi gěi Zhōngguó rénmín.

설사 그렇게 큰 고통의 대가를 치른다 하더라도 그녀는 가능한 중국 인민들에게 좀 더 많은 것들을 남겨주려고 한다.

구어에서는 '就是', '就算'를 써서 양보를 나타내는 경우가 많은데, 자주 보이는 형식으로는 '就是……也……', '就算……也……'가 있다.

⑤ 就是徐霞客也没有亲眼看见蝴蝶会的盛况。

　　Jiùshì Xúxiákè yě méi yǒu qīnyǎn kànjian húdié huì de shèngkuàng.

徐霞客도 蝴蝶会의 성대한 분위기를 직접 보지는 못했다.

문어에서는 '即便', '即若', '纵然' 등을 써서 양보를 나타내기도 한다.

14 只有, 只要

이 두 어휘는 주로 조건 복문에 쓰여 조건을 나타내는 접속사이다.

① 只有

'只有'는 자주 부사 '才'와 결합하여 '只有 A, 才 B' 형식을 구성한다. 이 때 A는 조건을 나타내고 B는 결과를 나타낸다. 이 형식은 '만약 A가 있으면 반드시 B가 있다'

혹은 'A 조건이 존재하지 않으면 B도 존재하지 않는다'는 것을 나타낸다.

① 只有奋斗，才能成功。

　Zhǐyǒu fèndòu, cái néng chénggōng.

② 只有承认落后，才能改变落后的面貌。

　Zhǐyǒu chéngrèn luòhòu, cái néng gǎibiàn luòhòu de miànmào.

예①은 '만약 분투노력하면 반드시 성공할 수 있고, 만약 분투하지 않으면 성공할 수 없다'는 뜻이다. 예②도 이와 같다. 위의 두 가지 예로부터 '只有'가 포함되어 있는 절이 유일한 조건을 표현하고 있음을 알 수 있다.

　'只有'는 단문에 쓰일 수도 있는데, '只有' 뒤에 오는 것은 주어나 부사어(주로 개사구)이고 '才' 뒤에 오는 것은 술어이다.

① 只有不畏艰难的人，才能攀登科学的高峰。

　Zhǐyǒu búwèi jiānnán de rén, cái néng pāndēng kēxué de gāofēng.

② 你只有靠自己的艰苦奋斗和全面发展，才能迎接生活的挑战。

　Nǐ zhǐyǒu kào zìjǐ de jiānkǔ fèndòu hé quánmiàn fāzhǎn, cái néng yíngjiē shēnghuó de tiāozhàn.

③ 这类数学问题，只有用电子计算机才能解出结果。

　Zhè lèi shùxué wèntí, zhǐyǒu yòng diànzǐ jìsuànjī cái néng jiěchū jiéguǒ.

② 只要

　'只要'는 주로 부사 '就'와 결합하여 '只要 A，就 B' 형식을 구성한다. 이 형식은 '만약 A 조건이 존재하면, B가 있음'을 나타낸다.

① 只要奋斗，就能成功。

　Zhǐyào fèndòu, jiù néng chénggōng.

② 只要承认落后，就能改变落后的面貌。

　Zhǐyào chéngrèn luòhòu, jiù néng gǎibiàn luòhòu de miànmào.

예①은 '만약 분투 노력하면 성공할 수 있다'는 것을 의미하지만, '만약 분투 노력하지 않으면 성공할 수 없다'는 뜻을 나타내지는 않는다. 즉, 만약 다른 조건이 있으면 성공할 수도 있다는 뜻이다. 예②도 이와 같다. 위의 두 가지 예로부터 '只要' 뒤에 오는 것은 유일한 조건이 아니라 충분조건임을 알 수 있다.

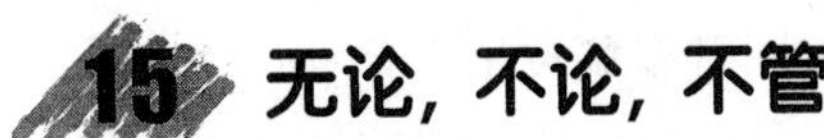

无论, 不论, 不管

　이 세 단어는 모두 조건 관계를 나타내는 접속사이며 조건에 상관없거나 예외 없음을 나타낸다. 주로 복문에 쓰이지만 단문에 쓰이기도 한다. 뒤에는 항상 부사 '都', '也' 등이 와서 호응하며 '无论/不论/不管 A, 都也 B'의 형식을 구성한다. '无论' 등의 뒤에는 정반 의문 형식이나 선택 의문 형식이 오거나 의문 대사의 임의 지칭 용법 (任指), 병렬된 몇 개의 어구(실제적으로는 선택 의문문 형식)가 올 수 있는데, 모두 하나의 조건에 그치지 않음을 나타낸다. 뒷절은 결과가 변하지 않거나 예외 없음을 의미한다. 전체 문장은 어떠한 조건에서도 결과가 모두 같음을 의미한다.

1 '无论' 등의 뒤에 정반 의문 형식이 오는 경우

① 不管你信不信, 事实总是事实。

　　Bùguǎn nǐ xìn bu xìn, shìshí zǒng shì shìshí.

네가 믿든 안 믿든 사실은 항상 사실이다.

　이 문장은 '네가 믿으면 이것은 사실이고, 네가 믿지 않아도 이것은 사실이다'라는 것을 의미한다. 말하자면 이 두 가지(혹은 어떠한) 상황에서도 결과는 같다고 할 수 있다.

② 明天无论你来不来, 都要给我打个电话告诉我一声。

　　Míngtiān wúlùn nǐ lái bu lái, dōu yào gěi wǒ dǎ ge diànhuà gàosu wǒ yì shēng.

내일 네가 오든 안 오든 나에게 전화로 알려주어야 한다.

이 문장의 뜻은 '네가 내일 오면 나에게 전화를 하고, 오지 않아도 전화를 해라'이다.

③ 不论你同意不同意, 我都会签字。

　　Búlùn nǐ tóngyì bu tóngyì, wǒ dōu huì qiān zì.

네가 동의하든 동의하지 않든 나는 서명을 할 것이다.

2 '无论' 등의 뒤에 선택 의문 형식이 오는 경우

① 明天你无论来还是不来, 都要告诉我一下儿。

　　Míngtiān nǐ wúlùn lái háishi bù lái, dōu yào gàosu wǒ yíxiàr.

내일 네가 오든 오지 않든 나에게 알려주어야 한다.

이 문장은 '네가 내일 만약 온다면 나에게 알려 주고, 오지 않아도 알려주어야 한다'를 뜻한다.

② 明天你无论上午来还是下午来, 我都在家。

　　Míngtiān nǐ wúlùn shàngwǔ lái háishi xiàwǔ lái, wǒ dōu zài jiā.

내일 네가 오전에 오든 아니면 오후에 오든 나는 집에 있을 것이다.

이 문장의 뜻은 '네가 내일 오전에 오면 내가 집에 있을 것이고, 오후에 와도 나는 집에 있을 것이다'이다.

③ 我们不论在顺利的条件下还是在困难的条件下，都要坚持工作。

> Wǒmen búlùn zài shùnlì de tiáojiàn xià háishi zài kùnnan de tiáojiàn xià, dōu yào jiānchí gōngzuò.

우리들은 순조로운 조건이든 힘든 조건이든 간에 일을 계속 해나가야 한다.

④ 这些孩子不论集体还是单独行动，都非常守纪律。

> Zhèxiē háizi búlùn jítǐ háishi dāndú xíngdòng, dōu fēicháng shǒu jìlǜ.

이 아이들은 단체든 아니면 단독으로 행동하든 간에 모두 규율을 잘 지킨다.

때때로 접속사 '还是'를 쓰지 않을 수도 있다.

⑤ 不管是你，是我，是他，是男是女，是老是少，人人都应该为四化出力 。

> Bùguǎn shì nǐ, shì wǒ, shì tā, shì nán shì nǚ, shì lǎo shì shào, rénrén dōu yīnggāi wèi sìhuà chū lì.

너나 할 것 없이, 남녀노소를 불문하고 모든 사람들은 4대 현대화에 힘을 쏟아야 한다.

③ '无论' 등의 뒤에 의문 대사의 임의 지칭 용법이 오는 경우

① 无论谁有困难，他都热情帮助。

> Wúlùn shéi yǒu kùnnan, tā dōu rèqíng bāngzhù.

누가 어려움을 겪든지 간에 그는 모두 열심히 도와준다.

② 不论你有什么困难，都不要失去信心。

> Búlùn nǐ yǒu shénme kùnnan, dōu búyào shīqù xìnxīn.

어떤 어려움을 겪든지 간에 믿음을 잃지 마라.

③ 不管你怎么麻烦他，他也不嫌烦。

> Bùguǎn nǐ zěnme máfan tā, tā yě bù xiánfán.

네가 그를 아무리 귀찮게 하더라도 그는 짜증을 내지 않는다.

④ 小明不管在哪儿都表现得不错，守规矩，有礼貌。

> Xiǎo Míng bùguǎn zài nǎr dōu biǎoxiàn de búcuò, shǒu guījǔ, yǒu lǐmào.

小明은 어디에 있든지 모두 태도가 좋으며 규율도 잘 지키고 예절바르다.

⑤ 不管你学习哪一门功课，都要多动脑筋，多思考，不要死记硬背。

> Bùguǎn nǐ xuéxí nǎ yì mén gōngkè, dōu yào duō dòng nǎojīn, duō sīkǎo, búyào sǐjì yìngbèi.

어떤 과목을 공부하든지 간에 무턱대고 외우지 말고 더 많이 머리를 쓰고 생각해야 한다.

'无论'이 쓰인 절의 술어가 만약 형용사이거나 심리 상태를 나타내는 동사 혹은 '有', '善于' 등의 동사일 때, 술어 앞에 부사 '多(么)'가 쓰이는 경우가 많다.

① 无论条件多么艰苦，他们也从来没叫过苦。

> Wúlùn tiáojiàn duōme jiānkǔ, tāmen yě cónglái méi jiàoguo kǔ.

조건이 아무리 힘들더라도 그들은 이제껏 힘들다고 불평해본 적이 없다.

② 不管夏天多热，冬天多冷，他总是趴在书桌上写着，算着。

> Bùguǎn xiàtiān duō rè, dōngtiān duō lěng, tā zǒngshì pā zài shūzhuō shàng xiězhe, suànzhe.

여름이 아무리 덥고 겨울이 아무리 추워도 그는 늘 책상에서 쓰고 계산한다.

③ 不管你多么想去，如果不让你去，你也不能去。

    Bùguǎn nǐ duōme xiǎng qù, rúguǒ bú ràng nǐ qù, nǐ yě bù néng qù.

네가 아무리 가고 싶어도 만약 가지 못하게 하면 갈 수 없다.

④ 不管有多大的困难，我也要参加这次冬季游泳比赛。

    Bùguǎn yǒu duō dà de kùnnan, wǒ yě yào cānjiā zhè cì dōngjì yóuyǒng bǐsài.

아무리 큰 어려움이 있더라도 나는 이번 동계 수영 대회에 참가하겠다.

⑤ 不论你是多么大的官儿，也应该遵守国家的法令。

    Búlùn nǐ shì duōme dà de guānr, yě yīnggāi zūnshǒu guójiā de fǎlìng.

당신이 아무리 높은 관리라 하더라도 나라의 법을 지켜야 마땅하다.

④ ‘无论’, ‘不论’, ‘不管’은 한 문장에서 여러 번 출현할 수 있다.

① 朋友，天山的美丽景物何止这些，天山绵延几千公里，不论高山、深谷，不论草原、森林，不论溪流、湖泊，处处有富饶的物产，处处有绮丽的美景，你要说可真说不完。

    Péngyou, Tiānshān de měilì jǐngwù hézhǐ zhèxiē, Tiānshān miányán jǐ qiān gōnglǐ, búlùn gāoshān、shēngǔ、búlùn cǎoyuán、sēnlín, búlùn xīliú、húbó、chùchù yǒu fùráo de wùchǎn, chùchù yǒu qǐlì de měijǐng, nǐ yào shuō kě zhēn shuō bu wán.

친구여, 天山의 아름다운 경치가 어찌 이것뿐이더냐. 天山은 몇 천 킬로미터를 쭉 펼쳐져 있으며 높은 산이나 깊은 계곡, 초원이나 숲, 또 계곡물이나 호수 모두 곳곳마다 풍요롭고 아름다워서 네가 말하려 해도 정말 다 할 수 없을 것이다.

② 无论什么人，不管他怎么忙，都应该抽点工夫想想这个问题。

    Wúlùn shénme rén, bùguǎn tā zěnme máng, dōu yīnggāi chōu diǎn gōngfu xiǎngxiang zhège wèntí.

어떠한 사람이든 자신이 아무리 바쁘다 하더라도 시간을 내어 이 문제를 좀 생각해야 한다.

③ 杨树，不论在河滩、平原，不论在丘陵、山脉或高山，都能生长。

    Yángshù, búlùn zài hétān、píngyuán búlùn zài qiūlíng、shānmài huò gāoshān, dōu néng shēngzhǎng.

버드나무는 강변 모래톱이나 평원, 언덕이나 산맥, 혹은 높은 산 어디를 불문하고 모두 자랄 수 있다.

결론적으로 말해서 ‘无论’ 등의 뒤에는 반드시 의문 형식이나 임의 지칭 의문 대사를 쓰는데, 한 가지 조건이나 어떠한 조건에 그치지 않음을 나타낸다.

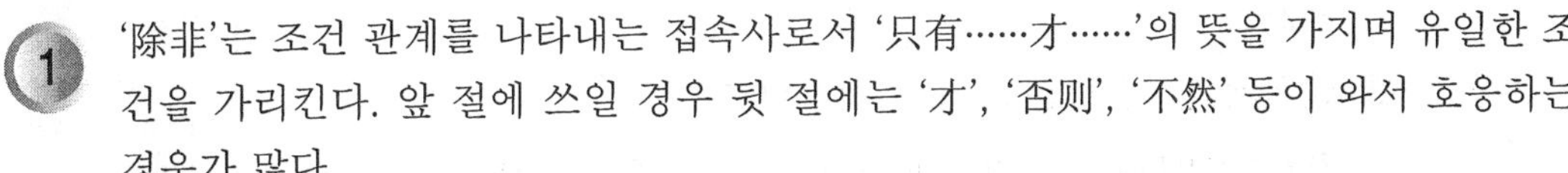 16 除非

① ‘除非’는 조건 관계를 나타내는 접속사로서 ‘只有……才……’의 뜻을 가지며 유일한 조건을 가리킨다. 앞 절에 쓰일 경우 뒷 절에는 ‘才’, ‘否则’, ‘不然’ 등이 와서 호응하는 경우가 많다.

① 除非是公休日，他才回家来看看，平时在实验室里一呆就是一个星期。

    Chúfēi shì gōngxiūrì, tā cái huí jiā lái kànkan, píngshí zài shíyànshì lǐ yì dāi jiùshì yí ge xīngqī.

공휴일이 되어야 그는 비로소 집에 돌아온다. 평상시에는 실험실에 한 번 머물면 일주일 동안 지낸다.

② 语文和数学是两门主科，除非你这次补考及格，否则是不能升
级的。

    Yǔwén hé shùxué shì liǎng mén zhǔkē, chúfēi nǐ zhè cì bǔkǎo
jígé, fǒuzé shì bù néng shēngjí de.

국어와 수학은 주요 과
목인데, 너는 이번 재시
험에 합격해야지 그렇
지 않으면 유급하게 된
다.

③ 除非天气不好，下雨或刮风，否则，他上班从来不坐车。

    Chúfēi tiānqì bù hǎo, xià yǔ huò guā fēng, fǒuzé tā shàngbān
cónglái bú zuò chē.

날씨가 좋지 않아 비가
오거나 바람이 불지 않
고서는 그는 이제까지
차를 타고 출근한 적이
없다.

예①은 '只有……才……' 형식을 써서 '他只有到了公休日才回家看看，不是公休日，他
是不会回家看看的'라고 바꿀 수 있고 '他回家'의 유일한 조건을 언급하고 있다. 예②
의 뜻은 '너는 이번 추가 시험에 합격해야만 유급하지 않을 수 있다'이며, 예③의 뜻
은 '비가 오거나 바람이 불어야만 그는 차를 타고 출근한다'이다.

 '除非'는 뒷 절에 쓰이기도 한다.

① 他是不会主动来的，除非你去请他。

    Tā shì bú huì zhǔdòng lái de, chúfēi nǐ qù qǐng tā.

네가 그를 초청하지 않
는 이상 그는 스스로 오
지는 않을 것이다.

② 要想得到好成绩，除非自己努力学习。

    Yào xiǎng dédào hǎo chéngjì, chúfēi zìjǐ nǔlì xuéxí.

좋은 성적을 얻으려고
한다면 스스로 열심히
공부할 수밖에 없다.

③ 他们不会在这张纸上签字的，除非我们能满足他们的要求。

    Tāmen bú huì zài zhè zhāng zhǐ shàng qiān zì de, chúfēi wǒmen
néng mǎnzú tāmen de yāoqiú.

우리가 그들의 요구를
만족시켜 주지 않으면
그들은 이 문건에 서명
하지 않을 것이다.

 '除非'는 '안에 포함하지 않음(不计算在内)'을 뜻하기도 한다.

① 这道题，除非他，没有人能答出来。

    Zhè dào tí, chúfēi tā, méi yǒu rén néng dá chūlai.

이 문제는 그를 제외하
고는 아무도 답을 할 수
없다.

이 문장은 '그를 제외한 다른 사람은 모두 대답할 수 없다'를 뜻한다.

② 这种事，除非他，没人干得出来，手段毒辣。

    Zhè zhǒng shì, chúfēi tā, méi rén gàn de chūlai, shǒuduàn
dúlà.

이런 일은 그 이외의 누
구도 악랄한 수단을 써
서 해낼 수 없다.

③ 这段河流，除非老李，谁也游不过去。

    Zhè duàn héliú, chúfēi Lǎo Lǐ, shéi yě yóu bu guòqu.

이 강을 老李를 제외하
고 누구도 헤엄쳐 건널
수 없다.

17 以便，以免，免得，省得

이 네 단어는 모두 목적을 나타내는 접속사로서 복문의 뒷 절의 첫머리에 쓰인다.

① 以便

‘以便’이 이끄는 뒷 절이 말하는 목적을 실현하기 위하여 앞 절에서 말한 바에 따라서 일을 한다는 것을 의미한다.

① 请您留下宝贵意见，以便我们改进工作，提高服务质量。

Qǐng nín liúxià bǎoguì yìjiàn, yǐbiàn wǒmen gǎijìn gōngzuò, tígāo fúwù zhìliàng.

저희가 업무를 개선하고 서비스의 질을 향상시킬 수 있도록 귀중한 의견을 남겨 주십시오.

② 我们要学会分析句子的结构关系，以便在阅读时能够准确地理解句子所表达的意思。

Wǒmen yào xué huì fēnxī jùzi de jiégòu guānxi, yǐbiàn zài yuèdú shí nénggòu zhǔnquè de lǐjiě jùzi suǒ biǎodá de yìsi.

독해할 때 정확하게 문장이 나타내고자 하는 뜻을 이해할 수 있도록 우리들은 문장의 구조 분석을 잘 배워야만 한다.

③ 从事这项工作的教师们要自觉地认识和研究它的特点和规律，以便指导教学实践。

Cóngshì zhè xiàng gōngzuò de jiàoshīmen yào zìjué de rènshi hé yánjiū tā de tèdiǎn hé guīlǜ, yǐbiàn zhǐdǎo jiàoxué shíjiàn.

교육실습을 지도하기 위해서는 이 일에 종사하는 선생님들이 그것의 특징과 규칙을 스스로 인식하고 연구하여야 한다.

상술한 ‘以便’은 ‘为了’로 바꿀 수 있지만 ‘为了’가 이끄는 문장을 앞으로 이동시켜 복문의 앞 절에 놓여야 한다.

① 为了我们改进工作，提高服务质量，请您留下宝贵意见。

Wèile wǒmen gǎijìn gōngzuò, tígāo fúwù zhìliàng, qǐng nín liúxià bǎoguì yìjiàn.

저희가 업무를 개선하고 서비스의 질을 향상시킬 수 있도록 귀중한 의견을 남겨 주십시오.

② 以免, 免得, 省得

이 세 단어는 모두 복문의 뒷 절 첫머리에 쓰여 앞 절에서 서술한 내용대로 하면, ‘以免’, ‘免得’, ‘省得’가 연결하는 뒷 절에서 서술하는 내용의 발생을 피할 수 있음을 나타낸다.

① 以免

앞 절은 일반적으로 어떤 상황을 제시하여 사람들의 주의를 일깨우며, 뒷절에서는 ‘以免’을 써서 유발될 수 있는 좋지 않은 일을 끌어낸다. ‘以免’은 ‘以便避免’의 뜻이 있는데 뒤에 대개 동사구가 온다.

① 这儿有高压电线，请不要靠近，以免发生危险。

Zhèr yǒu gāoyā diànxiàn, qǐng búyào kàojìn, yǐmiǎn fāshēng wēixiǎn.

이곳에 고압전선이 있어 위험하오니 접근하지 마십시오.

② 行人和车辆必须严格遵守交通法规，礼让三分，以免发生交通事故。

Xíngrén hé chēliàng bìxū yángé zūnshǒu jiāotōng fǎguī, lǐ ràng sān fēn, yǐmiǎn fāshēng jiāotōng shìgù.

교통사고를 방지하기 위하여 행인과 차량은 반드시 교통규칙을 엄격하게 준수하고 서로 양보해야 한다.

③ 穿脱塑料雨衣时，不要用力过猛，以免损伤两腋的焊缝。

    Chuāntuō sùliào yǔyī shí, búyào yònglì guòměng, yǐmiǎn sǔnshāng liǎng yè de hànféng.

비닐 비옷을 입고 벗을 때, 두 겨드랑이의 재봉 부분이 뜯어지지 않도록 지나치게 힘을 쓰지 마라.

② 免得

앞절에서는 어떻게 해야 '免得' 뒤에 서술된 상황의 발생을 피할 수 있는지를 설명한다. '免得' 뒤에는 대개 주술구나 동사구가 온다.

① 这件事先别告诉他，等过几天再说，免得她过这个年不痛快。

    Zhè jiàn shì xiān bié gàosu tā, děng guò jǐ tiān zài shuō, miǎnde tā guò zhège nián bú tòngkuài.

그녀가 올해를 기분 나쁘게 보내지 않도록 이 일은 지금 그녀에게 알리지 말고 며칠 지난 뒤에 말해라.

② 他已经醉了，赶快去扶住他，免得他跌跤。

    Tā yǐjing zuì le, gǎnkuài qù fúzhù tā, miǎnde tā diējiāo.

그는 이미 취했으니 그가 넘어지지 않도록 얼른 부축해라.

③ 王工程师，你来了好，免得工地上临时有事找不到人。

    Wáng gōngchéngshī, nǐ láile hǎo, miǎnde gōngdì shàng línshí yǒu shì zhǎo bu dào rén.

王 기사, 당신이 왔으니 잘 됐소. 공사장에서 갑자기 일이 생겨 사람을 찾지 못하는 경우가 없겠어.

③ 省得

'省得'는 '좋지 않거나 희망하지 않는 상황이 발생하지 않게 하다'를 뜻하며, 뒷 절의 첫머리에 많이 쓰인다. 만약 앞 절에서 말한 방법을 채택하면 '省得' 뒤에 서술한 상황이 발생하지 않을 수 있음을 나타낸다. '省得' 뒤에는 주로 동사구, 형용사구나 주술구가 온다.

① 你说话要小心点，省得又惹是非。

    Nǐ shuō huà yào xiǎoxīn diǎn, shěngde yòu rě shìfēi.

또 시비가 생기지 않도록 좀 조심해서 말해.

② 画儿韩哈哈笑道：把它烧了吧，省得留在世上害人。

    Huà'érhán hāhā xiàodào: bǎ tā shāole ba, shěngde liú zài shìshàng hài rén.

画儿韩은 크게 웃으며 말했다. "세상에 남아 사람들을 해치지 않도록 그것을 태워버려라."

③ 李石清：我跟你说过多少遍，这样的话你要说，在家里说，不要在这儿讲，省得人家听见笑话你。

    Lǐshíqīng: Wǒ gēn nǐ shuōguo duōshǎo biàn, zhèyàng de huà nǐ yào shuō, zài jiā lǐ shuō, búyào zài zhèr jiǎng, shěngde rénjia tīngjiàn xiàohuà nǐ.

李石清 : 너한테 몇 번이나 말했니. 이런 말을 하려거든 다른 사람이 듣고 너를 비웃지 않도록 집에서나 하고 여기에서 얘기하지 말라고.

④ 你来了好，省得我去了。

    Nǐ láile hǎo, shěngde wǒ qù le.

내가 가지 않게 네가 잘 왔다.

'省得'와 '免得'는 용법이 기본적으로 같은데, '省得'가 더 구어화된 표현이다.

参考文献

冯志纯　试论转折关系的假设复句—兼谈"尽管"和"即使""不管"的区别,语言教学与研究,1990年第2期。

李小荣　说"省得",汉语学习,1992年第4期。

王　还　"只有……才……"和"只要……就……",语言教学与研究,1989年第3期。

伍人义　浅谈"如果……那么……"句的内部结构差异,汉语学习,1995年第4期。

邢福义　现代汉语的"即使"实言句,语言教学与研究,1985年第4期。

反递句式,中国语文,1986年第1期。

"却"字和"既然"句,汉语学习,1996年第6期。

周换琴　"不但……而且……"的语用分析,语言教学与研究,1995年第1期。

一. 아래 문장에서 접속사나 접속 관계를 나타내는 어구를 찾고 ,그것이 어떤 접속
　　작용을 하는지 설명하시오.

　1. 今天下午，老王把夏明和我找去谈话了。
　2. 这一切对我是多么热情的支持和鼓励啊！
　3. 你今天来或者明天来都可以。
　4. 寄往城里的信用两毛钱的邮票还是四毛的?
　5. 这是一个美丽而动人的神话故事。
　6. 对什么问题都应该想得深一些和远一些。
　7. 遇到下雨、多云或者有雾的天气，他们也坚持出工。
　8. 虽然很忙，可是我们都感到我们的生活是愉快的、幸福的。
　9. 既然是试验，就别怕失败。
10. 今天，不但在生产上、国防上实现了自动化或者半自动化，人们的日常生活也开
　　始进入自动化的时代。
11. 他尽管还在病休，可是还抓紧时间刻苦自学外语。
12. 这个任务咱们不但要接受下来，而且还要完成得快，完成得好。
13. 老王就是听了和自己不同的意见，也从不发火。
14. 倘若能倒退回十年，让我重过学习生活，该多好啊！
15. 不论做什么工作，都不能粗心大意。
16. 宁可自己苦一点儿，也要帮助别人解除困难。
17. 与其跪着生，不如站着死。
18. 只有艰苦奋斗，才能获得成功。
19. 你只要肯下苦功夫，就能学好汉语。
20. 我们应该继承并发扬中华民族的光荣传统。

二. 알맞은 접속사로 빈칸을 채우시오.

(一) 只要　　无论(不论, 不管)　　因为　　所以　　尽管　　但是　　既然
　　　即使　　(就是, 哪怕)　　以免　　固然　　虽然　　可是

　1.＿＿＿＿＿你不愿意支持我的事业，那么咱俩就分道扬镳吧，好离好散。
　2.＿＿＿＿＿天气多么冷，他都坚持洗冷水澡。
　3. 我们＿＿＿＿＿努力学习，就能获得好成绩。
　4. 小王＿＿＿＿＿没有按照规定的方法进行生产，＿＿＿＿＿出了事故。
　5. 妹妹替大哥着急，＿＿＿＿＿又没有能力帮助他。
　6. 老人＿＿＿＿＿身体不很好，每天还坚持工作七八个小时。

7. 今晚________多晚，你一定要到我家来一趟。

8. A：我跟你的看法不同，也很难一致起来。

   B：________咱们俩的看法不一致，那就无法在一起合作了。

9. 练习的题目________难了一些，________难有难的好处。

10. 自己主观上不努力，客观条件________再好，也不起作用。

11. 这个任务很急，________几天几夜不睡觉，也要按时把它完成。

12. 关于办公司的事，你有什么意见就说吧，________你想全盘否定我的意见，我也不会生气的。

13. 新媳妇________一下班回到家，就闲不住地帮助婆婆干这干那。

14. 这里有高压电线，请不要靠近，________发生危险。

(二) 还是　不但……而且……　或者　宁可　不但……反而……

1. 由于他错签了一个合同，这个月他________没有受到表扬和奖励，________还被扣罚了本月的奖金。

2. 老李今天晚上来________明天一早来，他也没说定。

3. 我们________要学习好，________还要品德好，身体好。

4. 你用中文讲________用英文讲都可以，我们都会英文。

5. 我们的任务________按期完成了，________完成得很出色。

6. 为了我的事业，我________晚一点儿结婚，________不结婚。

三. 알맞은 접속사를 사용하여 주어진 두 문장을 한 문장으로 완성하시오.

   例：这本字典是我的。

      那本语法书是我的。

   ⇒ 这本字典和那本语法书是我的。

1. 明天我们上午有课。
   明天我们下午有课。

2. 你坐火车来的吗？
   你坐飞机来的吗？

3. 你坐十路公共汽车可以到天安门。
   坐二十二路公共汽车可以到天安门。

4. 我穿着棉衣还觉得冷呢。
   你只穿一件毛衣，一定更觉得冷。

5. 你学习有很大进步。
   你不应该骄傲。

6. 明天阴天，我们去颐和园。
   明天晴天，我们也去颐和园。

7. 他的态度是不太好。
   你也不应该对他那样。

8. 最近学习比较忙。
   没能及时给你写回信。

9. 小明觉得自己考得不错。
   他没有想到是全校第一名。

10. 你对我有什么意见。
    请你随时给我提出来。

11. 阿里要写一篇论文。
    他暑假不回国探亲了。

12. 作报告的人讲的不是普通话。
    我听懂了一大半。

13. 他已经学过一年汉语了。
    他不愿意再从头学起了。

14. 小王迟到了，他不是起晚了。
    他在上班的路上帮助别人修车，耽误了时间。

15. 我们要有求知的热情。
    我们要有科学的态度，实事求是的精神。

16. 你刻苦钻研，坚持到底。
    你一定能掌握这门新技术。

17. 这个试验，我们失败了一百次。
    我们要继续试验下去。

18. 我们两家住得很近。
    我们不常常见面。

제 9 장
조사

중국어 조사는 기능이 다양한 허사들로 이루어져 있지만, 다음과 같은 공통점이 있다.

1. 절대 다수의 조사는 단독으로 쓰일 수 없고, 실사, 구, 문장에 부가되어 쓰인다.
2. 실사와 같은 어휘적 의미는 없고 어법 기능만을 나타낸다.
3. 다른 성분에 부가되어 쓰이기 때문에 일반적으로 모두 경성으로 읽힌다.

조사는 그 기능에 따라 세 가지로 나눌 수 있다.

1. 구조조사 : 的, 地, 得, 所, 等, 给, 似的(地)……
2. 시태조사 : 了, 着, 过, 来着……
3. 어기조사 : 啊, 吗, 呢, 吧, 了, 嘛, 么, 罢了……

제 1 절
구조조사

> 구조조사는 단어와 어구를 연결시켜 통사론적 기능을 갖도록 하는 역할을 한다. 예를 들면, '的'은 관형어와 중심어, '地'는 부사어와 중심어, '得'는 보어와 중심어를 연결시킨다.

 **的**

구조조사 '的'는 관형어를 나타내는 어법표지로, 관형어와 중심어를 연결한다.(제3편 제3장 제2절 「관형어로 쓰이는 어구와 '的'의 용법」 참조)

'的'는 이 이외에 다음과 같은 용법으로도 쓰인다.

① '的'자 구를 만들 수 있다. 명사, 대사, 형용사, 동사, 주술구 등의 뒤에 '的'가 와서 '的'자 구를 만들 수 있는데, '的'자 구는 명사와 동일한 기능을 갖는다. '的'자 구는 제한과 변별 작용을 한다. 예를 들면 '红的'(붉은 것)은 '蓝的'(파란 것)과 '白的'(하얀 것) 등과 구별되며, '책 파는 사람'(卖书的)은 '옷감 파는 사람'(卖布的)과 '가르치는 사람'(教书的)과는 다른 사람을 지칭한다. '的'자 구는 문장에서 주어와 목적어로 쓰인다.

① 这本书是中文的，那本书是英文的。

　　Zhè běn shū shì Zhōngwén de, nà běn shū shì Yīngwén de.

② 穿红衣服的是我妹妹。

　　Chuān hóng yīfu de shì wǒ mèimei.

이 책은 중국어 책이고
저책은 영어 책이다.

빨간 옷을 입은 사람이
내 여동생이다.

‘的’자 구를 사용할 때는 다음과 같은 점에 주의하여야 한다.

① ‘的’자 구를 사용할 때, ‘的’자 구가 지칭하는 사람이나 사물은 반드시 이미 알고 있는 정보여야 한다. 예를 들면, 앞의 문장에서 출현한 적이 있거나 문맥으로 알 수 있거나 청자가 분명히 알고 있는 대상이 아니면 ‘的’자 구를 쓸 수 없다.

① 昨天我们去买毛巾，我买了一条白的，小张买了一条花的。

　　Zuótiān wǒmen qù mǎi máojīn, wǒ mǎile yì tiáo bái de, Xiǎo Zhāng mǎile yì tiáo huā de.

어제 우리들은 수건을
사러 가서 나는 하얀 것
을 사고 小张은 무늬가
있는 것을 샀다.

‘白的’와 ‘花的’는 앞 문장에 ‘毛巾’이 있기 때문에 ‘白毛巾’와 ‘花毛巾’을 지칭한다는 것을 알 수 있다. 만약 갑자기 ‘昨天我买了一件花的’이라고 말했다면 청자가 무엇을 말하는지 알 수 없을 것이다.

② 他们家生活不错，吃的、穿的、用的，样样不缺。

　　Tāmen jiā shēnghuó búcuò, chī de、chuān de、yòng de, yàngyàng bù quē.

그들 집은 먹는 것, 입
는 것, 쓰는 것 할 것 없
이 모두 부족함 없이 잘
산다.

‘吃的’, ‘穿的’, ‘用的’는 모두 사람의 생활과 관련이 있으므로 문장에 ‘生活’라는 말이 출현하지 않는다 하더라도 ’吃的’가 지칭하는 것을 알 수 있다.

② ‘的’자 구는 일반적으로 추상적인 사물을 지칭할 수 없고, 구체적인 사람이나 사물만을 지칭할 수 있다.

*这个孩子的精神很好，那个孩子的不好。

*小明是他们的榜样，不是我们的。

‘意见’, ‘想法’, ‘办法’, ‘事情’ 등의 추상명사는 특정한 문맥에서 ‘的’자 구를 써서 지칭할 수 있다.

他说的办法可以，你说的不行。

Tā shuō de bànfǎ kěyǐ, nǐ shuō de bùxíng.

그가 말한 방법은 가능
하지만, 네가 말한 것은
불가능하다.

③ ‘的’자 구는 한정과 변별 작용을 하므로 만약 ‘형용사+的’의 구문이 이러한 기능을 하지 못하고 묘사 기능만을 한다면 ‘的’자 구를 구성할 수 없다. 예를 들어, ‘红的(花)’, ‘高的(树)’(‘黄的’, ‘矮的’와 구별됨)는 ‘的’자 구가 성립하지만, ‘庄严的(会场)’, ‘巍峨的(山脉)’, ‘辽阔的(大海)’ 등은 성립하지 않는다.

② 동사와 목적어의 관계가 매우 긴밀한 동목구 사이에 '명사/대사+的'를 삽입할 수 있을 때(예를 들어 '开玩笑' 사이에 '他的'를 삽입한 경우), '他的'와 같은 '명사/대사+的'의 '的'자 구는 그 뒤의 명사 '玩笑'의 관형어이지만 '他'는 동작의 대상을 나타낸다. 이러한 표현은 구어에 주로 쓰인다.

① 别开他的玩笑了。（别跟他开玩笑了）

   Bié kāi tā de wánxiào le. (Bié gēn tā kāi wánxiào le)

그와 농담하지 마라.

② 他不会挑我的眼。（他不会对我挑眼）

   Tā bú huì tiāo wǒ de yǎn. (Tā bú huì duì wǒ tiāo yǎn)

그는 내 결함을 들추어 낼 리 없다.

③ 不要拆老王的台。（不要给老王拆台）

   Búyào chāi Lǎo Wáng de tái. (Bú yào gěi Lǎo Wáng chāi tái)

老王을 궁지에 빠뜨리지 마라.

③ '的'자 구는 사람을 지칭하는 명사, 대사 혹은 직무, 신분, 역할 등을 나타내는 명사 앞에 쓰여 어떤 직무를 담당하거나 신분이나 배역을 나타낸다.

① 这次开会，你的主席，我的记录。（你当主席，我当记录）

   Zhè cì kāi huì, nǐ de zhǔxí, wǒ de jìlù.
   (nǐ dāng zhǔxí, wǒ dāng jìlù)

이번 회의에서 너는 의장을 맡고 나는 서기를 맡는다.

② 今天晚上的京剧，马连良的诸葛亮，裘盛戎的……（马连良演诸葛亮，裘盛戎演……）

   Jīntiān wǎnshang de jīngjù, Mǎ Liánliáng de Zhūgé Liàng, Qiú Shèngróng de……
   (Mǎ Liánliáng yǎn Zhūgé Liàng, Qiú Shèngróng yǎn……)

오늘 저녁 경극은 마连良이 诸葛亮을 연기하고 裘盛戎은 …….

④ '的'자 구는 동일한 두 개의 동사 사이에 쓰여 '有的……, 有的……'의 의미를 나타내는데, 과거에만 쓰인다.

① 敌人死的死，伤的伤。

   Dírén sǐ de sǐ, shāng de shāng.

적 가운데 죽은 이도 있고 부상당한 이도 있다.

② 他家的东西，当的当了，卖的卖了，所剩无几。

   Tā jiā de dōngxi, dāng de dāng le, mài de mài le, suǒ shèng wú jǐ.

그의 집 물건은 전당 잡힐 건 잡히고 팔 건 팔아서 남은 것이 얼마 되지 않는다.

③ 早上，我来到了学校的大操场。只见操场上人很多，跑步的跑步，打球的打球，练气功的练气功，我也不由自主地锻炼起来。

   Zǎoshang, wǒ láidàole xuéxiào de dà cāochǎng. Zhǐjiàn cāochǎng shàng rén hěn duō, pǎobù de pǎobù, dǎ qiú de dá qiú, liàn qìgōng de liàn qìgōng, wǒ yě bùyóu zìzhǔ de duànliàn qǐlai.

아침에 나는 학교의 대운동장에 갔다. 운동장에 많은 사람들이 있었는데, 달리기를 하는 사람, 구기운동을 하는 사람, 기공을 연마하는 사람들이 있어서 나도 모르게 운동을 하기 시작했다.

⑤ '的'자 구는 병렬 표현 뒤에 쓰여 '等等' 혹은 '之类'의 의미를 나타낸다.

① 我想开个小店，卖点针头线脑的，也可以赚几个钱。

Wǒ xiǎng kāi ge xiǎodiàn, mài diǎn zhēntóu xiànnǎo de, yě kěyǐ zhuàn jǐ ge qián.

나는 조그만 가게를 열려고 한다. 자질구레한 일상용품 등을 좀 팔면 다만 몇 푼이라도 벌 수 있을 것이다.

② 你别听那些闲言碎语的，为他们生气伤身子，不值得。

Nǐ bié tīng nàxiē xiányán suìyǔ de, wèi tāmen shēng qì shāng shēnzi, bù zhíde.

그 쓸데없는 말 따위를 듣지 마라, 그들 때문에 화를 내서 몸을 상하는 것은 가치가 없어.

③ 明天就开学了，书啊本的你都准备了吗?

Míngtiān jiù kāixué le, shū a běn de nǐ dōu zhǔnbèi le ma?

내일이면 개학이야, 책이니 공책이니 모두 준비했니?

'的' 앞에 '什么'를 써도 동일한 의미를 나타내는데, 이 표현이 더 자주 쓰인다.

④ A : 你上街要买什么呀?

    Nǐ shàng jiē yào mǎi shénme ya?

너 장에 가서 무엇을 살 거니?

  B : 天冷了，我想买一些衣服、被子什么的。

    Tiān lěng le, wǒ xiǎng mǎi yìxiē yīfu、bèizi shénme de.

날이 추워졌어, 옷하고 이불 등을 좀 사야 되겠는걸.

⑤ 你一会儿见了表姐、表弟什么的，别不好意思。

Nǐ yíhuìr jiànle biǎojiě、biǎodì shénme de, bié bù hǎoyìsi.

좀 이따가 사촌누나, 사촌동생들을 만나면 부끄러워하지 마라.

⑥ 护照、飞机票什么的你要放好，别丢了。

Hùzhào、fēijī piào shénme de nǐ yào fàng hǎo, bié diū le.

여권, 비행기표 등을 잘 넣어둬, 잃어버리지 말고.

6 '的'자 구는 명사, 동사, 형용사 뒤에 쓰여 상태나 상황을 나타내는데, 명사나 동사 뒤에 쓰일 때는 대부분 문두에 쓰여 원인이나 조건을 나타낸다.

① 大过年的，还去上班啊!

Dà guònián de, hái qù shàng bān a!

설인데도 출근을 하니! (지금 설을 쇠고 있는 중에 쉬어야지 왜 출근을 하려는 거니?)

② 大晌午的，也不休息一会儿!

Dà shǎngwǔ de, yě bù xiūxi yíhuìr!

점심에도 쉬지 않다니! (지금은 점심때인데 쉬어야지 왜 쉬지 않는 거니?)

③ 姑娘们唱啊唱的，就把心里的愁事忘了。

Gūniang men chàng a chàng de, jiù bǎ xīn lǐ de chóushì wàng le.

아가씨들은 노래를 부르고 또 부르자 마음 속의 근심을 잊어버렸다.(아가씨들은 끊임없이 노래를 부르자 마음 속의 근심을 잊어버리게 되었다.)

'的'가 명사구나 형용사구 혹은 형용사를 포함하는 명사구의 뒤에 쓰여 상태를 묘사한다.

④ 小路坑坑洼洼的，很难走。

Xiǎolù kēngkengwāwā de, hěn nán zǒu.

좁은 길이 울퉁불퉁하여 다니기가 힘들다.

⑤ 孩子们有说有笑的，很高兴。

Háizimen yǒu shuō yǒu xiào de, hěn gāoxìng

아이들은 웃음꽃을 피우며 이야기하면서 매우 즐거웠다.

⑥ 地里的麦苗绿油油的，很惹人爱。

　　Dìlǐ de mài miáo lǜyóuyóu de, hěn rě rén ài.

⑦ 外面黑灯瞎火的，我一个人不敢出去。

　　Wàimiàn hēi dēng xiā huǒ de, wǒ yí ge rén bù gǎn chūqu.

⑧ 屋子里乱七八糟的，好像没有人住。

　　Wū lǐ luànqībāzāo de, hǎoxiàng méi yǒu rén zhù.

땅속의 보리싹은 파릇 파릇하여 사람들이 매 우 좋아한다.

바깥이 칠흑같이 컴컴 해서 나 혼자 못나가겠 다.

방안이 뒤죽박죽으로 어 질러져 있어 마치 사람 이 살지 않는 것 같다.

 **地**

　　제3편 제4장 제2절 '부사어 뒤의 구조조사 '地'의 사용 문제' 참조

 **得**

　　제3편 제5장 제4절의 '상태보어' 참조

 **所**

① '所'가 타동사 앞에 쓰인 '(명사)+所+동사'는 관형어로 쓰일 수 있는데, 뒤에 일반적으로 '的'가 온다.

① 最近≪北京晚报≫所讨论的问题，大家都很有兴趣。

　　Zuìjìn ≪Běijīng wǎnbào≫ suǒ tǎolùn de wèntí, dàjiā dōu hěn yǒu xìngqù.

② 赵丹是广大观众所喜爱的电影演员。

　　Zhàodān shì guǎngdà guānzhòng suǒ xǐ'ài de diànyǐng yǎnyuán.

③ 今天我读了一篇文章，所谈的问题还是关于环境污染的。

　　Jīntiān wǒ dúle yì piān wénzhāng, suǒ tán de wèntí háishi guānyú huánjìng wūrǎn de.

최근≪北京晚报≫에서 토론한 문제에 대해 모 두 흥미 있어 한다.

赵丹은 많은 관중들로 부터 사랑받는 영화배 우다.

오늘 나는 글 한 편을 읽었는데 언급한 문제 는 역시 환경오염에 관 한 것이었다.

'所+동사'도 '的'자 구를 이루어 주어와 목적어로 쓰일 수 있다.

④ 老师所讲的，正是我们的问题所在。

　　Lǎoshī suǒ jiǎng de, zhèng shì wǒmen de wèntí suǒ zài.

⑤ 这正是我所感兴趣的。

　　Zhè zhèng shì wǒ suǒ gǎn xìngqù de.

선생님이 말씀하신 것 은 바로 우리들이 안고 있는 문제이다.

이것은 바로 내가 흥미 를 느끼는 것이다.

이러한 용법의 '所'는 대부분 문어에 쓰이는데, 이때 '所'는 특별한 의미를 나타내지 않기 때문에 '所'를 생략해도 의미는 변하지 않고 단지 구어적 표현이 될 뿐이다.

 '所+동사' 뒤에 '的'를 쓰지 않고도 주어나 목적어로 쓰일 수 있다. 단지 이때 동사는 일반적으로 일음절동사여야 하며, 이렇게 쓰일 수 있는 동사는 한정되어 있다.

① 据我所知, 这个目的是不可能达到的。

　　Jù wǒ suǒ zhī, zhège mùdì shì bù kěnéng dádào de.

② 这次外出, 一路上所见所闻颇多。

　　Zhè cì wàichū, yí lù shàng suǒ jiàn suǒ wén pōduō.

③ 各尽所能, 按劳分配。

　　Gè jìn suǒ néng, àn láo fēnpèi.

> 내가 아는 바에 의하면 이 목적은 이룰 수 없을 것이다.
>
> 이번 출장 중에 보고 들은 것이 매우 많다.
>
> 각자 능력껏 일하고 노동한 만큼 분배한다.

이렇게 쓰인 '所'자는 문어적 색채가 더 강하다.

 '所'는 동사 '有' 뒤에 쓰여 정도 차이가 심하지 않음을 나타낸다. 이때 뒤에 동사목적어가 오는데 대부분 이음절동사가 온다.

① 一年来小李的工作能力有所提高。

　　Yì nián lái Xiǎo Lǐ de gōngzuò nénglì yǒu suǒ tígāo.

② A：听说改革开放以来, 中国人民的生活有所改善。

　　　Tīngshuō gǎigé kāifàng yǐlái, Zhōngguó rénmín de shēnghuó yǒusuǒ gǎishàn.

　B：不是有所改善, 而是大大改善了。

　　　Búshì yǒusuǒ gǎishàn, érshì dàdà gǎishàn le.

③ 对于妻子的感情变化, 他最近有所觉察, 可是因为太忙, 没有给予足够的重视。

　　Duìyú qīzi de gǎnqíng biànhuà, tā zuìjìn yǒusuǒ juéchá, kěshì yīnwèi tài máng, méi yǒu jǐyǔ zúgòu de zhòngshì.

> 일년 동안 小李의 업무 능력이 어느 정도 향상되었다.
>
> 개혁개방 이후 중국인들의 생활이 어느 정도 개선되었다고 들었다.
>
> 어느 정도 개선된 것이 아니고 크게 개선되었지.
>
> 아내의 감정 변화에 대하여 그는 최근 어느 정도 알아차렸으나 너무 바빠서 충분히 주의를 기울이지 못했다.

　예문①은 '一年来小李的工作能力提高了'과 비교하면 능력이 향상된 정도가 어느 정도 차이가 있다. 예문②와 ③도 분명히 '有所'가 나타내는 정도가 크지 않다는 것을 나타낸다. 이러한 구문은 '有所发明', '有所前进', '有所改进', '有所准备', '有所克服', '有所贡献' 등등처럼 대부분 적극적인 의미를 나타낸다.

　'所'자는 '无' 뒤에도 쓰일 수 있으며 뒤에 동사(일반적으로 이음절동사)가 와서 '无所用心'(모든 일에 무관심하다), '无所事事'(아무런 일도 하지 않다), '无所作为'(어떤 성과도 내지 못하다), '无所不用其极'(나쁜 일을 하면서 모든 수단을 다 쓰다)처럼 대부분 숙어처럼 쓰인다.

 '所'는 또한 '为'와 함께 쓰여 피동의 의미를 갖는 '为……所……' 구문을 이루기도 한다.(제4편 제2장 제7절 '被'자문 참조)

 给

제4편 제2장 제7절 '被'자문 참조.

연습문제

一. 구조조사 '的', '地', '得', '个'로 빈칸을 채우시오.

　1. 这钟声使人们回忆起地遥远（　　　）过去。

　2. 我知道，他一发现问题，准会弄（　　　）水落石出。

　3. 每想到这些，我常身就充满前进（　　　）力量。

　4. 他尴尬（　　　）点了点头。

　5. 我兴奋（　　　）问："是准呀?"

　6. 我们做（　　　）还远远不够呢。

　7. 小梅当时激动（　　　）不知说什么好。

　8. 社员们也七嘴八舌（　　　）说："马忠民工作干（　　　）好，真是我们（　　　）好榜样。"

　9. "好吧。"老朱谅解（　　　）笑了。

10. 大娘高兴（　　　）见人就说："售货员小李真是好啊!"

11. 呼啸（　　　）大风，卷起地上（　　　）灰沙，直吹（　　　）我头昏眼花。

12. 这几年，他的思想感情发生了深刻（　　　）变化。

13. 几句热情（　　　）话，说（　　　）大娘心里热乎乎的。

14. 为了提高农民（　　　）生活水平，国家还有计划（　　　）提高了农副产品（　　　）收购
　　　价格。

15. 孩子们都玩（　　　）很高兴。

16. 现在是植树造林（　　　）黄金季节。

17. 读唐诗先读王维、杜甫、李白这些名家（　　　）律诗，从这里入手，要多读多背；
　　　读多了，背多了，这个门自然而然（　　　）便入了。

18. 经过一年多（　　　）训练，队员们（　　　）个人技术提高（　　　）很快。

19. 我听了这句话，脸红了起来，结结巴巴（　　　）说："这是我（　　　）责任。"

20. 小李买（　　　）那台收音机比你（　　　）这台好（　　　）多。

二. 다음의 틀린 문장을 바르게 고쳐 쓰시오.

　1. 在党的教育下，经过革命斗争的锻炼，刘胡兰很快成长为一个坚强地共产党员。

　2. 随着经济的发展，文教卫生事业相应的也有了发展。

　3. 这件事在世界上引起越来越多地注意。

　4. 孩子们都写地很好。

5. 北京的农业发展的很快。

6. 他们时间抓地很紧。

7. 小明今天受到了严厉的批评。

8. 目前，这方面的工作经验还不多，要在今后的实践中不断的总结、改进和提高。

　사람들이 말을 통해서 자신의 의견을 발표하거나 상황을 설명할 수 있으며, 자신의 감정을 표현하거나 동작이나 사건의 진행 상황을 서술하기도 한다. 이것들은 모두 언어의 표현 기능과 관련된 문제이다. 표현 기능이 다른 문장은 그 구조도 다를 가능성이 높다. 동작이나 사건의 진행 상황을 서술할 때는 동작이 발생했는지의 여부, 끝났는지의 여부, 동작이 진행되고 있는지 아니면 지속되고 있는 등등의 동작 진행의 단계를 언급해야 한다. 즉, 이러한 내용들이 문장 구조에 반영되어야 한다. 중국어는 인도유럽어와 달리 동작의 시태를 나타내는 형태 변화가 있어 동작의 진행을 나타내기 위해서 주로 시태조사를 쓴다. 중국어의 중요한 시태조사로는 '了', '着', '过'가 있다. 일부 어법서에서는 동사의 중첩 형식과 '起来', '下去' 등등을 시태조사로 간주한다. 이 책에서는 이러한 어법 현상을 시태조사로 간주하지 않는다. 뒤에 제2편 제4장 제4절 '동사의 중첩'과 제3편 제5장 제2절 '방향보어'에서 이러한 어법 현상의 구조와 용법에 대하여 상세히 언급하였다.

　'在'와 '呢'도 동작의 진행을 표현할 수 있다. 이 책에서는 부사 '在'와 어기조사 '呢'를 제2편 제6장 제3절에서 소개하였고, 여기에서는 '了', '着', '过'만을 설명한다.

　동태를 표시하는 '了'는 동사 뒤와 문장 끝에 모두 쓰일 수 있다. 이 두 위치에 쓰이는 '了'의 기본적인 어법 의미는 특별히 다른 점은 없다. 단지 위치가 다르면 기능도 다르기 때문에 두 가지를 구분한다. 동사 뒤에 쓰인 것은 시태조사라고 하고, 문장 끝에 쓰인 것은 어기조사라고 한다. 어기조사 '了'는 어기를 나타내지만, 이보다 더 중요한 기능인 동작 상태의 단계를 나타낼 뿐만 아니라 화용론적 기능을 가지고 있다. 그렇기 때문에 이번 장에서 시태조사 '了'와 함께 설명한다.

 **시태조사 '了'**

 시태조사 '了'의 어법 의미

　시태조사 '了'는 동작이나 행위의 발생과 상태의 출현을 나타내며, 동사나 형용사 뒤에 놓인다.

　일반적으로 동작이나 행위의 진행은 시작과 완성이라는 과정을 거친다. 상태도 출현과 끝이라는 과정이 진행된다. 일단 동작이 발생하거나 상태가 출현하기만 하면 시태조사 '了'를 쓸 수 있다. 그러나 동사의 의미가 다르므로 '동사+了'가 동작이 발생했음을 나타낼 수도 있고, 동작이 이미 끝났음을 나타낼 수도 있다. 그렇기 때문에 동사를 분류할 필요가 있다. 여기에서는 동사를 동작동사, 상태동사, 순간완결동사로 나눈다.

1. 동작동사와 시태조사 '了'

　동작동사는 '跑', '跳', '搬', '走'(걷다), '看', '听', '说', '洗', '写', '算', '吃' 등과 같이 起点이 있고 지속될 수 있으며 종결이 있는 동사를 의미하는데, 동사 가운데 동작동사가 가장 많다. 이러한 동사 뒤에 '了'가 오면 동작의 발생을 나타낸다.

① A：春节联欢会的录像你妈妈看了吗？

　　　Chūn Jié liánhuānhuì de lùxiàng nǐ māma kàn le ma?

　　B：那不正在看呢。看了一个多小时了。

　　　Nà bú zhèngzài kàn ne. Kànle yí ge duō xiǎoshí le.

설날 만찬회 비디오를 너의 어머니는 보셨니?

지금 보고 계시지 않니. 한 시간 넘게 보고 계셔.

위 문장에서 '看了一个多少时'는 동작의 발생을 나타내며, '一个多少时'는 보는 동작의 지속 시간을 나타내는데 말을 할 때까지 동작이 진행되고 있다.

② A：我昨天给你的文章你看了吗？

　　　Wǒ zuótiān gěi nǐ de wénzhāng nǐ kàn le ma?

　　B：看了，写得不错。

　　　Kàn le, xiě de búcuò.

내가 어제 너에게 준 글을 보았니?

봤어. 정말 잘 썼더구나.

위 문장에서 B의 '看了'는 동작이 이미 끝났음을 나타낸다.

③ A：你上个月告诉我这个月中要开关于环境治理的会，开了吗？

　　　Nǐ shàng ge yuè gàosu wǒ zhège yuè zhōng yào kāi guānyú huánjìng zhìlǐ de huì, kāi le ma?

　　B1：开了，刚开了一天，还要开五天。

　　　Kāi le, gāng kāile yì tiān, hái yào kāi wǔ tiān.

　　B2：会已经开始了，已经开了五天了，再有一天就结束了。

　　　Huì yǐjīng kāishǐ le, yǐjīng kāile wǔ tiān le, zài yǒu yì tiān jiù jiéshù le.

　　B3：你还不知道？上个星期已经开了。

　　　Nǐ hái bù zhīdào? Shàng ge xīngqī yǐjīng kāi le.

지난달에 나에게 이번 달 중에 환경 정화에 관한 회의를 연다고 말했는데 열었니?

열었어, 지금 하루 회의했는데 5일 더 해야 해.(회의를 연 일은 발생했으나 아직 끝나지 않았음)

회의는 이미 시작해서 5일 동안이나 했는데 하루 더 해야 끝난다.(회의를 거의 다 했으나 아직 끝나지 않았음)

아직 몰랐어? 지난주에 이미 회의 했어.(회의가 이미 끝났음)

이상에서 알 수 있듯이, 동작동사의 뒤에 오는 '了'는 동작이 시작되는 시점부터 종결되는 시점 사이의 모든 과정에 적용될 수 있다. 그러나 '了'는 동작의 발생과 밀접한 관련이 있고, 동작이 지속이나 완성 등의 의미는 동사와 전후문, 담화맥락에 의해서 결정된다. 이른바 전후문, 담화맥락은 동사 뒤에 시량보어가 있는지 여부, 문장 중에 시간을 표시하는 부사어가 있는지 여부, 후속 문장이 있는지 여부 등등을 의미한다.

2. 상태동사와 시태조사 '了'

　상태동사는 동작이 아니라 일종의 상태를 표현한다. 이러한 상태동사는 '饿', '生

气', '累', '困', '病', '醉' 등과 같이 起点이 있고 지속될 수는 있지만 종결이 없거나 동작의 종결에 관심이 없다.

① 为了帮你打毕业论文，他已经累了三天了。

　　Wèile bāng nǐ dǎ bìyè lùnwén, tā yǐjīng lèile sān tiān le.

예①은 피곤한 상태가 이미 출현하였고 아직도 지속되고 있다는 것을 의미한다.

② 老师病了三天了。

　　Lǎoshī bìngle sān tiān le.

이 문장과 예①은 동일한 경우이다. 병이 난 상태가 이미 출현하였고 3일동안 지속되었으며 아직도 지속되고 있다는 것을 의미한다.

'高兴', '贵', '红', '亮' 등의 일부 형용사들도 이와 유사한 용법으로 쓰인다.

③ 在会上，他的脸红了一阵子，又白了，白了一阵子，又红起来，真是如坐针毡。

　　Zài huì Shàng, tā de liǎn hóngle yízhènzi, yòu bái le, báile yí zhènzi, yòu hóng qǐlai, zhēn shì rú zuò zhēnzhān.

위의 문장에서 '红了一阵子'와 '白了一阵子'에 쓰인 '了'는 상태의 종결을 의미한다.
　만약 상태동사 뒤에 시량보어가 없다면 이때 '了'는 뒤에서 언급할 시태조사가 아니라 어기조사이다.

④ 我看他们两个人都醉了。

　　Wǒ kàn tāmen liǎng ge rén dōu zuì le.

⑤ 我看见他房间里的灯刚才亮了，怎么现在黑了？

　　Wǒ kànjiàn tā fángjiān lǐ de dēng gāngcái liàng le, zěnme xiànzài hēi le?

⑥ 他上午生气了，现在已经好了。

　　Tā shàngwǔ shēngqì le, xiànzài yǐjīng hǎo le.

예④, ⑤, ⑥에서 문장 끝의 '了'는 어기조사인데, 이 문장들은 상태의 출현과 지속을 나타낸다. 따라서 동작동사처럼 상태동사와 일부 형용사 뒤에 '了'가 올 수 있는데, 일반적으로 담화맥락이나 전후문 때문에 상태가 출현하여 지속되거나 종결됨을 나타내게 된다.

3. 순간완결동사와 시태조사 '了'
　순간완결동사는 동작이 발생하자마자 종결되는 동사를 말한다. 즉, '毕业', '结婚', '死', '抛弃', '破', '碎', '丢(失)', '扔', '掉', '塌' 등과 같이 동작이 지속되는 단계가 없고 기점과 종점이 겹치는 경우이다. 이러한 동사 뒤에 '了'가 오면 동작의 발생과 동시에 종결이나 완성을 나타낸다.

① 邻居家的老狗死了两天了。

    Línjū jiā de lǎo gǒu sǐle liǎng tiān le.

이웃집의 늙은 개가 죽은 지 이틀 되었다.

② 他跟妻子结婚不久，妻子就抛弃了他。

    Tā gēn qīzi jiéhūn bù jiǔ, qīzi jiù pāoqìle tā.

그가 아내와 결혼한 지 오래지 않아 아내는 그를 버렸다.

③ 你的汽车的玻璃怎么碎了一块?

    Nǐ de qìchē de bōlí zěnme suìle yí kuài?

너의 차 유리가 왜 한쪽이 깨졌니?

④ 你怎么把这么新的衣服扔了?

    Nǐ zěnme bǎ zhème xīn de yīfu rēng le?

너 왜 이런 새 옷을 버렸니?

⑤ 我们学校今年毕业了两千多学生，绝大部分找到了理想的工作。

    Wǒmen xuéxiào jīnnián bìyèle liǎng qiān duō xuésheng, jué dàbùfen zhǎodàole lǐxiǎng de gōngzuò.

우리 학교에서 올해 2,000여 명의 학생들이 졸업했는데 절대 다수가 원하는 일을 찾았다.

⑥ 去年那个国家爆炸了一颗氢弹，引起了国际社会的严重关注。

    Qùnián nàge guójiā bàozhàle yì kē qīngdàn, yǐnqǐle guójì shèhuì de yánzhòng guānzhù.

작년에 그 나라에서 수소폭탄이 터져 국제사회의 지대한 관심을 불러 일으켰다.

⑦ 这次地震，倒塌了几万间民房，死了几十个人，铁路交通中断了好几天，损失很严重。

    Zhè cì dìzhèn, dǎotāle jǐ wàn jiān mínfáng, sǐle jǐ shí ge rén, tiělù jiāotōng zhōngduànle hǎo jǐ tiān, sǔnshī hěn yánzhòng.

이번 지진으로 몇 만 채의 가옥이 무너졌고 수십 명이 사망했으며, 철도는 며칠 동안 불통되어 손해가 막대했다.

⑧ 刚才我敲了好几下门，里面没有人答应。

    Gāngcái wǒ qiāole hǎo jǐ xià mén, lǐmiàn méi yǒu rén dāying.

방금 나는 여러 번 문을 두드렸지만 대답하는 사람은 없었다.

순간완결동사와 '了' 뒤에 만약 시량보어가 오면, 시량보어는 동작의 종결 후의 발화시(혹은 특정한 시간)까지 이미 꽤 오래되었음을 나타낸다. 예①은 '이웃집 개가 현재까지 죽은 지 이틀이 되었다'는 뜻이다.

  동사 뒤에 만약 결과보어나 방향보어가 오면 동작의 결과가 이미 발생했음을 나타내며 순간완결동사처럼 '了'를 첨가하면 동작의 결과가 출현했음을 나타낸다. 만약 아래의 예처럼 보어가 형용사이면 형용사가 나타내는 상태가 이미 출현했음을 나타낸다.

① 这盘菜端出来好久了，都凉了，你们怎么还不吃?

    Zhè pán cài duānchūlai hǎo jiǔ le, dōu liáng le, nǐmen zěnme hái bù chī?

이 요리는 내온 지 아주 오래되어서 모두 식어 버렸네, 너희들 왜 아직도 먹지 않는 거니?

② 他在收拾房间的时候捡到了一个钱包。

    Tā zài shōushi fángjiān de shíhou jiǎndàole yí ge qiánbāo.

그는 방을 정리할 때 지갑 하나를 주웠다.

③ 清晨，阳光染红了大地。

    Qīngchén, yángguāng rǎnhóngle dàdì.

④ 好几件衣服都洗干净了。

    Hǎo jǐ jiàn yīfu dōu xǐ gānjìng le.

이른 아침, 햇빛은 대지를 붉게 물들였다.

여러 벌의 옷을 모두 깨끗하게 빨았다.

그러나 '好'가 결과보어로 쓰여 동작이 완성되었을 뿐만 아니라 좋은 결과를 초래했음을 나타낸다면, 다른 형용사가 결과보어로 쓰인 것과는 달리 예⑤처럼 동사가 결과보어로 쓰인 것과 같은 특징을 갖는다.

⑤ 信写好了以后，他马上寄走了。

    Xìn xiě hǎo le yǐhòu, tā mǎshàng jì zǒu le.

편지를 다 쓴 후에 그는 바로 부쳤다.

'동사+了'의 형식에 쓰인 동사가 서로 다른 부류에 속할 수 있기 때문에 그 의미가 달라지는 경우도 있다.

① 他离婚三年了。

    Tā líhūn sān nián le.

    ('离婚'은 상태동사임)

他离婚了三年，还没离成。

    Tā líhūnle sān nián, hái méi líchéng.

    (이 문장의 '离婚'은 '이혼수속을 하다'라는 뜻으로 동작동사임)

② 这个研究所改良棉花品种改良了三年才成功。

    Zhège yánjiūsuǒ gǎiliáng miánhuā pǐnzhǒng gǎiliángle sān nián cái chénggōng.

    ('改良'은 동작동사임)

我们的棉花品种已经改良了三年，产量一直很高。

    Wǒmen de miánhuā pǐnzhǒng yǐjīng gǎiliángle sān nián, chǎnliàng yìzhí hěn gāo

    (이 문장의 '改良'은 '개량을 끝냈다'는 뜻이며, 순간완결동사임)

그는 이혼한 지 3년 되었다.

그는 3년 동안 이혼 수속을 하고 있는데 아직 이혼하지 못했다.

이 연구소는 목화 품종을 3년 동안 개량해서야 성공했다.

우리들의 목화 품종은 이미 3년에 걸쳐 개량했으며 생산량은 줄곧 늘어나고 있다.

일부 동사 뒤에 시태조사 '了'가 와서 '破坏'나 '消失'처럼 대상에게 발생한 동작의 결과를 나타내기도 하는데, 이러한 의미는 결과보어나 방향보어가 나타내는 것과 같다. 단지 나타내는 결과가 구체적이지 못하다는 차이만 있다.

① 小妹刚才不小心打了一个杯子。（打破）

    Xiǎo Mèi gāngcái bù xiǎoxīn dǎle yí ge bēizi.

② 他买这本书花了两块钱。（花掉）

    Tā mǎi zhè běn shū huāle liǎng kuài qián.

어린 여동생은 방금 부주의하여 컵 하나를 깼다.

그는 이 책을 2원에 샀다.

이러한 류의 동사는 다음과 같다.

吃 忘 丢 失 拉(闸) 喝 咽 吞 洒 泼 扔 放 涂 擦 抹 碰 摔 磕 撞 伤 打 杀 宰
切 煮 冲 卖 还 毁 烧 烫 花 撕 扯 倒(dào) 炸(zhà)

이러한 동사들을 '吃'류 동사라고 하자. 이러한 유의 동사 뒤에 '了'가 오면 문장 구조적인 특징 면에서도 결과보어와 유사하다. 즉, '了'가 쓰인 상태에서 '没'을 써서 부정할 수 있고 가설문에서 '不'를 써서 부정할 수 있으며, '把'자문에서는 보어를 쓸 수 없고 '了'만을 쓸 수 있다.

③ 这张纸还有用啊，刚才我差点儿没撕了它!

   Zhè zhāng zhǐ hái yǒu yòng a, gāngcái wǒ chàdiǎnr méi sīle tā.

이 종이가 아직 쓸모가 있단 말이니. 방금 내가 그걸 하마터면 찢어버릴 뻔했는데!

④ 你不喝了这杯药病就好不了。

   Nǐ bù hē le zhè bēi yào bìng jiù hǎo bu liǎo.

네가 이 약을 마시지 않으면 병이 나을 수 없어.

⑤ 当心点，别砸了脚!

   Dāng xīn diǎn, bié zále jiǎo.

조심해, 발등을 찧지 말고!

⑥ 一把火把一所大楼烧了，真可惜!

   Yì bǎ huǒ bǎ yì suǒ dàlóu shāole, zhēn kěxī.

불이 나서 건물을 다 태워버렸어, 정말 안타까워!

⑦ 你知道吗? 他把房子卖了!

   Nǐ zhīdào ma? Tā bǎ fángzi mài le!

알고 있니? 그가 집을 팔아버렸대!

이렇게 쓰인 '吃'류 동사는 일반적으로 순간완결동사에 속한다.[1]

 시간과 시태조사 '了'의 관계

  시태조사 '了'는 직접 동작 발생의 시간을 나타내지 않고 동작의 발생이나 상태의 출현만을 표현한다. 그러나 '了'가 쓰인 문장은 일반적으로 동작 발생의 시간이나 상태 출현의 시간과 관련이 있는 시간어구가 포함되어 있다. 만약 이러한 시간어구가 없다면 시점은 발화 시점, 즉 '현재'를 지칭한다.

① 他昨天看了一个电影。

   Tā zuótiān kànle yí ge diànyǐng.

그는 어제 영화를 봤다.

② 去年我去了一趟日本。

   Qùnián wǒ qùle yí tàng Rìběn.

작년에 나는 일본에 한 번 갔었다.

③ 你看，孩子点着了一根火柴，多危险!

   Nǐ kàn, háizi diǎnzháo le yì gēn huǒchái, duō wēixiǎn.

봐라, 어린아이가 성냥에 불을 붙였어, 얼마나 위험하니!(발화 시점)

---

1) 일부 '吃'류 동사는 동작동사에 속하기도 한다. 이때 뒤에 놓이는 '了'는 결과 의미를 나타내지 못한다. 다음 문장을 보자

  a. 你把药吃了再睡。 (순간완결동사) - 너 약 먹고 다시 자라.

  b. 这顿饭整整吃了两个小时。 (동작동사) - 이번 식사는 꼬빡 두 시간 걸렸다.

발생이나 출현은 이미 일어났기 때문에 예①, ②처럼 '了'가 쓰인 문장에서 시간어구는 일반적으로 과거시점을 나타낸다. 예③은 시간사가 없으므로 시점은 발화 시점, 즉 현재를 가리킨다. 만약 ④처럼 문장에 두 개의 술어성 어구가 있다면 '了'는 첫 번째 술어성 어구 뒤에 쓰여야 미래를 나타내는 시간사가 올 수 있다.

④ 明天我看了电影就来找你。

　　Míngtiān wǒ kànle diànyǐng jiù lái zhǎo nǐ.

내일 영화를 보고 너한테 올게.

이때 '了'가 포함되어 있는 술어성 어구는 실제로 두 번째 술어성 어구의 동작이 발생한 시점을 의미한다. 즉, '明天我看了电影'은 '来找你'한 시점을 의미한다. 일부 가정문도 이와 동일한 방식으로 해석되기도 있다.

⑤ 我要是当了部长，一定提拔你。

　　Wǒ yàoshì dāngle bùzhǎng, yídìng tíbá nǐ.

내가 만약 부장이 되면 반드시 너를 발탁하겠다.

⑥ 你当了总经理可别忘了我们。

　　Nǐ dāngle zǒngjīnglǐ kě bié wàngle wǒmen.

사장이 되면 절대 우리들을 잊지 마라.

미래 시점을 나타내는 이러한 문장은 모두 서술문이 아니고 일반적으로 대화 중에 출현하는 문장이라는 사실을 지적할 필요가 있다.

③ 시태조사 '了'가 포함되어 있는 문장의 구조적 특징

1. 앞에서 말했듯이, 시태조사 '了'가 동작행위의 발생 혹은 상태 출현을 서술하기 때문에 서술문에 일반적으로 동작행위가 발생한 특정 시간을 나타내는 시간어구가 하나만 온다. 이 시간어구는 윗 문장에 출현할 수도 있고 발화 시점을 의미할 수도 있다.

① 我从小便接受了此种"反好吃"的教育，因此对饕餮之徒总有点瞧不起。

　　Wǒ cóng xiǎo biàn jiēshòule cǐ zhǒng "fǎn hǎochī" de jiàoyù, yīncǐ duì tāotiè zhī tú zǒng yǒu diǎn qiáo bu qǐ.

나는 어릴 때부터 '잘 먹기 위해 애쓰는 것을 반대하는' 교육을 받았기 때문에 게걸스러운 무리들을 늘 약간 무시했었다.(시간어구는 '从小'임)

② 我向阿二爸爸的酒杯乜了一眼……

　　Wǒ xiàng ā'èr bàba de jiǔ bēi miē le yì yǎn……

나는 阿二 아저씨 술잔을 한 번 흘겨보고서…(서술 시간)

③ 我没有办法触动朱自冶，可我现在有了公开宣传共产主义的权利，便决定首先去鼓动拉黄包车的阿二。

　　Wǒ méi yǒu bànfǎ chùdòng Zhūzìyě, kě wǒ xiànzài yǒule gōngkāi xuānchuán gòngchǎnzhǔyì de quánlì, biàn juédìng shǒuxiān qù gǔdòng lā huángbāochē de Ā'èr.

朱自冶를 마주할 방법이 없었다. 그러나 지금은 공개적으로 공산주의를 선전할 권리가 있어 먼저 인력거를 끄는 阿二을 선동하기로 결정했다.(시간어구는 '现在'임)

④ 他当晚把李希霍芬≪中国≫导言的译稿又读了一遍，然后整整
齐齐地钉好，放在墙角。

Tā dāngwǎn bǎ Lǐxīhuòfēn≪Zhōngguó≫ dǎoyán de yìgǎo
yòu dúle yí biàn. ránhòu zhěngzhěngqíqí de dìng hǎo, fàng zài
qiáng jiǎo.

그는 그날 밤에 빌헬름 리히트호펜(Wilhelm Richthofen)의 ≪中国≫ 서론 번역 원고를 또 한 번 읽었다. 그러고 나서 잘 철해서 벽 모서리에 두었다. (시간사는 '当晚'임)

2. 독립적으로 쓰인 단순문(简单句)에 만약 '了'가 있고 동사 뒤에 목적어가 있으면 목적어는 일반적으로 수량사 등의 관형어가 온다.

① 下午他们还请我们看了各种精彩的表演。

Xiàwǔ tāmen hái qǐng wǒmen kànle gèzhǒng jīngcǎi de
biǎoyǎn.

오후에 그들은 또 우리들을 다채로운 각종 공연에 초청하였다.

② 昨天我们参观了一个工厂。

Zuótiān wǒmen cānguānle yí ge gōngchǎng.

어제 우리들은 공장을 참관했다.

③ 政府最近公布的科学发展规划，极大地鼓舞了全国的科学工作
者。

Zhèngfǔ zuìjìn gōngbù de kēxué fāzhǎn guīhuà, jídà de gǔwǔle
quánguó de kēxué gōngzuòzhě.

정부가 최근 공포한 과학 발전 계획은 전국의 과학 종사자들을 아주 크게 고무시켰다.

이때 아래와 같은 경우에는 목적어 앞에 관형어가 오지 않을 수도 있다.

① 뒤에 또 다른 문장이 오면, 이때 목적어는 긴밀하게 연결된 두 개(혹은 그 이상)의 동사구나, 절, 나열문 사이에 놓인다.

① 马大炮交了铁锹，一纵身跳出猪圈。

Mǎdàpào jiāole tiěqiū, yì zòng shēn tiàochū zhūquàn.

마大炮는 철삽을 건네고 나서 돼지우리를 훌쩍 뛰어넘어 나왔다.

② 衣服缩了水，紧紧地箍在身上。

Yīfu suōle shuǐ, jǐnjǐn de gū zài shēn shàng.

옷이 물에 줄어들어 몸에 꼭 끼인다.

③ 一天，他拜了爹妈，骑上马，向西方走去。

Yì tiān, tā bàile diēmā, qí shàng mǎ, xiàng xīfāng zǒuqu.

어느 날 그는 부모님에게 절을 하고 말에 올라 서쪽으로 떠났다.

④ 肖长春下了河坡……扒了鞋，脱了袜子，卷上裤脚，下了河。

Xiāozhǎngchūn xiàle hépō, bāle xié, tuōle wàzi, juǎn shàng
kùjiǎo, xiàle hé.

肖长春은 강둑으로 내려가 신발과 양말을 벗고 바지 끝을 걷어 올리고서 강으로 들어갔다.

두 번째 동작이 첫 번째 동작에 이어서 일어나는 경우에도 첫 번째 '了' 뒤에도 관형어가 오지 않는다.

⑤ 晚上我看了电影就去找你。

Wǎnshang wǒ kànle diànyǐng jiù qù zhǎo nǐ.

저녁에 영화를 보고 너에게 가겠다.

2 동사와 목적어는 비교적 고정된 형식이고 목적어가 한정적이지 않으면 동사 앞에 일반적으로 부사어가 온다.

① 在大量事实面前，最后他只好承认自己犯了罪。

　　Zài dàliàng shìshí miànqián, zuìhòu tā zhǐhǎo chéngrèn zìjǐ fànle zuì.

많은 사실 앞에서 마지막으로 그는 자신이 죄를 지었음을 인정할 수밖에 없었다.

② 经过大家的解劝，他才住了手。

　　Jīngguò dàjiā de jiěquàn, tā cái zhùle shǒu.

모두 잘 타이르고 나서야 그는 손을 멈추었다.

③ 在总结大会上，我无比激动地带头发了言。

　　Zài zǒngjié dàhuì shàng, wǒ wú bǐ jīdòng de dài tóu fāle yán.

평가회의에서 나는 너무 흥분하여 앞장서서 발언하였다.

④ 由于他多次犯错误，结果被撤了职。

　　Yóuyú tā duō cì fàn cuòwù, jiéguǒ bèi chèle zhí.

그는 여러 번 실수를 저질러서 그 결과 해임되었다.

3 문장 끝에 어기조사 ‘了’ 혹은 다른 어기사가 올 수 있다.

① 这时我明白了：出了问题了。

　　Zhèshí wǒ míngbái : Chūle wèntí le.

이때 나는 문제가 생겼다는 것을 분명히 알았다.

② 昨天我已经买了钢笔了，不去商店了。

　　Zuótiān wǒ yǐjīng mǎile gāngbǐ le, bú qù shāngdiàn le.

어제 나는 이미 만년필을 샀기 때문에 상점에 가지 않겠다.

③ 他犯了错误吧？

　　Tā fànle cuòwù bā?

그가 실수를 저질렀지?

4 목적어로 고유명사 혹은 일정한 범위 안의 유일한 사물이 올 수 있다.

① 一九七九年八月，马文加入了中国共产党。

　　Yī jiǔ qī jiǔ nián bāyuè, Mǎ Wén jiārùle Zhōngguó gòngchǎndǎng.

1979년 8월, 马文은 중국공산당에 가입했다.

② 去图书馆路上，我遇见了老李。

　　Qù túshūguǎn lù shàng, wǒ yùjiànle Lǎo Lǐ.

도서관에 가다가 **老李**를 우연히 만났다.

③ 会后大家选出了组长。

　　Huì hòu dàjiā xuǎnchūle zǔzhǎng.

회의 후에 모두들 조장을 선출했다.

④ ……于是在人们的脑子里发生了认识过程的突变(即飞跃)，产生了概念。

　　…… yúshì zài rénmen de nǎozi lǐ fāshēngle rènshi guòchéng de tūbiàn(jí fēiyuè), chǎnshēngle gàiniàn.

…… 이리하여 사람들의 머리 속에는 인식 과정의 급격한 변화(즉, 비약)와 개념이 생겼다.

3. 시태조사 ‘了’의 위치

　문장에 만약 시태조사 ‘了’가 쓰였고, 또 목적어나 보어 등의 성분이 있을 때 ‘了’의 위치에 주의하여야 한다.

① 술어동사 뒤에 목적어가 있으면 '了'는 목적어(직접목적어와 간접목적어 모두 포함) 앞에 온다.

동사 + '了' + 목적어(간접목적어+직접목적어)

① 昨天上午我们看了一个电影。

Zuótiān shàngwǔ wǒmen kànle yí ge diànyǐng.

어제 오전에 우리들은 영화를 한 편 봤다.

② 这件事给了我们很大的鼓舞。

Zhè jiàn shì gěile wǒmen hěn dà de gǔwǔ.

이 일로 인해 우리들은 크게 고무되었다.

② 술어동사 뒤에 결과보어가 있으면 '了'는 결과보어 뒤에 놓인다.

동사 + 결과보어 + '了' + 목적어

① 他这个队上有名的小老虎变成了小老鼠。

Tā zhège duì shàng yǒumíng de xiǎo lǎohū biànchéng le xiǎo lǎoshǔ.

이 팀에서 작은 호랑이로 유명했던 그가 작은 쥐로 변했다.

② 进了房门以后，小明轻轻地关上了门。

Jìnle fángmén yǐhòu, Xiǎo Míng qīngqīng de guānshàng le mén.

방안으로 들어온 후 小明은 살며시 문을 닫았다.

③ 술어동사 뒤에 단순방향보어가 있고 목적어가 추상명사이거나 존현목적어이면 '了'는 보어와 목적어 사이에 놓인다.

동사 + 来/去 + '了' + 목적어(추상명사, 존현목적어)

① 十月革命一声炮响，给中国送来了马列主义。

Shíyuè gémìng yì shēng pàoxiǎng, gěi Zhōngguó sònglái le Mǎliè zhǔyì.

10월 혁명의 포성은 중국에 마르크스주의를 가져다주었다.

② 忽然从海上传来了一阵歌声。

Hūrán cóng hǎi shàng chuánlái le yí zhèn gēshēng.

갑자기 바다에서 노랫소리가 들려왔다.

③ 去卧虎岭的大道上，走来了一老一小。

Qù Wòhǔ lǐng de dàdào shàng, zǒulái le yì lǎo yì xiǎo.

卧虎岭로 가는 큰길에 노인과 어린이가 걸어 왔다.

목적어가 만약 일반사물명사이면 '了'는 두 가지 위치에 모두 올 수 있다.

A. 동사 + 来/去 + '了' + 목적어(일반사물명사)
B. 동사 + '了' + 목적어(일반사물명사) + 来/去

④ 学校给他们拍来了一份电报。

　　Xuéxiào gěi tāmen pāilái le yí fèn diànbào.

　　学校给他们拍了一份电报来。

　　Xuéxiào gěi tāmen pāile yí fèn diànbào lai.

⑤ 我给他送去了一些水果。

　　Wǒ gěi tā sòngqù le yìxiē shuǐguǒ.

　　我给他送了一些水果去。

　　Wǒ gěi tā sòngle yìxiē shuǐguǒ qu.

| | 학교가 그들에게 전보를 쳤다. |
| | 나는 그에게 과일을 조금 보냈다. |

④ 술어동사 뒤에 복합방향보어와 목적어가 함께 왔을 때, '了'는 세 가지 위치에 올 수 있다.

> A. 동사 + '上'류보어 + '了' + 목적어 + 来/去[2]
> B. 동사 + 복합방향보어 + '了' + 목적어
> C. 동사 + '了' + 목적어 + 복합방향보어(비교적 적게 쓰임)

① 他从书包里拿出了一本书来。

　　Tā cóng shūbāo lǐ náchū le yì běn shū lai.

　　他从书包里拿出来了一本书。

　　Tā cóng shūbāo lǐ náchūlai le yì běn shū.

　　他从书包里拿了一本书出来。

　　Tā cóng shūbāo lǐ nále yì běn shū chūlai.

그는 책가방에서 책 한 권을 꺼냈다.

목적어가 존현목적어일 때에는 '了'는 A와 B의 위치에만 올 수 있다.

② 这时从车上匆匆地走下了一个人来。

　　Zhèshí cóng chē shàng cōngcōng de zǒuxià le yí ge rén lai.

　　这时从车上匆匆地走下来了一个人。

　　Zhèshí cóng chē shàng cōngcōng de zǒuxiàlai le yí ge rén.

이 때 차에서 한 사람이 황급히 내렸다.

4. 시태조사 '了'의 부정 형식

동작의 출현이나 완성을 부정하려면 술어동사 앞에 부사 '没'를 쓰는데, 이때 시태조사 '了'를 함께 써서는 안 된다.

① 昨天我们没参观工厂。

　　Zuótiān wǒmen méi cānguān gōngchǎng.

어제 우리들은 공장을 참관하지 않았다.

---

2) '上'류 보어는 '上, 下, 进, 出, 过, 起' 등을 말한다. 자세한 것은 제3편 제5장 제2절의 '방향보어'를 참고하기 바란다.

② 上星期六我们没看电影。

Shàng xīngqīliù wǒmen méi kàn diànyǐng.

지난 주 토요일 우리들은 영화를 보지 않았다.

 시태조사 '了'를 언제 사용하는가?

1. 시태조사 '了'를 반드시 써야하는 경우

1 어떤 동작행위나 상태가 특정한 시점에 이미 발생하였거나 출현하였을 때 그 동작을 나타내는 동사나 그 상태를 나타내는 동사나 형용사 뒤에 시태조사 '了'를 써야 한다.

① 十月的一天上午，我们参观了一个幼儿园。

Shí yuè de yì tiān shàngwǔ, wǒmen cānguānle yí ge yòu'éryuán.

10월의 어느 날 오전, 우리들은 유치원을 참관했다.

② 传说一年冬天，某村附近来了一只大老虎。

Chuánshuō yì nián dōngtiān, mǒu cūn fùjìn láile yì zhī dà lǎohǔ.

어느 해 겨울, 어느 마을 부근에 큰 호랑이 한 마리가 나타났다고 전해 내려온다.

③ 他们在争取民族解放和国家独立的斗争中，显示了无比巨大的威力，取得了辉煌的胜利。

Tāmen zài zhēngqǔ mínzú jiěfàng hé guójiā dúlì de dòuzhēng zhōng, xiǎnshìle wúbǐ jùdà de wēilì, qǔdéle huīhuáng de shènglì.

그들은 민족 해방과 국가 독립을 쟁취하는 투쟁에서 무엇과도 비교할 수 없는 강력한 위력을 보였으며 찬란한 승리를 얻어냈다.

④ 改革开放以后，工厂的利益与每个工人的利益息息相关，工人真正有了主人翁的责任感。

Gǎigé kāifàng yǐhòu, gōngchǎng de lìyì yǔ měi ge gōngrén de lìyì xīxī xiāngguān, gōngrén zhēnzhèng yǒule zhǔrénwēng de zérèngǎn.

개혁개방 이후에 공장의 이익과 각 근로자들의 이익은 밀접한 관계를 갖게 되어, 근로자는 진정으로 주인의식을 갖게 되었다.

⑤ 有的地方的一些干部、群众，看到当前旱情严重，就产生了畏难情绪。

Yǒu de dìfang de yìxiē gànbù、qúnzhòng, kàndào dāngqián hànqíng yánzhòng, jiù chǎnshēngle wèinán qíngxù.

어떤 지방의 간부와 군중들은 심각한 가뭄에 직면하자 두려운 마음이 생겼다.

⑥ 昨天开了一个会，会上经过讨论，大家才明确了自己的任务。

Zuótiān kāile yí ge huì, huì shàng jīngguò tǎolùn, dàjiā cái míngquèle zìjǐ de rènwu.

어제 회의를 열었는데 토론을 통해 모두 자신의 임무를 확실히 인식했다.

⑦ 我们走进航标灯时，看见航标灯突然暗了一下，很快又亮了。

Wǒmen zǒujìn hángbiāodēng shí, kànjiàn hángbiāodēng tūrán ànle yíxià, hěn kuài yòu liàng le.

우리들은 항로표지등으로 들어갈 때, 항로표지등이 갑자기 어두워졌다가 바로 밝아지는 것을 보았다.

다시 말하면, 만약 문장에 확정된 과거 시간을 표시하는 어구가 있고 동작행위가 이미 발생하였거나 상태가 이미 출현했다면, 일반적으로 동사 뒤에 시태조사 '了'를 써야 한다.

② 어떤 동작이 발생하거나 완성된 후에 다른 동작이나 상황이 출현했을 때(혹은 출현하려고 할 때), 첫 번째 동사가 나타내는 동작의 발생이 두 번째 동사의 동작 발생의 시간이나 조건이 되는 경우에 첫 번째 동사 뒤에 일반적으로 '了'를 써야 한다.

① 听了老人的话，蔡立坚心情非常激动。

    Tīngle lǎorén de huà, Cài Lìjiān xīnqíng fēicháng jīdòng.

노인의 말을 듣고 蔡立坚은 기분이 매우 흥분되었다.

② 麻醉医生在她的耳朵上、手上和颈部扎了八根针，然后通上电流。

    Mázuì yīshēng zài tā de ěrduo shàng、shǒu shàng hé jǐngbù zhāle bā gēn zhēn, ránhòu tōng shàng diànliú.

마취의사가 그녀의 귀, 손과 목 부분에 여덟 개의 침을 놓자 전류가 통했다.

③ 明天你吃了早饭就来找我。

    Míngtiān nǐ chīle zǎofàn jiù lái zhǎo wǒ.

내일 아침을 먹고 나한테 와라.

2. 시태조사 '了'의 생략이 가능한 경우

언제 시태조사 '了'를 생략할 수 있는가? 어떤 경우에 '了'를 쓰지 않아도 의미나 어법적인 면에서 아무런 영향을 미치지 않는가?

① 뒤따라오는 문장에 시태조사 '了'나 어기사 '了'가 있을 때.

중국어에서 예를 들면 '都', '不', '没' 등의 일부 단어는 뒤의 성분들을 지배한다.

① 昨天我们班的同学都没来上课，老师很不高兴。

    Zuótiān wǒmen bān de tóngxué dōu méi lái shàngkè, lǎoshī hěn bù gāoxìng.

어제 우리 반 학우들이 모두 수업에 오지 않아 선생님이 매우 불쾌해 하셨다.('都'가 '没来上课'를 지배함)

    昨天我们班的同学没都来上课，可是也来了一半人。

    Zuótiān wǒmen bān de tóngxué méi dōu lái shàngkè, kěshì yě lái le yí bàn rén.

어제 우리 반 학우들이 모두 수업에 오지는 않았지만 반절은 왔다.('没'가 '都来上课'를 지배함)

② 我们不都是中国人，有日本人。

    Wǒmen bù dōu shì Zhōngguórén, yǒu Rìběnrén.

우리들 모두가 중국인은 아니며 일본인도 있다.('不'가 '都是中国人'을 지배함)

    我们都不是中国人。

    Wǒmen dōu bú shì Zhōngguórén.

우리들은 모두 중국인이 아니다.('都'가 '不是中国人'을 지배함)

의미면에서 볼 때, 시태조사나 어기사는 앞의 성분을 지배한다[3]. 연속되는 동작이나 사건을 서술할 때, 뒤에 나오는 절에 시태조사 '了'가 있으면 앞쪽의 시태조사 '了'는 일반적으로 생략할 수 있다.

① 他站起来开门迎了出去。

    Tā zhàn qǐlai kāi mén yíngle chūqu.

그는 일어나 문을 열고 맞이하러 나갔다.

---

3) 다음의 예를 보자.

  ① 你昨天吃药、打针了吗?('吗'가 '吃药了'와 '打针了'를 지배함)

  ② 昨天晚上在舞会上你没看见我的女朋友和她妹妹吧?('吧'가 '没看见我的女朋友'와 '没看见她妹妹'를 지배함)

이 문장에서 '了'는 '站起来', '开门'과 '迎出去'를 지배한다.

② 傍晚，我照样去替朱经理买小吃，照样买一块腐乳酱方送到了
奶奶的床前。

    Bàng wǎn, wǒ zhàoyàng qù tì Zhū jīnglǐ mǎi xiǎochī, zhàoyàng
mǎi yí kuài fǔrǔ jiàngfāng sòngdàole nǎinai de chuáng qián.

저녁 무렵, 나는 평상시 대로 朱 사장 대신 간단한 먹거리를 사고 삭힌 두부 한 조각을 사서 할머니 침대 곁에 가져다 놓았다.

이 문장에서 '了'는 '照样去替朱经理买小吃', '照样买一块腐乳酱方'과 '送到奶奶的床前'을 지배한다.

③ 最后，他退后一步，闪电般地联想了一下柳先生和母亲。

    Zuìhòu, tā tuìhòu yí bù, shǎndiàn bān de liánxiǎngle yíxià Liǔ
xiānsheng hé mǔqīn.

마침내 그가 한 발 물러나자 번개처럼 柳 선생님과 어머니가 생각났다.

④ 会上，他主动承担责任，取得了群众的谅解。

    Huì shàng, tā zhǔdòng chéngdān zérèn, qǔdéle qúnzhòng de
liàngjiě.

회의에서 그는 몸소 책임을 지고 사람들의 양해를 얻어냈다.

윗 문장에서 첫 번째 절의 동사 뒤에 시태조사 '了'를 첨가할 수 있다.

①´ 他站了起来，开了门，迎了出去。

    Tā zhànle qǐlai, kāile mén, yíngle chūqu.

②´ 傍晚，我照样去替朱经理买了小吃，照样买了一块腐乳酱方送到了奶奶的床前。

    Bàngwǎn, wǒ zhàoyàng qù tì Zhū jīnglǐ mǎile xiǎochī, zhàoyàng mǎile yí kuài fǔrǔ
jiàng fāng sòngdàole nǎinai de chuáng qián.

③´ 最后，他退后了一步，闪电般地联想了一下柳先生和母亲。

    Zuìhòu, tā tuìhòule yí bù, shǎndiàn bān de liánxiǎngle yíxià Liǔ xiānsheng hé
mǔqīn.

④´ 会上，他主动承担了责任，取得了群众的谅解。

    Huì shàng, tā zhǔdòng chéngdānle zérèn qǔdéle qúnzhòng de liàngjiě.

앞 절에 쓰인 동사들 뒤에 '了'가 없으면 어기가 촉박하여 문장이 긴장감이 있는 반면, 동사들 뒤에 모두 '了'를 쓰면 휴지가 많아져서 어기가 느슨해진다.

아래 문장에서 첫 번째 절에 쓰인 동사 뒤에 모두 '了'가 있지만, '了'를 생략할 수 있다.

⑤ 田汉不得不失望地脱下了刚刚穿上不到三个月的军装，考入了
革命空气甚浓而又不收学费的长沙师范学校。

    Tiánhàn bùdébù shīwàng de tuōxiàle gānggāng chuān shàng
bú dào sān ge yuè de jūnzhuāng, kǎorùle gémìng kōngqì
shènnóng ér yòu bù shōu xuéfèi de Chángshā shīfàn xuéxiào.

田汉은 입은 지 겨우 3개월도 안된 군복을 실망한 채 벗어야만 했으며, 혁명의 기운이 아주 짙고 학비를 받지 않은 长沙 사범학교에 시험쳐 들어갔다.

田汉不得不失望地脱下刚刚穿上不到三个月的军装，考入了革
命空气甚浓而又不收学费的长沙师范学校。

⑥ 他苦笑了一下，轻轻地摇了摇头。

　　Tā kǔxiàole yíxià, qīngqīng de yáole yáo tóu.

　　他苦笑一下，轻轻地摇了摇头。

그는 잠시 쓴웃음을 짓
더니 가볍게 머리를 좌
우로 흔들었다.

이와 유사한 경우로, 병렬된 동사가 술어로 쓰이면 일반적으로 두 번째 동사 뒤에만
'了'를 쓴다.

① 大会讨论并通过了今年的生产计划。

　　Dàhuì tǎolùn bìng tōngguòle jīnnián de shēngchǎn jìhuà.

② 通过这次互相访问，巩固并加强了两国人民的友谊。

　　Tōngguò zhè cì hùxiāng fǎngwèn, gǒnggù bìng jiāqiángle
liǎng guó rénmín de yǒuyì.

대회에서 올해의 생산
계획을 토론하여 통과
시켰다.

이번에 상호 방문을 통
하여 양국 국민의 우정
을 공고히 하고 강화시
켰다.

위의 문장에서 첫 번째 동사 뒤에 시태조사 '了'를 쓸 수도 있는데, 이렇게 되면 첫
번째 '了' 뒤에 잠시 휴지를 두어야 한다.

①´ 大会讨论了，并通过了今年的生产计划。

　　Dàhuì tǎolùn le, bìng tōngguòle jīnnián de shēngchǎn jìhuà.

②´ 通过这次互相访问，巩固了，并加强了两国人民的友谊。

　　Tōngguò zhè cì hùxiāng fǎngwèn, gǒnggù le, bìng jiāqiángle liǎng guó rénmín
de yǒuyì.

문장 끝에 어기조사 '了'가 있을 때, 특별히 필요가 없으면('두 가지 '了'를 연용한 경
우'를 설명하는 쪽 참조) 일반적으로 시태조사 '了'를 생략한다. 이것은 어기조사 '了'
가 시태조사 '了'와 동일한 어법 의미를 나타내며, 어기조사 '了'가 앞의 동사를 지배
하기 때문이다.

① A：你在我们这儿吃点儿吧。

　　Nǐ zài wǒmen zhèr chī diǎnr ba.

B：不客气，我吃饭了。

　　Bú kèqi, wǒ chī fàn le.

('吃'가 이미 발생한 것을 더 강조하려면 '我吃了饭了'라고 말할 수 있음)

여기에서 좀 먹어라.

괜찮아요, 먹었어요.

② A：你怎么不敲门？里边有人。

　　Nǐ zěnme bù qiāo mén? Lǐbiān yǒu rén.

B：刚才我敲门了，可是没有人答应。

　　Gāngcái wǒ qiāo mén le, kěshì méi yǒu rén dāying.

('敲'가 이미 발생한 것을 더 강조하려면 '刚才我敲了门了'라고 말할 수 있음)

왜 문을 두드리지 않
니? 안에 사람이 있어.

방금 문을 두드렸었는
데 대답하는 사람이 없
어.

② 동사 뒤에 결과보어나 방향보어가 있고, 문장에 동작이나 상태가 이미 발생하였거나 출현했음을 확연히 나타내는 성분이 있을 때, '了'는 생략할 수 있다.

① 有一天，仿佛黑夜里亮起一道闪电，他突然想起了鲁迅先生。

  Yǒu yì tiān, fǎngfú hēiyè lǐ liàngqǐ yí dào shǎndiàn, tā tūrán xiǎngqǐle Lǔxùn xiānsheng.

  어느 날, 어두운 밤에 번개가 치는 듯하자 그는 갑자기 **鲁迅** 선생이 생각났다.

② 放下电话，我的思想飞驰起来。仿佛又回到了南南出生时那战火纷飞的革命岁月。

  Fàngxià diànhuà, wǒ de sīxiǎng fēichí qǐlai, Fǎngfú yòu huídàole Nánnan chūshēng shí nà zhànhuǒ fēnfēi de gémìng suìyuè.

  전화를 내려놓자 나는 상상의 나래를 폈다. 마치 **南南**이 태어났을 때 전쟁의 불길이 피어오르던 그 혁명의 세월로 다시 돌아온 듯 했다.

③ 最后他亲自把礼物送过去，又遭到了那个女孩子的拒绝。

  Zuìhòu tā qīnzì bǎ lǐwù sòngguòqu, yòu zāodàole nàge nǚháizi de jùjué.

  마지막으로 그가 직접 선물을 보냈는데, 또 그 여자아이에게 거절을 당했다.

윗 문장에 쓰인 '了'를 생략할 수 있다.

①´ 有一天，仿佛黑夜里亮起一道闪电，他突然想起鲁迅先生。

  Yǒu yì tiān, fǎngfú hēiyè lǐ liàngqǐ yí dào shǎndiàn, tā tūrán xiǎngqǐ Lǔxùn xiānsheng.

위에서 '有一天'은 과거를 나타내며 과거에 결과가 발생한 동작이 있었다는 것은 이미 발생했다는 것을 나타내기 때문에 동작이 이미 발생했음을 나타내는 '了'는 생략할 수 있다. 아래의 두 예도 동일한 경우이다.

②´ 放下电话，我的思想飞驰起来。仿佛又回到南南出生时那战火纷飞的革命岁月。

  Fàngxia diànhuà, wǒ de sīxiǎng fēichí qǐlai. Fǎngfú yòu huídào Nánnan chūshēng shí nà zhànhuǒ fēnfēi de gémìng suìyuè.

  (이 문장에서 '那战火纷飞岁月'가 분명히 과거임을 나타냄)

③´ 最后他亲自把礼物送过去，又遭到那个女孩子的拒绝。

  Zuìhòu tā qīnzì bǎ lǐwù sòngguòqu, yòu zāodào nàge nǚháizi de jùjué.

그러나 몇 개 동작이 모두 이미 발생했음을 강조하거나 대구를 이룬 문장에서는 모든 동보구나 동사 뒤에 '了'를 쓸 수도 있다.

④ 八十年代，由于实行改革开放政策，我们搞活了经济，打开了国门，扩大了外贸出口，提高了综合国力，也大大提高了人民的生活水平。

  Bāshí niándài, yóuyú shíxíng gǎigé kāifàng zhèngcè, wǒmen gǎohuóle jīngjì, dǎkāile guómén, kuòdàle wàimào chūkǒu, tígāole zōnghé guólì, yě dàdà tígāole rénmín de shēnghuó shuǐpíng.

  80년대, 개혁개방정책을 실행한 것으로 인해 우리들은 경제를 활성화시켰고 문호를 개방하였으며 수출을 확대시켰다. 또한 종합적인 국력을 높이고 국민의 생활수준을 크게 향상시켰다.

⑤ 喜讯传到了北京，传到了祖国的每一个地方。

Xǐxùn chuándàole Běijīng, chuándàole zǔguó de měi yí ge dìfang.

희소식이 北京과 조국의 모든 지역에 전해졌다.

보어 뒤에 출현하는 '了'의 쓰임에 대해서는 제3편 제5장 제2절의 '방향보어'를 참고하기 바란다.

③ 주어가 3인칭이면 시태조사 '了'를 생략할 수 있는 경우도 있다.

① 昨天他给我一本书，那本书很有用。

Zuótiān tā gěi wǒ yì běn shū, nà běn shū hěn yǒuyòng.

어제 그가 나에게 책 한 권을 주었는데 그 책은 매우 쓸모가 있다.

② 今天上课的时候张老师问我一个问题，我回答不上来，很丢人。

Jīntiān shàngkè de shíhou Zhāng lǎoshī wèn wǒ yí ge wèntí, wǒ huídá bu shànglai, hěn diū rén.

오늘 수업 때 张 선생님이 나에게 질문을 하였는데, 나는 대답을 하지 못하여 창피했다.

③ 老师，他骂我。

Lǎoshī, tā mà wǒ.

선생님, 쟤가 나에게 욕했어요.

이처럼 시태조사 '了'를 생략할 수 있는 경우는 매우 제한적이다. 예①, ②은 이중목적어 문장이면서 뒤에 절이 왔으며, ③은 학생이 선생님에게 일러바치는 경우이다. 그러나 주어가 1, 2인칭일 때는 일반적으로 '了'를 생략하지 않는다.

3. 시태조사 '了'를 생략할 수 없는 경우

제2편 제4장 '동사' 부분에서 이미 시태조사 '了'를 쓸 수 없는 경우를 설명하였다. 여기에서는 동작이나 상태가 이미 발생하였거나 출현하였지만, 동사 뒤에 '了'를 쓸 수 없는 경우를 더 보충해서 설명하고자 한다.

① 직접인용문 앞이나 뒤에 쓰인 동사 뒤에는 '了'를 쓸 수 없다.

① 狼……在口袋里喊：“先生，可以放我出去了。”

Láng……zài kǒudài lǐ hǎn: "Xiānsheng, kěyǐ fàng wǒ chūqu le."

이리가…… 주머니 속에서 외쳤다. "선생님, 저를 나가게 해주세요."

② 刘胡兰坚决地回答：“我死也不投降！”

Liú Húlán jiānjué de huídá: "Wǒ sǐ yě bù tóuxiáng!"

刘胡兰은 결연하게 대답했다. "나는 죽는 한이 있어도 항복하지 않겠다!"

③ “怎么?”我不解地问。

"Zěnme?" Wǒ bù jiě de wèn.

"뭐라고?" 나는 이해할 수가 없어 물었다.

간접인용문의 경우도 일반적으로 '了'를 쓰지 않는다.

④ 好几个老师傅挤拢来，嘈杂地议论着肖师傅的办法，都说行得
通。

　　Hǎo jǐ ge lǎo shīfu jǐlǒng lái, cáozá de yìlùnzhe Xiāo shīfu de
bànfǎ, dōu shuō xíng de tōng.

몇 명의 기술자들이 몰려와 떠들썩하게 肖 아저씨의 방법을 논의하더니 모두 실행해도 되겠다고 말했다.

만약 동사 뒤에 동량보어가 있고 뒤에 다시 직접인용문이 이어 나오면 동사 뒤에
'了'를 써야 한다.

⑤ 他喊了一声：“抓小偷！”就追了上去。

　　Tā hǎnle yì shēng: "Zhuā xiǎotōu!" Jiù zhuīle shàngqu.

그는 "도둑 잡아라!" 하고 외치면서 쫓아갔다.

② 겸어문이나 연동문의 첫 번째 동사 뒤에는 일반적으로 '了'를 쓸 수 없다.

① 进学校七个月以后才使他略微有些异样。

　　Jìn xuéxiào qī ge yuè yǐhòu cái shǐ tā lüèwēi yǒu xiē yìyàng.

학교를 들어간 지 7개월 이후에서야 그는 약간 변했다.

② 北京大学和中国人民大学法律系还派人到外地开办了一些法律
培训班。

　　Běijīng dàxué hé Zhōngguó rénmín dàxué fǎlǜxì hái pài rén
dào wàidì kāi bàn le yìxiē fǎlǜ péixùnbān.

北京大学과 中国人民大学 법학과는 또 다른 지역에 사람을 파견하여 법률 훈련반을 개설했다.

③ 我们坐火车来到了北京。

　　Wǒmen zuò huǒchē láidào le Běijīng.

우리들은 기차를 타고 北京에 왔다.

④ 我的房东特意去镇上买了一块布。

　　Wǒ de fángdōng tèyì qù zhèn shàng mǎile yí kuài bù.

우리 집주인은 특별히 읍에 가서 천을 샀다.

⑤ 今天的座谈和参观，帮助我们了解了很多情况。

　　Jīntiān de zuòtán hé cānguān, bāngzhù wǒmen liǎojiěle hěn
duō qíngkuàng.

오늘의 좌담과 참관은 우리들이 많은 상황을 이해하는데 도움을 주었다.

⑥ 我们全班同学上个月去昆明参加了世博会的开幕式。

　　Wǒmen quán bān tóngxué shàng ge yuè qù Kūnmíng cānjiāle
shìbóhuì de kāimùshì.

우리 반 전체 학우들은 지난달에 昆明에 가서 세계박람회 개막식에 참가했었다.

⑦ A：你刚才去哪儿了？我到处找你。

　　　Nǐ gāngcái qù nǎr le? Wǒ dàochù zhǎo nǐ.

방금 어디에 갔었니? 내가 사방으로 너를 찾았어.

　　B：刚才我回家去取了几本书。

　　　Gāngcái wǒ huí jiā qù qǔle jǐ běn shū.

방금 집에 책 몇 권을 가지러 갔었어.

첫 번째 동작이 완성되어야만 두 번째 동작이 발생하고, 첫 번째 동사가 '来'나 '去'가
아닐 때에만 연동문의 첫 번째 동사 뒤에 '了'를 쓸 수 있다.

① 小安听完了非常生气。

　　Xiǎo Ān tīng wánle fēicháng shēngqì.

小安은 듣고서 매우 화가 났다.

② 什么，脱了衣服泼水，一个大姑娘家。

　　Shénme, tuōle yīfu pō shuǐ, yí ge dà gūniang jiā.

뭐라고, 다 큰 처녀가 옷을 벗고 물을 뿌렸단 말이야.

③ 목적어가 동사, 동사구, 주술구 등의 술어성 성분일 때, 술어동사 뒤에 '了'를 쓸 수 없다.

① 大队决定从今年起为老人办养老院，为孩子办托儿所。

　　Dàduì juédìng cóng jīnnián qǐ wèi lǎorén bàn yǎnglǎoyuàn, wèi háizi bàn tuō'érsuǒ.

생산대대는 올해부터 노인을 위해 양로원을, 아이들에게는 탁아소를 운영하기로 결정했다.

② 无论家里人怎么劝说，他还是拒绝去见她。

　　Wúlùn jiālǐrén zěnme quàn shuō, tā háishi jùjué qù jiàn tā.

가족들이 아무리 권해도 그는 여전히 그녀 만나러 가는 것을 거절했다.

③ 一会儿，他们看见一只大白鸡慢慢地走进草堆。

　　Yíhuìr, tāmen kànjiàn yì zhī dà bái jī mànmàn de zǒu jìn cǎoduī.

잠시 후, 그들은 큰 흰 닭 한 마리가 풀 더미로 천천히 들어가는 것을 보았다.

④ 从昨天起，我们开始学习第三十八课。

　　Cóng zuótiān qǐ, wǒmen kāishǐ xuéxí dì sānshíbā kè.

어제부터 우리들은 제38과를 배우기 시작했다.

술어가 '进行', '作' 등의 동사일 때, 그 목적어가 비록 술어성 성분이라고 하더라도 '了'를 쓸 수 있다.

⑤ 代表们对这个问题进行了热烈的讨论。

　　Dàibiǎomen duì zhège wèntí jìnxíngle rèliè de tǎolùn.

대표들은 이 문제에 대하여 열띤 토론을 벌였다.

⑥ 主席对下一阶段的工作进行了具体安排。

　　Zhǔxí duì xià yì jiēduàn de gōngzuò jìnxíngle jùtǐ ānpái.

의장은 다음 단계 업무에 대하여 구체적인 계획을 세웠다.

⑦ 大会对很多事项作了规定。

　　Dàhuì duì hěn duō shìxiàng zuòle guīdìng.

대회에서 많은 항목에 대한 규정을 만들었다.

윗 문장의 목적어는 이미 명사성 성분으로 변했기 때문에 '了'를 쓸 수 있다. 이것은 목적어의 수식어 뒤에 '地'를 쓰지 않고 '的'를 쓰고 있다는 사실에서 알 수 있다.

　시태조사 '了'의 사용 여부는 여러 가지 요인에 의해서 결정되며, 일정한 조건하에서만 생략이 가능하기 때문에 중국어 어법에서 가장 이해하기 어려운 어법 현상이다. '了'가 잘못 쓰인 예문을 보자.

① 我吃罢中饭，休息了一会，便到休息室去，透过窗户欣赏了西陵峡的景色：阳光透过浮在半山上的薄雾投进三峡之中，使我感到难以形容的美。

　　Wǒ chī bà zhōngfàn, xiūxile yíhuì, biàn dào xiūxishì qù, tòuguò chuānghu xīnshǎngle xīlíngxiá de jǐngsè: yángguāng tòuguò fú zài bàn shān shàng de bówù tóu jìn sānxiá zhī zhōng, shǐ wǒ gǎndào nányǐ xíngróng de měi.

점심을 먹고 잠시 쉰 다음에 휴게실로 가서 창문 너머 西陵峡의 경치를 감상했다. 햇빛은 산중턱에 엷게 깔린 안개 사이로 三峡을 비추고 있었는데 그 아름다움을 표현하기 어려울 정도였다.

첫 번째 '了'는 맞게 쓰였다. '休息'하는 동작이 끝나고 나서 다음 동작인 '到休息室 去'의 동작이 이어졌다. 두 번째 '了'는 잘못 쓰였다. 만약 이 문장이 '……景色'에서 끝났다면 당연히 '了'가 있어야 한다. 그러나 작자는 이어서 계속 西陵峽의 경치를 이야기하고 있으며, 더욱이 쌍점(:)을 쓰고 있어 뒷문장이 직접인용문과 차이가 없음을 나타내기 때문에 '了'를 쓸 수 없다.

② 在苏州玩了两天以后我游览了优美的城市杭州。我乘下午五点
二十分的车前往杭州。

Zài Sūzhōu wánle liǎng tiān yǐhòu wǒ yóulǎnle yōuměi de chéngshì Hángzhōu. Wǒ chéng xiàwǔ wǔ diǎn èrshí fēn de chē qián wǎng Hángzhōu.

> 苏州에서 이틀을 구경하고 나서 나는 우아하고 아름다운 도시 杭州를 유람했다. 나는 오후 5시 20분의 차를 타고 杭州로 갔다.

첫 번째 '了'는 맞게 쓰였지만, 두 번째 '了'는 잘못 쓰였다. 두 번째 '了'를 빼고 '在苏州玩了两天以后我游览优美的城市杭州'로 고쳐야 한다. 이어진 문장에서 작자는 언제 항주로 출발했는지를 서술하고 있기 때문에 두 번째 '了'를 썼을 때 아직 항주를 구경하는 일이 발생하지 않았다.

 어기조사 '了'

문장 끝에 놓이는 '了'도 의미나 용법이 비교적 복잡하다.

 어기조사 '了'의 어법 의미와 기능

어기조사 '了'는 다음과 같은 어법 의미를 나타낸다.

1. 어기조사 '了'는 동작이나 상태의 실현을 나타내는 시태조사 '了'와 동일한 어법 의미를 가지고 있다.

이른바 '실현'은 '현실이 되다'는 뜻이다. 즉 '발생하다', '출현하다'는 의미인데, '실현'은 이보다 더 큰 개념이다. 과거에 중국어 교재에서 '새로운 상황이 발생했음'을 나타내거나 '변화'를 의미한다고 한 것도 이러한 의미이다.

어기조사 '了'는 직접 시간을 나타내지 못하지만, 어기조사 '了'가 쓰인 문장은 일반적으로 과거에 발생한 동작이나 상태를 나타낸다.

① 昨天我头疼了。(과거)

Zuótiān wǒ tóu téng le.

> 어제 나는 머리가 아팠다.

어기조사 '了'는 과거뿐만 아니라 발화 시점, 즉 현재 시점에도 쓰인다.

② 你们看，这朵花开了，开了！(현재)

Nǐmen kàn, zhè duǒ huā kāi le, kāi le!

> 너희들 봐, 이 꽃이 피었어, 피었다고!

만약 문장에 시간을 표시하는 어구가 없으면 동작이나 상태의 발화 시점(현재)에 발생했다는 것을 의미한다.

① 下雨了!
　　Xià yǔ le!

② 新年快要到了。
　　Xīnnián kuài yào dào le.

미래에 발생하는 경우에도 어기조사 '了'가 쓰인다.

① 等你的病好了, 我们就离开这个城市。
　　Děng nǐ de bìng hǎo le, wǒmen jiù líkāi zhège chéngshì.

② 饭开锅了, 把火拧小一点。
　　Fàn kāi guō le, bǎ huǒ nǐng xiǎo yìdiǎn.

③ 明年三月, 你就二十岁了。
　　Míngnián sān yuè, nǐ jiù èrshí suì le.

위의 예①, ②는 시태조사 '了'가 쓰인 문장과 같다. 예①의 '等你的病好了'은 '우리들이 이 도시를 떠나는' 시점이다. 예②는 가정문으로, '饭开锅了'도 '불을 줄이는' 시점을 말한다.
　'실현'의 의미로 쓰이는 '了'는 다음과 같은 경우에 쓰인다.

① 일이 발생하지 않은 상태에서 발생하게 된 경우에 쓰인다. 이때 술어동사는 대부분 동작동사이다.

① 上课了, 快进教室!
　　Shàng kè le, kuài jìn jiàoshì.

② 下雨了, 把晾的衣服收回来吧。
　　Xià yǔ le, bǎ liàng de yīfu shōu huílai ba.

③ 快走, 队伍出发了。
　　Kuài zǒu, duìwu chūfā le.

만약 술어동사 앞에 '将要' 의미의 부사가 있으면, 전체 문장은 곧 어떤 일이 발생하려고 함을 나타낸다.

④ 快上课了。
　　Kuài shàng kè le.

⑤ 快下雨了。别出去了。
　　Kuài xià yǔ le. Bié chūqù le.

② 동작이 완성되지 않은 상태에서 완성된 경우에 쓰인다. 이때 술어동사 뒤에 결과
보어나 방향보어가 온다.

① 今天的作业写完了。

   Jīntiān de zuòyè xiě wán le.

오늘 숙제를 다 했다.

② 在工人的努力下，大楼终于建成了。

   Zài gōngrén de nǔlì xià, dàlóu zhōngyú jiànchéng le.

근로자들의 노력으로 건물이 드디어 다 지어졌다.

'了' 앞의 동사가 동작을 나타내고 그 뒤에 목적어가 없는 문장 끝에 '了'가 놓이면, 일반적으로 시태조사 '了'와 어기조사 '了'를 구분하기가 쉽지 않다. 다음 문장을 비교해보자.

   我昨天看了一个电影。

   Wǒ zuótiān kànle yí ge diànyǐng.

나는 어제 영화를 봤다.

이 문장에 대한 의문문은 '你昨天做了什么?'가 아니라 '你昨天做什么了?'이다. 즉, 의문문에서는 어기조사 '了'를 쓰고, 그에 대한 대답은 시태조사 '了'를 쓴다. 분명히 이 두 문장에 쓰인 '了'의 의미는 동일하다. 그렇기 때문에 의문문에서 '了'를 문장 끝에 놓아야 하는데, 이때 '了'는 문장을 완결 짓는 역할을 한다. 이처럼 '你昨天做什么了?'는 단독으로 쓰일 수 있는 완정한 문장이지만, '你昨天做了什么?'은 독립적으로 쓰일 수 없는 문장이다. 위의 문장은 '你昨天做了一些什么?'라고 말할 수도 없다. 이것은 시태조사 '了'와 어기조사 '了'의 관계가 매우 밀접하다는 것을 말한다. 또한 대부분의 경우 시태조사 '了'와 어기조사 '了'를 구분하는 것이 결코 쉽지 않다. 그래서 일부 어법 책에서 문장 끝에 쓰인 '了'를 시태조사 '了'에 어기조사 '了'가 첨가된 것으로 설명하고 있다. 가르치는 입장에서 중요한 것은 두 가지 '了'의 용법을 완벽하게 연구하는 것이 아니라 '了'를 정확히 사용할 수 있게 해야 한다는 것이다. 왜냐하면, 시태조사 '了'와 어기조사 '了'는 공통된 어법 의미를 가지고 있기 때문이다.

③ 동작이 진행되다가 정지되는 경우에 쓰인다.

① 他一看见我，就站住了。

   Tā yí kànjiàn wǒ, jiù zhànzhù le.

그는 나를 보자 마차 멈춰 섰다.

② 火车停了，旅客们走出了车厢。

   Huǒchē tíng le, lǚkèmen zǒuchūle chēxiāng.

기차가 멈추자 여행객들은 객차에서 걸어 나왔다.

③ 他一来，大家都不说话了。

   Tā yì lái, dàjiā dōu bù shuō huà le.

그가 오자 모두 말을 하지 않았다.

②와 ③의 경우에 동작의 완성이나 정지의 의미가 어기조사 '了'에서 말미암은 것이 아니라 동사와 보어 등에서 비롯된 것이다.

④ 사물의 성질이나 상태가 변화한 경우에 쓰인다. 이때 술어동사는 일반적으로 형용사나 상태동사, 관계동사이다.

① 苹果熟了。

Píngguǒ shú le.

사과가 익었다. (익지 않은 상태에서 익은 상태로 변화)

② 小李病了。

Xiǎo Lǐ bìng le.

小李가 병이 났다.(병이 나지 않은 상태에서 병이 난 상황으로 변화)

③ 张滨觉悟过来了。

Zhāng Bīn juéwù guòlai le.

张滨은 깨달았다.(깨닫지 못한 상태에서 깨달은 상태로 변화)

④ 明明学习进步了。

Míngming xuéxí jìnbù le.

明明은 성적이 좋아졌다.(학업 성적이 향상되는 방향으로 변화)

⑤ 小红是中学生了。

Xiǎo Hóng shì zhōngxuéshēng le.

小红은 중학생이 되었다.(중학생이 된 상태로 변화)

⑥ 我现在有电影票了。

Wǒ xiànzài yǒu diànyǐng piào le.

나는 지금 영화표가 생겼어.(영화표가 없는 상태에서 있게 된 경우)

⑦ 这个孩子从前叫毛毛，现在叫张滨了。

Zhège háizi cóngqián jiào Máomao, xiànzài jiào Zhāngbīn le.

이 아이는 이전에 毛毛라고 불렀는데 지금은 张滨이라고 부른다.(毛毛라고 부르다 张滨으로 부르게 된 경우)

⑤ 바람이나 능력에 변화가 발생한 경우에 쓰인다. 이때 술어동사는 조동사이다.

① 他又想去了。

Tā yòu xiǎng qù le.

그는 또 가고 싶어졌다.(원래 가고 싶지 않았음)

② 我明天不去颐和园了。

Wǒ míngtiān bú qù Yíhéyuán le.

매일 颐和园에 가지 않겠다.(원래 가려고 했음)

③ 玛丽能用中文写信了。

Mǎlì néng yòng Zhōngwén xiě xìn le.

마리는 중국어로 편지를 쓸 수 있게 되었다.(원래 쓰지 못했음)

④ 谢利能看懂中文电影了。

Xièlì néng kàndǒng Zhōngwén diànyǐng le.

谢利는 중국 영화를 보고 이해할 수 있게 되었다.(원래 이해하지 못했음)

⑥ 시간, 계절, 연령, 수량에 변화가 생겼을 때 쓰인다.

연도(1991, 1992……), 월명(一月, 二月, 三月……), 일명(一号, 二号, 三号……), 계절(春, 夏, 秋, 冬), 연령(一岁, 二岁, 三岁……) 등등은 규칙적으로 바뀐다. 물체의 수량도 정해진 순서에 따라 바뀐다. 예를 들면, 책을 셀 때는 한 권, 두 권, 세 권……, 버스를 탈 때는 출발 지점으로부터 종점까지 순서대로 많은 정류장을 지나간다. 어기조사 '了'는 규칙적인 변화를 나타내는 문장에서 명사 혹은 수량사 뒤에 쓰인다.

① 转眼都星期五了，时间过得真快。

　　Zhuǎnyǎn dōu xīngqīwǔ le, shíjiān guò de zhēn kuài.

② 春天了，花儿开了，草绿了，天气暖和了。

　　Chūntiān le, huār kāi le, cǎo lǜ le, tiānqì nuǎnhuo le.

봄이 되니 꽃이 피고 풀도 파릇파릇해졌으며 날씨도 따뜻해졌다.

③ 十七八了，大姑娘了，该懂事了。

　　Shíqī bā le, dà gūniang le, gāi dǒngshì le.

18살이니 아가씨야, 철 들 때가 되었어.

④ 已经二十本了，你还要买几本？

　　Yǐjīng èrshí běn le, nǐ hái yào mǎi jǐ běn?

이미 20권이야, 몇 권을 더 살 건데?

⑤ 西单了，有下车的请往外走。下一站天安门。

　　Xīdān le, yǒu xià chē de qǐng wǎng wài zǒu. Xià yí zhàn Tiān'ānmén.

西单입니다, 내리실 분은 준비하세요. 다음 역은 天安门입니다.

⑥ 中学生了，还哭！

　　Zhōngxuéshēng le, hái kū!

중학생이　되었는데도 또 울어!

⑦ 黑天了，别出去了。

　　Hēi tiān le, bié chūqu le.

날이　어두워졌으니 나가지 마라.

　이러한 문장은 어기조사 '了'의 사용 여부에 따라 의미가 달라진다. 다음 문장을 보자.

① a. 今天都星期五了，时间过得真快。

　　Jīntiān dōu xīngqīwǔ le, shíjiān guò de zhēn kuài.

오늘 벌써 금요일이네, 시간 정말 빨리 간다.

　b. A：今天是星期几？

　　Jīntiān shì xīngqī jǐ?

오늘 무슨 요일이니?

　　B：今天（是）星期五。

　　Jīntiān shì xīngqīwǔ.

오늘 금요일이야.

② a. A：你多大了，就想当兵？

　　Nǐ duōdà le, jiù xiǎng dāng bīng?

너 몇 살이라고 군에 가겠다는 거니?

　　B：十八了，还小吗？

　　Shíbā le, hái xiǎo ma?

18살이 되었어요, 그래도 어린가요?

　b. A：请你说一下你的年龄、籍贯……

　　Qǐng nǐ shuō yíxià nǐ de niánlíng、jíguàn……

나이, 원적……을 말씀하십시오.

　　B：我今年十八，山东人……

　　Wǒ jīnnián shíbā, Shāndōng rén……

올해　18살이 되었고, 산동사람……

　어기조사 '了' 앞에 사용할 수 있는 어구의 범위는 대단히 넓다. 각종 동사(심지어 일부 계사도 포함됨), 형용사, 명사, 수량사 심지어는 각종 구나 절 뒤에 어기조사 '了'를 쓸 수도 있다. 시태조사 '了'와 비교하면 어기조사와 함께 쓰일 수 있는 어구는 아무런 제한을 받지 않는다고 말할 수 있다.

① 下雨了，把晾的衣服收回来吧。

　Xià yǔ le, bǎ liàng de yīfu shōu huílai ba.

② 妈妈，我写完作业了，可以出去玩了吧?

　Māma, wǒ xiě wán zuòyè le, kěyǐ chūqu wánle ba?

③ 西单了，有下车的请往外走。下一站天安门。

　Xīdānle, yǒu xià chē de qǐng wǎng wài zǒu. Xià yí zhàn
　Tiān'ānmén.

④ 黑天了，别出去了。

　Hēi tiān le, bié chūqu le.

⑤ A : 约翰的中文还不太好，当不了导游。

　　　Yuēhàn de Zhōngwén hái bú tài hǎo, dāng bu liǎo dǎoyóu.

　B : 他什么事情都能用中文说了，当导游没问题。

　　　Tā shénme shìqing dōu néng yòng Zhōngwén shuō le,
　　　dāng dǎoyóu méi wèntí.

⑥ 小张病了，我们去看看他吧。

　Xiǎo Zhāng bìng le, wǒmen qù kànkan tā ba.

⑦ 你明年就毕业了，有什么打算?

　Nǐ míngnián jiù bìyè le, yǒu shénme dǎsuàn?

<table>
<tr><td>비가 오네, 널어놓은 옷을 거둬들여 와.(일깨움, 건의)</td></tr>
<tr><td>엄마, 저 숙제 다 했어요, 나가 놀아도 되죠? (일깨움)</td></tr>
<tr><td>西单입니다, 내리실 분은 준비하세요. 다음 역은 天安门입니다.(일깨움)</td></tr>
<tr><td>날이 어두워졌으니 나가지 마라.(권고)</td></tr>
<tr><td>존이 중국어를 아직 그다지 잘하지 못해서 가이드를 할 수 없어.</td></tr>
<tr><td>그는 어떤 일이든 모두 중국어로 말할 수 있어, 가이드를 해도 문제없어.(A의 견해에 반박함)</td></tr>
<tr><td>小张이 병이 났으니 우리 그를 보러 가자.(건의를 제기함)</td></tr>
<tr><td>내년이면 졸업하게 되는데 어떤 계획 있니? (문제 제기)</td></tr>
</table>

2. 긍정의 어기를 나타내며, 문장이나 문단을 완결 짓는 기능을 한다.

　이른바 어기조사 '了'가 문장을 완결 짓는 기능을 한다는 것은 일부 문장에서 어기조사 '了'를 삭제하면 문장이 불완전하게 되는 것에서 알 수 있다4). 텍스트 상에서의 어기조사 '了'의 작용은 그것이 문장이나 문단을 완결 짓는 역할을 하며, 문장과 문단을 구분하는 작용을 한다는 것을 의미한다. 예를 들면 주어나 주제가 바뀌지 않으면, 절이나 문장이 완결되었다 하더라도 절이나 문장 끝에 어기조사 '了'가 올 수 없다. 만약 어기조사 '了'를 쓰면 문장이나 문단이 분리되어 문장과 문장을 연결시킬 수 없게 된다.

① 绕过一片树林子以后，他顺着河湾走进一块新的地方。他看河谷骤然开阔了。三家店下游的平原一望无际，高电告河堤远远伸向天尽头。

　Ràoguò yí piàn shùlínzi yǐhòu, tā shùnzhe héwān zǒujìn yí kuài
　xīn de dìfang. Tā kàn hégǔ zhòurán kāikuò le. Sānjiādiàn xiàyóu
　de píngyuán yí wàng wú jì, Gāodiàngào hédī yuǎnyuǎn shēn
　xiàng tiān jìntóu.

<table>
<tr><td>숲을 둘러 본 후, 그는 이어 강가를 따라 새로운 곳으로 갔다. 그는 강의 계곡이 갑자기 넓어진 것을 보았다. 三家店 하류에는 평원이 끝없이 펼쳐졌고 高电告 하천 둑은 멀리 하늘 끝까지 뻗어있었다.</td></tr>
</table>

---

4) 문장 끝에 놓이는 어기조사 '了'는 '了'에 음이 약화된 어기조사 '啊'가 더해진 경우로 설명하기도 한다. 어기조사 '了'가 문장이나 문단을 완결 짓는 기능을 갖는다는 것은 아마도 여기에서 유래되었을 것이다.

윗 문단의 앞 두 문장은 모두 '他'의 동작행위를 서술하고 있다. 비록 두 문장이지만, 서술 대상은 변하지 않았다. 만약 아래의 예처럼 첫 번째 문장의 뒤에 어기조사 '了'를 첨가하면 두 번째 문장과 연결할 수 없다.

①′绕过一片树林子以后，他顺着河湾走进一块新的地方了。他看河谷骤然开阔了。

> Ràoguò yí piàn shùlínzi yǐhòu, tā shùnzhe héwān zǒujìn yí kuài xīn de dìfang le. Tā kàn hégǔ zhòurán kāikuò le.

세 번째 문장의 서술 대상은 '三家店'으로 변했기 때문에 앞의 문장의 말미에 어기조사 '了'를 써야 한다. 다른 예를 보자.

② 他眯起眼睛，用手搭着凉篷，眺望着那戈壁的彼岸。真宽哪，他暗暗吃惊了，简直宽得看不到边。

> Tā míqǐ yǎnjing, yòng shǒu dāzhe liángpéng, tiàowàngzhe nà gēbì de bǐ'àn. Zhēn kuān nǎ, tā àn'àn chī jīng le, jiǎnzhí kuān de kàn bu dào biān.

> 그는 눈을 실짝 뜨고서 눈 위에 손을 얹고 멀리 고비사막 저쪽 언덕을 바라보았다. 정말 넓구나, 그야말로 끝이 보이지 않네. 그는 은근히 놀랐다.

이 문단에서 첫 번째 문장은 '他'가 바라보고 있으며, 두 번째 문장의 '真宽哪'와 '简直宽得看不到边'은 '고비사막'에 대한 평가부분이다. 중간의 '他暗暗吃惊' 뒤에 어기조사 '了'를 쓴 것은 서술 대상이 '고비사막'에서 '他'로 변했기 때문이다. 문장부호의 관점에서 보더라도, '他暗暗吃惊了'라는 앞뒤 문장과는 상황적으로 구분되는 별개의 문장에서 어기조사 '了'를 썼다고 봐야 할 것 같다.

결론적으로 어기조사 '了'는 문장을 구분하는 작용이 있기 때문에 한 문장을 완결 짓는 역할을 한다 하더라도 주제어가 변하지 않으면 중간에 어기조사 '了'를 쓸 수가 없다. 다음 예문을 보자.

③ *昨天早上我起床以后吃早饭了。然后去图书馆了。走进图书馆就去找书了。找到要借的书，就去到柜台借了。我问柜台的小姐书可以借几天，她说可以借一个星期。办完手续以后我就回宿舍了。

이 문단에서 앞부분의 몇 개 문장은 모두 '我'가 행하는 몇 가지 연속되는 동작을 서술하고 있기 때문에 중간에 어기조사 '了'를 사용하게 되면 문장의 연결 관계가 깨진다. 아래처럼 고치면 문장이 자연스럽게 연결된다.

③′昨天早上我起床以后吃早饭，然后去图书馆。走进图书馆就去找书。找到要借的书以后，来到柜台。我问柜台的小姐书可以借几天，她说可以借一个星期。办完手续以后我就回宿舍了。

> Zuótiān zǎoshang wǒ qǐ chuáng yǐhòu chī zǎofàn, ránhòu qù túshūguǎn. Zǒujìn túshūguǎn jiù qù zhǎo shū. Zhǎodào yào jiè de shū yǐhòu, láidào guìtái. Wǒ wèn guìtái de xiǎojie shū kěyǐ jiè jǐ tiān, tā shuō kěyǐ jiè yí ge xīngqī. Bàn wán shǒuxù yǐhòu wǒ jiù huí sùshè le.

> 어제 아침 나는 일어난 후 아침을 먹고 나서 도서관에 갔다. 도서관에 가서 책을 찾았다. 빌리려는 책을 찾은 후에 카운터로 갔다. 카운터 아가씨에게 책을 며칠 빌릴 수 있느냐고 물었더니 그녀는 일주일이라고 했다. 수속을 끝마친 후 나는 기숙사로 돌아왔다.

　다음 몇 가지 유형의 문장은 반드시 어기조사 '了'를 써야 한다. 이러한 문장에서 어기조사 '了'는 아무런 의미를 더해주지 않는다. 단지 '了'가 없으면 문장은 성립되지 않을 뿐이다.

① 정도부사가 보어로 쓰인 형용사술어문

① 第三回出得山口, 高增福情绪高´极了。

Dì sān huí chū dé shānkǒu, Gāo Zēngfú qíngxù gāo jí le.

② 今天热´死了!

Jīntiān rè sǐ le!

③ 这个人坏´透了!

Zhège rén huài tòu le!

'太'가 부사어로 쓰인 감탄문은 문장 끝에 '了'를 써야 한다.

④ 老赵这个人´太好了!

Lǎo Zhào zhège rén tài hǎo le!

⑤ 这个消息´太鼓舞人了!

Zhège xiāoxi tài gǔwǔ rén le!

이러한 문장에서 강세는 정도를 나타내는 단어('死'는 예외)에 있으며, 이때 '了'는 '실현'이나 '변화'를 나타내지 않고 구조상 필수불가결한 요소이다.

② 일부 형용사가 술어나 결과보어로 쓰인 문장에서 그 뒤에 '了'가 첨가되면 형용사는 모두 어떤 기준에 적합하지 않음을 나타내며, 이때 '了'는 없어서는 안 된다. 이러한 형용사로는 성질이나 상태를 나타내는 '大, 小, 高, 低, 肥, 瘦, 长, 短, 轻, 重, 粗, 细, 咸, 淡, 厚, 薄, 宽, 窄, 早, 晚(迟)' 등이 있다. 어기조사 '了' 뒤에 '(一)点儿', '(一)些' 등의 정도를 나타내는 보어가 올 수도 있다.

① 钱你给多了。

Qián nǐ gěi duō le.

② 这双鞋大了一点儿。

Zhè shuāng xié dà le yìdiǎnr.

③ 这张纸太´薄了, 换一张吧。

Zhè zhāng zhǐ tài báo le, huàn yì zhāng ba.

④ 他的裤子做瘦了, 上衣做肥了, 穿着都不合适。

Tā de kùzi zuò shòu le, shàngyī zuò féi le, chuānzhe dōu bù héshì.

이 문장의 형용사 앞에 만약 정도부사 '太'나 '稍'가 있었다고 하더라도 강세는 여전히 형용사에 있고 정도부사가 나타내는 정도는 비교적 약하다. 만약 강세가 정도부사에 놓인다면 부사가 나타내는 정도는 강해진다. 이러한 경우에 전체 문장은 어떤 기준에 부합하지 않음을 나타낸다는 의미가 포함되지 않고 감탄문으로 쓰이는 경우가 간혹 있다.

⑤ 这件衣服太´红了。

  Zhè jiàn yīfu tài hóng le.

  这件衣服´太红了。

	이 옷은 너무 빨갛다. (어떤 기준에 맞지 않음)
	이 옷은 아주 빨갛다. (정도가 아주 심하고 어떤 기준에 맞지 않음)

  这件衣服太´好了。

  Zhè jiàn yīfu tài hǎo le.

  这件衣服´太好了!

	이 옷은 너무 좋다.(조금 좋지 않은 것도 가능하며 어떤 기준에 맞지 않음)
	이 옷 정말 너무 좋다! (감탄문)

감탄문이 아닌 문장에서 정도부사가 있을 때 '了'는 쓰지 않을 수도 있지만, 강세는 여전히 부사에 있으며 문장의 의미는 변하지 않는다. '了'가 있으면 어기가 다소 완화된다.

 **어기조사 '了'가 포함되어 있는 문장의 구조적 특징**

  어기조사 '了'는 일반적으로 문장 끝에 놓이는데, 목적어 앞에 출현할 수는 없지만 다른 언어 성분 앞에는 출현할 수 있다.

1. 어기조사 '了'는 다른 어기조사나 긍부정의문문의 '没有'나 '是不是'의 앞에 쓰일 수 있다.

① 你看见张老师了吗?

  Nǐ kànjiàn Zhāng lǎoshī le ma?

너 张 선생님을 보았니?

② 十五年过去了,五个孤儿成长得怎么样了呢?

  Shíwǔ nián guòqu le, wǔ ge gū'ér chéngzhǎng de zěnmeyàng le ne?

15년이 지났어, 5명의 고아는 어떻게 자랐을까?

③ 小陈,现在你应该明白,这红色的灯标是用什么点燃的了吧?

  Xiǎo Chén, xiànzài nǐ yīnggāi míngbái, zhè hóngsè de dēng biāo shì yòng shénme diǎnrán de le ba?

小陈, 이제 이 빨간 항로표시등을 무엇으로 점화시키는지 분명히 알겠지?

④ 钱丢了就丢了吧,难过也没有用。

  Qián diūle jiù diūle ba, nánguò yě méi yǒu yòng.

돈을 잃어버렸으면 끝난 거야 괴로워해도 소용없어.

⑤ 上课了没有?

  Shàngkè le méi yǒu?

수업 시작했니?

⑥ 这个孩子长高了是不是?

Zhège háizi zhǎng gāo le shì bu shì?

그 아이 많이 컸지, 그렇지?

이때 의문문에서 단지 주어, 술어, 목적어, 관형어, 보어만 물어볼 때에는 어기조사 '了'를 쓸 수 있지만, 부사어를 물을 때에는 일반적으로 '了'를 쓸 수 없다.

⑦ 今天几号了?

Jīntiān jǐ hào le?

오늘 며칠이니?(술어에 대한 질문)

⑧ 刚才你说你买什么了?

Gāngcái nǐ shuō nǐ mǎi shénme le?

방금 네가 무엇을 샀다고 말했니?(목적어에 대한 질문)

⑨ 谁来了?

Shéi lái le?

누가 왔어?(주어에 대한 질문)

⑩ 小李看了几本书了?

Xiǎo Lǐ kànle jǐ běn shū le?

小李는 책 몇 권을 봤니?(관형어에 대한 질문)

⑪ 老王来了几天了?

Lǎo Wáng láile jǐ tiān le?

老王이 온지 며칠 됐니?(보어에 대한 질문)

⑫ *他哪天走了?

그는 어느 날에 갔니?(부사어에 대한 질문)

아래에 제시된 예문은 부사어를 물어보는 의문문이 아니라 반어문이다.

⑬ 他'什么时候来了?

Tā shénme shíhou lái le?

그가 언제 왔다는 거니?('그는 절대 오지 않았다'는 의미)

⑭ 我跟'谁一起去了?

Wǒ gēn shéi yìqǐ qù le?

내가 누구와 같이 갔다는 거니?('나는 절대 가지 않았다'는 의미)

부사어를 물어볼 때 일반적으로 '了'를 쓰지 않고 '是……的' 구문을 쓴다.

⑮ 他是'什么时候来的?

Tā shì shénme shíhou lái de?

그는 언제 왔니?

⑯ 他是跟'谁一起去的?

Tā shì gēn shéi yìqǐ qù de?

그는 누구와 같이 갔니?

부사어를 묻는 문장도 간혹 어기조사 '了'를 쓰기도 한다. 그러나 이러한 문장의 중점은 의문을 나타내는 것에 있지 않고 어떤 상황에 대한 화자의 놀라움이나 그렇게 되기를 바라지 않는 바람에 있다. 이때 강세는 일반적으로 주어나 목적어에 놓인다.

⑰ 他什么时候来了!

    Tā shénme shíhou lái le!

⑱ 你怎么坐在这儿了!

    Nǐ zěnme zuò zài zhèr le!

2. 어기조사 '了'는 주어나 목적어의 뒤에 출현할 수 있는데, 이때 주어와 목적어는 반드시 술어성 성분이어야 한다.

① 老栓听见儿子不再说话了，料他安心睡了。(목적어)

    Lǎo shuān tīngjiàn érzi bú zài shuō huà le, liào tā ānxīn shuì le.

② 病好了就好，不然叫人多着急呀!(주어)

    Bìng hǎo le jiù hǎo, bùrán jiào rén duō zháojí ya!

3. 병렬된 두 절이나 구에서는 문장 끝에만 어기조사 '了'가 쓰일 수 있으며, 이때 '了'는 앞의 두 절이나 구를 지배한다.

① 我不头疼也不咳嗽了。

    Wǒ bù tóuténg yě bù késou le.

② 我上个月去上海，后来又去广州了。

    Wǒ shàng ge yuè qù Shànghǎi, hòulái yòu qù Guǎngzhōu le.

만약 첫 번째 절(구) 뒤에 '了'가 온다면, 두 개의 독립된 문장으로 분석해야 한다.

3 두 개의 '了'가 연용되는 경우

한 문장에 시태조사 '了'와 어기조사 '了'가 함께 쓰이면, 어기조사 '了'는 앞의 전체 술어를 지배하며 이 지배범위 안에는 시태조사 '了'가 포함된다.

① 我做了功课了。

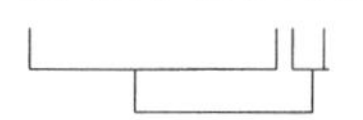

    Wǒ zuòle gōngkè le.

② 他吃了三片药了。

    Tā chīle sān piàn yào le.

이 문장에서 '了'가 두 개 쓰인 것은 모두 첫 번째 동작이 발생하여 완결된 것이 이미 사실이며, 일정한 의도가 있음을 나타내기 위해서이다. 예를 들면 청자의 생각을 부각시키거나 어떤 의미를 함의하고 있다. 예①은 아마도 엄마가 그로 하여금 숙제를 다 하고나서 놀라고 했을 가능성을 함의하고 있으며, 예②는 누군가 그에게 약을 먹으라고 했을 가능성을 함의하고 있다.

③ A : 听说小张没有女朋友, 我给他介绍一个吧。

　　　Tīngshuō Xiǎo Zhāng méi yǒu nǚpéngyou, wǒ gěi tā jièshào yí ge ba.

　　B : 你别瞎操心了, 他′有了女朋友了。

　　　Nǐ bié xiā cāoxīn le, tā yǒule nǚpéngyou le.

④ A : 明天下雨, 我劝你别去香山玩了。

　　　Míngtiān xià yǔ, wǒ quàn nǐ bié qù Xiāngshān wán le.

　　B : 我′听了天气预报了, 明天是好天儿, 你别骗我了。

　　　Wǒ tīngle tiānqì yùbào le, míngtiān shì hǎo tiānr, nǐ bié piàn wǒ le.

> 小张이 여자친구가 없다고 들었는데, 그에게 한 사람 소개시켜 주어야 되겠어.
>
> 공연스레 걱정하지 마, 그에게 여자친구가 생겼어.
>
> 내일 비가 올 거야, 충고하는데 香山에 놀러 가지 마라.
>
> 일기예보 들었는데, 내일 날씨가 좋을 거래, 속이지 마.

　두 개의 '了'가 사용된 문장에서 두 개의 '了' 사이에 수량구가 온 문장 유형은 비교적 자주 보이지만, 쓰기가 비교적 어려운 편이다. 아래에서는 이러한 문장 유형을 중점적으로 분석한다.

1. 문장에 시태조사 '了'만 쓰였다면 일반적으로 동작행위의 발생만을 나타낸다.

① 我买了二十本书。

　　Wǒ mǎile èrshí běn shū.

② 教室里来了十五个学生。

　　Jiàoshì lǐ láile shíwǔ ge xuésheng.

> 나는 책을 20권 샀어.
>
> 교실에 15명의 학생이 왔다.

2. 만약 시태조사 뒤에 시량보어가 있으면, 술어동사는 동작동사가 온다. 또한 그 뒤에 뒤따라오는 문장이 없으면 시량보어는 동작의 지속 시간을 나타내며, 전체 문장은 일반적으로 동작이 이미 완성된 이후에 더 이상 지속되지 않음을 나타낸다.

① 这本书我看了三天。

　　Zhè běn shū wǒ kànle sān tiān.

② 今天我听了一下午报告。

　　Jīntiān wǒ tīngle yí xiàwǔ bàogào.

③ 我在上海住了五年。

　　Wǒ zài Shànghǎi zhùle wǔ nián.

> 이 책은 내가 3일 동안 봤어.(이 책을 이미 다 봐서 더 이상 보지 않겠음)
>
> 오늘 나는 오후 내내 보고를 들었어. (보고를 이미 다 들었으며 더 이상 듣지 않겠음)
>
> 나는 上海에 5년 동안 살았었어.(현재 상해에 살고 있지 않음)

만약 뒤에 다른 문장이 있으면, 동작이 일정 시간 지속된 후에 더 이상 진행되지 않음을 나타낼 수도 있고, 동작이 여전히 진행되고 있음을 나타낼 수도 있다.

④ 这本书我看了三天才看完。

    Zhè běn shū wǒ kànle sān tiān cái kàn wán.

| | 이 책은 내가 3일 동안 보고서야 겨우 다 봤어. |

⑤ 这本书我看了三天，才看了一半，还得看三天。

    Zhè běn shū wǒ kànle sān tiān, cái kànle yí bàn, hái děi kàn sān tiān.

| | 이 책은 3일 봤는데, 겨우 반절 밖에 못 봤어. 아직도 3일은 더 봐야 해. |

⑥ 今天我们听了一下午报告，晚上没事了。

    Jīntiān wǒmen tīngle yí xiàwǔ bàogào, wǎnshang méi shì le.

| | 오늘 우리들은 오후 내내 보고를 들었고, 저녁에는 아무 일도 없어. |

⑦ 今天我们听了一下午报告，明天还要接着听。

    Jīntiān wǒmen tīngle yí xiàwǔ bàogào, míngtiān hái yào jiēzhe tīng.

| | 오늘 우리들은 오후 내내 보고를 들었는데, 내일 또 계속해서 들어야 해. |

만약 문장에 시량보어가 있고 술어동사가 '吃'류 동사나 기타 순간완결동사일 때, 시량보어는 동작이 이미 완성된 이후의 지속 시간을 나타낸다.

① 他吃了药不到一个小时就吐了。

    Tā chīle yào bú dào yí ge xiǎoshí jiù tǔ le.

| | 약을 먹은 지 한 시간도 안 되어서 토했다. |

② 他来了才三天。

    Tā láile cái sān tiān.

| | 그는 온지 3일밖에 안 되었다. |

3. 문장에 시태조사 '了'와 어기조사 '了'가 함께 쓰이면, 수량보어와 시량보어는 이미 완성된 수량 혹은 지속된 시간을 나타낸다. 만약 뒤에 문장이 없다면 동작이 여전히 계속 진행되고 있음을 함의한다.

① 图书馆买了三十本字典了。

    Túshūguǎn mǎile sānshí běn zìdiǎn le.

| | 도서관은 자전 30권을 샀다.(더 사야 함) |

② 我们听了三天报告了。

    Wǒmen tīngle sān tiān bàogào le.

| | 우리들은 3일째 보고를 들었다.(계속해서 더 들어야 함) |

③ 阿里学了两年汉语了。

    Āli xuéle liǎng nián Hànyǔ le.

| | 阿里는 중국어를 2년째 배웠다.(계속해서 더 배워야 함) |

일정한 언어 환경이나 뒤에 다른 문장이 있을 때에는 동작이 더 이상 진행되지 않음을 나타낼 수도 있다.

④ 甲 : 你等了多长时间了？

    Nǐ děngle duōcháng shíjiān le?

| | 너 얼마나 기다렸니? |

  乙 : 我等了你两个小时了。

    Wǒ děngle nǐ liǎng ge xiǎoshí le.

| | 너를 두 시간 기다렸어. |

⑤ 你到哪儿去了? 我找了你半天了。

   Nǐ dào nǎr qù le? Wǒ zhǎole nǐ bàntiān le.

너 어디에 갔었니? 한참 찾았었어.

⑥ 这种书我买了一本了，不再买了。

   Zhè zhǒng shū wǒ mǎile yì běn le, bú zài mǎi le.

이런 책을 한 권 샀는데 다시는 사지 않을 거야.

  동사가 순간완결동사이면 전체 문장은 발화 시점(구체적인 시간을 나타내는 부사어가 없을 때)에 동작이 이미 완성된 지 오래되었거나 얼마간의 양이 완성되었음을 나타낸다. 일반적으로 동작이 계속 진행될지 여부와는 관계가 없다.

⑦ 我吃了药已经一个小时了。

   Wǒ chīle yào yǐjīng yí ge xiǎoshí le.

나는 약을 먹은 지 이미 한 시간이 되었어.

⑧ 今天他吃了三次药了。

   Jīntiān tā chīle sān cì yào le.

오늘 그는 약을 세 번 먹었다.(아마도 한 번 더 먹을 수도 있고, 먹지 않을 수도 있음.)

⑨ 这个孩子打了五个杯子了。

   Zhège háizi dǎle wǔ ge bēizi le.

이 아이는 컵을 5개나 깼다.(나중에 또 깨뜨릴지는 모름)

  만약 문장 끝에 어기조사 '了'가 쓰이고 술어동사 뒤에 또 수량보어가 있거나 목적어 앞에 수량구가 있으면, 동사 뒤에 대부분 시태조사 '了'가 온다.

⑩ 他吃了两片药了。

   Tā chīle liǎng piàn yào le.

그는 약을 두 알 먹었다.

⑪ 他敲了三下门了。

   Tā qiāole sān xià mén le.

그는 문을 세 번 두드렸다.

⑫ 我来了一年了。

   Wǒ láile yì nián le.

나는 온지 1년이 되었다.

 **4** '了'가 쓰인 문장의 의미 변별

  '了'가 문장 끝에 쓰이면 그 문장은 중의성을 띤다. 아래에서 몇 가지 예를 분석해 보자.

1. ① a. 你已喝得不少了，别喝了!

     Nǐ yǐ hē de bùshǎo le, bié hē le!

너는 이미 많이 마셨어, 마시지 마라!(동작이 진행되고 있으며 동작이 계속 진행되지 않기를 권함)

   b. 你身体不好，以后别喝酒了!

     Nǐ shēntǐ bù hǎo, yǐhòu bié hē jiǔ le!

몸이 좋지 않으니 이후에 술을 마시지 마라!(이전에 이러한 동작이 진행되었거나 진행되려고 하고 있으며 동작이 발생되지 않기를 권함)

c. 那酒有毒，小心别叫人´喝了！

　　Nà jiǔ yǒu dú, xiǎoxīn bié jiào rén hē le!

② a. ´跑了，停一停！

　　Bié pǎo le, tíng yi tíng!

b. 你今天不舒服，´别跑(步)了！

　　Nǐ jīntiān bù shūfu, bié pǎo(bù) le!

c. 那是个小偷，别让他´跑了！

　　Nà shì ge xiǎotōu, bié ràng tā pǎo le!

문장 끝의 '了'는 어떤 의미를 나타내더라도 동사와 관련이 있다. 일반적으로 '看, 说, 写' 등의 동작동사는 a, b 두 가지 용법으로 쓰이고, '来, 走(떠나다), 结婚, 生(아이를 낳다)' 등의 순간완결동사는 단지 b 용법으로만 쓰인다. '吃'류 동사는 c 용법으로 쓰인다. a와 b의 용법에서는 강세가 '别'에 놓이고, c 용법에서는 강세가 술어동사에 놓인다.

2. ① a. (等车时) 你看，汽车´来了。

　　(děng chē shí) Nǐ kàn, qìchē lái le.

b. A : 汽车´来了吗?

　　Qìchē lái le ma?

B : 汽车´来了，已经走了。

　　Qìchē lái le, yǐjing zǒu le.

② a. 饭好，吃´饭了。

　　Fàn hǎo, chī fàn le.

b. 我´吃饭了，不吃了。

　　Wǒ chī fàn le, bù chī le.

3 　시태조사 '着'

1 '着'의 어법 의미

　시태조사 '着'는 동작이나 상태의 지속을 나타내는데, 다음과 같이 몇 가지로 나눌 수 있다.

1. 동작의 지속을 나타내는 경우

① 东郭先生赶着驴，在路上慢慢地走着。

　　Dōngguō xiānsheng gǎnzhe lú, zài lùshang mànmàn de zǒu zhe.

东郭 선생은 당나귀를 몰며 길을 천천히 걸어가고 있었다.

② 姐妹俩坐在山坡上愉快地唱着歌。

　　Jiěmèi liǎ zuò zài shānpō shàng yúkuài de chàngzhe gē.

두 자매는 산비탈에 앉아서 즐겁게 노래를 부르고 있다.

③ 一个白发苍苍的老头儿正在床上睡觉，像雷一般地打着呼噜。

　　Yí ge báifà cāngcāng de lǎotóur zhèng zài chuáng shàng shuìjiào, xiàng léi yì bān de dǎzhe hūlu.

백발이 성성한 한 노인이 침대에서 잠을 자고 있는데, 마치 천둥치듯이 코를 골고 있다.

④ 这些工厂都在谱写着‘自力更生、艰苦奋斗’的颂歌。

　　Zhèxiē gōngchǎng dōu zài pǔ xiězhe ‘zìlì gēngshēng、jiānkǔ fèndòu’ de sònggē.

이 공장들은 모두 ‘자력갱생, 각고분투’의 찬가를 작곡하고 있다.

2. 동작의 지속을 나타내지만, 지속되는 동작 자체가 실제로도 일종의 상태인 경우

① 西门豹弯着腰，装作很恭敬的样子。

　　Xīmén Bào wānzhe yāo, zhuāngzuò hěn gōngjìng de yàngzi.

西门豹는 허리를 구부린 채 공손한 척 했다.

② 火车到了抚顺，雷锋背着老大娘的包袱，扶她下了车。

　　Huǒchē dàole Fǔshùn, Léi Fēng bēizhe lǎo dàniáng de bāofu, fú tā xiàle chē.

기차가 抚顺에 도착하자 雷锋은 할머니의 보따리를 등에 지고 할머니를 부축하면서 기차에서 내렸다.

③ 天安门广场上，耸立着一座人民英雄纪念碑。

　　Tiān'ānmén guǎngchǎng shàng, sǒnglìzhe yí zuò rénmín yīngxióng jìniànbēi.

天安门 광장에 인민영웅기념비가 우뚝 솟아 있다.

④ (陈奶奶)耳微聋，脸上常浮泛着欢愉的笑容。

　　(Chén nǎinai) Ěr wēi lóng, liǎn shàng cháng fúfànzhe huānyú de xiàoróng.

(陈 할머니는) 귀가 약간 먹었으며 얼굴에는 늘 환한 미소를 띠고 있다.

⑤ 他突然发现山脚下有一间小房，门口坐着个老奶奶。

　　Tā tūrán fāxiàn shānjiǎo xià yǒu yì jiān xiǎo fáng, ménkǒu zuòzhe ge lǎo nǎinai.

그는 돌연 산기슭에 작은 집이 있는 것을 발견하였는데 문 앞에 할머니가 앉아 있었다.

3. 어떤 물체가 동작이 진행된 이후, 그 물체가 어떤 상태에 처해 있음을 나타내는 경우

① 桌子上放着收音机。

　　Zhuōzi shàng fàngzhe shōuyīnjī.

책상 위에 라디오가 놓여져 있다.

② 屋右一门通大奶奶的卧室，门上挂着一条精细的绿纱帘。

　　Wū yòu yì mén tōng dà nǎinai de wòshì, mén shàng guàzhe yì tiáo jīngxì de lǜshālián.

집 오른편에 있는 문은 큰며느리 침실로 통했는데, 문에 정교한 녹색 망사 천 커튼이 걸려 있다.

③ 教室开着窗户，里边坐着很多学生。

　　Jiàoshì kāizhe chuānghu, lǐbiān zuòzhe hěn duō xuésheng.

교실에는 창문이 열려 있고 안에 많은 학생들이 앉아 있다.

④（大奶奶）自命知书达礼，精明干练，整天满脸堆着笑容。

　　(Dà nǎinai) Zìmìng zhī shū dá lǐ, jīngmíng gànliàn, zhěngtiān mǎn liǎn duīzhe xiàoróng.

（큰며느리는) 학식과 교양이 있고 예절에 밝으며 영리하고 노련하다고 자처하며 하루 종일 얼굴에 온통 미소를 띠고 있다.

⑤碑座的上下四周，雕刻着由牡丹花……组成的八个大花圈。

　　Bēizuò de shàngxià sìzhōu, diāokèzhe yóu mǔdānhuā …… zǔchéng de bā ge dà huāquān.

비석의 받침돌의 주위 전체에 모란꽃……으로 이루어진 꽃모양 8개가 새겨져 있다.

⑥他们都穿着新衣服。

　　Tāmen dōu chuānzhe xīn yīfu.

그들은 모두 새 옷을 입고 있다.

4. 일부 비동작동사 뒤에 '着'가 와서 일종의 지속 상태를 나타내는 경우

①第二天早饭后，小吴和小张就在草堆附近等着。

　　Dì èr tiān zǎofàn hòu, Xiǎo Wú hé Xiǎo Zhāng jiù zài cǎoduī fùjìn děngzhe.

이튿날 아침을 먹고 小吴와 小张은 풀 더미 부근에서 기다리고 있었다.

②鲁迅先生把密信和文稿珍藏着。

　　Lǔ Xùn xiānsheng bǎ mìxìn hé wéngǎo zhēncángzhe.

鲁迅 선생은 밀서와 원고를 소중하게 보관하고 있다.

③为了教育子孙后代，今天，那个地方还保留着一间旧席棚。

　　Wèile jiàoyù zǐsūn hòudài, jīntiān, nàge dìfang hái bǎoliúzhe yì jiān jiù xípéng.

자손 후대의 교육을 위하여 오늘날 그 지방은 거적으로 지은 낡은 움막을 아직 보존하고 있다.

④党中央的贺电鼓舞着筑路大军继续前进，去争取新的胜利。

　　Dǎng zhōngyāng de hèdiàn gǔwǔzhe zhùlù dàjūn jìxù qiánjìn, qù zhēngqǔ xīn de shènglì.

당 중앙의 축하 전보는 도로를 건설하는 인민 해방군이 계속 전진하여 새로운 승리를 쟁취할 것을 독려하고 있다.

⑤在你们身上寄托着中国与人类的希望。

　　Zài nǐmen shēn shàng jìtuōzhe Zhōngguó yǔ rénlèi de xīwàng.

너희에게 중국과 인류의 희망이 걸려 있다.

⑥姐姐突然发现妹妹光着一只脚。

　　Jiějie tūrán fāxiàn mèimei guāngzhe yì zhī jiǎo.

언니는 돌연 여동생의 발 한쪽이 맨발인 것을 발견했다.

5. 일부 형용사 뒤에 '着'가 와서 상태의 지속을 나타내는 경우

①屋里的灯还亮着……

　　Wū lǐ de dēng hái liàngzhe……

방안의 전등이 아직 켜져 있으며……

그러나 '형용사+着'는 '屋子里的灯还亮着'가 완정한 문장이 아닌 것처럼 일반적으로 단독으로 술어가 될 수 없다. 이러한 구조는 대구를 이루는 문장이나 복문에 자주 쓰인다.

②东屋的灯亮着，西屋的灯关了。

　　Dōng wū de dēng liàngzhe, xī wū de dēng guān le.

동쪽 방의 등은 켜져 있는데, 서쪽 방의 등은 꺼졌다.

③ 屋子里亮着灯，孩子们正在灯下学习。

  Wūzi lǐ liàngzhe dēng, háizimen zhèng zài dēng xià xuéxí.

② '着'의 용법

'着'가 상태의 지속을 나타낼 때, 이 표현은 주로 묘사에 주안점이 있으며, 다음과 같은 경우에 쓰일 수 있다.

1. 연동문의 첫 번째 동사 뒤에 쓰여 동작자가 두 번째 동작(주요 동작)을 진행할 때의 상태나 방식을 나타낸다.

① 我微笑着淡淡地说。

  Wǒ wēixiàozhe dàndàn de shuō.

나는 미소를 지으며 담
담하게 말했다.

② 鲁班含着眼泪拜别了师傅，下山了。

  Lǔ Bān hánzhe yǎnlèi bàibié le shīfu, xià shān le.

鲁班은 눈물을 머금으
며 스승에게 삼가 작별
을 고하고 산을 내려왔
다.

③ 他拿着一张图片给我们仔细讲解，非常清楚明白。

  Tā názhe yì zhāng túpiàn gěi wǒmen zǐxì jiǎngjiě, fēicháng qīngchu míngbái.

그는 사진을 한 장 꺼내
우리들에게 자세히 설
명하였는데 이해가 잘
됐다.

④ 忽然，天空暗了下来，北风卷着大雪，向草原扑来。

  Hūrán, tiānkōng ànle xiàlai, běifēng juǎnzhe dàxuě, xiàng cǎoyuán pūlai.

갑자기, 하늘이 어두워
지더니 북풍이 큰 눈을
휘감아 초원으로 몰아
쳤다.

⑤ 忽然，海员们扶着一个老工人走过来。

  Hūrán, hǎiyuánmen fúzhe yí ge lǎo gōngrén zǒu guòlai.

갑자기, 선원들은 늙은
노동자를 부축이며 걸
어 왔다.

⑥ 欧阳海带着七班的战士走在最后边。

  Ōuyáng Hǎi dàizhe qī bān de zhànshì zǒu zài zuì hòubiān.

欧阳海는 7분대 전사들
을 이끌고 맨 마지막에
서 걸었다.

이러한 연동문에서 '동사+着'는 분명히 묘사 작용을 하기 때문에 많은 어법서에서 이 부분을 부사어로 분류하고 있다.

2. 연동문의 첫 번째 동사(혹은 형용사) 뒤에 '着'가 쓰여 방식 혹은 상태를 나타내는데, 뒤에 오는 두 번째 동사(구)는 원인이나 목적을 나타낸다. 이렇게 쓰인 '동사/형용사+着'도 묘사 작용을 한다.

① 他闹着让我带他出去玩儿。

  Tā nàozhe ràng wǒ dài tā chūqù wánr.

그는 나보고 자기를 데
리고 나가서 놀아달라
고 난리를 부렸다.

② 老王急着赶火车，饭也没吃就走了。

  Lǎo Wáng jízhe gǎn huǒchē, fàn yě méi chī jiù zǒu le.

老王은 기차를 타러가
느라 시간에 쫓겨 밥도
못 먹고 갔다.

③ 他们忙着布置房间。

    Tāmen mángzhe bùzhì fángjiān.

그들은 바삐 방을 꾸몄다.

3. 존재문에 '着'가 쓰인 경우

  존재문은 일종의 장소, 사람의 생김새나 옷차림을 묘사하는 문장 유형이다(제4편 제2장 제5절 존현문 참조). 존재문에 쓰인 '着'도 묘사 작용을 한다.

① 我的房间里墙上挂着一幅山水画, 桌子上摆着一瓶花, 书架上有很多书, 桌子旁边放着一张床, 床上铺着一条毛毯。

    Wǒ de fángjiān lǐ qiáng shàng guàzhe yì fú shānshuǐhuà, zhuōzi shàng bǎizhe yì píng huā, shūjià shàng yǒu hěn duō shū, zhuōzi pángbiān fàngzhe yì zhāng chuáng, chuáng shàng pūzhe yì tiáo máotǎn.

내 방 벽에는 산수화가 걸려 있고 책상 위에 꽃이 놓여 있다. 또 책꽂이에는 많은 책들이 있으며 책상 옆에 침대가 놓여 있는데, 침대에는 모포가 깔려 있다.

② 我住在一个小山村里。村东有一棵大槐树, 树下常常坐着很多人。村后边有一座山, 山不高, 栽满了松树。村前有一条小河, 河上架着一座木桥, 桥头蹲着两个小石狮子。

    Wǒ zhù zài yí ge xiǎo shāncūn lǐ. Cūn dōng yǒu yì kē dà huáishù, shù xià chángcháng zuòzhe hěn duō rén. Cūn hòubiān yǒu yí zuò shān, shān bù gāo, zāi mǎn le sōngshù. Cūn qián yǒu yì tiáo xiǎo hé, hé shàng jiàzhe yí zuò mùqiáo, qiáo tóu dūnzhe liǎng ge xiǎo shí shīzi.

나는 조그만 산촌에 살고 있다. 마을 동쪽에는 큰 홰나무가 있는데, 나무 아래에는 늘 많은 사람들이 앉아 있다. 또 마을 뒤에는 산이 하나 있는데, 높지 않고 소나무가 가득 심어져 있다. 마을 앞에는 작은 강이 있고 큰 다리가 놓여져 있으며, 다리 어귀에는 웅크린 작은 돌사자상이 놓여있다.

③ 我们正在开会的时候, 从外边走进来一个女孩。她上身穿着一件T恤衫, 下边穿着一条牛仔裤, 脚上穿着一双白色的旅游鞋, 头上还戴着一顶草帽, 风尘仆仆的样子, 好像刚从远处来到这儿。

    Wǒmen zhèngzài kāi huì de shíhou, cóng wàibiān zǒu jìnlai yí ge nǚhái. Tā shàng shēn chuānzhe yí jiàn Txùshān, xiàbiān chuānzhe yì tiáo niúzǎikù, jiǎo shàng chuānzhe yì shuāng báisè de lǚyóu xié, tóu shàng hái dàizhe yì dǐng cǎomào, fēngchén pūpū de yàngzi, hǎoxiàng gāng cóng yuǎnchù láidào zhèr.

우리들이 회의를 하고 있을 때 밖에서 한 여자 아이가 걸어들어 왔다. 그녀는 위에 티셔츠를 입고 아래는 청바지를 입고 있었다. 발은 하얀 여행용 신발을 신고 머리에 밀짚모자를 쓰고 있었다. 객지에서 고생한 듯한 모습은 마치 멀리서 막 여기에 온 듯했다.

④ 今天妹妹很早就起床了。吃过早饭, 她就打扮起来。我走进她的房间时, 只见她头上戴着一朵红花, 胸前别着一个耀眼的胸针, 手腕上戴着一串花花绿绿的手镯, 真是要多难看有多难看。

    Jīntiān mèimei hěn zǎo jiù qǐ chuáng le. Chīguo zǎofàn, tā jiù dǎban qǐlai. Wǒ zǒujìn tā de fángjiān shí, zhǐjiàn tā tóu shàng dàizhe yì duǒ hónghuā, xiōng qián biézhe yí ge yàoyǎn de xiōngzhēn, shǒuwàn shàng dàizhe yí chuàn huāhuālǜlǜ de shǒuzhuó, zhēn shì yào duō nánkàn yǒu duō nánkàn.

오늘 여동생은 일찍 일어났다. 그녀는 아침을 먹자마자 화장을 하기 시작했다. 내가 방으로 들어갔을 때 동생은 머리에 붉은 꽃을 꽂고 가슴에 눈부신 브로치를 달고 또 팔목에 울긋불긋한 팔찌를 끼고 있는 것을 보았는데, 정말 꼴불견이었다.

  '着'는 위와 같은 용법이 가장 많이 보인다.

'着'가 동작의 지속을 나타낼 때, 다음과 같은 경우에 쓰일 수 있다.

1. 청원문에 쓰여 그 상태를 유지할 것을 요구하는 경우

① 你先歇着，我出去看看。

Nǐ xiān xiēzhe, wǒ chūqu kànkan.

네가 먼저 쉬어라, 내가 나가서 좀 살펴볼게.

② 你叫他们在门房里等着去吧。

Nǐ jiào tāmen zài ménfáng lǐ děngzhe qù ba.

너 그들한테 수위실에서 기다리고 있으라고 해.

③ 伙计们……叫玉宝躲在门后看着。

Huǒjìmen……jiào Yùbǎo duǒ zài ménhòu kànzhe.

점원들은 …… 玉宝에게 문 뒤에 숨어서 보고 있으라고 했다.

④ 队长，到城里想着看看老白。

Duìzhǎng, dào chéng lǐ xiǎngzhe kànkan Lǎo Bái.

대장은 시내에 가서 老白를 좀 보려 하고 있다.

⑤ 稳着点儿，别慌！

Wěnzhe diǎnr, bié huāng!

좀 침착해, 허둥대지 말고!

⑥ 机灵着点儿！

Jīlíngzhe diǎnr!

좀 영리하게 굴어!

이렇게 쓰인 '着'는 동사와 형용사가 '着' 앞에 모두 쓰일 수 있다.

2. 동작이 계속 진행되고 있음을 서술하는 경우

① 赵永进静静地听着，一声也不响。

Zhào Yǒngjìn jìngjìng de tīng zhe, yì shēng yě bù xiǎng.

赵永进은 아무 소리 없이 조용히 듣고 있었다.

② 她的眼里闪动着泪花。

Tā de yǎn lǐ shǎndòngzhe lèihuā.

그녀의 눈에 눈물이 반짝이고 있다.

③ 交通艇嗖嗖地向前疾驶着。

Jiāotōngtǐng sōusōu de xiàng qián jíshǐ zhe.

경찰 보트가 획획하고 앞으로 질주하고 있다.

④ 他一直望着那条在下面闪闪发光的河。那河近在眼底。河谷和两侧的千沟万壑像个一览无余的庞大沙盘，汽车在呜呜吼着爬坡，紧靠着倾斜的车厢板，就像面临着深渊。

Tā yìzhí wàngzhe nà tiáo zài xiàmiàn shǎnshǎn fāguāng de hé. Nà hé jìn zài yǎn dǐ. Hégǔ hé liǎng cè de qiāngōu wànhè xiàng ge yì lǎn wúyú de pángdà shāpán, qìchē zài wūwū hǒuzhe pápō, jǐn kàozhe qīngxié de chē xiāngbǎn, jiù xiàng miànlínzhe shēnyuān.

그는 줄곧 아래쪽에서 반짝거리고 있는 강을 바라보고 있었다. 그 강은 눈 아래 가까이 있었다. 강 계곡과 양쪽의 많은 골짜기가 마치 한눈에 들어오는 거대한 모래판 같았다. 차는 부릉부릉 요란스런 소리를 내며 언덕을 올라가고 있었으며 기울어진 차에 바짝 기대어있으니 깊은 연못이 앞에 있는 것 같았다.

他翻着地图，望着河谷和高原，觉得自己同时在看两份比例悬殊的地图。

Tā fānzhe dìtú, wàngzhe hégǔ hé gāoyuán, juéde zìjǐ tóngshí zài kàn liǎng fèn bǐlì xuánshū de dìtú.

그는 지도를 펼치고 강계곡과 고원을 바라보고 있었는데 동시에 비율이 다른 두 개의 지도를 보고 있다고 느껴졌다.

这峡谷好深哪，他想，真不能想像这样的峡谷是被雨水切割出来的。峡谷两侧都是一样均匀地起伏的黄土帽。

Zhè xiágǔ hǎo shēn nǎ, tā xiǎng, zhēn bù néng xiǎng xiàng zhèyàng de xiágǔ shì bèi yǔshuǐ qiēgē chūlai de. Xiágǔ liǎng cè dōu shì yíyàng jūnyún de qǐfú de huángtǔ mào.

不，地理书上的概念提醒着他，不叫'黄土帽'，叫'梁'和'峁'。要用概念描述。

Bù, dìlǐshū shàng de gàiniàn tíxǐngzhe tā, bú jiào 'huángtǔ mào', jiào 'liáng' hé 'mǎo'. Yào yòng gàiniàn miáoshù.

他又注意地巡视着那些梁和梁和峁，还有沟和壑。这深沟险壑真是雨水冲刷出来的。他望着黄土公路上的小水沟想。

Tā yòu zhùyì de xúnshìzhe nàxiē liáng hé liáng hé mǎo, hái yǒu gōu hé hè. Zhè shēngōu xiǎnhè zhēn shì yǔshuǐ chōngshuā chūlai de. Tā wàngzhe huángtǔ gōnglù shàng de xiǎo shuǐgōu xiǎng.

早晨下了一场透雨。直到现在水还在顺着那些小沟，哗哗地朝着下头深不可测的无定河谷流着。

Zǎochén xiàle yì chǎng tòu yǔ. Zhídào xiànzài shuǐ hái zài shùnzhe nàxiē xiǎogōu, bìbì de cháozhe xiàtóu shēn bùkě cè de wúdìng hégǔ liúzhe.

汽车猛地颠了一下，他紧紧握住车厢板，继续打量着底下深谷里蜿蜒的无定河。

Qìchē měng de diānle yíxià, tā jǐnjǐn wò zhù chēxiāng bǎn, jìxù dǎliángzhe dǐxià shēngǔ lǐ wānyán de wúdìng hé.

那浑黄的河水在高原阳光的曝晒下，反射着强烈的光。天空又蓝又远，清澄如洗。黄土帽—梁和峁像大海一样托着那蓝天。

Nà húnhuáng de héshuǐ zài gāoyuán yángguāng de pùshài xià, fǎnshèzhe qiángliè de guāng. Tiānkōng yòu lán yòu yuǎn, qīng chéng rú xǐ. Huángtǔ mào — liáng hé mǎo xiàng dàhǎi yíyàng tuōzhe nà lántiān.

淡黄的、徵微泛白的梁峁的浪涛和天空溶成了一片。他觉得神清气爽，觉得这大自然既单纯又和谐。

Dàn huáng de、huīwēi fànbái de liángmǎo de làngtāo hé tiānkōng róngchéngle yí piàn. Tā juéde shénqīng qìshuǎng, juéde zhè dàzìrán jì dānchún yòu héxié.

'蓝格莹莹的天'，他哼了声民歌，心里觉得很舒服。解放牌大卡车载着他好像在沟壑梁峁的波峰浪谷里疾飞前游。

'Lángé yíngyíng de tiān'. Tā hēngle shēng míngē, xīn lǐ juéde hěn shūfu. Jiěfàng pái dà kǎchē zàizhe tā hǎoxiàng zài gōu hè liáng mǎo de bōfēng lànggǔ lǐ jífēi qián yóu.

예④는 张承志의 소설 ≪北方的河≫의 1장 시작 부분의 일부분이다. 그 가운데 동작
의 지속을 나타내는 '着'가 적지 않게 쓰였다. 이것은 동작의 지속을 나타내는 '着'의
전형적인 용법이다. 여기에 쓰인 '着'는 모두 문학작품에서 이야기를 전개하기 전에
배경을 묘사하는 장면으로, 동작의 진행을 서술하는 부분이 아니다. 즉, 동작의 지속
을 나타내는 '着'의 기능은 주로 묘사에 있다는 것이다. 일반적인 구어에서는 이러한
'着'가 거의 쓰이지 않는다. 따라서 소설을 쓰지 않는 사람은 이러한 용법의 '着'를 거
의 쓰지 않는다.

　동작의 지속을 나타내는 '着'는 동작의 진행을 나타내는 '在'와 다르다. '在'는 묘사
가 아니라 동작의 진행을 표현하는 기능을 한다.

⑤ 一班在上课，二班在进行课堂讨论。

　　Yì bān zài shàng kè, èr bān zài jìnxíng kètáng tǎolùn.

1반은 수업 중이고 2반
은 토론회를 하고 있다.

'在'가 쓰인 위의 두 절은 작자가 어떤 동작을 하고 있음을 분명히 나타내고 있다. 의
문문과 그에 대한 대답을 보면 '着'와 '在'는 명확히 구분된다.

⑥ A：小明做什么呢?

　　Xiǎo Míng zuò shénme ne?

　B：小明在打篮球。／ 小明打篮球呢。

　　Xiǎo Míng zài dǎ lánqiú. /Xiǎo Míng dǎ lánqiú ne.

　＊ 小明打着篮球。

小明은 무엇을 하고 있
니?

小明은 농구를 하고 있
다.

3. 두 동사가 연용될 때, 첫 번째 동사 뒤에 '着'를 써서 첫 번째 동작이 지속되면서
두 번째 동사가 발생한 것을 나타내는 경우

① 玉荣着急地说：“放下我，你快去追羊!” 说着就从龙梅的背上
　挣脱下来。

　　Yùróng zháojí de shuō: “Fàngxià wǒ, nǐ kuài qù zhuī yáng!”
　　shuōzhe jiù cóng Lóngméi de bèi shang zhēngtuō xiàlai.

② (狼)说着，就向东郭先生扑去。

　　(láng) Shuōzhe, jiù xiàng Dōngguō xiānsheng pūqù.

玉荣은 조급해하며 말
했다. "나를 놔주고, 빨
리 양을 쫓아가!" 이렇
게 말하면서 龙梅의 등
에서 필사적으로 내려
왔다.

(늑대는) 말하면서 东
郭 선생에게 달려들었
다.

이때 '동사+着'는 동작 발생의 배경을 제시할 뿐만 아니라 묘사 작용도 하고 있다.
이러한 용법으로 쓰일 수 있는 첫 번째 동사는 '说' 뿐이다.

4. '동사+着'가 연용되고 그 뒤에 다른 동사가 와서 동작이 지속되고 있을 때 다른
동작이 발생함을 나타내는데, 이때 첫 번째 동작이 이로 인해 멈춰지므로 '자기도 모
르게'라는 의미가 생긴다.

① 有时想着想着，我真恨不得……把你这两只巧手斫下来给我接上。

Yǒushí xiǎngzhe xiǎngzhe, wǒ zhēn hènbude …… bǎ nǐ zhè liǎng zhī qiǎo shǒu zhuóxiàlai gěi wǒ jiē shàng.

② 他说着说着哭了起来。

Tā shuōzhe shuōzhe kūle qǐlai.

③ 孩子哭着哭着睡着了。

Háizi kūzhe kūzhe shuìzháo le.

④ 老汉走着走着摔了一跤。

Lǎo Hàn zǒuzhe zǒuzhe shuāile yì jiāo.

이렇게 쓰인 '着'은 대화에도 나올 수 있다.

⑤ 你怎么说着说着就没正经起来了？

Nǐ zěnme shuōzhe shuōzhe jiù méi zhèngjīng qǐlai le?

위에서 언급한 용법 이외에 일부 동사는 그 뒤에 '着'의 출현 여부에 상관없이 의미는 별다른 차이가 없는 경우도 있다. 그러나 '着'을 쓰면 어기가 조금 완화된다.

① 人民这个概念在不同的国家和各个国家的不同的历史时期，有着不同的内容。

Rénmín zhège gàiniàn zài bùtóng de guójiā hé gè ge guójiā de bùtóng de lìshǐ shíqī, yǒuzhe bùtóng de nèiróng.

② 我们的会议包括六百多位代表，代表着全中国所有的民主党派、人民团体……

Wǒmen de huìyì bāokuò liùbǎi duō wèi dàibiǎo, dàibiǎozhe quán Zhōngguó suǒyǒu de mínzhǔdǎngpài、rénmín tuántǐ……

③ 他写了一篇充满着爱国主义热情的文章。

Tā xiěle yì piān chōngmǎnzhe àiguózhǔyì rèqíng de wénzhāng.

❸ '着'가 쓰인 문장의 구조적 특징

1. 동사 뒤에 '着'가 오면 그 뒤에 다른 시태조사나 보어가 올 수 없고 목적어만 올 수 있다.
2. 동작이나 상태의 지속을 부정할 때, '没'를 쓰며 이때 '着'는 그대로 써야 한다.

① A : 怎么这么冷？窗户开着了吗？

　　 Zěnme zhème lěng? Chuānghu kāizhe le ma?

　 B : 窗户关上了，没开着。

　　 Chuānghu guānshang le, méi kāizhe.

② A : 你是在躺着吗?

      Nǐ shì zài tǎngzhe ma?

   B : 我没躺着，坐着呢。

      Wǒ méi tǎngzhe, zuòzhe ne.

너 누워 있니?

나는 누워 있지 않아. 앉아 있어.

‘着’는 주로 묘사하는 기능을 하기 때문에 부정 형식은 거의 쓰이지 않는다. 단지 변별하거나 ‘着’가 포함되어 있는 의문문에 답하는 경우에만 부정형식이 쓰인다.

❹ ‘着’의 기타 용법

1. ‘趁着, 沿着, 顺着, 随着, 朝着, 向着, 冒着, 为着, 怎么着, 接着’ 등과 같이 일부 동사의 접미사로 쓰인다.
2. ‘着呢’가 형용사의 뒤에 쓰여 정도가 심함을 나타낸다. 일반적으로 화자의 감정이나 정서 등을 포함하며, 과장의 의미를 나타내는 경우도 있다. 일반적으로 구어에 쓰이는데, 청자를 설득하기 위하여 쓰인다.

① 我们学校的校园大着呢。

   Wǒmen xuéxiào de xiàoyuán dàzhe ne.

우리 학교 캠퍼스는 무척 커.

② 他的朋友多着呢。

   Tā de péngyou duōzhe ne.

그는 친구가 무척 많아.

③ 今天的作业难着呢。

   Jīntiān de zuòyè nánzhe ne.

오늘 숙제는 무척 어려워.

④ 这个人坏着呢。

   Zhège rén huàizhe ne.

이 사람은 무척 나빠.

 시태조사 ‘过’

 시태조사 ‘过’의 어법 의미

시태조사 ‘过’는 일찍이 어떤 동작이 발생하였거나 상태가 존재했었음을 나타낸다. 단지 현재 그 동작이 이미 끝나 더 이상이 존재하지 않음을 나타낸다. 또한 ‘过’가 포함되어 있는 문장에서 ‘过’ 앞에 놓인 동사의 동작이나 상태는 현재 이야기되고 있는 일과 관련이 있거나 영향이 있다. 일반적인 어법서에서는 시태조사 ‘过’가 경험을 나타낸다고 서술되어 있다.

① A : 你了解中国北方的情况吗?

      Nǐ liǎojiě Zhōngguó běifāng de qíngkuàng ma?

너 중국 북방의 상황을 잘 아니?

B：来中国以后，我们去过南方的一些大城市，可是没去过北
方，所以对北方的情况不了解。

Lái Zhōngguó yǐhòu, wǒmen qùguo nánfāng de yìxiē dà chéngshì, kěshì méi qùguo běifāng, suǒyǐ duì běifāng de qíngkuàng bù liǎojiě.

② 来到这个穷乡僻壤我后悔过，哭过，但那已经过去了。

Láidào zhège qióng xiāng pì rǎng wǒ hòuhuǐguo, kūguo, dàn nà yǐjīng guòqu le.

③ A：他到德国以后习惯吗？

Tā dào Déguó yǐhòu xíguàn ma?

B：他学过德文，所以到德国以后很快就适应了。

Tā xuéguo Déwén, suǒyǐ dào Déguó yǐhòu hěn kuài jiù shìyìng le.

④ A：小李怎么没来？

Xiǎo Lǐ zěnme méi lái?

B：我刚才找过他两次，他都不在，可能他不知道今天开会。

Wǒ gāngcái zhǎoguo tā liǎng cì, tā dōu bú zài, kěnéng tā bù zhīdào jīntiān kāi huì.

⑤ A：你们去过上海和天津吗？

Nǐmen qùguo Shànghǎi hé Tiānjīn ma?

B：天津我去过，上海他去过。

Tiānjīn wǒ qùguo, Shànghǎi tā qùguo.

⑥ 请你把这本书放在爸爸用过的书包里。

Qǐng nǐ bǎ zhè běn shū fàng zài bàba yòngguo de shūbāo lǐ.

'过'는 형용사 뒤에도 쓰일 수 있다.

⑦ 两年来，这个队的出工人数从来没像今天这么齐全过。

Liǎng nián lái, zhège duì de chūgōng rénshù cónglái méi xiàng jīntiān zhème qíquánguo.

⑧ 这个孩子小时候胖过，后来瘦下来了。

Zhège háizi xiǎoshíhou pàngguo, hòulái shòu xiàlai le.

2 '过'의 기능

먼저 다음의 대화를 보자.

① 小张：小李，你去过香港吗？

Xiǎo Lǐ, nǐ qùguo Xiānggǎng ma?

小李：去过。什么事?

　　　Qùguo. Shénme shì?

小张：我星期日去香港，需要带毛衣吗?

　　　Wǒ xīngqīrì qù Xiānggǎng, xūyào dài máoyī ma?

小李：不需要，那儿已经热了。

　　　Bù xūyào, nàr yǐjīng rè le.

가본 적 있어. 무슨 일
인데?

일요일에 홍콩에 가는
데 스웨터를 가지고 가
야 하니?

필요 없어, 거기는 벌써
더워.

이 대화에서 小张의 첫 물음에 '过'를 쓰고 있는데, 절대로 小李가 홍콩에 가본 적이 있는지를 알고 싶어 하는 것이 아니라 현재 홍콩의 날씨가 어떤지를 알고 싶어 하는 것이다. 이러한 사실은 小李의 '什么事'라는 질문에 잘 나타나 있다(여기에서 '什么事'는 '너 왜 나에게 홍콩에 가본 적이 있는지를 묻는 거니?'라는 의미가 담겨 있음). 바로 이러한 이유 때문에 '过' 앞에 쓰인 동사의 동작행위와 지금 이야기하고 있는 일과 관계가 있거나 전자가 후자에 영향을 준다는 것이다. 만약 小李가 小张의 첫 번째 질문에 대답한 후에 말을 하지 않았다면 小李는 틀림없이 이상하게 생각할 것이다. 따라서 '过'가 쓰인 절은 그 절로만 하나의 문장을 이룰 수 없고, 항상 최종 정보를 담고 있는 다른 문장이 있어야 한다. 그러나 청자가 이해할 수 있는 상황에서는 이러한 문장은 출현하지 않을 수도 있다.

② 小李：晚上一起去看'木兰'好吗?

　　　Wǎnshang yìqǐ qù kàn 'Mùlán' hǎo ma?

　小张：那个电影我看过。

　　　Nàge diànyǐng wǒ kànguo.

　小李：哦，那算了。

　　　Ò, nà suàn le.

저녁에 함께 '뮤란'을
보러 가자, 어때?

그 영화 나 봤어.

아, 그럼 됐어.

'小张'이 '我看过'라고 한 것은 '보지 않겠다'는 것을 의미한다.

　따라서 '过'가 쓰인 문장이 항상 어떤 원인을 설명하고 있는 것처럼 '过'의 기능이 연관된 사실을 덧붙여 설명하는 것이라고 말할 수 있다. 즉, 예①에서 홍콩에 가본 적이 있기 때문에 홍콩의 날씨를 이해하는 것이며, 예②에서 영화 '木兰'을 보러 가지 않는 이유가 그 영화를 본적이 있기 때문이다.

③ 大夫：哪儿不好?

　　　Nǎr bù hǎo?

　病人：肚子坏了。

　　　Dùzi huài le.

　大夫：你吃过什么不干净的东西吗?

　　　Nǐ chīguo shénme bù gānjìng de dōngxi ma?

의사 : 어디가 불편합니
까?

환자 : 배가 아파요.

의사 : 뭐 상한 것을 먹
은 적 있습니까?

病人：早晨喝了一杯剩牛奶，也没煮。

　　　Zǎochén hēle yì bēi shèng niúnǎi, yě méi zhǔ.

大夫：难怪。吃点儿药吧。

　　　Nánguài. Chī diǎnr yào ba.

환자 : 아침에 남아 있는 우유를 마셨는데 끓이지도 않았어요.

의사 : 그럼 그렇지. 약을 좀 드세요.

분명히 의사가 '吃过什么不干净的东西'를 물어본 것은 바로 '肚子坏了'의 원인을 찾기 위해서이다.

④ 小明：小丽，告诉你，坐飞机特别有意思。

　　　　Xiǎo Lì, gàosu nǐ, zuò fēijī tèbié yǒu yìsi.

小丽 : 怎么有意思？

　　　Zěnme yǒu yìsi.

小明：嗯……在飞机上看地球像一个小皮球。

　　　Ń……zài fēijī shàng kàn dìqiú xiàng yí ge xiǎo píqiú.

妈妈：小明，别瞎吹了，你坐过飞机吗？

　　　Xiǎo Míng, bié xiāchuī le, nǐ zuòguo fēijī ma?

小明：嗯……

　　　Ńg……

小丽, 비행기 타는 거 정말 재미있어.

뭐가 재미있다는 거지?

응…… 비행기에서 지구를 보면 마치 작은 가죽공 같아.

小明, 허풍 떨지 마, 비행기 타본 적 있어?

응……

엄마가 '你坐过飞机吗?'라고 말한 것은 小明이 허풍을 떨고 있다는 것을 의미한다.

　간혹 '过'를 쓴 절과 함께 쓰인 또 다른 절 사이의 인과관계가 아주 명확하지 않은 경우도 있다. 그러나 '过'는 여전히 사람 혹은 사물들 간의 관계를 설명하는 역할을 한다.

⑤ 他去过很多国家，见多识广。

　　Tā qùguo hěn duō guójiā, jiàn duō shí guǎng.

그는 많은 나라에 가봐서 견문이 넓고 박식하다.

⑥ 甲：小李的爱人怎么出走了？他们夫妻关系不好吗？

　　Xiǎo Lǐ de àiren zěnme chūzǒu le? Tāmen fūqì guānxi bù hǎo ma?

乙：不清楚，听说他们夫妻俩从未吵过架。

　　Bù qīngchu, tīngshuō tāmen fūqì liǎ cóng wèi chǎoguo jià.

小李의 부인은 왜 나갔니? 부부 관계가 안 좋니?

잘 모르겠어, 그 부부는 여태껏 싸운 적이 없다고 그러던데.

⑦ 你可不要小看这所大学，出过好几任总统呢。

　　Nǐ kě búyào xiǎokàn zhè suǒ dàxué, chūguo hǎo jǐ rèn zǒngtǒng ne.

이 대학을 절대 얕보지 마, 여러 차례 대통령을 배출했으니까.

⑧ 多少年没有这么热过了，今年的气候真反常。

　　Duōshǎo nián méi yǒu zhème règuo le, jīnnián de qìhòu zhēn fǎncháng.

여러 해 동안 이렇게 더운 적이 없었어, 올해는 날씨가 정말 정상이 아니야.

위 문장에서 두 개의 절 사이에 넓은 의미의 인과관계가 성립한다고 할 수 있다.

1. 시태조사 '过'와 함께 쓰일 수 있는 동사

시태조사 '过'와 함께 쓰일 수 있는 동사는 대단히 많다. 동작동사, 상태동사, 형용사와 결합할 수 있을 뿐만 아니라 '是', '姓', '숲' 등의 관계동사와도 함께 쓰일 수 있다.

① 你打过高尔夫球吗?

Nǐ dǎguo gāo'ěrfūqiú ma?

골프를 쳐본 적 있니?

② 这儿摆过一瓶花, 不知谁拿走了。

Zhèr bǎiguo yì píng huā, bù zhī shéi ná zǒu le.

여기에 꽃이 꽂힌 꽃병이 하나 있었는데 누가 가져갔는지 모르겠다.

③ 他从来没有这么虚弱, 这么力不从心过。

Tā cónglái méi yǒu zhème xūruò, zhème lì bù cóngxīnguo.

그는 이제껏 이렇게 허약한 적이 없어 이렇게 뜻대로 되지 않은 적이 없었다.

④ 小张的妹妹以前跟他外婆家姓过王, 后来改过来了。

Xiǎo Zhāng de mèimei yǐqián gēn tā wàipó jiā xìngguo Wáng, hòulái gǎiguòlai le.

小张의 여동생은 이전에 그의 외할머니 집의 성을 따라 왕씨라 했었는데 나중에 바꿨다.

또한 동사구와도 함께 쓰일 수도 있다.

⑤ 昨天晚上姐姐回来过, 吃了点东西又走了。

Zuótiān wǎnshang jiějie huíláiguo, chīle diǎn dōngxi yòu zǒu le.

어제 저녁 언니가 돌아왔었는데 좀 먹고 또 갔다.

⑥ 我从来没有这么打扮过, 所以很不自在。

Wǒ cónglái méi yǒu zhème dǎbanguo, suǒyǐ hěn bú zìzài.

나는 이제껏 이렇게 화장한 적이 없어서 부자연스럽다.

형용사, 관계동사, 동사구가 '过'와 함께 쓰일 때에는 부정형식이 쓰이는 경우가 많다.

아래와 같은 두 가지 종류의 동사는 '过'와 함께 쓰일 수 없다.

① 두 번 존재할 수 없는 1회성 동사는 '过'와 함께 쓰일 수 없다. 예를 들면 사람은 한 번만 태어나서(出生) 한번 죽으며(死), 회의는 한번만 개막을 할(开幕) 수 있고 폐막(闭幕)도 한번만 할 수 있다. 또한 어디를 가려면 한번만 출발할(出发) 수 있고 한번만 도착할(到达) 수 있다. 한 학교에서는 한번만 졸업할(毕业) 수 있고 학 학기인 경우에 한번만 개학할(开学) 수 있으며, 등교해서는 하루에 한번만 학교를 파할(放学) 수가 있다. '消逝'(사라지다), '退色'(퇴색하다) 등도 이러한 부류에 속한다.

② 인지와 관련된 동사들도 '过'와 함께 쓰일 수 없다. 인지와 관련된 동사는 실제로 변할 수 없는 상태를 의미한다. 예를 들어 한 사람이 어떤 사람과 안면이 있어 안다(认识)면 일반적으로 중간에 만난 적이 없어 모르는 상황을 설정할 수 없다. '知道'도 동일하다. '忘了'는 '不认识'나 '不知道'와 다르다. 따라서 일반적으로 '我们认识

过’, ‘这件事我知道过’라고 말하지 않는다. ‘了解’, ‘晓得’, ‘懂’, ‘明白’ 등이 여기에 속한다.

그러나 ‘他从来没毕业过’, ‘我听这个老师讲课从来没懂过’처럼 부정문에서는 이 두 부류의 동사는 모두 ‘过’와 함께 쓰일 수 있다.

실제 생활에서 ‘他吃过饭’, ‘我睡过觉’ 등과 같은 말을 거의 들을 수 없는 것은 사람들이 매일 밥을 먹고 잠을 자기 때문에 이러한 동사들이 ‘过’와 결합한 후 아무런 설명 기능을 하지 못하기 때문이다. 즉, ‘他吃过饭’, ‘我睡过觉’라고 말을 할 상황이 존재하지 않는다. 만약 ‘他吃过龙虾’, ‘我一连睡过三天三夜’라고 말한다면 이러한 상황이 존재할 수 있으므로 가능하다.

2. ‘过’와 함께 쓰일 수 있는 시간어구

시태조사 ‘过’가 쓰인 문장에서 앞에 ‘以前’, ‘过去’, ‘从前’처럼 확정되지 않은 시간 표현이 오는 경우가 자주 있다.

① 这本书我以前看过，不过都忘了。

　　Zhè běn shū wǒ yǐqián kànguo, búguò dōu wàng le.

이 책은 내가 이전에 봤는데 모두 잊어버렸다.

② 过去他喜欢过你，可是现在他喜欢别人了。

　　Guòqù tā xǐhuanguo nǐ, kěshì xiànzài tā xǐhuan biérén le.

과거에 그는 너를 좋아했었지만 지금은 다른 사람을 좋아해.

만약 문장에 시간어구가 출현하지 않으면 발화 이전의 어떤 시간을 나타낸다.

③ 他说过他得过博士一类的东西。

　　Tā shuōguo tā déguo bóshì yí lèi de dōngxi.

그는 박사와 같은 것을 땄다고 말했었어.

④ 我还救过人命呢。

　　Wǒ hái jiùguo rénmìng ne.

나는 또 사람을 구한 적이 있어.

⑤ 你在这儿的时候，我没陪过你，以后你再来，我一定找时间陪你玩。

　　Nǐ zài zhèr de shíhou, wǒ méi péiguo nǐ, yǐhòu nǐ zài lái, wǒ yídìng zhǎo shíjiān péi nǐ wán.

네가 여기에 있을 때 너와 같이 있은 적이 없었는데, 나중에 네가 다시 오면 반드시 시간을 내서 너와 놀게.

물론 시태조사 ‘过’가 쓰인 문장에 확정된 시간을 나타내는 시간어구가 오는 경우도 있다.

⑥ A：我好久没见小李了，他去哪儿了？

　　　Wǒ hǎo jiǔ méi jiàn Xiǎo Lǐ le, tā qù nǎr le?

내가 오랫동안 小李를 보지 못했는데 그는 어디 간 거니?

　 B：他哪儿也没去，刚才我在办公室还见过他。

　　　Tā nǎr yě méi qù, gāngcái wǒ zài bàngōngshì hái jiànguo tā.

그는 아무 데도 가지 않았어, 방금 사무실에서 그를 봤는걸.

⑦ A : 这儿是不是很久没有下雨了？

　　　Zhèr shì bu shì hěn jiǔ méi yǒu xià yǔ le?

　　B : 哪里，前天还下过一场大雨。

　　　Nǎlǐ, qiántiān hái xiàguo yì chǎng dà yǔ.

⑧ A : 你怎么好像不爱理我？

　　　Nǐ zěnme hǎoxiàng bú ài lǐ wǒ?

　　B : 我怎么不爱理你了？昨天我还给你打过电话，你忘了？

　　　Wǒ zěnme bú ài lǐ nǐ le? Zuótiān wǒ hái gěi nǐ dǎguo diànhuà, nǐ wàng le?

이곳은 오랫동안 비가 오지 않았지?

천만에요, 그저께도 큰 비가 한바탕 내렸는걸요.

너는 왜 나를 상대하기 싫어하는 것 같니?

왜 너를 상대하기 싫어 하겠어? 어제 너한테 전화도 걸었었는데, 잊어버렸어?

이러한 문장에 쓰인 '过'의 앞에 놓인 동사는 '下(雨)', '打(电话)'처럼 일반적으로 앞에 이미 출현했던 것들이다. 이때 '过'는 어떤 사실을 증명하거나 상대방의 말을 반박하기 위해 쓰였기 때문에 정확한 시간을 나타내는 시간어구는 더 설득력을 갖게 된다.

4. 시태조사 '过'와 결과보어 '过' 및 시태조사 '了'의 비교

시태조사 '了'는 발생이나 출현('완성'을 포함함)을 나타내고, '过'는 일찍이 발생한 적이 있다는 것을 나타내므로 의미상 유사한 면이 있다. 또한 '완결'의 의미를 갖는 결과보어 '过'는 형태상, 의미상 시태조사 '过'와 매우 비슷하기 때문에 구분할 필요가 있다.

1. 의미상의 차이

결과보어 '过'는 '완결'을 나타내는데(제3편 제5장 제1절 '결과보어' 참조), 이미 발생한 동작에 쓰일 수도 있고, 아직 일어나지 않은 일에 쓰일 수도 있다.

① 你昨天让我看的那本书，我看过了，很有意思。

　　Nǐ zuótiān ràng wǒ kàn de nà běn shū, wǒ kànguo le, hěn yǒu yìsi.

② 明天你吃过饭到我这儿来一趟。

　　Míngtiān nǐ chīguo fàn dào wǒ zhèr lái yí tàng.

네가 어제 나보고 보라고 했던 그 책을 다 봤는데 매우 재미있었어.

내일 너 밥 먹고 나한테 한번 와.

이러한 의미로 쓰인 '过'는 '了'에 더 근접해있다.

시태조사 '了'는 발생이나 출현을 의미한다. '了'를 쓴 어구가 나타내는 동작이나 상태가 발화시에 이미 존재하지 않을 수도 있고 계속 존재할 수도 있다.

① 这个会已经开了三天了，再有一天就结束了。

　　Zhège huì yǐjīng kāile sān tiān le, zài yǒu yì tiān jiù jiéshù le.

이 회의를 한 지 이미 3일째 되었고 하루 더 하면 끝난다.(회의를 아직도 하고 있음)

② 我学习中文学了两年了。

    Wǒ xuéxí Zhōngwén xuéle liǎng nián le.

나는 2년째 중국어를 배우고 있다.(아직 배우고 있음)

시태조사 '过'는 동작이 발생하였거나 상태가 존재하였다가 이미 끝난 것을 나타내므로 결과보어 '过'나 시태조사 '了'와는 다르다.

2. 발음상의 차이

  결과보어 '过'는 강하게 읽을 수도 있고 약하게 읽을 수도 있지만, 시태조사 '过'는 약하게 읽어야만 한다.

3. 구조상의 차이

① 시태조사 '过' 뒤에는 다른 조사가 올 수 없지만, 결과보어 '过' 뒤에는 시태조사 '了'를 쓸 수 있다.

① 他昨天吃过了晚饭就来了，可是你不在，他只好走了。

    Tā zuótiān chīguole wǎnfàn jiù lái le, kěshì nǐ bú zài, tā zhǐhǎo zǒu le.

그는 어제 저녁밥을 먹자마자 왔었지만 네가 없어서 그냥 갈 수 밖에 없었어.

시태조사 '过'가 포함되어 있는 문장은 문장 끝에만 어기조사 '了'를 쓸 수 있다.

② A : 你看过泰坦尼克号吗?

    Nǐ kànguo Tàitǎnníkèhào ma?

너 타이타닉 봤니?

  B : 看过三遍了。

    Kànguo sān biàn le.

세 번 봤어.

② 결합할 수 있는 동사가 다르다. 시태조사 '过'와 결합할 수 있는 동사 범위가 가장 넓고, 시태조사 '了'가 그 다음이며, 결과보어 '过'와 결합할 수 있는 동사의 범위가 가장 좁다. 결과보어 '过'는 동작동사와만 결합할 수 있으며, 아래와 같은 부류의 동사와는 결합할 수 없다.

(1) 비동작동사 : 관계동사('是', '像', '成为'), 심리상태를 나타내는 동사('害怕', '担心', '感动'), 태도를 나타내는 동사('赞成', '同意', '尊重', '怀疑'), 인지의 의미를 나타내는 동사('认识', '明白', '懂'), 조동사 등.

(2) 구체적인 동작을 나타내지 않는(예를 들면, 한 개의 동작으로만 이루어지지 않은) 동사 : '培养', '依靠', '前进', '进行', '压迫', '侵略', '教学', '变化', '毕业', '发生', '驾驶' 등

(3) 비의지동작동사 : '吐(토하다)', '咳嗽', '丢(失)', '发现', '打雷', '上冻', '塌', '出现', '失火', '漏' 등

(4) 문어 색채가 짙은 동사 : '踏', '埋葬', '责备' 등

4. 표현 기능상 차이

  앞에서 언급했듯이 시태조사 '过'는 서술이 아니라 설명, 해석 등의 기능을 갖지만,
시태조사 '了'는 설명, 해설 등의 기능을 하지만 본래의 기능은 서술이다.

① 他默默注视了她一会儿，退出了女宿舍。

  Tā mòmò zhùshìle tā yíhuìr, tuìchūle nǚ sùshè.

그는 묵묵히 잠시 그녀를 주시하더니 여자 기숙사를 나왔다.

② 晚饭后他去学校附近的商店买了一些日用品，然后就去母亲那里了。

  Wǎnfàn hòu tā qù xuéxiào fùjìn de shāngdiàn mǎile yìxiē rìyòngpǐn, ránhòu jiù qù mǔqīn nàlǐ le.

저녁을 먹고 난 후 그는 학교 부근의 상점에 가서 일용품을 좀 샀다. 그러고 나서 어머니에게로 갔다.

이 문장들에 쓰인 '了'는 시태조사 '过'로 대체할 수 없다.

5. 용법상의 차이

1 결과보어 '过'는 담화맥락이나 문맥에 있어서 특별한 제약이 있다(제3편 제5장
제1절 '결과보어' 참조).

2 동사 뒤에 시태조사 '过'가 오면 일반적으로 '了'를 더 부가될 수 없다. 만약 '了'
앞에 '过'가 오면, 이때 '过'는 일반적으로 시태조사가 아니라 보어이다.

① 这本书我看过了，你拿走吧。

  Zhè běn shū wǒ kànguo le, nǐ ná zǒu ba.

이 책은 내가 다 봤으니 가져가라.

② 行李检查过了，没问题。

  Xíngli jiǎncháguo le, méi wèntí.

짐을 다 검사했으니 문제없다.

이 두 개의 '过'는 약하게 읽을 수도 있고, 강하게 읽을 수도 있다.

3 시태조사 '过'는 항상 목적어 앞에 놓이며, 시태조사 '过'와 동사 사이에는 결과보
어나 방향보어가 놓일 수 있다.

① 我吃过这种鱼。

  Wǒ chīguo zhè zhǒng yú.

  *我吃这种鱼过。

나는 이런 생선을 먹어 본 적이 있다.

② 他说话从来没有这么清楚过。

  Tā shuō huà cónglái méi yǒu zhème qīngchuguo.

그는 이제껏 이렇게 분명하게 말한 적이 없다.

③ 那本书我看见过，好像在书架上。

  Nà běn shū wǒ kànjiànguo, hǎoxiàng zài shūjià shàng.

그 책은 내가 본 적이 있는데 책꽂이에 있는 것 같아.

결과보어 '过'는 그 앞이나 뒤에 다른 결과보어가 올 수 없다.

④ 시태조사 '过'를 부정할 때에는 동사 앞에 '没(有)'를 쓰며, 뒤에 '过'를 삭제해서는 안된다.

① 解放后，他找了二十多年，没找到妹妹，也没回过故乡。

   Jiěfàng hòu, tā zhǎole èrshí duō nián, méi Zhǎodào mèimei, yě méi huíguo gùxiāng.

해방 후에 그는 20여 년 동안 찾았지만 여동생을 찾지 못했고, 또 고향에도 가본 적이 없다.

② 我学过英语，没学过法语。

   Wǒ xuéguo Yīngyǔ, méi xuéguo Fǎyǔ.

영어는 배운 적이 있지만, 불어는 배운 적이 없다.

결과보어 '过'를 부정할 때에는 '过'를 삭제해야 한다.

③ A : 老师前天叫我们看的电影我已经看过了，你呢？

     Lǎoshī qiántiān jiào wǒmen kàn de diànyǐng wǒ yǐjīng kànguo le, nǐ ne?

  B : 我还没看呢。

     Wǒ hái méi kàn ne.

선생님이 그저께 우리들보고 보라고 한 영화를 나는 이미 봤어, 너는?

아직 안 봤어.

 5 시태조사 '来着'

'来着'는 조금 전에 어떤 일이나 상황이 발생하였음을 나타내며, 구어에만 쓰인다.

 '来着'는 서술문 끝에 쓰여 조금 전에 어떤 일이 발생했음을 나타낸다. 이른바 '조금 전(不久前)'은 화자의 주관적인 느낌을 나타내므로 반드시 매우 가까운 시점을 나타내지는 않는다.

① 我刚才去打电话来着，没在宿舍。

   Wǒ gāngcái qù dǎ diànhuà láizhe, méi zài sùshè.

내가 방금 전화를 했었는데 기숙사에 없었어.

② 上午小王找你来着，你去哪儿了？

   Shàngwǔ Xiǎo Wáng zhǎo nǐ láizhe, nǐ qù nǎr le?

오전에 小王이 너를 찾았었는데, 너 어디 갔었니?

③ 昨天我上他家去来着，没见着他。

   Zuótiān wǒ shàng tā jiā qù láizhe, méi jiànzháo tā.

어제 그의 집에 갔었지만 그를 만나지 못했다.

④ 他屋里的灯刚刚还亮来着，怎么会没人？

   Tā wū lǐ de dēng gānggāng hái liàng láizhe, zěnme huì méi rén?

그의 방안 불이 방금까지도 켜져 있었는데 어떻게 사람이 없을 수가 있어?

이렇게 쓰인 '来着'는 일반적으로 조금 전에 어떤 일이 발생했음을 나타내며, 그 일은 발화시에 이미 끝났음을 나타낸다. 이때 '来着'는 목적어 앞에 쓰일 수 없고 문장 끝(절의 끝일 수도 있음)에만 쓰이며, 문장에 일반적으로 수량구나 동사 중첩 형식 등의 양을 나타내는 성분이 오지 않는다.

2 '来着'가 의문문에 쓰이면 일반적으로 조금 전에 발생한 일을 묻는다.

① 喂, 老师说什么来着?

   Wèi, lǎoshī shuō shénme láizhe?

② 你刚才说要上哪儿去来着?

   Nǐ gāngcái shuō yào shàng nǎr qù láizhe?

> 야, 선생님이 뭐라고 하셨어?
>
> 너 방금 어디로 간다고 말했니?

'来着'는 또한 전에 알고 있었으나 지금 생각이 나지 않는 경우에 쓰일 수도 있다.

③ 这个人我见过, 他姓什么来着?

   Zhège rén wǒ jiànguo, tā xìng shénme láizhe?

④ 你昨天穿什么衣服来着, 我怎么想不起来了?

   Nǐ zuótiān chuān shénme yīfu láizhe, wǒ zěnme xiǎng bù qǐlai le?

⑤ 小刘住哪儿来着, 是果子巷吗?

   Xiǎo Liú zhù nǎr láizhe, shì Guǒzǐxiàng ma?

⑥ 咱们学校的电话号码是多少来着, 是62782723吗?

   Zámen xuéxiào de diànhuà hàomǎ shì duōshao láizhe, shì liù'èrqībā'èrqī'èrsān ma?

⑦ 昨天谁找我来着, 是小赵吗?

   Zuótiān shéi zhǎo wǒ láizhe, shì Xiǎo Zhào ma?

> 그 사람은 내가 본 적이 있는데, 그의 성이 뭐였더라?
>
> 너 어제 어떤 옷을 입었었더라, 왜 생각이 나지 않지?
>
> 小刘가 어디에 살았었지, 果子巷이던가?
>
> 우리 학교 전화번호가 몇 번이더라, 62782723인가?
>
> 어제 누가 나를 찾았었는데, 小赵였던가?

이렇게 쓰이는 '来着'의 사용 범위는 매우 넓다.

参考文献

陈　平　　论现代汉语时间系统的三元结构,中国语文,1988年第6期。

戴耀晶　现代汉语表示持续体的"着"的语义分析,语言教学与研究,1991年第2期。

邓守信　汉语动词的时间结构,语言教学与研究,1985年第4期。

郭　锐　　过程和非过程—汉语谓词性成分的两种外在时间类型,中国语文,1997年第3期。

金立鑫　试论"了"的时体特征,语言教学与研究,1998年第1期。

孔令达　关于动态助词"过$_1$"和"过$_2$",中国语文,1986年第4期。

李铁根　关于"V 了的 N"偏正短语中的"了",汉语学习,1990年第4期。

李兴亚　试说动态助词了'的自由隐现,中国语文,1989年第5期。

刘济卿　论现代汉语的时制与体结构(上,下),语文研究,1998年第3、4期。

刘宁生　论"着"及其相关的两个动态范畴,语言研究,1985年第2期。

刘勋宁　现代汉语词尾"了"的语法意义,中国语文,1988年第5期。

刘月华　动态助词"过$_1$""过$_2$""了$_1$"用法比较,语文研究,1988年第1期。

吕文华　了$_2$的语用功能初探,语法研究和探索(六),语文出版社,1992年。

术村英树　关于补语性词尾"着/zhe/"和"了/le/",语文研究,1983年第2期。

徐　丹　　汉语的"在"与"着",中国语文,1992年第6期。

张晓铃　试论"过"与"了"的关系,语言教学与研究,1986年第1期。

赵淑华　连动式中动态助词"了"的位置,语言教学与研究,1990年第1期。

一. 알맞은 구조조사 '了', '着', '过'로 빈칸을 채우시오.

1. 过去，我只是在电影上看见（　　）长城，今天终于亲眼看到（　　）。
2. 阿里激动得不知说什么好，只是呆呆地看（　　）宾馆的服务员。
3. 谢利在这里学习（　　）四年汉语，今年暑假就要毕业（　　）。
4. 在火车上，孩子们一边唱（　　）歌，一边看（　　）外面的风景。
5. 从此他明白（　　）：千万不要离开正确的道路。
6. 老人伤心地哭（　　），哭（　　）哭（　　），渐渐没有声音（　　）。
7. 昨天我们去北海公园，玩得可高兴（　　）。
8. 我们都读（　　）鲁迅的著作。
9. 妹妹总爱躺（　　）看书，这个习惯很不好。
10. 今天是"六·一"儿童节，孩子们都穿（　　）节日的服装，高兴极（　　）。

二. 맞는 문장에 ○표 하시오.

1. A. 在中国学习的四年中，每年春天我们都去长城。（　）
   B. 在中国学习的四年中，每年春天我们都去长城了。（　）
2. A. 现在，中国人民正在努力建设自己的国家，工农业生产不断取得了新的成就。（　）
   B. 现在，中国人民正在努力建设自己的国家，工农业生产不断取得新的成就。（　）
3. A. 张老师跟学生的关系很好，有时到学生宿舍给他们讲了一些故事。（　）
   B. 张老师跟学生的关系很好，有时到学生宿舍给他们讲一些故事。（　）
4. A. 我现在上三年级，功课很多了。（　）
   B. 我现在上三年级，功课很多。（　）
5. A. 小学的数学很简单，到了高中就比较复杂了。（　）
   B. 小学的数学很简单，到了高中就比较复杂。（　）
6. A. 他刚从日本回来了，正在家里休息。（　）
   B. 他刚从日本回来，正在家里休息。（　）
7. A. 脚不疼了以后，他决定不穿了皮鞋，改穿布鞋。（　）
   B. 脚不疼了以后，他决定不穿皮鞋，改穿布鞋了。（　）
8. A. 下雨了，篮球恐怕比赛不成了。（　）
   B. 下雨了，篮球恐怕比赛不成。（　）
9. A. 每天晚上我吃了饭就去阅览室。（　）
   B. 每天晚上我吃饭就去阅览室。（　）
10. A. 这时，台下忽然爆发了一阵掌声。（　）
    B. 这时，台下忽然爆发了掌声。（　）

11. A. 你是什么时候到中国来的?（　　）
　　　B.　你是什么时候到中国来了?（　　）
12. A. 这本书难一点了，请给我找一本容易一点的。（　　）
　　　B.　这本书难了一点，请给我找一本容易一点的。（　　）
13. A. 我们一起从香港坐了火车回到北京。（　　）
　　　B. 我们一起从香港坐火车回到了北京。（　　）
14. A. 这个消息使大家非常高兴。（　　）
　　　B. 这个消息使了大家非常高兴。（　　）

三. 다음의 틀린 문장을 바르게 고쳐 쓰시오.

　1. 我们每个月写了一篇短文章。

　2. 昨天我们上四节了古代汉语课。

　3. 三年前，我在波恩大学开始了学习中文。

　4. 那个年轻人进来以后，鲁迅问了他为什么到书店来。

　5. 在那些艰苦的日子里，我一直随身保存了这两件东西。

　6. 我在日本常常看见了中国古代的艺術品。

　7. 我在国内读≪红楼梦≫过，但没读完。

　8. 从前我去过了上海，上海是中国最大的工业城市。

　9. 昨天晚上小明没把练习做完了。

10. 到现在还没有一个人来开会，是不是时间改呢?

11. 王冕到了二十岁左右，就成为了一个很有名的画家了。

12. 两上月以后，我会了说一点汉语了。

13. 有了不少工人、农民被选为劳动模范。

14. 现在我能了滑冰。

제 3 절
어기조사

어기조사는 단독으로 혹은 어조 및 다른 품사와 함께 쓰여 여러 가지 어기를 나타낼 수 있다. 인도유럽어 계통의 언어와 비교하면, 어기조사는 중국어 특유의 어휘군이다. 어기조사는 다음과 같은 특성이 있다.

1. 어기조사는 일반적으로 문장의 끝(절의 끝을 포함함)에 놓인다. 두 개의 어기조사가 연이어 오면, 다음과 같이 한 음절로 합해질 수도 있다.

了 + 啊 → 啦 / le + a → la
呢 + 啊 → 哪 / ne + a → na
了 + 欧 → 喽 / le + ou → lou

2. 어기조사는 일반적으로 모두 경성으로 읽히므로 문장의 고저승강의 어조 변화가 주로 어기조사 앞의 음절에 반영되어 어기조사 자체의 음높이도 약간 영향을 받는다.

① 你去吗?

　　Nǐ qù ma?

② 你去吧!

　　Nǐ qù ba!

너 가니? ('去'가 상대적으로 약간 높음)

네가 가라! ('去'가 상대적으로 약간 낮음)

3. 어기는 대단히 추상적이고 복잡한 현상인데, 어기조사는 이러한 어기를 표현하는 방법 가운데 하나에 불과하다. 일반적으로 동일한 종류의 문장에 쓰인 어기조사는 동일한 어기를 나타내며, 다른 문장에서도 동일한 어기사는 그 기능에 있어서는 일반적으로 일관성을 갖는다. 이때 문장의 다른 언어 현상을 어기조사의 기능과 혼동해서는 안 된다.

　중국어의 중요한 어기사로는 '啊', '吗', '吧', '呢'가 있는데, 이러한 어기조사의 주요 기능은 문장의 어기를 부드럽게 하는 것이다. 한 문장 끝에 경성으로 읽히는 어기조사가 쓰이면, 문장의 길이가 길어지고 리듬도 느려져서 어기가 완화된다. 그러나 각각의 어기조사가 쓰일 수 있는 문장 유형은 다르다. 여기에서 말하는 문장 유형은 의문문, 청원문, 감탄문, 평서문 및 이러한 문장 유형의 하위 부류들을 말한다. 예를 들면 의문문은 다시 판단의문문, 긍부정의문문, 선택의문문 등으로 나눠지며, 청원문과 감탄문 등은 기능에 따라 다시 분류할 수 있다. 이처럼 각각의 어기조사가 쓰이는 문장 유형이 다르기 때문에 나타내는 어기도 약간의 차이가 있어 어기조사의 용법이 매우 복잡한 것이다. 어기조사는 외국인이 배우기 어려운 중국어 어법 가운데 하나이다. 중국어를 배우는 초보 단계에서 학습자가 의문을 표기하는 '吗'나 '呢', '吧' 등의 어기조사는 반드시 익혀야만 한다. 이밖에 어기사와 어기사의 기타 용법은 학생들이 중고급 단계에서 천천히 배우면 된다.

아래에서는 중국어의 중요한 어기조사를 하나씩 살펴보기로 한다.

 啊

'啊'는 여러 문장에 쓰일 수 있는데, 어기를 부드럽게 하는 작용을 한다.

 의문문에 쓰이는 경우

1. 판단의문문에 쓰이는 경우

판단의문문 가운데 일부는 어떤 사실에 대한 화자의 의심을 나타내거나 심지어는 예상 밖임을 나타내므로 상대방에게 사실을 확인하는 판단의문문이 있다. 이러한 문장은 긍정문일 수도 있고, 부정문일 수도 있다. 문장의 의미초점을 나타내는 논리강세는 매우 명확한데, 확인하려는 사실에 논리강세가 놓인다. '啊'는 이러한 문장의 끝에 쓰여 어기를 부드럽게 하는 작용을 한다.

① 明天´你在大会上发言哪?

Míngtiān nǐ zài dàhuì shàng fāyán na?

내일 총회에서 발언할 거니?(예상 밖임)

② 小刘´不去上海呀?

Xiǎo Liú bú qù Shànghǎi ya?

小刘는 上海에 안 가니?(원래 '간다'고 생각하고 있었음)

③ 你说的是´这本书哇?

Nǐ shuō de shì zhè běn shū wa?

네가 말한 것이 이 책이야?(원래 '다른 책'이라고 생각했었음)

2. 의문사의문문에 쓰이는 경우

'啊'가 의문사의문문에 쓰이면 문장 끝의 어조가 비교적 높게 올라가는데, 이때의 '啊'도 문장의 어기를 부드럽게 하는 작용을 한다.

① 谁呀?

Shéi ya?

누구세요?

② 咱们什么时候走哇?

Zámen shénme shíhou zǒu wa?

우리 언제 가니?

③ 你怎么不高兴啦? （了＋啊）

Nǐ zěnme bù gāoxìng la?

너 왜 기분이 안 좋은 거야?

④ 车都开了，还怎么去呀?

Chē dōu kāi le, hái zěnme qù ya?

차가 이미 떠났으니, 어떻게 가지?

⑤ 干嘛不说呀，要是我就说。

Gànmá bù shuō ya, yàoshì wǒ jiù shuō.

왜 말하지 않았니? 나라면 말했겠다.

3. 선택의문문에 쓰이는 경우
  '啊'가 선택의문문에 쓰이면 어조가 비교적 높게 올라가는데, 이때 '啊'도 어기를 부드럽게 하는 작용을 한다.

① 咱们是看电影还是看话剧呀?

　Zámen shì kàn diànyǐng háishi kàn huàjù ya?

② 你到底来不来呀?

　Nǐ dàodǐ lái bu lái ya?

③ 快说, 你同意不同意呀?

　Kuài shuō, nǐ tóngyì bu tóngyì ya?

우리 영화를 볼까 아니면 연극을 볼까?

도대체 올 거야 안 올 거야?

빨리 말해, 동의하는 거야, 안 하는 거야?

② 청원문에 쓰이는 경우

  '啊'가 청원문에 쓰여도 어기를 부드럽게 하는 작용을 하는데, 명령의 어기가 부탁, 환기의 어기로 바뀌며 어조는 하강하거나 비교적 낮다.

① 细心点儿啊, 别看错了!

　Xìxīn diǎnr a, bié kàn cuò le!

② 注意啊, 比赛马上开始了!

　Zhùyì a, bǐsài mǎshàng kāishǐ le!

③ 我不过开个玩笑, 别急呀!

　Wǒ búguò kāi ge wánxiào, bié jí ya!

④ 明天你可早点来啊!

　Míngtiān nǐ kě zǎo diǎn lái a!

좀 세심하게 해, 잘못 보지 말고!(부탁)

집중해, 시합이 곧 시작돼!(환기)

내가 농담한 거야. 화내지마!(환기)

내일 정말 좀 일찍 와! (부탁)

재촉의 의미를 포함하는 경우도 있다. 이때 문말의 어기는 다소 높거나 상승한다.

⑤ 你怎么不吱声, 说呀!

　Nǐ zěnme bù zhīshēng, shuō ya!

왜 아무 말이 없어, 말해!

③ 감탄문에 쓰이는 경우

  감탄문은 화자의 과장, 찬양, 감격, 탄식 등을 나타내는데, 자주 쓰이는 어기조사로는 '啊'가 있다. '啊'는 감탄문의 강한 어기를 부드럽게 하는 역할을 한다. 문장 끝의 어기는 높은 곳에서 떨어진다.

① 这是一个多么安静美好的夜晚啊!

　Zhè shì yí ge duōme ānjìng měihǎo de yèwǎn a!

② 时间多快呀, 转眼三年过去了!

　Shíjiān duō kuài ya, zhuǎnyǎn sān nián guòqu le!

이 얼마나 조용하고 아름다운 밤인가!

시간이 얼마나 빠른가? 눈 깜짝할 사이 3년이 지나갔어!

③ 李先生，我没有疯，我没有疯啊！

　　Lǐ xiānsheng, wǒ méi yǒu fēng, wǒ méi yǒu fēng a!

李 선생님, 저 미치지
않았어요, 미치지 않았
다고요!

④ 평서문에 쓰이는 경우

　'啊'는 해석이나 환기의 의미를 갖는 평서문의 끝에 쓰일 수 있는데, 이때도 어기를
부드럽게 하는 작용을 한다. 이때 일반적으로 '啊' 앞의 술어를 강하게 읽어야 한다
(조동사가 술어로 쓰일 때에는 그 목적어의 핵심성분을 강하게 읽어야 함). 문장 끝
의 어기는 낮게 떨어진다.

① 这件事可马虎不得，关系´重大呀！

　　Zhè jiàn shì kě mǎhu bude, guānxi zhòngdà ya!

이 일은 절대 대충하면
안돼, 관계가 중요하다
고!

② 小明，你可得´努力呀，不然要掉队了。

　　Xiǎo Míng, nǐ kě děi nǔlì ya, bùrán yào diàoduì le.

小明, 정말 노력해야만
해, 그렇지 않으면 낙오
될 거야.

③ 他不是不负责任，是能力´差呀！

　　Tā bú shì bú fù zérèn, shì nénglì chà ya!

그는 책임을 다하지 않
은 것이 아니라 능력이
부족한 거야!

④ 小梅急得眼泪汪汪地说："就是走，我也得跟班上´说一声啊。"

　　Xiǎo Méi jí de yǎnlèi wāngwāng de shuō: "Jiù shì zǒu, wǒ yě děi
gēn bān shàng shuō yì shēng a."

小梅는 마음이 조급해
서 눈물을 그렁그렁하
며 말했다. "간다고 해
도 반에 알려야 해."

　'啊'는 또한 두 개(혹은 두 개 이상)의 동일한 동사나 혹은 다른 동사의 바로 뒤에
쓰이기도 한다.

⑤ 走啊，走啊，走了大半夜，才走了一半。

　　Zǒu a, zǒu a, zǒule dà bànyè, cái zǒule yí bàn.

걷고 또 걷고 한밤중까
지 걸었는데 반절밖에
못 왔다.

⑥ 姑娘们聚在一起，说呀，笑呀，闹个不停。

　　Gūniangmen jù zài yìqǐ, shuō ya, xiào ya, nào ge bù tíng.

아가씨들은 함께 모여
웃고 말하고 끊임없이
떠들어댔다.

　이러한 용법은 동작이 연속해서 일어남을 나타내는데, 동작이 일어나는 시간이 긴
것을 의미한다.

⑤ 문장 중간에 쓰여 휴지를 표시하는 경우

　'啊'는 어기를 부드럽게 하는 작용을 한다.
1. 상대방의 주의를 환기시키거나 화자가 머뭇거리고 있을 때 쓰인다.

① 这件事啊，你可不能马马虎虎。

　　Zhè jiàn shì a, nǐ kě bù néng mǎmahúhú.

이 일은 말이야, 정말
대충대충하면 안돼.

② 今天你要是不来呀，我可不答应。

　　Jīntiān nǐ yàoshì bù lái ya, wǒ kě bù dāying.

오늘 네가 만약 오지 않
으면 말이야, 정말 승낙
하지 않을 거야.

③ 我呀，还没有考虑好呢。

　　Wǒ ya, hái méi yǒu kǎolǜ hǎo ne.

나 말이야, 아직 충분히 고민해보지 않았어.

2. 사람을 부를 때 쓰인다. 어조가 비교적 낮고, 부드러우면서 친근한 어기를 나타낸다.

① 老张啊，你来一下。

　　Lǎo Zhāng a, nǐ lái yíxià.

老张아, 잠시 와라.

② 同志啊，邮局在哪儿？

　　Tóngzhì a, yóujú zài nǎr?

동지, 우체국이 어디에 있습니까?

③ 明明啊，以后可要努力学习呀！

　　Míngming a, yǐhòu kě yào nǔlì xuéxí ya!

明明아, 나중에 정말 열심히 공부해야 해!

3. 가설문이나 조건문에 쓰인다.

① 要是我呀，就给他提意见。

　　Yàoshì wǒ ya, jiù gěi tā tí yìjiàn.

만약 나라면 말이야, 그에게 의견을 제시하겠어.

② 如果他不来呀，你就去请他。

　　Rúguǒ tā bù lái ya, nǐ jiù qù qǐng tā.

만약 그가 오지 않으면 네가 그를 초청해라.

4. 열거할 때 쓰인다.

① 今年生产情况不错，粮食啊，棉花啊，水果啊，都获得了丰收。

　　Jīnnián shēngchǎn qíngkuàng búcuò, liángshi a, miánhuā a, shuǐguǒ a, dōu huòdéle fēngshōu.

올해 작황이 좋아, 양식, 면화, 과일 모두 풍년이 들었어.

어기조사 '啊'가 앞 음절의 영향으로 몇 가지 다르게 발음나기도 한다.

앞 음절의 마지막 음	'啊'의 발음	한자
-i, -ü, -a, -e[5], -o[6]	ya[ja]	呀
-u, -ao[au]	wa[wa]	哇
-n	na[na]	哪
-ng	[ŋa]	啊
-[ʐ]	[ʐa]	啊
-[z]	[za]	啊

---

5) -e 뒤에서 '啊'[a]로 읽을 수도 있고, '呀'[ja]로 읽을 수도 있다.
6) -o 뒤에서는 '啊'[a]로 읽을 수도 있고, '呀'[ja]로 읽을 수도 있다.

'啊'의 발음이 앞뒤 음에 따라 변하지 않는 경우도 있다. 낭송처럼 장중하거나 공식적인 경우에는 /a/로 읽어야 하며, 일상생활에서는 '呀'/ia/ 등으로 읽는 경우가 많다.

 ## 吗

 **'吗'는 의문을 표시할 수 있다.**

'吗'는 평서문의 끝에 쓰여(문어에서는 대부분 '吗'로 쓰지만, '么'로 쓰는 경우도 있음) 판단의문문을 만든다. 판단의문문의 문장 끝의 어기는 일반적으로 높게 올라간다. 이러한 판단의문문은 긍정 형식일 수도 있다.

① 你看见张老师了吗?

　　Nǐ kànjiàn Zhāng lǎoshī le ma?

② 能够把江姐救出来么?

　　Nénggòu bǎ Jiāng jiě jiùchūlai me?

③ 明天你们去颐和园吗?

　　Míngtiān nǐmen qù Yíhéyuán ma?

④ 你们参观了车间, 就回学校了吗?

　　Nǐmen cānguānle chējiān, jiù huí xuéxiào le ma?

①	张 선생님을 보았니?
②	江 언니를 구해낼 수 있어?
③	내일 너희들은 颐和园에 가니?
④	너희들은 작업장을 참관하고 나서 바로 학교로 돌아갔니?

부정형식이 쓰일 수도 있다. 부정형식으로 질문을 하면, 묻는 사람은 원래 긍정적인 방향으로 잘못 생각했던 경우가 많다.

⑤ 你不认识老李吗?

　　Nǐ bù rènshi Lǎo Lǐ ma?

⑥ 他不会说汉语吗?

　　Tā bú huì shuō Hànyǔ ma?

⑤	老李를 몰라?(함의 : 네가 老李를 알고 있다고 생각했어!)
⑥	그는 중국어를 할 줄 모르니?(함의 : 그가 중국어를 할 줄 안다고 생각했어!)

'吗'는 반어문에 쓰일 수 있다. 이러한 반어문은 질문이나 질책의 의미를 포함하는 경우도 있고, 변별의 의미를 갖는 경우(술어동사 앞에 부정부사가 있음)도 있다. 이러한 문장에 어기부사 '难道'나 '岂'가 쓰이면 어기가 더 무거워진다. '吗'를 쓴 반어문은 긍정문이 부정의 의미를 나타내고, 부정문이 긍정의 의미를 나타낸다.

⑦ 你这是帮助人的态度吗?

　　Nǐ zhè shì bāngzhù rén de tàidù ma?

⑧ 你看, 这还像个学生吗?

　　Nǐ kàn, zhè hái xiàng ge xuésheng ma?

⑨ 难道有既不对又不错的事么?

　　Nándào yǒu jì bú duì yòu búcuò de shì me?

⑦	이것이 사람을 돕는 태도니? (질책)
⑧	봐, 이게 학생다운 거니? (질책)
⑨	설마 맞지도 않고 틀리지도 않는 일이 있단 말이야? (질문)

⑩ 你这不是欺负人吗?

　　Nǐ zhè bú shì qīfu rén ma?

⑪ 我这不是回来了吗，还唠叨什么!

　　Wǒ zhè bú shì huílái le ma, hái láodao shénme!

⑫ 我不是去过了吗!

　　Wǒ bú shì qùguo le ma!

⑬ 你看，你看，他不是回来了么!

　　Nǐ kàn, nǐ kàn, tā bú shì huílái le me!

너 이거 사람을 업신여기는 거 아냐? (질문)

이게 돌아온 거 아니고 뭐야, 또 왜 잔소리니! (변별)

내가 가봤다니까! (변별)

너 봐, 봐, 그가 돌아오지 않았니! (변별)

‘吗’를 쓴 판단의문문과 긍부정의문문을 비교하면 다음과 같다.

　한 사람이 질문을 했다면 그는 그 답안을 모를 수도 있다. 또한 어떤 예상을 했을 수도 있고, 그렇지 않을 수도 있는데, 이것을 ‘의미 경향’ 혹은 ‘意向’이라고 칭하겠다. 긍부정의문문과 ‘吗’를 쓰는 판단의문문은 모두 의문을 나타내지만, 답안의 의미 경향은 다르다. 이 이외에도 이 두 가지 의문문은 어기나 구조도 다르다.

1. ‘吗’가 쓰인 판단의문문과 긍부정의문문의 의미 경향이 다르다. ‘吗’가 쓰인 의문문은 묻는 사람이 예상하는 답안이 대부분 존재하지만, 긍부정의문문은 일반적으로 예상하는 답안이 없다.

① ‘吗’가 쓰인 판단의문문은 의미 경향면에서 다음과 같이 나눌 수 있다.

　(1) 묻는 사람이 답안에 대하여 의미 경향을 가지고 있다. 즉, 사전에 답안에 대한 긍정적 혹은 부정적인 예상이 있다.

① (敲门)有人吗?

　　(qiāo mén) Yǒu rén ma?

(문을 두드린다) 누구 있나요? (긍정적인 예상을 하고 있음)

윗 문장에서 묻는 사람은 확실히 집안에 사람이 있다고 생각하고 있다.

② 昨天我告诉你们的事还记得吗?

　　Zuótiān wǒ gàosu nǐmen de shì hái jìde ma?

어제 내가 너희들에게 말한 일을 아직 기억하니? (긍정적인 예상을 하고 있음)

③ 这么晚了，他还会来吗?

　　Zhème wǎn le, tā hái huì lái ma?

이렇게 늦었는데도 그가 올까? (부정적인 예상을 하고 있음)

예③과 같이 묻는다면, 묻는 사람은 확실히 ‘그가 오지 않을 것’이라고 생각하고 있다.

④ 你真的送我回家?

　　Nǐ zhēn de sòng wǒ huí jiā?

정말 나를 집에 바래다 줄 거니? (부정적인 예상을 하고 있음)

만약 ‘吗’가 쓰인 의문문이 부정형식이라면 의미 경향은 모두 긍정적이다.

⑤ 走了这么久，你不累吗?

　　Zǒule zhème jiǔ, nǐ bú lèi ma?

⑥ 明天的晚会你不参加吗?

　　Míngtiān de wǎnhuì nǐ bù cānjiā ma?

이렇게 오랫동안 걸었는데 피곤하지 않니? (피곤한 것이 당연하다고 예상함)

내일 저녁 파티에 참석하지 않을 거니? (당연히 참가해야 한다고 생각함)

　(2) 묻는 사람이 이미 답변을 알고 있고, 묻는 것은 사실을 증명하고자 하는 것에 불과하다.

① 呃，爸爸有一点觉得自己老了，你知道么?

　　È, bàba yǒu yìdiǎn juéde zìjǐ lǎo le, nǐ zhīdào me?

어, 아버지는 자신이 늙었다고 좀 생각하시는데, 너 알고 있니?

② (打电话) 张先生吗?

　　(dǎ diànhuà) Zhāng xiānsheng ma?

(전화를 건다) 张 선생이십니까?

상대방의 답변을 요구하지 않는 안부를 묻거나 접대할 때도 이와 상황이 유사하다. 의미 경향이 일반적으로 긍정적이다.

③ 最近好吗?

　　Zuìjìn hǎo ma?

④ 喝茶吗?

　　Hē chá ma?

요즈음 잘 지내십니까?

차를 마실 거니?

　(3) 묻는 사람이 예상하는 답변을 가지고 있지 않은 경우도 있다.

① 你看，我参加晚会穿这身衣服行吗?

　　Nǐ kàn, wǒ cānjiā wǎnhuì chuān zhè shēn yīfu xíng ma?

② 你有钱吗?

　　Nǐ yǒu qián ma?

네가 보기에, 저녁 파티에 이 옷을 입고 참가하려고 하는데 괜찮니?

돈 있니?

② 긍부정의문문으로 물으면, 묻는 사람은 일반적으로 사전에 답변에 대한 예상이 없고 상대방에게서 답변을 듣고 싶은 하는 경우이다.

① 有没有好消息?

　　Yǒu méi yǒu hǎo xiāoxi?

② 你到底还不还我钱?

　　Nǐ dàodǐ huán bu huán wǒ qián?

③ 你同意不同意我的意见?

　　Nǐ tóngyì bu tóngyì wǒ de yìjiàn?

좋은 소식 있니?

도대체 돈을 갚을 거야 말 거야?

너는 내 의견에 동의하니?

④ 明天的考试你准备好了没有?

　　Míngtiān de kǎoshì nǐ zhǔnbèi hǎole méi yǒu?

내일 시험 다 준비했
니?

그렇기 때문에 묻는 사람이 답변에 대한 예상이 있다면 판단의문문으로 물어야 한다. 그렇지 않다면 긍부정의문문을 쓴다.

① (见到一个人不太高兴) 你想家了吗?

　　(jiàndào yí ge rén bú tài gāoxìng) Nǐ xiǎng jiā le ma?

(한 사람이 별로 기분
좋지 않은 것을 봤다)
집이 그립니?

이 경우에 ‘你想不想家?’라고 물을 수 없다.

② 我很想家, 你想不想家?

　　Wǒ hěn xiǎng jiā, nǐ xiǎng bu xiǎng jiā?

나는 집이 매우 그리운
데, 너는 집이 그립니?

이 경우에도 ‘我很想家, 你想家了吗?’라고 물을 수 없다.

2. ‘吗’가 쓰인 판단의문문과 긍부정의문문의 어기가 다르다. 결론적으로 ‘吗’가 쓰인 판단의문문은 긍부정의문문에 비해 어기가 부드럽다.

① 你认识我吗?

　　Nǐ rènshi wǒ ma?

　　你认识不认识我?

　　Nǐ rènshi bu rènshi wǒ?

나를 아십니까?

② 你别这样对我好吗?

　　Nǐ bié zhèyàng duì wǒ hǎo ma?

　　我别这样对我好不好?

　　Wǒ bié zhèyàng duì wǒ hǎo bu hǎo?

이렇게 나를 대하지 말
아요, 알겠어요?

이러한 이유 때문에 항상 먼저 ‘吗’를 써서 묻고 그 다음에 긍부정의문문으로 추궁한다.

③ 你听懂了吗? 听懂了没有?

　　Nǐ tīngdǒng le ma? Tīngdǒng le méi yǒu?

알아들었니? 알아들었
냐고?

캐묻는 경우에도 긍부정의문문을 쓴다.

④ 你说不说? 不说我枪毙了你!

　　Nǐ shuō bu shuō? Bù shuō wǒ qiāngbìle nǐ!

말 할 거니? 말하지 않
으면 내가 너를 총살시
킬 거야!

3. ‘吗’가 쓰인 판단의문문과 긍부정의문문은 구조가 다르다. ‘吗’가 쓰인 판단의문문은 구조상에 있어 제약이 비교적 적지만, 동사와 ‘不/没’로 구성되는 긍부정의문문은

제약이 가장 심하고 동사 뒤에 '没有'를 쓰는 긍부정의문문도 제약이 비교적 심하다. 술어동사 앞에 부사, 대사, 묘사성부사어가 있으면, 일반적으로 판단의문문만 쓸 수 있다.

① 把这些东西都送给他吗?

　　Bǎ zhèxiē dōngxi dōu sòng gěi tā ma?

　　*把这些东西都送给他不送?

이 물건들을 모두 그에게 줄 겁니까?

② 他昨天又喝酒了吗?

　　Tā zuótiān yòu hē jiǔ le ma?

　　*他昨天又喝酒没喝酒?

　　*他昨天又喝酒了没有?

그는 어제 또 술을 마셨나요?

③ 他仔细检查了吗?

　　Tā zǐxì jiǎnchá le ma?

　　*他仔细检查没检查吗?

　　他仔细检查了没有?

그가 자세하게 검사했습니까?

② 문장 가운데에 있는 휴지 뒤에 쓰이는 경우

'吗'는 문장 가운데에 있는 휴지 뒤에 쓰일 수 있는데, 청자의 주의를 환기시키거나 화자가 어떻게 할지 몰라 생각하는 경우에 쓰인다. 어조는 낮으면서 느리다. 복문에서는 가설절에 쓰이는 경우가 많다.

① 这个学期的工作吗，主要有以下四个方面。

　　Zhège xuéqī de gōngzuò ma, zhǔyào yǒu yǐxià sì ge fāngmiàn.

이번 학기의 일은 말이야, 주로 아래 네 가지 방면에 관한 것이야.

② 你要问我意见吗，我不同意。

　　Nǐ yào wèn wǒ yìjiàn ma, wǒ bù tóngyì.

네가 내 의견을 묻는다면 말이야, 나는 동의하지 않아.

③ 你要是不愿意去吗，就让小李去吧。

　　Nǐ yàoshì bú yuànyì qù ma, jiù ràng Xiǎo Lǐ qù ba.

만약 가고 싶지 않으면 말이야, 小李 보고 가라고 해라.

④ 今天因为作业太多，所以吗，就没有复习课文。

　　Jīntiān yīnwèi zuòyè tài duō, suǒyǐ ma, jiù méi yǒu fùxí kèwén.

오늘 숙제가 너무 많아서 그래서 말이야, 본문을 복습하지 못했어.

⑤ 这次活动参加吗，不感兴趣，不参加吗，又怕大家对自己有看法。

　　Zhè cì huódòng cānjiā ma, bù gǎn xìngqù, bù cānjiā ma, yòu pà dàjiā duì zìjǐ yǒu kànfǎ.

이번 행사에 참가하자니 흥미가 없고, 참가하지 않자니 사람들이 나에 대한 편견을 가질까 걱정된다.

 呢

어기조사 '呢'는 주로 어기를 부드럽게 하는 기능을 한다.

1. 의문문에 쓰이는 경우
1 '呢'(문어에서는 '哪'로 쓰기도 함)는 의문사의문문(문장에 일반적으로 '谁', '什么', '哪儿' 등의 의문대사가 있으며, 문장을 의문문으로 만드는 것은 의문대사가 있기 때문임)에 쓰인다. 이러한 문장에는 이상하다거나 곤혹스럽다는 의미가 담겨 있으며, '呢'는 어기를 부드럽게 하는 역할을 한다. 이러한 의문문은 문장 끝의 어조가 대부분 높게 올라간다. 그러나 의문문의 여부가 어조에 의해서 결정되는 것은 아니기 때문에 문장 끝의 어조가 내려갈 수도 있다.

① 这是怎么回事呢?

　　Zhè shì zěnme huí shì ne?

이것은 어떻게 된 일이니?

② 小英啊, 部队明天就要走, 咱们送给同志们些什么呢?

　　Xiǎo Yīng a, bùduì míngtiān jiù yào zǒu, zámen sòng gěi tóngzhìmen xiē shénme ne?

샤오잉아, 부대는 내일이면 떠나는데 동지들에게 무엇을 선물하지?

③ 咦, 这就怪! 算得对呀, 怎么会错了呢?

　　Yí, zhè jiù guài! Suàn de duì ya, zěnme huì cuòle ne?

아이, 이거야말로 이상하네! 맞게 계산했는데, 어떻게 틀릴 수가 있지?

④ 十几年过去了, 五个孤儿成长得怎么样了呢?

　　Shí jǐ nián guòqu le, wǔ ge gū'ér chéngzhǎng de zěnmeyàng le ne?

십 몇 년이 지났는데, 다섯 명의 고아는 어떻게 자랐을까?

의문대사를 쓰지 않고 명사(대사)나 명사구 뒤에 '呢'만을 쓰는 경우도 있다. 이러한 의문문은 일반적으로 사람이나 사물이 어디에 있는지를 묻는다.

⑤ 还没走出洞口, 他就把我叫住了: "办公的地方呢?"

　　Hái méi zǒuchū dòngkǒu, tā jiù bǎ wǒ jiào zhù le: "Bàngōng de dìfang ne?"

동굴을 아직 빠져나오지 않았을 때 그는 나를 불러 세웠다. "일하는 곳은?" ('일하는 곳이 어디야?'라는 의미임)

⑥ 妹妹, 你的靴子呢?

　　Mèimei, nǐ de xuēzi ne?

동생아, 네 장화는? ('네 장화는 어디로 갔니?'라는 의미임)

⑦ 小李呢?

　　Xiǎo Lǐ ne?

小李는? ('小李는 어디에 있니?'라는 의미임)

　이렇게 쓰인 '呢'는 의문의 기능을 담당하고 있지만, 묻는 사람이 청자가 특정한 환경에서 답변을 알고 있다고 여길 때에만 이렇게 물을 수 있다.
　'呢'는 반어문에도 쓰일 수 있는데, 어기를 부드럽게 하는 기능을 한다.

⑧ 你对人民犯了那么大的罪，这样处理有什么不公道的呢？

Nǐ duì rénmín fànle nàme dà de zuì, zhèyàng chǔlǐ yǒu shénme bù gōngdào de ne?

인민에게 그렇게 큰 죄를 지었는데 이렇게 처리하는 것이 뭐 공정하지 않다는 거니?

⑨ 他没到过北京，怎么会去过天安门呢？

Tā méi dàoguo Běijīng, zěnme huì qùguo Tiān'ānmén ne?

그는 北京에 오지 않았는데 어떻게 天安门에 갔었겠니?

⑩ 为什么这个地方可以这样做，别的地方就不可以这样做呢？

Wèishénme zhège dìfang kěyǐ zhèyàng zuò, bié de dìfang jiù bù kěyǐ zhèyàng zuò ne?

왜 이 곳에서는 이렇게 할 수 있고 다른 곳에서는 이렇게 할 수 없다는 거죠?

⑪ 事已至此，说这些又有什么用呢？

Shì yǐ zhì cǐ, shuō zhèxiē yòu yǒu shénme yòng ne?

일이 이미 여기에 이르렀으니 이것들을 말한들 또 무슨 소용이 있겠어?

② 선택의문문의 뒤에 쓰이는데, 문장 끝의 어조는 일반적으로 낮으면서 느리다. '呢'는 또한 어기를 부드럽게 하는 기능을 한다. 이러한 문장은 일반적으로 상의하거나 의견을 구하는 경우에 쓰인다.

① 咱们是去颐和园呢，还是去北海呢？

Zámen shì qù Yíhéyuán ne, háishi qù Běihǎi ne?

우리 颐和园에 가니, 아니면 北海에 가니?

② 今天晚上你去不去呢？

Jīntiān wǎnshang nǐ qù bu qù ne?

오늘 저녁에 너 갈거니 말거니?

③ 我们可不可以在房间里头两个人或几个人谈谈心呢？

Wǒmen kě bu kěyǐ zài fángjiān lǐtóu liǎng ge rén huò jǐ ge rén tántan xīn ne?

우리 방에서 두 사람 혹은 몇 사람이 마음을 터놓고 이야기하면 안 되겠니?

④ "怎么办，我谈不谈呢？"他自言自语地说。

"Zěnme bàn, wǒ tán bu tán ne?" Tā zìyán zìyǔ de shuō.

"어떻게 하지, 이야기를 할까 말까?" 그는 중얼거리듯 말했다.

이러한 문장은 일정한 조건하에서 술어를 생략하고 명사(대사) 혹은 명사구 뒤에 '呢'만을 써서 상황을 물어볼 수도 있다.

⑤ 明天一班去参观工艺展览，二班呢？(二班去不去参观？)

Míngtiān yì bān qù cānguān gōngyì zhǎnlǎn, èr bān ne?

내일 1반은 공예전람회를 참관하러 가는데, 2반은?(2반은 참관하러 가니 안 가니?)

⑥ 他开始不同意你的意见，后来呢？(后来同意没同意？)

Tā kāishǐ bù tóngyì nǐ de yìjiàn, hòulái ne?

그는 처음에 너의 의견에 동의하지 않았는데 나중에는?(나중에 동의했니 안 했니?)

이러한 '呢'에는 의문의 기능도 포함되어 있다.

어떤 의문문에 '呢'를 쓰든 앞에 다른 문장이 있어야 한다. 즉, '呢'는 배경이나 전제가 없는 의문문에 쓰일 수 없다.

⑦ 小李，你去不去打球？

　　Xiǎo Lǐ, nǐ qù bu qù dǎ qiú?

　　小李，我想去打球，你去不去呢？

　　Xiǎo Lǐ, wǒ xiǎng qù dǎ qiú, nǐ qù bu qù ne?

⑧ 妹妹，你的靴子哪儿去了？

　　Mèimei, nǐ de xuēzi nǎr qù le?

　　(发现妹妹光着一只脚)妹妹，你的靴子呢？

　　(Fāxiàn mèimei guāngzhe yì zhī jiǎo) Mèimei, nǐ de xuēzi ne?

의문문에서 동작의 진행을 나타내는 '呢'(어느 정도 어기를 나타내기도 함)와 단순히 어기를 나타내는 '呢'와는 구분할 줄 알아야 한다.

⑨ 小刘，你吃ˊ什么呢？

　　Xiǎo liú, nǐ chī shénme ne?

⑩ 小刘，他想吃面包，ˊ你吃什么呢？

　　Xiǎo Liú, tā xiǎng chī miànbāo, nǐ chī shénme ne?

⑪ 小刘，你不吃面包，吃ˊ什么呢？

　　Xiǎo Liú, nǐ bù chī miànbāo, chī shénme ne?

　동작의 진행을 나타내는 '呢'가 의문문에 쓰일 때에는 전제나 배경, 앞문장 같은 것들이 필요하지 않지만, 어기를 나타내기 위해서는 이러한 것들이 필요하다. 이 이외에도 위의 예문처럼 문장의 강세가 다를 때도 있다. 진행을 나타내는 '呢'는 강세가 의문대사에 놓일 수밖에 없고, 어기를 나타내는 '呢'는 문장이 강세가 의문대사에 놓일 수도 있고, 주어에 놓일 수도 있다.

2. 평서문에 쓰이는 경우

　'呢'는 평서문에서 형용사술어문과 동사술어문의 뒤에 놓일 수 있는데, 술어 앞에 '可'가 자주 쓰이곤 한다. 화자가 상대방에서 새로운 상황을 알리고자 하거나 상대방의 환기를 불러일으키고자 할 때 이러한 문장을 쓴다. 이러한 문장은 과장의 의미가 담겨 있으며, 문장 끝의 어조는 높게 올라간다.

① 天安门广场可大呢！

　　Tiān'ānmén guǎngchǎng kě dà ne!

② 孩子们听了这个消息，可高兴呢！

　　Háizimen tīngle zhège xiāoxi, kě gāoxìng ne!

③ 这条街有五里长呢。

   Zhè tiáo jiē yǒu wǔ lǐ cháng ne.

④ 这个人可能睡呢。

   Zhège rén kěnéng shuì ne.

'才', '还'류 부사들이 술어중심어의 앞에 올 수도 있는데, 대비문에 자주 쓰인다. 이처럼 대비를 강조할 때에는 강조되는 부분을 강하게 읽는다.

⑤ 主席可能快回来了，我连´水还没烧好呢。

   Zhǔxí kěnéng kuài huílái le, wǒ lián shuǐ hái méi shāo hǎo ne.

⑥ 我唱得不好，´你唱得才好呢。

   Wǒ chàng de bù hǎo, nǐ chàng de cái hǎo ne.

⑦ 电影´八点才开始呢，现在去太早了。

   Diànyǐng bā diǎn cái kāishǐ ne, xiànzài qù tài zǎo le.

⑧ 我的手艺还没学好，还要再´学三年呢。

   Wǒ de shǒuyì hái méi xué hǎo, hái yào zài xué sān nián ne.

⑨ 你别着急，我以后还´来呢。

   Nǐ bié zháojí, wǒ yǐhòu hái lái ne.

⑩ 别怕，有´我呢。

   Bié pà, yǒu wǒ ne.

⑪ 这么好的房子，我还从来没´见过呢。

   Zhème hǎo de fángzi, wǒ hái cónglái méi jiànguo ne.

3. 휴지 뒤에 쓰이는 경우

① '呢'는 주어를 열거할 때 그 뒤에 놓여 그 주제를 끌어내는 역할을 한다. 이때 '呢'는 어기를 부드럽게 하는 작용을 한다.

① 你走好了，我呢，你就不用管了。

   Nǐ zǒu hǎo le, wǒ ne, nǐ jiù bú yòng guǎn le.

② 这几个孩子兴趣爱好各不相同，姐姐爱好体育，妹妹呢，爱画画，哥哥喜欢音乐，小弟呢，就知道玩。

   Zhè jǐ ge háizi xìngqù àihào gè bù xiāngtóng, jiějie àihào tǐyù, mèimei ne, ài huà huà, gēge xǐhuan yīnyuè, xiǎodì ne, jiù zhīdào wán.

② 가설을 나타내는 문장에 쓰여 상대방이나 자신이 생각할 여유를 가질 수 있도록 잠시 휴지를 두는 역할을 한다. 이때 문장 끝의 어조는 비교적 높게 올라간다.

① 我要是不同意呢，你怎么办?

Wǒ yàoshì bù tóngyì ne, nǐ zěnme bàn?

② 学一门外语，要学，就得坚持下去，如果没有时间呢，就干脆
别学。

Xué yì mén wàiyǔ, yào xué, jiù děi jiānchí xiàqu, rúguǒ méi yǒu shíjiān ne, jiù gàncuì bié xué.

③ 老李，都到时间了，小张要是不来呢，我们还等不等他?

Lǎo Lǐ, dōu dào shíjiān le, xiǎo Zhāng yàoshì bù lái ne, wǒmen hái děng bu děng tā?

③ 화자의 관점을 나타내거나 원인을 설명, 해석하는 문장에 쓰이는데, 이때 '呢'도 어기를 부드럽게 하는 작용을 한다.

① 他说他昨天晚上没来上课因为头疼，其实呢，他是看电影去
了。

Tā shuō tā zuótiān wǎnshang méi lái shàng kè yīnwèi tóuténg, qíshí ne, tā shì kàn diànyǐng qù le.

② 这个人总爱说漂亮话，实际上呢，不做一点扎扎实实的工作。

Zhège rén zǒng ài shuō piàoliang huà, shíjì shàng ne, bú zuò yìdiǎn zhāzhashíshí de gōngzuò.

③ 这个人很谦逊，总说自己工作做得少，实际上呢，他对我们工
厂的贡献可大了。

Zhège rén hěn qiānxùn, zǒng shuō zìjǐ gōngzuò zuò de shǎo, shíjì shàng ne, tā duì wǒmen gōngchǎng de gòngxiàn kě dà le.

④ 今天晚上我实在不能去，一来呢，我有点头疼，二来呢，还可
能有人来找我。

Jīntiān wǎnshang wǒ shízài bù néng qù, yì lái ne, wǒ yǒudiǎn tóuténg, èr lái ne, hái kěnéng yǒu rén lái zhǎo wǒ.

결론적으로, 어기사 '呢'는 어기를 부드럽게 하는 작용을 한다. '呢'는 일반적으로 화자가 곤혹스러운 일을 당했거나 화자가 생각하기에 청자가 어떤 일을 잘 이해하지 못할 때 그것을 해결하고자 할 때 쓰인다.

2 '呢'는 동작의 진행을 나타낸다.

① A : 王小朋在吗?

Wáng Xiǎopéng zài ma?

B : 他上厕所呢。过一会儿打吧。

Tā shàng cèsuǒ ne. Guò yíhuìr dǎ ba.

② A : 你出来一下可以吗?

　　　Nǐ chūlái yíxià kěyǐ ma?

　　B : 我正炒菜呢。什么事?

　　　Wǒ zhèng chǎo cài ne. Shénme shì?

③ 你干什么呢? 怎么屋子里黑着灯?

　　Nǐ gàn shénme ne? Zěnme wūzi lǐ hēizhe dēng?

'呢'는 동작의 진행을 나타내는 '在'와 부사 '正'과 함께 쓰일 수도 있다.

④ 他进来的时候, 我正在听录音呢。

　　Tā jìnlái de shíhou, wǒ zhèngzài tīng lùyīn ne.

⑤ 早上我正睡觉呢, 突然电话铃响, 把我吓了一跳。

　　Zǎoshang wǒ zhèng shuì jiào ne, tūrán diànhuà líng xiǎng, bǎ wǒ xiàle yí tiào.

일반적으로 동작의 진행을 나타내는 '呢'는 동작동사(구) 뒤에만 쓰일 수 있다.

 **吧**

어기사 '吧'도 어기를 부드럽게 하는 작용을 한다.

 의문문에 쓰이는 경우

1. '吧'가 판단의문문 끝에 쓰이면 문장 끝의 어조는 높게 올라간다. 이때 의문의어기는 주로 어조가 담당하고 있는데, '吧'는 의문의 정도를 약화시킨다. '吗'가 쓰인 의문문과 비교하면, '吧'를 쓴 문장은 대부분 단순히 의문을 나타내지 않고 추측의 어기를 담고 있다. 화자가 답변에 대하여 예상을 하고 있기 때문에 문장 중에 '可能', '也许', '大概', '一定' 류의 부사와 자주 쓰인다. '吗'를 쓴 의문문은 이러한 류의 부사와 함께 쓰일 수 없다.

① 参加招待会的人一定很多吧?

　　Cānjiā zhāodàihuì de rén yídìng hěn duō ba?

①´ 参加招待会的人很多吗?

　　Cānjiā zhāodàihuì de rén hěn duō ma?

　　*参加招待的人一定很多吗?

예①과 ①´를 비교하면 둘 다 의문문이지만, 앞 문장의 화자는 분명히 긍정적인 답변을 예상하고 있다.

② 小陈，现在你该明白，这红色的灯标是用什么点燃的了吧?

　　Xiǎo Chén, Xiànzài nǐ gāi míngbái, zhè hóngsè de dēngbiāo shì yòng shénme diǎnrán de ba?

③ 这座楼可能是你们的宿舍吧?

　　Zhè zuò lóu kěnéng shì nǐmen de sùshè ba?

判단의문문 뒤에 '吧'가 쓰이면 의문의 어기가 불분명해져서 실제로 완전히 긍정적인 평서문인 경우도 있다. '吧'는 어기를 좀더 부드럽게 하는 작용을 한다.

④ "善有善报，恶有恶报" 这句话我过去跟你说过吧，但你就是不相信。

　　"Shàn yǒu shàn bào, È yǒu È bào" zhè jù huà wǒ guòqù gēn nǐ shuōguo ba, dàn nǐ jiù shì bù xiāngxìn.

⑤ 这点道理，你不会不懂吧?

　　Zhè diǎn dàolǐ, nǐ bú huì bù dǒng ba?

2. 의문사의문문이나 선택의문문의 문장 끝에 '吧'를 쓸 수 있다. '吧'를 쓰지 않은 문장은 상의의 어기가 포함될 수도 있지만, '吧'를 쓰게 되면 상의의 어기를 없어지고 상대방에게 결정권이 넘어간다.

① 你说咱们该怎么办吧?

　　Nǐ shuō zámen gāi zěnme bàn ba?

　你说咱们该怎么办?

　　Nǐ shuō zámen gāi zěnme bàn?

② 你快说，到底买什么吧?

　　Nǐ kuài shuō, dàodǐ mǎi shénme ba?

　你快说，到底买什么?

　　Nǐ kuài shuō, dàodǐ mǎi shénme ?

간혹 상대방의 행동이나 태도에 대하여 불만스럽다는 어기를 나타내기도 한다.

③ 大家快发表意见，看这个方案行不行吧? 不要再磨时间了。

　　Dàjiā kuài fābiǎo yìjiàn, kàn zhège fāng'àn xíng bu xíng ba? Bú yào zài mó shíjiān le.

④ 你这个人，今天到底走不走吧?

　　Nǐ zhège rén, jīntiān dàodǐ zǒu bu zǒu ba?

이렇게 쓰인 '吧'는 일반적으로 주어가 2인칭인 문장에 쓰이며, 문장 끝의 어조는 비교적 높게 올라간다.

　청원의 어기에는 청구, 명령, 재촉, 권고 등이 포함되며, 어기조사는 '吧'가 자주 쓰인다. '吧'도 어기를 부드럽게 하는 작용을 한다.
1. 청구를 나타내는 '吧'가 쓰인 문장은 문장 끝의 어조는 비교적 낮다. 문장에 '请', '让', '叫' 등과 같은 부류의 단어가 함께 쓰이기도 한다.

① 爸爸, 您就答应了吧!　　　　　　　　　아버지, 승낙하신 거죠!

　Bàba, nín jiù dāying le ba!

② 小李, 给我一张票吧!　　　　　　　　　小李, 표를 한 장 줘!

　Xiǎo Lǐ, gěi wǒ yì zhāng piào ba!

③ 老师, 让我去吧!　　　　　　　　　　　선생님, 가게 해주세요!

　Lǎoshī, ràng wǒ qù ba!

④ 请大家帮帮忙吧!　　　　　　　　　　　모두 좀 도와주세요!

　Qǐng dàjiā bāngbang máng ba!

2. 명령에 쓰인다. 전형적인 명령문은 어기조사를 쓰지 않고, 어순도 평서문과 같으며, 술어동사 뒤에 시태조사나 보어도 쓰지 않는다. 문장 끝의 어조는 낮게 떨어지며 짧다.

① 走!　　　　　　　　　　　　　　　　　가자!

　Zǒu!

② 坐下!　　　　　　　　　　　　　　　　앉아!

　Zuò xià!

③ 你们都出去!　　　　　　　　　　　　　너희 모두 나가라!

　Nǐmen dōu chūqu!

　명령문의 끝에도 어기조사 '吧'를 쓸 수 있다. '吧'를 쓰면 명령의 어기가 조금 약해져서 권고의 의미를 갖게 된다. 문장 끝의 어조는 낮고 느리다.

④ 你走吧!　　　　　　　　　　　　　　　가시오!

　Nǐ zǒu ba!

⑤ 把东西拿出来让大家看看吧!　　　　　　물건을 꺼내어 모두에게 보여주세요!

　Bǎ dōngxi ná chūlai ràng dàjiā kànkan ba!

⑥ 快说吧!　　　　　　　　　　　　　　　빨리 말해라!

　Kuài shuō ba!

⑦ 你好好听听大家的意见吧!　　　　　　　모두의 의견을 잘 들어라!

　Nǐ hǎohāo tīngting dàjiā de yìjiàn ba!

 평서문에 쓰이는 경우

 '吧'를 쓰는 평서문은 어떤 의견, 요구에 동의할 때 주로 쓰인다. 문장 끝의 어조는 낮게 떨어진다.

① 行，就这样吧。

Xíng, jiù zhèyàng ba!

좋아, 이렇게 하자.

② 好，明天出发吧。

Hǎo, míngtiān chūfā ba.

좋아, 내일 출발하자.

억지로 하는 경우나 어찌할 수 없는 경우에 쓰이기도 한다.

③ 既然你说非我去不可，那我就去吧。

Jìrán nǐ shuō fēi wǒ qù bùkě, nà wǒ jiù qù ba.

내가 가지 않으면 안 된다고 하니 그럼 내가 가겠다.

④ 算了，丢就丢了吧。

Suàn le, diū jiù diū le ba.

됐어, 잃어버렸으면 그만이지.

'吧'는 '好', '可以', '行' 등의 단어 뒤에 쓰여 동의의 뜻을 나타내기도 한다.

⑤ 好吧，咱们现在就去。

Hǎo ba, zámen xiànzài jiù qù.

좋아, 우리 지금 가자.

⑥ 行吧，明天我来。

Xíng ba, míngtiān wǒ lái.

좋아, 내일 내가 올게.

⑦ 可以吧，支援你们一个班。

Kěyǐ ba, zhīyuán nǐmen yí ge bān.

좋아, 너의 반을 지원할게.

④ 휴지 뒤에 쓰이는 경우

1. 열거할 때 쓰인다.

① 就拿英语来说吧，不下苦功夫是学不好的。

Jiù ná Yīngyǔ láishuō ba, bú xià kǔ gōngfu shì xué bu hǎo de.

영어로 말할 것 같으면, 각고의 노력을 하지 않으면 잘 배울 수 없다.

② 譬如喝茶吧，我们这位内兄最懂得喝茶，最讲究喝茶。

Pìrú hē chá ba, wǒmen zhè wèi nèixiōng zuì dǒngde hē chá, zuì jiǎngjiu hē chá.

차 마시는 것을 예로 들면, 우리 이 손위 처남이 차 마시는 것을 가장 잘 알고 중요시 한다.

2. 선택가정문에 쓰여 이러지도 저러지도 못하는 상황을 표현한다. 문장 끝의 어기는 높게 올라간다.

① 去吧，得花很多时间；不去吧，又不太礼貌。

    Qù ba, děi huā hěn duō shíjiān; bú qù ba, yòu bú tài lǐmào.

② 今天晚上看书吧，头疼；不看吧，明天又要考试。

    Jīntiān wǎnshang kàn shū ba, tóuténg; bú kàn ba, míngtiān yòu yào kǎoshì.

③ 这本书你说不好吧，它有很多读者；你说好吧，读后又没有什么收获。

    Zhè běn shū nǐ shuō bù hǎo ba, tā yǒu hěn duō dúzhě; nǐ shuō hǎo ba, dú hòu yòu méi yǒu shénme shōuhuò.

가자니 시간이 많이 걸릴 것이고, 안가자니 그다지 예의에 맞지 않고.
오늘 저녁에 책을 보자니 머리가 아프고, 안 보자니 내일 시험이고.
이 책을 좋지 않다고 말하자니 많은 독자가 있을 것이고, 좋다고 말하자니 읽은 후에 아무런 수확도 없을 것이다.

3. 절의 끝에 쓰이는데, 이러한 문장은 전혀 개의치 않는다는 의미를 나타내기도 한다.(어조는 비교적 낮고 가라앉는다)

① 丢了就丢了吧，再买一个就是了。

    Diūle jiù diūle ba, zài mǎi yí ge jiù shì le.

② 去就去吧，反正我也不发言。

    Qù jiù qù ba, fǎnzhèng wǒ yě bù fāyán.

③ 他不愿意去就不去吧，不必勉强他了。

    Tā bú yuànyì qù jiù bú qù ba, bú bì miǎnqiǎng tā le.

④ 你说行就行吧，我没有什么意见。

    Nǐ shuō xíng jiù xíng ba, wǒ méi yǒu shénme yìjiàn.

잃어 버렸으면 그만이지, 다시 하나 사면 되잖아. (전혀 개의치 않음)
가라면 간다. 어쨌든 나는 발언하지 않을 거야. (전혀 개의치 않음)
그가 가기를 원하지 않으면 보내지 마, 그에게 강요할 필요 없어. (어찌 할 도리가 없음)
네가 괜찮다고 하면 됐어. 난 별 의견이 없어. (어찌 할 도리가 없음)

 的

‘的’는 평서문 끝에 쓰여 긍정의 어기를 강조할 수 있다. 술어 앞에 ‘是’가 오는 경우가 많다(제4편 제3장 제2절 ‘是……的’句(二) 참조).

① 放心吧，你的病会好的。

    Fàng xīn ba, nǐ de bìng huì hǎo de.

② 他一定会回来的。

    Tā yídìng huì huílái de.

③ 我是同意你的意见的。

    Wǒ shì tóngyì nǐ de yìjiàn de.

안심해, 너의 병은 좋아질 거야.
그는 틀림없이 돌아올 거야.
나는 네 의견에 동의한다.

 了

어기조사 ‘了’는 원래 어기를 나타내지는 않지만, 어기를 나타내는 경우도 있다.(본

3 평서문에 쓰이는 경우

'吧'를 쓰는 평서문은 어떤 의견, 요구에 동의할 때 주로 쓰인다. 문장 끝의 어조는
낮게 떨어진다.

① 行，就这样吧。　　　　　　　　　　　　　　　좋아, 이렇게 하자.

　　Xíng, jiù zhèyàng ba!

② 好，明天出发吧。　　　　　　　　　　　　　　좋아, 내일 출발하자.

　　Hǎo, míngtiān chūfā ba.

억지로 하는 경우나 어찌할 수 없는 경우에 쓰이기도 한다.

③ 既然你说非我去不可，那我就去吧。　　　　　내가 가지 않으면 안 된
　　　　　　　　　　　　　　　　　　　　　　　다고 하니 그럼 내가 가
　　Jìrán nǐ shuō fēi wǒ qù bùkě, nà wǒ jiù qù ba.　겠다.

④ 算了，丢就丢了吧。　　　　　　　　　　　　　됐어, 잃어버렸으면 그
　　　　　　　　　　　　　　　　　　　　　　　만이지.
　　Suàn le, diū jiù diū le ba.

'吧'는 '好', '可以', '行' 등의 단어 뒤에 쓰여 동의의 뜻을 나타내기도 한다.

⑤ 好吧，咱们现在就去。　　　　　　　　　　　　좋아, 우리 지금 가자.

　　Hǎo ba, zámen xiànzài jiù qù.

⑥ 行吧，明天我来。　　　　　　　　　　　　　　좋아, 내일 내가 올게.

　　Xíng ba, míngtiān wǒ lái.

⑦ 可以吧，支援你们一个班。　　　　　　　　　　좋아, 너의 반을 지원할
　　　　　　　　　　　　　　　　　　　　　　　게.
　　Kěyǐ ba, zhīyuán nǐmen yí ge bān.

4 휴지 뒤에 쓰이는 경우

1. 열거할 때 쓰인다.

① 就拿英语来说吧，不下苦功夫是学不好的。　　영어로 말할 것 같으면,
　　　　　　　　　　　　　　　　　　　　　　　각고의 노력을 하지 않
　　Jiù ná Yīngyǔ láishuō ba, bú xià kǔ gōngfu shì xué bu hǎo de.　으면 잘 배울 수 없다.

② 譬如喝茶吧，我们这位内兄最懂得喝茶，最讲究喝茶。　차 마시는 것을 예로 들
　　　　　　　　　　　　　　　　　　　　　　　면, 우리 이 손위 처남
　　Pìrú hē chá ba, wǒmen zhè wèi nèixiōng zuì dǒngde hē chá,　이 차 마시는 것을 가장
　　zuì jiǎngjiu hē chá.　　　　　　　　　　　잘 알고 중요시 한다.

2. 선택가정문에 쓰여 이러지도 저러지도 못하는 상황을 표현한다. 문장 끝의 어기
는 높게 올라간다.

---

① 去吧，得花很多时间；不去吧，又不太礼貌。

　　Qù ba, děi huā hěn duō shíjiān; bú qù ba, yòu bú tài lǐmào.

② 今天晚上看书吧，头疼；不看吧，明天又要考试。

　　Jīntiān wǎnshang kàn shū ba, tóuténg; bú kàn ba, míngtiān yòu yào kǎoshì.

③ 这本书你说不好吧，它有很多读者；你说好吧，读后又没有什么收获。

　　Zhè běn shū nǐ shuō bù hǎo ba, tā yǒu hěn duō dúzhě; nǐ shuō hǎo ba, dú hòu yòu méi yǒu shénme shōuhuò.

가자니 시간이 많이 걸릴 것이고, 안가자니 그다지 예의에 맞지 않고.

오늘 저녁에 책을 보자니 머리가 아프고, 안 보자니 내일 시험이고.

이 책을 좋지 않다고 말하자니 많은 독자가 있을 것이고, 좋다고 말하자니 읽은 후에 아무런 수확도 없을 것이다.

3. 절의 끝에 쓰이는데, 이러한 문장은 전혀 개의치 않는다는 의미를 나타내기도 한다.(어조는 비교적 낮고 가라앉는다)

① 丢了就丢了吧，再买一个就是了。

　　Diūle jiù diūle ba, zài mǎi yí ge jiù shì le.

잃어 버렸으면 그만이지, 다시 하나 사면 되잖아. (전혀 개의치 않음)

② 去就去吧，反正我也不发言。

　　Qù jiù qù ba, fǎnzhèng wǒ yě bù fāyán.

가라면 간다. 어쨌든 나는 발언하지 않을 거야. (전혀 개의치 않음)

③ 他不愿意去就不去吧，不必勉强他了。

　　Tā bú yuànyì qù jiù bú qù ba, bú bì miǎnqiǎng tā le.

그가 가기를 원하지 않으면 보내지 마, 그에게 강요할 필요 없어. (어찌 할 도리가 없음)

④ 你说行就行吧，我没有什么意见。

　　Nǐ shuō xíng jiù xíng ba, wǒ méi yǒu shénme yìjiàn.

네가 괜찮다고 하면 됐어. 난 별 의견이 없어. (어찌 할 도리가 없음)

5 的

'的'는 평서문 끝에 쓰여 긍정의 어기를 강조할 수 있다. 술어 앞에 '是'가 오는 경우가 많다(제4편 제3장 제2절 '是……的'句(二) 참조).

① 放心吧，你的病会好的。

　　Fàng xīn ba, nǐ de bìng huì hǎo de.

안심해, 너의 병은 좋아질 거야.

② 他一定会回来的。

　　Tā yídìng huì huílái de.

그는 틀림없이 돌아올 거야.

③ 我是同意你的意见的。

　　Wǒ shì tóngyì nǐ de yìjiàn de.

나는 네 의견에 동의한다.

6 了

어기조사 '了'는 원래 어기를 나타내지는 않지만, 어기를 나타내는 경우도 있다.(본장 제2절 시태조사 부분의 "어기조사 '了'" 참조) 어기조사 '了'는 무작위로 열거할 때 휴지 뒤에 올 수도 있다.

① 约翰来中国以后看了不少电影，什么≪好事多磨≫了，≪不见不散≫了，≪没事偷着乐≫了，他都看了。

Yuēhàn lái Zhōngguó yǐhòu kànle bùshǎo diànyǐng, shénme ≪hǎo shì duō mó≫ le, ≪bú jiàn bú sàn≫ le, ≪méi shì tōuzhe lè≫ le, tā dōu kàn le.

> 존은 중국에 온 이후로 많은 영화를 봤어. ≪好事多磨≫, ≪不见不散≫, ≪没事偷着乐≫ 등인데, 그는 모두 봤어.

② 小赵很喜欢体育，打球了，游泳了，他都擅长。

Xiǎo Zhào hěn xǐhuan tǐyù, dǎ qiú le, yóuyǒng le, tā dōu shàncháng.

> 小赵는 체육을 매우 좋아하는데 구기운동, 수영, 모두 잘 한다.

이러한 문장에서 어기조사 '了'가 쓰인 부분은 대부분 병렬성분이다. 이렇게 쓰인 '了'는 쓰지 않아도 되는데, 그렇게 되면 무작위로 열거한다는 의미가 없어진다.

7 罢了, 而已

평서문 끝에 쓰인 '罢了'나 '而已'는 '…할 뿐이다'라는 의미를 나타낸다(겸허, 경시, 위로 등의 의미를 나타낼 때 쓰임). 앞에 '不过', '只是', '无非' 등의 단어가 자주 호응해서 쓰이는데, 어조는 낮게 떨어진다.

① 这个孩子没有什么大病，不过着点凉罢了。

Zhège háizi méi yǒu shénme dà bìng, búguò zháo diǎn liáng bàle.

> 이 아이는 큰 병이 걸린 것이 아니고 단지 감기가 좀 걸린 것뿐이야.

② 我不过说说罢了，你何必当真！

Wǒ búguò shuōshuo bàle, nǐ hébì dàngzhēn!

> 나는 말을 좀 했을 뿐이야, 진담으로 받아들일 필요 없어!

③ 他无非会写几句诗罢了，算不上什么作家。

Tā wúfēi huì xiě jǐ jù shī bàle, suàn bu shàng shénme zuòjiā.

> 그는 시 몇 구절을 쓴 것에 지나지 않아, 작가라고 할 수 없어.

④ 吃一顿饭(不过)三千块而已，小意思！

Chī yí dùn fàn (búguò) sān qiān kuài éryǐ, xiǎo yìsi.

> 밥 한 끼 먹는데 3,000원 밖에 안 돼. 별 것 아니야!

⑤ (无非)跳跳舞而已，别那么紧张！

(Wúfēi) Tiàotiao wǔ éryǐ, bié nàme jǐnzhāng!

> 좀 춤추는 것뿐인데 그렇게 긴장하지 마!

'罢了'는 '而已'에 비해 구어적 색채가 강하다. 대만사람들은 '而已'를 더 자주 쓴다.

8 嘛

'嘛'는 '吗'로 쓰기도 한다. '嘛'는 평서문의 끝에 쓰여 화자가 이치상 마땅히 그러거나 분명하다고 생각하고 있다는 어기를 나타낸다. 문장 끝의 어조는 낮게 떨어진다.

① 小英，你为什么还不走?

   Xiǎo Yīng, nǐ wèishénme hái bù zǒu?

   我不愿意走嘛!

   Wǒ bú yuànyì zǒu ma!

② 你们忙什么，等我一会儿嘛。

   Nǐmen máng shénme, děng wǒ yíhuìr ma!

③ 行行出状元嘛。

   Hánghang chū zhuàng yuán ma!

④ 还愣着干什么? 走嘛!

   Hái lèngzhe gàn shénme? Zǒu ma!

	小英, 왜 아직 안가니?
	가고 싶지 않아!
	너희 뭐가 바쁘니, 조금 기다려.
	어느 분야든 뛰어난 사람이 나오게 마련이야.
	멍청하게 뭘 하고 있어? 가자!

9 呗

‘呗’는 평서문의 끝에 쓰여 이치가 간단하거나 많은 말을 할 필요가 없음을 나타낸다. ‘嘛’보다는 어기가 정중하다. ‘呗’는 말할 필요조차 없다는 의미를 포함하고 있기 때문에 불만스러운 경우에 화자가 ‘呗’를 쓴다.

① 这回考得不好没关系，以后努力呗!

   Zhè huí kǎo de bù hǎo méi guānxi, yǐhòu nǔlì bai!

이번에 시험을 잘못 보더라도 괜찮아, 나중에 노력하면 되지!

② 你怎么来的?

   Nǐ zěnme lái de?

   走来的呗，这儿又没车。

   Zǒulái de bei, zhèr yòu méi chē.

어떻게 왔지?

걸어 왔지, 여기에 차도 없는데.

③ 你要去就去呗，跟我有什么关系!

   Nǐ yào qù jiù qù bei, gēn wǒ yǒu shénme guānxi!

가려면 가라, 나하고 무슨 관계가 있어!

상용 어기조사의 주요 기능

	의문				청원				긍정		감탄		휴지	
	의문	어조	반문	어조	청구	어조	명령	어조	의미	어조	의미	어조	의미, 작용	어조
啊	판단	낮고 평평					재촉	약간 높음						
	의문사	비교적 높음	책망의 의미 내포	높게 올라감			부탁·환기	낮음	해석·환기	낮음	감격·찬미	높게 올라감	환기·머뭇거림	낮게 떨어짐
	선택	비교적 높음												
吧	판단의 문문은 추측을 나타냄	낮음			청구	낮음	권고	낮음	억지로 하거나 어쩔 수 없는 경우	낮음			양보·열거	낮음
							재촉	낮음						
呢	의문사	높아도 되고 낮아도 됨	이치가 분명함	비교적 높음					과장	비교적 높음			사고의 여유	비교적 높음
	선택	비교적 높음							대비	비교적 낮음				
吗	판단	비교적 높음	책망	비교적 낮음										
的									어기강화	낮음				
了									긍정	낮음				
罢了 而已									경시·축소	낮음				
嘛									분명함	낮음				
呗									많은 말 할 필요 없음	낮음				

参考文献

储诚志　　语气词语气意义的分析问题—以"啊"为例, 语言教学与研究, 1994年第4期。

陆俭明　　关于现代汉语里的疑问语气词, 中国语文, 1984年第5期。

邵敬敏　　语气词"呢"在疑问句中的作用, 中国语文, 1989年第3期。

一. 알맞은 어기조사로 빈칸을 채우시오.

  1. 我看你很面熟，你是化工厂的技術員（   ）？
  2. 小李，我从来没来过这儿，这是图书馆（   ）？
  3. 这件事真难办，答应（   ），怕办不了，不答应（   ），又有点说不过去。
  4. 同学们，我的话你们听明白了（   ）？
  5. 情况我不是都说清楚了（   ），你怎么还问（   ）？
  6. 喂，老赵，小李到底上哪儿去了（   ）？
  7. 功到自然成（   ），这点道理你还不懂！
  8. 你对这件事是同意（   ），还是反对？
  9. 小赵，明天你来不来（   ）？
10. 这么一点小事，何必去麻烦他（   ）？
11. 你问我（   ）？我喜欢看电影。
12. 咳，他不过说说（   ），你何必当真。
13. 我（   ），就喜欢芭蕾舞，不喜欢歌剧。
14. 快走（   ），不然该晚了。
15. 小刘新买的笔好使极（   ）。
16. 不说就不说（   ），我也不想知道。
17. 事情很清楚（   ），他是要骗你的钱。
18. 那儿不过三里地（   ），汽车一会儿就到。
19. 你有什么了不起（   ），竟敢在公安局撒野？
20. 这没有什么大不了（   ），罚几百块钱（   ）。

二. 맞는 문장에 ○표 하시오.

  1. A. 他非常想去，你不让他去，他会同意吗？（   ）
      B. 他非常想去，你不让他去，他会同意吧？（   ）
  2. A. 这条鱼可新鲜呢！（   ）
      B. 这条鱼可新鲜吧！（   ）
  3. A. 早上一起床我就想，今天可能还得刮风，可是向窗外一看，谁知是个好天气啊！
        （   ）
      B. 早上一起床我就想，今天可能还得刮风，可是向窗外一看，谁知是个好天气！
        （   ）

4. A. 泰山顶上的老太太特别多，我觉得奇怪，她们仅仅是为了锻炼身体才来爬泰山
　　　呢?（　　）
　　B. 泰山顶上的老太太特别多，我觉得奇怪，她们仅仅是为了锻炼身体才来爬泰山
　　　吗?（　　）
5. A. 你们已经使学生对学习没兴趣了，你们的教学方法难道不应该改进啦?（　　）
　　B. 你们已经使学生对学习没兴趣了，你们的教学方法难道不应该改进吗?（　　）
6. A. 汽车已经开了，我迟到了，怎么办呢?（　　）
　　B. 汽车已经开了，我迟到了，怎么办吗?（　　）

제 10 장

의성사

제 1 절

의성사의 작용

> 의성사는 '砰'(총소리), '轰'(대포소리), '丁冬'(물방울 소리), '哗哗'(물 흐르는 소리), '滴滴哒哒'(나팔소리), '哗啦哗啦'(비 오는 소리) 등등처럼 사물이나 자연계의 소리 혹은 사물의 情态를 말소리로 묘사한 단어를 말한다.

의성사는 주로 사물이나 자연계의 소리를 말소리로 묘사한 말인데, 소리를 더 실감나게 하고 언어를 보다 생동감 있게 만든다.

① 一下、两下、五下、十下 …… 打得山崖上的土哗哗往下落。

Yí xià、liǎng xià、wǔ xià、shí xià …… dǎ de shānyá shàng de tǔ huāhuā wǎng xià luò.

한 번, 두 번, 다섯 번, 열 번 …… 치니까 벼랑의 흙이 후드득 아래로 떨어졌다.

② 春雨刷刷地下着。

Chūnyǔ shuāshuā de xiàzhe.

봄비가 주룩주룩 내렸다.

③ 这时老李一个手榴弹扔了过去，'轰'一声，机枪顿时哑了。

Zhè shí Lǎo Lǐ yí ge shǒuliúdàn rēngle guòqu, 'hōng' yì shēng, jīqiāng dùnshí yǎ le.

이 때 老李는 수류탄을 던졌는데, '쾅' 소리가 나더니 기관총 소리가 갑자기 멎었다.

④ 风卷起砂粒打得车篷噼啪作响。

Fēng juǎnqǐ shālì dǎ de chēpéng pīpā zuò xiǎng.

바람이 모래를 휘말아 올리자 모래가 차 덮개에 탁탁탁 소리를 내며 부딪쳤다.

⑤ 现在这一条街上的店铺也都开市了。卸店板的声音劈劈拍拍传来，王阿大也听得见。

Xiànzài zhè yì tiáo jiē shàng de diànpū yě dōu kāi shì le. Xièdiàn bǎn de shēngyīn pīpī pāipāi chuánlái, Wángādà yě tīng de jiàn.

지금 이 거리의 점포는 모두 영업을 개시했다. 상점 덧문을 떼어내는 소리가 퍽퍽하고 들려왔는데, 王阿大도 들었다.

그러나 의성사가 모두 사물이나 자연계의 소리를 묘사한 것은 결코 아니다. '他个脸唰地红了'처럼 사물의 情态를 말소리로 묘사한 경우도 있다. 이 문장에서 묘사한 '얼굴이 붉게 변한 것'은 소리가 나는 상황은 아니다 그러나 의성사 '唰'가 '红'을 수식함으로써 얼굴이 갑자기 붉어지는 상황을 생동감 있고 형상성이 뛰어나게 표현하고 있다. 따라서 의성사의 수식 작용은 다른 품사보다 더 두드러진다.

의성사의 분류

의성사를 그 쓰임에 따라 나누면, 定型의성사와 非定型의성사로 나눌 수 있다. 정형의성사는 '潺潺', '琅琅', '萧萧', '霍霍', '淙淙' 등이며, 비정형의성사는 '轰', '哗哗', '砰', '啪嗒', '唰', '嘎吧', '刺溜' 등이 여기에 속한다. 정형의성사는 대부분 고대로부터 써오던 표현이며, 중첩된 이음절 단어가 많다. 표기 한자나 그것이 표현하는 소리도 비교적 고정되어 있어 언어 환경이 주어지지 않아도 어떤 소리인지 알 수 있다. 예를 들면 '潺潺'은 계곡물이나 샘물이 흐르는 소리를 형용하며, '琅琅'은 금석이 서로 부딪치거나 울리는 소리를 묘사한다. 이러한 어휘는 구어에서는 잘 쓰이지 않고 문어에 많이 쓰인다. 비정형의성사는 대부분 화자나 작자가 소리를 흉내 내서 만들어낸 표현이다. 그 발음 형식이나 표기 한자가 고정되어 있지 않지만, 쓰이는 범위는 비교적 넓다. 이러한 의성사는 일정한 언어 환경이 주어지지 않으면 어떤 소리를 묘사하는지 알기 어려운 경우도 있다.

① '砰朗'一声，又碎了些陶瓷。

'Pēnglǎng' yì shēng, yòu suìle xiē táocí.

'쨍그랑'하는 소리와 함께 도자기들이 또 깨졌다. (도자기가 깨지는 소리)

② '豁啷'一声，茶碗落地，泼了一身一地的茶。

'Huōlāng' yì shēng, cháwǎn luò dì, pōle yì shēn yí dì de chá.

'쨍그랑'하고 찻잔이 땅에 떨어지며 몸과 바닥에 온통 차가 엎질러졌다. (도자기가 깨지는 소리)

③ 他刚到院子里，'叭嚓'一声，盆子片、猪食渣闹了一身，洒了一地。

Tā gāng dào yuànzi lǐ, 'bācā' yì shēng, pénzi piàn、zhū shí zhā nàole yì shēn, sǎle yí dì.

그가 막 뜰 안으로 들어왔을 때 '퍽'하는 소리와 함께 화분조각과 돼지 사료 찌꺼기가 온 몸에 묻고 바닥에 쏟아졌다. (자기 그릇이 깨지는 소리)

④ 忽听得'咚咚咚'有人敲门。

Hū tīng de 'dōngdōngdōng' yǒu rén qiāo mén.

갑자기 '똑똑똑'하고 누군가 문을 두드리는 소리가 들렸다. (문을 두드리는 소리)

⑤ 听，号声嗒嗒，鼓声冬冬。

Tīng, hào shēng dādā, gǔ shēng dōngdōng.

들어봐, 따따 나팔소리와 둥둥 북소리가 들려. (나팔소리, 북소리)

⑥ '砰砰'两声，不知是谁从后面打来了两枪。

'Pēngpēng' liǎng shēng, bù zhī shì shéi cóng hòumiàn dǎlai le liǎng qiāng.

'탕탕'하는 소리가 들렸는데 누가 뒤에서 총 두 발을 쐈는지 모르겠다. (총소리)

⑦ 忽听砰砰的打门声。

Hū tīng pēngpēng de dǎ mén shēng.

갑자기 쾅쾅하는 문을 두드리는 소리가 들렸다. (문을 두드리는 소리)

그러나 많은 비정형의성사가 묘사하는 소리는 대체적으로 정해져 있다. 예를 들면 다음과 같다.

咚咚	북소리, 문 두드리는 소리
砰砰	총소리
哗哗	물 흐르는 소리, 빗소리
的的	호루라기 소리, 자동차 경적소리
噼里叭喇	폭죽소리
轰轰	대포소리
的哩嘟噜	그 뜻을 알 수 없는 말소리
扑通	물 떨어지는 소리

그렇기 때문에 마음대로 의성사를 만들지 말고 현재 통용되고 있는 의성사를 가능한 써야 한다.

제 3 절
의성사의 어법 기능

 의성사는 주로 부사어로 쓰여 술어동사를 수식한다. '地'는 올 수도 있고 오지 않을 수도 있다.

① 许多战士冷得嘴唇发白，牙齿嗒嗒地响。

　Xǔduō zhànshì lěng de zuǐchún fā bái, yáchǐ dādā de xiǎng.

많은 전사들은 추워서 입술이 파래지고 이가 덜덜하고 떨렸다.

② 桌上的闹钟的嗒的嗒地在静夜里清脆地响着。

　Zhuō shàng de nàozhōng de dā de dā de zài jìngyè lǐ qīng cuì de xiǎngzhe.

책상 위의 자명종은 째깍째깍하며 조용한 밤에 낭랑하게 울렸다.

③ 石玉亭举起枪就打，匪副司令的手枪'当啷啷'地滚了下去。

　Shí Yùtíng jǔ qǐ qiāng jiù dǎ, fěi fùsīlìng de shǒuqiāng 'dānglānglāng' de gǔnle xiàqu.

石玉亭이 총을 들어 쏘자 비적 부사령의 권총이 '땡그랑'하며 굴러 떨어졌다.

④ 枪叭地响了一声，这枪是朝天放的，为了吓跑围过来的狗熊。

　Qiāng bā de xiǎngle yì shēng, zhè qiāng shì cháo tiān fàng de, wèile xià pǎo wéiguòlai de gǒuxióng.

총에서 빵하고 소리가 났는데, 이번 사격은 둘러싸고 있는 검은 곰을 놀래 달아나게 하기 위해 하늘을 향해 쏜 것이다.

⑤ 你听，啦啦地响了，猹在咬瓜了。

　Nǐ tīng, lālā de xiǎng le, chá zài yǎo guā le.

들어 봐, 사각사각 소리가 났는데 오소리가 수박을 먹고 있어.

⑥ 他半眯着眼，把钱哗拉哗拉地放进装小费的盒子里。

　Tā bàn mīzhe yǎn, bǎ qián huālāhuālā de fàngjìn zhuāng xiǎo fèi de hézi lǐ.

그는 반쯤 눈을 감고 돈을 와르르 팁 상자에 넣었다.

 관형어로 쓰이는데, 의성사 뒤에 일반적으로 구조조사 '的'이 온다.

① 他躺着，从船底潺潺的水声，知道船还在走着。

Tā tǎngzhe, cóng chuán dǐ chánchán de shuǐ shēng, zhīdào chuán hái zài zǒu zhe.

② 正在这时，石洞里传来'咕咚咕咚'的脚步响。

Zhèngzài zhèshí, shídòng lǐ chuánlai 'gūdōng gūdōng' de jiǎobù xiǎng.

③ 东方刚刚发白，那呜呜的小米轮的汽笛声就从村外的小河上传到村里来了。

Dōngfāng gānggāng fābái, nà wūwū de xiǎo mǐlún de qìdí shēng jiù cóng cūn wài de xiǎo hé shàng chuán dào cūn lǐ lái le.

④ 再看看那滴嗒滴嗒的小闹钟—已经三点半啦。

Zài kànkan nà dīdādīdā de xiǎo nàozhōng -- yǐjīng sān diǎn bàn la.

3 술어로 쓰인다.

① 王阿大鼻孔呼噜了两声，忍住了眼泪，抖着手指……

Wáng'ādà bíkǒng hūlū le liǎng shēng, rěnzhùle yǎnlèi, dǒuzhe shǒuzhǐ……

② 他们轻轻划着船，船两边的水，哗，哗，哗。

Tāmen qīngqīng huázhe chuán, chuán liǎng biān de shuǐ, huā, huā, huā.

③ 小高岭上硝烟弥漫，炮声隆隆。

Xiǎo gāolǐng shàng xiāo yān mímàn, pào shēng lónglóng.

④ 忽然，他们听见大街上车轮子轰隆隆的，还有过队伍的声音。

Hūrán, tāmen tīngjiàn dàjiē shàng chēlúnzi hōnglónglóng de, hái yǒu guò duìwu de shēngyīn.

4 보어로 쓰이는데, 의성사 뒤에 일반적으로 '的'가 온다.

① 火车从这里经过的时候，窗户都被震得哗啦哗啦的。

Huǒchē cóng zhèlǐ jīngguò de shíhou, chuānghu dōu bèi zhèn de huālāhuālā de.

② 小胖见奶奶锁上门走了，急得嗷嗷的。

Xiǎo Pàng jiàn nǎinai suǒ shàng mén zǒu le, jí de áo'áo de.

③ 她躺在床上，听见邻舍家的门砸得咚咚的，又是吼，又是骂。

Tā tǎng zài chuáng shàng, tīngjiàn línshè jiā de mén zá de dōngdōng de, yòu shì hǒu, yòu shì mà.

④ 大厅里打了个稀里哗啦，花瓶粉碎，蝶儿碗儿稀烂，桌椅板凳东倒西歪，军棋、扑克牌撒了一地……

Dàtīng lǐ dǎle ge xīlihuālā, huāpíng fěnsuì, diér wǎnr xīlàn, zhuō yǐ bǎndèng dōngdǎo xīwāi, jūn qí, pūkèpái sǎle yí dì……

홀에서 와장창 꽃병이 깨지고 접시와 그릇이 산산조각이 났다. 탁자와 의자가 이리저리 쓰러졌으며 군대 장기, 포커가 땅에 흩어졌다…

⑤ 주어로 쓰이기도 하는데, 많이 쓰이지는 않는다.

自然喽，我叽哩呱啦是出了名的，厂里谁不知道？

Zìrán lou, wǒ jīliguālā shì chūle míng de, chǎng lǐ shéi bù zhīdào.

당연하지, 내가 왁자지껄하게 이름이 났는데 공장에서 누가 모르겠어?

⑥ 재지시 성분으로 쓰인다.

① 他正要说下去，'的铃铃'，一阵急促的警铃声打断了他的声音。

Tā zhèng yào shuō xiaqu, 'dìlínglíng', yí zhèn jícù de jǐnglíngshēng dǎduànle tā de shēngyīn.

그가 막 말하려고 했는데, '따르릉'하고 긴박한 비상벨 소리가 그의 말을 잘랐다.

② '笃！笃！笃！' 声音那么沉闷，就同我的心情一样。

'Dǔ! dǔ! dǔ!' shēngyīn nàme chénmèn, jiù tóng wǒ de xīnqíng yíyàng.

'뚝! 뚝! 뚝!' 소리가 저렇게 무겁다니 내 기분하고 똑같아.

③ '哗，哗，哗'，划船声音越来越远了。

'Huā, huā, huā', huá chuán shēngyīn yuèláiyuè yuǎn le.

'솨, 솨, 솨', 배를 젓는 소리가 갈수록 멀어졌다.

⑦ 의성사가 독립적으로 쓰일 수도 있다.

① '砰'！子弹向别处飞去。

'Pēng'! zǐdàn xiàng biéchù fēiqù.

'펑'! 총알이 다른 곳으로 날아갔다.

② 突然，'突突突……'一辆摩托车给妈妈送来了电报。

Tūrán, 'tūtūtū……' yí liàng mótuōchē gěi māma sònglai le diànbào.

갑자기, '부릉부릉……' 오토바이 한 대가 어머니에게 전보를 전해줬다.

③ '噗噗'。郭太身子一歪，倒在地上。

'Pūpū'. Guōtài shēnzi yì wāi, dǎo zài dì shàng.

'콰당'. 郭太는 몸이 기우뚱하더니 바닥에 쓰러졌다.

参考文献

傅　力　象声词作谓语浅说,汉语学习,1983年第4期。

邵敬敏　拟声词初探,语言教学与研究,1981年第4期。

张　静　谈象声词,汉语学习,1982年第4期。

一. 아래 문장에서 의성사를 찾고 그것이 어떤 소리를 묘사하는지 설명하시오.

　1.“啪啪”枪声响了，敌人立刻倒下去。

　2.一天早晨，天刚刚亮，大雨哗哗地下了起来。

　3.只听见房子后头，老是“赤嚓赤嚓”地响着，原来老牛又在吃草。

　4.大街上的雪足有一尺多深，人走上去咯吱咯吱地响。

　5.过了一会儿，远处又“喔喔喔”! 传过来第二遍鸡叫。

　6.那天夜里，西北风呼呼地刮着，吹得窗户纸也哗哗地直响。

　7.他从衣袋里掏出一根火柴，“嚓”的一声划着了。

　8.“嘀铃铃，嘀铃铃”老王立刻抓起电话机的听筒。

　9.忽听半空中一阵“嘎! 嘎! 嘎!”兄妹俩抬头一看，是一群海鸟，从天空飞过。

10.得得得得，老王在梦中突然听到有人敲门。

11.“嘁嚓，嘁嚓，嘁嚓”，四秒、五秒、六秒过去了，可是班长怎么还不下令开炮呢。

12.这时老师叫我的名字，我的心紧张得怦怦直跳。

13.铛，铛，铛，铛……钟敲了十二下，已经深夜十二点了。

14.“啪”的一声，小李把书扔在地上，转身就走了。

15.风刮来的大雨点打在玻璃窗上噼噼啪啪乱响。

16.你走路轻一点儿好吗? 噔，噔，噔地走，把人吵死。

17.这几天，春雨唰唰地下个不停。

18.今天小力渴坏了，到家咕嘟咕嘟喝了两大碗水。

19.风把树叶刮得撒啦撒啦直响。

20.人家都在睡午觉呢! 咱们先别乒乒乓乓地搬东西了。

二. 알맞은 의성사로 빈칸을 채우시오.

　　呱哒呱哒、唰、嘀嘀嗒嗒、哗、啪哒啪哒、吱扭、嗷嗷、吧嗒吧嗒、唔哩哇啦、
　　呼哧呼哧、嗡嗡

　1.老张的这句话使小朱的脸________地一下红到耳朵根儿。

　2.这时候不知道谁带的头，全场________的一声鼓起掌来了。

　3.狼对东郭先生说：“你听这________的声音，打猎的追来了。”

　4.刚才还有太阳呢，忽然间________直掉大雨点，快把晾的衣服收进来。

　5.怎么水管子漏了，这么半天一直在________往下滴水。

　6.每年到这个时候，蜜蜂就在花丛中________地飞着，忙着采蜜。

　7.门________响了一声，我转过头去一看，妈妈进来了。

　8.老支书装了一袋烟，________抽着，好像在想什么。

　9.我只听他们俩人________说了一阵，可是不懂说的什么。

10.大胡子军官气得跳起来________地叫“再不说就打死你!”

11.看把他累得________直喘大气。

제11장

감탄사

감탄사는 느낌, 놀람, 응답 등을 표현하는 단어를 말한다. 예를 들면, 화가 났을 때는 '哼'을 자주 쓰며, 기쁠 때는 '哈哈', 고통스러울 때는 '哎哟', 사람을 부를 때는 '喂', 대답할 때는 '嗯'을 쓴다.

제 1 절

감탄사의 특징

1 감탄사는 비교적 특수한 품사이다. 감탄사는 명확한 어휘 의미가 없을 뿐만 아니라 어법 의미도 나타내지 못한다. 다시 말하면 실사도 아니고 허사도 아니다. 문장구조 면에서 보면, 감탄사는 독립적인 성분으로, 문장의 다른 성분과 아무런 관련을 가지고 있지 않으며 다른 문장성분으로 쓰일 수도 없다. 그러나 모든 감탄사는 일정한 의미를 나타내므로 의미면에서 감탄사는 그것이 쓰인 문장과 연관성을 갖는다.

① 啊哟哟! 不要踩了我的鱼啊!

  Ayoyo! Búyào cǎile wǒ de yú a!

아이고! 내 생선을 밟지 마! (초조)

② 唉! 施粥厂门外也没有这般挤呀!

  Ai! Shī zhōu chǎng mén wài yě méi yǒu zhè bān jǐ ya!

아! 죽을 나누어주는 집 밖도 이렇게 붐비지 않았었어! (탄식)

③ 玉宝借着火光一看，啊，是周扒皮。

  Yùbǎo jièzhe huǒguāng yí kàn, a, shì Zhōubāpí.

玉宝가 불을 비춰보니, 아, 周扒皮이었다. (놀람)

2 감탄사는 통상적으로 문두에 위치하며, 뒤에 쉼표나 감탄부호가 온다.

① "啊呀!这样的婆婆……" 四婶惊奇地说。

  "Aya! Zhèyàng de pópo……" Sìshěn liāngqí de shuō.

"아이고! 이런 시어머니……" 四婶은 이상하게 여기며 말했다. (놀람)

② 嗳，喔唷! 喔唷! 好疼呀!

  Ai, oyo! Oyo! Hǎo téng ya!

아, 아야! 아야! 너무 아파! (신음)

감탄사가 문장의 중간이나 끝부분에 오는 경우도 있다.

③ '荒年荒时，哎！—几时开门呢?'

Huāngnián huāngshí, āi! -- Jǐ shí kāi mén ne?

④ 这些小家伙，哎呀！真有个意思。

Zhèxiē xiǎojiāhuo, āiyā! Zhēn yǒu ge yìsi.

⑤ 你甭看着我办事，你眼热！看见？我早就全看见了，哼！

Nǐ béng kànzhe wǒ bàn shì, nǐ yǎn rè! Kànjiàn? Wǒ zǎo jiù quán kànjiàn le, hng!

⑥ 老爷子痛心疾首地喊起来：“你们说，到底为什么要离婚呢？为什么？啊？”

Lǎo yézi tòngxīn jíshǒu de hǎn qǐlai: "Nǐmen shuō, dàodǐ wèishénme yào líhūn ne? Wèishénme? Á?"

'흉년이야, 아! – 몇 시에 문을 열지?'
이 젊은이들, 야! 정말 재미있다.
내가 일하는 거 보지 마, 부러워할 거야! 본다고? 전에 전부 봤어, 흥!
할아버지는 몹시 가슴 아파하며 외쳤다. "너희들 말해봐라, 도대체 왜 이혼하려고 하니? 왜? 응?"

3 감탄사는 여러 가지 감정을 나타낸다. 중국어의 감탄사는 종류가 비교적 많고 감정을 나타낼 때 미세한 차이를 보인다. 동일한 감탄사라도 어조가 달라짐에 따라 언어 환경이 바뀌면 다른 감정을 표현할 수 있다.

① 啊，是你呀。

A, shì nǐ ya.

② 啊，他死了？

A, tā sǐ le?

③ 啊，明天考试？

A, míngtiān kǎoshì?

④ 啊！你说什么？

A! Nǐ shuō shénme?

⑤ 啊，是这么回事。

A, shì zhème huí shì.

⑥ 啊，就这样吧。

A, jiù zhèyàng ba.

⑦ 好好睡觉，啊，小妹！

Hǎohāo shuì jiào, A, xiǎo mèi!

⑧ 哥哥，让我去吧，啊！

Gēge, ràng wǒ qù ba, A!

⑨ （大叫）啊—！

A—!

아, 너구나.(약간 놀람, '啊'의 어조는 내려감)
아, 그가 죽었어?(놀람, '啊'의 어조는 높이 올라가고 짧음)
어, 내일 시험이야?(뜻밖이어서 놀라는데 때로 믿지 못하겠다는 의미가 있음, 어조는 내려가다가 뒤에 올라감)
아! 뭐라고 말했어?(잘 듣지 못해서 캐묻는 경우, 어조는 높이 올라가고 느림)
아, 이렇게 된 일이었어.(문득 크게 깨달은 경우, 어조는 내려가며 느리고 소리는 비교적 긺)
아, 이렇게 하자.(동의, 승낙을 나타냄, 어조는 내려가고 소리는 짧음)
잘 자, 응, 동생아!(부탁, 평평한 어조)
오빠, 가게 해줘요, 응!(요청, 평평한 어조)
(크게 외치며) 아—! (크게 외치는 소리, 어조는 높은 곳에서 내려가고 소리는 길게 끎)

 감탄사를 한자로 쓸 때에는 서사 방법이 고정되어 있지 않다. 고통스러울 때 쓰는 /àiyou/는 '哎哟'나 '喔唷'로, 대답할 때 쓰는 /ài/는 '哎'나 '欸'로 표기된다. 감탄사 '哦', '噢', '喔'은 모두 /o/로 발음된다. 심지어 동일한 감탄사의 발음이 달라지는 경우도 있는데, '欸'(/ai/ 혹은 /ei/)가 여기에 해당한다.

제 2 절

감탄사의 종류

 ## 의기양양함, 즐거움, 기쁨을 표현하는 감탄사

'哈哈/haha/', '嗬嗬/hoho/', '嘿嘿/heihei/'는 어조가 낮게 떨어지고 짧다. 첫 번째 음절을 강하게 읽고, 두 번째 음절은 약하게 읽는다. 대부분 직접인용문에 쓰이는데, 웃는 소리를 묘사할 때도 있다.

① "哈哈哈，你这个坏小子。"人们笑得更响了。

　　"Hahaha, nǐ zhège huài xiǎozi." Rénmen xiào de gèng xiǎng le.

"하하하, 이 나쁜 자식." 사람들은 더욱 요란하게 웃었다.

② 哈哈，这次抓阄儿，我可抓着了。

　　Haha, zhè cì zhuā jiūr, wǒ kě zhuā zháo le.

하하, 이번 제비뽑기는 내가 뽑았는걸.

③ 嗬嗬，儿子，过个生日，得了这么多好玩艺，谢谢爷爷、奶奶了吗?

　　Hoho, érzi, guò ge shēngrì, déle zhème duō hǎo wányì, xièxiè yéye、nǎinai le ma?

허허, 아들아, 생일날 이렇게 많은 좋은 장난감이 생겼는데 할아버지, 할머니한테 고맙다고 했니?

④ 嗬嗬，这批买卖做成了，打通了路子，咱这商行也就站住脚了。

　　Hoho, zhè pī mǎimai zuò chéng le, dǎtōngle lùzi, zán zhè shāngháng yě jiù zhànzhù jiǎo le.

허허, 이번 장사는 잘 됐어. 연줄도 생기고 우리 이 상점도 자리를 잡았어.

⑤ "嘿嘿，好吃吧，还吃么?"大叔对我笑着说。

　　"Heihei, hǎochī ba, hái chī me?" Dàshū duì wǒ xiàozhe shuō.

"허허, 맛있지, 또 먹을래?" 큰아버지는 나에게 웃으며 말했다.

⑥ 嘿，这次来，咱们可把北京城全逛遍了。

　　Hei, zhè cì lái, zámen kě bǎ Běijīng chéng quán guàng biàn le.

어이, 이번에 와서 우리는 北京을 전부 한번 돌아봤다.

고뇌, 탄식, 슬픔을 표현하는 감탄사

[1] '唉/ai/'(어조는 낮게 떨어지고 완만함)는 탄식이나 슬픔을 표현한다.

① 唉，这真是一个不可弥补的损失啊。

　　Ai, zhè zhēn shì yí ge bùkě míbǔ de sǔnshī a.

아이고, 이 손실은 정말 메울 방법이 없어.

② "唉，我觉得我简直对不起慧儿……"她的声音有点嘶哑，仿佛悲愤堵塞了她咽喉。

"Ai, wǒ juéde wǒ jiǎnzhí duìbuqǐ Huì'ér……" Tā de shēngyīn yǒu diǎn sīyǎ, fǎngfú bēifèn dǔsèle tā yānhóu.

"아이고, 나는 정말 慧儿한테 미안해하고 있어……" 그녀의 소리는 약간 쉬었는데 마치 슬프고 분해서 목구멍이 막힌 것 같았다.

② '咳、嗨/hai/'(어조가 낮게 떨어짐)는 탄식, 불만, 고뇌를 표현한다.

① "咳! 别提了。"我平常每天从家里出来，都是左手拿皮包，右手拿垃圾袋，今天早上一忙，给弄拧了，结果，到了垃圾箱前，就把皮包扔进去了。

"Hai! Bié tí le." Wǒ píngcháng měitiān cóng jiā lǐ chūlai, dōu shì zuǒshǒu ná píbāo, yòushǒu ná lājīdài, jīntiān zǎoshang yì máng, gěi nòng nǐng le, jiéguǒ, dàole lājīxiāng qián, jiù bǎ píbāo rēng jìnqu le.

"어, 말도 마." 나는 평상시 매일 집에서 나와 왼손에는 가방을 들고 오른손에는 쓰레기봉투를 든다. 오늘 아침에 바빠 헷갈렸는데, 결과 쓰레기통 앞에 와서는 가방을 던져버렸다.

② 咳，别提了，您看我的衣服给做成什么样子，挺好的一块料子!

Hai, bié tí le, nín kàn wǒ de yīfu gěi zuòchéng shénme yàngzi, tǐng hǎo de yí kuài liàozi!

허, 얘기하지도마, 내 옷을 무슨 꼴로 만들었는지 봐, 아주 좋은 옷감이었어!

③ 嗨，虽说都干秘书，可我这秘书就差远了。

Hai, suīshuō dōu gàn mìshū, kě wǒ zhè mìshū jiù chà yuǎn le.

아, 비록 모두 비서를 한다 해도 나는 정말 아직 멀었어.

3 찬탄, 선망을 표현하는 감탄사

① '喝, 嗬, 呵/he/'(어조가 떨어짐)는 대부분 사람 앞에서 큰 목소리로 칭찬하는 경우에 쓰인다.

① "嗬，变化真大! 我大概有三四年没来这儿了。"男人也动了感情。

"He, biànhuà zhēn dà! Wǒ dàgài yǒu sānsì nián méi lái zhèr le." Nánrén yě dòngle gǎnqíng.

"허, 변화가 정말 많구나! 내가 아마도 여기에 안온 지 3, 4년은 되었을 걸." 남자는 감격했다.

② 嗬! 好香啊，你小伙子自己改善生活啦，也不告诉哥们一声。

He! Hǎo xiāng a, nǐ xiǎo huǒzi zìjǐ gǎishàn shēnghuó la, yě bú gàosu gēmen yì shēng.

'와! 정말 냄새 좋은데, 너 자식 혼자서 맛있는 음식을 먹고도 친구들한테 한마디도 말하지 않고 말이야.

② '啊'(어조가 떨어짐)는 감탄을 표현한다.

③ 啊，健康真好啊!……眼泪不由得流了下来。

A, jiànkāng zhēn hǎo a! …… Yǎnlèi bùyóude liúle xiàlai.

야, 건강이 정말 좋구나! …… 눈물이 저절로 흘러내렸다.

③ '嗯/ng/'(어조가 낮게 떨어짐)은 일반적으로 조용히 칭찬하는 경우에 쓰인다.

① 嗯，你这次考试成绩还不错，够上优等了。

Ng, nǐ zhè cì kǎoshì chéngjì hái búcuò, gòu shàng yōuděng le.

응, 너 이번 시험 성적이 그런대로 좋구나, 충분히 우등에 들겠는데.

② 嗯，今天你做的几个菜味道挺好，我都爱吃。

　　Ng, jīntiān nǐ zuò de jǐ ge cài wèidao tǐng hǎo, wǒ dōu ài chī.

응, 오늘 네가 한 몇 가지 요리는 맛이 매우 좋았어. 모두 내가 좋아하는 거였어.

어조가 올라가면 의외인 상황을 나타낸다.

③ 嗯，怎么小闹钟又停了？

　　Ng, zěnme xiǎo nàozhōng yòu tíng le?

어, 왜 작은 자명종이 또 멈췄지?

④ 嗯，原来他们有亲戚关系，我说的呢。她特别受宠。

　　Ng, yuánlái tāmen yǒu qīnqi guānxì, wǒ shuō de ne. Tā tèbié shòu chǒng.

어, 알고 보니 그들은 친척관계였어, 내가 뭐랬어. 그녀는 특히 총애를 받는다니까.

④ '啧', '啧啧'(쉼을 들이마시며 혀와 윗니 사이에서 조음되는 음)는 대부분 제3자를 칭찬할 때 쓰이는데, 선망의 의미를 포함하는 경우도 있다. '啧'는 단독으로 쓰이지 않고 일반적으로 두 개 혹은 서너 개의 '啧'가 연이어 쓰인다.

① 啧啧，看人家十一岁的小姑娘写的楷书多好。

　　Zeze, kàn rénjia shíyī suì de xiǎo gūniang xiě de kǎishū duō hǎo.

와, 11살 난 어린 아가씨가 쓴 해서가 얼마나 좋은지 봐.

② 啧啧啧，在这么高的，吊环上表演，多不容易。

　　Zezeze, zài zhème gāo de, diàohuán shàng biǎoyǎn duō bù róngyì.

와와와, 이렇게 높은 링에서 체조연기를 하다니 얼마나 어렵겠어.

⑤ 상대방이나 제3자를 동정하거나 가련하게 여기거나 마음 아파할 때는 '啧'를 하나만 쓴다. 또한 불만스럽거나 참을 수 없는 상황에서도 '啧' 한 글자만 쓴다.

4 놀라움을 표현하는 감탄사

① '哎呀/aiya/', '哎哟/aiyou/', '喔哟/oyo/'(어조가 낮게 떨어지고 짧음)는 놀라움, 초조를 나타내며, 놀라움과 함께 수반되는 기쁨이나 두려움을 나타낼 수도 있다.

① 哎呀，老玛丽，是你呀，咱们有五年没见了吧。

　　Aiya, lǎo Mǎlì, shì nǐ ya, zámen yǒu wǔ nián méi jiàn le ba.

야, 마리, 너구나, 우리 5년 동안 만나지 못했지.

② 哎呀，到处找你找不着，原来你在呼呼大睡！

　　Aiya, dàochù zhǎo nǐ zhǎo bu zháo, yuánlái nǐ zài hūhū dà shuì!

아이고, 사방으로 너를 찾아봐도 찾지 못했는데, 알고 보니 쌕쌕 잠을 자고 있었구나!

③ 哎呀，我的钱包不见了！

　　Aiya, wǒ de qiánbāo bú jiàn le!

아이고, 내 지갑이 없어졌어!

④ 哎哟，考试有一道题我忘了回答了。

　　Aiyou, kǎoshì yǒu yí dào tí wǒ wàngle huídá le.

아이고, 시험에서 한 문제에 답 쓰는 것을 깜박했어.

⑤ "哎哟" 妈妈摸了一下孩子的额头惊叫起来："怎么这么烫！"

　　"Aiyou" māma mōle yíxià háizi de étou jīngjiào qǐlai: 'Zěnme zhème tàng!'

"아이고" 어머니는 아이의 이마를 만지더니 놀라 소리쳤다. "왜 이렇게 뜨겁지！"

⑥ 喔哟，这么大的雨，院子里都成河了。

　　Oyo, zhème dà de yǔ, yuànzi lǐ dōu chéng hé le.

아이고, 이렇게 큰비가 뜰을 모두 강으로 만들었어.

② '呀/ya/'(어조가 낮게 떨어지고 짧음)는 대부분 뜻밖의 상황이나 불리한 상황이 갑자기 출현했을 때 쓰인다. 독백과 대화에 모두 쓰인다.

① 呀，夜里下雪了，下了这么厚呢。

　　Ya, yè lǐ xià xuě le, xiàle zhème hòu ne.

야, 밤에 눈이 내렸어, 이렇게 많이 내렸어.

② 呀，他这么好的人，怎么会遇到这样不幸的事呢。

　　Ya, tā zhème hǎo de rén, zěnme huì yùdào zhèyàng búxìng de shì ne.

야, 그는 이렇게 좋은 사람인데 왜 이런 불행한 일을 당하는 거지.

③ '哎哟, 喔哟/oyo/'는 고통스러울 때 내는 신음소리를 묘사할 수도 있다.

① 哎哟，伤口疼。

　　Aiyo, shāngkǒu téng.

아야, 상처가 아파.

② 喔哟，腿又抽筋了。

　　Oyo, tuǐ yòu chōu jīn le.

아야, 다리가 또 쥐가나.

④ '哦/o/'(어조가 떨어졌다 올라감)는 전해들은 상황에 대한 놀라움과 의심을 나타낸다.

① 哦？他儿子刚毕业工作一年，就当上经理了。

　　O? Tā érzi gāng bì yè gōngzuò yì nián, jiù dāng shàng jīnglǐ le.

어? 그의 아들은 막 졸업하고 일한 지 1년 되었는데 사장이 되었어.

② 哦？是吗？小伙子真够能干的。

　　O? Shì ma? Xiǎohuǒzi zhēn gòu nénggàn de.

어? 그래? 젊은이가 정말 능력이 대단하네.

⑤ '嗬/ho/'(어조가 높은 곳에서 떨어짐)는 갑자기 출현한 새로운 상황에 대한 놀라움을 표시한다.

① 嗬！新兴的科学城规模可真不小。

　　He! Xīnxīng de kēxué chéng guīmó kě zhēn bù xiǎo.

허! 새로 조성한 과학도시 규모가 정말 크다.

② 嗬，新开通的那条马路横贯北京城的东西，又长又宽。

　　He, xīn kāitōng de nà tiáo mǎlù héngguàn Běijīng chéng de dōngxī, yòu cháng yòu kuān.

허, 새로 개통한 그 길은 북경을 가로 지르고 있는데, 길고 넓다.

③ 嗬，阿Q，你回来了。

　　He, ĀQ, nǐ huílái le.

허, 아큐, 돌아왔구나.

⑥ '喔/o/'(어조가 높게 올라감)은 놀라움을 표시한다.

① 喔，他没被录取吗？

　　O, tā méi bèi lùqǔ ma?

어, 그는 아직 합격하지 못했니?

[7] '哟/yo/'는 작은 놀라움을 표시한다(농담의 어기를 띠는 경우도 있음).

① 哟，挂住我的衣服了。

　　Yo, guà zhù wǒ de yīfu le.

야, 내 옷이 걸렸어.

② 哟，认错人了。

　　Yo, rèn cuò rén le.

어, 사람을 잘못 봤네.

③ 丈夫今天比每天回来得都早，杨静故意拉长声："哟，你还有回来早的时候啊。"

　　Zhàngfu jīntiān bǐ měitiān huílái de dōu zǎo, Yáng Jìng gùyì lācháng shēng : "Yo, nǐ hái yǒu huílái zǎo de shíhau a."

남편은 오늘은 평상시보다도 일찍 돌아왔는데 杨静은 일부러 길게 소리를 끌며 말했다. "어, 당신이 일찍 돌아올 때도 있네."

④ "哟，蘑茹。"我惊喜地叫道，并下意识地扔掉锄头，打算奔过去。

　　"Yo, mógu." Wǒ jīngxǐ de jiàodao, bìng xiàyìshí de rēngdiào chútou, dǎsuàn bēnguòqu.

"야, 버섯이네." 나는 놀랍고도 기뻐하면서 외쳤다. 또 무의식적으로 호미를 던져버리고 내달리려고 했다.

[8] '嚯/huo/'는 놀라움이나 찬탄을 나타낸다.

① 嚯，这儿的人真多！

　　Huo, zhèr de rén zhēn duō!

야, 여기 사람들이 정말 많구나!

② 冲在前面的那只熊，突然腾地一下站立起来，嚯！比我们准都高，少说也有三四百斤重。

　　Chōng zài qiánmiàn de nà zhī xióng, tūrán téng de yíxià zhànlì qǐlai, huo! bǐ wǒmen zhǔn dōu gāo, shǎo shuō yě yǒu sānsì bǎi jīn zhòng.

앞으로 돌진하던 그 곰이 갑자기 벌떡 일어섰다. 야! 우리보다 확실히 커, 적어도 무게가 3, 4백 근은 되겠어.

[9] '咦/yi/'는 이상한 상황이 발생한 경우에 쓰인다.

① 咦？你怎么来了？不是病吗？

　　Yi? Nǐ zěnme lái le? Bú shì bìng ma?

어? 어떻게 왔어? 병나지 않았었어?

② 咦！你都回来了！

　　Yi! Nǐ dōu huílái le!

어! 벌써 돌아왔어!

5 반대, 원망, 질책을 표현하는 감탄사

[1] '嗳/ai/'(어조가 떨어졌다 올라감)는 상대방의 의견에 동의하지 않는 경우에 쓰인다.

① 嗳，在价值规律面前人是会变的嘛。

Ai, zài jiàzhí guīlǜ miànqián rén shì huì biàn de ma.

아아, 가치관 앞에서 사람들은 변할 수 있잖아.

② '哎呀/aiya/'(어조가 떨어지거나 떨어졌다 올라감)는 원망을 표시한다.

① 哎呀，怎么弄的，满墙都是墨点儿。

Aiya, zěnme nòng de, mǎn qiáng dōu shì mò diǎnr.

아이고, 어떻게 한 거야, 온 벽이 모두 까만 얼룩이 졌잖아.

② 哎呀，好好的一本书，给撕了。

Aiya, hǎohāo de yì běn shū, gěi sī le.

아야, 아주 멀쩡한 책이 찢어졌어.

③ '哼/heng/'(어조가 낮게 떨어지며 짧음)은 불만이나 질책을 표시한다.

① 哼，你还睡懒觉哇，看几点钟了。

Heng, nǐ hái shuì lǎn jiào wa, kàn jǐ diǎnzhōng le.

흥, 아직 늦잠을 자고 있어, 몇 시인지 봐.

② 哼，你别仗势欺人，我不怕。

Heng, nǐ bié zhàng shì qī rén, wǒ bú pà.

흥, 세력을 믿고 남을 업신여기지 마, 두렵지 않아.

③ 哼，这简直是倒打一耙，我还要去法院告他呢。

Heng, zhè jiǎnzhí shì dào dǎ yì pá, wǒ hái yào qù fǎyuàn gào tā ne.

흥, 이거 정말 적반하장이네. 법원에 그를 고소해야겠어.

6 경멸, 불만, 분노를 나타내는 감탄사

① '哼/hng/'(어조가 낮게 떨어지며 짧음)은 불만이나 분노를 표시한다.

① 哼，你还想靠他养老。

Hng, nǐ hái xiǎng kào tā yǎnglǎo.

흥, 너 또 그에게 빌붙어서 여생을 보내려고 하는 거지.

② 哼，你再要这样，非给你点苦头吃不可。

Hng, nǐ zài yào zhèyàng, fēi gěi nǐ diǎn kǔtou chī bùkě.

흥, 너 다시 이러면 쓴맛을 꼭 보여 주고 말 거야.

③ 哼，让他们去告吧，看谁胜诉。

Hng, ràng tāmen qù gào ba, kàn shéi shèngsù.

흥, 그들보고 고소하라고 해, 누가 이기는지 보자고.

④ 姑娘顶了他一句，心中洋洋自得：“哼，让你知道咱可不好惹。”

Gūniang dǐngle tā yí jù, xīn zhōng yángyáng zìdé : "Hng, ràng nǐ zhīdào zán kě bù hǎo rě."

아가씨는 그에게 한마디 쏘아붙이고는 마음 속으로 득의양양해서 말했다. "흥, 너한테 우리가 그렇게 만만하지 않다는 걸 보여주겠어."

② '呸/pei/'(어조가 높은 음에서 평평하거나 높은 곳에서 떨어짐)는 싫은 감정, 질책을 표시한다.

① 呸，你胡说，他可不是那样的人。

Pei, nǐ hú shuō, tā kě bú shì nàyàng de rén.

피, 허튼소리 하고 있네. 그는 절대 그런 사람이 아니야.

② 呸，我才不干那样的事呢。

　　Pei, wǒ cái bú gàn nàyàng de shì ne.

피, 나야말로 그런 일은 하지 않아.

③ 呸，是你对不起我，还是我对不起你，你怎么能颠倒黑白。

　　Pei, shì nǐ duìbuqǐ wǒ, háishi wǒ duìbuqǐ nǐ, nǐ zěnme néng diāndǎo hēibái.

흥, 네가 나한테 미안한 거니 아니면 내가 너한테 미안한 거니, 너 어떻게 사실을 왜곡할 수 있니?

③ '喝, 呵/he/'(어조가 높은 음에서 평평하거나 높은 곳에서 떨어짐)은 불만을 표시하며, 어조가 높을 때에는 풍자의 의미가 담긴다.

① 喝，你运气倒不错，想什么就有什么。

　　He, nǐ yùnqi dào búcuò, xiǎng shénme jiù yǒu shénme.

허, 운이 참 좋구나, 생각하는 건 다 이루니.

② 呵，你怎么老爱占人家便宜，这不好。

　　He, nǐ zěnme lǎo ài zhàn rénjia piányi, zhè bù hǎo.

허, 넌 어떻게 늘 남의 덕으로 잇속을 챙기길 좋아하니, 그건 좋지 않아.

③ 呵，你又捞了一把。

　　He, nǐ yòu lāole yì bǎ.

허, 너 또 한탕 했구나.

⑦ 깨달음을 나타내는 감탄사

① '噢/o/'(어조가 낮게 떨어짐)는 깨달음을 표시한다.

① 噢，我懂了。

　　O, wǒ dǒng le。

아, 알았다.

② 噢，我想起来了。

　　O, wǒ xiǎng qilai le.

아, 생각났어.

③ A : 喂，您哪位?

　　　 Wèi, nín nǎ wèi?

여보세요, 누구십니까?

　 B : 噢，是王秘书啊。

　　　 O, shì Wáng mìshū a.

아, 왕비서입니다.

'噢'의 어조를 낮게 떨어뜨리면서 길게 하면 마침내 이해했음을 나타낸다.

① 噢，是这么回事，我一直在纳闷呢。

　　O, shì zhème huí shì, wǒ yìzhí zài nàmèn ne.

아, 이렇게 된 일이구나, 줄곧 답답했었는데.

② 噢，您是日本人，对不起，没有看出来。

　　O, nín shì Rìběnrén, duìbuqǐ, méi yǒu kàn chūlai.

아, 당신은 일본인이군요, 미안합니다. 알아보지 못했어요.

③ 噢，想起来了，怪不得那么面熟呢。

　　O, xiǎng qilai le, guài bu de nàme miànshú ne.

아, 생각이 났어요, 어쩐지 무척 낯익더라니.

② '嗯, 唔/wu/'(어조가 낮게 떨어짐)는 깨달음을 표시한다.

① 嗯, 你的意思我明白了, 我尽量帮忙吧。

　　Wu, nǐ de yìsi wǒ míngbái le, wǒ jǐnliàng bāng máng ba.

아, 너의 뜻을 잘 알겠어, 힘껏 도와줄게.

② 唔, 你的情况我听说了, 我实在是爱莫能助。

　　Wu, nǐ de qíngkuàng wǒ tīngshuō le, wǒ shízài shì ài mò néng zhù.

어, 너의 상황은 들었어, 도와주고 싶어도 도와줄 수가 없다.

③ '啊/a/'(어조가 완만하게 낮게 떨어지면서 길게 발음됨)은 크게 깨우치면서 놀라는 상황에 쓰인다.

① 啊, 原来如此, 我顿时惊呆了。

　　A, yuánlái rúcǐ, wǒ dùnshí jīngdāi le.

아, 알고 보니 그랬구나, 나는 잠시 놀라 멍해졌다.

② 啊, 是这么回事。

　　A, shì zhème huí shì.

아, 이렇게 된 일이구나.

③ 啊, 您也天天上班来站岗, 我说的呢, 怎么退休了也老不在家。

　　A, nín yě tiāntiān shàngbān lái zhàngǎng, wǒ shuō de ne, zěnme tuìxiūle yě lǎo bú zài jiā.

아, 당신은 날마다 출근해서 교통정리를 했군요. 그러면 그렇지, 왜 퇴직하고도 늘 집에 없나 했어요.

8 사람을 부르거나 대답하는 경우에 쓰이는 감탄사

① '嗳/ei/'(어조사 높게 올라감)은 부르거나 상대방의 주의를 불러일으킬 때 쓰인다.

① 嗳, 你们到这儿来。

　　Ai, nǐmen dào zhèr lái.

야, 너희들 이리와.

② 嗳, 前边儿的人慢点儿, 后边的人跟不上。

　　Ai, qiánbiānr de rén màn diǎnr, hòubiān de rén gēn bu shàng.

야, 앞에 사람들은 좀 천천히 가라. 뒷사람들이 따라갈 수가 없어.

② '嗳'(어조가 완만하게 낮게 떨어짐)는 대답하거나 동의하는 경우에 쓰인다.

① 嗳, 我在这儿, 我马上就去。

　　Ai, wǒ zài zhèr, wǒ mǎshàng jiù qù.

응, 나 여기에 있어, 곧 갈게.

② 嗳, 行, 就照你说的办吧。

　　Ai, xíng, jiù zhào nǐ shuō de bàn ba.

응, 좋아 네가 말한 대로 하자.

③ '嗯/ng/'(어조가 낮게 떨어짐)은 응낙하는 경우에 쓰인다.

① "嗯, 好吃, 好吃。"她说。

　　"Ng, hǎochī, hǎochī." Tā shuō.

응, 맛있어, 맛있어. 그녀가 말했다.

② 他只是'嗯'、'嗯'的答应, 不说话。

　　Tā zhǐshì 'Ng'、'Ng' de dāying, bù shuō huà.

그는 단지 '응', '응'하고 대답하고 말하지 않았다.

③ A : 你自己来的?

     Nǐ zìjǐ lái de?

  B : 嗯。

     Ng.

너 혼자 왔니?

응.

④ '哎/ai/'(음이 길게 끌리면서 어조는 높은 음에서 평평하게 유지되다가 떨어짐)는 사람을 부를 때 쓰인다.

① 哎，小华，你们在哪儿呢?

   Ai, Xiǎo Huà, nǐmen zài nǎr ne?

야, 小华, 너희들 어디에 있었어?

② 哎，小王，这儿有读的，到这儿来排队。

   Ai, Xiǎo Wáng, zhèr yǒu dú de, dào zhèr lái pái duì.

야, 小王, 여기 읽을거리가 있어, 여기에 줄 서자.

⑤ '喂/wei/'(어조가 낮게 떨어짐)는 사람을 부를 때와 전화를 걸 때(어조가 떨어질 수도 있고 높게 올라갈 수도 있음)도 쓰인다.

① 喂，把钳子找来，我要修理一下机器。

   Wei, bǎ qiánzi zhǎo lái, wǒ yào xiūlǐ yíxià jīqì.

야, 펜치 찾아와, 기계를 좀 수리해야겠어.

② 喂，您哪儿? 您找谁?

   Wei, nín nǎr? Nín zhǎo shéi?

여보세요, 어디세요? 누구를 찾으시죠?

③ 喂，刚才线路断了，您接着说吧。

   Wei, gāngcái xiànlù duàn le, nín jiēzhe shuō ba.

여보세요, 방금 전화가 끊어졌어요, 계속해서 말씀하세요.

⑥ '嘿/hei/'(어조가 낮게 떨어짐)는 사람을 부르거나 주의를 환기시킬 때 쓰인다.

① 嘿，老张，快走吧，你看那家新开张的电脑公司。

   Hei, Lǎo Zhāng, kuài zǒu ba, nǐ kàn nà jiā xīn kāizhāng de diànnǎo gōngsī.

어이, 老张, 빨리 가자, 저 새로 개업한 컴퓨터 회사를 봐.

② 嘿，走吧，别看热闹了，到家太晚了。

   Hei, zǒu ba, bié kàn rènao le, dào jiā tài wǎn le.

어이, 가자. 구경거리 그만 봐, 집에 너무 늦겠어.

③ 嘿，我跟你说话呢，没听见吗?

   Hei, wǒ gēn nǐ shuō huà ne, méi tīngjiàn ma?

어이, 너한테 말하고 있잖아, 못 들었어?

9 추궁이나 뜻밖임을 나타내는 감탄사

① '嗯/ng/'(어조가 높게 올라감)는 의외임을 나타내며 추궁하는 경우에도 쓰인다.

① 嗯，说话呀，怎么了?

   Ng, shuō huà ya, zěnme le?

응, 말해, 왜 그래?

② 看了照片，你到底中意不中意，嗯？别不好意思。

Kànle zhàopiàn, nǐ dàodǐ zhòng yì bù zhòng yì, Ng? Bié bù hǎo yìsi.

사진을 보니 도대체 마음에 들어 안 들어, 응? 쑥스러워하지 마.

2 '啊/a/'(어조가 높게 올라감)는 잘 듣지 못해서 다시 묻는 경우에 쓰인다.

① 啊，你说什么，刚才没听清楚。

A, nǐ shuō shénme, gāngcái méi tīng qīngchu.

아, 뭐라고 했어, 방금 잘 못 들었어.

② 啊，什么事，再说一遍。

A, shénme shì, zài shuō yí biàn.

아, 무슨 일이야, 다시 한 번 말해봐.

参考文献

胡明扬　　北京话的语气词和叹词(上),(下),中国语文,1981年第5、6期。

周继圣　　汉语口语中的"啧",世界汉语教学,1989第4期。

一. 아래의 각 문장에 쓰인 감탄사가 어떤 감정을 나타내는지 설명하시오.

  1. 嗬，瞧你那个神气劲。
  2. 喂，你们后边的快走啊，时间来不及啦。
  3. 唉，可怜的孩子，才三岁就没有妈妈了。
  4. 嗯，你放心吧，放假的时候我一定来。
  5. 咦，我的房门钥匙放哪儿了，刚才还在口袋里呢?
  6. 哟，这么冷的天，你怎么来啦?
  7. 哎呀，真糟糕，看戏忘了带眼镜了。
  8. 喂，你找谁? 我是语言文化大学。
  9. 啧啧啧，看这球打得真够意思，双方来回扣杀了十几大板。
10. 哎哟，哎哟，压着我的脚了。
11. 嗳，叫我有什么事?
12. 啊，你说什么? 大点儿声音，听不见。
13. 咳，过去的事就让它过去吧。
14. 哎呀，你们可别感谢我，这不是我替你们做的。
15. 他? 小淘气，啊，谁不认识他啊。
16. 噢，我明白了。
17. 呸，我才不相信他那一套呢。
18. 别让他这么不讲理，哼。
19. 噢，原来你就是老张的弟弟呀。
20. 哈哈哈，你们看他画的这个像什么呀。
21. 啊，你明天就走了，怎么没听说。
22. 哎呀，看你弄得这一身泥。
23. 喔哟，牙疼呀。
24. 呀，他的通讯地址是哪来着?
25. 呀，一下子买了这么多桃子。

二. 괄호 안에 주어진 감탄사 중 알맞은 것을 선택하여 빈칸을 채우시오.

  1. ________! 都十二点了，该睡觉了。(哟、呸)
  2. ________! 怎么都打扮得这么漂亮呀。(唉，嗬)
  3. ________，别让他瞎说了。(啧、呸)
  4. ________，着急有什么用，赶紧想办法。(咳，哦)
  5. ________，谁在叫我? 在这儿哪。(啧、嗳)

6.＿＿＿＿＿，＿＿＿＿＿，＿＿＿＿＿，看看人家的口才多好。（哦、啧）

7.＿＿＿＿＿，原来是这么回事。（嗯、哦）

8.他＿＿＿＿＿了一声，表示同意，又低下头去，一声不响。（呸、嗯）

9.大刘拍着我的肩膀说：“这就对啦！”说着他＿＿＿＿＿笑了。（啊、哈）

10.＿＿＿＿＿，这火柴怎么划不着？（哦、咦）

11.＿＿＿＿＿，他怎么到现在还不来？真急死人，车都要开了。（喔哟、哎呀）

12.＿＿＿＿＿，这可怎么好呢。（喂、唉）

第二编

제1장   명사

一. 참고 답안일 뿐 유일한 답안은 아님
　　阿姨　　　　阿妹　　　　老虎　　　　老乡　　　　小姐　　　小说

二. 참고 답안일 뿐 유일한 답안은 아님
　　桌子　　　　椅子　　　　胖子　　　　铲子　　　　钳子
　　眼儿　　　　尖儿　　　　棍儿　　　　眼镜儿　　　花儿
　　木头　　　　石头　　　　甜头　　　　看头　　　　前头
　　作者　　　　笔者　　　　记者　　　　参观者　　　老者
　　老师们　　　朋友们　　　女士们　　　先生们　　　孩子们

三. 1.勺儿(宾)，筷子(宾)，盘子(宾)，剪子(宾) 2.镜子(宾) 3.瓶子(主)
　　4.花儿(主) 5.小伙子(主)，村子(宾)，老乡(宾) 6.桌子，椅子(主)
　　7.画儿(宾)，中间儿(定)，柱子(定)，上(宾) 8.房子(主) 9.小鸟(主)
　　10.本子(宾)，老师(宾)

四. 1.今天(定) 2.明天(状)，时间(宾) 3.下个星期(状) 4.前几天(状)
　　5.明天(主)，星期六(谓) 6.深夜(宾)

五. 생략

六. 1.街上 2.身上 学习上 3.心里 4.路上 5.同学之间 6.眼睛里 7.院子里
　　8.机器旁边 9.8:00以前 10.床上凳子上 11.下课以后 12.离开教室以前
　　13.楼上 楼下 14.之间 政治上 15.十二点左右 吃午饭前后 16.地上 房上 树上

七. 1.小红 小力 小力 小红 中间 2.丙 甲 乙 丙 后面
　　3.外边 外边 蓝圈 红圈 蓝圈 里边 外边 中间
　　4.上头 下头 上头 李 王 张

八. 1.理论上 实际上 2.基本上 3.事业上 生活上 4.谈话中 5.旅游中
　　6.思想上 行动上 7.主观上 客观上 8.讨论会上 9.比赛中 10.实际上
　　11.无形中 12.学术上 13.领导上 14.家人之间 朋友之间 邻里之间

九.　1.(+)　2.(－)　3.(+)　4.(－)　5.(－)　6.(－)　7.(－)　8.(－)　9.(－)　10.(－)
　　11.(－)　12.(－)　13.(－)　14.(+)　15.(－)

十.　1. 昨天有四个同学来看我。
　　2. 我生病的那天，他在我的床前(旁边)站了一会儿，没说话。
　　3. 请你把练习本儿放在老师的桌子上。
　　4. 颐和园是中国有名的公园。
　　5. 几个少先队员从山上跑下来了。
　　6. 从古代我们两国之间就有密切的往来。
　　7. 我们学校的东边是一个医院。
　　8. 他牺牲以前说过这样的话。
　　9. 在字典里查不到这个字。
　　10. 妈妈回来了，孩子们都躲到门后藏起来了。
　　11. 她那金黄色的头发，像一朵美丽的花儿，在阳光下开放。
　　12. 下个月我们要到中国南方去旅行。

제2장　대사

一.　1.这儿(指)　那么(指)　2.这里(指)　这(指)　谁(疑)　哪(疑)　3.这(指)　怎么(疑)
　　这样(指)　4.我(人)　自己(人)　那(指)　那(指)　她们(人)　那样(指)　那样(指)
　　5.他(人)　这(指)　我们(人)　我们(人)　它(人)　6.他(人)　她(人)　这(指)　这么
　　(指)　这么(指)　怎么(疑)　这么(指)　什么(疑)

二.　1.怎么　2.什么　3.哪　4.怎么　怎么　5.哪　6.这　那　7.谁　怎么
　　8.怎么/怎样/怎么样　这样/这么/这么样　9.怎么/怎么样　大家　10.这么/这样/这么样
　　11.这么　12.这样　13.怎么　14.这么　那么　15.那　我　16.我　他　您　我们　自己
　　17.自己　自己　别人　18.什么　这么/这样/这么样　怎么　19.大家/你们
　　20.什么　自己　别人　21.这么　怎么　我/我们/大家　自己

三.　1.①小明生日那天，谁送给他一套彩色明信片？
　　　　②小明生日那天，姐姐送给他什么(东西)了？
　　2. 我们应该做什么样的人？不应该做什么样的人？
　　3. 一只做工的蜜蜂最多能活几个月？
　　4. 这个字怎么念？那个字怎么念？
　　5.①明天上午8:00在哪儿/在什么地方上车？
　　　　②明天几点/什么时候出发？
　　6.①他妈妈从上海给他寄来了什么？
　　　　②这个手提包是谁从上海给他寄来的？

7.织女星的光是太阳的多少倍/几十倍? 牵牛星的光是太阳的几倍?

8.来中国以前，你(您)做什么工作?

9.老刘同志对人怎么样?

10.这张画儿画的是哪儿/什么地方?

四. 1.她今天不太舒服，什么(东西)都不想吃。

2.这几本字典，我哪本都查过了，哪本里都没有这个字。

3.老师说谁/哪个人的英文水平高我们请谁/哪个人当翻译。

4.我们大院里谁/哪个人都知道老王正直、可靠。

5.小王只交给我一封信，什么(话)都没说就走了。

6.弟弟刚到这儿来的时候，看到什么都觉得新鲜。

7.我哪次去他家(的时候)，他都在学习呢。(我什么时候去他家，他都在学习呢。)

8.开始学习打太极拳的时候，老师怎么做，我们也怎么做。

五. 1.什么(疑)　哪儿(疑)　2.怎么(任)　3.哪里(疑)　4.什么(任)　什么(任)

5.哪里(虚)　怎么(疑)　6.怎么(反)　7.谁(任)　谁(任)　8.怎么样(疑)　9.什么(虚)

10.怎么(任)　怎么(任)

六. (一) 1.每　2.各　各　3.每　每　4.各　5.各

(二) 1.我们　2.我们　我们　3.我们　4.咱们　5.我们　我们　咱们/我们　6.咱们/我们

(三) 1.几　几　几　2.多少　3.多少　4.几　几　5.多少　多少　多少

(四) 1.人家　2.人家　3.人家　人家　人家　4.别人　5.别人

七. 1.A:这　怎么　怎么　B:这　A:什么　B:那　这儿

2.A:什么　B:什么　A:这儿　B:哪　A:几　B:那儿　你　自己

3.A:谁　B:怎么　哪儿　A:他　什么　B:什么　什么　A:几　B:你们　A:什么　您

4.A:什么　B:什么　A:那么　什么　B:这么　A:怎么样　B:怎么样　别人

제3장　수사와 양사

一. 15 236　　9 643　　350 000　　182 600 000 000　　1 050 000 926　　32 180 400

二. 20 805　　　　⇒ 两万零八百零五

3 692 418　　⇒ 三百六十九万二千四百一十八

62 154 321　⇒ 六千二百一十五万四千三百二十一

1 080　　　　⇒ 一千零八十

250 001　　　⇒ 二十五万零一

300 000 000 ⇒ 三亿

四分之三　　　　五分之四　　　　二十八分之九　　　十分之七　　　　二分之一
千分之一　　　　百分之八十　　　　百分之二　　　　　百分之九十五
三点一四一六　　五百八十四点三二　一千零四十点五二

三. 一百来个或一百个左右　　　十个左右或十来个　　　十来个或十个左右
二十个左右或二十来个　　　三五个　　　　　　　七八个
二十三四岁或二十四五岁　　二十来岁或二十岁左右　七十来岁或七十岁上下

四. 二　二　二……二　两　两或二　两……二　两　二或两　两　两　二　两或二

五. 2. √　6. √
1.我们班有十来个学生。
3.春节前后王刚要回家乡去一趟。
4.老师的孩子很小，看上去五岁左右。
5.某工厂去年生产化肥一千万吨，今年生产两千万吨，今年的产量是去年的两倍。
7.昨天我去电影院看了一个电影。
8.他母亲在图书馆当职员，父亲在中学当老师。
9.快看，有人来了。
10. A:你去哪儿?
　　 B:去书店买书。
　　 A:买什么书?
　　 B:不一定，看有什么新书好书没有。

六. 支　件　张　把　篇　把　条　头　把　条　台　辆　面　根/条　个　块　个/斤　勺/碗
锅　杯　扇　堵/面　颗　粒/串　头　条

七. 1.小李，楼下(有)人找你，你快下去看看吧。
2.我家有五口人，爸爸、妈妈、(一个)姐姐、(一个)弟弟和我。
3.早上外边凉快、空气新鲜，应该打开窗户，下午外边很热，应该关上窗户。
4.天快黑的时候，(一辆)绿色的小轿车驶进了校园，在我们宿舍楼前停下，很快从里面走
　　出(一个)警察。
5.我的老师是(一位)国际知名的语言学家，他发表了很多文章，去年还出版了(一本)新
　　书。
6.妻子对丈夫:报纸来了，你现在看吗?
7. A:都六点了，怎么客人还不来?
　　 B:你听，(有)人摁门铃，可能是客人来了。
8.人应该诚实，否则迟早会出问题。
9.刚才我不小心把(一个)花盆碰倒了，花盆打了，花快干死了。
10.我的职业是英语老师，在(一所)大学工作。

八. 1.A√ 2.B√ 3.A√ 4.A√ 5..B√ 6.B√ 7.B√ 8.B√

九. 1.大 2.大/小 4.大/小/满 6.大/小 7.大/小 9.大/平 10.长
11.大小 12.大/小/满

제4장 동사

一. 1.参加 看电影 去 工作
2.学习 知道 去上海
3.材料 反映
4.来 说普通话 干净 写
5.阿里 去王府井怎么走 这部电影 明天什么时候上课
6.球 扑克牌
7.小张 他我喜欢唱歌
8.英文 唱歌 小王 小王英文

二. 1.B 2.A 3.B 4.B 5.A 6.B 7.B 8.A 9.B 10.A 11.B 12.A

三. 1.② 2.③ 3.② 4.① 5.④ 6.① 7.① 8.④ 9.① 10.③

四. 1.① ① 2.④ 3.② 4.③ ③ 5.① 6.③ 7.① 8.④ 9.③ 10.① 11.②
12.③

五. 1.A:可以 B:可以 2.应该 3.值得 4.会 5.会 6.得 7.要/会 8.能/可以
9.可以/能 10.不能

六. 1.今天晚上我不用去医院看阿里。
2.你穿这双鞋出去不会摔跟头。
3.我还没好，自己不能走。
4.剧场里不准(或不能)吸烟。
5.吴明不能用英文写信。
6.飞机票没买到，你们明天不能走了(或走不了)。
7.同学们不能走。
8.那座庙你不值得去看，没什么意思。
9.我没去请小李，他大概不肯帮忙。
10.下午不会下雨。
11.我不想出去散步。
12.这本书丢了不用赔。

제5장   형용사

一.　　很　　自　　　　　　　　　　　很　　整齐
　　　　×　　通红　　　　　　　　　　很　　正确
　　　　×　　正(副)　　　　　　　　　很　　假
　　　　×　　大型　　　　　　　　　　×　　滚热
　　　　很　　直　　　　　　　　　　　很　　漂亮
　　　　×　　竖　　　　　　　　　　　×　　黑洞洞
　　　　很　　正式　　　　　　　　　　很　　随便
　　　　×　　相同　　　　　　　　　　×　　共同
　　　　×　　傻里傻气　　　　　　　　很　　一般

二.　大大　　　　高高　　　　红红　　　　凉凉快快　　　热热闹闹
　　漆黑漆黑　　雪白雪白　　高高兴兴　　碧绿碧绿　　滚圆滚圆
　　痛痛快快　　生疼生疼　　清清楚楚　　整整齐齐　　焦黄焦黄
　　模模糊糊　　顺顺当当　　冰凉冰凉

三.　1.②　2.②　3.①　4.④　5.③　6.②　7.②　8.①

四.　1.A　2.A　3.A　4.B　5.B　6.A　7.A　8.B　9.A　10.B

五.　2. 5. 6. 8은 정확한 문장임
　　1.中国人民对我国人民很友好。
　　3.这件事情他们了解得很清楚。
　　4.小明没有小刚高。
　　7.老师的房间里有很多书。
　　9.扮演小花的演员演得很真实。
　　10.外面漆黑漆黑的。
　　11.黑板上的字写得清清楚楚(的)。
　　12.新建的工厂很大(或:新建的工厂是大型的)。

제6장   부사

一.　(一)　1.只　都　2.只　3.都　4.都　5.只　6.只　都　7.都　8.只
　　(二)　1.更　2.最　最　3.稍微　4.稍微　5.比较　6.比较　7.更　8.比较
　　　　　9.稍微　10.最
　　(三)　1.曾经　2.已经　3.曾经　4.已经　5.曾经
　　(四)　1.还　2.还　3.又　又　4.再　5.又　再　又　6.再　也　7.又　还　8.再　也

9.还　10.还

（五）1.才　2.就　3.才　4.才　5.就　就　6.才　7.就　就　8.才　9.就　才　10.就

（六）1.不　不　2.没(有)　3.不　不　4.没　5.没(有)　不　6.没(有)

　　　7.没(有)　不　8.不　没　不　9.没(有)　10.不　不　没(有)

　　　11.不　没(有)　12.没(有)　没(有)

二．1.曾经　2.已经　3.正　4.再　就　5.只　6.比较　很　正　7.非常/十分/很

　　8.也　一块儿/一起

三．1.B　2.B　3.B　4.B　5.B　6.B　7.B　8.B

第7장　개사

一．1.由于　2.在……中　3.替　4.在　5.对　6.从　7.为了　8.跟　9.向/跟

　　10.在……下　从　11.按照(按)　跟　12.在　连　13.对

二．甲₁:从　乙₁:从　甲₂:替/给　乙₂:在　甲₃:从　对　乙₃:对/对于

　　甲₄:跟　比　乙₄:关于　给　甲₅:为了　乙₅:向　乙₆:离

　　甲₇:比　乙₇:对　跟　从　甲₈:在……下　为　在

三．（一）1.向　向　向　2.向　3.往/向/朝　4.向　5.往　6.向　7.往

　　（二）1.从　2.自　3.由　4.自　5.由

　　（三）1.跟　2.对　3.跟　4.对　5.跟　跟　6.跟　对

　　（四）1.为　2.替　3.替　4.为　5.给　6.为　7.给

　　（五）1.对于/关于　关于/对于　2.关于　3.关于　对　4.对于/对　5.对/对于

四．1.A(−)　　　B(+)　　　2.A(−)　　　B(+)

　　3.A(−)　　　B(+)　　　4.A(−)　　　B(+)

　　5.A(−)　　　B(+)　　　6.A(−)　　　B(+)

　　7.A(+)　　　B(−)　　　8.A(−)　　　B(+)

　　9.A(−)　　　B(+)　　　10.A(−)　　　B(+)

　　11.A(−)　　　B(+)　　　12.A(+)　　　B(−)

　　13.A(−)　　　B(+)　　　14.A(−)　　　B(+)

五．1.你从哪儿来？

　　2.昨天在汽车上我遇见了一个朋友。

　　3.狼对东郭先生说:"打猎的从后边追来了，先生救救我吧。

　　4.为了了解我的学习情况，先生跟我谈了几次。

5. 他对这里的情况很熟悉。

6. 由于他每天练习发音，他的发音特别好。

7. 他知道这件事，但是他不说。

8. 中国同学对我们的学习很关心。

제8장　접속사

一. 1. 和(词)　2. 和(词)　3. 或者(短语)　4. 还是(短语)　5. 而(词)

　　6. 和(短语)　7. 或者(短语)　8. 虽然……可是……(分句)　9. 既然……就……(分句)

　　10. 不但……也……(分句)　或者(词)　11. 尽管……可是……(分句)

　　12. 不但……而且……(分句)　13. 就是……也……(分句)　14. 倘若(分句)

　　15. 不论……都……(分句)　16. 宁可……也……(分句)　17. 与其……不如……(分句)

　　18. 只有……才……(分句)　19. 只要……就……(分句)　20. 并(词)

二. (一) 1. 既然　2. 无论/不论/不管　3. 只要　4. 因为……所以……　5. 可是　6. 尽管/虽然

　　　7. 无论/不论/不管　8. 既然　9. 虽然/固然　可是/但是　10. 即使　11. 即使/哪怕

　　　12. 即使/就是　13. 只要　14. 以免

　　(二) 1. 不但……而且……　2. 还是　3. 不但……而且……　4. 或者

　　　5. 不但……而且……　6. 宁可　或者

三. 참고 답안일 뿐 유일한 답안은 아님

　　1. 明天我们上午和下午都有课。

　　2. 你坐火车来的还是坐飞机来的?

　　3. 坐十路公共汽车或者坐二十二路公共汽车都可以到天安门。

　　4. 我穿着棉衣还觉得冷呢，何况你只穿一件毛衣了。

　　5. 虽然你学习有很大进步，(你)也不应该骄傲。

　　　尽管你学习有很大进步，(你)也不应该骄傲。

　　　就是你学习有很大进步，(你)也不应该骄傲。

　　6. 不管明天是阴天还是晴天，我们都去颐和园。

　　　不论明天是阴天还是晴天，我们都去颐和园。

　　　无论明天是阴天还是晴天，我们都去颐和园。

　　7. 尽管他的态度不太好，你也不应该对他那样。

　　　即使他的态度不太好，你也不应该对他那样。

　　8. 最近因为学习比较忙，没能及时给你写回信。

　　9. 小明觉得自己考得不错，但没有想到是全校第一名。

　　10. 要是你对我有什么意见，就请你随时给我提出来。

　　　如果你对我有什么意见，就请你随时给我提出来。

　　11. 阿里因为要写一篇论文，所以(他)暑假不回国探亲了。

12. 虽然作报告的人讲的不是普通话，可是我还听懂了一大半。
　　因为作报告的人讲的不是普通话，所以我只听懂了一大半。

13. 他因为已经学过一年汉语了，所以不愿意再从头学起了。

14. 小王迟到了，不是因为他起晚了，而是因为他在上班的路上帮助别人修车，耽误了时间。

15. 我们不但要有求知的热情，而且还要有科学的态度，实事求是的精神。

16. 你只要刻苦钻研，坚持到底，(你)就一定能掌握这门新技术。

17. 这个试验，我们就是失败一百次，也要继续试验下去。

18. 我们两家虽然住得很近，(我们)也不常常见面。

제9장　조사

제1절　구조조사

一. 1.的 2.个 3.的 4.地 5.地 6.得 7.得 8.地 得 的 9.地 10.得
　　11.的 的 得 12.的 13.的 得 14.的 地 的 15.得 16.的 17.的 地
　　18.的 的 得 19.地 的 20.的 的 得

二. 1.在党的领导下，经过革命斗争的锻炼，刘胡兰很快成长为一个坚强的共产党员。
　　2.随着经济的发展，文教卫生事业相应地也有了发展。
　　3.这件事在世界上引起越来越多的注意。
　　4.孩子们都写得很好。
　　5.北京的农业发展得很快。
　　6.他们时间抓得很紧。
　　7.小明今天受到了严厉的批评。
　　8.目前，这方面的工作经验还不多，要在今后的实践中不断地总结、改进和提高。

제2절　시태조사

一. 1.过 了 2.着 3.了 了 4.着 着 5.了 6.了 着 着 了 7.了
　　8.过 9.着 10.着 了

二. 1.A 2.B 3.B 4.B 5.A 6.B 7.B 8.A 9.A 10.A
　　11.A 12.B 13.B 14.A

三. 1.我们每个月写一篇短文章。
　　2.昨天我们上了四节古代汉语课。
　　3.三年前，我在波恩大学开始学习中文。
　　4.那个年轻人进来以后，鲁迅问他为什么到书店来。
　　5.在那些艰苦的日子里，我一直随身保存着这两件东西。

6.我在日本常常看见中国古代的艺术品。

7.我在国内读过《红楼梦》，但没读完。

8.从前我去过上海，上海是中国最大的工业城市。

9.昨天晚上小明没把练习做完。

10.到现在还没有一个人来开会，是不是时间改了呢?

11.王冕到了二十岁左右，就成为一个很有名的画家了。

12.两个月以后，我会说一点汉语了。

13.有不少工人、农民被选为劳动模范。

14.现在我能滑冰了。

제3절   어기조사

一. 1.吧   2.吗   3.吧/呢   吧/呢   4.吗   5.吗   呢/呀   6.呢

7.嘛   8.呢   9.呢/呀   10.呢   11.吗/呀   12.罢了   13.吗/呀

14.吧/啊   15.了   16.吧/呗   17.嘛   18.而已/罢了

19.的   20.的   而已

二. 1.A   2.A   3.B   4.B   5.B   6.A

제10장   의성사

一. 1.啪啪   총소리

2.哗哗   비 오는 소리

3.赤嚓赤嚓   소가 풀을 뜯는 소리

4.咯吱咯吱   눈을 밟는 소리

5.喔喔喔   닭이 우는 소리

6.呼呼   바람 소리

哗哗   창호지가 바람이 불 때 내는 소리

7.嚓   성냥을 긋는 소리

8.嘀铃铃   전화벨 소리

9.嘎! 嘎! 嘎!   갈매기 소리

10.得得得得   노크 소리

11.嘁嚓, 嘁嚓, 嘁嚓   시계의 초침 소리

12.怦怦   심장이 뛰는 소리

13.铛, 铛, 铛, 铛   시계가 시간을 알릴 때 내는 소리

14.啪   书扔在地上时发出的声音

15.噼噼啪啪   빗방울이 유리창에 떨어져 나는 소리

16.噔, 噔, 噔   걸을 때 나는 육중한 발소리

17.唰唰   비가 내리는 소리

18. 咕嘟咕嘟 물을 마실 때 내는 소리
19. 撒啦撒啦 바람에 나뭇잎이 스치는 소리
20. 乓乓乓乓 물건을 옮길 때 부딪혀서 나는 소리

二. 1. 唰 2. 哗 3. 呱哒呱哒 4. 啪哒啪哒 5. 滴滴嗒嗒 6. 嗡嗡 7. 吱扭 8. 吧嗒吧嗒
　　9. 唔哩哇啦 10. 嗷嗷 11. 呼哧呼哧

제11장　감탄사

一. 1. 赞叹 2. 招呼 3. 叹息 4. 答应 5. 惊讶 6. 惊讶 7. 惊讶
　　8. 招呼 9. 称赞 10. 疼痛 11. 应答 12. 因没听清楚而追问
　　13. 懊恼 14. 惊喜 15. 领悟 16. 领悟 17. 唾弃 18. 不满 19. 恍然大悟
　　20. 高兴 21. 吃惊 22. 惊叹 23. 疼痛时的呻吟 24. 着急 25. 惊讶

二. 1. 哟 2. 嗬 3. 呸 4. 咳 5. 嗳 6. 啧啧啧 7. 哦 8. 嗯 9. 哈哈 10. 咦
　　11. 哎呀 12. 唉

역자약력

김현철 ▸現 연세대학교 중어중문학과 교수

박정구 ▸現 성균관대학교 중어중문학과 교수

오문의 ▸現 한국방송통신대학교 중어중문학과 교수

최규발 ▸現 고려대학교 중어중문학과 교수

실용현대한어어법(上)

인 쇄 일	·	2005년 2월 20일
발 행 일	·	2005년 2월 28일
발 행 인	·	윤우상
저 자	·	刘月华·潘文娛·故 铧
역 자	·	김현철·박정구·오문의·최규발 공역
편 집	·	김영조
편집디자인	·	유후랑
등 록 일	·	76. 2. 2. 제9-40호
펴 낸 곳	·	송산출판사
		120-094
		서울·서대문구 홍제4동 104-6
영 업 부	·	(02)735-6189
편집부/팩스	·	(02)737-2260
E-mail	·	master@songsanpub.co.kr
홈 페 이 지	·	www.songsanpub.co.kr
값	·	18,000원

잘못된 책은 바꾸어 드립니다.
ISBN 89-7780-089-7 14720
89-7780-088-9 전2권